ान गरिमा के
70 वर्ष

भारतीय ज्ञानपीठ

शान्तिनिकेतन से शिवालिक

आचार्य हजारीप्रसाद द्विवेदी और उनकी साहित्य-साधना

शान्तिनिकेतन से शिवालिक

सम्पादक
शिवप्रसाद सिंह

भारतीय ज्ञानपीठ

लोकोदय ग्रन्थमाला : ग्रन्थांक 250

ISBN 978-81-263-4050-7

शान्तिनिकेतन से शिवालिक
(साहित्यिक आलोचना)
सम्पादक : शिवप्रसाद सिंह

दूसरा संस्करण : 2016
मूल्य : 500 रुपये

प्रकाशक : भारतीय ज्ञानपीठ
18, इन्स्टीट्यूशनल एरिया, लोदी रोड, नयी दिल्ली-110 003

मुद्रक : आर.के. ऑफसेट, दिल्ली

आवरण-चित्र : चन्द्रकान्त शर्मा
आवरण-सज्जा : ज्ञानपीठ कला प्रभाग

SHANTINIKATAN SE SHIVALIK
(Literary critcism)
Edited by Shivaprasad Singh

Published by
Bharatiya Jnanpith
18, Institutional Area, Lodi Road, New Delhi-110 003
Ph. : 011-24698417, 24626467; 23241619 (Daryaganj)
Mob. : 9350536020; e-mail : bjnanpith@gmail.com
sales@jnanpith.net; website : www.jnanpith.net

Second Edition : 2016
Price : Rs. 500

शान्तिनिकेतन से शिवालिक

तार आपन जने छाड़बे तोरे
ता' बले भाबना करा चलबे ना
तोर आशालता पड़बे छिंड़े,
हय तो रे फल फलबे ना
ता' बले भाबना करा चलबे ना।।

आसबो पथे आँधार नेमे
ताइ बलेइ कि रइबि थेमे
ओ तुइ बारे बारे ज्वालबि बाति, हय तो बाति ज्वलबे ना
ता' बले भाबना करा चलबे ना।।

शुने तोमार मुखेर बानी
आसबे फिरे बने प्राणी
तबु हयतो तोमार आपन घरे पाषाण हिया गलबे ना
ता' बले भाबना करा चलबे ना।।

बद्ध दुयार देखलि बले
अमनि कि तुइ आसबि चले,
तोर बारे बारे ठेलते हबे, हयतो दुयार टलबे ना
ता' बले भाबना करा चलबे ना।।

—रवीन्द्रनाथ ठाकुर

आभार

हम एक अजीब दौर से गुजर रहे हैं। परम्परा से अलगाव, मूल्यों से उदासीनता और 'जो कुछ है', उस सबसे घृणा का दौर कोई नयी चीज नहीं है। बहुत पहले यूरोप के कई देश इसी दौर से गुजर चुके हैं। कमोबेश मात्रा में आज भी दुनिया के कई और काफी हिस्सों में ऐसी ही कशमकश जारी है। किन्तु हमारे विद्रोह, बिखराव, गुस्सा, और जुगुप्सा के भीतर एक विशेष बात है। वह है मनुष्यता के प्रति अविश्वास का भाव। यह एक गम्भीर बात है। तोड़-फोड़, गाली-गलौज, चीत्कार-फूत्कार, बेशर्मी-नंगई आदि मृत परम्पराओं को बदलने के इच्छुक बौद्धिक वर्ग के लिए कभी-कभी साधन होते हैं, मैं मानता हूँ पर इसे ही साध्य मानकर अपने ही हाथों घायल और क्षत-विक्षत मनुष्यता को कब्र में रख देने का प्रयत्न मूलतः अबौद्धिक है, इसमें भी सन्देह नहीं। मूर्ति-भंजन के इस दौर में एक बुजुर्ग साहित्यकार की षष्टिपूर्ति मनाने का प्रयत्न निस्सन्देह अनेक सहकर्मियों के लिए, न सही खुला विरोध, भ्रू-कुंचन का विषय तो होगा ही, पर मैं इसे व्यर्थ और बकवास की चीज नहीं, अन्तःप्रेरणा की धरोहर मानता हूँ। विद्रोह दिशाहारा न हो, संघर्ष असफल न बने, और खंड सन्त्रास हमारे मन से मनुष्यता की सारी सम्भावनाओं को पोंछ न दे, इसके लिए यह आयोजन मेरे लिए एक अनिवार्यता बन गया। इस अनिवार्यता के लिए इस उत्तरदायित्वहीन युग में हर प्रकार से उत्तरदायी हूँ।

कुछ मित्रों, आचार्य द्विवेदी के श्रद्धालुओं और शिष्यों के एक वृहद् समुदाय ने उनके चालीस वर्षों की साहित्य-साधना के प्रति अपनी श्रद्धा के रूप में एक सुनियोजित व्यापक स्तर के अभिनन्दन का संकल्प लिया था। मई अन्त तक इस प्रकार के किसी प्रयत्न का पूर्व-लक्षण भी दिखाई न पड़ा। कहीं कोई सुगबुगाहट न देखकर मन खिन्न हुआ। जाहिर है कि वैसा प्रयत्न एक व्यक्ति की शक्ति के बाहर था। समुदाय के व्यापक इच्छा-मौन के विरुद्ध एकाकी प्रयत्न आज के युग में बुद्धिमानी नहीं माने जाते, बल्कि मौन में मौन मिला देना आधुनिक जरूर समझा

जाता है। यह मौनवाद ऊपर के स्तर पर उन्हीं तत्त्वों से जुड़ा है जो हमारे समाज और देश को मनुष्यता से खारिज करने के अन्तिम प्रयत्नों में लगे हैं। इस प्रयत्न में मेरा यह प्रयत्न कुछ भी रुकावट डाल सका, तो मुझे आत्मतोष मिलेगा।

मेरा यह अदना प्रयत्न भी खामखयाली ही रह जाता यदि मेरे एक बार कहने पर ही, भारतीय ज्ञानपीठ मन्त्री श्री लक्ष्मीचन्द्रजी जैन ने 'शान्तिनिकेतन से शिवालिक' को समय से प्रकाशित कर देने का आश्वासन न दिया होता। इस बहुमूल्य आश्वासन के बाद सामग्री-संकलन का दुस्तर सिन्धु आगे आया। समय कम था। अभिनन्दन ग्रन्थ नामक कोई वस्तु तैयार करने का संकल्प न था क्योंकि मैं जानता था कि वह मेरी क्षमता के बाहर की बात है। एक ऐसी पुस्तक प्रकाशित करने की योजना जरूर थी जो पंडित जी के व्यक्तित्व और उनके साहित्य को सही परिप्रेक्ष्य में देखने में सहायक बन सके। आचार्य द्विवेदी अपनी कतिपय प्राचीन धारणाओं के बावजूद हिन्दी के विरल व्यक्ति हैं जिनके साहित्य में आस्था का एक ऐसा लचीला और नव्य रूप मिलता है, जिसे आज की हमारी पीढ़ी के साहित्यकार भी समझना पसन्द करेंगे बशर्ते कि वे आस्था की तमाम सम्भावनाओं को परखे बिना ही आस्थाहीन होने का संकल्प न ले चुके हों।

निबन्ध के लिए, मैंने समय के अभाव और निश्चित परिकल्पना की बाध्यता के कारण 'झार न्योता' नहीं दिया। जिनसे जो चीज चाही है, वही लिखवाने का प्रयत्न किया। दो-एक को छोड़ सभी बन्धुओं ने अपने को तरह-तरह की परेशानियों में डालकर भी देर-सवेर सहयोग दिया और पूरा दिया। इन सभी लेखकों के प्रति मैं आभार व्यक्त करता हूँ। इस हालत में कुछ चीजें मन-माफिक नहीं मिलीं, इसलिए एकाध ऐसी चीजें भी चली गयी हैं, जिन्हें समय की छूट होने पर शायद मैं स्वीकार न करता।

द्विवेदीजी के व्यक्तित्व और सृजन की परिचय-परीक्षणात्मक सामग्री के अतिरिक्त पुस्तक के अन्त में कुछ पत्र भी संकलित हैं। ये पत्र सन् 1940 से 1960 के बीच समय-समय पर विभिन्न साहित्यकारों द्वारा द्विवेदीजी को लिखे गये हैं। ये हिन्दी के साहित्यिक विकास के दस्तावेज तो हैं ही, साथ ही स्वतः स्फूर्त होने के कारण द्विवेदीजी के व्यक्तित्व और उनके साहित्यकार के विकास के साक्षी भी हैं। इन पत्रों से पंडित जी के जीवन के विविध पक्षों पर बहुत स्पष्ट प्रकाश पड़ता है। उनकी आर्थिक स्थिति, स्वभाव, साहित्यिक उपलब्धियाँ, संघर्ष और संकट के क्षण इन पत्रों में अच्छी तरह अभिव्यक्त हुए हैं। आशा है इनका प्रकाशन हिन्दी के इस विरल व्यक्तित्व को सही ढंग से समझने में सहायक होगा।

बन्धुवर विद्यानिवास मिश्र ने निबन्ध पर निबन्ध लिखा। आग्रह किया तो एक संस्मरण भी भेजा। कुछ ट्रान्सपैरेंट रंगीन स्लाइडें भी भेजीं, जिनका मैं साधन के अभाव में उपयोग न कर सका। जानता हूँ यह सब उन्होंने पंडित जी के प्रति अपनी सहज निष्ठा की अभिव्यक्ति के रूप में किया; तो भी वे मेरे लिए प्रथम स्मरणीय हैं, इसमें सन्देह नहीं। सौभाग्यवती भारती मिश्र ने पंडित जी के कुछ दुर्लभ चित्र भेजे। वह इस पुस्तक को देखकर प्रसन्न होगी। उसे धन्यवाद क्या दूँ। आयुष्मान् श्री गोपाल द्विवेदी ने पुराने पत्रों और कुछ चित्रों को जुटाने-जुहाने में मदद की। मेरे छात्र श्री प्रेमचन्द्र जैन ने अनेक निबन्धों की प्रतिलिपि तैयार की। भारतीय ज्ञानपीठ कार्यकर्ता इस ग्रन्थ को समय पर प्रकाशित करने में हमेशा तत्पर रहे। मैं इन सबके प्रति अपना आभार व्यक्त करता हूँ। अन्त में पुन: मैं श्री लक्ष्मीचन्द्र जैन के प्रति अपनी कृतज्ञता व्यक्त करता हूँ जो इस अनुष्ठान के समवाय कारण रहे। उनकी साधु स्वीकृति बिना यह सब सम्भव न होता।

—शिवप्रसाद सिंह

काशी
10 अगस्त, 1967
[प्रथम संस्करण से]

अनुक्रम

जीवन-यज्ञ

इतिहास-दर्शन

निर्बन्ध चिन्तन

विविध

एक इंटरव्यू : कुछ पत्र

ततः समुत्क्षिप्य धरां स्वदंष्ट्रया
महावाराहः स्फुट-पद्मलोचनः।
रसातलादुत्पल- पत्र-सन्निभः
समुत्थितो नील इवाचलो महान्॥

एक अद्‌भुत मुद्रा

हिन्दी-समाज, शान्तिनिकेतन 1936-37 गुरुदेव के पीछे दायीं ओर चादर ओढ़े हुए आचार्य द्विवेदी

लिखने के लिए
टेबल-कुरसी ज़रूरी
तो नहीं!

"...अच्छा पूछो!"—द्विवेदीजी और डॉ. शिवप्रसाद सिंह

पिता पं. अनमोल द्विवेदी के साथ

पत्नी सौ. भगवती देवी सहित

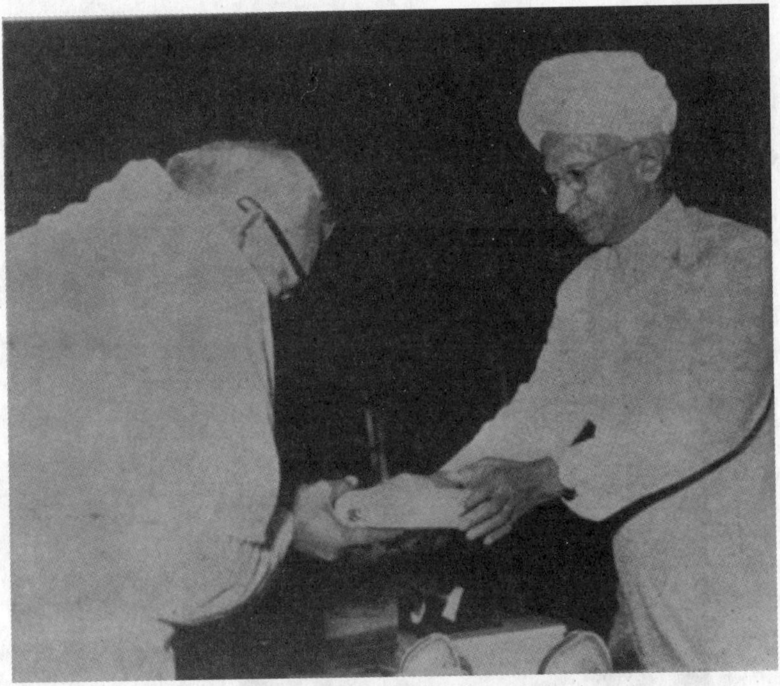

भू.पू. राष्ट्रपति डॉ. राधाकृष्णन और आचार्य द्विवेदी : टैगोर पुरस्कार के अवसर पर

कोई प्राचीन पोथी खुली है...

ताम्बूल : गृहस्थ का श्री चक्र है...

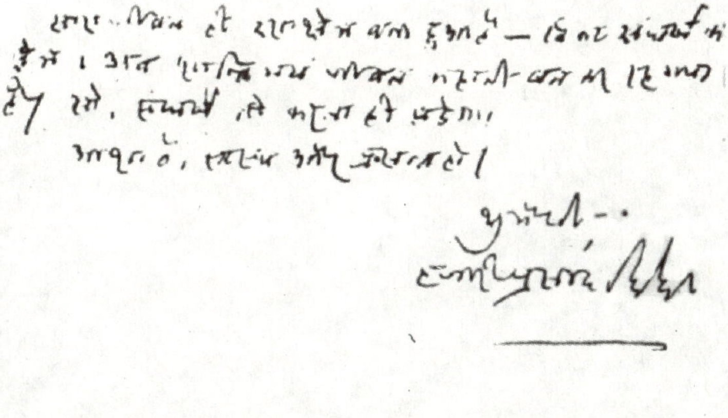

जीवन-यज्ञ

◈

घोर आंगिरस ने देवकीपुत्र कृष्ण से कहा : 'जीवन ही यज्ञ है।'

—छान्दोग्योपनिषद्, 3.16.17

विरूपीकरण

शिवप्रसाद सिंह

पंडित जी को मैं पिछले सत्रह वर्षों से देखता आ रहा हूँ। घंटों बातें की हैं, गप्पें की हैं। सैकड़ों बार शाम को साथ-साथ घूमा हूँ। सुबह कभी भी नहीं, इसके लिए वे अक्सर चिढ़ाने के लिए यह भी कहते हैं कि आज तुम्हारे दरवाजे पर दस्तक दे आया, पर मैं सुबह की दस्तकों को व्यक्ति-स्वातन्त्र्य के खिलाफ मानता हूँ इसलिए कभी ध्यान नहीं दिया। नाना विषयों पर, कभी-कभार बेमतलब ही, बहसें की हैं, सभा-गोष्ठियों में साथ-साथ बैठा हूँ, कितनों की उनके सामने निन्दा-प्रशंसा की है, कई-कई बार वे अपने विरोधियों की निन्दा सुनकर खीझे हैं, और कई-कई बार मेरे द्वारा प्रशंसित व्यक्तियों पर करारा व्यंग्य करके ठहाके लगाते रहे हैं। ठहाके वे अपने पर भी लगाते हैं और कुछ अवसरों पर उन्हीं पर उन्हीं—द्वारा लगनेवाले ठहाकों में मैंने भी पुरजोर हिस्सा लिया है। यानी संक्षेप में यह कि इस व्यक्तित्व के नाना अक्स मेरी स्मृति में टँके हैं, जिनकी 'नम्बरिंग' करना भी मुश्किल है, तरतीब से पुनः प्रस्तुत कर सकना तो असम्भव ही समझिए।

पंडित जी का चेहरा 'फोटो फेस' बिल्कुल ही नहीं है। यह मेरी फोटोग्राफी की असफलता भी हो सकती है, कच्चापन भी, या कोण और आवश्यक दूरी का अभाव भी, पर इतना तय है कि यह शतकोणिक व्यक्तित्व अक्सर धोखा देकर छूट जाता है। इसे बाँधने का प्रयत्न, सब-कुछ को समझ लेने की चेष्टा प्राय: व्यर्थ हो जाती है। इसीलिए अपने इस प्रयत्न की सफलता के बारे में भी मुझे कोई मुगालता नहीं है। इसका परिणाम जानता हूँ। सिर्फ विरूपीकरण, और कुछ नहीं। पर कभी-कभी मन माफिक चित्रण न कर सकने की खीझ विरूपीकरण से ही तुष्ट होती है और फिर असम्भव को सम्भव करने के असफल प्रयत्न का भी एक स्वाद तो होता ही है।

उन्हें पहली बार देखा तो स्टेज पर थे। यानी शुरुआत काफी कुछ बनावटी रोशनियों के बीच हुई। नव संस्कृति संघ का अधिवेशन था। मैं उस समय

उदयप्रताप कॉलेज का छात्र था। गलत क्षेत्र, यानी साहित्य-वाहित्य के प्रति रुझान के जरासीम बुद्धि में पड़ गये थे। ऐसा न होता तो मैं रात दस बजे उस जगह कैसे पहुँचता, जहाँ जनता-जैसी चीज बिल्कुल ही न थी। स्टेज था। वहाँ कई साहित्यकारनुमा लोग बैठे थे। उनसे अलग स्टेज पर एक और व्यक्ति थे नरेन्द्र देव। अलग थे, इसलिए वे याद हैं। द्विवेदीजी का भाषण चल रहा था। टूटे हुए पिरामिड की तरह तब वे बिल्कुल न थे। सीधे खड़े थे, उनका भाषण शुरू हुआ तो तेजी कम थी। वे जैसे-जैसे गरमाते गये, ब्रेक हटते गये और शब्दों की धारा उमड़ती गयी। स्टेज पर काफी रोशनी थी और उसकी लहरों को हलकोरते दो हाथ, निरन्तर शून्य में धुन्ध को हटाते, अपने ही कहे हुए शब्दों की भीड़ को ठेलते, श्रोताओं के चित्त की जड़िमा को झकझोरते, शिव के अकुंठ नृत्य की मुद्रा में अंकित वे हाथ मुझे आज भी भूले नहीं हैं। लौटने पर मेरे अध्यापक मार्कण्डेय सिंह खाँटी प्रैक्टिकल आदमी थे, हँसते हुए बोले, "हाथ बहुत भाँजते हैं।" व्यक्तित्व के प्रभाव, भाषण की ओजस्विता और शब्दों की औघड़ झड़ी में मैं दो घंटे खड़ा था और मुझे उन हाथों की हरकत नागवार बिल्कुल नहीं लगी थी। इसलिए 'भाँजना' क्रिया से ठेस लगी। उसके बाद भी मैंने सैकड़ों बार भाषण सुने, कक्षा में रोज ही सुनता था। बैठे होने पर उनके हाथों की तरह पैरों में भी एक कम्पन होने लगती है। वैसी ही कम्पन जैसी स्टार्टर लगाने पर मोटर गाड़ी में। यह कम्प द्विवेदीजी के समूचे व्यक्तित्व की कुंजी है। यह उस अपराजित अमोघशक्ति का सूचक है जो उनके मन, बुद्धि और चित्त को पूरी तरह समेटकर धधकती है। प्राण-मन-बुद्धि का यह आवेग इतना शक्तिशाली होता है कि अभिव्यक्ति-माध्यम हिल उठते हैं। वे बोलने लगेंगे तो सम्पूर्ण शरीर थरथराने लगेगा, लिखने लगेंगे तो पन्ने-पर-पन्ने फाड़ते जाएँगे क्योंकि कथ्य को सँभालने में शब्द अपने को ही निरर्थक लगने लगेंगे, किन्तु यह ज्वाला और यह आवेग सदा वर्तमान नहीं रहते, नहीं रह सकते। इससे रहित होकर शीतल बुद्धि से वे शोध-कार्य भले ही कर-करा लें, साहित्य का लालित्य इस शीतल बुद्धि-प्रधान प्रयत्न में बँध नहीं पाता। ऐसी स्थिति में कक्षाओं में बोलते होंगे तो अर्थ न्यूनार्द्र धरती में पड़े बीज की तरह मिनमिनाकर रह जाएगा। इस मूड में यदि कुछ लिखने लगें तो 'कुटज' और 'देवदारु' जैसे निबन्धों की सृष्टि तो सम्भव नहीं, बेमन लिखी सैकड़ों भूमिकाओं में एक इजाफा और भले ही हो जाए। यह कम्प किसी भी प्रकार की हीनता ग्रन्थि का परिणाम नहीं है, जैसा उनके बहुत-से विरोधी कहते हैं। यह उस चेतना का बाह्य उपलक्षण मात्र है जो अन्तर में जाग्रत होकर सम्पूर्ण जड़-सम्भार को कँपाती, अभिव्यक्त होने के लिए कसमसाती रहती है। पंडित जी उस तरह के लेखकों में नहीं हैं जो भावोद्रेक को पानी का छींटा मार-मार कर ठंडा कर लेते हैं और फिर उसे बड़े करीने के साथ

अभिव्यक्ति के समूचे कौशलों को दृष्टि में रखकर नखशिख दुरुस्त जमाकर उतारने की कोशिश करते हैं। यह सच है कि सुशील ढंगवाले लेखकों-द्वारा औसत से न्यून स्तर की चीजें कम लिखी जाती हैं, पर यह भी सच है कि कला की अकल्पनीय ऊँचाई भी वे कभी-कभार ही छू पाते हैं। इस दृष्टि से द्विवेदीजी जी निराला और मुक्तिबोध—जैसे लेखकों की जात के साहित्यकार ठहरते हैं, पन्त और अज्ञेय की जात के नहीं। यह अलग बात है कि समीक्षक के रूप में उन्हें पन्त और अज्ञेय, निराला और मुक्तिबोध की अपेक्षा कहीं अधिक पसन्द हैं।

अछोर भावोद्रेक और असीम आवेग खुद में कोई बड़ी चीज नहीं रहते यदि उन्हें संयमित करनेवाली समाहार चेतना का अभाव हो। विशाल जलराशि भी बिना तटों के अवरोध के निरर्थक बाढ़ में बदल जाती है। शक्ति नियमन का ही परिणाम है। 'एकाग्रीभाव छन्द की आत्मा है।' आवश्यक सीमाएँ और कगार ही धारा को गति देते हैं' पंडित जी के व्यक्तित्व में संयम और समाहार की भी अद्‌भुत शक्ति है ऐसा आवेग और आवेश मूल का आदमी इतना संयमी और विनम्र कैसे हो सकता है? इस प्रश्न को मैं बार-बार सोचता रहा हूँ।

काशी हिन्दू विश्वविद्यालय से उनका हटना शायद उनके जीवन का सबसे बड़ा संकट और सन्त्रास था। इसे वे अपने पाप का परिणाम कहते हैं। पाप था गुरुदेव के शान्तिनिकेतन को छोड़कर आना। अस्तित्ववादियों की धारणा है कि सन्त्रास और संकट में मनुष्य का व्यक्तित्व अनावृत हो जाता है। मैंने उन दिनों भी उन्हें काफी निकट से देखा। मन के भीतर जो भी उथल-पुथल रही हो, बाहर से वे उन्हीं के शब्द उधार लूँ "तो निर्वात दीप की तरह बिल्कुल निष्कम्प" थे। उनके मन को आघात लगा था; पर मलाल न था। उन्होंने अन्याय के विरुद्ध लड़ाई नहीं लड़ी। बहुतों को उनका यह व्यवहार खला। मुझे भी। पर जब-जब मैंने उनके इस आचरण पर विचार किया; मुझे लगा कि यहाँ भी लड़ाई है, और बहुत उग्र और भयंकर; पर वह कहीं और लड़ी जा रही है। यह युद्ध क्षेत्र उनका स्वयं का मन था, जिसमें आवेश, आवेग और महाप्राणता का युद्ध चल रहा था—संयम, आत्मविश्वास और कटु परिस्थितियों से उत्पन्न क्षोभ और निराशा के साथ। जिस दिन वे काशी छोड़कर जा रहे थे। अचानक उनके घर के भीतर से रेडियो सिलोन से रेकॉर्ड बज रहा था, "बनते लगे न देर, बिगड़ते लगे न देर।" ये रेडियो भी कभी-कभी कैसा परम बेहूदा असमय राग अलापने लगते हैं? उन्हें पहुँचाकर स्टेशन से लौटा तो मन बड़ा खिन्न था। कुछ ही दिनों बाद 'कादम्बिनी' में उनका लेख 'कुटज' प्रकाशित हुआ। 'कादम्बिनी' अभी उद्‌घटित नहीं हुई थी। एक अग्रिम अंक राव साहब ने मुझे दिया था। मैं रात को प्रयाग होटल के कमरे में लेटा-लेटा वह लेख पढ़ने लगा। उस निबन्ध में कुछ ऐसी कशिश थी कि मैं तड़पकर रह गया। 'कुटज' उनकी सम्पूर्ण

सन्त्रासकालीन मन:स्थिति का दस्तावेज है। मैं पढ़ता गया, "फकत कुटज के फूल। यह और बात है कि आज आषाढ़ नहीं, जुलाई का पहला दिन है, मगर फर्क भी कितना है। बार-बार मन विश्वास करने को उतारू हो जाता है कि यक्ष बहाना-मात्र है, कालिदास ही कभी 'शापेनास्तंगमितमहिमा' होकर रामगिरि पहुँचे थे। अपने ही हाथ इस कुटज पुष्प का अर्ध्य देकर उन्होंने मेघ की अभ्यर्थना की थी। शिवालिक की इस अत्युच्च पर्वत शृंखला की भाँति रामगिरि पर भी उस समय और कोई फूल नहीं मिला होगा। कुटज ने उनके सन्तप्त चित्त को सहारा दिया था। धन्य हो कुटज, तुम गाढ़े के साथी हो।"

अपने को शापित मान लेने की यह प्रवृत्ति खुद में एक निरीह विवशता और निरा आत्मतोष बनकर रह जाती, यदि उन्हें यह बोध न होता कि "कुटज क्या केवल जी रहा है? वह दूसरे के द्वार पर भीख माँगने नहीं जाता, कोई निकट आ गया तो भय के मारे अधमरा नहीं हो जाता, नीति और धर्म का उपदेश नहीं देता फिरता, अपनी उन्नति के लिए अफसरों का जूता नहीं चाटता, दूसरों को अवमानित करने के लिए ग्रहों की खुशामद नहीं करता, आत्मोन्नति के हेतु नीलम नहीं धारण करता, अँगूठियों की लड़ी नहीं पहनता, दाँत नहीं निपोरता, बगलें नहीं झाँकता। जीता है और शान से जीता है—काहे वास्ते? किस उद्देश्य से? कोई नहीं जानता, मगर कुछ बड़ी बात है। स्वार्थ के दायरे के बाहर की बात है।"

यह 'बड़ी बात', स्वार्थ दायरे के बाहर की 'बात' उनके व्यक्तित्व को संयमित करती है, घेरती और छेंकती है, आवृत करती है और हर सन्त्रास और संकट में उनका कवच बन जाती है। इसी के सामने समर्पित होकर अहं समष्टि में बदल जाता है, आवेग सृजन का रूप ले लेता है और भावोद्रेक एक अद्भुत 'कर्वेचर' के साथ अकल्प ऊँचाइयों को अपने भीतर समेट लेता है। यह बड़ी 'बात', यह बड़ा उद्देश्य उन्हें कभी नहीं भूलता। लोग इसे आदर्शवादिता कहकर टालने की कोशिश करते हैं, इसमें उन्हें पंडित का अतिरिक्त उत्साह और परम्परा का मोह दीखता है। कुछेक के लिए यह बकवास है, कुछेक के लिए भावुकता। आधुनिकतावादी इसे पुराणप्रियता और चालाक लोग मानसिक कमजोरी कहकर सन्तुष्ट हो लेते हैं। पंडित जी के बहुतेरे शिष्यों को पंडित जी का यह 'अनासक्त' रूप काफी कष्टकर लगता है; क्योंकि इसी के चलते वे उचित मौकों पर आवश्यक दृढ़ता नहीं दिखाते और उचित काम भी करा नहीं पाते, पर जो व्यक्ति अपने संकट और सन्त्रास के क्षणों में अपने प्रति निर्मोही और तटस्थ हो सकता है, वह पलायनवादी नहीं है, बल्कि किसी उच्चतर मूल्य के लिए कष्टकर और कठोर रास्तों को अपनाए हुए है, इसमें सन्देह नहीं। यह बड़ी बात क्या है? "जीना भी एक कला है। लेकिन कला ही नहीं तपस्या है। जीयो तो प्राण डाल दो जिन्दगी

में, मन ढाल दो जीवन रस के उपकरणों में। ठीक है लेकिन क्यों? क्या जीने के लिए जीना ही बड़ी बात है? सारा संसार अपने मतलब के लिए ही तो जी रहा है।'' इसी प्रसंग में उन्हें याज्ञवल्क्य के 'आत्मनस्तु कामाय सर्व प्रियं भवति' की याद आती है, हाब्स और हेल्वेशियस के ऐसे ही विचार याद आते हैं। तो क्या सारा जगत् सिर्फ अपने स्वार्थ के लिए ही प्रयत्नशील है? ''अन्तरतम से कोई कह रहा है नहीं ऐसा सोचना गलत ढंग से सोचना है। स्वार्थ से भी बड़ी कोई-न-कोई बात अवश्य है, जिजीविषा से भी प्रचंड कोई-न-कोई शक्ति अवश्य है। क्या है?''

इसे जो कह लीजिए इतिहास, विधाता, सर्व, समष्टि, महाकाल, महाअज्ञात, कुछ भी; पर इस 'बड़े उद्देश्य' के प्रति उनकी अटूट आस्था आधुनिक से आधुनिक विचार में लिपटी होने पर भी, ज्यों-की-त्यों दिखाई पड़ेगी। यह एक पूर्णता-भाव है, अगाध मूल्य स्रोत, जिससे उनका हर विचार, हर धारणा और हर उद्भावना कहीं-न-कहीं जुड़ी रहती है। ''अपने-आपको दलित द्राक्षा की भाँति निचोड़कर जब तक सर्व के लिए निछावर नहीं कर दिया जाता, तब तक स्वार्थ खंड सत्य है, वह मोह को बढ़ावा देता है, तृष्णा को उत्पन्न करता है और मनुष्य को दयनीय कृपण बना देता है। कार्पण्य दोष से जिसका स्वभाव उपहत हो गया है, उसकी दृष्टि म्लान हो जाती है, वह स्पष्ट नहीं देख पाता, वह स्वार्थ भी नहीं समझ पाता, परमार्थ तो दूर की बात है।''

समर्पण किसी भी बड़े-से-बड़े मूल्य के सामने व्यक्ति की ऐकान्तिक निष्ठा की चीज है, इसलिए एकान्त वैयक्तिक चीज है। इस विषय में मुझे कुछ नहीं कहना; पर पंडित जी की 'सर्व के आगे अपने को दलित द्राक्षा की तरह निचोड़कर समर्पण' करने की बात मुझे आचरण और सिद्धान्त के रूप में अबूझ लगती रही है, लगती है। मैं इस वाक्य की बहुशः अनुवर्तिता देखकर खीझ उठता हूँ। फिर थोड़ा शान्त होकर सोचता हूँ तो लगता है मुझे खीझने का कोई हक नहीं है। पंडित जी का 'सर्व' और उनका 'समर्पण' बिल्कुल उनकी चीज है और उनके चित्त में इतने गहरे धँसी हुई है कि इसे यों ही उड़ाया नहीं जा सकता। यह एक अजीब प्रक्रिया है, अपने सम्पूर्ण जीवन के सुख-दुःख के बीच उनका अनुभूत रिश्ता है, जिसे हम आज की दृष्टि से जो चाहे कह लें, इसके पीछे विद्यमान उस व्यक्ति की ईमानदारी में सन्देह नहीं किया जा सकता, और निरन्तर परिवर्तित होते हुए मूल्यों, सत्यों, धारणाओं के जगत् अपनी मान्यता के प्रति ऐसी विलक्षण निष्ठा अपनी अनवरतता के कारण ही एक आधुनिक मूल्य बन जाती है; इसमें शक नहीं है। यह भी एक अजीब समर्पण है कि जिसे ठीक से कर न सकने के कारण बड़ी-से-बड़ी प्रतिभाएँ असफल हुईं। चाहे भट्ट हो या भट्टिनी, चाहे चन्द्रलेखा हो या राजा सातवाहन। सभी इस समर्पण की अग्नि में झोंके गये। पर खरे कितने उतरे?

न व्यक्ति न राष्ट्र। पर पंडित जी की इस धारणा में परिवर्तन नहीं होता। अनासक्त मस्ती और दलित द्राक्षा की तरह निचोड़कर किया जाने वाला समर्पण, बिल्कुल विरोधाभास है न? वैसा ही विरोधाभास जैसा अदम्य प्राणवेग तथा सयंम और नम्रता के बीच है।

यह विरोधाभास ही उनके सृजन का उपयुक्त क्षेत्र है। वे एक ऐसे कुशल कृषक हैं, जो अपनी माटी की खूबियाँ और त्रुटियाँ दोनों समझते हैं और उसे अपने अथक परिश्रम और अध्यवसाय से ऐसी भूमि में बदल देते हैं जिसमें हजारों वर्ष पुरानी भारतीय संस्कृति की याद है, साधनाओं का उर्वरक है और नवीन से नवीन प्रकार के अधिक फल देने वाले आधुनिक बीज हैं। पंडित जी ध्वंस और उत्सर्जन की बात सोच ही नहीं सकते। मनुष्य की मनुष्यता में विलक्षण आस्था रखनेवाला व्यक्ति स्वभावतः सृजन का पक्षधर होता है। घर की बागवानी से लेकर शोध के मरूद्यानों तक सर्वत्र उनक सृजनधर्मिता नाना रूप में प्रतिफलित होती रहती है। वे इसी कारण कभी-कभी इतने निरीह और विवश भी हो जाते हैं कि अत्यन्त अनभल ताकने वाले का कोई नुकसान या हानि कर नहीं सकते। उनके साथ जिन लोगों ने बुरा-से-बुरा बरताव किया, उनके व्यक्तित्व पर कीचड़ उछाला, उनकी जीविका पर लात मारी, उनके विकास के सारे रास्ते काँटों से रूँधे, उनके विरोध में कुछ करना तो दूर कुछ कहने का भी उन्होंने कभी प्रयत्न नहीं किया। काशी हिन्दू विश्वविद्यालय से विदा होते वक्त जाँच समिति के अध्यक्ष के बार-बार आग्रह पर भी उन्होंने कुछ न कहा। चलते वक्त गुरुदेव की दो पंक्तियाँ अवश्य निकल पड़ीं—फल-फूल लदे विशाल वृक्षों को धराशायी कर देना कितना आसान है। पर तुम एक छोटा-सा फूल भी खिला नहीं पाओगे, नहीं पाओगे, नहीं पाओगे—

> *"तोरा पारिबी ने गो, पारिबी ने गो, पारिबी ने*
> *फूल फोटाते।"*

अपने जीवन के उन ध्वंसात्मक क्षणों में जिसे फूल खिलाने की याद रही, उसकी सृजनधर्मिता के बारे में और क्या कहा जाए। पृथ्वी के अदम्य गुरुत्वाकर्षण को ठेलकर आकाश की ओर आश्वस्त भाव से देखने वाला बीजांकुर उनका, बहुत प्रिय प्रतीक है। अंकुरोद्भव की प्रक्रिया याद आते ही उनका सम्पूर्ण शरीर उल्लास से थिरक उठता है। उनका विश्वास है कि सृजन को अवरुद्ध करने वाली बड़ी से बड़ी शक्ति भी मामूली अँखुवे की गति को रोक नहीं सकती। "पृथ्वी लाखों वर्षों तक ठंडी होती रही। लाखों वर्षों तक उस पर तरल तप्त धातुओं की लहाछेह वर्षा होती रही। लाखों वर्षों तक उसके बाहर और भीतर प्रलयकांड चलता रहा और जीवतत्त्व अविक्षुब्ध भाव से अवसर की प्रतीक्षा में बैठा रहा। अवसर आने पर उसने

सम्पूर्ण जड़शक्ति के विरुद्ध विद्रोह करके सिर उठाया—अंकुर रूप में। सारी जड़शक्ति अपने प्रबल आकर्षण का सम्पूर्ण वेग लगाकर भी उसे नीचे नहीं खींच सकी।'' (कल्पलता, पृ. 99)। हाय री अदम्य जिजीविषा। जीना चाहते हो? कठोर पाषाण को भेदकर, पाताल की छाती चीरकर, अपना भोग्य संग्रह करो, वायुमंडल को चूसकर, झंझा तूफान को रगड़कर अपना प्राप्य वसूल लो, आकाश को चूमकर, अवकाश की लहरों में झूमकर उल्लास खींच लो। कुटज का यही उपदेश है :

भित्वा पाषाणपिठरं छित्वा प्राभञ्जनीं व्यथाम्।
पीत्वा पातालपानीयं कुटजश्चुम्बते नभः।।

यही सृजनधर्मिता, यही जिजीविषा, संस्कृत के मामूली शास्त्राचार्य को शान्तिनिकेतन ले गयी, साहित्य की अछूती घाटियों में ले आई, प्राचीन संस्कृति और इतिहास के अन्ध खँडहरों में ले गयी, अँगरेजी का नियमित अध्ययन न होते हुए भी विदेशी विचारधारा के उत्तुंग शिखरों पर ले गयी। वे जहाँ भी गये, उन्मुक्त भाव से ही गये, पर कभी भी अपनी स्वकीयता छोड़कर नहीं। स्वकीयता, जिसमें मानवतत्त्व है, मांगल्य है, कालिदास का सौन्दर्य और सौभाग्य है, कबीर की फक्कड़ाना मस्ती है, दिक्काल की शाक्त धारणाएँ है, सिसृक्षा है, रवीन्द्र का 'महामानव' है, और इनको समेटकर, अन्तर्भुक्त करके चलती हुई भोजपुरी सहजता है, कभी उनसे अलग नहीं होती। यहाँ आकर नॉर्मल नर्मिल हो जाता है। कंटिनुअम इच्छा में, नाद में; क्वैंटम क्रिया में, बिन्दु में बदल जाता है। सारा आधुनिक 'एस्थेटिक' लालित्य का क्षेत्र बन जाता है, जिसकी मूल शक्ति ललिता है, जो शिव की क्रीड़ा-सखी है। बहुविध क्षेत्र में ले जानेवाली यह जिजीविषा उन्हें सर्वभुक् बनाती है, वैसे वे पैदायशी अग्निभुक् तो हैं ही। कटु तिक्त, लवण, कषाय, मधुर, चरपरा सभी सुपाच्य है, सभी गल-पचकर भारतीय जीवन की अमृत प्राणधारा का अंग बन जाते हैं। यह उनकी जिजीविषा की सृजनधर्मिता है, साथ ही निर्ममता भी। ''मनुष्य की जीवन शक्ति बड़ी निर्मम है। वह संस्कृति और सभ्यता के वृथा मोहों को रौंदती चली आ रही है। शुद्ध है केवल मनुष्य की दुर्दम जिजीविषा। वह गंगा की अबाधित अनाहत धारा की भाँति सब कुछ को हजम करने के बाद भी पवित्र है।''

किन्तु यह निर्ममता उस समय कितनी मोहमय हो जाती है जब सभ्यता और संस्कृति को जान पाने की लालसा काई लगे पाषाण के टुकड़े को भी बिना परखे फेंकना नहीं चाहती। मैं फिर एक विरोधाभास की बात कर रहा हूँ। पंडित जी अतीत के भग्न जीर्ण टुकड़े के प्रति भी असीम मोह से विजड़ित हो जाते हैं। शायद इसके भीतर से कुछ मिल जाए। उस अन्धकाल को जानने के लिए एक मामूली चिनगारी

भी मिल जाए, तो उसे जिलाए रखना कर्तव्य है। इसी कर्तव्य से प्रेरित होकर वे निरन्तर तन्त्र-मन्त्र, पुराण-आगम, जैन-बौद्ध, शैव-शाक्त, नाथ-कापालिकों के राशीभूत नीरस और फालूत-से लगने वाले शास्त्र-साहित्य को उकेरते रहते हैं। उन्होंने खुद ही लिखा है कि "अच्छा समझिए या बुरा मेरे अन्दर एक गुण है जिसे आप बालू में से तेल निकालना समझ सकते हैं, बशर्ते कि यह बालू मुझे अच्छी लग जाए।" (मेरी जन्मभूमि) यह गुण उनके लिए, आज की बौद्धिक और वर्तमान के अंश-विशेष में सीमित विद्वन्मंडली के स्थूल प्रामाण्यवाद के चलते काफी महँगा भी साबित हुआ है। लोग उन्हें पुराणपन्थी भावुक तथा यथार्थ से दूर कहने में नहीं हिचकते; किन्तु जिसने अतीत और वर्तमान के जाड्य को भेदकर सत्य जानने का संकल्प किया है, वह इन आरोपों की परवाह ही कब करता है। उन्हें न तो अपने को फैशनपरस्त आधुनिक कहे जाने की आकांक्षा है और न तो परम्परापूजक कहे जाने की चिन्ता। बालू से तेल निकालने की यह शक्ति प्राचीन साहित्य के जिज्ञासुओं को आश्चर्यचकित और श्रद्धापूरित अवश्य बनाती है। मैं तो द्विवेदीजी की इस अनुपम शक्ति का भावुक प्रशंसक हूँ ही। चाहे वह पुराने कवियों की रचनाएँ हों, चाहे पुरानी दार्शनिक और साधानात्मक विवृत्तियाँ, चाहे वह आधुनिक जगत् का ज्ञान-विज्ञान हो, चाहे पाश्चात्य दर्शन और साहित्योपयोगी मानवशास्त्र, पंडित जी की पकड़ विस्मय में डाल देती है। सूक्ष्म बातों को समझने का उनका बोध-यन्त्र इतना विकसित और जीवन्त है कि अबूझ-से लगने वाले तत्त्व जैसे स्वतः उनके सामने खुल जाते हैं। उन्होंने अँग्रेजी में लिखा नया बहुत-सा नहीं पढ़ा है, नित नूतन विचार जगत् से भी उनका परिचय नाकाफी ही कहा जाएगा; पर जितना भी उन्होंने पढ़ा है या पढ़ते हैं; उसका आदि-अन्त खूब समझते हैं। कभी-कभी नये विचारों तक के विषय में चिरपरिचित पंक्तियों के भीतर से ही वे ऐसा अर्थ निकाल देते हैं कि अचानक तबीयत उदास हो जाती है और लगता है कि यह बात मुझे क्यों नहीं सूझी। दो पंक्तियों के बीच के अन्तराल के अनकहे को जान लेने की उनकी शक्ति हमेशा ही ईर्ष्या की वस्तु रही है। तत्त्व को सही ढंग से जानने की यह 'डिसिप्लिन' विरल है। इसे कोई यों ही पा भी नहीं सकता, इसके लिए अनवरत साधना और अभ्यास की जरूरत है। इस शक्ति की कुछ अन्ध घाटियाँ भी होती हैं, इसमें मैं इनकार नहीं करता। इसका अतिरेक कभी-कभी बिना नींव के हवाई महल भी खड़ा कर सकता है, इसे मैं मानता हूँ; पर उपलब्धियों के देखते खतरों से घबराने की कोई जरूरत नहीं है।

ऐसे आदमी के निकट उदासी शायद स्वभावतः नहीं आती। पंडित जी उदास और निराश लोगों पर फब्तियाँ कसने में भी नहीं चूकते। देश की अरक्षा, बढ़ती हुई अराजकता, गरीबी, घूसखोरी, भ्रष्टाचार, स्वार्थान्धता, अन्याय और 'नान्यः

पन्थाः' वाली दिशाहारी घुटन की बातें सुनकर वे तड़तड़ाकर हँसेंगे, "और क्या सोचोगे? जरा-सी स्थितियाँ उलझ गयीं, बस, हाथ-पैर फूल गये। तुम क्या समझते हो कि हमारे देश के ऋषियों की हजारों वर्ष की तपस्या निरर्थक थी? इतनी बड़ी परम्परा और इतनी बड़ी जनशक्ति का देश यों ही नष्ट हो जाएगा? इस देश का कुछ नहीं बिगड़ेगा देख लेना। नोट कर लो। कहा था न कि इस बार पाकिस्तान चढ़ा तो खाएगा गच्चा। वही हालत चीन की भी होगी, हाँ। बड़ा फूल रहा है, गुब्बारे-सा। फटेगा, फटकर रहेगा, नोट कर लो। अरे भाई, हिन्दुस्तान कोई भेड़-बकरी नहीं, हाथी है, उठने में देर लगती है। जरा उठ जाए तो देखना। भारत-पाक लड़ाई के समय चंड़ीगढ़ में होते तो देखते कि जनता कितनी जाग्रत है! यहाँ के इंटलैक्चुअल सो रहे हैं। सोओ सोओ, तुम लोगों से कुछ न होगा "सुखं शयीथाः, निकटे जागर्ति जाह्नवीभक्तः।"

"क्या उठेगा पंडित जी"। निराशा के बादल जब उनकी तड़तड़ाहट से भी नहीं छँटते तो वे कहते हैं—

"आखिर राजपूत ही हो न; पराजित जाति के आदमी। और क्या सोचोगे?"

मैं उस समय चुप हो जाता हूँ। जानता हूँ बोलने से कुछ लाभ नहीं। सही निराशा और सही उदासी का भी अपना एक व्याकरण होता है, शास्त्र होता है, यह अब पंडित जी से कौन कहे। उनके स्वभाव में ही नहीं है कि वे उदासी और निराशा की 'सिन्सियर्टी' को देखते हुए उस विचारधारा को भी कुछ अहमियत दें, जो महान परम्परा, निष्काम तपस्या, अप्रतिहत साधना और सुनहरे आदर्शवादी मूल्यों के विराट् स्तूपों को निरर्थक सिद्ध करके ढहाती चली जा रही है। ऐसा करने के लिए उन्हें 'बड़ी बात' के उस महत्, किन्तु अदृश्य वायवी मूल्य-स्रोत से अपने को विच्छिन्न करना पड़ेगा। जो वे कभी नहीं कर सकते। घोर-से-घोर संकट और विपत्ति में भी उनका मन उस स्रोत से जुड़ा रहेगा और वे खुद ही भीतर-ही-भीतर निराशा और उदासी से खोखले होते रहेंगे; पर छेड़ देने पर उनके भीतर सोया प्राण वेग हुमककर ऊपर आ जाएगा और इन आधुनिक धारणाओं को मटियामेट कर देने के लिए टकराता रहेगा। उस समय पंडित जी मेरी या आपकी उदासी को लताड़ रहे होते हैं; पर मुझे अक्सर लगता है यह जोश-भरी लताड़ अपने ही भीतर बैठ गयी उदासी के विरुद्ध चल रही है। भीतर-ही-भीतर कभी वे भी गहन शंका से भरभरा जाते होंगे कि इस दुनिया में ईमानदारी, न्याय और सत्य की हमेशा (बल्कि कभी-कभी भी) जीत ही नहीं होती।

उदास तो मैं भी होना नहीं चाहता, किसी अदृश्य सत्ता से जुड़ जाने से ही ऐसी सहज आस्था और चारुस्मिता मस्ती मिल जाती है, तो मुझे उस तरह जुड़ने

से इनकार नहीं। थोड़ा-बहुत प्रयत्न भी कर सकता हूँ; किन्तु मैं जानता हूँ कि लाख कोशिश करके भी मेरी पीढ़ी का कोई लेखक इस प्रयत्न के लिए वह विश्वास अर्जित नहीं कर पाएगा, जो इस बूढ़े व्यक्ति को नये-से-नये लेखक की तुलना में अपेक्षाकृत अधिक जीवन्त और उत्साहमय बनाए रहता है। यह विश्वास पिछली पीढ़ी को विरासत में मिला था, इस पीढ़ी के हमारे जैसे कुपूतों के लिए यह स्रोत भी चुक गया है।

हम अधिक से अधिक इतना ही कर सकते हैं कि ऐसे लोगों के आशा-स्रोत से कुछ ठंडक पा लें। पंडित जी के पास बैठने पर ऐसी ही ठंडक मिलती है। वे पुराने पिटे हुए लतीफों को बार-बार दोहराते हैं, हम नयों को सही लगनेवाली चीजों पर उनके व्यंग्य के ठहाके तड़तड़ाते हैं, लोहिया के नाम पर मुँह बिचकाते हैं, इन्दिराजी के नाम पर खिल जाते हैं, जवाहरलाल के बारे में सही आरोप लगाते वक्त भी स्नेह और श्रद्धा से विगलित हो जाते हैं, नयों की धमाचौकड़ी को नापसन्द करते हैं, बावजूद इसके कि नयों के प्रति वात्सल्य और प्रोत्साहन में कमी नहीं आती, परिचित और मान्य लोगों के गलत कामों की खुलकर निन्दा नहीं करते, भुनभुनाते हैं, गलत लोगों के खिलाफ सही बात सुनकर भी मौन साध लेते हैं, जिसे एक बार अपना लिया, उस आदमी की सैकड़ों टुच्ची प्रवृत्तियों को ढँकते-तोपते रहते हैं, आच्छादन जब कभी-कभी बहुत भारी लगने लगता है तो अचानक इसका प्रतिवाद कर बैठता हूँ। यह बस हलक के नीचे नहीं उतरता। उस समय वे किंचित् उदासी और हल्की खीझ के साथ हँसते हुए कहते है,''रजपुत भगत मूसर धनुही।'' राजपूत भक्त नहीं हो सकता। मूसल से धनुष नहीं बन सकता। उस समय मुझे गुस्सा आता है और सोचता हूँ कि कहूँ ''आपको धनुष की जरूरत कब है। मन्त्रपूत दिव्य धनुष तो शमी वृक्ष पर मुरदों के साथ टँगे हैं। आपको अज्ञातवास में ही रस आने लगा है।'' पर चुप रह जाता हूँ। उनकी अस्वीकार्य बातों का भी उग्र विरोध करने का साहस नहीं होता क्योंकि उनका खुद का शील, आचरण और नैतिकता इतनी महान है कि अपना प्रतिवाद बौना लगने लगता है। और फिर कौन जाने, ''सब प्रत्यक्ष द्रष्टव्य सत्य नहीं होते। इसमें केवल एक बात सत्य है जो अक्सर प्रत्यक्ष नहीं दीखती। एकाएक नहीं कहा जा सकता कि हमने जो कुछ देखा है, वह किस हद तक सत्य है।'' (चारुचन्द्रलेख) मैं मौन में खो जाता हूँ। मेरी चुप्पी और उदासी को तोड़ने के लिए वे कहेंगे, ''अच्छा, लो, लो पान खाओ। और कहो तुम्हारा 'ब्लिट्ज' क्या लिख रहा है आजकल?''

काफी रात ढले अँधेरी सड़क से घर लौटते मैंने अक्सर अपने-आपसे ही पूछा है—वह कौन-सी चीज है, जो इस आदमी की आत्मा में निरन्तर जलती रहती है,

संजीवनी वनस्पति के नीचे जलने वाली ज्योति की तरह। आदमी चाहे कितना भी थका हो, उदास हो, परेशान हो, उनसे मिलकर लौटने पर लगेगा कि एक नयी शक्ति पा गया है, एक गरमाहट, एक जिन्दा, होने का बोध मिल गया है। निश्चय ही यह अग्नितत्त्व कहीं-न-कहीं एक दिव्यता के स्रोत से जुड़ा है।

मेरा निश्चित मत है कि हँसाना-हँसना पूँजीवादी मनोवृत्ति की उपज है। इस युग के हिन्दी साहित्यिक जो हँसना नापसन्द करते हैं उसका कारण शायद यह है कि वे पूँजीवादी बोर्जुवा मनोवृत्ति से मन-ही-मन घृणा करने लगे हैं।

—अशोक के फूल

जलौघमग्ना सचराचरा धरा

धर्मवीर भारती

जब बाहर का सारा जीवन दैन्य, पराजय, कुंठा, विकृति, पाशविकता और कुरूपता से इस कदर आक्रान्त हो गया हो कि उसमें मनुष्यता के लिए तिल-भर भी जगह न बचे, यहाँ जो कुछ भी मानवीय है वह कुंठित, बौना, भ्रष्ट और खंडित होने को विवश हो जाए उस समय हमारे समाने कौन-सा विकल्प है? क्या हम इन तमाम स्थितियों से आँख चुराकर किसी कल्पित, अमानवीय अलौकिक सौन्दर्य की कल्पना में अपने को झुठलाएँ या इन मानवविरोधी, भ्रष्ट व्यवस्थाओं को ही अपने अस्तित्व की एकमात्र आधारभूमि मानकर मनुष्यता की थाती पर से अपना विश्वास ही खो बैठें? इतिहास में सिर्फ आज नहीं अनेक बार ऐसी अन्धकारमय स्थितियाँ आती हैं। शायद यह जरूर है कि संकट की यह गहनता और व्यापकता इतनी कभी नहीं थी जितनी कि आज है।

कुछ जातियाँ, खास तौर से, आन्तरिक रूप से अत्यधिक कल्पनाप्रवण रही हैं और सांस्कृतिक स्तर पर वैभव-सम्पन्न, उनमें बहुधा एक अद्भुत क्षमता दीखती है मिथकों और प्रतीकों के निर्माण और फिर उन मिथकों और प्रतीकों के सहारे ऐसे अवसर पर अपनी उस आन्तरिक संकल्पशक्ति को जगाने की, जो इस गहन संकट के समय उनके खंडित होते हुए व्यक्तित्व को, उनकी पिसती हुई, क्षय होती हुई मानसिकता को नयी ताकत देती है और वे पुनः इस संकट से जूझती हैं और मुनष्यता के तत्त्व को फिर से स्थापित करती हैं। परम्परा, समाज-व्यवस्था, राजसत्ता, धर्म, नियम, आचार, नैतिकता सबकी कठोरतम वर्जनाओं को निमर्ममता से जाँचकर स्वीकार या अस्वीकार करती हैं और उनके स्वीकार या अस्वीकार की एक मात्र कसौटी होती है—संकट के समक्ष अपने मनुष्यत्व की रक्षा और इसकी प्रतिष्ठा करता हुआ मनुष्य। और वे साहस से उद्घोष करती हैं : "शाबार ऊपर मानुष सत्य तहार ऊपरे नाई।"

वह कौन-सा क्षण था जिस समय एक अत्यन्त संवेदनशील, अध्ययन-

समृद्ध, गहन दृष्टिवाले लेखक ने उन सारी गलित वर्जनाओं, झूठी रूढ़ियों, भ्रान्त, किन्तु हजारों वर्षों से प्रतिष्ठित मानवविरोधी धारणाओं के नीचे पिसती हुई, हर तरफ से डरी हुई मानसिकता को अमृतवाक्य देने का संकल्पन किया, एक मूलमन्त्र,"किसी से भी न डरना, गुरु से भी नहीं, मन्त्र से भी नहीं, लोक से भी नहीं, वेद से भी नहीं।" (बाणभट्ट की आत्मकथा) हजारों साल से वेद से, शास्त्र से, पंचायत से, गुरु से, जात–बिरादरी से, स्वर्ग, नरक से, कर्म फल से, सगुन–असगुन से, कैलास से लेकर आँगन की तुलसी तक में वास करनेवाले तैंतीस करोड़ देवताओं से, पत्रा–पंचांग से, साधु–फकीर से, राजा से, पटवारी और सिपाही से लेकर राह काटनेवाली बिल्ली तक से डरनेवाली कायर जाति जो दूसरी ओर नृशंस होकर जिन्दा औरतों को जलाने तक की अमानुषिकता पर उतर आती थी, उसकी सारी व्यवस्था के बीच खड़े होकर किस पीड़ा और किस साहस से उसने ललकारा था : 'पाखंडी! तेरे सब शास्त्र पाखंड सिखाते हैं, तुझे धोखा देते हैं, जो तेरे भीतर सत्य है उसे दबाने को कहते हैं : जो तेरे भीतर मोहन है उसे भूलने को कहते हैं। तू जिसे पूजता है उसे छोड़ने को कहते हैं।" और इसीलिए मूल मन्त्र था डर मत। कुछ भी डर से मत स्वीकार, अपने मनुष्यत्व को, अपनी देह को, अपने मन को गर्हित या त्याज्य मानकर मत आरम्भ कर, तूने देह धारण की, यह देह–धारण ही तेरे पाप का प्रमाण है, अतः इसे दंड मानकर स्वीकार करना, यह चिन्तन मानवविरोधी है, 'क्यों नहीं मनुष्य अपने सत्य को देवता समझ लेता आर्य?'

कैसी है संकल्प–समृद्ध परिपूर्ण यह आस्था, शिरीष फूलों–सी मृदुल और वज्र से भी कठोर!

शान्तिनिकेतन में जिस कुटिया में द्विवेदी जी रहते थे वहाँ से प्रार्थना–प्रांगण को जानेवाली पगडंडी पर एक विशाल शिरीष वृक्ष पड़ता है। उतरते फाल्गुन चढ़ते चैत्र के दिन थे। नर्मदेश्वरजी और शिवनाथजी भोर में ही मुझे उठा देते थे और फिर हम लोग हिन्दी भवन के पीछे खड़े होकर पंडित जी की प्रतीक्षा करते थे। भोर के धुँधलके में प्रार्थना–प्रांगण की ओर जाते हुए नर्मदेश्वरजी और शिवनाथजी से तमाम दुनिया की बातें करते हुए पंडितजी को यह क्या मालूम था कि धीरेन्द्रजी का भेजा हुआ यह दुबला–पतला संकोची स्वभाव का शोधछात्र, जो चुपचाप पीछे–पीछे चल रहा है, (निगाह बचाकर शिरीष का एक झब्बेदार फूल भी तोड़ लेता है) वह मन–ही–मन पंडित जी की 'बाणभट्ट की आत्मकथा' से मिला हुआ एक गुरुमन्त्र दोहरा रहा है: "किसी से भी न डरना, गुरु से भी नहीं, मन्त्र से भी नहीं, लोक से भी नहीं, वेद से भी नहीं।"

अपनी उस कॉटेज के बरामदे में बैठे हुए, कभी नाथ सम्प्रदाय पर बात करते हुए, कभी सूफी फकीरों के लतीफे सुनाते हुए, कभी ठठाकर निश्छल हँसी हँसते हुए और कभी आम्र-वृक्ष के नीचे घास और सूखे पत्तों पर छात्रों को लेक्चर देते हुए पंडित जी....और निपुणिका (निउनिया) के हाथ का पान खाते हुए, चंडी मंडप में बाबा से निडर होने का मन्त्र लेते हुए, नौका-युद्ध के समय गंगा में डूबती हुई भट्टिनी को बचाते हुए और उनके उपास्य महावाराह की मूर्ति का उद्धार करते हुए बाणभट्ट...मेरे मन में ये दोनों छवियाँ एक-दूसरे में घुलती-मिलती रहती थीं। मैं प्रयाग से आया हुआ बटुक था। हमारी नगरी में संगम में जहाँ गंगा-जमुना मिलती हैं वहाँ दूर से एक रेखा स्पष्ट दीखती है, उधर हरा जल, इधर दूधिया, लेकिन बिल्कुल पास जाओ तो सब घुला-मिला, पता नहीं चलता कहाँ से जमुना खत्म होती हैं कहाँ से गंगा शुरू हो जाती है। डॉ. प्रबोधचन्द्र बागची से तन्त्र का और शान्ति भिक्षु से महायान का पाठ लेकर लौटता था और अक्सर चुपचाप हिन्दी भवनवाले अपने कमरे की खिड़की से पंडित जी को अपनी कुटिया के बरामदे में बैठे देखता रहता था, कभी बाणभट्ट...कभी पंडित जी....तब से बराबर मानो यह आदत बन गयी। कितनी बार पंडित जी मिले, उनसे बातें बहुत कम करना बस उन्हें देखना, (शायद उनसे खुलकर बातें एक ही बार हुई जब वे दोपहर के खाने पर रघुवंशजी के यहाँ आए थे और साथ में छोटे-से मुकुन्दजी, सफेद कमीज हाफपैंट पहने।) और हमेशा शुभ्र खादी के कुरता-धोती और दुपट्टे में उनकी हँसती हुई छवि ने बार-बार यह प्रश्न जगाया कि वह कौन-सा क्षण होगा, किस आत्ममन्थन की परिणति होगी, किन अनुभवों का साक्षात्कार होगा जो उन्हें उस विस्फोटक सत्य तक ले आया कि "किसी से भी न डरो, लोक से भी नहीं, वेद से भी नहीं!"

आज यह कहने में कोई संकोच नहीं मुझे कि वाराणसी के जिस समुदाय ने पंडित जी का विरोध किया वह शायद इसीलिए कि बौद्धिकता और चिन्तन के धरातल पर वह 'बाणभट्ट की आत्मकथा', 'सूर साहित्य', 'कबीर', 'हिन्दी साहित्य की भूमिका' के लेखक से बहुत छोटा था। पंडित जी ने पहली बार एक दृष्टि दी थी जिससे हम अपनी सारी साहित्य-परम्परा की जीवन से सम्पृक्ति और युग से उसकी प्रतिबद्धता के आन्तरिक धरातल को समझ सकें। न केवल साहित्य वरन् जीवन के धरातल पर भारतीय मानसिकता जिस चिन्तन-पारतन्त्र्य से दो हजार वर्ष से ग्रस्त थी उसे खुली चुनौती देने का एक साहसपूर्ण प्रयास इस चिन्तक ने किया था।

इस चुनौती का मूलबिन्दु 'कबीर' में नहीं, वरन् 'सूर-साहित्य' में मिलता है। वहीं, जहाँ पंडित जी ने कतिपय पश्चिमी अध्येताओं की इस धारणा का विरोध किया है कि भारतीय भक्ति-आन्दोलन मध्यकालीन ईसाई प्रभावों की देन है। पंडित जी ने उस समय ईसाई भक्तों की और भारतीय वैष्णव भक्तों की मूल जीवन-दृष्टि का अन्तर बताते हुए कहा था कि ईसाई परिकल्पना मनुष्य जीवन में सारे दु:ख और वेदना को उस आदिम पाप का दंड मानती है जो आदम ने अदन के बाग में किया था वर्जित फल को चखकर। इसीलिए अपने शरीर को कष्ट पहुँचाकर तप:पूत होना ही पश्चात्ताप का एकमात्र मार्ग है, ईसाइयत में।

किन्तु तन्त्र से लेकर भक्ति तक जो हमारी जीवन-दृष्टि विकसित हुई वह प्रवृत्तियों के हनन की नहीं थी, और 'बाणभट्ट की आत्मकथा' के गुरु ने विरतिवज्र से यही कहा था, "देखो! न तो प्रवृत्तियों को छिपाना उचित है, न उनसे डरना कर्तव्य है, न लज्जित होना युक्ति मुक्ति है।" और इसी बात को सुचरिता ने कहा था "मानव देह केवल दंड भोगने के लिए नहीं बनी है आर्य। यह विधाता की सर्वोत्तम सृष्टि है। गुरु ने अब यह रहस्य मुझे समझा दिया है। मैं जिसे अपने जीवन का सबसे बड़ा कलुष समझती थी, वही मेरा सबसे बड़ा सत्य है।"

भारतीय मानसिकता को हजारों वर्षों से अनेकानेक भयों की सृष्टि करके दबाया गया था। इसी भय के वश वह एकांगी होकर कभी एक ओर कभी दूसरी ओर झुकाती रही। कभी देह से और कभी चेतना से मुक्ति पाने की विचित्र अमानुषिक राहें उसने ढूँढ़ी। कभी अपने पापी कल्मषमय शरीर को जिन्दा आरे से कटवाकर 'कासी करवट' लेना और कभी केवल मदिरा और मैथुन के चरम उन्माद में जीवित शवसाधन कर अपने को पशुता के धरातल पर उतार देना, दोनों ही एकांगिकताओं में अपनी मानवीय मानसिकता और उसकी सार्थकता को प्रतिष्ठित करने का आग्रह नहीं था, दोनों ही में पलायन था, एक में देह को ही दंडनीय मानकर और दूसरे में मानवीयता को बोझ मानकर।

इन दोनों अतिरंजनाओं का अतिक्रमण कर सही रास्ता वैष्णव चिन्तन ने सुझाया था जिसने यह बताया था कि मनुष्य अपने देह और मन दोनों से पवित्र है, लेकिन उसकी सार्थकता केवल आत्मनिष्ठ हिंस्र गुहावासी पशु की भाँति अमानुषिक और आक्रामक बने रहने में नहीं है बल्कि समग्र मानवता की ऐतिहासिकता का सार्थक अंग बनने में है। इसी बात को अगर वैष्णव शब्दावली में कहें तो सुचरिता के शब्दों में "वस्तुत: कल्मष भी मनुष्य का अपना सत्य है उसे स्वीकार करके ही वह सार्थक हो सकता है। दबाने से वह मनुष्य को नष्ट कर देता है। समस्त गुण और अवगुण जब तक निर्विकार चित्त से नारायण को नहीं सौंप दिए जाते तब तक वे भार-मात्र हैं।"

हमने प्रारम्भ में यह कहा था कि गहनतम संकट के क्षणों में महान जातीय प्रतिभा जिन सार्थक मिथकों और प्रतीकों की कल्पना करती है उससे उस जाति की आन्तरिक संकल्प-क्षमता का पता चलता है। यह केवल संयोग की बात नहीं कि द्विवेदी जी ने वैष्णवता के अनेकानेक अवतार-प्रतीकों में महावाराह का प्रतीक चुना। कल्मष और कीचड़ में धँसती हुई धरती का उद्धार महावाराह ने किया। सारे कालिख और कीचड़ में धँसकर प्रतिष्ठित करने की क्षमता। यह प्रतीक बहुत-कुछ कहता है जिसे आज के सन्दर्भ में समझा जाए तो बहुत-से महत्त्वपूर्ण विचारसूत्र निकल सकते हैं।

आज के मानवीय संकट का विवेचन करते हुए उस कीचड़ की बाढ़ का, उस सैलाब का जिक्र बार-बार आया है जिसकी व्यंजना 'जलौघमग्ना सचराचरा धरा' से होती है। एक ओर मूल्यों का सम्पूर्ण विघटन, दूसरी ओर मनुष्य में नूतन मूल्यान्वेषण की क्षमता और साहस का क्षय हमें कहाँ ले आया है इसके लिए मुझे 'मानव मूल्य और साहित्य' से भी सैलाब का प्रतीक सूझा,''इस क्रम-भग्नता के दौर में स्थिति बिल्कुल विपरीत होती है, निरर्थक विश्रृंखल क्षणों का एक सीमाहीन सैलाब, मनु के जलप्लावन-जैसा। उसके चारों ओर जो भी बहाव है वह उसे कहीं ले नहीं जाता। इधर से उधर थपेड़े देकर तोड़ता रहता है...एक अस्पष्टता की कुहेलिका...न मनुष्य के अन्दर अन्तरात्मा रह जाती है जो संसार-का मूल्यांकन कर सके और न उसके बाहर कोई व्यवस्था जिसका मूल्यांकन किया जाए। ऐसा लगता है जैसे एक शून्य दूसरे शून्य के सैलाब में फँस गया हो।''

और शून्य के इसी सैलाब में से उपजता है भय, और अविवेक और निष्क्रियता और संकल्पहीनता और निरुद्देश्य हिंस्रता। और वही भय संस्कृति में आन्तरिक रुग्णता बनकर बैठ जाता है। अस्तित्ववादी गैब्रियल मार्सेल कहता है : ''हम आज कहते हैं हमारी संस्कृति मरणोन्मुख है। इसके अर्थ क्या हैं? क्या कोई भूचाल इसे नष्ट कर रहा है...नहीं, मरणोन्मुख संस्कृति से मतलब होता है कि हमारी संस्कृति का आन्तरिक मूल्य कुछ नहीं रहा। मनुष्य में आन्तरिक रुग्णता आ गयी है? क्या वह आन्तरिक रुग्णता केवल एक शिविर में या एक व्यवस्था की संस्कृति में है? नहीं, हमारी वर्तमान स्थिति में दोनों ओर की व्यवस्थाएँ प्रगति की शत्रु हैं। अतः वे जान-बूझकर मनुष्य की आन्तरिकता को रुग्ण और कुंठित बना रही हैं। वैयक्तिक आन्तरिकता के विरुद्ध इस गुप्त कीटाणु युद्ध के तरीके बड़े ही विचित्र और नृशंस हैं। व्यक्ति में भय का संचार किया जाता है। भय-संचार की इस टेकनिक का पूर्णतम विकास पूँजीवादी देशों में अणुबम के रूप में हुआ है और साम्यवादी देशों में चिन्तन-पारतन्त्र्य के रूप में।''

इस अणुबम और चिन्तन-पारतन्त्र्य ने हमें इतिहास के उस मोड़ पर लाकर

खड़ा कर दिया है जहाँ आज का किशोर-मानस एक ओर रेडगार्ड बन गया है दूसरी ओर बीटनिक। एक ही सिक्के के दो पहलू। दोमुँहा भय। और उसी से पैदा होता है पाखंड और हमें आश्चर्य नहीं होता जब हम पाते हैं कि उसी पाखंड का एक अदना भारतीय प्रवक्ता मार्क्सवाद का झण्डा हाथ में लेकर मारिजुआना की तिजारत और मानसिक ऐय्याशी की वकालत करता नजर आता है—आलोचना की अदालत में।

भय और उससे उत्पन्न इन तमाम पाखंडपूर्ण स्थितियों का एहसास भारत में खूब अच्छी तरह हो रहा है!

'बाणभट्ट की आत्मकथा' के प्रकाशन को आज बीस वर्ष हो गये। लगभग उतना ही समय गुजरा हमें आजादी पाए हुए। आर्यावर्त को आक्रामक दस्युओं से मुक्त कराने का स्वप्न लेखक ने देखा था; लेकिन आजादी के बाद के बीस वर्षों में क्या आक्रामक दस्यु घटे या पराजित हुए? क्या सचमुच भट्टिनी के महावाराह की रक्षा हुई? क्या सचमुच हमारी राष्ट्रीय मानसिकता भय से मुक्त हुई या नये-नये ढंग से नये-नये शस्त्र, नये-नये देवता, नयी-नयी जाति, वर्ग और वर्ण-चेतना का नया अंहकार, नये-नये राजपुरुष और नये से नये पाखंड का अन्धकार हमको ग्रसता गया, हम नये भयों के शिकार होते गये। और न केवल जीवन वरन् साहित्य-चिन्तन के स्तर पर यह मिथ्याचारी, झूठे चेहरोंवाला गर्हित पाखंड और भी मुखर होता गया, और भी बेशर्म होता गया।

और कभी-कभी मैं फिर उसी तरह बिना कुछ कहे पंडित जी की ओर चुपचाप देखता हूँ कि 'किसी से भी न डरना' का मूलमन्त्र देनेवाले की वाणी मन्द क्यों रही? जिसने लोक से और वेद से भी निडर होने की बात कही थी वह पिछले कितने ही वर्षों से ऐसी ज्वलन्त समस्याओं पर या तो चुप है या जब वह बोलता है तो कुछ ऐसा जिसमें किसी को भी नाराज न करने की वर्तुलता होती है। न लोक नाराज हो, न वेद नाराज हो, न गुरु नाराज हो, न मन्त्र। क्या नामवरी और बदनामवरी की चिन्ता उसके प्रखर चिन्तन पर कहीं बोझ बन गयी है? या जिन धरातलों पर उसने चिन्तन किया था, वास्तविक साहित्यिक जगत् में उससे कहीं पृथक् धरातल के कष्टप्रद साक्षात्कार ने उसको क्लान्त और दुःखी कर दिया है?

लेकिन द्विवेदीजी ने ही लिखा था कि "दुःख तो केवल विकल्प ही है।" अपने को निःशेष भाव से देने के बाद वह दुःख कितने बड़े सुख में परिणत हो जाता है यह भी उन्हीं ने लिखा है। अपने को सत्य के प्रति निःशेष भाव से अर्पित कर देने की क्षमता उनमें है यह मैं जानता हूँ और इसीलिए मैं जानता हूँ कि कहीं

धीरे-धीरे वह विस्फोटक क्षण पक रहा है। और फिर वे उसी ज्वलन्त वाणी में कहेंगे : "अमृत पुत्रो, प्रजा में मृत्यु का भय छा गया है। यह अशुभ लक्षण है। जहाँ से भी मिले वहाँ से उसे बलपूर्वक खींच लाओ। यदि तुम नहीं समझते कि न्याय पाना मनुष्य का धर्मसिद्ध अधिकार है और उसे न पाना अधर्म है तो भारतवर्ष का भविष्य अन्धकार से आच्छन्न है। म्लेच्छवाहिनी सेना पहली बार नहीं आ रही है, अन्तिम बार भी नहीं आ रही है, तुम यदि आज तुवरमिलिन्द और श्री हर्षदेव की आशा पर बैठे रहोगे, तो सम्भवत: आज यह विपत्ति टल जाए, परन्तु कल नहीं टलेगी। तुवरमिलिन्द और श्री हर्षदेव सदा नहीं रहेंगे पर तुम्हें सदा रहना है। राजा, महाराजा और सामन्त स्वार्थ के गुलाम बनते जा रहे हैं। प्रजा भीरु और कायर होती जा रही है। धर्माचरण में व्याघात इसीलिए उत्पन्न हुआ है कि राजा अन्धे हैं, प्रजा अन्धी है, विद्वान् अन्धे हैं। यह बड़ा अशुभ लक्षण है। अपने-आपको बचाओ, धर्म पर दृढ़ रहो, न्याय के लिए मरना सीखो, मृत्यु का भय माया है।" (बाणभट्ट की आत्मकथा)

उन्हें नहीं मालूम कि जीवन के कभी-कभी कितने गहन अन्धकारमय क्षणों में 'बाणभट्ट', 'सूर साहित्य' और 'कबीर' के उनके कितने ही वाक्यों ने मुझे कितना उजाला और कितनी शक्ति दी है। केवल मुझे ही नहीं उनके कितने ही पाठकों को, शिष्यों को, मित्रों को। यदि आज इस वेला में उन्हें श्रद्धा देने का अधिकारी अपने को पाता हूँ तो भी यह उन्हीं की प्रेरणा है और यदि उनसे कुछ निवेदन भी करने का सामर्थ्य पाता हूँ तो यह भी उन्हीं की प्रेरणा है। आज उनकी षष्टिपूर्ति के अवसर पर भी धुँधलके में उसी तरह शिरीष वृक्ष के नीचे चुपचाप उन्हें मन-ही-मन प्रणाम कर रहा हूँ और उनसे पाए हुए इस गुरुमन्त्र को दोहरा रहा हूँ कि "सत्य के लिए किसी से भी न डरना, लोक से भी नहीं, वेद से भी नहीं।"

आर्षवाक्

राहुल सांकृत्यायन

"स्टेशन से हम सीधे शान्तिनिकेतन पहुँचे, और पहले काम की फिकर में पड़े। शान्तिनिकेतन में वृहत्तर भारत के सम्बन्ध में जितनी पुस्तकें हैं, उतनी कलकत्ता यूनिवर्सिटी को छोड़कर भारत में और कहीं नहीं मिलेंगी। तो भी इन पुस्तकों को पर्याप्त नहीं कहा जा सकता। अब हम 25 तारीख तक के लिए पं. हजारीप्रसाद द्विवेदी के अतिथि थे। द्विवेदीजी के साथ इतनी घनिष्ठता के साथ रहने का यह पहला अवसर था, लेकिन उसका यह अर्थ नहीं कि मेरी इससे पहले उनके साथ कम घनिष्ठता थी। मैं उनकी विद्या, लेखनी और निर्णय-शक्ति का भारी प्रशंसक हूँ। कहा करता था, हिन्दी के साहित्यकार जब ऐसी गम्भीरता प्राप्त करेंगे, तब हिन्दी तेजी से आगे बढ़ेगी। द्विवेदीजी के परिवार के सभी लड़के-लड़कियाँ मेरे मनोरंजन और सहायता के लिए तैयार रहते थे। द्विवेदीजी स्वयं सरजूपारी कुलकलंक हैं, बाँह उठा-उठाकर जिनके लिए ऋषियों ने कहा, "तुम्हें मछली-मांस खाना चाहिए," और वह आज ऋषि-वाक्य के विरुद्ध जाएँ, यह कोई अच्छी बात है? पर अगली पीढ़ी ऋषियों के रास्ते पर चली आई है, यह देखकर बड़ी प्रसन्नता हुई। 'न मांसो मधुपर्को भवति' (बिना मांस के पूज्य अतिथि की सेवा नहीं की जा सकती) ऋषियों की इस बात से द्विवेदीजी सहमत थे। बंगाल में मांस से ज्यादा बंगाली ढंग से बनाई मछली अच्छी लगती है। मैं उसी को तरजीह दे रहा था। ऐसे समानधर्मा बन्धुओं के साथ इतना कम रहने का मौका क्यों मिलता है, मुझे तो यही शिकायत थी।

—मेरी जीवन यात्रा : खंड 4, पृ. 295-96

(प्रतिलिपि : शिवचन्द्र शर्मा)

जोड़ने की साधना

विद्यानिवास मिश्र

द्विवेदीजी के सान्निध्य में जो आता है, वह दो बातों में हार जाता है, एक तो ठहाके में और दूसरी कथाओं और लटकों में। साधारण-सी कहानी को, साधारण-से मुहावरे को वे ऐसा जोड़ते हैं कि बस रश्क होता है, ऊपर से पंडित जी का ऐसा लबड़-सबड़ रूप, भीतर इतना वैदग्ध्य, अचरज होता है, साथ ही दूर से सुनकर बड़ी गम्भीरता से आदमी अभिभूत हुआ, तो भी वह पास जाने पर एकदम पाता है कि ऐसा सरस, जिन्दादिल और खुली तबीयत का आदमी पढ़ाता क्या होगा, पढ़ाई के लिए तो मुहर्रसी चेहरा, पितृपक्षी स्वभाव और बकध्यानी मुद्रा अपेक्षित है, यहाँ कुछ नहीं, ऐसा ठहाका लगेगा कि आपका संकोच जाने कहाँ बिला-तिला जाएगा। मेरा सौभाग्य रहा कि द्विवेदीजी ने अनायास मुझे अपना स्नेह-सान्निध्य दिया, यद्यपि न तो उनसे मैंने पढ़ा, न उनके पास ही अधिक रहा, पर अयाचित रूप से उन्होंने ममत्व दिया और ऐसा कि बतलाना मुश्किल है कि कब उनका स्नेह मिलना शुरू हुआ, लगता है, वे हमेशा ही देते रहे। आज भी उम्र का, पद-मर्यादा का और प्रतिभा का तो कुछ कहना ही नहीं, इतना व्यवधान है, पर वे अपनी ओर से बराबरी का ही दरजा देकर संकोच में डालते रहते हैं। द्विवेदीजी और स्वर्गीय बालकृष्ण शर्मा नवीन ये दोनों आदमी मुझे जब चिट्ठी लिखते समय आदरणीय भाई लिखते तो भीतर-ही-भीतर मैं गड़ जाता, कई बार उलाहना दिया तो द्विवेदीजी ने आमने-सामने व्यवहार में तब भी अपनी टेक नहीं छोड़ी, घर के लोगों के सामने बराबर अपने समकक्ष के रूप में रखते रहते हैं, शायद इसलिए कि इतने बड़े सहृदय मानस में किसी को छोटा समझने की बात बैठ ही नहीं पाती।

एक घटना याद है, जब उनकी विनम्रता का साक्षात् एक बार हुआ। एक बार गोरखपुर वे शाम को मेरे घर आए, ऊपर छत पर विराजे, हम लोगों ने उनसे कविता पाठ के लिए आग्रह किया और दमतोड़ छन्द में उन्होंने दो कविताएँ पढ़ी, इसके बाद कुछ शान्तिनिकेतनी पारायण शुरू हुआ और एक सज्जन के रूखे साम्प्रदायिक

भाषण की चर्चा करते हुए उन्होंने कहा कि मैंने उस भाषण की प्रशंसा में एक श्लोक रचा, और श्लोक सुनाकर बोले, "तब मैं रहेउँ अचेत" और ठठाकर हँस पड़े, सारी बात इस बीच रेकॉर्ड होती रही। अब जब उन्हें पता चला तो बड़े सकुचाये, नहीं, नहीं, वे सज्जन बड़े पंडित थे। यह श्लोक बड़ी नादानी में लिखा आदि-आदि और हम लोग आनन्द ले रहे थे और पंडित जी बस छक रहे थे तथा गिड़गिड़ा रहे थे कि भाई, कहीं इसे सुनाना मत। खैर, उस हिस्से को मिटा दिया गया, पर उनकी परेशानी मन पर अंकित हो गयी, वे ऊपर से इतने प्रखर ओजस्वी होते हुए भी भीतर से इतने विनय और शील के द्रवणशील पिंड हैं कि इस अद्‌भुत संयोग पर विस्मय होता है।

दूसरों को तो वे विवश कर देते हैं, कि तुरत संकोच छोड़ दे, पर स्वयं अपने शील के संकोच को नहीं छोड़ते, यह अन्याय मुझे ही नहीं, उनके समस्त स्नेहभागी जनों को अखरता होगा। इतनी आत्मीयता के स्तर पर वे तुरन्त उतर जाते हैं कि नीचे बैठा आदमी भी मजबूर हो जाता है।

एक प्रसंग याद आता है उनकी व्युत्पन्न-बुद्धि का। गोरखपुर में हिन्दी की किसी उच्च कक्षा के एक प्रश्न पत्र में एक प्रश्न लगभग इस आशय का पूछा गथा था कि गोदान एक यथार्थवादी उपन्यास है, इस कथन के आलोक में 'टेढ़े-मेढ़े रास्ते' की समीक्षा कीजिए। द्विवेदीजी जी ने चट लटका जोड़ा,"इसमें क्या बात है, एक महाशय एक सज्जन के घर गये। बैठक में इन्तजार कर रहे थे। एक बच्ची आई। उससे प्रश्न पूछे,'इस कमरे में दो दरवाजे हैं, तीन खिड़कियाँ हैं, इसकी लम्बाई चौदह फीट, चौड़ाई दस फीट है, बोलो, मेरी उम्र कितनी है।" लड़की ने चट उत्तर दिया, चालीस वर्ष। उनकी उम्र थी चालीस वर्ष, अकचकाकर बोले—तुमने कैसे जाना? लड़की ने कहा—मेरे एक चाचा हैं, जो आधे पागल हैं, उनकी उम्र है बीस साल। उसका दुगना कर दिया चालीस साल हो गया। तो इस प्रश्न का उत्तर वैसा ही होना चाहिए था।" और ठहाका मचा, हम लोगों की हिन्दी विभाग-सुधार की सारी योजना विफल हो गयी।

एक दूसरा और प्रसंग। पंजाब विश्वविद्यालयों में अभी हाल-हाल गये थे, मैंने पूछा, पंजाब कैसा लगा; बोले बहुत अच्छा, बड़े मस्त, स्वस्थ और स्वावलम्बी लोग हैं। मैंने पूछा, यह सब मैं भी जानता हूँ, कोई विशेष बात; रुककर बोले, वहाँ ओम् अर्थात् एकाक्षर ब्रह्म तौलकर बिकता है। सो कैसे? बोले, एक शादी की तैयारी के समय बुलाया गया, पंडित जी देखिए, विवाह के मांगलिक अनुष्ठान की सामग्री की एक सूची है, कुछ जोड़ना तो नहीं है, सूची पढ़ते-पढ़ते देखा लिखा है—पाव-भर ओम्; मैं चकराया यह क्या? पता चला ओम् अक्षर प्लास्टिक पर छपा हुआ टिकुली की शक्ल में बिकता है और यह चिपकाया जाता है; बंक में राम नाम का

हिसाब रखने की बात तो सुनी थी, पर ओम् रूप में परमात्मा के तुलने की बात मुझे अद्‌भुत कल्पना लगी और मैंने पंजाब की जीवन्त संस्कृति को प्रणाम किया। प्रणाम हम लोगों ने भी किया, पर हँसते-हँसते पेट में बल पड़ गया।

पंडित जी केवल सुनी-सुनाई भोजपुरी कथाओं, संस्कृत कवियों के विनोदों और पुरानी कथाओं के ही जीवन्त कोश हों, सो बात नहीं, वे तुरत कहानी गढ़ लेने में माहिर हैं और गढ़कर सन्दर्भ से जोड़ने में जैसा ऊपर कह चुका हूँ उन्हें कमाल हासिल है। यह संयोजन-कौशल ही उनका आन्तरिक स्वभाव भी है। वे तोड़ने वाले साईं को चुनौती देते हैं।—साईं तू तोड़ता जाए, मैं जोड़ता जाऊँगा, देखना है, तुम कितना तोड़ते हो और मैं कितना जोड़ता हूँ। यही उनकी जीवन्त साधना का मर्म है और यही उनकी साहित्य-साधना का।

जब-जब मैं कलकत्ते के चिड़ियाघर में गया हूँ, तब-तब मुझे लगा है कि संसार के जीवों में सबसे अधिक गम्भीर और चिन्तामग्न चेहरा उस चिड़ियाघर में रखे हुए बनमानुस का है।....अब मैंने अपनी राय में संशोधन कर लिया है वस्तुतः संसार के सभी बनमानुस गम्भीर और तत्त्वदर्शी दिखाई देते हैं।

—अशोक के फूल

पंडित हजारीप्रसाद द्विवेदी

बलराज साहनी

द्विवेदीजी में एक दोष है। ढीलम-ढालम रहते हैं; हजामत हफ्ते में एक बार से अधिक नहीं करते; तिसपर जो व्यक्ति पहली नजर में उन्हें जँच जाए उसकी खैर, जो न जँचे उसे सामने बिठाकर उसके मुँह की ओर देखते रहते हैं। इसलिए कई महानुभाव शान्तिनिकेतन से यह धारणा बनाकर लौटते हैं कि द्विवेदीजी वैरागी आदमी हैं।

दूर बैठे हुए लोग द्विवेदीजी के आलोचनात्मक लेखों को पढ़कर यह अनुमान कर लेते हैं कि शास्त्राचार्य पचपन और साठ के दरमियान होंगे। प्रेमचन्द तक को यही भ्रम रहा। वास्तव में यह दोनों बातें गलत हैं।

मैं भी उन्हीं सौभाग्यशालियों में से हूँ जिनकी ओर वह एकटक देखा करते हैं, किन्तु दूर-ही-दूर से मुझे यह देखने का अवसर मिला है कि वह इतने विरक्त नहीं हैं। जिस मंडली के साथ शाम को सैर करने निकल पड़ें उसका अट्टहास मील के घेरे में कान चीरता है। उनके शुभचिन्तक शान्तिनिकेतन से आनेवाले बटोहियों से प्राय: यही सवाल-जवाब करके सन्तुष्ट हो जाते हैं—

'पंडित जी हँस रहे हैं न?'

'हाँ, हँस रहे हैं।'

देखने में छह फुट से कम नहीं। एक ऐसे बनारसी महापंडित के शिष्य रह चुके हैं जिनका सत्तर वर्ष की अवस्था में डेढ़ सौ सपाटा (डंड-बैठक) प्रात:काल का नियम था, जिन्होंने डबल निमोनिया का इलाज भी सपाटों से करने की कोशिश की और मर गये। आयु इकतीस वर्ष है। गाड़ी देखने के बेहद शौकीन हैं। दूर से आती हुई गाड़ी का शब्द सुनते ही शास्त्रार्थ व चप्पल छोड़कर लाइन की तरफ भाग खड़े होते हैं।

द्विवेदीजी जीवन से अथक प्रेम रखते हैं। एक सच्चे पारिहासिक की तरह वह उसकी क्रीड़ा को निर्लिप्त होकर देखते हैं, और अपने समेत सभी वस्तुओं पर

हँस सकते हैं, किन्तु साथ ही उनमें जीवन के चरम उद्देश्य, साहित्य व कला की आर्यता के प्रति गहरी श्रद्धा है। ज्ञान और अनुभव के लिए अतोषणीय भूख है। सूई से लेकर सोशलिज्म तक सभी वस्तुओं का अनुसन्धान करने के लिए उत्सुक रहते हैं। किसी विषय पर अचल धारणाएँ उनकी नहीं। बोलने के बजाय सुनना अधिक पसन्द करते हैं। इसीलिए जिस मूर्तिमान् समस्या को नहीं समझ पाते उसे सामने बिठाकर ताकते रहते हैं।

आत्म-सम्मान का उनमें एकदम अभाव है, फिर भी अपनी क्षमताओं व त्रुटियों की जाँच स्वयं ही करना पसन्द करते हैं। इसलिए प्रशंसात्मक पत्रों को फाड़कर फेंक देते हैं। अखबारों में तस्वीरें छपवाना बुढ़ापे पर स्थगित कर रखा है। रुपये-पैसे की परवाह नहीं करते। ऐसा आदमी अगर न हँसे तो कौन हँसे!

उनकी आलोचनाओं के गम्भीर तथा सारगर्भित होने का कारण यह है कि वह साहित्य को खेल की चीज नहीं समझते। मुद्दत से, उनके विचार में, उर्दू और कुछ हद तक यूरोपियन रोमांटिक साहित्य ने, सस्ते में छूट जाने की, अर्थात् श्रृंगार और मुहावरेबाजी की प्रथा चालू कर दी है। हिन्दी-साहित्य का पहला कर्तव्य यह है कि रुके हुए विकास को अपनी पुरानी उपपन्न नींवों के बल पर उभारे। संस्कृत समृद्ध साहित्य के लिए अगाध पक्षपात रखने के कारण उन्हें आधुनिक हिन्दी-साहित्य में काफी त्रुटियाँ नजर आती हैं। कहानियाँ बहुत कम पढ़ते हैं। गद्य-कविता व अतियथार्थवाद (सुर्रियलिज्म) के प्रति उनकी उपेक्षा उनकी इस निम्नोद्धृत रचना में सीमित हुई है :

अथ कविता
??
(कौन किसकी सुनता है—)
अनन्त का नर्तन
शंख, नीहारिका, पैराबोला; हाइपरबोला!
× × ×
(कौन, किसे सुनने देता है।)
सुदूर की आवाज कानों को खाए जाती है।
(कोई, मानो कुंडी खटखटा रहा है)
खरल में पिसा करते हैं मोती।
घिसा करते हैं चन्दन
अशेष फुत्कार
विराट् नर्तन!

छप् छप्!
(कौन किसकी सुनता है—)
उफ्!
सेठों की पगड़ियाँ, सुन्दरियों की साड़ियाँ,
पहलवानों के लँगोट, आगरे की दालमोट
छप् छप् छप्...।
(कौन किसे सुनने देता है!)

ज्योतिष व नक्षत्र-विद्या के भी माहिर हैं। आठ साल से महाभारत पर अनुसन्धान कर रहे हैं।

बहुत लोग, इन पंक्तियों का लेखक भी उन्हीं में से है, अभिलाषा रखते हैं कि श्री हर्ष की तरह द्विवेदीजी को भी कोई हकीम उड़द की दाल और बासी भात खिला दे, ताकि अनुसन्धान-वनुसन्धान को त्याग कर लगते-हाथ एक नॉवेल लिख डालें। अपनी मोहक भाषा को अपना वास्तविक काम करने दें। जहाँ अभी साहित्य के मान बन ही नहीं पाए, वहाँ आलोचक का क्या काम? और जिसके पास लेखक होने की सामग्री विद्यमान है वह आलोचक बने क्यों? नॉवेल न सही, कोई कटाक्षपूर्ण निबन्ध-संग्रह ही सही!

यह नहीं कि उनके प्रज्ञा-पूर्ण परिहास को उनकी कृतियों में अवसर नहीं मिला। अवश्य मिला है, लेकिन यदि उसका प्रवाह एक बार उसकी अपनी गहन अनुभूतियों में से छलककर बहे तो श्रीयुत 'बच्चन' के लिए एक बेहतर मधुशाला हो।

(मार्च 1939 के 'हंस' से साभार)

प्रतिलिपि : श्री राधागोविन्द पाण्डेय, पुरातत्त्व विभाग, कलकत्ता।

दीये की लौ

भारती मिश्र

एक दिन छोटा भाई घर में घुसते ही चिल्लाकर बोला, ''घर में रहकर इतना भी ख्याल नहीं रहता? बाबूजी क्या पहनकर जा रहे क्या नहीं, इतना भी नहीं देख सकती।'' मैं चुपचाप सुनती रही, पर जब उपदेश झाड़ना और चीखना-चिल्लाना बढ़ता ही गया तो हल्की-सी झड़प भी हो गयी। शान्त होने पर पता चला कि बाबूजी बाथरूम-स्लीपर पहने ही कॉलेज चले गये हैं।

ऐसा अक्सर होता है, और होता रहेगा। जूते सामने लाकर रख दो पर वे स्लीपर पहने चले जाएँगे। स्वेटर उल्टा डाल लेंगे, जेब में चश्मा रखा रहेगा और वे परेशान होकर चारों ओर खोजते फिरेंगे। वे प्रायः अपनी कलम लिये मेरे कमरे में आ जाएँगे,''मुन्नू, पता नहीं कौन मेरी दावात उठा ले गया कलम में स्याही चाहिए।'' अक्सर दावात उठाने की तोहमत भाइयों पर मढ़ी जाती, पर दावात ढूँढ़ने पर पता चलता कि वह किसी मोटी थीसिस, या भारी-भरकम ग्रन्थ के नीचे दबी है। दावात मिलने पर वे ठठाकर हँसेंगे,''थीसिसें भी कैसी होने लगी हैं, चार किलो से कम न होगी!''

पढ़ने के कमरे में पहुँचिए तो देखकर दंग रह जाएँगे। आपको विश्वास न होगा कि यह पढ़ने का कमरा है। बिल्कुल किताबों के गोदाम-जैसा लगेगा। उन्हें हमेशा पढ़ने के लिए छोटा और कोने का कमरा चाहिए। दीवार से सटी आलमारियाँ, पुस्तक से ठसाठस भरी हुईं। इनमें से अपने काम की किताबों सिर्फ बाबूजी ही निकाल सकते हैं। शादी के पहले इन किताबों को ठीक-ठाक करते मुझे यह विश्वास हो चला था कि किताबें मैं भी निकाल सकती हूँ; पर अब जाती हूँ तो उस भूलभुलैया में खुद को घिरी पाती हूँ।

इस भूलभुलैया को सुलझाने का संकल्प करती हूँ, हाथ लगाती हूँ तो मेरे लौटने का दिन आ जाता है। वह अधसुलझी वैसी-की-वैसी रह जाती है। मैं जानती हूँ कि अगली बार आऊँगी तब तक इसके व्यूह और बढ़ जाएँगे, सुलझाने

की कोशिश खुद में अभिमन्यु की तरह घिरकर रह जाएगी, पर कुछ वश नहीं चलता। कमरे में जिधर खिड़की होती है, उधर को दरी बिछी हाती है। दरी के ऊपर गद्दा, और गद्दे पर बाबूजी का आसन। सामने लिखने की डेस्क और उसके ऊपर-नीचे, अगल-बगल, सर्वत्र किताबों का जंगल। आप बाबूजी के पास पहुँचना चाहें तो चौकठ से दरी पर बिछे आसन तक कहीं रास्ता न सूझेगा। खुद उनको वहाँ तक जाने के लिए रोज रास्ता बनाना पड़ता है, चले तो जाते हैं; पर उनके लौटने का रास्ता भी अपने-आप बन्द हो जाता है। किताबें उन्हें अपने बीच से जाने के लिए रास्ता नहीं देतीं। उन्हें इस कैद से छुड़ाने के लिए अगर कोई सहानुभूतिपूर्वक जंगल को तरतीब दे दे तो, उसकी आफत। यानी तब कोई-न- कोई कागज जरूर गुम हो जाता है। माँ झल्लाकर कहती हैं, "मैं कभी नहीं साफ करूँगी उस घर को।" पर लाख प्रतिज्ञा करने पर भी अगर माँ सफाई करना नहीं बन्द करतीं, तो बाबूजी कागजों के खोने की शिकायत क्यों बन्द कर दें भला। सो सफाई और शिकायतें साथ-साथ चलती रहती हैं।

पढ़ने-लिखने के समय उनके बगल में पनडब्बा रखा रहता है और जब-तब उससे पान निकालकर वे खाते रहते हैं। पान अपने ही हाथ से लगाना उनका शौक है, या यूँ भी कह सकते हैं कि यही उनका विलास है। अपने पास आने-जाने वालों को अपने ही हाथ से लगाकर पान देते हैं। घर में माँ, बाबूजी और बड़े भाई के सिवा और किसी को भी पान खाने की आदत नहीं है। इसलिए जब कभी माँ बाहर जाती हैं तो पान की सार-सँभाल का भार वे स्वयं ही उठा लेते हैं। हम लोग हमेशा या तो पानी डालना भूल जाते हैं या सुपारी मँगाना। शान्तिनिकेतन में जहाँ उन्हें हर घंटे चाय की जरूरत पड़ती थी वहाँ पर बनारस का असर यह हुआ है कि वे पान खाने लगे हैं।

मेरे छोटे भाई लोग शुरू से ही शैतान हैं। इनके कारण बाबूजी को कई बार परेशानियों का भी सामना करना पड़ा है, पर वे कभी उनसे नाराज नहीं हुए। हम लोगों की थोड़ी-सी परेशानी भी उन्हें परेशान कर देती है। माँ को एक-दो बार उन्हें छोड़कर जाना पड़ा। माँ की अनुपस्थिति में मैं ही घर की देखभाल करती थी। ऐसे समय में बाबूजी के साथ मेरी तगड़ी प्रतिद्वन्द्विता होती थी। हम दोनों ही अपने काम को जल्दी-से-जल्दी पूरा करके दूसरे को हराने पर तुले रहते हैं। मैं जहाँ रसोई में पहुँची बाबूजी हाजिर, कोई काम करने पहुँची बाबूजी वहाँ मौजूद। ऐसे समय में खुद ही सब बातों में एक्सपर्ट बन बैठते हैं। मैंने उन्हें कितनी बार समझाया कि साहित्य और भोजन बनाने की कला एक ही नहीं है। जरूरी नहीं है कि साहित्य में आपका ज्ञान अधिक है तो पाकशास्त्र में भी हो, पर वे मानें तब तो? कभी-कभी तो मेरे उठाने से पहले ही सुबह पाँच बजे वे आधा खाना बनाकर रख देते

थे। एक दिन बुद्धिमानी करके मैंने भंडार वाले कमरे में ताला लगा दिया और अपने सिरहाने चाबी लेकर सो गयी। दूसरे दिन उठकर देखा तो चाबी अपनी जगह थी और बाबूजी अपनी खाट पर गहरी नींद में सोए थे। खुश-खुश मैं सीधे रसोई में पहुँची। लेकिन यह क्या? एक ओर पराठे बने पड़े हैं—और दूसरी ओर प्रेशर-कुकर में साग—आलू, मूली, प्याज के पत्ते और न जाने क्या-क्या सब्जियाँ एक साथ मिलकर बनी रखी हैं। छूकर यही पता चलता है कि एक घंटा पहले बना होगा। बाबूजी के उठने पर जब पूछा तो उन्होंने बताया कि मेरे तकिए के नीचे से चाबी लेकर उन्होंने रोटी बना ली और जब कोई सब्जी नहीं दिखी तो अँधेरे में ही बगीचे में जाकर जो भी सब्जी दिखी तोड़कर ले आए। उस दिन उस सब्जी को खाने में हम बहन-भाइयों ने जिस बहादुरी का प्रदर्शन किया, गुरुदेव को नीम के पत्तों का शरबत पीने में उसके शतांश का भी परिचय शायद ही देना पड़ा हो।

एक ओर हम लोगों के लिए जहाँ उन्हें इतनी चिन्ता रहती है वहीं दूसरी ओर घर में क्या हो रहा है, क्या आ रहा है, क्या जा रहा है इसका उन्हें पता भी नहीं रहता। पैसा लेकर देना-भर जानते हैं। बाकी इन्तजाम करना-न-करना सब माँ पर निर्भर है। घर में रहकर भी घर के हलचल से दूर अपने में मगन रहते हैं।

घर में अगर दो-चार छोटे बच्चे आ जाएँ तो फिर बाबूजी को देखिए। उनके सारे नाती-पोते उनसे इतनी जल्दी हिल-मिल जाते हैं कि किसी को अपने माँ-बाप की याद ही नहीं रहती। बच्चों के आने से उनका काम भी बढ़ जाता है। वे खुद कहते हैं कि बच्चों के साथ बातें करते हुए ही काम में मन लगता है। उनकी शरारतों से मन बहल जाता है। मैं अपने बच्चे को लेकर चंडीगढ़ गयी तो राजा सारे दिन अपने नाना के कमरे में ही बैठे रहते। कभी नाना की लाल-नीली पेन्सिल गायब हो जाती तो कभी कलम या चश्मा। सारे दिन उन पर बेसिर-पैर के प्रश्नों की बौछार होती रहती और वे धैर्य के साथ सबका उत्तर देते हुए अपना काम करते रहते। बच्चों का अभाव उनके मन को हमेशा खटकता रहता है। उनकी 30-6-67 की लिखी चिट्ठी का ही एक अंश है, "और राजा साहब को प्यार की चपत देना। नाना-नानी को याद करते हैं कि नहीं। आऊँगा तो चपत मारूँगा। सिर तो अभी उनका चपत लायक ही होगा (उस समय राजा का मुंडन हुआ था)...यहाँ की चहल-पहल खतम हो गयी है। अब बड़ा उदास लग रहा है। अभी जलपान के समय सिर्फ तीन ही बैठे थे। कोई झपट्टा मारनेवाला नहीं, कोई शिकायत करनेवाला नहीं, कोई डबल चम्मच लेकर उत्पात करनेवाला भी नहीं। सब उदास।" कई बार कहते हैं कि सब लड़के-लड़कियाँ तो बड़े हो गये हैं अब नाती-पोतों को लेकर ही रहने का मन करता है।

अपने बाबूजी को मैंने सिर्फ पिता-रूप में ही नहीं जाना; माँ, मित्र और गुरु के रूप भी उनमें देखे हैं। मैं उन्हीं के पास हिन्दी में एम.ए. कर रही थी। पहले दिन जब मैं उनके क्लास में गयी तो मन में उत्कंठा थी कि देखें मेरे बाबूजी का प्रोफेसर-रूप कैसा है। मैं ही नहीं मेरे साथ के और विद्यार्थी भी, जो दूर-दूर से उनका नाम सुनकर आए थे, शायद उन्हें गुरु-रूप में देखने को उत्सुक थे। सभी मन में थोड़ा सहमे हुए भी थे।

क्लास में उन्होंने हँसते हुए प्रवेश किया और अपनी कुर्सी के पास आकर खड़े हो गये। अपनी मूँछों के अन्दर हँसते हुए सारे क्लास पर नजर दौड़ाई। घूमी हुई नजरें क्षण-भर के लिए मेरे ऊपर आकर स्थित हो गयीं—मात्र क्षण भर के लिए और उस दिन वह क्षण मुझे घंटे के समान लगा। तभी उनके मुँह पर मुस्कान आई, साथ ही उनकी निगाहें आगे बढ़ गयीं।

उन दिन पढ़ाई नाम-भर को ही हुई या यूँ कहिए कि हुई ही नहीं।

मेरी सहपाठिनें और सहपाठी हमेशा यही सोचते थे कि मैं घर में अकेले में उनसे खूब पढ़-समझ लेती हूँ और किसी के सामने प्रकट नहीं करना चाहती। उन्हें शायद यह नहीं पता कि दीपक अपने आस-पास चाहे जितनी भी रोशनी फैलाता है, उसके नीचे हमेशा अँधेरा ही रहता है। हम लोग वही अन्धकार हैं जिन्हें जबरन कभी-कभी अपने स्वार्थ के लिए दीये की लौ को अपनी ओर खींचकर झुका लेना पड़ता है।

आसमान में निरन्तर मुक्का मारने में कम परिश्रम नहीं है और मैं निश्चित जानता हूँ कि रहस्यवादी आलोचना लिखना कुछ हँसी-खेल नहीं है। पुस्तक को छुआ तक नहीं और आलोचना ऐसी लिखी कि त्रैलोक्य विकसित। यह क्या कम साधना है।

—अशोक के फूल

दो असमर्थताएँ

फीरोजाबाद
23.6.67

प्रियवर,

अवश्यमेव बन्धुवर हजारीप्रसादजी द्विवेदी के विषय में कुछ लिखने का विचार है। इधर स्वास्थ्य ठीक नहीं रहता। इस कारण विलम्ब होने की आशंका है। श्री द्विवेदीजी को मेरा प्रणाम लिख दें। वे मुझ पर निरन्तर कृपा करते रहे हैं। यद्यपि उम्र में मैं बड़ा हूँ, पर अकल में वे ही बड़े हैं। वे विद्वान् हैं और मैं विद्वत्ता से कोसों दूर हूँ। बन्धुवर द्विवेदीजी के अनेक महत्त्वपूर्ण पत्र मेरे पास सुरक्षित हैं। इनका भी संग्रह हो जाना चाहिए। वे बहुत ही सहृदय व्यक्ति हैं। विनम्र, श्रद्धालु और अपने-आपको पीछे रखनेवाले। आपके इस यज्ञ की पूर्ण सफलता चाहता हूँ।

विनीत
बनारसीदास चतुर्वेदी

5 सफदरजंग लेन, नयी दिल्ली
जुलाई 7, 1967

प्रियवर,

यह जानकर प्रसन्नता हुई कि हिन्दी के महास्तम्भ पंडित हजारीप्रसाद जी द्विवेदी आगामी श्रावण शुक्ल एकादशी को अपने जीवन का साठवाँ वर्ष पूरा कर रहे हैं, तथा काशी के साहित्यिकों ने यह आयोजन किया है कि इस अवसर पर उन्हें एक ग्रन्थ भेंट किया जाए। मुझ पर आरम्भ से ही द्विवेदीजी की कृपा रही है और आरम्भ से ही मैं उन पर श्रद्धा रखता आया हूँ। विद्वान् और लेखक वे आज बेजोड़ हैं, किन्तु मनुष्यता की दृष्टि से भी उनके समकक्ष पहुँचनेवाले लोग देश में कम ही होंगे। उन्होंने जो कुछ लिखा है उसका अधिकांश चिरायु होगा।

बहुत अच्छा होता यदि मैं इसी समय द्विवेदीजी का संस्मरण लिख पाता। किन्तु इन दिनों मेरी मनोदशा खिन्न है। अतएव इस मांगलिक अवसर पर मैं मान्यवर हजारीप्रसादजी को प्रणाम करता हूँ और भगवान से मनाता हूँ कि वे उन्हें शतायु करें।

—रामधारीसिंह दिनकर

भूली कहाँ हूँ

शिवानी

पंडित जी का, गुरु रूप में परिचय, मेरे जीवन में एक श्रेष्ठ सम्पदा के रूप में सर्वदा संचित रहा है। अपने व्यक्तिगत सौभाग्य से मैं उस उदारमना व्यक्तित्व के स्नेहमय साये में, आठ वर्ष तक रही। आज जब उन आठ वर्षों के संस्मरण सँजोने बैठती हूँ तो सहसा, 1935 के आश्रम-रंगमंच के रेशमी परदे स्वयं ही सरसरा कर उठ जाते हैं। आश्रम के 'खैलार माठ' से एक लाल सड़क के हाशिये से विभाजित दूसरा धूल-धूसरित मैदान था और उसी से लगी थी 'गुरुपल्ली'। एक ही कतार में ताड़-खजूर और मालती लता के साये में खड़े, एक ही नक्शे के बने, कच्ची मिट्टी के खपरैल से छाये मकानों में पहला मकान था बड़े पंडित जी का, व्यक्तित्व में गृहस्वामी की ही भाँति सरल, छोटा-सा बरामदा फिर एक कमरा, कोने में बिछा लकड़ी का तखत, आलमारी में ठसी विभिन्न आकार की पुस्तकों का स्तूपाकार गट्ठर फिर एक बरामदा, आँगन और आँगन से ही लगी छोटी-सी कोठरी में बनी भाभी जी की सुरम्य रसोई जहाँ से आती, उत्तर प्रदेशीय नथुनों से पूर्व-परिचित खाद्य-सामग्री की सुगन्ध-लपट, बंगाल के 'घंट', 'चड़चड़ी', 'कोपीर डालना' और 'आलू पटल' के सर्वथा नवीन अटपटे स्वाद की कसक को, पलभर में धो-पोंछकर बहा देती। पंडित जी के यहाँ तो हम उत्तरप्रदेशीय छात्राओं का अड्डा ही था। भूख लगी तो चल दीं। कभी कभी समय-असमय हमारा आक्रमण निरीह भाभीजी की रसोई पर होता और वे हँसकर ही हमारा स्वागत करतीं। गोरी बूटे-से कद की आनन्दी भाभीजी, कभी मूड़ी का पूरा कनिस्तर ही उतारकर, हमारे सम्मुख रख देतीं, सरसों के तेल में सनी, हरी मिर्च और कच्चे प्याज में बनी वह मूड़ी, सुरदुर्लभ पदार्थ लगती और देखते-ही देखते पूरा कनिस्तर साफ हो जाता। धोती, ढीला कुरता और अंडी के चादरधारी पंडित जी दूर ही-से पहचाने जाते। लम्बा कद, न दुर्बल न स्थूल, प्रशस्त माथा, आँखों में अनूठी चमक और अधरों पर, बात-बात पर उतर आनेवाली स्निग्ध हँसी।

उनके पढ़ाने का अपना अनूठा ढंग था। कभी-कभी अपने कट्टर गुरुजी की कहानियाँ सुनाते और कभी सामान्य-सी बूँदाबाँदी होने पर भी भीगने की छुट्टी कर देते। यह आश्रम की एक विशेष प्रकार की मौलिक छुट्टी होती थी, वर्षा होने पर। कोई भी कक्षा अपने अध्यापक के साथ 'भीगने की छुट्टी' मनाने जा सकती थी। कभी अनिल चन्दा के साथ गाते हो-हल्ला मचाते हम लोग 'श्रीनिकेतन' की ओर चले जाते :

'श्रावनेर गगनेर गाय, विद्युत चमकिया जाय,
क्षणे क्षणे, शर्बरी सिहरिया उठे हाय...'

शर्वरी सिहरे न सिहरे, समवेत कंठस्वर से आश्रम की दिशाएँ अवश्य ही सिहर उठतीं।

पंडित जी की कक्षा में, इस छुट्टी के अतिरिक्त, एक प्रकार की छुट्टी और भी होती थी, जब कभी कुछ चुने छात्र-छात्राओं को पंडित जी के लिए ब्लेड, साबुन आदि लेने आश्रम की एकमात्र दूकान 'कोऑपरेटिव स्टोर' तक भेजा जाता। लानेवाले के लिए समुचित पारिश्रमिक की भी व्यवस्था रहती, इसी से इस उदार प्रस्ताव को स्वीकार करने कभी-कभी पूरी कक्षा ही चल पड़ती, किन्तु प्रत्येक शान्त व्यक्ति की भाँति पंडित जी का क्रोध भी बड़ा विकट होता था। एक बार हमारी कक्षा के एक अत्यन्त निरीह छात्र शरणप्रसाद को पंडित जी ने पढ़ाते समय आँवले की गुठली कड़काते पकड़ लिया। उन दिनों आश्रम में छात्र-छात्राओं के इस 'आमलकी भक्षण' से सभी अध्यापक परेशान थे। जिसे देखो वही आँवले की गुठलियाँ मुँह में भरे सुपारी-सी कुतर रही है। एक-दो बार पहले भी पंडित जी कुछ अन्य छात्राओं को इस उद्दण्ड कुड़क-कुड़क के लिए डपट चुके थे, "तुम लोग यहाँ आँवला खाने आती हो या पढ़ने? अब किसी को गुठली कड़काते देखा तो बाहर निकाल दूँगा—समझी?"

उन्होंने कहा था, पर समझनेवालियाँ खूब समझती थीं कि गरजनेवाला यह निरीह मेघ, कभी बरसता नहीं।

उस बार हमारी कक्षा का शरणप्रसाद, न जाने कैसे पकड़ में आ गया। "क्यों शरणप्रसाद", पंडित जी का चेहरा तमतमा उठा, "कितनी दर्जन गुठलियाँ हैं मुँह में? खोलो मुँह।" शरणप्रसाद ने भोले कन्हैया की भाँति, मुँह खोल कर त्रैलोक्य-दर्शन करा दिए। स्पष्ट था कि गुठली बाजीगरी सफाई से जीभ के नीचे छिपा ली गयी है।

"हूँ?" पंडित जी बोले, "हम क्या समझते नहीं, जीभ के नीचे छिपा ली है। खड़े रहो पूरा पीरियड। इसे देखो, " मेरी ओर उँगली दिखाकर उन्होंने कहा,

"अभी नयी-नयी आई है पहाड़ से, कैसे सिर झुकाए शान्त गऊ-सी बैठी रहती है, एक तुम हो इतने दिनों से आश्रम में, पल-भर सीधे नहीं बैठ सकते।"

उस सार्वजनिक सभा में अपनी प्रशंसा सुनकर मैं प्रसन्नता का गहबर सहसा रोक ही नहीं पाई। ऐसी खाँसी उठी कि जीभ के नीचे बड़े छलबल से छिपाई गयी आँवले की गुठली, गोली-सी छिटक कर सीधी पंडित जी की गोद में जा गिरी। पहले वे चौंके फिर ठहाका मारकर जोर से हँस पड़े।

उस उदार गुरु का वह राशीभूत अट्टहास, आज भी रह-रहकर मेरी स्मृतिप्राचीर में गूँज उठता है! कान उमेठकर लेखनी की सही पकड़ सिखानेवाले उस सहृदय गुरु के संस्मरण क्या एक-आध हैं?

घटा तले हिन्दी की कक्षा के मुट्ठी-भर छात्र-छात्राएँ पंडित जी को घेरकर बैठे हैं। उन दिनों हमारे पाठ्यक्रम में 'सुन्दरकांड' था और पढ़ाते थे स्वयं पंडित जी। अपनी अंडी की चादर गुडी-मुड़ीकर लपेटे पंडित जी हिल-हिलकर 'सुन्दरकांड' पढ़ाने लगते तो लगता पूछने को कुछ है ही नहीं। एक-एक दोहा चौपाई, उलझे तागे-सी स्वयं ही सुलझती चली जाती। लगता जैसे अवनीन्द्र ठाकुर की रोचक 'गल्पेर क्लास' का ही पीरियड चल रहा हो।

तब तक काव्य-संग्रह भी हमारे पाठ्यक्रम में था, उस पीरियड को भी पंडित जी ही लेते पर काव्य-संग्रह पढ़ाने में पंडित जी को न जाने क्यों विशेष रुचि नहीं रहती। "क्या करोगी यह सब यहाँ पढ़कर, घर में पढ़ लेना।" एक दिन मैं पीछे पड़ गयी "घर पर भला कौन बैठा है पढ़ाने वाला, परीक्षा सिर पर आ गयी है; अब तो आप पढ़ा ही दीजिए।"

"मूरख कहीं की...", बार-बार, एक कविता का अर्थ समझा देने की जिद से पंडित जी झल्लाकर बोले, "क्या धरा है इसमें समझाने को?"

मुझे आज भी वह कविता याद है और मैं सोचती हूँ पंडित जी भी नहीं भूले होंगे।

कविता थी—

"कोकिल बोलो तो!
प्राणों में मधु घोलो तो...."

"अब कोकिल है," पंडित जी बोले, "कौवा तो है नहीं जो काँव-काँव होगी। कुहू-कुहू कर रही होगी बस घुल गया होगा प्राणों में मधु, जाओ भागो, छुट्टी!" इस सरल, सहज, सजीव व्याख्या के पश्चात् भला कुछ पूछने का प्रश्न ही कैसे उठ सकता था? कभी-कभी दस मिनट पहले ही ऐसी अप्रत्याशित छुट्टी मिल जाती, पर कभी व्याकरण की कक्षा में अनुशासन की पतली जानलेवा रस्सी

पर किसी क्रूर नट पिता की भाँति पंडित जी हमें चढ़ाकर एक-एक नपा-तुला, कदम रखना सिखाते थे—

"व्याकरण की क्लास में फाँकी देकर क्या कभी एक ढंग का निबन्ध भी लिख पाओगी तुम लोग? और यह 'गउरा'," अचानक वे मुझपर बरस पड़ते, "जितनी ही सीधी थी उतनी ही शैतान हो गयी। देखेंगे अब हम तुमको, एक दिन कान जऽड़ से उखाड़कर रख देंगे। आज ही कहेंगे जयन्ती से,"—'जड़' के बीच एक विशेष मींड़-सी खींचकर पंडित जी ऐसे सहमा देते, लगता कान सचमुच ही जड़ से उखड़ा जा रहा है; पर कहना व्यर्थ है—न तो वह मुझे एक दिन देखने का कभी आया, कर्णद्वय अभी भी समूल सुरक्षित हैं और मेरी बड़ी बहन जयन्ती से मेरी शिकायत जड़ने की भयावह धमकी सदा कक्षा ही तक सीमित रही।

पाठ्यक्रम की पुस्तकों को पढ़ाने की पंडित जी को विशेष चिन्ता नहीं रहती, वैसे कर्त्ता, कर्म, करण, अधिकरण की नीरस बारहखड़ी जिस महत् व्यक्तित्व ने बड़े परिश्रम से रटायी है—यह जब स्मरण करती हूँ तो गर्व से फूलकर कुप्पा हो उठती हूँ।

कभी-कभी हमारी पूरी कक्षा को ही तारे निकलने पर, पंडित जी से घर आने का निमन्त्रण मिल जाता, "जाओ भागो सब, आज इस पीरियड को इस बेला नहीं पढ़ाएँगे हम, गुरुदेव के पास जाना है, संझा को घर पर आना, वहीं पढ़ाएँगे।" पता नहीं इस युग के शिक्षाशास्त्री इस विचित्र शिक्षा-पद्धति के विषय में क्या कहेंगे, पर ऐसी सरस कक्षा, बोलता-चलता-फिरता पाठ्यक्रम और छात्र-छात्राओं की भीड़ को पाइड पाइपर की-सी जादुई वंशी-धुन से खींचे लिए जा रहे पंडित जी। क्या अनुशासहीनता के इस युग में, जहाँ प्रतिवर्ष परीक्षा-भव में उद्दंड छात्र-वर्ग, क्रुद्ध बर्बर आदिवासियों-सी हृदयहीनता से, अनेक अध्यापकों को अपने अचूक भाले या छुरे का निशाना बना, समय से पूर्व ही अवकाश ग्रहण करवा देते हैं, यह सब कुछ अविश्वसनीय नहीं लगता?

गुरु की परिभाषा शायद अब बदल गयी है। पर लाख बदले, हमारी वह मोबाइल कक्षा की स्मृति कभी नहीं बदल सकती—ली कार्बुजे निर्मित, वर्णविन्यास की जटिल अभिरामतापूर्ण नगरी, चंडीगढ़ में रहकर भी, पंडित जी निश्चय ही, नयी सभ्यता के विघटनकारी संस्पर्श से अछूती गुरुपल्ली के अपने उस कच्ची मिट्टी के आँगन में जुटी हमारी मुँहलगी कक्षा की भीड़ को नहीं भूले होंगे।......

एक-एक कर, आकाश के रहस्यमय सौरमंडल से परिचय चलता। "वह रहा सप्तर्षि," सहसा एक ही अँगूठी धुरी पर गोल घूमते पंडित जी सप्तर्षि से परिचय कराने लगते।

"अरे कहाँ है पंडित जी!"

"अरे इस मूरख कुसुम को कुछ नहीं सूझता—देखती नहीं।"

फिर आकाशगंगा की दुरूह पहेली सुगम हो उठती। आज जब मेरा पुत्र, बहुमूल्य विदेशी यन्त्रों से विभूषित नैनीताल की ऑब्जरवेटरी से विराट् आकाश की महिमा पहली बार देख मुझे अपनी पांडित्यपूर्ण दलीलों से प्रभावित करने की चेष्टा करता है तो मुझे हँसी आती है—'इतना पावरफुल खुर्दबीन है कि बस—' मैं कैसे उस नन्हे मस्तिष्क को समझाऊँ कि जिस शक्तिशाली खुर्दबीन से मैंने सौरमंडल को देखा है, उससे वह कभी नहीं देख सकता।

पंडित जी एक-एक तारे की महिमा समझाते जाते और आकाश के समग्र जगमगाते तारे, जैसे झुक-झुककर परिचित मित्र की भाँति मुस्कराकर हमसे हाथ मिलाने लगते। न तब हमारे पास खुर्दबीन थी न कोई यन्त्र। विचित्र ऑब्जरवेटरी का विचित्र संचालक था। केवल कंठनली का टेपरेकार्ड था और लम्बे-लम्बे हाथों को हिला-हिलाकर समझाया गया सुगम रोचक पाठ। अचानक रात के खाने का घंटा बजता, आश्रम के प्रत्येक घंटे का अपना अनोखा ही आरोह-अवरोह रहता। एक-दो-तीन-चार-पाँच—बीते समय का ध्यान आता हम भोजनालय की ओर भागते।

दूसरे दिन व्याकरण का पीरियड है। आज पंडित जी गुरुदेव का नया लिखा उपन्यास 'चार अध्याय' ले आए हैं। कई दिनों तक पढ़-पढ़कर पंडित जी हमें सुनाते रहे। मौलसिरी के विराट् वृक्ष की छाया में एक बार पंडित जी गुरुदेव की उन पर लिखी गयी पंक्ति, 'डेके आनो बालुकडांगार पंडित हजारीप्रसाद के' को पढ़कर बड़ी देर तक हँसते रहे थे। उनकी इसी हँसी के विषय में मुझे कुछ कहना है। जैसे मुक्ता को गुणी जौहरी नेचुरल और कल्चर्ड की परिभाषा में बाँधकर रख देते हैं—हँसी को भी इसी मापदंड से मापा जा सकता है। कल्चर्ड पर्ल की बनावटी लालिमा की ही भाँति, कल्चर्ड हँसी का पानी मुझे छिछला लगता है। किसी विदेशी चलचित्र के जटिल परिहास को न ग्रहण कर पाने पर भी, कंठ से जबरन खींचकर निकाली गयी हँसी, जो सबकी हँसी बन्द हो जाने पर भी बड़ी देर तक हाल में गूँजती रहती है, ऐसी ही कल्चर्ड हँसी है।

पर एक दूसरी ही हँसी होती है—असली पानीदार मोती की दमक से स्वयं दमकती और दूसरों को दमकाती, दिशाएँ गुँजाती, रोड़े-पत्थर ठेलती, पहाड़ी झरने की-सी सरस जलधार जो पास खड़े लोगों को भिगोती चली जाती है—ऐसी ही हँसी थी पंडित जी की। हो सकता है अब बदल गयी हो, पर ऐसी हँसी बदलती कम है। पंडित जी हँसते तो पूरा शरीर हिलने लगता। आश्रम में गज-गज-भर की

दूरी पर असंख्य कक्षाएँ बिखरी रहतीं। पंडित जी हँसने लगते, और सब मुड़-मुड़कर देखने लगते। एक ही रस्सी में बँधी, पहाड़ी मन्दिर की-सी कई घंटियाँ, एक साथ खनकने लगतीं।

"क्यों जी कमला, कल बड़े सबेरे तुम्हारा भाई संकट लाल लँगोट लगाए डंड पेल रहा था" अचानक अपनी छात्रा के लाल लँगोटधारी डंड-प्रेमी सहोदर की स्मृति पंडित जी को गुदगुदा जाती और वे एक ठहाका लगाकर हँस उठते।

एक बार पंडित जी ने बड़ी-सी दाढ़ी रख ली थी। बस फिर क्या था—पूरी कक्षा उनके पीछे पड़ गयी। "छि: छि: पंडित जी!—एकदम जोगी बाबा लग रहे हैं आप। कटवानी ही होगी दाढ़ी!"—पंडित जी बार-बार कहते कि "कुछ फुड़ियाँ निकल आई हैं, इसी से दाढ़ी बढ़ा ली है, कोई शौक से थोड़े ही पाली है!" पर उनकी कौन सुनता? आज अपनी बचकानी जिद पर हँसी भी आती है।

अन्तरराष्ट्रीय साहित्यिक ख्याति के उस विद्वान् गुरु की कैसी मुँहलगी कक्षा थी हमारी—कभी साबुन-ब्लेड के मूल्य से भी अधिक बड़ी बेईमानी से वसूल किया गया कमीशन! कभी दाढ़ी कटवाने की जिद, कभी अकारण ही सामान्य-सी बूँदाबाँदी का बहाना बनाकर माँगी गयी छुट्टी।

गत वर्ष, अपने क्षणिक प्रयाग प्रवास के बीच भी समय निकालकर पंडित जी मुझसे मिलने आए। वही परिचित स्नेहस्निग्ध हँसी, वही मोटे हौर्नरिम का चश्मा और ढीला कुरता—बस। नहीं थी तो अंडी की चादर, और शायद उसी के बिना मेरा रेखाचित्र आज कुछ अधूरा-सा बुना जा रहा है!

एक बार पंडित जी ने मुझे लिखा था, "तुम्हारी पुस्तिका मिली, पढ़कर बड़ी प्रसन्नता हुई। शान्तिनिकेतन का उन दिनों को तुमने ऐसा सजीव चित्र खींचा है कि कई दिनों तक उन स्मृतियों से पीछा नहीं छूटा। उस छोटी-सी पुस्तिका में शान्तिनिकेतन जितना सजीव हुआ है, उतना बड़े-बड़े पोथों में नहीं हो पाया। तुममें छोटी-छोटी, किन्तु महत्त्वपूर्ण आत्मीयताव्यंजक बातों के द्वारा, सम्पूर्ण को जीवन्त बनाने की बड़ी क्षमता है।"

उक्त पुस्तिका मैंने एक परिचित प्रकाशक के विशेष आग्रह पर लिखी थी—साथ में प्रकाशक ने एक लुभावनी पुरस्कार-योजना की भी घोषणा की थी। सौभाग्य से पुरस्कार मुझे नहीं मिला, पर अपने गुरु-द्वारा प्रदत्त, प्रशंसा का यह अनूठा कोहेनूर मेरी साहित्यिक मंजूषा का सबसे जगमगाता रत्न है।

उसी दिन से मेरी लेखनी एक ऐसी गहन वन में वनमृगी की-सी निर्भीक छलाँगें लगाने लगी है जहाँ उसे क्रूर-से-क्रूर व्याघ्र के बाणों का भी भय नहीं रहा है। पर आज सब संस्मरणों की पोटली खोलकर लिखने बैठी हूँ तो—'सम्पूर्ण को जीवन्त बनाने की क्षमता' सहसा खो बैठी हूँ। 'गुरुशापात् स्मृतिर्भ्रष्टा' का-सा

आभास हो रहा है।

पंडित जी के बहुरूपी व्यक्तित्व की कई रंगीन स्लाइडें एक-एक कर उभर आती हैं—

हिल-हिलकर सुन्दर कांड पढ़ाते पंडित जी!
संकट के लाल लँगोट की स्मृति पर ठहाका लगाते पंडित जी!
'जड़' से कान उखाड़ने की धमकी देते पंडित जी!

दाढ़ी बढ़ाए, अंडी की चादर लपेट मिट्टी के कच्चे आँगन में गोल-गोल पैर के अँगूठे की धुरी पर घूमते, आकाश के अतिथियों से परिचय कराते पंडित जी और अन्त में—कार से उतरते रेशमी कुरते और धोती में, पहले से कुछ-कुछ बदले पंडित जी—क्यों फोकस बार-बार बिगड़ जाता है? अच्छे चित्र के लिए कलाकार बैकग्राउंड को बड़ा महत्त्व देते हैं। चित्र बने भी कैसे? एक बार यदि पंडित जी फिर उसी कच्चे मकान के आँगन में खड़े हो सकते! गुड़ीमुड़ी कर ओढ़ी गयी चादर—ढीला कुरता और काँख में दबा 'विश्वभारती' का नारंगी रजिस्टर—एक बार भी यदि गरजकर कह सकते—देख लेंगे तुमको एक दिन—कान जऽड़ से उखाड़ कर रख देंगे'.....

तब शायद फिर सम्पूर्ण को जीवन्त बनाने की क्षमता पा लेती।

एक बार पूज्य हजारीप्रसाद द्विवेदीजी ने मेरे एक पत्र के उत्तर में लिखा था : अपनी पुरानी छात्रमंडली को कभी भूल सकता हूँ? मेरे सामने तुम सब छोटी-छोटी छात्राओं के रूप में उसी प्रकार साकार हो। तुम लोगों को कैसे भूल सकता हूँ। कामकाज में भूलकर भूलना भी कोई भूलना है! गुरुदेव ने लिखा था—

'अन्यमने चलि पथे
भुलि ने कि फूल
भुलि ने कि तारा
तबुओ ताहारा
प्राणेर निःश्वास वायु करे सुमधुर
भूलेर शून्यता माँझे भरि ये सुर
भूल थाका, नय शे ते भोला—'

'अन्यमनस्क पथिक यदि राह चलते, तारों और खिले फूलों को नहीं देख पाता तो क्या उन्हें भूल जाता है? वे ही तो उसके प्राणों की निःश्वास वायु को सुमधुर बनाते हैं। भूलने की शून्यता में वह ही स्वर भर देते हैं। इसे भला भूलना

कहते हैं?''

गुरुपल्ली की मीठी स्मृति भी मेरे प्राणों की नि:श्वास वायु को चिरन्तन माधुर्य से भरती, भूलने की शून्यता में मीठे स्वर भरती रहेगी और इसी से मैं भी कहती हूँ—

भूली कहाँ हूँ?

जो लोग दीवारों से घिरे और छत से ढँके कमरों में रात काटने के अभ्यस्त हैं उनसे यदि कहूँ कि रात जीवन्त वस्तु है तो न जाने क्या कहेंगे। लेकिन जो कोई भी आँख-कान रखनेवाला भला आदमी ताराखचित आसमान के नीचे घंटे आध-घंटे-के लिए आ खड़ा होगा वह अनुभव करेगा कि रात सचमुच ही जीवन्त पदार्थ है। वह साँस लेती हुई जान पड़ती है, उसके अंग-अंग में कम्पन होती है, प्रसन्न होती है, उदास होती है, धुँधुआ जाती है, खिल उठती है।...

—केतु दर्शन

अफलाकांक्षी

मालती तिवारी

बहुत दिन पहले एक लेख पढ़ा था 'ऑव माइसेल्फ' जिसमें लेखक चार्ल्स लैम्ब ने बताया था कि अपने ऊपर लेख लिखना कितना कठिन है। मुझसे भाई साहब ने कहा था कि बाबूजी के बारे में एक पारिवारिक लेख लिखो, तो लगा कि 'ऑव हिमसेल्फ' लिखना भी कोई आसान नहीं। हो सकता है जिसको मैं बहुत अधिक महत्त्व देती हूँ औरों के लिए वही नगण्य लगे। फिर भी मैंने सोचा है ईमानदारी से कुछेक ऐसी घटनाएँ साहित्य-जगत् के सामने रख दूँ जिनका साहित्य से कोई मतलब न हो।

बहुत छुटपन की बातें तो भूल-सी गयी हूँ; पर जब थोड़ी बड़ी हुई तब हम लोग छह भाई-बहन थे और सभी लोग बाबूजी के हाथ से खाना पसन्द करते थे। इसीलिए दिन में तो आगतों-अभ्यागतों से घिरे होने के कारण बहुत अवसर नहीं मिलता था; पर रात को सभी बच्चों को बिठाकर एक ही थाली में सबको खिलाते थे। यह क्रम बहुत दिनों तक चलता रहा था।

शान्तिनिकेतन में हम लोगों को प्रायः ही मलेरिया हो जाया करता था। उस बीमारी में औरों को चाहे जो भी दवाई लगे; हम लोगों के लिए तो निश्चित रूप से बाबूजी 'रामबाण' दवा थे। रात-रात-भर जागना, दवाई देना, प्यार से सिर में तेल लगाना और सब तरह की गन्दगी निर्विकार होकर साफ करना। उन दिनों ये काम माँ नहीं कर पाती थीं; क्योंकि वे खुद ही काफी बीमार रहती थीं।

तीमारदारी करना ही नहीं, बल्कि 'ऑपरेशन' करना भी बाबूजी को खूब आता है। जहाँ किसी को फोड़ा हुआ नहीं कि बाबूजी झट स्पिरिट, रुई, ब्लेड और मलहम लेकर तैयार हो जाते। इस क्रिया में बाबूजी को बेहद आनन्द मिलता।

जब हम चंडीगढ़ गये तब सिर्फ मैं, बाबूजी और छोटा भाई लालाजी साथ में थे। उन्हीं दिनों संयोगवश एक फोड़ा मेरी पीठ पर निकल आया। कई दिनों तो मैं उसे छिपाती रही, पर जब वह पकने लगा और भयानक दर्द शुरू हुआ तो मुझे

कहना ही पड़ा। बस बाबूजी ने अपने अस्त्र-शस्त्र सँभाले और फोड़े को यों देखा जैसे बाज नाजुक पक्षी को देखता है। मैं अपने भय को समेटूँ-सँभालूँ कि बाबूजी विजय गर्व से बोले, "लो, हो गया ऑपरेशन।" वे परम आनन्द से रुई में मलहम लपेटकर उस पर लगाते रहे। ऑपरेशन करते समय उनका मन बच्चों-जैसा खुश रहता है और बार-बार सबसे अपनी बड़ाई खूब करते हैं। चाहे कोई माने या न माने बाबूजी तो अपने को एक कुशल डॉक्टर मान ही लेते हैं।

बाबूजी एक पथ के 'पाककला मर्मज्ञ' भी हैं। नित्य नवीन खाना बनाना उनकी 'हॉबी' है। यह और बात है कि उस परम प्रयोग से बने खाद्य-पदार्थ को कोई खा भी पाता है या नहीं। बाबूजी का कहना है कि तेरी माँ तो लकीर की फकीर है, बस तयशुदा ढंग से खाना बनाती है। इस सब्जी में यही मसाला पड़ेगा और इसी तरकीब से पकाया जाएगा। यह क्या बात हुई। उस तरह तो कला की चेतना ही मर जाएगी। बिना प्रयोग के भी कला का विकास हो सका है क्या? मगर उनके सभी 'एक्सपेरिमेंट' माँ की अनुपस्थिति में ही सम्भव हो सकते हैं। शुरू-शुरू में चंडीगढ़ में यह बाधा नहीं थी। माँ अभी पहुँची ही नहीं थीं। सो जब मैं पढ़ने जाती थी तो बाबूजी अतिशय वात्सल्य से प्रेरित होकर, मुझे तकलीफों और परेशानियों से बचाने के लिए खाना खुद ही तैयार कर लेते थे। उस स्वादिष्ट एवं पौष्टिक भोजन को खाते समय मुझे लगता कि कॉलेज से लौटकर दुगुना कष्ट उठा लेना ज्यादा अच्छा होता। हालाँकि बाबूजी स्वयं भी इसे नहीं खा पाते थे, पर अजीब मुद्रा बनाकर बार-बार कहते, "खाओ, खाओ, देखो तो क्या बढ़िया बना है।" हम किसी तरह हाँ-हाँ करते-करते पानी के साथ निगलते जाते। पर हमारी मुहब्बत-भरी प्रशंसा से बाबूजी को और उत्साह आ जाता और वे हमारी खाली प्लेटें इस प्रयोगवादी खाने से भर देते। इस परम स्वादिष्ट और अतीव पौष्टिक भोजन से छुट्टी पाने के उद्देश्य से मैं कॉलेज जाने के पहले ही 'कुकर' चढ़ाने लगी, लेकिन जब मुझे फोड़ा हो गया तो बाबूजी का रास्ता तो फिर 'क्लियर' हो गया। जिस दिन मेरा 'ऑपरेशन' हुआ उस दिन मैं जरा देर तक सोयी रही। एकाएक खटर-पटर की आवाज से नींद खुल गयी। देखा—बाबूजी इधर-उधर दौड़ रहे हैं। मैं हैरान थी कि यह क्या हो रहा है। तुरन्त ही बात साफ हो गयी : एक देगची स्टोव पर चढ़ी है और कुछ जल रहा है। मैंने झट उसे कपड़े से उतारकर रख दिया। थोड़ी देर में बाबूजी सँड़सी लेकर आये। यह भाग-दौड़ उसी के लिए थी। बोले "देखो आज तुम लोगों के लिए पके केले की वह 'फर्स्टक्लास' पकौड़ी बनायी है कि बस हाँ, पर देगची थोड़ी छोटी थी और छलनी बड़ी, इसी कारण वह अन्दर तक नहीं जा पा रही थी; पर कोई बात नहीं, पक गया है।" क्या बताऊँ उस अपूर्व व्यंजन का स्वाद। उस पकौड़ी की पहली विशेषता यह थी कि उसमें स्वादों का

आरकेस्ट्रा बज रहा था यानी मिठाई, नमकीन, मिर्चाई और खटाई का सम्मिलित स्वाद, दूसरी विशेषता थी कि एक तरफ तो ये अद्‌भुत पकौड़ियाँ कच्ची थीं, दूसरी तरफ बिल्कुल जली हुईं। सब मिलाकर ऐसा मधुर स्वाद था कि बस 'समुझि मनहि मन रहिए।''

इसी तरह बाबूजी का कहना है कि अचार में मसाला और तेल होना चाहिए फिर चाहे कंकड़-पत्थर, लोहा-लक्कड़ कुछ भी डाल दो स्वादिष्ट अचार हो ही जाएगा। इसी बात पर एक दिन हमने बाबूजी के साथ एकमत होकर भँसीड और आम का अचार बनाया। इसमें कोई शक नहीं कि वास्तव में बहुत स्वादिष्ट बना था। यह दूसरी बात है कि माँ बुरी तरह नाराज हुई थीं कि कितना सारा मसाला उसमें नष्ट किया गया और कितने तेल का सत्यानाश हो गया।

खैर, तेल चाहे कितना भी नष्ट हुआ हो पर मेरी समझ में कोई बहुत नुकसान नहीं हुआ क्योंकि उस नुकसान की पूर्ति बाबूजी कर ही देते हैं। वह ऐसे कि अपने बालों में तेल बाबूजी महीनों नहीं लगाते। पर जब भी भूल-भटके कभी तेल लगाकर दाढ़ी बना लेते हैं (क्योंकि दाढ़ी भी जरा कम ही बनाते हैं) तो उस दिन खूब 'टन्नन-मन्नन' होकर 'गुप्प' बने बैठे रहते हैं। ताकि सभी उन्हें आते-जाते देख लें और कहें कि वाह! वाह! कैसी दिव्य छटा है। माँ प्रायः गुस्सा करती हैं कि ''औरों को देखिए, सब लोग कैसे तरीके से रहते हैं। साफ कपड़ा पहनते हैं, ढंग से बाल बनाते है और एक आप हैं कि बस न कभी तेल लगाते हैं और न साफ कपड़ा ही पहनते हैं''। रोज-रोज का कहना था कि एक दिन आखिर तो गुस्सा आ ही गया और बाबूजी भरे-भरे पहुँचे हमारे कमरे में। उन दिनों मेरी तबीयत ठीक न थी। मैं एक 'टॉनिक' लिया करती थी। बाबूजी ने समझा कोई बढ़िया तेल है। सो पूरी हथेली भरकर चुपोड़ लिया सिर पर और खूब जोर-शोर से रगड़ने लगे। दवा में लस ज्यादा थी तो बाद में चिटचिट-चिटचिट करने लगा। बाबूजी ने मुझसे कहा ''देख तो तुलू, यह तेल कैसा चिटचिट-चिटचिट कर रहा है?'' मैं बीमार थी; फिर भी हँसी रोक न पाई। बोली, ''यह तो दवा थी। टॉनिक।''

''क्या?''

बाबूजी अजब हैरानी से बोले, ''बदबू तो हो रही थी, पर मैंने सोचा कोई 'मॉडर्न आयल' होगा।'' वे चुपचाप राम-राम करते बाथरूम में घुस गये और साबुन लगाकर खूब मल-मलकर नहाया। फिर उन्होंने देखा तो पास में तेल की शीशी दिख गयी। इस बार बड़े इत्मीनान से उन्होंने तेल लगाया। उनके मन में सन्तोष था कि बाल का रूखापन भी चला जाएगा और उस टॉनिक की गन्ध भी। परम सन्तोष के साथ तेल मालिश करते जब बाहर आए तो उन्हें लगा कि कहीं से

फिनायल की गन्ध आ रही है। काफी अन्वेषण के बाद पता चला कि यह गन्ध उनके सिर से आ रही है और उन्होंने इस बार सुगन्धित तेल समझकर फिनायल लगा ली है। और फिर न पूछिए कि क्या हँसी हुई, आसमान से गिरे तो खजूर पर अटके! दवाई धोकर फिनाइल लगा ली।

खैर, ऐसी घटनाएँ प्रायः होती ही रहती हैं। पर उसके लिए कोई खाना या गाना तो नहीं छोड़ सकता न? कम लोगों को पता है कि बाबूजी को गाने का भी शौक है। इसमें कोई फर्क नहीं पड़ता कि सभी गानों का एक ही राग होता है। मतलब यह कि बाबूजी एक अच्छे संगीत-निर्माता भी हैं। जिन रागों को लेकर लोग बड़े-बड़े यत्न करते हैं, रियाज करते हैं, वे सब बाबूजी के पास आकर परम प्रेम से 'एकलय' हो जाते हैं। उसमें कोई भेदभाव या अलगाव नहीं रहता। वे रवीन्द्र संगीत से लेकर संस्कृत के श्लोक और हिन्दी के गीत एक ही राग में गा लेते हैं।

बगीचा लगाने में भी बाबूजी निपुण हैं। हालाँकि उससे फल की आशा नहीं रखते; क्योंकि 'गीता' में ऐसा ही कुछ भगवान ने कह दिया है, पर माँ से वहाँ भी बच नहीं सकते। किसी-न-किसी बात पर मतभेद होता ही रहता है।

साहित्यिक जगत् के लिए कदाचित् यह नया समाचार है कि बाबूजी एक कुशल और निपुण चित्रकार भी हैं। यह दूसरी बात है कि वे चित्र और किसी के लिए बोधगम्य हों या न हों पर बाबूजी तो बनाते ही रहते हैं। भला कौन 'मॉडर्न आर्टिस्ट' चित्र बनाना सिर्फ इसीलिए बन्द करेगा कि हमें या आपको समझ में नहीं आता। सो, बाबूजी भी चित्र बनाते ही रहते हैं और सदा ही आधुनिकतम कलाकारों से चार कदम आगे रहते हैं।

इस तरह बाबूजी शल्य-चिकित्सा से लेकर पाकविद्या, संगीत-कला, चित्रकला, उद्यान-कला आदि विविध 'विषयों के' मर्मज्ञ हैं। उनके बच्चे सब विषयों में उनके विश्वस्त सहायक रहते हैं और माँ सबकी कठोर समीक्षिका। बाबूजी निर्विकार भाव से अपनी कला-साधना में लगे रहते हैं, पर हैं वे विशुद्ध अफलाकांक्षी ही।

श्री द्विवेदीजी : साहित्य-साधना और व्यक्तित्व

सीताराम सेकसरिया

श्री द्विवेदीजी का जितना भी सम्मान हम कर सकें वह कर्तव्य जैसा लगता है। यों तो वे अपने साहित्य और विद्वत्ता के द्वारा सदा सम्मानित रहेंगे, पर जो लोग उनके ज्ञान द्वारा लाभान्वित हुए हैं, तथा समाज को उनकी विद्वत्ता का, उनके साहित्य का और मुझे ऐसा लगता है कि उनके व्यक्तित्व का भी जो लाभ मिला है उसमें समाज का यह एक साधारण कर्तव्य है कि वह कुछ अंशों में उस ऋण से उऋण हो, उस व्यक्ति के प्रति अपनी श्रद्धा, सम्मान, कृतज्ञता आदि प्रकट करके।

द्विवेदीजी के साहित्य के सम्बन्ध में साहित्यकार लोग लिखेंगे, मैं अपने को साहित्य पर लिखने का अधिकारी नहीं मानता। पर उनके व्यक्तित्व की जो छाप मेरे मन पर प्रथम मिलन के समय पड़ी वह स्थायी और बहुत महत्त्वपूर्ण है। यह प्रथम दर्शन बाद में अपनेपन में परिणत हो गया।

सन् 1934 में अपने विद्यालय की लड़कियों को लेकर श्री बनारसीदासजी चतुर्वेदी के साथ शान्तिनिकेतन गुरुदेव के दर्शन करने गया। अन्य बातों के अलावा गुरुदेव ने कहा कि "मैं हिन्दी का एक चेयर विश्वभारती में करना चाहता हूँ जिसके लिए मेरे पास हिन्दी का एक बहुत ही बड़ा विद्वान् है। उनके सम्मान के लायक वेतन मैं नहीं दे पाता। श्री शिवप्रसाद जी गुप्त इस स्थान के लिए मुझे साठ रुपया देते थे। वह भी इस वर्ष से बन्द हो जाएगा। मेरे पास जो सज्जन हैं वैसा आदमी खोजने पर भी नहीं मिल सकता। वे तो विश्वभारती के भाग्य से यहाँ आ गये हैं।" यह परिचय था गुरुदेव का श्री द्विवेदीजी के सम्बन्ध में। जब हिन्दी जगत् ने उन्हें नहीं पहचाना था और उनका साहित्य भी सामने नहीं आया था। गुरुदेव की सूझ और उनका ज्ञान तथा सबसे अधिक उनके हृदय की विशालता, जो मुग्ध होकर गुणी का आदर कर सकती थी, उसका अनुभव तो नजदीक रहनेवाले ही कर सके हैं। मैंने तो इसके पहले श्री द्विवेदीजी का नाम भी नहीं सुना था, मिलने-की तो बात ही क्या, पर इस परिचय और प्रथम मिलन में मन में एक ऐसा भाव पैदा हुआ कि

वह एक प्रकार से अमिट-सा है। मेरी लड़की ने, जो उस समय चौदह वर्ष की थी, कहा कि "बाबूजी, गुरुदेव हिन्दी के लोगों को कहाँ जानते होंगे, इसलिए इतनी प्रशंसा कर दी।" पर वास्तव में हम लोगों को ज्ञान नहीं था उस समय श्री द्विवेदीजी के बारे में।

हजारीप्रसादजी ने विश्वभारती और गुरुदेव की जो सेवा की शायद उसका ही प्रभाव है कि वे इतने सफल साहित्यकार बन सके। विश्वभारती में हिन्दी भवन की स्थापना भी इन्हीं सब बातों को लेकर हुई और द्विवेदीजी की सेवा द्वारा इस भवन की सार्थकता प्रमाणित होती गयी।

इसके बाद शान्तिनिकेतन जाने का अवसर अनेक बार आया। गुरुदेव की कृपा का एक अंश प्राप्त होता रहा। द्विवेदीजी के साथ रहने, उठने-बैठने और बातें करने का सुयोग मिलता रहा। द्विवेदीजी के व्यक्तित्व की अनेक बातें हैं जो उनकी सरलता और हृदय की विशालता को प्रकट करती हैं। विश्वभारती की सेवा करते समय उनके भीतर का साहित्यकार बहुत ही उन्नत हुआ। गुरुदेव की महानता का उनके जीवन पर बहुत गहरा प्रभाव पड़ा। उस समय शान्तिनिकेतन में बहुत उन्नत कलाकारों का पारस्परिक सहयोग था। जैसे, आचार्य क्षितिमोहन सेन, आचार्य नन्दलाल बसु, आचार्य गुरुदयाल मल्लिक, आचार्य विधुशेखर शास्त्री आदि बड़े-से-बड़े विद्वान्-साधक-सन्त-चिन्तक लोगों के निकटतम सम्पर्क में उनकी साहित्य-साधना उन्नत होती रही। सबसे बड़ी बात है साहित्यकार की मानस साधना। साहित्य के द्वारा समाज का मंगल ही उसका सच्चा सृजन है।

ऊपर जिन आचार्यों के नामों का उल्लेख मैंने किया है उनको मैंने देखा भी है। उनके जीवन की सरलता, सादगी, अथक परिश्रम और निरभिमानता ही उनकी कला थी। उनका व्यक्तित्व प्रभावित करता था। आचार्य द्विवेदीजी ने इन सबका सत्संग प्राप्त किया, और गुरुदेव रवीन्द्रनाथ की कृपा प्राप्त की। मैं क्या लिखूँ। मैं ऐसे लोगों को जानता हूँ जिन्होंने इन व्यक्तियों के सान्निध्य से एक ऐसी दृष्टि, जो सत्य की, न्याय की कही जाती है, प्राप्त की।

आचार्य द्विवेदीजी के साहित्यकार का ही नहीं, उनके भीतर के मानव का विकास भी इसी वातावरण में हुआ। उनका व्यक्तित्व मुझे बहुत प्रकाशमान लगा। कई मौकों पर तीस से ज्यादा वर्षों के सम्बन्ध में अनेक प्रसंग आते रहे हैं। तब मेरे मन में उनके प्रति प्रीत ही नहीं, एक श्रद्धा जगी है और उनके व्यक्तित्व ने मोह लिया है। मैं समझता हूँ ऐसा केवल मेरे साथ ही नहीं, उनके अनेक मित्र-सहयोगी, साथी और बड़ी संख्या के शिष्य-वर्ग के साथ हुआ होगा। द्विवेदीजी के द्वारा हिन्दी की सेवा दीर्घ काल तक होती रहे—यही प्रार्थना है।

आचार्य द्विवेदी के शब्दों में जब अपने को भूल गया!

विवेकी राय

'धन्य हो आचार्य हजारीप्रसाद द्विवेदीजी!' मैंने वास्तविक स्थिति का ज्ञान होने पर श्रद्धातिरेक में मुग्ध भाव से कुछ चौंककर कहा, पर वहाँ आचार्य जी कहाँ थे? वे तो स्मृति पर 'शब्दों के रूप में' छाये हुए थे। अलबत्ता एक बूढ़ा हँसिया, लाठी और रस्सी लिए सामने आम के पेड़ की जड़ पर बैठा था। उसने समझा हमें ही कुछ कह रहे हैं।

"हमार नाँव त जगजीतन ह। केके खोजत बानीं बबुआ जी?" बूढ़े ने हमारी ओर आँखें टाँग कहा।

मगर मैं क्या उत्तर देता? उसे कैसे समझाता—एक और ही 'जगजीतन' के जादू में मूर्ख बना हूँ। शायद उसने भी पीछे की ओर हँसनेवाली औरतों की तरह हमें पागल ही समझा।

बात उन दिनों की है जब अभी केवल साहित्य का नाम-भर जाना था और साहित्य का विद्यार्थी होने जा रहा था। ग्राम पिपरा (बलिया) में स्वाध्यायप्रेमी एक अध्यापक थे श्री वासुदेवसिंह जी। नयी-नयी पुस्तकों की खोज में प्रायः छुट्टियों में उनके यहाँ जाता। वहाँ खूब बैठकी जमती। कई और लोग आते। मुख्य चर्चा का विषय अध्यात्म था जिसके सिलसिले में अरविन्द, गाँधी, तुलसी और कबीर आदि पर चर्चा होती।

एक दिन श्री वासुदेवसिंहजी ने कहा, "कबीर पर एक बहुत सुन्दर नयी पुस्तक आचार्य हजारीप्रसाद द्विवेदी ने लिखी है जो शान्तिनिकेतन में प्राध्यापक हैं और बलिया जिले के निवासी हैं।" उन्होंने फिर कहा, "पुस्तक मैं पढ़ रहा हूँ और कबीर को समझने के लिए इससे अच्छी कोई पुस्तक नहीं है। इसे पढ़कर ऐसा लगता है कि इसके पूर्व कबीर पर जो कुछ भी लिखा गया है वह कुछ नहीं लिखा गया है। लेखक की लेखनी में जादू है। क्यों जगदीश बाबू?"

'अत्युत्कृष्ट लेखन' श्री जगदीश नारायण रायजी, जो उस समय एकमात्र

साहित्य के विद्यार्थियों को प्रोत्साहित करनेवाले थे और नैनीताल में प्राध्यापक थे तथा लम्बे शीत-अवकाश में आए थे बोले, ''मैंने हाल में ही आचार्य जी का एक निबन्ध पढ़ा है 'नाखून क्यों बढ़ते हैं।' साधारण चर्चा की तरह उसे उठाया है और वह चर्चा कब बहुत ऊँचाई पर चली जाती है पढ़नेवाले को पता नहीं चलता है। जब तक वह कुछ सोचता है तब तक शास्त्रीय चर्चा अथवा विचार-मनन की चोटी पर पहुँच गया होता है। छोटी बात बड़ी बहस बन जाती है। बालविनोद जैसा आरम्भ गम्भीर शास्त्रार्थ बन जाता है। अँगरेजी साहित्य में तो बहुत लिखे गये हैं, पर हिन्दी में ऐसे 'पर्सनल एसे' पहली बार देख रहे हैं।''

एक-एक शब्द मेरे मन में जमते थे। नयी पुस्तक का नाम, नये लेखक का नाम और नये विषय की चर्चा सामने थी। बहुत आनन्द आ रहा था। पुस्तक पढ़ने की उतावली तो थी ही, इस निबन्ध के बारे में भी मैं और जानना चाहता था। सोच रहा था, कब यह सब हमें पढ़ने को मिलेगा?

''मास्टर साहब'', मैंने कहा, ''इस निबन्ध में क्या है? क्या है कि ऐसा दिलचस्प है?''

''उन्होंने शुरू किया है यहाँ से कि उनकी लड़की एक दिन उनसे चक्कर में डाल देनेवाला सवाल कर बैठती है कि नाखून क्यों बढ़ते हैं। है न अत्यन्त साधारण और मनोरंजक बात? मगर आगे बढ़ती है तो उत्तर तह से शुरू होता है। लेखक कुछ लाख वर्षों पहले की बात उठाता है जब आदमी जंगली था। उसे नाखून की जरूरत थी क्योंकि ये ही हथियार थे। इसके बाद इतिहास, पुराण, कला, प्राणि-विज्ञान, राजनीति और आचार-शास्त्र को मथकर आचार्यजी निष्कर्ष निकालते हैं कि ''नाखून बढ़ना मनुष्य के भीतर पशुता की निशानी है और उसे नहीं बढ़ने देना मनुष्यता की अपनी इच्छा, अपना आदर्श है।'' उन्होंने बताया।

उस दिन लौट रहा था तो मारे खुशी के पैर सीधे नहीं पड़ते थे। बार-बार सोच रहा था कि चतुर्वेदी जी आते तो कबीर और आचार्य हजारीप्रसाद द्विवेदीजी के बार में उनसे बताता। यह क्या है कि किसी नये तथ्य के चाक्षुष या मानस साक्षात्कार से जब हृदय के भीतर आनन्द पैदा होता है तो हम उस आनन्द को बाँटने के लिए बेचैन हो उठते हैं! मेरे भीतर भी ऐसी ही बेचैनी थी। पर इस साहित्यानन्द का भागीदार सबको नहीं बनाया जा सकता था। श्री जी.एस. चतुर्वेदी उन दिनों हमारे उन मित्रों में से थे जिन्हें 'विशारद' की परीक्षा के सिलसिले में पुस्तकादि से मैं कुछ सहयोग किया करता था। किसी-किसी रविवार को मेरे साथ चतुर्वेदी जी भी पिपरा पहुँचे। चतुर्वेदीजी में एक कमी थी। उनकी आँखें कमजोर थीं। इसीलिए पुस्तक पढ़कर सुनाने और जबानी कुछ बताने को बहुत जोर डालते थे।

अगले रविवार को चतुर्वेदीजी नहीं आए और मैं अकेला ही पिपरा पहुँचा।

पुस्तक हमें मिल गयी। नाम देखा 'कबीर' और एक अज्ञात उल्लास लहरा उठा। श्री वासुदेवसिहंजी ने कहा, ''आलोचक तो मैं नहीं हूँ, परन्तु अनुभव कर रहा हूँ कि 'कवि कबीर' का इसमें प्रथम बार अध्ययन हुआ है। आलोचना के सूखे विषय को इतना सरस और आकर्षक बनाया गया है कि कथा-काव्य जैसा मजेदार हो गया है। कबीर के सन्दर्भ में तत्कालीन समाज ही नहीं, सांस्कृतिक परिवेश का विशद पर्यवेक्षण प्रस्तुत किया गया है....और लीजिए तबीयत से पढ़िए।''

'कबीर' को पढ़ता गया। विषय मन में जमता गया। मन भरता गया। 'बेहद के मैदान में' सोनेवाले कबीर का व्यक्तित्व साफ होता गया। साफ होता गया कि कबीर स्पष्टद्रष्टा थे। 'लेखा-लेखी' नहीं 'नयन देखी' लिखी। काव्य नहीं वहाँ दर्शन अधिक है। और उनका कवि-व्यक्तित्व? कितने कौशल से आचार्य द्विवेदी ने कबीर के भीतर बैठी 'शाश्वत विरहिणी' का उद्घाटन किया। मुझे भी आश्चर्य था कि कबीर इतने सरस कवि हैं! अब तक उन्हें डाँट-फटकारवाला रूखा ज्ञानमार्गी योगी-सन्त समझे था। कबीर के प्रति एक नयी धारणा तो बनी ही, उस अदेखे आचार्य समालोचक के प्रति, एक गम्भीर आदर भाव उदित हुआ। मन-ही-मन एक हँसमुख महापंडित की कल्पना की और चरणों में श्रद्धावनत होकर बैठ गया। वह प्रबल साहित्यिक संस्कार, अद्‌भुत प्रभाव और गहरी प्रेरणा थी। बहुत गहराई में टटोलकर देखता हूँ, परन्तु जब-तब आलोचना लिखने बैठता हूँ तो भावात्मकता ऊपर आ जाती है। व्यक्तिनिष्ठ ललित-निबन्ध मेरा अपना क्षेत्र बना। कह नहीं सकता कि आचार्य द्विवेदी के ललित निबन्धों का कितना प्रभाव मेरे ऊपर रहा। 'कबीर' के बाद जो अपने भीतर एक साहित्यिक-स्वाद भड़का उस झोंक में आचार्यजी की निबन्ध की पुस्तकों को रसानन्द में डूब-डूबकर अनेक बार मन में उतार गया।

हाँ तो, वह किस्सा सुना रहा था। दो सप्ताह बाद चतुर्वेदी जी शाम को आए। दूसरे दिन कोई अवकाश था। 'कबीर' के बारे में उनसे बताने लायक बहुत-सी बातें थीं। इस महाकवि के बारे में इतनी जानकारी हो गयी थी कि शब्द, वाक्य और वाक्यांश फटे पड़ते थे। बड़ा नहीं तो एक छोटा-मोटा विद्वान् मैं अपने को समझने लगा था। यद्यपि वे शब्द, वाक्य और वाक्यांश मेरे नहीं थे, परन्तु परीक्षार्थियों की दुनिया के इस तथ्य से मैं अपरिचित नहीं था कि 'रटी हुई चीज अपनी हो जाती है।' 'कबीर' की महत्त्वपूर्ण पंक्तियों और अंशों को किन्तु मैंने रटा नहीं था। वास्तविकता यह थी कि वे स्वयं ही याद हो गये थे। आचार्य द्विवेदी की शैली का यह चमत्कार था। जो एक बार चित्त पर चढ़ा, फिसला नहीं। फिर वह एक भावुक अवस्था थी। एक गजब की नशेवाली, उमंगवाली आयु थी।

मैंने चतुर्वेदीजी से सगर्व कहा, ''अब आप कबीर के बारे में जो कुछ पूछिए

बताऊँ।...चाहे जुलाहा जाति के इतिहास के बारे में, योग पद्धति के बारे में, चाहे कबीर के व्यक्तित्व के बारे में कि मध्यकाल में ऐसे दुर्द्धर्ष व्यक्तित्ववाला कोई पैदा नहीं हुआ, एकदम दृढ़, उग्र और बेपरवाह, चाहे कबीर के राम के बारे में अथवा उनकी उलटबाँसियों के बारे में....।"

रात में जमकर मेरा प्रवचन हुआ। मेरे मुख से भर्र-भर्र लच्छेदार विचारोत्तेजक वाक्यों को निकलते देखकर चतुर्वेदीजी हक्का-बक्का हो गये। मैंने कहा, "अब तो आप यह रहस्य जान ही गये होंगे कि किस स्रोत बल से मैं इस प्रकार धाराप्रवाह बोलता हूँ?"

"हाँ, 'कबीर' को देखा है", चतुर्वेदी ने उत्तर दिया, "मालूम होता है सारी पुस्तक कंठस्थ हो गयी है!"

"नहीं यह बात नहीं है, परन्तु अधिकांश स्थल मन पर छप गये हैं। समर्थ गद्यकार के गद्य में भी कविता की तरह विचारों का सुर, अनुभूतियों की लयात्मकता और व्यंजना की झनकार होती है। इसीलिए गद्य कवियों की कसौटी है। सूखी शब्दावली में प्राण पिरोना, अपने व्यक्तित्व को उसमें घोल देना और निर्जीव शब्दों को सजीव बना देना ऐसी गद्य-कला है जो खींचती है और खींचती है तो चिपट जाती है। अनायास अपनी हो जाती है।"

दूसरे दिन सुबह हम लोग पिपरा चले। जाड़े का दिन था। गुलाबी धूप गदराए खेतों पर फैली थी। हवा में सुखद ठंडक थी। "कुछ होता चले"—चतुर्वेदीजी ने प्रस्ताव किया। मेरा ग्रामोफोन बज उठा—

"कहाँ से शुरू करूँ?...अच्छा सुनिए, कबीर का काव्य...कविता करना उनका लक्ष्य नहीं था, पर उनकी कविता में ऊँची चीजें प्राप्त हैं...।"

और मैं अब दोनों ओर लगे खेतों के बीच से नहीं, बल्कि 'कबीर' के पन्नों के बीच से चल रहा था, कभी सरपट, कभी कूद-फाँदकर और कभी रुककर। जब सचमुच रुकता तो पूछ लेता, "कहिए ठीक है?" मुझे स्वयं ऐसा लगने लगा कि बहुत बेजोड़ बोल रहा हूँ। एकदम मस्त होकर बोल रहा हूँ। सब कुछ भूल जाता हूँ। बाल-स्वभाव था, शायद यह गरूर भी उभरा कि चतुर्वेदीजी के लिए तो मैं आचार्य द्विवेदी-जैसा ही हो गया! इस गर्व के परिणामस्वरूप मेरे बोलने में अभिनयात्मकता आ गयी। हाथ भाँज-भाँजकर मैं ऐसे बोलता जैसे सचमुच दो-चार हजार के मजमे में मंच मेरे हाथ है। मेरी इस दुर्बलता को चतुर्वेदीजी जान गये थे। अब इसे कुछ मनोरंजन के रूप में लेने लगे थे। यद्यपि यह बात मुझे भी मालूम हो गयी तथापि मैं 'कबीर' पर अपने सिद्ध वक्तापन के विज्ञापन के इस अवसर को हाथ से जाने देना चाहता था।

कोई था नहीं। रास्ता सुनसान था। आगे-आगे मैं और पीछे-पीछे चतुर्वेदीजी।

पिपरा गाँव लगभग चार मील दूर है। जब आधी दूरी तय की जा चुकी तो मैं कबीर की भाषा पर 'बोल' रहा था—

"संस्कृत के कूप जल को छुड़ाकर उन्होंने भाषा के बहते नीर में सरस्वती को स्नान कराया। उनकी भाषा में बहुत-सी बोलियों का मिश्रण है, क्योंकि भाषा उनका लक्ष्य नहीं था। अनजाने में वे भाव की सृष्टि करते जाते थे...।"

और जब बोलने का सुर बँध गया तो मैं देश-काल से ऊपर उठ गया। बस अब मैं था और आचार्य द्विवेदी से उधार लिये गये 'कबीर' थे। रास्ते में जब कोई गैर आदमी मिलता तो हाथ-मुँह की मुद्राओं को कुछ संयमित कर लेता पर बोलना नहीं रुकता, क्योंकि श्रोता सदा मेरे पीछे-पीछे चुपचाप सुनता चला आ रहा था। कुछ दूर आगे चलकर ऐसा हुआ कि एक जगह रास्ते के किनारे कुछ औरतें घास काट रही थीं। जब मैं कुछ इधर ही था तभी से वे मेरी ओर चौंक-चौंककर देखने लगीं। जब उनके पास आ गया तो वे हँसने लगीं और आपस में एक-दूसरे की ओर देखकर कुछ साँय-फुस करने लगीं। उनका इस प्रकार देखना, हँसना और साँय-फुस करना कुछ अजीब तरह का लगा। मैंने सोचा—गँवारिन हैं, क्या समझें? उस समय मैं बँधी मुट्ठियों को हवा में भाँजकर बोल रहा था।

"कबीर भाषा के डिक्टेटर थे। भाषा जैसे उनके सामने लाचार-सी नजर आती है। उसमें हिम्मत नहीं कि इस मस्त फक्कड़ की किसी फरमाइश को पूरा करने से इनकार कर दे। उससे वे जो कुछ कहलवाना चाहते थे कहलवा लेते हैं। बन गया तो सीधे-सीधे नहीं तो दरेरकर!"

अन्तिम वाक्य कहते-कहते मैंने हाथ से हवा में ही एक जबरदस्त दरेरा दिया और जब मेरी इस क्रिया से सामने आम के पेड़ की जड़ पर बैठे एक बूढ़े की आँखों में उसी कौतुक और होठों पर उसी हँसी का भान हुआ जो पीछे औरतों में देखी थी तो कुछ माथा ठनका। मैंने पीछे मुड़कर देखा।

"अरे? चतुर्वेदी??"

मेरे मुँह से निकला और मैंने जाना कि अकेले पागलों की तरह हाथ भाँजते बक-बक करते मैं चला आ रहा हूँ और पीछे बहुत दूर एक जगह रास्ते पर बैठकर चतुर्वेदीजी हँसते-हँसते लोट-पोट हो रहे हैं।

बात यह हुई कि इस प्रकार अपने और श्रोता से भी बेखबर होकर मुझे बोलने चलते देखकर चतुर्वेदीजी को मजाक सूझा और वे एक जगह रास्ते पर चुपचाप बैठकर सुरती मलने लगे। इधर मैं खफ्तुलहवास-सा अपना पार्ट बोलता जैसे इस कांड से बेखबर पूर्ववत् चला आ रहा था। जब झटका लगा तो होश हुआ। अरे, मैं कैसे इस प्रकार बेहोश भाषण करता आ रहा था? अनायास हाथ जुड़ गये, सिर

झुक गया और मैं बोल उठा—

'धन्य हो आचार्य हजारीप्रसाद द्विवेदी!'

यह बात मेरी डायरी में नोट है।

मरे बच्चे को गोद में दबाए रहनेवाली बन्दरिया मनुष्य का आदर्श नहीं बन सकती, परन्तु मैं ऐसा भी नहीं सोच सकता कि हम नयी अनुसन्धित्सा के नशे में चूर होकर अपना सरबस खो दें। कालिदास ने कहा था कि सब पुराने अच्छे नहीं होते, सब नये खराब भी नहीं होते। भले लोग दोनों की जाँच कर लेते हैं, जो हितकर होता है उसे ग्रहण करते हैं और मूढ़ लोग दूसरों के इशारे पर भटकते रहते हैं।

—कल्पलता (पृ. 5)

जीवन-चित्र : नखदर्पण में

हजारीप्रसाद द्विवेदी (बचपन का नाम बैजनाथ द्विवेदी) श्रावण शुक्ल एकादशी संवत् 1964 (1907 ई.) को जन्म। आरत दुबे का छपरा, ओझवलिया, बलिया, उत्तर प्रदेश। पिता श्री अनमोल द्विवेदी और माता श्रीमती ज्योतिष्मती। 1927 ई. में श्रीमती भगवती देवी के साथ विवाह। सात पुत्र-पुत्रियाँ। संस्कृत महाविद्यालय, काशी में शिक्षा प्राप्त की। सन् 1919 में संस्कृत साहित्य में शास्त्री और 1930 में ज्योतिष विषय लेकर शास्त्राचार्य की उपाधि पायी।

8 नवम्बर, 1930 को हिन्दी शिक्षक के रूप में शान्तिनिकेतन में कार्यारम्भ। वहीं अध्यापन '30 से '50 तक। अभिनवभारती की ग्रन्थमाला का सम्पादन, कलकत्ता : 1940-43। बंगीय हिन्दी परिषद् में दो व्याख्यान सन् 1940 में तथा हिन्दी विद्यापीठ देवघर: समावर्तन भाषण 1940 में ही। 'विश्वभारती' पत्रिका का सम्पादन, (1941-47)। अखिल भारतीय हिन्दी साहित्य सम्मेलन के कराची अधिवेशन (1946) की साहित्य परिषद् के अध्यक्ष। अखिल भारतीय ओरिएंटल कॉन्फ्रेंस, दरभंगा अधिवेशन (1948) के हिन्दी विभाग के सभापति। हिन्दी भवन, विश्वभारती के संचालक 1945-50 ई.। लखनऊ विश्वविद्यालय से सम्मानार्थ डॉक्टर आव लिट्रेचर की उपाधि 1949 ई. में प्राप्त। सन् 1950 में काशी हिन्दू विश्वविद्यालय में हिन्दी प्रोफेसर और हिन्दी विभागाध्यक्ष के पद पर नियुक्ति। विश्वभारती विश्वविद्यालय की एक्जीक्यूटिव काउन्सिल के सदस्य (1950-53)। साहित्य के मर्म पर तीन व्याख्यान लखनऊ विश्वविद्यालय में आयोजित। 1950 ई. में। काशी नागरी प्रचारिणी सभा के अध्यक्ष (1952-53)। बिहार राष्ट्रभाषा परिषद्, पटना में हिन्दी साहित्य के आदिकाल पर पाँच व्याख्यान सन् 1952 ई. में। प्रवासी बंग साहित्य सम्मेलन के पटना अधिवेशन (1952) के सम्पूर्ण भारतीय साहित्य विभाग के सभापति। साहित्य अकादेमी, दिल्ली की साधारण सभा और प्रबन्ध-समिति तथा हिन्दुस्तानी एकेडेमी, इलाहाबाद और अनेक विश्वविद्यालयीय एकेडेमी काउन्सिल के सदस्य। नागरी प्रचारिणी सभा, काशी के हस्तलेखों की

खोज (1952) तथा साहित्य अकादेमी से प्रकाशित नेशनल बिब्ल्योग्रैफी (1954) के निरीक्षक। रवीन्द्र भारती, वाराणसी (1953) तथा अखिल भारतीय हिन्दी परिषद् (1955) के अध्यक्ष। राजभाषा आयोग के राष्ट्रपति मनोनीत सदस्य (1955)। अलीगढ़ विश्वविद्यालय में कबीर पर व्याख्यान सन् 1955 में। 1957 में राष्ट्रपति द्वारा 'पद्मभूषण' उपाधि से सम्मानित। 1960-67: पंजाब विश्वविद्यालय, चंडीगढ़ में हिन्दी प्रोफेसर और विभागाध्यक्ष। सम्प्रति वहीं टैगोर प्रोफेसर के रूप में कार्यरत। सन् 1962 में साहित्य अकादेमी द्वारा पुरस्कार।

रचनाएँ

सूरसाहित्य (इन्दौर हिन्दी साहित्य समिति द्वारा स्वर्ण पदक से सम्मानित, 1940 ई.), हिन्दी साहित्य की भूमिका, कबीर (1947 ई. में हिन्दी साहित्य सम्मेलन द्वारा मंगलाप्रसाद पुरस्कार), प्राचीन भारत का कलाविलास (प्राचीन भारत के कलात्मक विनोद नाम से प्रकाशित), नाथ सम्प्रदाय (उत्तर प्रदेश सरकार द्वारा पुरस्कृत), बाणभट्ट की आत्मकथा (काशी नागरी प्रचारिणी सभा द्वारा 'द्विवेदी स्वर्णपदक' से सम्मानित), अशोक के फूल, विचार और वितर्क, कल्पलता, हिन्दी साहित्य का आदिकाल, हिन्दी साहित्य : उद्भव और विकास (उ. प्र. पुरस्कार) मध्यकालीन धर्म साधना, साहित्य का साथी (साहित्य सहचर नाम से परिवर्धित-प्रकाशित), साहित्य का मर्म, विचार प्रवाह, संक्षिप्त पृथ्वीराज रासो, सन्देशरासक (सह सम्पादन), कालिदास की लालित्य योजना, भारतीय नाट्य परम्परा, मृत्युंजय रवीन्द्र, चारुचन्द्रलेख, मेघदूत: एक पुरानी कहानी, नाथसिद्धों की बानियाँ, कुटज, प्रबन्ध चिन्तामणि (हिन्दी अनुवाद), प्रबन्ध कोश और पुरातन प्रबन्ध संग्रह (जैन संस्कृत ग्रन्थों का अनुवाद, अप्रकाशित), रवीन्द्र की अनेक बांग्ला कृतियों के अनुवाद। लालित्य तत्त्व तथा पुनर्नवा (अप्रकाशित)।

इतिहास-दर्शन

◈

''द्विवेदीजी ने स्पष्टतः विधेयवादी शुक्ल-परम्परा सें भिन्न प्रतिज्ञा की है। वे साहित्य की विभिन्न प्रवृत्तियों और उसके मूल और वास्तविक स्वरूप का स्पष्ट परिचय देना ही अपना लक्ष्य घोषित करते हैं। वे 'अटकलबाजियों' और अप्रासंगिक विवेचनाओं तथा 'नाम गिनाने की प्रवृत्ति' से बचने की कोशिश करते हैं यद्यपि 'अद्यावधिक शोध-कार्यों के परिणाम' समाविष्ट करने की आवश्यकता मानते हैं। इस प्रकार द्विवेदीजी अनेकानेक शुक्लोत्तर साहित्येतिहासकारों की तुलना में, हिन्दी में पहली बार—कदाचित् समस्त भारतीय भाषाओं में सबसे पहले—आचार्य शुक्ल के द्वारा प्रवर्तित, विधेयवादी साहित्येतिहास से भिन्न, साहित्यिक साहित्येतिहास लिखने के श्रेय के अधिकारी सिद्ध होते हैं। साहित्यिक प्रवृत्तियों और परम्पराओं की उद्‍गममीमांसा उनकी इसके पहले से गृहीत प्रणाली रही है।''

—नलिनविलोचन शर्मा

(साहित्य का इतिहास-दर्शन : पृ. 64)

इतिहास-लेखन और आचार्य द्विवेदी

रवीन्द्रनाथ श्रीवास्तव

इतिहास-लेखन : सिद्धान्त और स्वरूप

साहित्य का इतिहास-लेखक ज्ञान-विज्ञान के अन्य क्षेत्रों में लिखनेवाले इतिहासकारों की भाँति ही एक इतिहासकार होता है। अन्तर है तो केवल इतना कि साहित्य का इतिहास-लेखक साहित्यिक कृतियों के माध्यम से उपलब्ध मानव-जीवन के इतिहास को अपना मूलभूत लक्ष्य मानता है। जब कि अन्य क्षेत्रों के इतिहासकार, अपनी विशिष्ट विषय-परिधि—चित्रकला, मूर्तिकला, वाणिज्य, अर्थशास्त्र, समाजशास्त्र, राजनीतिशास्त्र इत्यादि में अभिव्यक्त मानवजीवन के विकास को अपना आधार बनाते हैं। यही कारण है कि साहित्य का इतिहास-लेखक भी अन्य इतिहासकारों की भाँति पहले इतिहासकार है और बाद में साहित्य का आलोचक, भाषाविद् अथवा पाठालोचक। ध्यान देने की बात है कि साहित्य का इतिहास, साहित्य का आलोचना-सिद्धान्त नहीं; न वह पाठालोचन (textual criticism) है और न ही वह भाषा का इतिहास ही है। साहित्य का इतिहास-लेखक अपने लेखन के समय इनकी सहायता लेता है और एक तरह से देखें तो बिना इस मदद के वह अपने दायित्व का सही अर्थों में निर्वाह करने में असमर्थ है। जब तक कृतियों का सही मूल्यांकन न हो जाए, उसमें अभिव्यक्त मानव-जीवन का सही विश्लेषण सामने न आ जाए और उसकी साहित्यिक विशिष्टताओं पर समुचित प्रकाश न पड़ जाए, साहित्य का इतिहास लिखना ही सम्भव नहीं। इसी प्रकार रचनाओं के पाठकों की प्रामाणिकता जब तक सिद्ध न हो जाए अथवा कृतियों में प्राप्त दो खंडों के सम्बन्धों का समुचित विश्लेषण सामने न आ जाए, प्रामाणिक और निर्विवाद इतिहास लिखा ही नहीं जा सकता। जिस भाषा के माध्यम से साहित्यिक कृतियाँ अपनी अभिव्यक्ति पाती हैं, उस भाषा का स्वयं अपना इतिहास साहित्य के इतिहास के साथ जुड़ा होता है, अतः जब तक भाषा और उसके इतिहास का ज्ञान न मिल जाए, साहित्य का इतिहास-लेखन अपना ठोस

आधार बना ही नहीं सकता।

अतः साहित्य के इतिहास-लेखन की दो आवश्यक शर्तें-सी हैं। जबतक ये शर्तें पूरी नहीं हो जातीं, इतिहास का सही रूप सामने नहीं आ सकता। पहली शर्त है कि इसके पूर्व के किसी साहित्य-विशेष का इतिहास लिखा जाए—उस साहित्य में उपलब्ध कृतियों का विश्लेषण, उसके पाठों का वैज्ञानिक परीक्षण और उस भाषा का, जिसमें साहित्य लिखा गया है, भाषा-वैज्ञानिक अध्ययन सम्पन्न हो चुका हो। अगर यह कार्य पहले ही सम्पादित नहीं हो चुका है तो निश्चित ही इतिहासकार गलत स्थान पर, गलत ढंग से, गलत विषय पर बल देगा और तब इस गलती के लिए इतिहासकार को दोषी ठहराना या उसके इतिहास में अविच्छिन्न धाराप्रवाह के अभाव के लिए उसकी आलोचना करना सर्वथा अनुचित होगा। (आचार्य शुक्ल के इतिहास की समीक्षा करते समय आलोचक प्रायः इस तथ्य को भूल जाते हैं।) दूसरी शर्त है कि स्वयं इतिहासकार को साहित्य-शास्त्र, पाठालोचन और भाषा-विज्ञान का समुचित ज्ञान होना चाहिए। अगर वह इनमें दीक्षित नहीं, तो अपना निर्णय लेने में वह न तो स्वतन्त्र रह पाएगा और न कृतियों को उचित सन्दर्भ में समझने में सफल ही हो पाएगा।

स्पष्ट है साहित्य का इतिहासकार, अन्य इतिहासकारों की भाँति एक विशिष्ट कार्य-क्षेत्र (इतिहास) का सदस्य होने के बावजूद साहित्यशास्त्र, पाठालोचन और भाषा-विज्ञान से अपने को असम्बद्ध रखकर अपने दायित्व का निर्वाह नहीं कर सकता। और यहीं पर उसे एक बहुत बड़े खतरे से अपने को बचाने की आवश्यकता पड़ती है। अपने कार्य-क्षेत्र की सीमा को निर्धारित करते समय बहुत सम्भव है कि वह साहित्य और सामान्य संस्कृति, पाठालोचन और कालविभाजन, वैज्ञानिक आलोचक और सृजनात्मक साहित्यकार आदि की विभाजक रेखा को अन्त तक पकड़ने में सफल न हो पाए। यह ठीक है कि यह विभाजक रेखा स्वयं में पूर्ण रूप से पूर्ण-निर्धारित नहीं रहती और कहीं-कहीं तो वे एक-दूसरे को इस प्रकार काटती आगे बढ़ती हैं कि उनकी अलग प्रकृति पहचान तक में नहीं आती। फिर भी जब इतिहास-लेखक एक बार अपनी गति को पहचानकर कार्य-क्षेत्र की सीमा का निर्धारण कर लेता है, यह विभाजन-रेखा भी स्पष्ट से स्पष्टतर होती चलती है। भय रहता है तो केवल इस बात का कि कहीं साहित्य-सिद्धान्त, पाठालोचन अथवा भाषा-विज्ञान का उसका पक्ष, पांडित्य का रूप न ले ले। सच तो यह है कि उसका यह पांडित्य पक्ष सबल होने के बावजूद इतिहास-लेखन के समय मूल-प्रवृत्ति के सन्दर्भ में जितना ही दबा रहे, उतना ही सफल इतिहास की सृष्टि सम्भव है।

मूल प्रश्न यह है कि इतिहास का अपना कार्य-क्षेत्र क्या है? इतिहास-लेखन

की कार्य-सिद्धि कौन-सी है? क्या इतिहासकार तथ्यों का कालक्रमानुसार मात्र संकलन करता है अथवा उसका लक्ष्य इन तथ्यों के विवरण के साथ उसकी व्याख्या भी है? और अगर व्याख्या उसकी कार्य-सिद्धि की सीमा के भीतर है तब उसका आधार क्या है? क्या यह आधार व्यक्तिपरक है अथवा वह वस्तु-परक भी हो सकता है? क्या इतिहास-लेखन स्वयं में एक कार्य-पद्धति (method) की माँग करता है अथवा भावपरक होने के कारण वह केवल कल्पना-रंजित कथा-संकलन है? साहित्य के इतिहास के कार्य-क्षेत्र को उचित सन्दर्भ में समझने के लिए इन प्रश्नों का पहले उत्तर पाना आवश्यक है।

इसमें सन्देह नहीं कि सम्प्रति विचारधारा से मनुष्य सदा प्रभावित होता रहा है। यही कारण है कि जब कभी भी मनुष्य ने काल का परदा उठाकर विगत जीवन की झाँकी लेने का प्रयास किया, वह निष्पक्षता एवं तटस्थता को निभा नहीं पाया; पिछली घटनाओं की जब कभी आलोचना-प्रत्यालोचना में वह प्रयत्नरत हुआ, उस समय उसने युग की मानतुला के उपयोग उचित समझा। इसीलिए क्रोबे का मत है कि प्रत्येक इतिहास वस्तुतः समसामयिक इतिहास होता है और लेसिंग के अनुसार इतिहासकार अपने युग के इतिहास को छोड़कर अन्य किसी युग का इतिहास लिखता ही नहीं। कॉलिंगवुड का कथन है कि इतिहास का अध्येता स्वयं इतिहासकार होता है। अतः इतिहास, इतिहासकार के स्वयं के दृष्टिविशेष द्वारा मनन की गयी विगत घटनाओं की अभिव्यक्ति के अतिरिक्त और कुछ नहीं है (Speculum Mentis, p. 236)।

यह सत्य है कि इतिहास किसी आँखों-देखी घटना का वर्णन नहीं होता। इतिहासकार को तो संकेतमात्र देते हुए भग्नावशेष, कतिपय, तत्सम्बन्धी लिखित वृत्तान्त एवं छिटपुट आलेखों का ही सहारा मिलता है। इन सूच्यार्थ पदार्थों से 'क्या हुआ' का तो ज्ञान प्राप्त हो जाता है पर वह घटना 'क्यों हुई', इसका उत्तर उसे नहीं मिलता। अतः इतिहासकार का कार्य केवल वस्तुओं को देखना मात्र ही नहीं है अपितु उसके लिए वस्तुओं के 'पार जाना' भी आवश्यक है, जो कॉलिंगवुड के मतानुसार पूर्वकल्पित कल्पना के अभाव में सम्भव नहीं (Idea of history p. 214)। साहित्य के इतिहास में इसे कार्य-प्रणाली (method) के रूप में स्वीकार करने के बाद अविच्छिन्न धाराप्रवाह और बोधगम्यता के अतिरिक्त जिस तत्त्व पर विलियम के. विम्सैट और क्लीन्थ बुक्स अधिक बल देते हैं वह है इतिहासकार की दृष्टि-विशेष। साहित्य का इतिहास उनके अनुसार बिना किसी दृष्टिकोण-विशेष के लिखा ही नहीं जा सकता। तटस्थ और वैज्ञानिक दृष्टिकोण के आधार पर लिखा गया इतिहास, इतिहास के धर्म का सही अर्थों में निर्वाह ही नहीं कर पाता (Literary criticism—A Short History Indian Ed. p. vii)

ध्यान देने की बात है कि घटनाओं के 'पार जाने' की प्रक्रिया में कल्पना-तत्त्व की महत्ता को तो स्वीकार किया गया पर उस कल्पना के स्वरूप की कोई निश्चित आधारभूति ढूँढ़ने का इन इतिहासकारों ने कोई प्रयत्न नहीं किया। परिणाम भी स्पष्ट है। प्रत्येक इतिहासकार घटनाओं को मनोवांछित दृष्टि से देखने का प्रयास करने लगा। फल यह हुआ कि घटना विभिन्न एकांगी दृष्टिकोणों से देखने के कारण एक उलझन-सी बनकर रह गयी। वैज्ञानिक दृष्टि के अभाव में घटनाओं का सम्यक् विवेचन नहीं हो सकता। सबसे पहले द्वन्द्वात्मक प्रणाली के आधार पर ऐतिहासिक आलोचना पद्धति ने इन भ्रान्तियों का निराकरण करते हुए कल्पना का वास्तविक आधार ढूँढ़कर इतिहास को उसकी वास्तविकता में देखने का प्रयास किया। इसने भी इतिहास को 'व्याख्या' (Interpretation) के रूप में स्वीकार किया और व्याख्या के लिए 'कल्पना-तत्त्व' को उसका आवश्यक अंग माना पर कल्पना के आधार को आज की मान्य विचारधारा में न ढूँढ़कर, तत्कालीन सामाजिक असंगतियों में खोजने का उसने प्रयास किया। इस प्रकार उसने इतिहास-लेखन को एक 'मेथड' के रूप में अपनाया और उस 'मेथड' को वैज्ञानिकता के स्तर पर प्रतिपादित किया।

डॉ. नन्दलाल चटर्जी ने अपने लेख—'इतिहास की व्याख्या कैसे हो : मार्क्स और ट्यान्बी के दृष्टिकोण' (अमृत बाजार पत्रिका : 20 मई, 1953) में यह दिखाने का प्रयास किया है कि सर चार्ल्स फर्म आदि इतिहास-लेखकों ने ऐतिहासिक आलोचना-पद्धति के पहले ही इस सिद्धान्त का प्रतिपादन किया था कि इतिहास का उचित अध्ययन सामाजिक दृष्टिकोण से ही होना सम्भव है क्योंकि इतिहास मूल रूप में मानव-समाज के प्रवाह की कथा के अतिरिक्त और कुछ नहीं है। पर सच तो यह है कि मानव-समाज के प्रवाह की शक्ति का वह स्रोत कहाँ है जो समाज की कथा को निरन्तर प्रवहमान बनाने में समर्थ है—इसका फर्म आदि विद्वान् अनुसन्धान नहीं कर सके। ऐतिहासिक आलोचना-पद्धति ने आज तक के इतिहास-लेखन में आनेवाली दो प्रमुख कमजोरियों का निराकरण किया। पूर्ववर्ती इतिहासकारों की भाँति मनुष्य की सामान्य, प्रवृत्तियों एवं उद्देश्यों को ही किसी घटना का मूल कारण न समझने के कारण, उसने इन प्रवृत्तियों एवं उद्देश्यों के पीछे कार्य करनेवाले मूलस्रोत की व्याख्या को अपना लक्ष्य बनाया। साथ ही, इतिहास के निर्माण का श्रेय कुछेक व्यक्तियों को उसने नहीं दिया, वरन् उसने सामाजिक व्यवस्था एवं तत्कालीन असंगतियों को परिवर्तन के मूल कारण के रूप में स्वीकार किया।

द्वन्द्वात्मक भौतिकवाद यह बतलाता है कि विकास के प्रवाह में एक समय ऐसा आता है जब वस्तु, भाव आदि विभिन्न सत्ताओं में साम्यावस्था रहती है। यह वाद (थीसिस) की अवस्था है। कालान्तर में इसके गर्भ से स्वयमेव आन्तरिक

असंगतियाँ उद्भूत हो उठती हैं जो अपनी पूर्वस्थिति के विरोध में फलती-फूलती जाती हैं। असंगतियों के इस विकास की चरम-परिणति को प्रतिवाद (एंटीथीसिस) की संज्ञा से बोधित किया जाता है। जिस प्रकार अपने उत्स से निकली सरिता पहले एक पतली रेखा के समान रहती है, पर आगे चलकर नदी के विस्तृत पाट का निर्माण कर लेती है, उसी प्रकार ये असंगतियाँ भी समय के प्रवाह में विकसित एवं विस्तृत होती हैं। मात्रा में निरन्तर वृद्धि होते रहने के कारण एक स्थिति ऐसी भी आती है जब वस्तु में अचानक (By leaps, catastrophe revolution) गुणात्मक परिवर्तन होने लगता है, उसी प्रकार जैसे जल के तापक्रम को बढ़ाने या घटाने से वह वाष्प अथवा हिमखंड के रूप में अचानक परिवर्तित हो उठता है। वाद-प्रतिवाद के संघर्ष से आविर्भूत इन नूतन साम्यावस्था को ही समन्वयवाद (सिन्थीसिस) कहते हैं। इस सद्यः निर्मित साम्यावस्था के गर्भ से भी कालान्तर में नवीन असंगतियाँ उत्पन्न होने लगती हैं और इस क्रम की निरन्तर आवृत्ति होती है।

इस विकास की रेखा का स्वरूप वृत्ताकार परिक्रमा के रूप में न होकर घुमावदार सीढ़ियों (Spiral) की भाँति होता है। जब कोई वस्तु अपने विकास-क्रम में पुनः पूर्वस्थिति पर पहुँचती है तो सम प्रतीत होनेवाली इन दो अवस्थाओं की गत्यात्मक शक्ति (frequency) में अन्तर होता है। वाद की आवृत्ति पूर्वावृत्ति की तुलना में अधिक शक्तिमान एवं ऊर्ध्वगामी होती है तथा विकासगत स्तर में एक सीढ़ी ऊपर होती है। संस्कृति एवं सभ्यता के विकास में भी इस प्रक्रिया को अच्छी तरह से देखा जा सकता है।

यह बात ध्यान देने की है कि उत्तराधिकार के रूप में प्राप्त सामाजिक व्यवस्था अपने पूर्व की स्थिति से भिन्न होते हुए भी उसकी ऋणी रहती है। अपने पूर्व की व्यवस्था को अपने वृहत्तर रूप में अन्तर्भुक्त कर ही वह विकास की अगली सीढ़ी पर अपना पग रखती है। पूर्व की व्यवस्था को तिलांजलि देकर नहीं, अपितु उसे अपने नवीन रूप में समाहित कर ही आनेवाली व्यवस्था अपने को सम्यक् बनाती है। इसीलिए इतिहास में एक सुसम्बद्धता दिखलाई पड़ती है, साहित्य, संस्कृति, सभ्यता एवं अन्यान्य विचारों के विकास में एकसूत्रता मिलती है। साहित्य के इतिहास के अध्ययन में एकसूत्रता का निर्वाह एवं निर्देशन इसी रूप में करना समीचीन होगा। काल का प्रत्येक वर्तमान-बिन्दु अपने ऊपर भूत और भविष्य दोनों का आन्तरिक दबाव महसूस करता है। और आलोचक के लिए जितना आवश्यक वर्तमान-बिन्दु को पकड़ना है उतना ही इतिहास के लिए भूत और भविष्य के इस दबाव को महसूस करना है। इसीलिए ट्रेवल्यन ने अपनी पुस्तक 'इंग्लैंड का सामाजिक इतिहास' की भूमिका में स्पष्ट शब्दों में लिखा है कि किसी युग की सच्ची तस्वीर पाने के लिए आवश्यक है कि पुराने और नये—दोनों ही प्रकार के

तत्त्वों को अपने मस्तिष्क के सामने रखा जाए। अन्यथा होता यह है कि इतिहासकार नये तत्त्वों को तो इतिहास-लेखन के समय अपने सामने रखता है पर चले आते पुराने तत्त्वों एवं उसके दबाव को भुला बैठता है (see, Ed, 1946, p. xi)।

समाज का इतिहास, चाहे उसका रूप राजनैतिक, आर्थिक, सामाजिक अथवा सांस्कृतिक हो, साहित्य के इतिहास-लेखन के लिए साधन के रूप में अपनाया जा सकता है। उस पर अधिक बल देना अथवा साहित्य के इतिहास के समानान्तर रखकर अपनी विवेचना प्रस्तुत करना वस्तुतः साहित्य के इतिहास-लेखन की स्वस्थ दृष्टि से अलग हटना है। यह पहले संकेत दिया जा चुका है कि साहित्य का इतिहास-लेखक उस मनुष्य का इतिहास प्रस्तुत करता है जो साहित्यिक कृतियों में अपनी अभिव्यक्ति पा चुका रहता है। सामाजिक, राजनैतिक, आर्थिक अथवा सांस्कृतिक इतिहास का ज्ञान, वस्तुतः साहित्य में अभिव्यक्त इसी मनुष्य को उसके सही रूप में समझने के लिए आवश्यक है। साहित्य का इतिहास-लेखक भी मनुष्य का ही इतिहास प्रस्तुत करता है, पर वह उस मनुष्य को अपने लेखन का केन्द्र बनाता है जो साहित्य के द्वारा समाज के सामने अपना रूप प्रकट करता है और अगर इतिहासकार साहित्येतर विषयों की ओर मुड़ता है तो मात्र इसलिए कि वह उस मनुष्य को उनकी पूर्णता में समझ सके जिसके जटिल एवं संश्लिष्ट रूप को मात्र साहित्यिक रचनाओं द्वारा समझना प्रायः उसे असम्भव-सा प्रतीत होता है।

प्रायः इतिहास-लेखक यह भूल जाता है कि इतिहास स्वयं में एक प्रक्रिया है, मात्र तथ्यों का काल-क्रमानुसार संयोजन नहीं। इतिहास को प्रक्रिया के रूप में स्वीकार करने का अर्थ ही है तथ्यों को 'घटना' के रूप में मानना, जो कभी घटित हुआ था न कि जो कभी 'था'। अतः इतिहास का सम्बन्ध वस्तुओं अथवा तथ्यों के काल-बोध अथवा क्रमानुसार सूची-अंकन से उतना नहीं रहता जितना मानव समाज की उस विकासधारा से होता है जिससे सम्बद्ध होकर तथ्य अथवा वस्तु, अपने में एक 'घटना' (Event) बन जाती है। अतः प्रत्येक साहित्यिक कृति साहित्य के इतिहास-लेखक के सामने एक जीवन्त संघटना (Living Structure) के रूप में आती है जिसका उसके रचयिता ने एक निश्चित समय और एक निश्चित स्थान पर अपने अनुभवों के आधार पर सृजन किया और जिसके रूप एवं वस्तु-पक्ष को निर्धारित करने में वह वातावरण निर्णायक-शक्ति के रूप में कार्य करता रहा है जिसमें रचयिता ने साँस ली थी। और जैसा रॉबर्ट इ. स्पिलर ने संकेत किया है कि प्रत्येक साहित्यिक कृति, एक जीवित संघटना इसलिए है कि उसमें कृतिकार के व्यक्तित्व और उसके युग के वातावरण का क्रियात्मक योग तो है ही, पर इस व्यक्तित्व एवं वातावरण के बावजूद स्वयं कृति का भी अपना व्यक्तित्व एवं वातावरण होता है। साहित्य के इतिहास-लेखक की मूल-दृष्टि कृति के व्यक्तित्व

एवं वातावरण पर केन्द्रित रहती है, पर इसको समझने के लिए उस ताने-बाने को समझना आवश्यक होता है जिससे वह निर्मित होता है और निश्चय ही यह ताना-बाना कृतिकार का व्यक्तित्व और उसके युग का वातावरण होता है।[1]

स्पष्ट है इतिहास, अगर स्वयं में एक प्रक्रिया है, और इतिहासकार तथ्यों को यथातथ्य रूप में न देखकर उसे एक घटना (Event) के रूप में स्वीकार करता है, तब यह भी निश्चित है कि इतिहास-लेखन के समय इतिहासकार इन घटनाओं को एक उचित सन्दर्भ (Perspective) देने के लिए भी बाध्य रहता है। इतिहासकार-द्वारा दिए जानेवाले सन्दर्भ (perspective) और इतिहास की वस्तु-सामग्री के रूप में प्राप्त घटनाओं (Events) के बीच के सम्बन्ध पर पहले संकेत दिया जा चुका है। यहाँ केवल यह जोड़ देना पर्याप्त होगा कि सन्दर्भ देने के लिए इतिहास की अपनी कल्पना को मर्यादित करना पड़ता है क्योंकि उसके भावपरक, व्यक्तिवादी कल्पना-तत्त्व का, घटनाओं के सन्दर्भ में वस्तुवादी (Objective) वैज्ञानिक विश्लेषण सम्भव है।

यहीं पर इस ओर भी संकेत दे देना उचित होगा कि साहित्य के इतिहासकार के दो पक्ष हैं जो आपस में सम्बद्ध होकर भी अपनी कार्य-प्रणाली में एक दूसरे से सर्वथा अलग रहते हैं। साहित्य का इतिहासकार जब इतिहास के शोधकर्ता के रूप में कार्य करता है उसका लक्ष्य 'तथ्यों' का संकलन और उनका परीक्षण-मात्र होता है। जब तक उसका कार्य-क्षेत्र एक शोधकर्ता की हैसियत से इतिहास की सामग्री के अनुसन्धान तक सीमित रहता है उसकी कार्य प्रणाली 'वैज्ञानिक' रहती है और वह एक निश्चित 'मेथड' को अपनाता दिखलाई पड़ता है। उसका दूसरा पक्ष है 'घटना' के रूप में तथ्यों की व्याख्या करना और घटनाओं को उचित सन्दर्भ प्रदान करना। इतिहास-लेखक के इस रूप में वह साहित्यकार का धर्म धारण करता है और इस अर्थ में साहित्य का इतिहास-लेखक साहित्यकार की कोटि में पहुँचता है।

इतिहास-लेखक की सिद्धान्त-चर्चा के सन्दर्भ में आचार्य हजारीप्रसाद द्विवेदी के इतिहास-विषय दृष्टिकोण एवं हिन्दी साहित्य के इतिहास-लेखन की परम्परा में उनके अपने योगदान का अभी तक सही आकलन नहीं हो पाया है। उनके इस ऐतिहासिक योगदान को ठीक से समझने के लिए यह जरूरी है कि हम संक्षेप में उस परम्परा पर विचार कर लें जो उनकी 'हिन्दी साहित्य की भूमिका' के पूर्व हिन्दी साहित्य के इतिहास-लेखन के रूप में देखने को मिलती है।

---

1. Literary History in the Aims and Methods of scholarship in modern languages & literatures. Ed. by. James—Thorpe, New York-1963. p. 43-55

द्विवेदी-पूर्व हिन्दी साहित्य का इतिहास

हिन्दी साहित्य के इतिहास के नाम पर उपलब्ध ग्रन्थों की रचना-पद्धति के क्रमिक विकास के अनुशीलन से स्पष्ट हो जाता है कि 1940 तक आते-आते हिन्दी साहित्य का इतिहास उस पृष्ठभूमि का निर्माण कर चुका था, जिसके आधार पर साहित्य का इतिहासपरक दृष्टिकोण अपने स्वरूप को स्थिर करने में सफल हो सका।

कहने के लिए तो रामचन्द्र शुक्ल के 'हिन्दी-साहित्य का इतिहास' के पूर्व भी इतिहास-ग्रन्थ* लिखे गये थे, पर सच्चे अर्थों में उन्हें इतिहास की संज्ञा नहीं दी जा सकती। काल-क्रमानुसार कवियों के नामों को एक स्थान पर रख देने अथवा उनकी रचनाओं पर चलते ढंग से टिप्पणियाँ लिख देने-मात्र से इतिहास के धर्म का निर्वाह नहीं हो जाता। स्वयं शुक्लजी ने 'हिन्दी साहित्य का इतिहास' के प्रथम संस्करण के वक्तव्य में लिखा है, "भिन्न-भिन्न शाखाओं के हजारों कवियों की केवल कालक्रम से गुँथी उपर्युक्त वृत्तमालाएँ साहित्य के इतिहास के अध्ययन में कहाँ तक सहायता पहुँचा सकती थीं?" पर इस तथ्य की भी अवहेलना नहीं की जा सकती कि इन्हीं वृत्तमालाओं के कथ्य को आधार बनाकर आगे इतिहास-ग्रन्थ लिखे गये। कवियों की जीवनी एवं उनकी कृतियों के इस परिचय के अभाव में इतिहास लिखने की प्रवृत्ति दबी ही रह जाती, इसमें सन्देह नहीं। इतिहास

---

*1. गार्सा द तासी : इस्त्वार द ला लितरात्यूर ऐंदुई ऐं हिन्दुस्तानी (1839)
2. शिवसिंह सेंगर : शिवसिंह सरोज (1883)
3. डॉ. ग्रियर्सन : मॉडर्न वर्नाक्यूलर लिटरेचर ऑव नॉदर्न हिन्दुस्तान (1889)
4. मिश्रबन्धु : मिश्रबन्धु-विनोद (1913)
5. मिश्रबन्धु : नवरत्न (1910)
6. एडविन ग्रीप्स : ए स्केच ऑव हिन्दी लिटरेचर (1917)
7. एफ. इ. के. : ए हिस्ट्री ऑव हिन्दी लिटरेचर (1920)
8. पदुमलाल पन्नालाल बख्शी : हिन्दी साहित्य विमर्श (1923)
9. रामचन्द्र शुक्ल : हिन्दी साहित्य का इतिहास (1929)
10. बाबू श्यामसुन्दर दास : भाषा और साहित्य (1930)
11. सूर्यकान्त शास्त्री : ए हिस्ट्री ऑव हिन्दी लिटरेचर (1930)
12. रमाशंकर शुक्ल : हिन्दी साहित्य का इतिहास (1931)
13. कृष्णशंकर शुक्ल : आधुनिक हिन्दी साहित्य का इतिहास (1934)
14. इन्द्रनाथ मदान : मॉडर्न हिन्दी लिटरेचर (1937)
15. रामकुमार वर्मा : हिन्दी साहित्य का आलोचनात्मक इतिहास (1939)
16. हजारीप्रसाद द्विवेदी : हिन्दी साहित्य की भूमिका (1940)
17. लक्ष्मीसागर वार्ष्णेय : आधुनिक हिन्दी साहित्य (1941)

18. श्रीकृष्णलाल : आधुनिक हिन्दी साहित्य का इतिहास (1942)
19. हजारीप्रसाद द्विवेदी : हिन्दी साहित्य (1952)

ग्रन्थ निर्माण में कवियों एवं उनकी कृतियों के फुटकल-संग्रहों का भी विशिष्ट महत्त्व है।

कवियों एवं उनकी कृतियों का फुटकल संग्रह

नाभादास कृत 'भक्तमाल' और गोकुलनाथ रचित 'चौरासी वैष्णवन की वार्ता' चरित-सम्बन्धी हिन्दी साहित्य के सर्वप्रथम ग्रन्थ हैं जिनमें कवियों की जीवनी एवं उनकी रचनाओं का फुटकल संग्रह मिलता है। इनमें साधु-सन्तों के चरित्र की असाधारण सामर्थ्य-शक्ति का परिचय देते हुए उनकी रचनाओं की प्रशंसा की गयी है। नाभादास कृत 'भक्तमाल' की ही शैली एवं पद्धति के अनुकरण पर रघुराजसिंह जी देव ने 'रामरसिकावली' (1857) नामक ग्रन्थ की रचना की। चरित एवं कृतियों का प्रशंसात्मक विवरण, चार मुख्य काल—सतयुग, त्रेता, द्वापर और कलियुग, के अनुसार विभाजित हैं। पहली बार कवियों का वर्गीकरण 'काल-विभाजन' के आधार पर यहाँ किया गया मिलता है। यद्यपि काल-विभाजन की यह पद्धति-वैज्ञानिक पद्धति के अनुरूप नहीं है।

इसके अतिरिक्त, युगलदास रचित 'वघेल वंशागमविदेश' (1863), हरिश्चन्द्र लिखित 'उत्तरार्द्ध भक्तमाल' (1877), राधाचरण गोस्वामी कृत 'नव भक्तमाल' (1886) भक्त-कवियों के चरित एवं उनकी कृतियों पर प्रकाश डालते हैं। 'भक्तमाल', 'चौरासी वैष्णवन की वार्ता' आदि पूर्व ग्रन्थों की वर्णित अधिकांश घटनाएँ साधु-सन्तों की पारलौकिक एवं अद्भुत दिव्य-शक्ति के ही परिचायक हैं, पर भारतेन्दु एवं उनके बाद के अन्य लेखकों में अपार्थिव एवं लोकोत्तर चरित्र लिखने की प्रवृत्ति कम पाई जाती है।

फ्रेंच में लिखा गया गार्सा-द-तासी का 'इस्त्वाद द ला लितरात्यूर ऐंदुई ऐं हिन्दुस्तानी' (1839) इतिहास-सम्बन्धी हिन्दी साहित्य की प्रथम रचना मानी जाती है। प्रस्तुत ग्रन्थ में हिन्दी एवं उर्दू के सत्तर कवियों की जीवनी उनके द्वारा रचित ग्रन्थों के परिचय के साथ संकलित मिलती है। ध्यान देने की बात है कि कवियों का वर्णन कालक्रम के अनुसार नहीं, अपितु अँग्रेजी के वर्णानुक्रम का सहारा लेकर किया गया है।

गार्सा-द-तासी के इतिहास ग्रन्थ-संग्रह में अगर 70 कवियों का संग्रह है तो शिवसिंह सेंगर रचित 'शिवसिंह सरोज' (1883) में कवियों की संख्या एक सहस्र के ऊपर पहुँच गयी है। कवियों के जीवन-चरित, उनका कविता-काल तथा कृतियों के नाम के साथ इसमें उत्कृष्ट पद्यों के उद्धरण भी प्राप्त हैं। कृतियों की

साहित्यिक विवेचना की दृष्टि से प्रस्तुत ग्रन्थ काफी महत्त्वपूर्ण है। सच तो यह कि इसी ग्रन्थ को अपना आधार बनाकर संवत् 1946 में ग्रियर्सन ने 'मॉडर्न वर्नाक्यूलर लिटरेचर ऑव हिन्दुस्तान' लिखा। मिश्रबन्धुओं के शब्दों में 'इनके पहले हिन्दी इतिहास का कहीं पता न था।' (मिश्रबन्धु-विनोद, पृ. 167) तथा ''डॉ. ग्रियर्सन ने अपने मॉडर्न वर्नाक्यूलर लिटरेचर ऑव हिन्दुस्तान में इन्हीं का अनुवाद-सा कर दिया है अथवा इनके आधार पर अधिकांश लिखा।'' (मिश्रबन्धु-विनोद पृ. 167)।

ऐतिहासिक विकास का पुट

इतिहास-लेखन में इस काल तक साहित्यिक कृतियों की आलोचना सुसम्बद्ध एवं सुविवेचित स्तर पर नहीं मिलती। इस कार्य का शुभारम्भ मिश्रबन्धुओं ने 'मिश्रबन्धु-विनोद' (1913) के माध्यम से किया। साहित्यिक महत्ता एवं काव्य की उत्कृष्टता के आधार पर कृति में कवियों की भिन्न श्रेणियाँ बनाई गयीं। प्रस्तुत कृति में साहित्य को शुद्ध साहित्य के रूप में स्वीकार कर इतिहास लिखने का प्रयास लक्षित होता है। साहित्य के मूल-स्रोत को न तो ढूँढ़ने का यहाँ प्रयास है और न उसे समाज के परिप्रेक्ष्य में देखने की ही कोशिश की गयी है। हिन्दी साहित्य का काल-विभाजन भी शुद्ध साहित्यिक दृष्टि से ही किया गया है।

इस रचना में लगभग 3800 साहित्यकारों के परिचय के साथ उनकी कृतियों का साहित्यिक विवेचन है। कुछ निश्चित साहित्यिक विशेषता के आधार पर हिन्दी साहित्य को आठ कालों में वर्गीकृत किया गया है, पर इतिहास-लेखन के लिए जो शैली अपेक्षित थी वह इस कृति में उपलब्ध नहीं। इसके रचयिता स्वयं इसे इतिहास-ग्रन्थ के रूप में स्वीकार नहीं करते। मिश्रबन्धुओं के अपने शब्दों में ''पहले हम इस ग्रन्थ का नाम 'हिन्दी साहित्य का इतिहास' रखनेवाले थे, परन्तु इतिहास की गम्भीरता पर विचार करने से ज्ञात हुआ कि हममें साहित्य-इतिहास लिखने की क्षमता नहीं है।'' (मिश्रबन्धु-विनोद, पृ. 4)

लेकिन इतिहास न होते हुए भी इसमें इतिहास का पुट अवश्य है। इस विषय पर स्वयं मिश्रबन्धुओं के वचन उद्धरणीय हैं, ''परन्तु इसमें इतिहास का क्रम रखने एवं इतिहास सम्बन्धी सामग्री सन्निविष्ट करने के कारण हमने इसका उपनाम 'हिन्दी साहित्य का इतिहास तथा कवि कीर्तन' रखा है।'' (मिश्रबन्धु-विनोद, पृ. 6) रचयिता का प्रधान लक्ष्य इतिहास-लेखन नहीं था। प्रमुख साहित्यकार एवं उनकी कृतियों का आलोचनात्मक परीक्षण एवं अज्ञात कवियों को क्रमशः प्रकाश में लाकर उनका संक्षिप्त परिचय देना ही उनका साध्य था।'' साधारण कवियों एवं ग्रन्थों के नाम छोड़कर साहित्यिक विकास की धारा में कवियों के योग का आकलन

न कर तथा इतिहास के शुद्ध स्वरूप को स्वीकार न करते हुए भी ये इतिहास-लेखन की पद्धति के अनुसरण की ओर यदा-कदा प्रवृत्त अवश्य हुए हैं।

जो कुछ भी हो, इस कृति का अपना विशेष महत्त्व है, क्योंकि इतिहास का इतिवृत्तात्मक लेखन सबसे पहले इसी ग्रन्थ में देखने को मिलता है। आचार्य हजारीप्रसाद द्विवेदी के अनुसार आगे चलकर जो कुछ भी इस दिशा में कार्य हुआ उसके प्रथम मार्गदर्शक और पुरस्कर्ता मिश्रबन्धु ही थे (हिन्दी-साहित्य, पृ. 439)। 'मिश्रबन्धु-विनोद' का ही पूरक 'नवरत्न' (1910) माना जा सकता है जिसमें नौ कवियों की विस्तृत आलोचना प्रस्तुत करने का मिश्रबन्धुओं का स्तुत्य प्रयास द्रष्टव्य है।

एडविन ग्रीव्स के 'ए स्केच ऑव हिन्दी लिटरेचर' (1917) एवं एफ. इ. के. के 'ए हिस्ट्री ऑव हिन्दी लिटरेचर' (1923) में साहित्यकारों की जीवनी एवं कृतियों की अपेक्षा साहित्यिक प्रवृत्तियों पर अधिक ध्यान दिया गया है। पदुमलाल पन्नालाल बख्शी की लेखनी-द्वारा प्रसूत 'हिन्दी साहित्य विमर्श' (1923) निबन्ध-संग्रह के रूप में है, पर इस कृति में साहित्यिक प्रवृत्तियों के विकास का जो निदर्शन हमें प्राप्त होता है वह अपने पूर्व की रचनाओं से अधिक वैज्ञानिक एवं सन्तुलित है। एक-सौ छियानबे पृष्ठ की इस कृति में साहित्यिक धाराओं के विकास का प्रदर्शन सफलतापूर्वक किया गया मिलता है।

पर हिन्दी-साहित्य की विभिन्न प्रवृत्तियों के साथ सामाजिक परिस्थितियों के विवेचन की प्रवृत्ति ग्रियर्सन की रचना 'मॉडर्न वर्नाक्यूलर लिटरेचर ऑव नॉदर्न हिन्दुस्तान' (1889) में सर्वप्रथम मिलती है। साहित्य एवं समाज, दोनों को अपनी दृष्टि में रखकर 'शिवसिंह सरोज' की सामग्री के आधार पर हिन्दी साहित्य के इतिहास को लिखने का ग्रियर्सन का प्रयास स्तुत्य है। एक काल की निश्चित साहित्यिक विशेषताओं एवं सामाजिक परिस्थितियों को ध्यान में रखकर हिन्दी-साहित्य का वैज्ञानिक स्तर पर काल-विभाजन का सर्वप्रथम प्रयत्न ग्रियर्सन ने ही किया है।

इतिहास

इतिहास के रूप में अब तक जितनी रचनाएँ मिलती हैं उनमें साहित्य एवं समाज के आन्तरिक सम्बन्धों की विकास-गाथा को ढूँढ़ने का प्रयास नहीं के बराबर देखने को मिलता है। साहित्य के मूलस्रोत क्या हैं और हिन्दी साहित्य के विकास में उनका योगदान क्या रहा है—इसका विवेचन यदा-कदा भूले-भटके ही किया गया है। साहित्य को अपने में पूर्ण मानने की प्रवृत्ति ने अब तक साहित्य को समाज सापेक्ष्य रूप में ग्रहण करने के लिए प्रेरित ही नहीं किया। अतः साहित्य के इतिहास

को जो कुछ सामाजिक प्रवाह के परिदृश्य में देखने का प्रयास हुआ उसमें समाज और साहित्य का कार्य-कारण सम्बन्ध बहुत ही कम देखने को मिलता है।

सच तो यह है कि इतिहास के रूप में हिन्दी साहित्य की प्रवृत्तियों का विश्लेषण शुक्ल जी के पूर्व हुआ ही नहीं था। लगता है उस समय तक 'साहित्य का इतिहास' का अर्थ ही स्पष्ट नहीं था। शुक्लजी की सूक्ष्म एवं मार्मिक दृष्टि से यह बात छिपी नहीं रही। अत: इतिहास लिखने के पूर्व साहित्य का इतिहास होता क्या है, उसी तथ्य पर उन्होंने प्रकाश डाला, "जब कि प्रत्येक देश का साहित्य वहाँ की जनता की चित्तवृत्ति का संचित प्रतिबिम्ब होता है, तब यह निश्चित है कि जनता की चित्तवृत्ति के परिवर्तन के साथ-साथ साहित्य के स्वरूप में भी परिवर्तन परखते हुए साहित्य परम्परा के साथ उनका सामंजस्य दिखाना ही 'साहित्य का इतिहास' कहलाता है।" (हिन्दी साहित्य का इतिहास, पृ. 1)

समाज के अन्तस्तल में प्रवाहित होनेवाली विकासधारा की पृष्ठभूमि पर ही साहित्यिक विकास का मूल रहस्य समझा जा सकता है। इतिहास के क्षेत्र में साहित्य एवं समाज का सम्बन्ध सुविवेचित ढंग से सर्वप्रथम शुक्लजी के 'हिन्दी साहित्य का इतिहास' में ही मिलता है।

शुक्लजी के इतिहास के अनुकरण पर अनेक इतिहास लिखे गये हैं। डॉ. रामविलास शर्मा के शब्दों में "शुक्लजी के बाद संक्षिप्त और सुबोध इतिहासों की बाढ़ आ गयी। कुछ वृहत्काय इतिहास भी लिखे गये। इनमें ज्यादातर चोरी का माल है, शुक्लजी की निधि से माल लेकर टके सीधे करने का व्यापार है, बहुत कम लोगों ने नये सिरे से अध्ययन करके हिन्दी साहित्य के इतिहास में कुछ नया जोड़ने की कोशिश की है।" (आचार्य रामचन्द्र शुक्ल और हिन्दी आलोचना, पृ. 30)। यह कहना तो सर्वथा असत्य होगा कि इतिहास में कुछ नवीन सामग्री जोड़ने का प्रयास ही नहीं हुआ। इसमें सन्देह नहीं कि शुक्लजी की इस महत्त्वपूर्ण रचना के पश्चात् पुराने साहित्यकारों की नयी-पुरानी अनेक कृतियाँ प्रकाश में आईं, प्रामाणिक समझे जाने वाले अनेक ग्रन्थ जाली सिद्ध हुए और साहित्य के इतिहास के क्षेत्र में कुछ नये अन्वेषण भी हुए, पर इतिहास-लेखन के दृष्टिकोण और शैली में कोई नूतन उत्क्रान्ति हुई हो (जैसा डॉ. रामकुमार वर्मा अपने 'हिन्दी साहित्य का आलोचात्मक इतिहास' के निवेदन में संकेत देते हैं)—ऐसी बात सामने नहीं आती। साहित्य के इतिहास को जो सन्दर्भ (perspective) शुक्लजी ने दिया है वह अधूरा एवं त्रुटिपूर्ण होते हुए भी मौलिक था, और बाद में इतिहास-लेखकों ने उनके कथनों की आवृत्ति एवं पुनरावृत्ति ही की, कुछ विस्तार देकर उनके सन्दर्भ दोहराया ही। सन्दर्भ की दिशा में नया कुछ सामने नहीं आया।

शुक्लजी के इतिहास के पश्चात् जो इतिहास-ग्रन्थ सबसे अधिक हमारा

ध्यान आकर्षित करता है वह है डॉ. श्यामसुन्दर दास कृत 'हिन्दी-साहित्य'। इस कृति में मिश्रबन्धुओं की भाँति समझे जानेवाले कवियों एवं उनकी कृतियों की विशद विवेचना, अल्प ज्ञात कवियों की साहित्यिक विशेषताओं की संक्षिप्त आलोचना तथा अज्ञात कवियों को परिचय के साथ प्रकाश में लाने का प्रयास नहीं है, न शुक्लजी के इतिहास के अनुकरण पर प्रत्येक साहित्यकार पर कुछ-न-कुछ लिखने की प्रवृत्ति ही पाई जाती है। पुस्तक के निवेदन में श्यामसुन्दर दास ने अपने दृष्टिकोण पर प्रकाश डालते हुए लिखा, "जिस काल में जैसी राजनीतिक, धार्मिक, सामाजिक परिस्थिति थी, उसके वर्णन के साथ उस काल के मुख्य प्रवर्तक कवियों का वर्णन भी रहे।" (हिन्दी-साहित्य-निवेदन) अर्थात् कवियों की अपेक्षा विभिन्न कालों की साहित्यिक प्रवृत्तियों के स्पष्टीकरण के लिए राजनीतिक, धार्मिक और सामाजिक परिस्थितियों का चित्रण ही विशेष रूप से हो। साहित्यिक विचारधारा का जनता की चित्तवृत्ति के साथ सामंजस्य दिखलाते हुए, समसामयिक सामाजिक स्थिति का साहित्य पर पड़े प्रभाव एवं साहित्यिक धारा के प्रभाव को तीव्र एवं कुंठित करने में साहित्यकार के योग के आकलन आदि पर शुक्लजी की अपेक्षा श्यामसुन्दर दास की दृष्टि अधिक रही है। पर जैसा रूसी विद्वान् अका. बरन्निकोव कथन है, इतिहास-लेखन में वस्तु एवं रूप (आइडिया एवं फॉर्म) के आन्तरिक सम्बन्धों पर अपनी दृष्टि रखने के उपरान्त भी श्यामसुन्दर दास, साहित्य की विकासधारा के मूलस्रोतों को ठीक से पकड़ नहीं पाए हैं, साहित्य के विकास को वास्तुकला, चित्रकला, संगीत आदि अन्य कला-विधाओं के विकास के सन्दर्भ में देखने के बावजूद भी (और यह इतिहास-लेखन में सबसे पहला प्रयत्न था) उसमें अन्विति स्थापित करने में वे असमर्थ रहे हैं। (इंडियन फाइलोलॉजी (रूसी में) मास्को, 1959, पृ. 276-78) बाबू साहब ने मौलिकता तो इसमें भी दिखलाई थी कि हिन्दी-साहित्य के विकास के साथ उन्होंने हिन्दी-भाषा का भी इतिहास दिया, पर साहित्य की नयी चेतना के साथ भाषा का रूप किस प्रकार बदलता है और बदली हुई भाषा-संवेदना के आधार पर साहित्य के विकसित मान-मूल्यों को किस प्रकार समझा-परखा जाए, यह उन्हें स्पष्ट नहीं था।

जहाँ तक शुक्लजी के इतिहास का प्रश्न है उसमें श्यामसुन्दर दास की भाँति इन नयी पर अधूरी दृष्टियों को अपनाने का प्रयास नहीं है। शुक्लजी के इतिहास की सबसे बड़ी विशेषता है—उसका सुगठित रूप, इतिहास के रूप में घटनाओं को उचित सन्दर्भ (perspective) देने की कोशिश। हिन्दी-साहित्य की विकासधारा को उचित सन्दर्भ में बाँधकर उसके परिप्रेक्ष्य में कृतियों की आलोचना प्रस्तुत करने की दिशा में शुक्लजी, अपने पूर्ववर्ती सभी इतिहास-लेखकों से आगे निकल गये हैं। पर जो शुक्लजी की अपनी उपलब्धियाँ हैं वे ही उनकी सीमाएँ भी बन जाती हैं।

शुक्लजी ने साहित्य को उस देश की जनता की चित्त-वृत्ति का संचित प्रतिबिम्ब तो माना, पर उनके इतिहास-लेखन में जनता का अर्थ शिक्षित-जनसमूह तक ही सीमित रह गया है। अपने इतिहास के प्रथम संस्करण के 'वक्तव्य' में शुक्लजी ने अत्यन्त स्पष्ट स्वरों में कहा है: परिस्थितियों के अनुसार शिक्षित जनसमूह की बदलती हुई प्रवृत्तियों को लक्ष्य करके उन्होंने हिन्दी-साहित्य का इतिहास लिखा है। लोक-मानस की सबल शक्ति का ठीक से आकलन न करने के कारण ही शुक्लजी पूर्व-मध्यकाल का सही मूल्यांकन प्रस्तुत करने में असमर्थ सिद्ध हुए हैं। उनकी दूसरी सीमा थी—उनका व्यक्तिवादी दृष्टिकोण। इतिहास को उन्होंने सन्दर्भ तो दिया पर वह मूलतः भाववादी था। तीसरी सीमा, साहित्य के इतिहास और साहित्य की समीक्षा के अन्तर को ठीक से समझाना था। स्काट जेम्स ने इन दोनों के बीच जिस मूलभूत भेद की ओर संकेत दिया है (द मेकिंग ऑव लिटरेचर, पृ. 24), लगता है उससे परिचित होने के बावजूद अपने इतिहास-लेखन में उसका उचित रूप में निर्वाह नहीं कर सके हैं। इसमें सन्देह नहीं कि उनमें इतिहास तत्त्व की अपेक्षा साहित्यिक समीक्षा के तत्त्व कहीं अधिक हैं। चौथी सीमा है साहित्य के मूल स्रोत को उचित सन्दर्भ में देखकर, फिर साहित्य के साथ उसके ठीक सम्बन्धों की जाँच-परख की उपेक्षा। कहने का अर्थ यह था कि उनके इतिहास में साहित्य एवं समाज का विशद वर्णन तो मिलता है, पर साहित्य एवं समाज मे कार्य-कारण का पूर्णता के साथ आकलन नहीं मिलता और यही कारण है कि सामाजिक परिस्थितियाँ और साहित्यिक कृतियाँ एक साथ रखी जाने के बाद भी उनके इतिहास में उनके बीच एक गहरी खाई का अनुभव होता है। उनके इतिहास-लेखन की पाँचवीं प्रमुख सीमा है इतिहास को अविरल और अविच्छिन्न धारा प्रवाह के रूप में न देखना। शुक्लजी यह भूल जाते हैं कि साहित्य का इतिहास-लेखक भी मनुष्य का ही इतिहास प्रस्तुत करता है और हर व्यक्ति का वर्तमान एक ऐसा स्थिति-विशेष होता है जहाँ भूत और भविष्य का अपना दबाव महसूस किया जा सकता है। इस दबाव का उचित सन्दर्भ वे प्रदान नहीं कर सके इसीलिए युग की प्रमुख प्रवृत्तियों के प्रतिनिधि कवियों की चर्चा करने के बाद उन्हें हर खंड के बाद एक फुटकल खाता भी खोलने की आवश्यकता पड़ी।

इतिहास-लेखन और आचार्य द्विवेदी

ऐसा लगता है कि शुक्लजी के इतिहास-लेखन की इन सीमाओं को आचार्य हजारीप्रसाद द्विवेदी ने भलीभाँति अनुभव कर लिया था और उनसे मुक्त होकर ही उन्होंने 'हिन्दी-साहित्य की भूमिका' (1940) की रचना की। ध्यान देने की बात है कि हिन्दी-साहित्य के इतिहास की यह 'भूमिका' है, स्वयं में पूर्ण इतिहास नहीं

है। अतः इतिहास-लेखन को एक आदर्श रूप में सामने रखने की कोशिश यहाँ अधिक है, उसकी सामग्री जुटाने का कम। उन्होंने इसमें हिन्दी-साहित्य की विकास-गाथा को भारतीय चिन्तन-धारा के परिप्रेक्ष्य में उचित सन्दर्भ (perspective) देने की कोशिश की है और शुक्लजी की 'शिक्षित' अथवा 'अर्द्ध-शिक्षित' जनता के स्थान पर 'लोक-मानस' को प्रतिष्ठित करने का प्रयास। उन्होंने वर्तमान को विकास-धारा का एक सहज-बिन्दु माना है और किसी युग की प्रवृत्तियों के आकलन के लिए उस तनाव को भी अनुभव करने की कोशश की है जो उसके भूत और भविष्य से सम्बद्ध होने के कारण उद्भूत होता है। वे भली-भाँति समझ गये थे कि साहित्य का इतिहास लेखक भी कोरे साहित्य का नहीं, वरन उस मनुष्य का इतिहास प्रस्तुत करता है जो साहित्य में अपनी अभिव्यक्ति पाता है। साथ ही उनका आलोचक रूप, सजग और सचेत रहकर भी इतिहास-लेखन के समय दबा रहता है। अतः व्यक्ति अथवा कृति-विशेष की महत्ता 'भूमिका' में सामने उभरकर नहीं आती जितना साहित्य के विकास की सहज धारा की अविच्छिन्न गति!

इतिहास को अविरल एवं अविच्छिन्न धारा-प्रवाह के रूप में देखने की दृष्टि सबसे पहले 'भूमिका' में ही देखने को मिलती है। ऐतिहासिक समीक्षा की जिस अन्तर्दृष्टि का उपयोग इसमें किया गया है वह इसके पूर्ववर्ती इतिहास-कृतियों में देखने को नहीं मिलती। अब तक इतिहास को इतिहासकारी दृष्टि से न देखकर मूलतः मूल्यवादी आलोचक की दृष्टि से ही देखने का प्रयास हुआ था। पर इतिहास और आलोचना का क्षेत्र स्पष्ट रूप से भिन्न है, इनके गुण-धर्म, शिल्प-कौशल, प्रत्येक विधान में अन्तर होता है। द्विवेदीजी ने आलोचक की दृष्टि से नहीं, अपितु इतिहासकार की दृष्टि से हिन्दी साहित्य के इतिहास का आकलन किया है। इसीलिए उनकी पुस्तक 'हिन्दी साहित्य की भूमिका' में एक ही युग की अनेक विचारधाराओं का परिचय, विभिन्न असंगतियों एवं अन्तर्विरोधी प्रवृत्तियों का विश्लेषण, लोकवादी और समाज-विरोधी मान्यताओं का विशद पर्यवेक्षण उपलब्ध है।

कृति को मानकर जिस परिधि की आलोचना आज के गणमान्य आलोचकों को मान्य है उसके तीन मुख्य आधार-स्तम्भों की ओर प्रसिद्ध इतिहासकार 'टेन' ने संकेत किया है। उसके अनुसार जाति (Race), परिवृत्त (Surrounding) और युग (Milieu) की विवेचना के माध्यम से ही किसी कृति या साहित्य के इतिहास पर पूर्ण प्रकाश डालना सम्भव है। (हिस्ट्री ऑव लिटरेचर) किसी भी जाति के इतिहास के अध्ययन से यह स्पष्ट हो जाता है कि वह अपने विकास के विभिन्न सोपान

पर विभिन्न प्रवृत्तियों द्वारा परिचालित हुआ है। साहित्यकार के लिए इस प्रवृत्ति का अतिक्रमण कर सकना एक प्रकार से असम्भव है। साहित्यकार के विचार एवं भावना की कलात्मक अभिव्यक्ति के रूप में मान्य साहित्य का अध्ययन भी युग में व्याप्त इन्हीं प्रवृत्तियों की पृष्ठभूमि में करना श्रेयस्कर होगा। क्योंकि जिस समाज से वह रस-संचय करता है वह तो इन प्रवृत्तियों के दायरे में बँधा होता ही है; स्वयं साहित्यकार, अपनी तमाम कल्पना-शक्ति के बावजूद उससे मुक्त नहीं हो पाता।

यह तो नहीं कहा जा सकता है कि द्विवेदीजी की इतिहास-सम्बन्धी मान्यताएँ टेन-द्वारा निर्देशित जाति, परिवृत्त और युग सम्बन्धी नियमों की अनुकृति हैं अथवा द्विवेदीजी टेन के विचार से प्रभावित हैं, पर दोनों विद्वानों द्वारा व्यवहृत ऐतिहासिक विवेचना की समता के आधार पर उनमें एकरूपता अवश्य देखी जा सकती है। द्विवेदीजी की आलोचनापरक यह वृत्ति उनकी पुस्तक 'कबीर' में विशेष रूप से उभरी है। जातिगत विशिष्टता का विश्लेषण करते हुए उन्होंने कबीर की वंशानुगत मान्यताओं की ओर संकेत किया है, (कबीर, पृ. 14), सहजयान, वज्रयान, नाथपन्थ, साधु-सन्त आदि अनेक व्यक्तियों के सम्पर्क से निर्मित परिवृत्त का उनके साहित्य पर क्या प्रभाव पड़ा है, इसकी भी विशद विवेचना उन्होंने प्रस्तुत की है (वही, पृ.152), साथ ही युग की लोकमंगलकारी एवं समाजविरोधी प्रवृत्तियों की पृष्ठभूमि में कबीर साहित्य को भी परखने का उन्होंने प्रयास किया है। (वही, पृ. 184)

शुक्लजी के इतिहास की समीक्षा करते हुए अका. वारान्निकोव ने 'भूमिका' में पहले (सन् 1939) में यह जोर देकर कहा था कि शुक्लजी के इतिहास का सबसे कमजोर अंश है उनका 'पूर्व मध्यकाल'। उनके अनुसार, शुक्लजी कबीर, नानक आदि सन्त-कवियों के साथ उचित न्याय नहीं कर सके हैं। वे यह बताने में अक्षम हैं कि क्यों निर्गुण भक्तों का आन्दोलन निम्न-वर्ग के लोगों-द्वारा उठाया गया और क्यों व्यापक रूप से वह उन्हीं तक सीमित रह गया? क्यों शिक्षित वर्ग के व्यक्तियों का सहयोग उन्हें नहीं मिला और बाद में चलकर इस आन्दोलन ने क्यों सम्प्रदाय (Sect) का रूप ग्रहण कर लिया है। (द्विवेदी-साहित्य में इन प्रश्नों का समुचित समाधान मिल जाता है और यह निश्चित ही उनकी ऐतिहासिक दृष्टि की सबलता का ही परिणाम है जिसने हिन्दी की साहित्यिक धारा को भारत की मूल चिन्तनधारा से जोड़कर देखने का सर्वप्रथम सफल प्रयोग इतिहास-लेखन के क्षेत्र में रखा।)

द्विवेदीजी ने भारत की मूल चिन्तनधारा को समझने मे भूल नहीं की और न उन्होंने साहित्य के इतिहास को निस्संग रूप में आधार पर ही लिखने की गलत पद्धति अपनायी। समाज और साहित्य के कृत्रिम सम्बन्धों की पूर्व-प्रचलित रीति

को छोड़कर उन्होंने साहित्य की धारा को सांस्कृतिक विरासत के सन्दर्भ में देखने की कोशिश की। साहित्य के मूल-स्रोत के रूप में जिस भारतीय चिन्तन-पद्धति पर उन्होंने बल दिया, वह उनकी दृष्टि में किसी एक या दो उद्‌भट विद्वानों के मस्तिष्क की करामात नहीं है और न भारतीय दर्शन को मनु, याज्ञवल्क्य, नारद, वशिष्ठ, जीमूतवाहन, विज्ञानेश्वर आदि स्मृतिकारों एवं निबन्धकारों के अपने वैयक्तिक मानदंडों से ही नापा जा सकता है। सच तो यह है कि युग की परिस्थितियों एवं मानव की समसामयिक आवश्यकताओं ने समय-समय पर स्वयं तत्कालीन समाज में प्रचलित असामयिक, नीति-नियम, आचार-व्यवहार आदि में परिवर्तन की ओर समस्त समाज को समयानुकूल बनाने का आग्रह किया है। प्रसिद्ध विद्वान् काशीप्रसाद जायसवाल के अनुसार विभिन्न धर्मशास्त्र, ब्राह्मणों के मस्तिष्क की उपज नहीं हैं अपितु वे अपने समय के गर्भ से उद्‌भूत हुए हैं (Manu and Yajnavalkya-p. xx) स्मृतिकार एवं निबन्धकारों की कृतियों को इस कार्य की पूर्ति के साधन के रूप में समझना चाहिए। द्विवेदी जी के अपने शब्दों में "मतों, आचार्यों, सम्प्रदायों और दार्शनिक चिन्ताओं के मानदंड से लोकचिन्ता को नहीं मापना चाहता, बल्कि लोक-चिन्ता की सापेक्ष में उन्हें देखने की सिफारिश कर रहा हूँ। (हिन्दी-साहित्य की भूमिका, पृ. 8)

इतिहासकार ने अगर लोकचिन्ता की इस स्वाभाविक विकासधारा का समुचित परिचय प्राप्त नहीं किया अथवा उसके परिप्रक्ष्य में साहित्य की विकास रेखा का आकलन नहीं किया तो निश्चय ही उसकी कृति में कार्य-कारण की परम्परा का उचित निर्वाह नहीं मिल सकता। द्विवेदीजी की सूक्ष्म दृष्टि ने भारतीय लोकचिन्तन के स्वाभाविक प्रवाह को अच्छी तरह परखा। यह उसी का परिणाम है कि प्रो. हेवेल के इस मत, "मुसलमानी सत्ता के प्रतिष्ठित होते ही हिन्दू राज-काज-से अलग कर दिए गये। इसलिए दुनिया की झंझटों से छुट्टी मिलते ही उनके धर्म की ओर जो उनके लिए एकमात्र आश्रय स्थल रह गया था, स्वाभाविक आकर्षण पैदा हुआ"—का तीव्र विरोध किया। उनके अनुसार, "भक्ति-काव्य अपने स्वाभाविक विकास का परिणाम था। यदि अगली शताब्दियों में भारतीय इतिहास की अत्यधिक महत्त्वपूर्ण घटना, अर्थात् इस्लाम का प्रमुख विस्तार, न भी घटी होती तो भी वह इसी रास्ते जाता। उसके भीतर की शक्ति उसे इसी स्वाभाविक विकास की ओर ठेले लिए जाती।" (हिन्दी साहित्य की भूमिका, पृ. 15)

लोक-चिन्ता की मजबूत पकड़ ने ही द्विवेदीजी को इतिहास को एक अविच्छिन्न धारा-प्रवाह के रूप में देखने की शक्ति प्रदान की है और इस सतत प्रवहमान धारा ने उनकी मानवतावादी दृष्टि को ठोस आधार प्रदान किया है, जिसके

आधार पर साहित्यिक कृतियों में अभिव्यक्त मानव एवं उसकी चेतना के विकास को सही सन्दर्भ में देखने-दिखाने में वह सक्षम सिद्ध हुए हैं। द्विवेदीजी के अनुसार "सृष्टि परम्परा में मनुष्य का विकास एक अद्‌भुत घटना है। वह इस सृष्टि-प्रक्रिया की सबसे उत्तम, सबसे महत्त्वपूर्ण देन है। इसी विचार-पद्धति को ऐतिहासिक दृष्टि नाम दिया गया है।" (विचार और वितर्क, पृ. 39) लेकिन द्विवेदीजी की ऐतिहासिक-दृष्टि एवं विकासवाद की मान्यता डार्विन के विकासवाद (Theory of Evolution) के सिद्धान्त से भिन्न है। जहाँ डार्विन, 'आत्मरक्षा के सिद्धान्त' और 'योग्यता के विकास' के न्याय का सहारा लेकर मानव के व्यक्ति-रूप के विकास का सिद्धान्त सामने रखता है वहाँ द्विवेदीजी की दृष्टि सदा मानव की समष्टि-रूप की अनुपक्षी रही है।

"मनुष्य को खंड-विच्छिन्न समझना खतरनाक है। सारा मनुष्य समाज एक है।" अपनी ऐतिहासिक समीक्षा के आधार पर निष्कर्ष निकालते हुए वे कहते हैं, "अगली मानवीय संस्कृति, मनुष्य की समता और सामूहिक मुक्ति की भूमिका पर खड़ी होगी। इतिहास के अनुभव इसी की सिद्धि के साधन बनकर कल्याणकर और जीवनप्रद हो सकते हैं। इस प्रकार हमारी चित्तगत उन्मुक्तता पर एक नया अंकुश बैठ रहा है—व्यक्ति, मानव के स्थान पर समष्टि-मानव का प्राधान्य" (विचार और वितर्क, पृ. 93) "इसमें सन्देह नहीं कि मनुष्य और उसकी मनुष्यता ही एकमात्र शाश्वत सत्य है। मनुष्य-निरपेक्ष सभ्यता अथवा संस्कृति हवाई कल्पना मात्र है। देश और जाति की विशुद्ध संस्कृति केवल बात की बात है। शुद्ध है केवल मनुष्य की दुर्दम जिजीविषा। वह गंगा की अबाधित-अनाहत धारा के समान सब कुछ हजम करने के बाद भी पवित्र है।" (अशोक के फूल, पृ. 8)

साहित्य के इतिहास-लेखन में सिद्धान्त रूप में शुक्लजी ने संकेत दे दिया कि साहित्य का इतिहास काल-स्रोत से बहे आते हुए जीवन्त समाज की विकास-गाथा के अतिरिक्त और कुछ नहीं है, पर उसे व्यावहारिक रूप सर्वप्रथम द्विवेदीजी ने ही दिया। ग्रन्थकार और ग्रन्थ उस प्राणधारा की ओर इशारा ही करते हैं, वे ही मुख्य नहीं है। मुख्य है वह प्राणधारा, जो नाना परिस्थितियों में गुजरती हुई आज हमारे भीतर अपने-आपको प्रकाशित कर रही है। साहित्य के इतिहास में हम अपने-आपको ही पाने का सूत्र पाते हैं इसमें सन्देह नहीं कि द्विवेदीजी ने न केवल साहित्य के इतिहास-लेखन के क्षेत्र में नयी प्रणाली को अपनाया है, वरन् हिन्दी-साहित्य के इतिहास को नया और उचित सन्दर्भ भी दिया है।

अपभ्रंश के अध्ययन में द्विवेदीजी का योग

वीरेन्द्र श्रीवास्तव

राजशेखर ने अपनी 'काव्यमीमांसा' में एक वाङ्मय-पुरुष की कल्पना की थी जिसका संस्कृत मुख है, प्राकृत बाहु है, अपभ्रंश जघन है और पैशाची पाद है। आधुनिक हिन्दी वाङ्मय में उस पुरुष को यदि साकार देखना हो तो वे हैं आचार्य हजारीप्रसाद द्विवेदी। केवल थोड़ा-सा ही परिवर्तन अपेक्षित है कि पैशाची की जगह हिन्दी को रख दिया जाए। द्विवेदीजी शास्त्राचार्य हैं। उनकी जिह्वा पर सदा विराजनेवाली गीर्वाण सरस्वती और उनकी कृतियों में व्याप्त देववाणी-गरिमा उनके संस्कृत भाषा के गम्भीर अध्ययन की साक्षी है। प्राकृत भाषाओं का अनुशीलन उनकी कर्मण्यता और जागरुकता का परिचायक है। वे अपभ्रंश के सहारे खड़े होकर हिन्दी में अबाध गति रखते हैं। संस्कृत, प्राकृत और अपंभ्रश को आत्मसात् कर वे हिन्दी पर पूर्ण आधिपत्य पाने में समर्थ हैं। राजशेखर के आधार पर ही द्विवेदीजी ने राजमंडपम में कवि-सभा का वर्णन करते हुए अपनी 'हिन्दी साहित्य की भूमिका' में लिखा है, "वेदिका पर राजा का आसन होगा। उसके उत्तर की ओर संस्कृत भाषा के कवि बैठेंगे। यदि एक ही आदमी कई भाषाओं में कविता करता हो तो जिस भाषा में वह अधिक प्रवीण हो उसी भाषा का कवि उसे माना जाएगा। जो कई भाषाओं में बराबर प्रवीण है वह उठ-उठ कर जहाँ चाहे बैठ सकता है।...पूर्व की ओर प्राकृत भाषा के कवि रहेंगे। पश्चिम की ओर अपभ्रंश भाषा के कवि।...दक्षिण की ओर पैशाची भाषा के कवि।" आचार्यजी जैसे क्रान्तिदर्शी पंडित की गति सभी भाषाओं में एक-सी है अत: उन्हें अधिकार है कि वे जहाँ चाहे बैठ सकते हैं और पूजा के पात्र हैं।

भारत के पूर्व क्षेत्र में, शान्तिनिकेतन में 1930 से 1950 तक 20 वर्ष रहकर उन्होंने जहाँ संस्कृत और हिन्दी का अध्यापन किया वहीं प्राकृत और अपभ्रंश का गम्भीर अध्ययन भी। आचार्य विधुशेखर भट्टाचार्य तिब्बत से लाई गयी पोथियों में स्वयं पैठे रहते थे और द्विवेदी जी को उसके अवगाहन का आनन्द देते थे। आचार्य

क्षितिमोहन सेन के सान्निध्य ने उन्हें सिद्ध और सन्त साहित्य की परम्परा के अन्वेषण तथा अपभ्रंश साहित्य की समीक्षा में प्रवृत्त किया। गुरुदेव रवीन्द्रनाथ ठाकुर का वरदहस्त उन्हें सतत सारस्वत मार्ग में निर्विघ्न प्रगति देता रहा। उनके सम्पर्क में प्राच्य मागध अपभ्रंश प्रसूत बांग्ला में भी वे निष्णात हो गये। अनेक शोधार्थी उनके विविध भाषा-पांडित्य का लाभ उठाते रहे। डॉ. रामसिंह तोमर ने, जो आजकल विश्वभारती शान्तिनिकेतन में हिन्दी विभाग के अध्यक्ष हैं, अपने प्रबन्ध 'प्राकृत और अपभ्रंश साहित्य' में आचार्य का स्मरण इस प्रकार किया है, ''आचार्य डॉ. हजारीप्रसादजी द्विवेदी की छाया में रहकर लेखक ने तीन वर्ष शान्तिनिकेतन में अध्ययन को चालू रखा। आचार्य द्विवेदी जी ने लेखक की अनेक प्रकार से सहायता की है।''

पूर्वक्षेत्र में 'अधीतमध्यापितमर्जितं यशः' का तथा उसके साहित्य का रसास्वादन लेकर द्विवेदी जी फिर अपनी शिक्षाभूमि वाराणसी की ओर मुड़े जहाँ उन्होंने 'निष्कारण षडङ्ग वेद का अध्ययन' किया था, विशेषतः ज्योतिष का। मध्यदेश की इस विख्यात नगरी के काशी हिन्दू विश्वविद्यालय में हिन्दी विभाग का अध्यक्ष रहकर उन्होंने हिन्दी के सर्वांगीण अध्ययन की ओर अपने छात्रों में रुचि जगायी, दामोदर पंडित ने भी काशी के राजकुमारों को 11वीं-12वीं शताब्दी की लोकभाषा पढ़ाने के लिए 'उक्तिव्यक्ति प्रकरण' की रचना संस्कृत में की थी। द्विवेदीजी ने भी अपने योग्य शिष्यों में अपभ्रंश भाषा को सम्यक् अवगत करने की प्रेरणा दी। डॉ. शिवप्रसाद सिंह ने 'कीर्त्तिलता और अवहट्ट भाषा' अपने 'गुरुवर आचार्य हजारीप्रसाद द्विवेदी को प्रणतिपूर्वक' भेंट की है। उन्होंने लिखा है, ''आचार्य द्विवेदीजी ने इस निबन्ध के लिए विषय तय किया, निर्देश दिया, और पढ़ा-बताया, पाठ के एक-एक शब्द को उन्होंने देखा-सुना, आँख में दर्द रहने पर भी उन्होंने जिस उत्साह से यह सब कुछ किया वह उनके स्नेह-वात्सल्य का परिचायक है, इसे कृतज्ञता प्रकट करके आँकने की धृष्टता मैं नहीं कर सकता।'' डॉ. नामवर सिंह ने 'हिन्दी के विकास में अपभ्रंश का योग' पुस्तक अपने 'गुरुवर आचार्य हजारीप्रसाद द्विवेदी को' समर्पित की है। इस लेख के लेखक का प्रबन्ध 'अपभ्रंश भाषा का अध्ययन' 1965 में प्रकाशित हुआ। लेखक ने आचार्य को स्मरण किया है, ''काशी हिन्दू विश्वविद्यालय में रहते हुए डॉ. हजारीप्रसाद द्विवेदी ने मुझे बहुत पहले अपभ्रंश का अध्ययन करने के लिए परामर्श दिया था और पाठ्य-सामग्री की रूपरेखा नोट कराई थी। उनकी कृतियों से भी मैंने निस्सन्देह सहायता ली है। एतदर्थ मैं उनका अनुगृहीत हूँ।'' हिन्दी में अपभ्रंश भाषा का भाषा-वैज्ञानिक अध्ययन करने के लिए ये तीन ग्रन्थ उपलब्ध हैं और तीनों में आचार्यजी की छाया है।

द्विवेदीजी कारणवश काशी हिन्दू विश्वविद्यालय को छोड़कर पंजाब विश्वविद्यालय के हिन्दी विभागाध्यक्ष बनकर चंडीगढ़ चले गये। वे इस प्रकार प्राच्य देश और मध्य प्रदेश (जिसमें उदीच संस्कृति का भी प्रभुत्व आ गया था) की साहित्यिक और सांस्कृतिक गतिविधियों से न केवल परिचित होकर, अपितु उनके संचालन में भी हाथ बँटाकर पश्चिम देश में आ बिराजे। शौरसेनी अपभ्रंश से सम्बद्ध पश्चिमी हिन्दी, जिस पर पंजाबी का भी प्रभाव है, आपके स्वानुभव का विषय बनी। वहाँ आपने पंजाब में बिखरी गुरुमुखी लिपि में लिखी हिन्दी रचनाओं के उद्धार का उपक्रम किया। अब 'टैगोर प्रोफेसर' पद पर आसीन होकर वे कला और संस्कृति के परिवेश में भाषाओं का और व्यापक अध्यापन कर रहे हैं। वे पहले शान्तिनिकेतन में अहिन्दीभाषियों को हिन्दी सिखाते रहे और उनकी कठिनताओं को समझकर उनका समाधान करते रहे। अब कभी-कभी एतदर्थ दक्षिण आते हैं। इस तरह पूर्व, उत्तर, पश्चिम, दक्षिण जहाँ भी वे रहे हैं या यात्रा करते रहे हैं; संस्कृत, प्राकृत, अपभ्रंश और हिन्दी भाषाओं की परम्परा के प्रमुख व्याख्याता रहे हैं।

द्विवेदीजी ने स्वयं अपभ्रंश भाषा के सम्बन्ध में अपने विचार 'हिन्दी साहित्य की भूमिका' में, विशेषत: उसके द्वितीय अध्याय में, तथा 'हिन्दी साहित्य का आदिकाल' में विशद रूप में अभिव्यक्त किए हैं। उन्होंने 'हिन्दी साहित्य की 'प्रस्तावना' और 'आदिकाल' में अपभ्रंश भाषा और साहित्य का सारगर्भित परिचय दिया है। पहली पुस्तक शान्तिनिकेतन और शेष दोनों काशी विश्वविद्यालय की देन हैं। अपभ्रंश के लोककाव्य 'सन्देश रासक' के पाठ संशोधन के सम्बन्ध में नागरी प्रचारिणी पत्रिका में उनकी एक लेखमाला निकली थी। उसी को भूमिका के रूप में समाविष्ट करके उन्होंने अपने प्रिय छात्र आयुष्मान् श्री विश्वनाथ त्रिपाठी (लैक्चरर के.एम. कॉलेज, दिल्ली) के साथ 'सन्देश रासक' का नये सिरे से सम्पादन किया है। भूमिका में पाठ-संशोधन करते हुए रासक की विशिष्ट शब्दावली और श्लिष्ट शब्दवली पर अच्छा प्रकाश डाला गया है। त्रिपाठीजी ने अपनी भूमिका में रासक की अपभ्रंश भाषा का भी संक्षिप्त विवेचन किया है। यह ग्रन्थ उनकी चंडीगढ़-यात्रा का स्मारक है, यद्यपि उसकी भूमिका काशी में ही बन चुकी थी।

अपभ्रंश भाषा के सम्बन्ध में उनके विचारों और मान्यताओं का संक्षिप्त विवरण दे देना जरूरी है।

हिन्दी साहित्य के आदिकाल का विवेचन और सीमा निर्धारण करते हुए यह प्रश्न उठता है कि अपभ्रंश को हिन्दी में परिगणित किया जाए या उससे पृथक् और यदि पृथक् सत्ता स्वीकृत की जाए तो उसकी और हिन्दी की संक्रान्ति को क्या नाम दिया जाए। हिन्दी साहित्य के इतिहासकार अपभ्रंश को आदिकाल से साथ जोड़े

आए हैं। आचार्य रामचन्द्र शुक्लजी की सम्मति में "सिद्धों की उद्धृत रचनाओं की भाषा देशभाषा-मिश्रित अपभ्रंश अर्थात् पुरानी हिन्दी की काव्यभाषा है।" उन्होंने लिखा, "सिद्धों में सरह सबसे पुराने अर्थात् वि.स. 390 के हैं। अतः हिन्दी काव्यभाषा के पुराने रूप का पता हमें विक्रम की सातवीं शताब्दी के अन्तिम चरण में लगता है।" पुरानी हिन्दी का प्रयोग पं. चन्द्रधर शर्मा गुलेरी ने चलाया था। उन्होंने साहित्यिक परिनिष्ठित अपभ्रंश को यही संज्ञा दी थी। सिद्ध साहित्य के मर्मज्ञ विद्वान् राहुल सांकृत्यायन ने तो अपनी 'हिन्दी काव्यधारा' में 8वीं शताब्दी के सरहपा से लेकर 13वीं शताब्दी के राजशेखर सूरी तक की अपभ्रंश कविताओं को पुरानी हिन्दी में सम्मिलित किया। आचार्य द्विवेदी इस मत से सहमत नहीं हैं। उन्होंने 'हिन्दी साहित्य' में प्रतिपादित किया कि "यह विचार भाषाशास्त्रीय और वैज्ञानिक नहीं है। भाषाशास्त्र के अर्थ में, जिसे हम हिन्दी (खड़ी बोली, ब्रजभाषा, अवधी आदि) कहते हैं, वह इस साहित्यिक अपभ्रंश से सीधे विकसित नहीं हुई है। व्यवहार में पंजाब से लेकर बिहार तक बोली जाने वाली सभी उप-भाषाओं को 'हिन्दी' कहते हैं। इसका कारण इस विस्तृत भूभाग के निवासियों की साहित्यिक भाषा की केन्द्राभिमुखी प्रवृत्ति है। गुलेरीजी का सुझाव पंडितों को मान्य नहीं हुआ है। अपभ्रंश को अब कोई पुरानी हिन्दी नहीं कहता, परन्तु जहाँ तक परम्परा का प्रश्न है, निःसन्देह हिन्दी का परवर्ती साहित्य अपभ्रंश-साहित्य से क्रमशः विकसित हुआ है।"

वस्तुतः स्थिति यह है कि उपर्युक्त लेखकों और द्विवेदीजी में कोई तात्त्विक अन्तर नहीं। गुलेरीजी भी केन्द्राभिमुखी प्रवृत्ति अर्थात् शौरसेनी अपभ्रंश की प्रमुखता के आधार पर ही पुरानी हिन्दी नाम रखते हैं। उसे पुरानी हिन्दी कहिए या द्विवेदीजी की भाषा में 'पूर्ववर्ती अपभ्रंश'। गुलेरीजी ने लिखा था, "अपभ्रंश कहाँ समाप्त होती है और पुरानी हिन्दी कहाँ आरम्भ होती है, इसका निर्णय करना कठिन है, किन्तु रोचक और बड़े महत्त्व का है। इन दो भाषाओं के समय और देश के विषय में कोई स्पष्ट रेखा नहीं खींची जा सकती। कुछ उदाहरण ऐसे हैं जिन्हें अपभ्रंश भी कह सकते हैं, पुरानी हिन्दी भी।" यद्यपि दो भाषाओं के बीच गणितशास्त्रीय विभाजक रेखा खींचना कठिन है तथापि आचार्य द्विवेदी ने यह प्रयत्न अवश्य किया कि अपभ्रंश और हिन्दी में स्पष्ट रेखा खींच दी जाए। उन्होंने हेमचन्द्र-द्वारा निर्धारित 'परिनिष्ठित' और 'ग्राम्य' अपभ्रंश का भेद स्वीकार किया और लिखा, "इस (ग्राम्य) 'रासक' 'डोम्बिका' आदि की श्रेणी के लोकप्रचलित गेय और अभिनेय काव्य लिखे जाते थे। यह भाषा परिनिष्ठित अपभ्रंश आगे बढ़ी हुई (एडवांस्ड) बताई जाती है। इसमें बौद्धों के पद और दोहे, प्राकृत पैंगल के उदाहृत अधिकांश पद्य, सन्देश-रासक आदि रचनाएँ लिखी गयी हैं। वस्तुतः यही भाषा

आगे चलकर आधुनिक देशी भाषाओं के रूप में विकसित हुई है।'' इसी 'आगे बढ़ी हुई' के लिए 'अग्रसरीभूत अपभ्रंश भाषा' का व्यवहार द्विवेदीजी ने 'कीर्त्तिलता और अवहट्ट भाषा' की भूमिका में किया है। 'अग्रसरीभूत अपभ्रंश भाषा' को वे 'सन्देशरासक', 'वर्णरत्नाकार', 'कीर्त्तिलता' और 'प्राकृतपैंगल' की वंशीधररचित टीका में प्रयुक्त 'अवहट्‌ट' का पर्यायवाची शब्द मानते हैं। कीर्त्तिलता के विषय में उन्होंने लिखा है, ''इसमें (अवहट्ट) या अग्रसरीभूत अपभ्रंश भाषा का नमूना प्राप्त होता है।'' 'हिन्दी साहित्य' के लेखनकाल में (सन् 1952) वे 'अग्रसरीभूत अपभ्रंश' को 'अवहट्ट' कहने में कुछ संकोच अवश्य करते रहे हैं।...14वीं शताब्दी के संस्कृत के दो पंडितों अर्थात् विद्यापति और ज्योतिरीश्वर ने इस भाषा को 'अवहट्ट' कहा है। इसीलिए कुछ विद्वानों ने परिनिष्ठित अपभ्रंश से आगे बढ़ी हुई भाषा को अपभ्रंश न कहकर 'अवहट्ट' कहना शुरू किया है, परन्तु भाषाशास्त्रियों ने यह शब्द अभी तक स्वीकृत नहीं किया है।'' परिनिष्ठित अपभ्रंश और अग्रसरीभूत अपभ्रंश कहिए या केवल अपभ्रंश और अवहट्ट कहिए—वस्तुतत्त्व में कोई अन्तर नहीं पड़ता, परन्तु एक बात अत्यधिक उल्लेखनीय निकल आती है कि हिन्दी की अव्यवहृत पूर्ववर्ती सन्धिभाषा अवहट्ट (अग्रसरीभूत अपभ्रंश) है जिसके साहित्य का विवेचन हिन्दी साहित्य के आदिकाल में किया जाना चाहिए। द्विवेदी जी ने ऐसा किया भी है। उन्होंने 10वीं शताब्दी से पूर्व परिनिष्ठित अपभ्रंश की स्थापना की है और 10वीं से 14वीं शताब्दी के अग्रसरीभूत अपभ्रंश को आदिकाल का अंग मान लिया है। वे लिखते हैं, ''दसवीं से चौदहवीं शताब्दी तक के समय में लोकभाषा में लिखित जो साहित्य उपलब्ध हुआ है उसमें परिनिष्ठित चौदहवीं शताब्दी के उपलब्ध लोकभाषा साहित्य को अपभ्रंश से थोड़ी भिन्न भाषा का साहित्य कहा जा सकता है।''

'हिन्दी साहित्य' के उपर्युक्त कथन को 'हिन्दी साहित्य के आदिकाल' में निम्न शब्दों में अंकित किया गया है, ''इस प्रकार दसवीं से चौदहवीं शताब्दी का काल, जिसे हिन्दी का आदिकाल कहते हैं, भाषा की दृष्टि से अपभ्रंश का ही बढ़ाव है। इसी अपभ्रंश के बढ़ाव को कुछ लोग उत्तरकालीन अपभ्रंश कहते हैं और कुछ लोग पुरानी हिन्दी।'' अग्रसरीभूत या उत्तरकालीन अपभ्रंश का आधार तो 'ग्राम्य अपभ्रंश' या 'लोकभाषा' है, परन्तु उसकी एक बड़ी विशेषता है संस्कृत के तत्सम शब्दों के प्रयोग की प्रवृत्ति जो हिन्दी में भी गृहीत हुई है। इस तथ्य की ओर द्विवेदीजी ने अपने प्राय: सभी ग्रन्थों में ध्यान खींचा है। दामोदर के 'उक्तिव्यक्ति प्रकरण' में, ज्योतिरीश्वर के 'वर्णरत्नाकर' में और विद्यापति की 'कीर्त्तिलता' तथा 'कीर्त्तिपताका' के गद्य भाग में संस्कृत तत्सम शब्दों का प्रचुर प्रयोग है। 12वीं

शताब्दी के राजा विजयसिंह के दमोह जिले में प्राप्त हिन्दी शिलालेख का पृष्ठ 22 पर उद्धरण देते हुए द्विवेदीजी ने 'हिन्दी साहित्य का आदिकाल' में लिखा है—

"यह स्पष्ट रूप में बताता है कि पद्य की भाषा अपभ्रंश ही थी; किन्तु बोलचाल की भाषा में संस्कृत-तत्सम शब्द आने लगे थे और उनका प्रभाव पद्य की भाषा पर भी पड़ रहा था।"

इसी प्रकार ऊपर के विवेचन से द्विवेदीजी की निम्न मान्यताएँ प्राप्त होती हैं :

1. अपभ्रंश भाषा के दो भेद हैं—(अ) परिनिष्ठित और (आ) ग्राम्य।
2. ग्राम्य अपभ्रंश के आधार पर 'अग्रसरीभूत अपभ्रंश' या अवहट्ट का विकास हुआ है। वह लोकभाषाश्रित है।
3. अग्रसरीभूत अपभ्रंश का काल 10वीं शताब्दी से 14वीं शताब्दी है। उससे पूर्व परिनिष्ठित अपभ्रंश का युग है।
4. 'अग्रसरीभूत अपभ्रंश भाषा' हिन्दी काव्य के साथ आदिकाल में विवेच्य हो सकती है।
5. 'अग्रसरीभूत अपभ्रंश' में संस्कृत-तत्सम शब्दों के प्रयोग की प्रवृत्ति है।

अवहट्ट का समग्र भाषावैज्ञानिक अध्ययन द्विवेदीजी ने उपस्थित नहीं किया है। यह कार्य उनके निर्देशन में शिष्यों ने किया है जैसा पहले कहा जा चुका है।

परिनिष्ठित अपभ्रंश भाषा वह है जिसका विवेचन हेमचन्द्र, त्रिविक्रम, लक्ष्मीधर आदि वैयाकरणों ने किया है और जिसमें स्वयम्भू, पुष्पदन्त आदि की रचनाएँ हैं। अपभ्रंश भाषा के सम्बन्ध में द्विवेदीजी के निष्कर्ष, जो सामान्य सम्मत हैं, 'हिन्दी साहित्य की भूमिका' में निम्न रूप में दिए गये हैं :

1. अपभ्रंश भाषा सन् ईस्वी के प्रथम शतक के आभीरी भाषा के नाम से लक्ष्य की गयी थी और भारतवर्ष के पश्चिमोत्तर सीमान्त में बोली जाती थी। आभरों का विशेष प्रकार का स्वर-वैचित्र्य और उच्चारण-प्रावण्य इसका प्रधान लक्षण था। यद्यपि यह आभीरी नाम से पुकारी गयी, पर थी आर्यभाषा ही।
2. सन् ईस्वी की छठी शताब्दी में साहित्य सृष्ट हो चुका था, जिसे भामह और दंडी जैसे आलंकारिकों ने उल्लेख योग्य समझा। अब भी यह आभीरों से विशेष रूप से सम्बद्ध मानी जाती थी। अनुमान है कि आभीरों के हाथ में राज्यसत्ता आने के साथ इसमें काव्य लिखे जाने लगे।
3. 9वीं शताब्दी में यह जन-साधारण की भाषा समझी जाने लगी और इसका विशेष सम्बन्ध केवल आभीर आदि से ही है, यह धारणा जाती

रही। अब तक यह सौराष्ट्र मगध तक फैल चुकी थी। तत्तत् स्थानों के अपभ्रंश में निश्चय ही भेद रहे होंगे पर काव्य के लिए आभीरों-द्वारा प्रोत्साहित भाषा ही साधारण भाषा मान ली गयी थी।

11वीं शताब्दी में आलंकारिकों और वैयाकरणों ने लक्ष्य किया था कि अपभ्रंश कोई एक भाषा नहीं है, बल्कि स्थान-भेद से अनेक प्रकार की है। अर्थात् यहाँ तक आकर अपभ्रंश भाषा का स्वरूप और उसका हिन्दी से लगाव स्पष्ट करके ही हिन्दी साहित्य के इतिहास की नींव रखी है।

अन्त में 'संस्कृतप्राकृतापभ्रंश-भाषात्रय-प्रतिबद्ध-प्रबन्धालोचन-निपुणान्तःकरण; आचार्य हजारीप्रसाद द्विवेदी की षष्टिपूर्ति सुखद हो और वह न केवल 'शतायुर्वै पुरुषः' की सामान्य उक्ति को पूरा करें अपितु 'भूयश्च शरदः शतात्' तक चिरायु होकर तीनों भाषाओं से पुष्ट हिन्दी भाषा की सेवा करते रहें, यही कामना है।

अपभ्रंश और हिन्दी के सम्बन्ध पर द्विवेदीजी के भाषाशास्त्रीय विचार

कैलाशचन्द्र भाटिया

'अपभ्रंश' और हिन्दी का अटूट सम्बन्ध है। मध्यकालीन आर्यभाषा के विकास के तृतीय सोपान 'अपभ्रंश' से ही आधुनिक भारतीय आर्यभाषाएँ विकसित हुई हैं। हिन्दी के विकास में अपभ्रंश का महत्त्वपूर्ण योगदान है। अपभ्रंश का शब्दार्थ है—विकृत, भ्रष्ट, अशुद्ध, वह जो अपने निश्चित रूप या स्थान से गिर गया हो। किसी आदर्श भाषा की परिनिष्ठित शब्दावली से इतर रूप को 'अपभ्रंश' कहते हैं। महाभाष्यकार पतंजलि ने 'अपभ्रंश' शब्द का प्रयोग 'असाधु' शब्दों के लिए किया है, किसी भाषा विशेष के लिए नहीं। भामह, दंडी आदि आलंकारिकों ने भाषात्रयी में हमेशा अपभ्रंश को सम्मिलित किया है। काव्यालंकार में (1।16) में 'प्राकृतं संस्कृतं चैतद् अपभ्रंश इति विधा' लिखकर भामह ने सर्वप्रथम प्राकृत के साथ-साथ अपभ्रंश को मान्यता प्रदान की है। श्रीचन्द्रधर शर्मा गुलेरी ने तो अपभ्रंश को ही 'पुरानी हिन्दी' नाम दिया है।

आचार्य हजारीप्रसाद द्विवेदी के चिन्तन का क्षेत्र मुख्यत: 'हिन्दी साहित्य का आदिकाल' रहा है। अतएव अपभ्रंश और हिन्दी के पारस्परिक सम्बन्ध पर आपके विचार अनेक साहित्यिक कृतियों, भाषणों तथा निबन्धों में बिखरे पड़े हैं।

'प्राकृत और अपभ्रंश' की समस्या उठते ही आपने बड़े स्पष्ट शब्दों में घोषित किया : "यह बात स्मरण रखने योग्य है कि यद्यपि प्राकृत में लिखे गये काव्यों के बाद ही अपभ्रंश भाषा में काव्य लिखे गये, परन्तु इसका अर्थ यह नहीं है कि प्राकृत नाम की कोई भाषा पहले बोली जाती थी और अपभ्रंश नाम की भाषा बाद में बोली जाने लगी। असल में अपभ्रंश लोक में प्रचलित भाषा का नाम है, जो नाना काल और नाना स्थान में नाना रूपों में बोली जाती थी और बोली जाती है। शुरू-शुरू में इसको आभीरों की भाषा जरूर माना जाता था, पर बाद में चलकर

यह लोक-भाषा का ही नामान्तर हो गया। वररुचि के 'प्राकृत प्रकाश' में उस युग की भाषा के साहित्यिक रूप का वर्णन है। लोक-प्रचलित भाषा कुछ और ही थी। भाषाशास्त्रियों ने लक्ष्य किया है कि अपभ्रंश नामक उत्तरकालीन काव्य-भाषा में ऐसे बहुत से प्रयोग पाए जाते हैं जो वास्तव में वररुचि के महाराष्ट्री शौरसेनी के प्रयोगों की अपेक्षा प्राचीनतर हैं। उदाहरणार्थ, 'कहा' या ब्रजभाषा का 'कह्यो' प्रयोग उत्तरकालीन अपभ्रंश 'कहिउ' से निकला है। इसके अपभ्रंश और प्राकृत भेदों की तुलना की जा सकती है—अपभ्रंश 'कदिधो' या 'कधिदो' मागधी 'कधिदे' या 'कहिदे' महाराष्ट्र 'कहिओ' और उत्तरकालीन अपभ्रंश 'कहिउ'। स्पष्ट ही पुराने अपभ्रंश रूप 'कधिदो' और 'कहिदो' महाराष्ट्री रूपों से पुराने हैं!''[1]

हिन्दी भाषा के क्रमिक विकास की दृष्टि से अपभ्रंश तथा सन्धिकालीन युग की अनेक साहित्यिक कृतियाँ महत्त्वपूर्ण हैं जिनमें जैन साहित्य, 'प्राकृतपैंगलम्', 'सन्देश रासक' तथा 'बौद्ध गान औ दोहा' ली जा सकती है। 'बौद्ध गान औ दोहा' शीर्षक से जो अपभ्रंश साहित्य महामोपाध्याय पं. हरप्रसाद शास्त्री ने प्रकाशित कराया उसको प्राचीन बांग्ला कहा गया। इस पर टिप्पणी करते हुए आचार्यजी ने लिखा है, ''इसके दोहों की भाषा में परिनिष्ठित या स्टैंडर्ड अपभ्रंश रूप ही मिलते हैं, परा पदों में पूर्वी प्रदेश के भाषा चिह्न भी मिल जाते हैं।''

इस काल के ही एक ग्रन्थ 'सन्देश रासक' का तो बाद में आचार्यजी ने सुसम्पादित संस्करण तैयार किया जिसमें 'पाठ-भेद की समस्याओं का निराकरण' द्विवेदीजी ने अपने 'अपभ्रंश-ज्ञान' के आधार पर ही किया है। उदाहरण के लिए 2।24 में 'पहु णिहद' लिया जा सकता है, जिसमें 'पहु' का 'प्रभु' के स्थान पर 'पथ' अर्थ द्विवेदीजी को उचित प्रतीत हुआ :

''मुझे लगता है कि यहाँ पहु = प्रभु नहीं, पहु-पथ होना चाहिए। 'निअ' का अर्थ जोहना, देखना प्राकृत में मिलता है हेम.. 4-181। हेमचन्द्र ने अपभ्रंश के एक दोहे में 'मग्गु निअन्त'। = मार्ग देखती हुई, बाट जोहती हुई। प्रयोग दिखाया है—

पहिया दिट्ठी गोरडी, दिट्ठी भग्गु निअन्त।
अंसूसासेहिं कंचुआ, तिंतुब्बाण करन्त।।

(''पथिक, गोरी दिखी?'', ''देखी, मार्ग जोहती हुई और कंचुकों को आँसू से भिगोकर उच्छ्वासों से सुखाती हुई।)'' 'निअ' का अकार ही महाप्राण में

---

1. हिन्दी साहित्य की भूमिका, सन् 1948 ई., पृ. 17-18

बदलकर 'ह' हो गया है। अपभ्रंश में ऐसा प्रायः हो जाता है। 'मग्गु नियन्त', 'पहु निहद' एक मुहावरे के दो रूप हैं। इसीलिए यहाँ अर्थ करना चाहिए 'पथ निहारती हुई खड़ी थी, बाट जोह रही थी' इत्यादि?''[1]

'अपभ्रंश' नाम से प्रसिद्ध भाषा क्या सचमुच लोक भाषा थी? इस प्रश्न का उत्तर भी इस प्रकार से दिया गया है : 'अपभ्रंश का सबसे पुराना उल्लेख भी केवल कालिदास के 'विक्रमोर्वशीय' में ही नहीं मिलता, उससे भी बहुत पुराने काल में मिलता है। भारतीय नाट्य-शास्त्र में यद्यपि अपभ्रंश नामक भाषा का उल्लेख नहीं है, पर लोक-भाषा के नमूने हैं।....भरत मुनि ने लक्ष्य किया था कि इन लोगों का आधिपत्य जिन प्रदेशों में था—अर्थात् सिन्धु, सौवीर और हिमालय के अंश-विशेष में, उकार-बहुला भाषा जनसाधारण में प्रचलित हो चली थी। भाषाशास्त्रियों में से कई लोगों का अनुमान है कि यह उकारबहुला भाषा अपभ्रंश से मिलती-जुलती होगी।''

'आगे चलकर शास्त्रकारों का यह स्पष्ट निर्देश भी पाया जाता है कि काव्य में आभीर आदि की भाषा को अपभ्रंश कहते हैं। दंडी (काव्यादर्श 1-3-6)। यह स्मरण रखने की बात है कि यह केवल बोली का विवरण नहीं है, पर काव्यभाषा का ब्योरा है। दंडी ने यह भी कहा है कि संस्कृत के काव्यों में सर्ग होते हैं, प्राकृत में सन्धि और अपभ्रंश में आसार आदि। इससे इतना तो पर्याप्त स्पष्ट है कि दंडी के युग में अपभ्रंश में भाषा में काव्य होने लगे थे। इन काव्यों के रचयिता बड़े-बड़े विद्वान् और दार्शनिक गण ही नहीं थे, बल्कि साधारण जनता भी थी जिसे दंडी ने आभीर प्रभृति कहा है। जान पड़ता है, आभीरों की भाषा ही उस युग के पंडितों की दृष्टि में अपभ्रंश का उत्तम नमूना थी। परवर्ती काल के सभी पंडित नाटक के आभीर पात्रों के मुख से अपभ्रंश बोलवाने का निर्देश करते हैं पर यह समझना ठीक नहीं है कि अपभ्रंश केवल आभीरों या अहीरों की भाषा थी। भरत मुनि ने शुरू-शुरू में इस नवागत जाति के लोगों के मुँह से जिस प्रकार की भाषा को उच्चरित होते सुना उसे अपभ्रंश जैसा कोई नाम न देकर एक जाति विशेष की भाषा बतलाया था, पर शीघ्र ही ये अहीर भारत के पश्चिमी और मध्य भाग में प्रधान हो उठे।...इस प्रकार जो भाषा भरत के युग में केवल एक जाति की भाषा थी वह धीरे-धीरे सारे देश की भाषा हो उठी।...देशभाषा की वह विशेषता जो आभीरों के संसर्ग से प्राप्त हुई थी वही प्रधान हो गयी और भाषा का साधारण प्रकार का स्वर-वैचित्र्य और उच्चारण-प्रावण्य प्रधान हो उठा। ...चन्द का मूल काव्य बहुत-कुछ अपभ्रंश की प्रकृति का था और आज वह जिस

1. सन्देश रासक, मार्च 1960, पृ. 11-12

रूप में मिलता है वह उसका अत्यन्त विकृत रूप है। असल में अपभ्रंश भाषा में काव्य-रचना चौदहवीं-पन्द्रहवीं शताब्दी तक होती रही, यद्यपि इसके बहुत पहले ही उसने नयी भाषा को स्थान दे दिया था।[1]

आचार्य द्विवेदी ने बड़े स्पष्ट शब्दों में निष्कर्ष रूप में लिखा है कि ''हिन्दी में दो प्रकार की भिन्न-भिन्न जातियों की दो चीजें अपभ्रंश से विकसित हुई हैं :

1. पश्चिमी अपभ्रंश राजस्तुति, ऐहिकतामूलक श्रृंगारी काव्य, नीति विषयक फुटकल रचनाएँ और लोकप्रचलित कथानक।
2. पूर्वी अपभ्रंश निर्गुनिया सन्तों की शास्त्रनिरपेक्ष उग्र विचारधारा, झाड़-फटकार, अक्खड़पना, सहज-शून्य की साधना, योग-पद्धति और भक्तिमूलक रचनाएँ[2]।''

इस सम्बन्ध में द्विवेदीजी की दूसरी महत्त्वपूर्ण कृति है 'हिन्दी साहित्य का आदिकाल'। यह पुस्तक वस्तुत: द्विवेदीजी के पाँच शोधपरक व्याख्यानों का संग्रह है। प्रथम व्याख्यान में ही आदिकालीन भाषा की समस्या को आपने उठाया है। हिन्दी के उत्तरकालीन कवियों की भाषा में तत्सम शब्द की समस्या भी आपने उठाई है :

''विधुबैनी में 'बैनी' परम्परा-प्राप्त शब्द है और 'चन्द्रवदनि' में वदनि नये घुमाव की सूचना देता है। 'लोयन कोयन' पुरानी स्मृति का चिह्न है और 'सोचविमोचन लोचन' में 'लोचन' नये प्रभाव का द्योतक है। 'मैन-सर' में 'मैन' पुरानी विरासत है और 'मदनमोहन' में मदन नया अतिथि है। स्पष्ट ही दसवीं से तेरहवीं शताब्दी तक ही बोलचाल की भाषा में संस्कृत-तत्सम शब्दों का प्रयोग बढ़ने लगा था। इन कुछ शताब्दियों में अपभ्रंश मिलती-जुलती भाषा पद्य का वाहन बनी रही और गद्य की भाषा तत्सम बहुल होती गयी। कीर्तिलता में इसकी स्पष्ट सूचना मिलती है। धीरे-धीरे तत्सम शब्दों और उनके नये उद्भव रूपों के कारण भाषा बदली-सी जान पड़ने लगी और चौदहवीं शताब्दी के बाद वह बदल ही गयी। इसके पूर्व अपभ्रंश और देश्य-मिश्रित अपभ्रंश की प्रधानता बनी रही। इस प्रकार दसवीं से चौदहवीं शताब्दी का काल, जिसे हिन्दी का आदिकाल कहते हैं, भाषा की दृष्टि से अपभ्रंश ही बढ़ाव पर है। इसी अपभ्रंश के बढ़ाव को कुछ लोग उत्तरकालीन अपभ्रंश का कहते हैं और कुछ लोग पुरानी हिन्दी।''

इस पुरानी हिन्दी के कुछ पुराने नमूने शिलालेखों में मिल जाते हैं। बारहवीं

---

1. हिन्दी साहित्य की भूमिका, सं. फरवरी 1948 ई. पृ. 22-23-24-25 और 27।

2. वही, पृ. 39

शताब्दी तक निश्चित रूप से अपभ्रंश भाषा ही पुरानी हिन्दी के रूप में चलती थी, यद्यपि उसमें नये तत्सम शब्दों का आगमन शुरू हो गया था। गद्य और बोलचाल की भाषा में तत्सम शब्द मूल रूप में रखे जाते थे, पर पद्य लिखते समय उन्हें तद्भव बनाने का प्रयत्न किया जाता था। यद्यपि गद्य की और बोलचाल की भाषा में तत्सम शब्दों का प्रचार बढ़ने लगा था, पर पद्य में अपभ्रंश का ही प्राधान्य था। इसलिए इस काल को अपभ्रंश-काल का बढ़ाव कहना उचित ही है।[1]

द्वितीय व्याख्यान में अपभ्रंश के तत्कालीन दो उपरूपों की द्विवेदी जी ने चर्चा की है—

'एक तो शिष्ट जन की अपभ्रंश भाषा जिसका व्याकरण स्वयं हेमचन्द्राचार्य ने लिखा था और जो प्रधान रूप में जैन पंडितों के हाथों सँवरती रही। यह बहुत कुछ प्राकृत और संस्कृत की भाँति ही शिष्टभाषा बन गयी थी।

दूसरी ग्राम्य अपभ्रंश भाषा जो सम्भवतः चलती जबान थी। भाषाशास्त्र की दृष्टि से यह अधिक अग्रसर हुई भाषा है। 'सन्देशरासक' इसी प्रकार के अपभ्रंश में बारहवीं-तेरहवीं शताब्दी में—अर्थात् लगभग उसी समय जब पृथ्वीराज रासो लिखा जा रहा था—रचित हुआ था। इसकी भाषा बोलचाल के अधिक नजदीक थी।'[2]

इसी व्याख्या में आगे विस्तृत रूप से अपभ्रंश तथा हिन्दी के पारस्परिक सम्बन्ध की बात बढ़ाई गयी है।

फिर पंचम व्याख्यान में अपभ्रंश के छन्दों की चर्चा की गयी है: "आज का प्रिय छन्द 'दोहा' हिन्दी को अपभ्रंश से ही विरासत में मिला है। 'जब-जब कोई जाति नवीन जातियों के सम्पर्क में आती है तब-तब उसमें नयी प्रवृत्तियाँ आती हैं, नयी आचार-परम्परा का प्रचलन होता है, नये काव्य-रूपों की उद्भावना होती है और नये छन्दों में जनचित्त मुखर हो उठता है। क्या छन्द नये मनोभाव की सूचना देता है। श्लोक का उदय नयी साहित्यिक मोड़ की सूचना है। वह बताता है कि सम्वेदनशील कविचित्त में नये युग के उषःकाल की किरण नवीन जागरण का सन्देशा दे चुकी है। इसी प्रकार गाथा का उदय दूसरी सूचना है, दोहा का तीसरी।[3]"

"जैसे श्लोक, लौकिक संस्कृत का; गाथा, प्राकृत का प्रतीक हो गया है उसी प्रकार दोहा अपभ्रंश का।...सच बात तो यह है कि जहाँ दोहा है वहाँ संस्कृत नहीं, प्राकृत नहीं, अपभ्रंश है। दोहा अपभ्रंश-भाषा की प्रकृति के अनुसार ह्रस्वान्त

1. हिन्दी साहित्य आदिकाल, तृतीय सं. 1961, पृ. 22-23-24
2. वही, पृ. 45
3. हिन्दी साहित्य का आदि काल, पृ. 97

छन्द के रूप में है। यह छन्द नवीं-दसवीं शताब्दी में बहुत लोकप्रिय हो गया था। इस छन्द में नयी बात यह है कि इसमें तुक मिलाए जाते हैं। संस्कृत, प्राकृत में तुक मिलाने की प्रथा नहीं थी। दोहा, वह पहला छन्द है जिसमें तुक मिलाने का प्रयत्न हुआ और आगे चलकर कभी ऐसी-अपभ्रंश कविता नहीं लिखी गयी जिसमें तुक मिलाने की प्रथा न हो। इस प्रकार अपभ्रंश भाषा केवल नवीन छन्द लेकर ही नहीं आई, बिल्कुल नवीन साहित्यिक कारीगरी लेकर आविर्भूत हुई।''[1]

एक बात यहाँ और स्पष्ट कर देना चाहता हूँ कि हिन्दी साहित्य के आदि काल में जो आचार्यजी ने पृष्ठ 18 पर लिखा था कि ''सही बात यह है कि चौदहवीं शताब्दी तक देशी भाषा के साहित्य पर अपभ्रंश भाषा के उस रूप का प्राधान्य बना रहा है, जिसमें तद्भव शब्दों का ही एकमात्र राज्य था। इस बीच धीरे-धीरे तत्सम-बहुल रूप प्रकट होने लगा था। नवीं-दसवीं शताब्दी से ही बोलचाल की भाषा में तत्सम शब्द के प्रवेश का प्रमाण मिलने लगता है और 14वीं शताब्दी के प्रारम्भ से तो तत्सम शब्द निश्चित रूप से अधिक मात्रा में व्यवहृत होने लगे। क्रियाएँ और विभक्तियाँ तो ईषत् विकसित या परिवर्तित रूप में बनी रहीं, पर तत्सम शब्दों का प्रचार बढ़ जाने से भाषा भी बदली-सी जान पड़ने लगी। भक्ति के नवीन आन्दोलनों ने अनेक लौकिक जन-आन्दोलनों को शास्त्र का पल्ला पकड़ा दिया और भागवत पुराण का प्रभाव बहुत व्यापक रूप से पड़ा। शांकर मत की दृढ़ प्रतिष्ठा ने भी बोलचाल की भाषा में, साहित्य की भाषा में तत्सम शब्दों के प्रवेश का सहारा दिया। तत्सम शब्दों के एकाएक प्रवेश से पुरानी भाषा एकाएक नवीन रूप में प्रकट हुई यद्यपि वह उतनी नवीन थी नहीं। दसवीं से चौदहवीं शताब्दी के काल का साहित्य अपभ्रंश-प्रधान साहित्य है।'' उसकी पुन: पुष्टि करते हुए डॉ. शिवप्रसाद सिंह के शोध-प्रबन्ध 'सूरपूर्व ब्रजभाषा और उसका साहित्य' की भूमिका में लिखा है, ''मुझे प्रसन्नता है कि शिवप्रसादजी ने तत्कालीन साहित्य की भाषा का जो मन्थन किया है उससे यह वक्तव्य और भी पुष्ट और समर्थित हुआ है।''[2]

द्विवेदीजी ने अपने शोधपरक ग्रन्थों, भाषणों से इतर व्याख्यान-निबन्धों में अपभ्रंश और हिन्दी के सम्बन्ध पर यत्र-तत्र प्रकाश डाला है। इस दृष्टि से ज्वलन्त समस्या 'य' तथा 'व' श्रुति पर अपभ्रंश के परिवेश में विचार 'अर्थार्षवाक्' शीर्षक से लिखित व्याख्यान में प्रकट किया है :

---

1. वही, पृ. 100
2. डॉ. शिवप्रसाद सिंह : 'सूरपूर्व ब्रजभाषा और उसका साहित्य', 1958 ई., भूमिका।

"हिन्दी में 'य' श्रुति के प्रयोग के लिए दो प्रकार के विचार हैं। इन विचारों से चालित होकर ही दो प्रकार की लेखन-शैली प्रतिष्ठित हुई। एक पक्ष उच्चार्य में 'य' की श्रुति मात्रा स्पष्ट और अधिक मात्रा में है, इसलिए उसमें 'य' का लिखा जाना आवश्यक है, किन्तु 'गये' या 'गयी' में यह श्रुति अस्पष्ट और अल्प मात्रा में है या नहीं के बराबर है। इसलिए इन पदों में 'य' का लिखा जाना उचित नहीं है। दूसरा पक्ष कहता है कि 'गया' में से हम 'य' श्रुति को हटा नहीं सकते और बहुवचन या स्त्रीलिंग रूप अकार को देखकर ही निर्धारित हुआ है।"...

"वस्तुतः दोनों ही पक्षों में कुछ सचाई है। अपभ्रंश कविता में ही 'य' श्रुति के लिखने की शिथिलता दिखाई देने लगती है। दो स्वर वर्णों का एक-साथ रहना अपभ्रंश में निषिद्ध नहीं है। ऐसा अपभ्रंश दोहा शायद ही मिले जिसमें कहीं-न-कहीं दो स्वर वर्ण एक-साथ न मिल जाते हों। हिन्दी में भी चाहे वह पुरानी हो या नहीं, दो स्वर वर्णों का एक-साथ अवस्थान निषिद्ध नहीं है, केवल शब्द के मध्य में जो दो स्वर साथ-साथ आते हैं तब तो 'य' श्रुति या 'व' श्रुति का कुछ स्पष्ट रूप दिखाई देता है। 'मदन' में जो 'मअन' रूप बनता है उसमें 'य' श्रुति आ जाती है और उसका स्पष्ट उल्लेख भी कर दिया जाता है। इस प्रकार शब्द 'मयन' और आगे चल कर और भी घिसकर 'मैन' बन जाता है। किन्तु 'उपजइ' और 'बिनसइ' में 'य' श्रुति का कोई चिह्न नहीं दिखाई देता। वस्तुतः इस विषय में अपभ्रंश और हिन्दी दोनों ही संस्कृत की परम्परा से अलग हो गयी हैं। अपभ्रंश के पुराने लेखकों ने 'य' श्रुति के नियमों पर अधिक ध्यान नहीं दिया। कहीं 'लोअण' और कहीं 'लोयन' पाठ मिल जाया करता है। 'क्त' प्रत्ययान्त रूप अपभ्रंश में अकारन्त हो जाता है। कहीं इनके लिखने में 'य' श्रुति का प्रयोग मिल जाता है और कहीं नहीं मिलता।...कहने का मतलब यह है कि 'य' श्रुति अपभ्रंश कविता में ही अस्पष्ट हो उठी थी। अपनी रुचि के अनुसार लेखक लोग कहीं 'य' बैठा देते थे, कहीं छोड़ देते थे। जैन लेखक प्रायः 'य' श्रुति के पक्षपाती हैं...।[1]

उपर्युक्त उद्धरणों एवं विवेचनों से स्पष्ट हो जाता है कि इस दिशा में आचार्य हजारीप्रसाद जी का योगदान उल्लेखनीय है।

1. कुटज, 1966 ई., पृ. 61-67

हिन्दी साहित्य का आदिकाल

विश्वनाथ त्रिपाठी

हिन्दी साहित्य के प्रथम वैज्ञानिक इतिहासकार आचार्य रामचन्द्र शुक्ल ने 'हिन्दी साहित्य का इतिहास' की प्रारम्भिक पंक्तियों में ही साहित्य के इतिहास के सम्बन्ध में अपनी धारणा स्पष्ट कर दी है, ''जबकि प्रत्येक देश का साहित्य वहाँ की जनता की चित्तवृत्ति का संचित प्रतिबिम्ब होता है तब यह निश्चित है कि जनता की चित्त वृत्ति के परिवर्तन के साथ-साथ साहित्य के स्वरूप में भी परिवर्तन होता चला जाता है। आदि से अन्त तक इन्हीं चित्त-वृत्तियों की परम्पराओं को परखते हुए साहित्य परम्परा के साथ उनका सामंजस्य दिखाना ही 'साहित्य का इतिहास' कहलाता है। जनता की चित्तवृत्ति बहुत कुछ राजनीतिक, सामाजिक, साम्प्रदायिक तथा धार्मिक परिस्थिति के अनुसार होती है। अतः कारण स्वरूप इन परिस्थितियों का किंचित् दिग्दर्शन भी आवश्यक होता है।'' शुक्लजी के इस कथन में दो-टूक स्पष्टता ही नहीं, बल्कि इतिहास सम्बन्धी दृष्टिकोण की वैज्ञानिकता और आधुनिकता भी है। साहित्येतिहास सम्बन्धी यह धारणा आज भी उपयुक्त और वैज्ञानिक कही जाएगी।

लेकिन इतिहास के प्रथम संस्करण के वक्तव्य में शुक्लजी ने इतिहास-सम्बन्धी धारणा व्यक्त की है। वे कहते हैं, ''शिक्षित जनता की जिन-जिन प्रवृत्तियों के अनुसार हमारे साहित्य के स्वरूप में जो-जो परिवर्तन होते आए हैं, जिन-जिन प्रभावों की प्रेरणा से काव्यधारा की भिन्न-भिन्न शाखाएँ फूटती रही हैं, उन सबके सम्यक् निरूपण तथा उनकी दृष्टि किए हुए सुसंगत काल-विभाग के बिना साहित्य के इतिहास का सच्चा अध्ययन कठिन दिखाई देता था।'' (प्रथम संस्करण का वक्तव्य)।

इसके थोड़ा ही आगे वे शिक्षित जनता की प्रवृत्तियों पर फिर बल देते हुए कहते हैं, ''पाँच या छह वर्ष हुए छात्रों के उपयोग के लिए मैंने कुछ संक्षिप्त नोट तैयार किए थे जिनमें परिस्थिति के अनुसार शिक्षेतर जनसमूह की बदलती हुई प्रवृत्तियों को लक्ष्य करके हिन्दी साहित्य के इतिहास के कालविभाग और रचना

की भिन्न शाखाओं के निरूपण का एक सच्चा ढाँचा खड़ा किया गया था।'' (प्रथम संस्करण का वक्तव्य)

ध्यान देने की बात है कि शुक्लजी के प्रथम और दूसरे तथा तीसरे उद्धरण में थोड़ा अन्तर है। प्रथम उद्धरण में वे साहित्य को 'जनता की चित्त-वृत्ति का संचित प्रतिबिम्ब' मानते हैं और उसमें परिवर्तन का कारण 'जनता की चित्त-वृत्ति का परिवर्तन' बताते हैं जबकि जिस पद्धति से उन्होंने 'हिन्दी साहित्य का इतिहास' लिखा था उसे प्रकट करते हुए वे 'शिक्षित जन-समूह की बदलती हुई प्रवृत्तियों' की बात करते हैं। उनके इन वाक्यों में अन्तर्विरोध नहीं है, लेकिन आग्रह में अन्तर साफ दिखलाई पड़ता है।

'जनता' और 'शिक्षित जनता' में अन्तर है। शुक्लजी के अपने ही वक्तव्यों से प्रकट है कि साहित्य यद्यपि जनता की चित्त-वृत्ति का संचित इतिहास होता है, किन्तु उन्होंने जो नोट तैयार किए थे वे शिक्षित जनता की प्रवृत्तियों पर आधारित थे। आगे हम देखते हैं कि शुक्लजी के इस दृष्टिकोण ने उनके इतिहास को विशेषकर आदिकाल और भक्तिकाल को कम प्रभावित नहीं किया है।

शुक्लजी ने अपने इतिहास में जहाँ-जहाँ अशिक्षित या अर्धशिक्षित शब्दों का प्रयोग किया है। उन्हें यदि ढूँढ़ा जाए तो यह तथ्य आश्चर्यजक रूप में प्रकट होता है कि इनका प्रयोग उन्होंने वीरगाथाकाल और भक्तिकाल पर लिखते समय नाथ-सिद्धों और ज्ञानाश्रयी धारा के निर्गुण कवियों के सन्दर्भ में किया है। कुछ उदाहरण देना अप्रासंगिक न होगा—

''वज्रयानी सिद्धों ने निम्न श्रेणी के प्रायः अशिक्षित जनता के बीच किस प्रकार के भावों के लिए जगह निकाली यह दिखाया जा चुका है'', (पृ. 20)।

''सामान्य अशिक्षित या अर्धशिक्षित जनता पर इनकी बानियों का प्रभाव इसके अतिरिक्त और क्या हो सकता था,'' इत्यादि (पृ. 61)।

''संस्कृत बुद्धि, संस्कृत हृदय और संस्कृत वाणी का वह विकास इस शाखा (ज्ञानाश्रयी) में नहीं पाया जाता तो शिक्षित समाज को अपनी ओर आकर्षित करता, पर अशिक्षित जनता और निम्न श्रेणी की जनता पर इन सन्त-महात्माओं का बड़ा भारी उपकार है।'' (पृ. 71)।

''भक्ति या विनय के सीधे-सादे भाव सादी भाषा में कहे गये हैं (गुरु नानक के द्वारा), कबीर के समान अशिक्षितों पर प्रभाव डालने के लिए टेढ़े-मेढ़े रूपकों में नहीं।'' (पृ. 84)।

शुक्लजी एक ओर निर्गुण सम्प्रदाय की ज्ञानाश्रयी धारा का सम्बन्ध अर्धशिक्षितों और अशिक्षितों से जोड़ते हैं तो सगुण भक्ति आन्दोलन के प्रवर्तन के सम्बन्ध में उनकी ये पक्तियाँ भी ध्यान देने योग्य हैं—

"ऊपर जिस अवस्था का दिग्दर्शन हुआ है, वह सामान्य जन-समुदाय की थी। शास्त्रज्ञ विद्वानों पर सिद्धों और जोगियों की बानियों का कोई असर न था, वे उधर पड़े अपना कार्य करते जा रहे थे। पंडितों के शास्त्रार्थ भी होते थे, दार्शनिक खंडन-मंडन के ग्रन्थ भी लिखे जाते थे। विशेष चर्चा वेदान्त की थी। ब्रह्मसूत्रों पर, उपनिषदों पर, गीता पर, भाष्यों की परम्परा विद्वन्मंडल के भीतर चली चल रही थी जिससे परम्परागत भक्ति मार्ग के सिद्धान्त पक्ष का कई रूपों में नूतन विकास हुआ।" (पृ. 62)।

स्पष्ट है कि आचार्य ने नाथ-सिद्धों की और ज्ञानाश्रयी कवियों की रचनाओं का सम्बन्ध अशिक्षित, अर्धशिक्षित और सामान्य जन-समुदाय से जोड़ा है, जब कि भक्ति मार्ग के नूतन विकास का सम्बन्ध विद्वन्मंडली से जोड़ा है।

शुक्लजी के इतने वक्तव्यों को उद्धृत करने का तात्पर्य यह है कि भक्तिकाल की उद्‌भव-सम्बन्धी उनकी धारणा के पीछे उनका जो दृष्टिकोण था उसे समझा जा सके।

भक्तिकाल के पूर्व जो धार्मिक साहित्य था, वह साम्प्रदायिक और अशिक्षितों को प्रभावित करने के लिए रचा गया था और भक्तिमार्ग का नूतन विकास ब्रह्म-सूत्रों, उपनिषदों और गीता के भाष्यों से हुआ था, फिर भक्तिकाल आदिकाल का स्वाभाविक विकास कैसे हो सकता था—नहीं हो सकता था।

आदिकाल में जो सच्चा और शुद्ध साहित्य था, वह तो वीरतापरक था। फिर वीरता का विकास भक्ति में कैसे हुआ। शुक्लजी को इसका कारण ढूँढ़ने में दिक्कत नहीं पड़ी। वीरगाथा-काल के वीर तो पराजित हो गये और जनता उनकी पराजय से निराश हो गयी। फिर निराशा से भक्ति की यात्रा लम्बी नहीं है। "देश में मुसलमानों का राज्य प्रतिष्ठित हो जाने पर हिन्दू जनता के हृदय में गौरव, गर्व और उत्साह के लिए वह अवकाश न रह गया। उसके सामने ही उनके देवमन्दिर गिराए जाते थे, देवमूर्तियाँ तोड़ी जाती थीं और पूज्य पुरुषों का अपमान होता था और वे कुछ भी नहीं कर सकते थे।...इतने भारी राजनीतिक उलट-फेर के पीछे हिन्दू जन-समुदाय पर बहुत दिनों तक उदासी-सी छाई रही। अपने पौरुष से हताश जाति के लिए भगवान की शक्ति और करुणा की ओर ध्यान ले जाने के अतिरिक्त दूसरा मार्ग ही क्या था?" (पूर्व मध्यकाल; सामान्य परिचय)

भक्ति का सम्बन्ध राजनैतिक पराजय से जोड़ देने से नाथ-सिद्धों का साहित्य भक्ति के विकास की दृष्टि से सन्दर्भहीन हो गया। विचित्र बात है कि जो भक्त कवि मुसलमानों द्वारा पराजित होने के कारण निराश होकर भगवान की शरण में गये थे उन्होंने भूल-से भी कभी इस्लाम या मुसलमानों का विरोध या उनकी निन्दा नहीं की है। वे इस विषय में अत्यन्त उदार हैं। और फिर सूफी कविता भी तो भक्ति

के अन्तर्गत मानी गयी है। सूफी कवि मुसलमान थे, उनके हृदय में मुसलमानों की विजय से क्यों कर निराशा छा गयी। फिर सारी बातें एक तरफ रख दी जाएँ तब भी यह विश्वास करना कठिन है कि निराशा और पराजय वह उदारता, सहृदयता और अनत स्वाभिमान दे सकता है जो भक्ति आन्दोलन का मूल स्वर है और जिसके अभाव में भक्ति-साहित्य जैसे साहित्य की रचना असम्भव थी।

आज भक्तिकाल के उद्‌भव पर यह बहस खत्म-सी हो चुकी है और अब शुक्लजी के एतद्विषयक विचारों की सीमाओं को लगभग स्वीकार कर लिया गया है , और यह 'हिन्दी साहित्य की भूमिका' के प्रकाशन से सम्भव हुआ है। 'भूमिका' आज प्रकाशित होने वाली भारी-भरकम पुस्तकों की तुलना में काफी छोटी और पतली पुस्तक है। पुस्तक के प्रारम्भ में पृष्ठ 'प्रकाशक की ओर से' है और एक ही पृष्ठ लेखक का प्राक्कथन या उपोद्‌घात नहीं, 'निवेदन' है। लेकिन पुस्तक के प्रारम्भ के ही एक-दो छोटे-छोटे पैराग्राफों में जो दृढ़ता और स्पष्टता दिखलाई पड़ती है वह आचार्य हजारीप्रसाद द्विवेदी की भी अन्य कृतियों में दुर्लभ है :

"आज से लगभग हजार वर्ष पहले हिन्दी साहित्य बनना शुरू हुआ था। इन हजार वर्षों में हिन्दीभाषी जन-समुदाय क्या सोच-समझ रहा था, इस बात की जानकारी का एकमात्र साधन हिन्दी साहित्य ही है।...एक यह कि हिन्दी साहित्य एक हतदर्प पराजित जाति की सम्पत्ति है, इसलिए उसका महत्त्व उस जाति के राजनीतिक उत्थान-पतन के साथ अङ्गाङ्गि भाव से सम्बद्ध है और दूसरा यह कि ऐसा न भी हो तो भी वह एक निरन्तर पतनशील जाति की चिन्ताओं का मूर्त्त प्रतीक है जो अपने-आप में कोई विशेष महत्त्व नहीं रखता। मैं इन दोनों बातों का प्रतिवाद करता हूँ...मैं इस्लाम के महत्त्व को भूल नहीं रहा हूँ, लेकिन जोर देकर कहना चाहता हूँ कि अगर इस्लाम नहीं आया होता तो भी इस साहित्य का बारह आना वैसा ही होता जैसा आज है" (भूमिका पृ. 2)।

इस उद्धरण में कुछ बातें रेखांकित की जा सकती हैं—

1. जनसमुदाय जो सोच-समझ रहा था, हिन्दी साहित्य उसकी जानकारी का साधन है।
2. हिन्दी साहित्य हतदर्प पराजित जाति की सम्पत्ति नहीं है और अगर इस्लाम नहीं आया होता तो हमारा साहित्य करीब-करीब वैसा ही रहता जैसा है।

बातें कहने के लिए तीन हैं, लेकिन जरा-सी ही गहराई से सोचने पर पता चल जाता है कि ये तीनों वक्तव्य परस्पर पूरक हैं और एक ही सूत्र की तर्कपूर्ण परिणति हैं। सूत्र है, साहित्य जन-समुदाय के विचारों को सोचने-समझने का साधन

है, यानी साहित्य जन-समुदाय की अभिव्यक्ति है। आश्चर्यजनक समानता है 'हिन्दी साहित्य का इतिहास' और 'हिन्दी साहित्य की भूमिका' की प्रारम्भिक पंक्तियों में। शुक्लजी और द्विवेदीजी—दोनों शुरू में ही 'जनता' या 'जन-समुदाय' की बात करते हैं, लेकिन इतिहास-लेखन की पद्धति में अन्तर है। इतने सारे उद्धरण जो ऊपर दिए गये हैं उनसे स्पष्ट है कि शुक्लजी साहित्य को शिक्षितों की अभिव्यक्ति मानते हैं, वे साहित्य का अधिकारी भी शिक्षितों को ही मानते हैं—हमने देखा है कि जो साहित्य अर्धशिक्षितों, अशिक्षितों और सामान्य जन-समुदाय को प्रभावित करने के लिए लिखा गया था वह उन्हें पसन्द नहीं है।

उद्देश्य यहाँ शुक्लजी और द्विवेदीजी के वक्तव्यों को उद्‌धृत करने का किसी को उन्नीस-बीस बताना नहीं है, बल्कि उनकी साहित्येतिहास सम्बन्धी धारणाओं और उनके इतिहास-लेखन की आधार-भूमि समझने का प्रयास करना है। मुझे नहीं मालूम कि अभी तक हिन्दी साहित्य के किस आलोचक और इतिहासकार ने शुक्लजी को द्विवेदीजी से अधिक श्रद्धापूर्वक स्मरण किया है। ''हिन्दी साहित्य का सचमुच ही क्रमबद्ध इतिहास पं. रामचन्द्र शुक्ल ने 'हिन्दी शब्द सागर की भूमिका' के रूप में सन् 1929 ई. में प्रस्तुत किया। ...शुक्ल जी ने प्रथम बार हिन्दी साहित्य के इतिहास को कविवृत्त संग्रह की पिटारी से बाहर निकाला। पहली बार उसमें श्वासोच्छ्वास का स्पन्दन सुनाई पड़ा,'' (आदिकाल, पृ. 2) तथा ''भारतीय काव्यालोचन शास्त्र का इतना गम्भीर और स्वतन्त्र विचार हिन्दी में तो दूसरा हुआ ही नहीं। अन्यान्य भारतीय भाषाओं में भी हुआ है या नहीं, ठीक नहीं कह सकते—शायद नहीं हुआ।'' (पृ. 146)। कहना न होगा कि शुक्लजी के बारे में द्विवेदी जी के वाक्य एक तरफ और उन पर लिखी गयी और चीजें एक तरफ। जहाँ तक मूर्ति बनाकर पूजने का सवाल है, यह काम या तो साहित्यिक पंडे ही कर सकते हैं या साहित्यिक दूकानदार ही। महान साहित्यकार को श्रद्धा और सहानुभूति देने की नहीं, समझने की जरूरत होती है, अस्तु।

'हिन्दी साहित्य की भूमिका' भक्तिकाल के उदय की परिस्थितियाँ और उसका उचित सन्दर्भ प्रस्तुत करती है। भक्तिकालीन साहित्य में जिस उदार लोक दृष्टि के दर्शन होते हैं उसके विकास की कहानी प्रस्तुत करती है यह। और इस उदारता और विश्वबन्धुत्व का सम्बन्ध राजनीतिक पराजय और निराशा से न जोड़कर रूढ़िवादिता और जड़शास्त्रीयता के विरुद्ध उन विविध धार्मिक आन्दोलन से जोड़ती है जिनका सम्बन्ध इस देश के जन-समुदाय से था। भक्तिकालीन साहित्य यदि लोकवादी और उदार है तो उसका कारण यह है कि वह हिन्दी भाषा के सामान्य जन-समुदाय की भावनाओं की अभिव्यक्ति करता है। 'भूमिका' के पहले अध्याय का शीर्षक है 'भारतीय चिन्ता का स्वाभाविक विकास'। 'प्रतिवाद'

स्वाभाविक विकास' में विद्यमान है। 'साहित्येतिहास' सम्बन्धी अपनी कोई धारणा शुरू में ही प्रकट किए बगैर आचार्य द्विवेदी ने इतिहास-लेखन की वह पद्धति अपनाई है जिसे शुक्लजी ने ''हिन्दी साहित्य का इतिहास' के प्रारम्भ में परिभाषित किया है। द्विवेदीजी की इन पंक्तियों को देखिए, ''इस प्रकार महायान सम्प्रदाय या यों कहिए कि भारतीय बौद्ध सम्प्रदाय, सन् ईसवी के आरम्भ से ही लोकमत की प्रधानता स्वीकार करता गया...सन् ईसवी के हजार वर्ष बाद तक यह अवस्था सभी सम्प्रदायों, शास्त्रों और मतों की हुई। मुसलमानी सन्सर्ग से उनका कोई सम्पर्क नहीं है। हजार वर्ष पहले से वे ज्ञानियों और पंडितों के ऊँचे आसन से नीचे उतरकर अपनी असली प्रतिष्ठाभूमि लोकमत की ओर आने लगे। उसी की स्वाभाविक परिणति इस रूप में हुई। उसी स्वाभाविक परिणति का मूर्त रूप हिन्दी साहित्य है। मैं इसी रास्ते सोचने का प्रस्ताव करता हूँ। मतों, आचार्यों, सम्प्रदायों और दार्शनिक चिन्ताओं के मानदंड से लोक-चिन्ता को नहीं मापना चाहता, बल्कि लोक-चिन्ता की अपेक्षा में उन्हें देखने की सिफारिश कर रहा हूँ।'' (भूमिका पृ. 8)

यानी वे भक्ति-साहित्य के विकास को लोकचिन्ता की स्वाभाविक परिणति मानने की सिफारिश कर रहे हैं, लेकिन आचार्य द्विवेदी का यह वक्तव्य केवल भक्ति-साहित्य के विषय में नहीं है। वस्तुतः यह उनका साहित्येतिहास सम्बन्धी दृष्टिकोण है। भक्ति-साहित्य पर यहाँ इतनी बहस केवल उनके एतद्विषयक दृष्टिकोण को पहचानने के लिए की गयी है। साहित्य का इतिहास भी मूलतः मानव-इतिहास है। राजनीतिक इतिहास, आर्थिक इतिहास, धार्मिक इतिहास—सभी प्रकार के इतिहास अपने-अपने क्षेत्र में मनुष्य की विकास-यात्रा का अध्ययन करते हैं। इसलिए जब हम साहित्य के इतिहास की बात करते हैं तो वस्तुतः हमारा उद्देश्य साहित्य के माध्यम से अभिव्यक्त किसी विशिष्ट देश काल के मनुष्य का ही इतिहास होता है। और मनुष्य का अर्थ सामूहिक मनुष्य से होता है। शिक्षित और अशिक्षित का अन्तर करना इस क्षेत्र में बहुत खतरनाक है। एक तो वे हमेशा एक-दूसरे को प्रभावित करते रहते हैं और इन वर्गों के बीच कोई अभेद्य दीवार नहीं होती, दूसरे प्रत्येक वर्ग की स्थिति—उसकी भाव-स्थिति भी उसके चारों ओर के संसार और परिवेश से निर्मित होती है। इसलिए सामान्य जन-समुदाय और शिष्ट या विशिष्ट जन-समुदाय का यह अन्तर करना साहित्य के अध्ययन के लिए बहुत समीचीन नहीं है।

भक्ति साहित्य को पूर्ववर्ती साहित्य का स्वाभाविक विकास सिद्ध करने के लिए भक्ति काल पूर्व हिन्दी साहित्य यानी आदिकाल का अध्ययन आवश्यक था। द्विवेदीजी ने आदिकाल का जो विशद और गम्भीर अध्ययन किया है उसकी शुरुआत 'भूमिका' में ही हो गयी थी। पता नहीं लोगों के ध्यान में यह बात आई

है कि नहीं कि वस्तुत: 'हिन्दी साहित्य का आदिकाल' और 'हिन्दी साहित्य की भूमिका' दोनों मिलकर एक पूर्ण ग्रन्थ बनते हैं। और 'भूमिका' का प्रथम अध्याय 'भारतीय चिन्ता का स्वाभाविक विकास' उस पूर्ण ग्रन्थ की 'सिनाप्सिस' है।

भक्तिकालीन साहित्य यदि निराशा और पराजय का साहित्य नहीं है तो हमें इसके पूर्व ही उन प्रवृत्तियों की खोज और विवेचना करनी होगी, जिनकी स्वाभाविक परिणति भक्ति साहित्य या परवर्ती साहित्य में हुई। इसके लिए हमें आदिकाल पर विचार करना पड़ेगा—आचार्य द्विवेदी इस भूमिका में आदिकालीन साहित्य पर विचार प्रारम्भ करते हैं। उन्हें आदिकालीन साहित्य की प्रवृत्तियों में उन सूत्रों की खोज करनी है जिनका विकास लोकवादी भक्ति साहित्य में हुआ।

और इसके लिए उन्हें हिन्दी साहित्य के जन्म के भी पहले की दस शताब्दियों की यात्रा करनी पड़ी है। इस लम्बी यात्रा पर चल निकलने के पीछे एक मनोवृत्ति है। वह यह कि जो उपेक्षित और साधारण या महत्त्वहीन समझा जा रहा है उसे वस्तुत: महत्त्वहीन और उपेक्षणीय न समझने की मनोवृत्ति। ऊपर स्थित मनुष्य को ही नहीं, बल्कि समूचे या सामूहिक मनुष्य को जानने की मनोवृत्ति है। इसीलिए कभी वे कहते हैं कि "लोक-प्रचलित बातों को कोरी गप्प कहकर उड़ा देने की सामर्थ्य नहीं संचित कर पाया हूँ," कभी कहते हैं कि "इस अन्धकार-युग को प्रकाशित करने योग्य जो भी चिनगारी मिल जाए उसे सावधानी से जलाए रखना कर्तव्य है; क्योंकि वह बहुत बड़े आलोक की सम्भावना लेकर आई होती है, उसके पेट में केवल उस युग के रसिक हृदय की धड़कन का ही नहीं, केवल सुशिक्षित चित्त के संयत और सुचिन्तित वाक्पाटव का ही नहीं, बल्कि उस युग के सम्पूर्ण मनुष्य को उद्‌भासित करने की क्षमता छिपी होती है।" (आदिकाल, पृ. 27)

जाहिर है कि सम्पूर्ण मनुष्य को समझने की कोशिश करने वाला व्यक्ति समाज के किसी वर्ग की उपेक्षा नहीं करेगा। इसीलिए द्विवेदीजी ने नाथ-सिद्धों की बानियों और शुक्लजी द्वारा अविवेच्य, घोषित कर दिए गये साहित्य की उपेक्षा नहीं की है। मैं यह नहीं कह रहा हूँ कि द्विवेदीजी ने उपेक्षित को महत्ता दी है, उन्होंने उस महत्ता की खोज की है। उस साहित्य का एक ऐसा पक्ष अवश्य विद्यमान है जो अपने युग के एक बहुत बड़े मानव-समुदाय की आशा-आकांक्षाओं का प्रतिनिधित्व करता है। नाथ और सिद्ध कवि चाहे जितनी रहस्यमय या साम्प्रदायिक बातें करते हों, लेकिन जब वे जात-पाँत का विरोध करते हैं; ऊँच-नीच के भेद को अस्वीकार करते हैं और समाज की नीची समझी जाने वाली जातियों को आग्रहपूर्वक अपनी सहानुभूति देते हैं तब वे स्पष्ट रूप से इस संसार की बातें करते हैं और मुनष्यता का एक सामान्य मार्ग निकालते हैं। धर्म या सम्प्रदाय का नाम

देखकर ही चौंक पड़ना और उन्हें साहित्य की कोटि से बहिष्कृत कर देना सहृदयता नहीं है। मनुष्यता का प्रश्न शिक्षा और अशिक्षा के प्रश्न से कहीं अधिक महत्त्वपूर्ण है। सरहपा ब्राह्मण वंश में उत्पन्न हुए थे। उन्होंने शास्त्रों का सम्यक् अध्ययन भी किया था। वे अपने समय के प्रसिद्ध शिक्षापीठ नालन्दा में अध्यापन भी कर चुके थे। इतना होने पर भी यदि उन्होंने अपने समय से आगे बढ़कर शरकार कन्या को सहचरी बनाया और अपनी रचनाओं में भी जातिप्रथा का खंडन किया तो उपेक्षितों के प्रति तीव्र सहानुभूति के कारण और मानव-मात्र के लिए अपने हृदय की अपार करुणा के कारण। महायान की इस 'करुणा' ने यदि इतना मूर्त और इहलौकिक रूप धारण किया तो न उसे समाज के लिए अहितकर समझना चाहिए न सहित्य के लिए। द्विवेदीजी ने इस विषय में दृढ़तापूर्वक कहा है कि 'जाति-वर्ण के भेद से जर्जरीभूत इस देश में कोई भी महासाधक आया है, उसे यह प्रथा खटकी है। ऐसे बहुत-से प्राचीन ग्रन्थ हैं जिनमें जाति-भेद को उड़ा देने पर जोर दिया गया है।'' सच्ची बात यह है कि समाज के सभी संघर्षशील और विसंगति-विरोधी व्यक्तियों की तरह कवि भी यथार्थ की भूमि पर खड़े होकर समकालीन व्यवस्था की त्रुटियों पर आघात करता है। नाथ-सिद्धों की कविताओं में यदि यह प्रहार किया गया है तो उसे अशिक्षितों पर रोब जमाने की कोशिश न समझकर संवेदनशील युक्ति, करुणाद्रवित और संघर्षशील चित्त की साहसपूर्ण अभिव्यक्ति मानना अधिक समीचीन होगा। जात-पाँत की प्रथा पर प्रहार और वर्णाश्रम व्यवस्था की उपेक्षा की परम्परा—यह विकास ही, भक्तिकालीन साहित्य को लोकवादी और उदार बनाता है। शबरी, निषाद, सदन कसाई और गणिका तथा बन्दर-भालुओं को भगवान् का जो स्नेह साहचर्य मिला है उसमें कहीं-न-कहीं इन नाथ-सिद्धों का भी योगदान है। आचार्य हजारीप्रसाद द्विवेदी साफ कहते हैं, ''बौद्ध धर्म क्रमशः लोकधर्म का रूप ग्रहण कर रहा था और उसका निश्चित चिह्न हम हिन्दी साहित्य में पाते हैं। इतने विशाल लोकधर्म का थोड़ा पता भी यदि यह हिन्दी साहित्य दे सके तो उसकी बहुत बड़ी सार्थकता है। (पृ. 10)

वस्तुतः साहित्य का मूल स्रोत साहित्य नहीं, जीवन होता है। जीवन कोई गोल-मोल या समझ और पकड़ में न आनेवाली चीज नहीं है। यद्यपि वह इतना विविध रूपी और कभी-कभी इतना परस्पर विरोधी अवश्य है कि अपने बारे में विचारक के मन में गलतफहमी पैदा कर दे, जीवन का मतलब जीवन के सभी पक्ष। इनमें-से कोई भी पक्ष साहित्य सर्जन की प्रेरणा दे सकता है। सच्ची बात यह है कि जैसे फल में फल नहीं लगता वैसे साहित्य से साहित्य नहीं पैदा होता। धर्म यदि भारतीय जीवन का सर्वाधिक महत्त्वपूर्ण तत्त्व रहा है तो शुद्ध साहित्य की प्रेरणा क्यों नहीं दे सकता! आचार्य शुक्ल को तो बाद में प्रकाशित होनेवाली जैन कवियों

की रचनाएँ देखने को नहीं मिली थीं, लेकिन बाद में लोग शुक्लजी की दुहाई दे-देकर धर्म को साहित्य का विरोधी कहने लगे। धर्म-प्रेरित रचनाओं को असाहित्यिक माननेवाले यह भूल ही गये कि सूरदास और तुलसीदास की रचनाएँ भी धर्म-प्रेरित हैं। 'हिन्दी साहित्य का आदिकाल' में द्विवेदीजी ने शायद ऐसे ही लोगों को सम्बोधित करते हुए लिखा है, "धार्मिक साहित्य होने मात्र से कोई रचना साहित्यिक कोटि से अलग नहीं की जा सकती। यदि ऐसा समझा जाने लगे तो तुलसीदास का 'रामचरितमानस' भी साहित्य-क्षेत्र में अविवेच्य हो जाएगा और जायसी का 'पद्मावत' भी साहित्य-सीमा के भीतर नहीं घुस सकेगा।"

द्विवेदीजी ने जैनियों की धर्मप्रेरित और लौकिक कथाओं पर आधारित रचनाओं का सम्बन्ध सूफी रचनाओं से जोड़ा है। लोक-प्रचलित कहानियों को आधार बनाकर उसे अपनी इच्छानुसार किसी रंग में रंग देने की परम्परा उस काल में तो मिलती ही है, उसका विकास आगे भी दिखलाई पड़ता है। धनपालरचित 'भविष्यदत्त कथा' का कथानक देख जाएँ तो पता चलेगा कि वह आद्योपान्त लौकिक है। वह कथा बिल्कुल ही वैसी-जैसी कि 'सिंहासन बत्तीसी' या कोई दूसरी लोकप्रचलित पारम्परिक कथा या मिरगावत-पदमावत या चित्रावली की कथा। विशेषता केवल यह है कि भविष्यदत्त त्रिपत्ति से छुटकारा पाता है। जिन की पूजा करने के कारण। उसकी सफलता का कारण यह है कि उसकी माँ श्रुतपंचमी का व्रत रखती है। ऐसी कथाओं में कथातत्त्व और उनकी साहित्यिकता पूर्णतः सुरक्षित रहती है। यही बात हम सूफी काव्यों में भी पाते हैं। ये कवि भी लोक-प्रचलित परम्परागत भारतीय कथाओं को आधार बनाकर काव्य रचते हैं। चन्दावत, मिरगावत, पद्मावत इत्यादि की कहानियाँ तत्कालीन जनता में प्रचलित थीं। उनमें-से कइयों के लोक-प्रचलित रूप तो आज भी मिलते हैं। चाँदा और लोरिक की जिस प्रेम-कथा को आधार बनाकर मौलाना दाऊद ने 14वीं शती में 'चन्दायन' या 'चन्दावत' की रचना की, उसके कई रूप आज भी जनता में प्रचलित है। सूफियों ने किया केवल यह है कि ऐसी कथाओं को सूफी अभिप्रायों से युक्त कर दिया है। सो जैनियों द्वारा रचित कथाओं और सूफियों की प्रेम-कथाओं में समानता स्पष्ट है, वे एक ही कोटि की रचनाएँ हैं।

जैनियों की धर्म-प्रेरित रचनाओं और सूफी काव्यों में ही समानता नहीं है, परिवर्ती वैष्णव रचनाओं में भी कुछ जैन रचनाओं का विकास देखा जा सकता है। कुछ जैन रचनाएँ कुछ तिथियों पर व्रत या उपवास रखने का उपदेश देने के लिए भी लोक-प्रचलित कहानियों पर आधारित हैं। भविष्यदत्त की माँ श्रुतपंचमी का उपवास रखती थी, इसका उल्लेख अभी हुआ है। पुष्पदन्त की प्रसिद्ध रचना 'णायकुमारचरिउ' या 'नागकुमारचरित' नागकुमार के चरित के माध्यम से

'श्रुतपंचमी' व्रत रखने का महात्म्य बताती है। नागकुमार ने शादियाँ कई कीं, लेकिन चाहता वह लक्ष्मीमती को सबसे अधिक था। इसका कारण पूछा तो मुनि पिहिताश्रव ने उसे बताया कि पूर्वजन्म में रानी ने 'श्रुतपंचमी' का व्रत रखा था, उसी का यह फल है। अवधी में ईश्वरदास की लिखी हुई 'एकादसी कथा' इसी प्रकार की रचना है जिसमें एकादशी व्रत के माहात्म्य से कथा के पात्रों को सफलता मिलती है। कथानक साधारण है, उसे केवल हल्का-सा मोड़ देकर धार्मिक बना दिया जाता है। यों जो कथाएँ शुद्ध लौकिक हैं उनको भी सुनने और पढ़ने से पुण्य तो होता ही है। 'सन्देशरासक' अपभ्रंश कवि अब्दुलरहमान द्वारा रचित शुद्ध लौकिक काव्य है, लेकिन कवि ने उसे पढ़ने-सुनने वालों की सफलता की कामना तो प्रकट ही कर दी है : "तेम पढ़ंत सुणंत यह जयउ अणाइ अणंतु"।

सूफी काव्यों के—विशेषत: 'पद्मावत' के सम्बन्ध में कथानक की ऐतिहासिकता और अनैतिहासिकता का प्रश्न अक्सर उठाया जाता रहा है। आचार्य शुक्ल ने 'पद्मावत' के कथानक पर इस दृष्टि से गम्भीरतापूर्वक विचार किया था। वे इस निष्कर्ष पर पहुँचे थे कि 'पद्ममावत' के कथानक से अलाउद्दीन का चित्तौड़ पर चढ़ाई करने तथा उससे सम्बद्ध अंश ऐतिहासिक है और शेष अंश कवि की कल्पना की उपज है। द्विवेदीजी ने तथ्य और कल्पना के इस मिश्रण को किसी एक कवि या रचना की विशेषता न मानकर प्राचीन भारतीय-साहित्य की एक मुख्य प्रवृत्ति माना है। और इसी प्रसंग में उन्होंने मध्यकालीन साहित्य में प्रयुक्त कथानक-रूढ़ियों के अध्ययन पर भी बल दिया है। भारतीय साहित्य में एक-दो नहीं, अनेक काव्य और अनेक कथा-कहानियाँ मिलेंगी जिनमें ऐतिहासिक व्यक्ति को निजन्धरी व्यक्तित्व बना दिया जाता है। मैं नहीं जानता कि अन्य देशों के साहित्यों में भी यह प्रवृत्ति इतनी मात्रा में मिलती है कि नहीं, लेकिन भारतीय साहित्य की तो यह एक प्रमुख विशेषता प्रतीत होती है। विक्रमादित्य, कालिदास, अकबर, गोरखनाथ, मत्स्येन्द्रनाथ, कबीर इन सबके साथ कितनी कहानियाँ गढ़कर चस्पाँ कर दी गयी हैं। इस सबके साथ जो कहानियाँ गढ़ी गयी हैं उनकी विशिष्ट कोटियाँ हैं। दूर की बात जाने दें हमारे समय के ही जीवित महान व्यक्तियों—के साथ कितनी कथाएँ गढ़कर जोड़ दी गयी हैं। नेहरूजी के विषय में यह किवदन्ती कि उनके कपड़े पेरिस में धुलते थे, वे अष्टम एडवर्ड के साथ पढ़ते थे, कितने विश्वास के साथ कही और सुनी जाती है। मनोरंजक बात तो यह है कि स्वयं नेहरूजी ने इन किंवदन्तियों का खंडन किया है, लेकिन भारतीय मानस है कि वह अपनी चिराचरित विशेषता को छोड़ने को तैयार नहीं है। सो तथ्य के साथ कल्पना का यह मिश्रण भारतीय साहित्य की प्रवृत्ति तो है ही। वस्तुत: भारतीय जन-समुदाय की प्रवृत्ति है जो साहित्य में प्रतिफलित और अभिव्यक्त हुई। इसमें

आश्चर्य की कोई बात नहीं है। आश्चर्य तो तब होता जब यह साहित्य में न दिखलाई पड़ती। आचार्य द्विवेदी ने चूँकि साहित्य के स्रोत, सामूहिक मानव-जीवन के सन्दर्भ में, साहित्यिक प्रवृत्तियों का देखा है इसलिए उनकी दृष्टि इस ओर गयी है। वे 'पृथ्वीराज रासो' और 'पद्मावत' में प्रयुक्त कथानक-रूढ़ियों की चर्चा करते हुए लिखते हैं :

'पृथ्वीराज रासो' और 'पद्मावत' भी ऐतिहासिक व्यक्तियों के नाम से सम्बद्ध काव्य हैं। परन्तु, अन्यान्य ऐतिहासिक काव्यों की भाँति मूलतः इनमें भी ऐतिहासिक और निजन्धरी कथाओं का मिश्रण रहा होगा।....ऐतिहासिक चरित का लेखन सम्भावनाओं पर अधिक बल देता है। सम्भावनाओं पर बल देने का परिणाम यह हुआ है कि हमारे देश के साहित्य में कथानक को गति और घुमाव देने के लिए कुछ ऐसे अभिप्राय बहुत दीर्घकाल से व्यवहृत होते आए हैं, जो बहुत थोड़ी दूर तक यथार्थ होते हैं और जो आगे चलकर कथानक-रूढ़ि में बदल गये हैं।...चित्तौड़ के राजा से सिंहल देश की राजपुत्री का विवाह हुआ था या नहीं, इस ऐतिहासिक तथ्य से कुछ लेना-देना नहीं है; हुआ हो तो बहुत अच्छी बात है न हुआ हो तो होने की सम्भावना तो है ही। राजा से राजकुमारी का विवाह नहीं होगा तो किससे होगा? शुक नामक पक्षी थोड़ा-बहुत मानव-वाणी का अनुकरण कर लेता है, और भी तो कर सकता था। जितनी शक्ति उसे प्राप्त है उससे अधिक की सम्भावना तो है ही। ऋषि के वरदान से वह शक्ति बढ़ सकती है, ऋषि के शाप से पतित गन्धर्व यदि सुआ हो गया हो तो पुनर्जन्म के संस्कार उसको कला-मर्मी बना सकते हैं। जब ये सम्भावनाएँ हैं तो क्यों न उसे सकल-शास्त्र-विचक्षण सिद्ध कर दिया जाए। इस प्रकार सम्भावना-पक्ष पर जोर देने के कारण बहुत-सी कथानक-रूढ़ियाँ इस देश में चल पड़ी हैं।" (आदिकाल, पृ. 80)

इस लम्बे उद्धरण को पढ़ते समय सहृदय पाठक इसकी शैली से अवश्य प्रभावित होगा। शैली में भारतीय जीवन की सहजता है और तर्क बिल्कुल उसी ढंग से दिए गये हैं जिस ढंग से भारत का सामान्य आदमी सोचता है। आचार्य हजारीप्रसाद द्विवेदी की बहुत बड़ी शक्ति है, सारे पांडित्य और शास्त्रज्ञान को क्षण-भर में दबाकर सहज और सामान्य आदमी की तरह वस्तुओं को देख और सोच पाने की शक्ति। उन विद्वानों और बुद्धिजीवियों की शक्ति बहुत क्षीण हो जाती है जो सामान्य व्यक्ति की तरह सोच नहीं पाते। विडम्बना यह है कि शास्त्र आधारित होते हैं सामान्य जीवन के पर्यवेक्षण पर, और उन्हीं को पढ़कर शास्त्रज्ञ विद्वान् सामान्य जीवन को देख पाने की शक्ति खो देते हैं। शास्त्र चाहे जितने सुव्यवस्थित क्यों न हों, जीवन से पीछे ही रहेंगे—जो कुछ हमारे ईद-गिर्द हो रहा है वह सिद्धान्त और शास्त्र से आगे का है। लेकिन कई शास्त्रज्ञ हैं जो इस नित्य सर्जित-विसर्जित होते रहनेवाले जीवन को किताबों के पृष्ठों से समझना चाहते हैं। उस

विद्वान् का योगदान सचमुच ही महत्त्वपूर्ण होता है जो शास्त्रज्ञ होते हुए भी शास्त्रों और किताबी दुनिया की इस सीमा को पहचानते हैं। द्विवेदीजी इस सीमा को न केवल पहचानते हैं, बल्कि उसे लाँघ भी लेते हैं। कबीरदास ने जब पोथी पढ़-पढ़कर मरनेवाले पंडितों को ढाई आखर पढ़ने की सलाह दी तो वस्तुतः उन्होंने प्रत्यक्ष जीवन में जो घट रहा है उसी को देखने की सलाह दी थी। सिद्धों का सहज मार्ग भी जड़शास्त्रीयता के प्रति विद्रोह था।

सामान्य जीवन के पर्यवेक्षण के आधार पर किसी निष्कर्ष तक पहुँचने की पद्धति वैज्ञानिक और आधुनिक है। वर्तमान के आधार पर अतीत का पुनर्निर्माण करना केवल साहित्येतिहास ही नहीं ज्ञान की शाखाओं की भी स्वीकृत पद्धति हो चली है। भौतिक विज्ञान तो पर्यवेक्षण पर आधारित ही है। नृतत्त्व शास्त्र और भाषाविज्ञान में भी उपलब्ध सामग्री को मूलाधार बनाकर पूर्वस्थिति तक पहुँचा जाता है। इस पद्धति का सर्वोत्तम उदाहरण भाषाविज्ञान में तुलनात्मक पद्धति (कॅम्परेटिव मेथड) और आन्तरिक पुनर्निर्माण (इंटरनल रिकॅन्स्ट्रक्शन) है जहाँ उपलब्ध सामग्री को इकट्ठा करके फिर उन्हीं के आधार पर पूर्वस्थिति तक पहुँच जाता है। यात्रा निश्चित से अनिश्चित की ओर सम्भव है। अनिश्चित से यात्रा शुरू करना कैसे सम्भव है जब वहाँ हम पहुँचे ही नहीं हैं। इसीलिए वह पद्धति जिसमें हरेक चीज की व्याख्या हम वेदों से शुरू करते हैं अत्यन्त दुर्भाग्यपूर्ण है। वर्तमान से चलना शुरू करें तो हम शायद वेदों तक पहुँच भी जाएँ, लेकिन शुरुआत ही वेदों से करेंगे तो कहीं न पहुँच सकेंगे। अपने लोक-जीवन का पर्यवेक्षण और शास्त्रीयता और पांडित्य को जड़ न होने देना वैज्ञानिक पद्धति के प्रयोग कर पाने की पहली शर्त है। आचार्य द्विवेदी की सहजता और लोक-चेतना तथा सामान्य मनुष्य बने रहने की शक्ति ने उन्हें वैज्ञानिक इतिहासकार बनाया है। इस तथ्य को जान लेने पर ही उनकी लोकवादिता, सहजता और सामान्य बने रहने की प्रवृत्ति की सार्थकता समझ में आती है। सो, कथानक-रूढ़ियों की दृष्टि से आदिकालीन साहित्य को देखने का आग्रह, उस काल के मनुष्य की दृष्टि से देखने का आग्रह है। और उस काल के मनुष्य की दृष्टि उन्हें अपने काल के मनुष्य से मिली है।

> *साहित्य का इतिहास पुस्तकों, उनके लेखकों और कवियों के उद्भव और विकास की कहानी नहीं है। वह वस्तुतः अनादिकाल-प्रवाह में निरन्तर प्रवहमान जीवित मानव-समाज की ही विकास कथा है। ग्रन्थ और ग्रन्थकार, सम्प्रदाय और उनके आचार्य उस परम शक्तिशाली प्राणधारा की ओर सिर्फ इशारा-भर करते हैं।*
>
> —हमारे पुराने साहित्य के इतिहास की सामग्री

भक्तिकाव्य : गवाक्ष और दृष्टि

शिवप्रसाद सिंह

हिन्दी का भक्तिकाल अपनी रस-ऐश्वर्यमयी भास्वरता और बहुविध जीवन की अनुभव-सम्पदा के कारण सम्पूर्ण भारतीय वाङ्मय में एक विशिष्ट स्थान रखता है। इसी को लक्ष्य करके रविबाबू ने कहा था कि "हिन्दी के साधक-कवियों ने जिस रस ऐश्वर्य का विकास किया उसमें असामान्य विशिष्टता है। वह विशेषता यह है कि एक साथ कवि की रचना में उच्चकोटि की साधना और अप्रतिम कवित्व का एकत्र मिलित संयोग दिखाई पड़ता है जो अन्यत्र दुर्लभ है।" (सुन्दर-ग्रन्थावली का प्राक्कथन) किन्तु यह विशिष्ट रस-ऐश्वर्यपूर्ण साहित्य बहुत दिनों तक भस्मावृत ही पड़ा रहा। कुछ तो इस कारण कि हमने भक्तिकाव्य के अध्ययन को समुचित परिप्रेक्ष्य नहीं दिया और कुछ इस कारण कि हमारा प्रयत्न बहुत-कुछ वीचिविवर्त को तल मानकर उसी में सन्तुष्ट होने का बहाना करता रहा। भक्तिकाव्य अतीत के पुरालेखों की तरह दुर्बोध होता गया। उसे समझने के लिए हमने दर्शनों की भीड़ इकट्ठी कर ली। तरह-तरह के साम्प्रदायिक शास्त्रों और दर्शनों की कतारें बाँधकर हमने दृश्य को ढँक दिया। 'प्रसाद' जी के शब्दों में :

"सब कहते हैं खोलो खोलो, छवि देखूँगा जीवन धन की।
आवरण स्वयं बनते जाते, है भीड़ लग रही दर्शन की।।"

आचार्य द्विवेदी के सामने इस भक्तिकाव्य को समझने और समझाने की जो समस्या थी, उसकी दो प्रपत्तियाँ थीं। पहली तो यह कि भक्तिकाव्य को पढ़ने और समझने के लिए अध्येता की व्यक्तिगत तैयारी, साधन, साधना अथवा शक्ति और दूसरी एक ऐसे पारदर्शी गवाक्ष का निर्माण तथा दृष्टि का परिप्रेक्ष्य जो भक्तिकाव्य के अस्पष्ट, धूमिल, मटमैले आवरण को भेदकर उसके तल का वास्तविक रूप देख सके। आचार्य हजारीप्रसाद द्विवेदी ने इन दोनों आवश्यकताओं की पूर्ति के लिए जो श्रमसाध्य साधना, जो स्वाध्याय और जो तपश्चरण किया है, उसने न केवल हिन्दी

साहित्य को एक अद्‌भुत प्रभापूर्ण और गरिमामय साहित्यिक व्यक्तित्व प्रदान किया, बल्कि उसके प्रकाश में, उसकी पारदर्शी दृष्टि के आलोक में मध्यकालीन-साहित्य के अनुसन्धित्सु जनों को सभी प्रकार के कुहेलिका-जाल को चीरकर भक्तिकाव्य के वास्तविक रूप को देखने को अवसर मिला। द्विवेदीजी ने भक्तिकाव्य को देखने के लिए जिस गवाक्ष का निर्माण किया, उनका उससे पूर्णतः सायुज्य स्थापित हो गया और इसीलिए आधुनिक हिन्दी पाठक के लिए द्विवेदीजी स्वयं एक पारदर्शी गवाक्ष बन गये।

भक्तिकाव्य के अध्ययन के लिए जिस प्रकार का व्यक्तित्व चाहिए, वह द्विवेदीजी को पूर्ण रूप से प्राप्त है। सांस्कृतिक, उदार, मानवतावादी पारस व्यक्तित्व! द्विवेदीजी ने प्राचीन साहित्य और दर्शन का गम्भीर अध्ययन किया है। उनके अध्ययन के क्षेत्र की विविधता किसे आश्चर्यचकित नहीं कर देती। प्राचीन उनकी आँखों के सामने एक अखंड-जीवित सत्ता के समान उपस्थित होता है। साहित्य-शास्त्र, पुराण, इतिहास, तन्त्र-मन्त्र, ज्योतिष, दर्शन-पुरातत्त्व आदि इसी जीवित सत्ता को विभिन्न दृष्टिकोणों से समझने का प्रयत्न करते हैं। द्विवदेजी इनके माध्यम से प्राचीन को खंडशः विभक्त करके, पुनर्योजित करके और कभी-कभी पुनर्निर्मित करके उसकी समग्र व्याप्ति और तलस्पर्शी गहराई को समझने में सफल हुए हैं। यह पांडित्य उनके लिए कभी भार नहीं हुआ। भार के वेग से उत्पन्न गति में वे ही बहते हैं, जो तदात्म नहीं हो पाते। पंडित जी का पांडित्य उनके व्यक्तित्व की अद्‌भुत रासायनिक प्रक्रिया के कारण उनकी मन-बुद्धि का सहज अंग हो गया है। उन्होंने प्राचीन की इस संजीवनी को अपनी आत्मा में उतार लिया है, इसी कारण भक्तिसाहित्य के गूढ़ से गूढ़ स्थल, कवियों के दुर्बोध्य उद्‌गार जैसे उनके निकट अपना सारा रहस्य स्वयं खोले देते हैं। उन्होंने एक स्थान पर लिखा है कि ''यह भगवत् प्रेम इन्द्रिय-ग्राह्य विषय नहीं है, मन और बुद्धि को भी अतीत समझा गया है। इसका आस्वादन केवल आचरण-द्वारा ही हो सकता है।'' और इस साहित्य को समझा भी वही सकता है जो इस ज्ञान को शब्दजालों में बाँधकर सिर्फ ढोते रहने का कार्य ही न करे, बल्कि इसे अपने व्यवहारों में यथासम्भव उतार भी सके।

भक्तिकाव्य के अध्ययन के लिए सक्षम और अधिकारी व्यक्तित्व की दूसरी अनिवार्यता दृष्टि-औदार्य और समग्रता है, जिसके बिना भक्तिसाहित्य का अध्ययन तरह-तरह के पूर्वग्रहों का शिकार बन जाता है। द्विवेदीजी के व्यक्तित्व में इस औदार्यपूर्ण समग्र भाव-चेतना का पूर्ण परिपाक दिखाई पड़ता है। उनके निकट क्षुद्र सीमाएँ सदा ही त्याज्य रही हैं। वे सर्वोच्च जाति में उत्पन्न होकर भी जाति-पाँत की विभेद-ग्रन्थियों से मुक्त रहे। उनके लिए भक्त-कवि का अनन्य शुभेच्छा से भरा, मानव-मंगल-कामना से ओतप्रोत हृदय ज्यादा महत्त्वपूर्ण रहा, उसकी बाह्य

कलेवरगत स्थूल साम्प्रदायिकता नहीं।

उनके व्यक्तित्व की तीसरी विशेषता है रचनात्मक प्रतिभा। जो कुछ मिल सका है, उसी से सन्तुष्ट न होकर जो होना चाहिए के प्रति उनकी अटूट आस्था है। वे इसी कारण भग्नावशेषों के ढाँचे को देखकर उन पर बने हुए, किन्तु सम्प्रति अदृश्य विशाल भवनों की पुनः रचना कर सकते हैं। व्यक्तित्व का यह पारसगुण मध्यकालीन अथवा प्रचीन साहित्य की पुनर्निमिति की अद्‌भुत शक्ति से समन्वित है। इसी गुण ने द्विवेदीजी को वह शक्ति प्रदान की है कि वे अस्पष्ट प्राचीन और धुँधले मध्यकाल को एक सही-संवादी इतिहास चेतना के समग्र रूप के साथ भलीभाँति जोड़ लेते हैं। भक्ति चेतना को रचनात्मक धरातल पर उपस्थित करने के प्रयत्न ने हिन्दी को भट्टिनी, सुचरिता, महामाया, चन्द्रलेखा और नाटी माता जैसे चरित्र प्रदान किये।

द्विवेदीजी जी के इस व्यक्तित्व का विकास काशी के शास्त्रीय आर्य वातावरण में हुआ, और इसका पूर्ण पल्लवन उस बंगाल में, जो आधुनिक भारतीय पुनर्जागरण की जन्मभूमि रहा। भारतीय पुनर्जागरण यूरोपीय 'रेनेसां' से कई दृष्टियों में भिन्न और कहीं अधिक भास्वर प्रवाह था। इसमें धार्मिक आन्दोलनों के साथ वैज्ञानिक और औद्योगिक विकास के आधार की प्रतिष्ठा तो थी ही, राष्ट्रीयता और मानवतावादी दृष्टि का नया उन्मेष भी साथ ही था। यह आन्दोलन एक ओर राममोहन राय, रामकृष्ण परमहंस और उनके मिशन, केशवचन्द्र सेन, ब्रह्मसमाज आदि धार्मिक व्यक्ति और संस्थाओं से प्रेरित था; जिसके मूल में भारतीय आध्यात्मिकता की पुनर्जाग्रत शक्ति थी तो दूसरी ओर इस आन्दोलन में कालजयी सौन्दर्यबोध और अबाध मानवता की अप्रतिहत विजययात्रा का सन्देश देने वाले रवि ठाकुर और उनके पूरे परिवेश का अद्‌भुत सारस्वत संयोग भी था। इस वातावरण में द्विवेदीजी के व्यक्तित्व को जैसे अपनी रुचि का कार्यक्षेत्र मिल गया और उन्होंने अपनी पूरी प्रतिभा, कल्पनाशक्ति अपने श्रम-साधन के बल पर, इस नये वातावरण से जीवनशक्ति और प्रेरणा लेकर अपने भीतर एक ऐसे व्यक्तित्व का निर्माण किया जो हिन्दी साहित्य के लिए सामान्य रूप में और भक्तिकाव्य के लिए विशेषतः एक अद्‌भुत पारदर्शी गवाक्ष बन गया।

भारतीय पुनर्जागरण के वातावरण में साँस लेनेवाले, औद्योगिक विकास और वैज्ञानिक प्रक्रिया में आस्था रखनेवाले, आध्यात्मिक धर्म साधनाओं के मर्म को छूनेवाले, राष्ट्रीयता और विश्व मानवतावादी की अभ्यर्थना करनेवाले आलोचक को यह जानकर बड़ा आघात पहुँचा कि हमारे समूचे साहित्य को लोग हारी हुई हतदर्प जाति का सहित्य समझते हैं। यह आघात कितना तीव्र था, इसका अनुमान निम्न

पंक्तियों से लगाया जा सकता है :

"दुर्भाग्यवश हिन्दी साहित्य के अध्ययन और लोकचक्षु गोचर करने का भार जिन विद्वानों ने अपने ऊपर लिया है, वे हिन्दी साहित्य का सम्बन्ध हिन्दू जाति के साथ ही अधिक बताते हैं और इस प्रकार अनजान आदमी को दो प्रकार से सोचने का मौका देते हैं—एक यह कि हिन्दी साहित्य एक हतदर्प पराजित जाति की सम्पत्ति है, इसलिए उसका महत्त्व उस जाति के राजनीतिक उत्थान-पतन के साथ अंगागिभाव से सम्बद्ध है और दूसरा यह कि ऐसा न भी हो तो भी वह एक पतनशील जाति की चिन्ताओं का मूर्त्त प्रतीक है, जो अपने-आप में कोई विशेष महत्त्व नहीं रखता।"[1]

इस आरोप का सबसे बड़ा दुष्परिणाम यह था कि हम अपने पूरे भक्तिकाव्य को, जिसे हिन्दी का स्वर्ण युग कहते हैं, इस्लामी आक्रमण से सन्त्रस्त जाति की दीनता का इजहार मान लेते हैं। इसीलिए द्विवेदीजी ने काफी जोर देकर कहा कि "यदि इस्लाम न भी आया होता तो इस साहित्य का बारह आना वैसा ही होता जैसा आज है और कुछ देर के लिए मान भी लें कि हमारा पूरा साहित्य एक हतदर्प जाति की सम्पत्ति है तो भी इस साहित्य का अध्ययन एक आवश्यक वस्तु हो जाती है क्योंकि दस सौ वर्षों तक दस करोड़ कुचले हुए मनुष्यों की बात भी मानवता की प्रगति के अनुसन्धान के लिए केवल अपेक्षणीय ही नहीं अवश्य ज्ञातव्य वस्तु है।"[2]

हिन्दी साहित्य के विषय में यह एक नयी दृष्टि थी, एक विश्वासपूर्ण आस्थावान् आत्मगौरवमयी मर्मी दृष्टि, जिसने हमारे सम्पूर्ण दृष्टिकोण में आमूल-चूल परिवर्तन उपस्थित कर दिया। भक्तिकाव्य का अध्ययन किया जा रहा था। भक्तिकाव्य को तत्कालीन सामाजिक संघर्षों के सच्चे प्रति-फलक के रूप में रखकर समझने-परखने का प्रयत्न नहीं किया गया था। इस दृष्टिकोण की दो कोटियाँ थीं, दोनों परस्पर विरोधी, किन्तु एक-दूसरे की पूरक। पहली यह कि हिन्दी साहित्य के उन पक्षों को सही ढंग से उभारना और आलोकित करना जो हमारी वैभवपूर्ण परम्परा के किसी-न-किसी पक्ष के जीवन्त और विकसित पहलू की ओर संकेत करते हैं और दूसरी यह कि उन पक्षों की उचित छानबीन करना जो हमारी संस्कृत और सभ्यता के अध:पतन की कहानी कहते हैं और उन्हें इस प्रकार अनुसन्धान का विषय बनाना ताकि वे उन कारणों का सही रूप दिखा सकें जो हमारे विनिपात के लिए उत्तरदायी हैं और उनसे यदि भविष्य के लिए मानव-विकास की यात्रा में कुछ सहायता मिल सके, तो उसका भी उचित निर्देश दे देना ताकि उनसे बचा

1. हिन्दी साहित्य की भूमिका, पृ. 2
2. वही।

जा सके। मध्यकालीन साहित्य में सद्-असद्, उचित-अनुचित, मृत-जीवित, रुढ़ और स्पन्दित प्रणालियों का ऐसा सम्मिलन दिखाई पड़ता है कि सत्यानुसन्धान के व्रती तक प्राय: डिग जाते हैं। द्विवेदीजी का एकमात्र उद्देश्य मनुष्य है। साहित्य उसके लिए साध्य नहीं, साधन है।

'मनुष्य ही साहित्य का लक्ष्य है' शीर्षक निबन्ध द्विवेदीजी के दृष्टिकोण की पूरी व्याख्या कर देता है। उन्होंने पहली पंक्ति में ही लिखा है, "मैं साहित्य को मनुष्य की दृष्टि से देखने का पक्षपाती हूँ" वे मनुष्य को सार्वभौम सत्ता मानते हैं, साहित्य इसके हित में नियोजित साधन है, साध्य नहीं। "जो वाग्जाल मनुष्य को दुर्गति, हीनता परमुखापेक्षिता से बचा न सके, जो उसकी आत्मा को तेजोदीप्त न बना सके, जो उसके हृदय को परदु:खकातर और संवेदनशील न बना सके, उसे साहित्य कहने में मुझे संकोच होता है।"[1]

साधन-रूप में साहित्य को अध्ययन क्यों? इसलिए कि हम अपने प्राचीन और नवीन साहित्य के द्वारा अपनी आधुनिक समस्याओं का समाधान ढूँढने का प्रयत्न करते हैं। उन्होंने 'साहित्यकारों का उत्तरदायित्व' शीर्षक निबन्ध में इसी बात का स्पष्टीकरण करते हुए लिखा है कि "प्रधान बात है हमारी आधुनिक समस्याएँ। साहित्य अगर उनके लिए उपयुक्त अध्ययन-सामग्री नहीं उपस्थित करता तो वह बेकार है।"[2]

पहली मानवतावादी दृष्टि है और दूसरी उपयोगितावादी। इन दोनों दृष्टियों का उनके व्यक्तित्व में इस प्रकार सम्पुंजन है कि दोनों को अलग करके देखना प्राय: कठिन हो जाता है। इस प्रकार के दृष्टिकोण वाले प्राय: कई धरातल एक साथ छूते प्रतीत होते हैं और इसी कारण सम्भवत: ऐसे व्यक्तियों की आलोचनाएँ भी विभिन्न धरातलीय हुआ करती हैं। जो लोग इस समग्र भाव-चेतना के असली रूप को नहीं पहचानते, वे द्विवेदीजी जी से तरह-तरह की आकांक्षाएँ रखते हैं और बहुत प्रयत्नों और आग्रहों के बावजूद अपनी रुचि की पूर्ति न देखकर वे आक्रामक हो उठते हैं। कभी उपयोगितावादी अंशों से प्रसन्न और सन्तुष्ट होकर उनसे एकांगी यथार्थ के अतिवादी रूप की स्वीकृति माँगी जाती है, कभी उनके मानवतावाद को दक्षिणपन्थी विचारधारा का पर्याय मानकर उनसे वामपन्थी विचारों के सक्रिय समर्थन की माँग की जाती है। कभी वे धर्म-संस्थानों में साम्प्रदायिक साहित्य पर भाषण देने के लिए बुलाए जाते हैं, जहाँ वाह्याचार और कर्मकांड पूजित होता है, तो कभी जीवन की विरोधी रूढ़ियों की धज्जियाँ उड़ाई जाती हैं। मैं यह नहीं कहता कि परस्पर विरोधी से प्रतीत होनेवाले ये पक्ष द्विवेदीजी के व्यक्तित्व

1. अशोक के फूल, पृ. 256
2. वही पृ. 151

में नहीं हैं। हैं, किन्तु ये खंड हैं, बाह्य व्यक्तित्व के परस्पर भिन्न प्रतीत होते हुए टुकड़े, जिन्हें सँजोकर, रासायनिक प्रक्रिया से अविरल बनाती हुई, एक तार में गूँथती हुई अन्तस् समग्र भाव-चेतना है जो उनके पूरे व्यक्तित्व में अनुस्यूत है और उसे उपर्युक्त दो आलोक स्तम्भों के प्रकाश में भलीभाँति देखा जा सकता है।

उन्होंने उन्हीं दोनों उद्देश्यों को दृष्टि में रखकर भक्तिकाल का अध्ययन किया है। वे लिखते हैं, ''इस देश में हिन्दू हैं, मुसलमान हैं, ब्राह्मण हैं, चांडाल हैं, धनी हैं, गरीब हैं—विरुद्ध संस्कारों और विरोधी स्वार्थों की विराट् वाहिनी है। इसमें पद-पद पर गलत समझे जाने का अन्देशा है, प्रतिक्षण विरोधी स्वार्थों के संघर्ष में पिस जाने का डर है, संस्कारों और भावावेशों का शिकार हो जाने का अन्देशा है, परन्तु इस समस्त विरोधी और संघातों में बड़ा और सबको छाप कर विराज रहा है मनुष्य। इस मनुष्य की भलाई के लिए आप अपने-आपको निःशेष भाव से देकर ही सार्थक हो सकते हैं।''[1] भक्तिकाव्य के अध्ययन में भी यही तर्क मूल आधार की तरह विद्यमान है। जो भक्त, सन्त या सिद्ध अपने निजी स्वार्थों, संस्कारों और भावावेशों को तोड़कर जितना ही ऊपर उठा है, उसने विराट् मनुष्य के सामने अपने को विसर्जित कर देने में जितना अधिक निष्ठा दिखाई है, द्विवेदीजी की श्रद्धा और प्रशंसा का वह उसी अनुपात में पात्र बन सका है। दलित द्राक्षा की तरह निचुड़कर अपने आराध्य के चरणों में समर्पित होनेवाले प्रत्येक भक्त कवि को उन्होंने समझा और सराहा है।

जाहिर है कि इस दृष्टिकोण को माननेवाला व्यक्ति उन सभी सीमाओं को अनुचित मानेगा जो मनुष्य-मनुष्य के बीच उपर्युक्त भेद-बुद्धि को जगाती है। इसी कसौटी पर कसने पर हमें मालूम होगा कि उन्हें क्यों सगुण-निर्गुण, शाक्त-वैष्णव, परम्परा-अपरम्परा आदि घेरों से स्वाभाविक चिढ़ है। उन्हें यह सहन नहीं होता कि लोग कबीर की कटूक्तियों को उनके मुसलमानी खून का जोश कहें। ऐसे लोगों का जवाब देते हुए वे कहते हैं, ''ये उक्तियाँ कुछ जँचती-सी नहीं जान पड़तीं। जाति-वर्ण-भेद से जर्जरीभूत इस देश में जो भी महासाधक आया है, उसे यह प्रथा खटकी है।''[2] और तब अचानक मानवतावादी आलोचक के सामने अपने समाज में आधुनिक युग में पिसते हुए असंख्य व्यक्तियों की भीड़ खड़ी हो जाती है जो तथाकथित नीच जाति से उत्पन्न होकर अस्पृश्य हो बैठे हैं। और वे मृदु किन्तु दृढ़ भाषा में कहते हैं, ''ऐसे बहुत-से प्राचीन ग्रन्थ हैं, जिनमें जाति भेद को उड़ा देने पर जोर दिया गया है। पर संस्कृत की पुस्तकें साधारणतः ऊँची जातियों के लोगों द्वारा लिखी गयी हैं जिनमें लेखक तटस्थ विचार की भाँति रहता है।

1. मनुष्य ही साहित्य का लक्ष्य है : 'अशोक के फूल', पृ. 186
2. हिन्दी साहित्य की भूमिका, पृ. 32

स्वयं नीच कहे जानेवाले वंश में उत्पन्न नहीं होने के कारण उनमें भुक्तभोगी की तीव्रता और उग्रता नहीं होती। सहजयान और नाथपन्थ के अधिकांश साधक तथाकथित नीच जातियों से उत्पन्न हुए थे, अतः उन्होंने इस अकारण नीच बनाने वाली प्रथा को दार्शनिक तटस्थता के साथ नहीं देखा। कबीरदासादि के बारे में भी यही बात ठीक है।"[1]

सन्त साहित्य के अध्ययन की सबसे बड़ी उपलिब्ध शायद यही है कि उन्होंने इसके आधार पर मनुष्य और मुनष्य के भेद को मिटानेवाली शक्तियों का पता लगाया। भारतीय समाज में पहले से फैला हुआ जातिवाद और इस्लामी आक्रमण के बाद उत्पन्न हिन्दू-मुस्लिम समस्या आज भी उतनी ही ज्वलन्त है। इन समस्याओं को धर्म और अध्यात्म के आधार पर सुलझाने का प्रयत्न सन्तकवियों ने किया था, परन्तु वे पूर्ण सफल नहीं हुए। उनकी असफलता के कारण भी द्विवेदीजी ने ढूँढ़े हैं और उनकी ओर हमारा ध्यान भी आकृष्ट किया है। उन्होंने अपने निबन्ध 'भारतवर्ष की सांस्कृतिक समस्या' (अशोक के फूल) में इन पहलुओं पर बड़ी गहराई से विचार किया है। जातिवाद की प्रथा अथवा हिन्दू-मुस्लिम एकता की समस्याओं को भी वे साध्य नहीं साधन ही मानते हैं। साध्य तो वृहत्तर मनुष्यता ही है, और इसी को दृष्टि में रखकर जो भी प्रयत्न हो सके उसे सराहा ही जाएगा। सन्त साहित्य ने इस दिशा में जो कार्य किया, उसके महत्त्व की ओर द्विवेदीजी का संकेत कितना सामयिक और समीचीन था। मध्यकालीन धर्मसाधना में यह प्रश्न और भी उभरकर सामने आया और जातियों की समस्या पर प्रामाणिक आँकड़े उपस्थित करके नया प्रकाश डाला गया।

कबीर के आलोचक उन्हें इस्लामी जोश से प्रेरित कहकर ही सन्तुष्ट नहीं हो जाते, बल्कि काफी सूक्ष्म मन्तव्य से पूरी निर्गुण परम्परा को ही विदेशी कहकर इन्हें बहिष्कृत कर देना चाहते हैं। द्विवेदीजी ने इसी को लक्ष्य करके कहा, "यदि कबीर आदि निर्गुण मतवादी सन्तों की वाणियों की बाहरी रूपरेखा पर विचार किया जाए तो मालूम होगा कि यह सम्पूर्णतः भारतीय है। और बौद्धधर्म के अन्तिम सिद्धों और नाथपन्थी सिद्धों में इनका सीधा सम्बन्ध है।" इस प्रकार के आरोपों के जाल से निकलकर निर्गुण सन्त साहित्य एक दूसरे वीचिविवर्त जा फँसा। आलोचकों ने विभिन्न दार्शनिक धारणाओं का पैमाना लेकर इनके साहित्य को तोलना आरम्भ किया। बात बढ़ती गयी; और कबीरादि में तत्कालीन भाषा-शैली की अस्पष्टता तो थी ही, उन पर विचारधाराओं की अस्पष्टता का इतना बड़ा आरोप लादा गया कि कुछ लोग चुपके-चुपके इन्हें 'साहित्येतर' भी कहने लगे। गोया

1. हिन्दी साहित्य की भूमिका, पृ. 32
2. हिन्दी साहित्य की भूमिका, पृ. 31

कबीरादि कवि न होकर दर्शन के व्याख्याता थे। एक-एक शब्द के पीछे माथापच्ची होती रही, लम्बे-लम्बे चार्ट बना-बनाकर कुंडलिनी और चक्र समझाए जाते रहे। इस कुहेलिका में, जो तत्त्व थे, वे और भी अस्पष्ट होते गये। लोग भूल-से गये कि निर्गुण सन्तों ने आन्तरिक प्रेम की गहराई पर जोर दिया था। वे मानते थे कि प्रेम आत्मा की वस्तु है, प्रदर्शन और दिखावे की नहीं। "इस रस को जिसने पाया है वही जला है। इस प्रेम-लीला में भक्त के समान भगवान भी उत्सुक है। जिसने प्रेम के क्षेत्र में भगवान का योग पाया है, वस्तुतः वही योगी है। इस प्रेम की ज्वाला में जलकर ही भगवान ने अनाहत संगीत की तरह सुन्दर सृष्टि की रचना की है।" कबीर पर व्यक्त द्विवेदीजी के विचारों ने सन्त साहित्य को नवीन दृष्टि से बढ़ने की प्रेरणा दी। सन्त साहित्य गूढ़ पहेली और सन्ध्याभाषा में अभिव्यक्त कूट साहित्य की सीमा से निकलकर एक जीवन्त समाज की संघर्षपूर्ण परिस्थितियों का सजीव चित्रण कहे जाने का अधिकारी हुआ। सन्त या भक्ति साहित्य के अध्येता को उस युग के जीवन और मान्यताओं को स्वीकार करके ही चलना होगा। जो उस युग की विचार-पद्धति और प्रवृत्तियों से परिचित नहीं हैं, वे कभी भी इनके साहित्य के साथ न्याय नहीं कर सकते।

द्विवेदीजी ने इस भक्ति-भावना को विराट् जन-आन्दोलन बताया है और ग्रियर्सन के इस कथन को स्वीकार किया है कि "धर्म ज्ञान का नहीं, भावावेश का विषय हो गया था। यहाँ से हम साधन और प्रेमोल्लास के देश में जाते हैं और ऐसी आत्माओं का साक्षात्कार करते हैं जो काशी की दिग्गज पंडितों की जाति के नहीं, बल्कि जिनकी समता मध्ययुग के यूरोपियन भक्त वर्नर्ड ऑव क्लेयरवाक्स, थॉमस ए. केम्पिन और सेण्ट थेरसा से है।" किन्तु ग्रियर्सन ने 'इस साधना और प्रेमोल्लास' के नये देश को मालाबार के आलवारों से जोड़कर तथा इसके मूल में ईसाइयत की प्रेरणा मानकर इस समूचे काव्य-ऐश्वर्य को क्रिश्चियनिटी के साथ जोड़ने का प्रयत्न किया। और द्विवेदीजी ने इन प्रवृत्तिमूलक कृत्यों और हानिकर विचारों का सटीक और सप्रमाण उत्तर देने के लिए ही 'भारतीय चिन्ता का स्वाभाविक विकास' शीर्षक वृहद् निबन्ध लिखा। उन्होंने स्पष्ट कहा कि "ऐसे प्रयत्न अत्यन्त उपहासास्पद हैं। और यह कहना तो और भी उपहासास्पद है कि जब मुसलमान हिन्दू मन्दिरों को नष्ट करने लगे, तो निराश होकर हिन्दू लोग भजन-भाव में जुट गये।"[1] वस्तुतः भक्तिकाव्य को मुसलमानी आक्रमण की प्रकारान्तर देन मानकर हम ग्रियर्सन तथा उनके दूसरे सहधर्मियों के उस तर्क को ही बल देते रहे हैं, जो भक्ति को आकस्मिक उदय की वस्तु मानकर, इसका सम्बन्ध ईसाइयत से जोड़ता रहा है। इन विदेशी लेखकों ने यह सब-कुछ एक

1. हिन्दी साहित्य की भूमिका, पृ. 45

दूषित अभिप्राय से किया, यह कह देना ही उनके आरोपों का उत्तर तो नहीं हो जाता। जब तक हम अपने भक्तिकाव्य को पूरी भारतीय परम्परा से सप्रमाण और साधार रूप में नहीं जोड़ते, इस तरह के लांछन सहने ही पड़ते। द्विवेदीजी ने बड़े परिश्रम से इस त्रुटित शृंखला को जोड़ा और प्रत्येक भारतीय को इस महान काव्य-परम्पराओं को अपनी समझने का गौरव प्रदान किया।

भक्ति काव्य के सम्यक् आकलन के लिए मध्यकालीन धर्म साधनाओं का उचित आकलन भी आवश्यक था। मध्यकाल नाना प्रकार के धर्मों, सम्प्रदायों और मतवादों का सन्धिस्थल था। यह धर्म-साधना कई स्तरों पर, कई प्रकार के प्रभावों से उत्प्रेरित होकर, परस्पर घात-प्रतिघात से उद्वेलित होती हुई चलती रही है। दसवीं शताब्दी में वैदिक-अवैदिक, भारतीय-अभारतीय, नास्तिक-आस्तिक कई प्रकार की धर्म साधनाएँ मिल-जुलकर एक नये लोकधर्म का निर्माण कर रही थीं। किस साधना में किस पूर्ववर्ती विचारधारा के अवशेष हैं और किसमें भविष्य में विकसित होने वाले रूपों के बीजांकुर वर्तमान हैं—ये प्रश्न विशद अध्ययन की आवश्यकता रखते थे। बहुत-से लोग भक्तिकाव्य के नीति-उपदेशों, विधि-निषेधों से ऊब जाते हैं। उन्हें यह साहित्य नीरस और शासक जैसा प्रतीत होने लगता है। ऐसे लोगों को ही लक्ष्य करके उन्होंने लिखा, "भक्ति-शास्त्र की मर्यादा को न समझनेवाले इन बातों से ऊब जाते हैं। वे भूल जाते है कि इस युग का साहित्य केवल साहित्य नहीं है, बल्कि लोक में बद्धमूल साधना-पद्धति का प्रतिफलन भी है। उसका यह दूसरा पहलू ही अधिक महत्त्वपूर्ण है।[1] 'मध्यकालीन धर्मसाधना' में द्विवेदीजी ने इन्हीं महत्त्वपूर्ण पहुलओं को स्पष्ट करने का प्रयत्न किया है।

भक्ति काव्य के गवाक्ष की यह दुरव्यापी त्रिदिक्-वीक्षण (Dimensional) प्रक्रिया है। मनुष्य, साहित्य और धर्म इसके तीन पहलू हैं, किन्तु यह व्यापकता और विस्तार एक खास प्रकार की गहराई की माँग करता था क्योंकि भक्तिकाव्य के सामने केवल तन्निहित विचार-धाराओं के ठीक-ठीक समझने की कठिनाई नहीं थी, उनके अभिव्यक्ति-माध्यम को भी जानने और परखने की आवश्यकता थी। भक्तिकाव्य की पारिभषिक शब्दावली, सम्प्रदाय प्रचलित जार्गन्स, रूढ़ियाँ, तत्कालिक कवि-समय, कथनशैली, शास्त्रार्थों में प्रयुक्त होनेवाली पद्धतियाँ, भाषा, छन्द, राग-रागिनियाँ और लोकप्रचलित तथा शास्त्रानुमोदित नाना प्रकार के काव्य रूप एक ऐसी सूक्ष्म तलस्पर्शी दृष्टि की प्रतीक्षा में थे, जो इनकी वाह्य कलेवरगत और आन्तरिक सभी प्रकार की विशेषताओं को खोल-खाल कर विलगा सके। यह प्रश्न भक्तिकाव्य के सभी पाठकों, आलोचकों, अनुसन्धित्सुजनों के सामने खड़ा था, किन्तु इसका उत्तर वही दे सकता था जो प्राचीन वाङ्मय के एकाधिक अंगों से परिचित हो, जो भारतीय संस्कृति का मर्मज्ञ हो, जो विभिन्न

1. हिन्दी साहित्य की भूमिका, पृ. 79

प्रकार के सांस्कृतिक अन्तरावलम्बन के पहलुओं को ठीक से समझता हो, जो वैदिक पौराणिक, बौद्ध, जैन, पांचरात्रवैष्णव, पाशुपत-शैव, कापालिक, नाथ-सिद्ध आदि धर्म साधनाओं के सभी पक्षों से अवगत हो, जो संस्कृत, प्राकृत, पालि, अपभ्रंश, अवहट्ट तथा नव्य भारतीय आर्यभाषाओं में एकाधिक का जानकार हो। और यह कार्य यदि इतिहास पुरुष ने द्विवेदीजी के हाथों में सौंपा तो ठीक ही किया। द्विवेदीजी ने अपने इस कर्तव्य का निर्वाह किस सफलता और पूर्णता के साथ किया, इससे हिन्दी-भक्ति-काव्य का प्रत्येक पाठक परिचित है। 'हिन्दी साहित्य की भूमिका' और उसका परिशिष्ट, नाथ सम्प्रदाय, कबीर, सूर-साहित्य, तथा अनेक निबन्ध संग्रहों में संकलित एतद्विषयक निबन्ध, 'प्राचीन भारत के कलात्मक विनोद' आदि कृतियाँ इसी प्रश्न के समाधान का प्रयत्न करती हैं। मैं यहाँ उनके द्वारा व्याख्यात प्रत्येक शब्द का अलग-अलग परिचय नहीं देना चाहता। सिर्फ 'कबीर' पढ़नेवाले पाठक भी उनके इस अतुल परिश्रम और निष्ठा को देखकर आश्चर्यचकित रह जाते हैं। यह इस गवाक्ष की सूक्ष्मवीक्षण (माइक्रोस्कोपिक) शक्ति है, जो भक्तिकाव्य के एक-एक पक्ष की विश्लेषणात्मक गवेषणा का कार्य करती है, और इनकी उपलब्धियों के रूप में उस सामग्री का संचयन करती है जिसके आधार पर त्रिदिक् वीक्षण प्रक्रिया का पूरा सम्भार खड़ा होता है।

यह कहने की आवश्यकता नहीं कि सामग्री की उपलब्धि ही साहित्य की समरस-सन्तुलित व्याख्या नहीं कर सकती। इस पूरी सामग्री को उसके सही परिवेश मे नियोजित करने, इसके जीवन्त स्पन्दित अंश से भविष्य को जोड़ने, कूटस्थ रूढ़ परम्परा के टूटते रूप की ओर इशारा करने के लिए लेखक की आत्मा में ऐतिहासिक प्रक्रिया सम्यक बोध होना चाहिए। बिना इस बोध के महत्त्वपूर्ण सामग्री-संकीर्ण एक शब्दकोश का रूप धारण कर लेगा, जीवित विचारधारा का क्रमबद्ध इतिहास न हो सकेगा और आज तो द्विवेदीजी का व्यक्तित्व ही ऐतिहासिक प्रक्रिया का पर्याय हो गया है। इस प्रक्रिया की ही शक्ति है कि उनके सभी प्रकार के सृजन में एक अन्तर्निहित सन्तुलन और एकसूत्रता दिखाई पड़ती है। यह प्रक्रिया उन्हें अवान्तर में बह जाने से रोकती है, कल्पना की अतिशयता को संयमित करती है, व्यक्तिरुचि का परिसीमन करती है और उनके सम्पूर्ण दृष्टिकोण को आधुनिक और पूर्ण वैज्ञानिक बनाए रखती है।

> *लाखों वर्गमील में फैले हुए हजारों वर्ष के वृद्ध इस भारतवर्ष की साहित्यसाधना इतनी विराट्, इतनी जटिल और इतनी गम्भीर है कि उसकी प्राचीन और नवीन चिन्ताओं पर संक्षेप में फैसला सुना देना हिमाकत-भर है।*
>
> —साहित्य सहचर

सन्त साहित्य के अध्ययन में द्विवेदीजी का योग

वासुदेव सिंह

सामान्यतया 'सन्त साहित्य' से तात्पर्य उन निर्गुनियाँ साधकों की रचनाओं से लिया जाता है, जो समस्त वाह्याडम्बरों का विरोध करते हुए आत्मशुद्धि के लिए प्रयत्नशील थे। जिनकी दृष्टि में ईश्वर एक, अनन्य और सर्वव्यापक था, जिनके लिए गुरु गोविन्द से भी बड़ा था और जिनकी दृष्टि में भक्ति के क्षेत्र में ऊँच-नीच या छूत-अछूत का कोई अर्थ नहीं था। द्विवेदीजी के सन्दर्भ में मैं इस 'सन्त साहित्य' के अन्तर्गत हिन्दी के कबीर तथा अन्य निर्गुणमार्गी आराधकों के अतिरिक्त सहजयानी सिद्धों, नाथयोगियों और जैन-मर्मी कवियों को लेना चाहता हूँ, क्योंकि द्विवेदीजी ने भारतीय चिन्ता का स्वाभविक विकास खोजते हुए, इनमें अविच्छिन्न और अटूट सम्बन्ध देखा है।

यह 'सन्त साहित्य' ही नहीं, पूरा भक्तिकाव्य विवाद का विषय रहा है। मध्यकालीन भक्ति-आन्दोलनों के उद्‌भव पर विचार करते समय किसी ने उसे मुस्लिम शासन के अत्याचार की प्रतिक्रिया कहा, किसी ने उसे ईसाई-प्रभावोत्पन्न माना; किसी को उसमें निराश और हतदर्प जाति की कुंठाग्रस्त वाणी सुनाई दी और किसी को पलायनवादी स्वर। द्विवेदीजी के पूर्व जो हिन्दी साहित्य के इतिहास-ग्रन्थ लिखे गये उनमें से (शुक्लजी छोड़कर) कुछ में सामग्री-संकलन-मात्र था, कुछ में उनका वर्गीकरण अथवा तथ्यों का क्रमबद्ध विवरण। शुक्ल जी ने अवश्य जनता की चित्तवृत्ति के अनुसार विभिन्न प्रवृत्तियों के अध्ययन एवं मूल्यांकन की सराहनीय चेष्टा की। किन्तु उन्होंने भी उन तमाम उत्सों और प्रभावों की उपेक्षा की, जिनकी स्वाभाविक परिणति थी हिन्दी का भक्तिकाव्य। यही नहीं, उनको इस 'स्वर्णयुगीन' साहित्य के मूल में मुसलमानी प्रभाव की प्रतिक्रिया भी दिखाई पड़ी।

इस प्रकार मध्यकाल की सर्वाधिक महत्त्वपूर्ण चेतना—भक्ति आन्दोलन—के साथ न्याय नहीं हो सका था। द्विवेदीजी ने इसका अध्ययन नयी मानवतावादी, समाजशास्त्रीय, उदार वैज्ञानिक दृष्टि से किया। यह दृष्टि उन्हें मिली है रवीन्द्र नाथ

ठाकुर और क्षितिमोहन सेन के सम्पर्क से; इतिहास, जीवविज्ञान, मनोविज्ञान, नृतत्त्वशास्त्र, पुरातत्त्व आदि विभिन्न विषयों के अध्ययन से; वैदिक, पौराणिक, बौद्ध, जैन, वैष्णव, शैव, कौल-कापालिक, नाथ योगी, सहजिया सिद्धों आदि धर्मों और सम्प्रदायों की सम्यक् जानकारी से और प्राचीन आर्य-भाषाओं से लेकर नव्य भारतीय आर्य-भाषाओं में पारंगत होने से। वह स्वयं इस बात का अनुभव करते हैं कि "हिन्दी साहित्य का इतिहास लिखने के पहले निम्नलिखित साहित्यों की जाँच कर लेना बड़ा उपयोगी होगा, जिनकी अच्छी जानकारी के बिना हम न तो भक्तिकाल के साहित्य को समझ सकेंगे और न वीरगाथाकाल या रीतिकाल को— 1.जैन और बौद्ध अपभ्रंश का साहित्य, 2. कश्मीर के शैवों और दक्षिण तथा पूर्व के तान्त्रिकों का साहित्य, 3. उत्तर और उत्तर-पश्चिम के नाथों का साहित्य, 4. वैष्णव आगम, 5. पुराण, 6. निबन्ध-ग्रन्थ, 7. पूर्व के प्रच्छन्न बौद्ध वैष्णवों का साहित्य 8. विविध लौकिक कथाओं का साहित्य।"[1] कहने की आवश्यकता नहीं कि द्विवेदीजी का विशाल मानस-पट उपर्युक्त साहित्य के गहन अध्ययन से निर्मित हुआ है। इसीलिए वे हिन्दी भक्ति साहित्य को समूची प्राचीन भारतीय परम्परा की एक कड़ी के रूप में जोड़ सके, मध्यकालीन साहित्यिक चेतना को अस्वाभाविक अधोगति के रूप में नहीं, जाति की स्वाभाविक चेतना के रूप में देख सके, और प्रो. हेवेल तथा ग्रियर्सन द्वारा प्रचारित मिथ्या, धारणाओं का खंडन कर सके। उनका स्पष्ट मत है कि "अगर इस्लाम नहीं आया होता तो भी इस साहित्य का बारह आना वैसा ही होता, जैसा आज है।"[2]

उन्होंने अपनी उपस्थापना को प्रामाणिक करने के लिए हिन्दी साहित्य के उद्‌भव के एक सहस्राब्दी पूर्व की साहित्यिक और धार्मिक परम्पराओं और विश्वासों का इतिहास प्रस्तुत किया और दक्षिण के वैष्णव आन्दोलनों से हिन्दी भक्ति-साहित्य का सम्बन्ध-सूत्र जोड़ते हुए वह इस निष्कर्ष पर पहुँचे कि ईस्वी के हजार वर्ष बाद सभी सम्प्रदाय, शास्त्र और मत लोकमत की प्रधानता स्वीकार करने लगे थे। "उसी की स्वाभाविक परिणति का मूर्त प्रतीक हिन्दी साहित्य है।"[3]

भक्तिकाव्य के सम्बन्ध में उत्पन्न उक्त विवाद के कारण सन्त साहित्य का सहानुभूतिपूर्वक अध्ययन नहीं हो सका। यही नहीं, उनकी जो उपेक्षा हुई उसके लिए आचार्य रामचन्द्र शुक्ल की पूर्वग्रहयुक्त मान्यता भी उत्तरदायी है। जब उन्होंने यह निर्णय दे दिया कि "इस शाखा (ज्ञानाश्रयी शाखा—यह नाम भी शुक्लजी

1. अशोक के फूल, पृ. 89
2. हिन्दी साहित्य की भूमिका, पृ. 2
3. हिन्दी साहित्य की भूमिका, पृ. 8

का दिया हुआ है) की रचनाएँ साहित्यिक नहीं हैं—फुटकल दोहों या पदों के रूप में हैं, जिनकी भाषा और शैली अधिकतर अव्यवस्थित और ऊटपटाँग है।'' तथा ''निर्गुण सन्त और सिद्ध कवि साम्प्रदायिक और धर्मचालित अधिक थे। उनमें सामाजिक सद्भावना और सहृदयता की कमी थी और उनकी बानी में लोकधर्म की अवहेलना छिपी हुई थी''—तो उसका दूरव्यापी प्रभाव पड़ा। शुक्लजी का व्यक्तित्व विराट् था। प्राय: लोग उन्हीं के विचारों का अन्धानुसरण करते रहे और सहजयानी सिद्धों, नाथ योगियों, जैन कवियों, हिन्दी सन्त कवियों, विशेष रूप से कबीर आदि को उन्हीं के चश्मे से देखा जाता रहा, उन पर तरह-तरह के आरोप लगाकर उन्हें साहित्य-सीमा से निर्वासित करने का प्रयत्न तक होता रहा। यहाँ तक कि अब भी ऐसे पंडित विद्यमान हैं, जो नि:संकोच कह देते हैं कि ''कबीर की रचना उपदेश तो देती है, पर भावोन्मेष नहीं लाती। उनके उपदेशों को अत्यन्त ऊँचा मानकर भी उसे 'साहित्य' या 'काव्य' कहने में बहुतों को संकोच होता है।'' संक्षेप में, इन सन्तों पर निम्नलिखित आरोप लगाए जाते रहे हैं—

1. जैन, सिद्ध व सन्त कवि साम्प्रदायिक व धर्मचालित थे। उनकी रचनाएँ काव्य की परिधि में नहीं आतीं।
2. सन्त साहित्य गूढ़ और अस्पष्ट है।
3. उसमें लोकधर्म की उपेक्षा की गयी है।
4. वह पतनशील जाति की चिन्ताओं का मूर्त प्रतीक है।
5. निर्गुनियाँ सन्तों, विशेष रूप से कबीर, की जाति-पाँत विरोधी प्रवृत्ति, अवतारवाद और मूर्तिपूजा खंडन की चेष्टा 'मुसलमानी जोश' या 'हथकंडा' है।
6. कबीर प्रच्छन्न रूप से इस्लाम का प्रचार कर रहे थे।
7. कबीरदास शास्त्रज्ञानहीन और सुनी-सुनाई बातों को गढ़ने वाले थे।
8. वे ज्ञानाश्रयी थे, प्रेम अथवा भक्ति से इनका कोई लगाव न था।
9. इनकी भाषा 'सधुक्कड़ी', 'अव्यवस्थित' और 'बेमेल', 'खिचड़ी' है।

सन्त साहित्य के अध्ययन में आचार्य द्विवेदीजी का सबसे महत्त्वपूर्ण योगदान यही है कि उन्होंने उपर्युक्त सभी आरोपों का सप्रमाण और सशक्त शैली में खंडन किया और समूचे सन्त साहित्य को नये परिप्रेक्ष्य से देखने की दृष्टि दी।

जैन साहित्य मूलत: धार्मिक साहित्य है। जैन कवियों ने छिछले शृंगार अथवा लौकिक आख्यानों की अपेक्षा धार्मिक और आध्यात्मिक साहित्य की रचना में ही अधिक रुचि ली है, यद्यपि लौकिक साहित्य भी उनके द्वारा कम मात्रा में नहीं लिखा गया है। इन कवियों में कुछ की साम्प्रदायिक मनोवृत्ति, जैन मुनियों और धर्माचार्यों की संकीर्णता और उपलब्ध सामग्री के भी समुचित अध्ययन के प्रति रुचि

के अभाव के कारण उनके साथ न्याय नहीं हो सका। हिन्दी साहित्य के इतिहास में उन्हें उचित स्थान तक न मिल सका। शुक्लजी ने तो मात्र 'धार्मिक रचनाकार' कहकर साहित्य के इतिहास से इनको निकाल देने का प्रस्ताव किया।

किन्तु आचार्य हजारीप्रसाद द्विवेदीजी ने 'भांडागारों में बन्द विपुल सामग्री'— को निकालकर हिन्दी साहित्य में जबरदस्ती ठूँसने के आरोप की उपेक्षा करते हुए स्वयं इस साहित्य का सहानुभूतिपूर्वक अध्ययन किया और अनेक लोगों को इस ओर आकृष्ट किया। सम्भवतः उन्होंने सर्वप्रथम यह घोषणा की कि "उनमें कई रचनाएँ ऐसी हैं जो धार्मिक तो हैं, किन्तु उनमें साहित्यिक सरसता बनाए रखने का पूरा प्रयास है। धर्म वहाँ कवि को केवल प्रेरणा दे रहा है। स्वयम्भू, चतुर्मुख, पुष्पदन्त और धनपाल-जैसे कवि केवल जैन होने के कारण ही काव्य-क्षेत्र से बाहर नहीं चले जाते। धार्मिक साहित्य होने-मात्र से कोई रचना साहित्यिक कोटि से अलग नहीं की जा सकती। यदि ऐसा समझा जाने लगे तो तुलसीदास का 'रामचरितमानस' भी साहित्य क्षेत्र में अविवेच्य हो जाएगा और जायसी का 'पद्मावत' भी साहित्य-सीमा के भीतर नहीं घुस सकेगा"[1] उन्होंने 8-9 वीं शताब्दी के जैनमर्मी सन्त योगीन्दु मुनि तथा अन्य जैन सन्त कवियों में वही विशेषताएँ— वाह्याचार का विरोध, चित्तशुद्धि पर जोर देना, शरीर को ही समस्त साधनाओं का आधार समझना और समरसी भाव से स्वसंवेदन आनन्द का उपभोग—खोज निकालीं, जो तत्कालीन योगियों और तान्त्रिकों में पाई जाती थीं और जो परम्परा बाद में कबीर आदि निर्गुण मत के साधकों में ज्यों-की-त्यों चली आई है। उनका विश्वास है कि "अगर उनकी रचनाओं के ऊपर से 'जैन' विशेषण हटा दिया जाए तो वे योगियों और तान्त्रियों की रचनाओं से बहुत भिन्न नहीं लगेंगी। वे ही शब्द, वे ही भाव, और वे ही प्रयोग घूम-फिरकर उस युग के सभी साधकों के अनुभव में आया करते थे।"[2]

जैन कवियों के अतिरिक्त द्विवेदीजी ने सहजयानी सिद्धों और नाथयोगियों के साहित्य पर भी गम्भीरतापूर्वक विचार किया है। 'नाथ सम्प्रदाय', 'नाथ-सिद्धों की बानियाँ (सम्पादित), 'मध्यकालीन धर्म साधना' और 'हिन्दी साहित्य की भूमिका' इसके प्रमाण-ग्रन्थ हैं। 'नाथ सम्प्रदाय' में आचार्य द्विवेदी ने नाथ सिद्धों की साधना-पद्धति, हठयोग, योगियों का समय, पिंड और ब्रह्मांड आदि का विश्लेषण करते समय अपनी तलस्पर्शिनी गहन दृष्टि का परिचय दिया है। यहाँ उनका समीक्षक के अतिरिक्त गवेषक रूप भी सामने आया है। उनके मत से इन

1. हिन्दी साहित्य का आदिकाल, पृ. 11
2. मध्यकालीन धर्मसाधना, पृ. 44

योगियों का भी तत्कालीन सामाजिक व्यवस्था पर दूरव्यापी प्रभाव पड़ा। "गोरखनाथ ने निर्मम हथौड़े की चोट से साधु और गृहस्थ दोनों की कुरीतियों को चूर्ण-विचूर्ण कर दिया। लोकजीवन में धार्मिक चेतना पूर्ववर्ती सिद्धों से आकर उसके पारमार्थिक उद्देश्य से विमुख हो रही थी, उसे गोरखनाथ ने नयी प्राणशक्ति से अनुप्राणित किया।"[1] 'नाथ-सिद्धों की बानियाँ' में चौबीस नाथ-सिद्धों की रचनाएँ संग्रहीत की गयी हैं। इसकी भूमिका में द्विवेदीजी ने चौरंगीनाथ, नागार्जुन, चरपटीनाथ, काणेरीजी, जालन्धरीनाथ, अजयपाल, लक्ष्मणनाथ, घोड़ाचोली, दत्तजी और पृथ्वीनाथ आदि नाथयोगियों पर अत्यन्त श्रम और शोधपूर्वक नयी सामग्री प्रस्तुत की है।

द्विवेदीजी द्वारा इस अध्ययन से दो तथ्य विशेष रूप से प्रकाश में आए हैं : 1. अपने अन्तर में मध्यकालीन धर्मासाधना का पूरा रहस्य छिपाए हुए कतिपय पारिभाषिक शब्दों (सहज, शून्य, निरंजन, अवधू, नाद, बिन्दु, खसम, घरनी, समरसी-भाव और महामुख आदि) को समझने का आधार मिला है। इन शब्दों की व्युत्पत्ति, इतिहास, विभिन्न सम्प्रदायों के सन्दर्भ में इनके नूतन अर्थ आदि की प्रामाणिक विवेचना प्रस्तुत की गयी है। 2. हिन्दी सन्त काव्य को नूतन परिप्रेक्ष्य में समझने में सहायता मिली है। उसके सम्बन्ध में प्रचलित प्रवादों का निरसन हुआ है। कबीर तथा अन्य सन्तों ने जिस निर्मम ढंग से हिन्दू विधि-विधानों—जप, माला, छापा, तिलक, तीर्थाटन, आदि वाह्याचार तथा पुस्तकीय ज्ञान से परमात्म-प्राप्ति का विरोध व संशय व्यक्त किया था, उससे उन्हें मुस्लिम धर्म प्रचारक, सनातन धर्म निन्दक और न जाने क्या-क्या कहा जाने लगा था। द्विवेदीजी ने सिद्धों और योगियों की रचनाओं से अनेक अंश उद्धृत करते हुए यह प्रमाणित किया कि कबीर आदि ने जो कुछ कहा वह न नया था न अभारतीय। कबीर से अधिक तीखी और चकनाचूर कर देने वाली भाषा में इन सिद्धों व योगियों ने वाह्य विधानों का खंडन किया था। "क्या भाव, क्या भाषा, क्या अलंकार, क्या छन्द, क्या पारिभाषिक शब्द सर्वत्र वे ही कबीर दास के मार्गदर्शक हैं। कबीर की ही भाँति ये साधक नाना मतों का खंडन करते थे, सहज और शून्य में समाधि लगाने को कहते थे।...सहजयानी सिद्धों और नाथपन्थी योगियों का अक्खड़पना कबीर में पूरी मात्रा में है।"[2]

किन्तु इससे यह भ्रम नहीं हो जाना चाहिए कि कबीर या अन्य निर्गुनियाँ सन्तों में मौलिक दृष्टि का अभाव था अथवा वे सिद्धों के योगियों के अन्धानुकर्ता थे। वस्तुतः ये सन्त, विशेष रूप से कबीर, सिद्धों और योगियों की परम्परा में

1. नाथ सम्प्रदाय, पृ. 188
2. हिन्दी साहित्य की भूमिका, पृ. 32-33

होते हुए भी सर्वथा उनके अनुगामी नहीं थे। उनके पास एक ऐसी मणि थी, जो न योगियों में थी, न सहजिया सिद्धों में। वह थी भक्ति। ''वह योगियों के पास नहीं थी, पंडितों के पास नहीं थी, काजियों के पास नहीं थी। इस परमाद्भूत रत्न को पाकर कबीर कृतकृत्य हो रहे।''[1] वस्तुतः कुछ विद्वानों ने इन सन्तों को 'ज्ञानाश्रयी' कहकर इस धारणा को बढ़ावा दिया कि इनका भक्ति या प्रेम से कोई सम्बन्ध न था। वे शुष्क और नीरस उपदेष्टा मात्र थे। 'मनुष्य-मनुष्य के बीच जो रागात्मक सम्बन्ध हैं, वह उनके द्वारा व्यक्त न हुआ।' इस प्रकार की धारणा का एक कारण यह भी था कि ये सन्त जिस 'निर्गुण' तत्त्व की चर्चा करते थे, उसकी भक्ति कैसे सम्भव है? इस प्रतीत होनेवाले अन्तर्विरोध को दूर करने के लिए द्विवेदीजी ने 'निर्गुण' शब्द की व्याख्या की है, सन्तों के आराध्य और वेदान्तियों की अद्वैत सत्ता को अलगाया है और कबीर के राम व पुराणों के ब्रह्म का अन्तर स्पष्ट किया है। कबीर के 'निर्गुण राम' और वेदान्तियों के पारिभाषिक 'निर्गुण ब्रह्म' में जो मौलिक भेद है, उसे स्पष्ट करते हुए वह इस निष्कर्ष पर पहुँचे हैं कि कबीर ''निर्गुण से केवल एक निषेधात्मक भाव ग्रहण करते हों, सो बात नहीं है। वस्तुतः वे भगवान् को सत्त्व, रज और तमोगुणों से अतीत मानते हैं। और इसी गुणातीत रूप को 'निर्गुण' शब्द से प्रकट करते हैं।''[2] कबीर का यह त्रिगुणातीत, द्वैताद्वैतविलक्षण, भावाभावविनिर्मुक्त, अलभ, अगोचर, अगम्य, प्रेमपारावार, भगवान् ''दार्शनिक वाद के मानदंड से परे है, तार्किक बहस के ऊपर है, पुस्तकी विधा से अगम्य है, परप्रेम से प्राप्य है, अनुभूति का विषय है, सहज भाव से भावित है।''[3]

भक्तिकाव्य को सगुण-निर्गुण और पुनः दोनों के दो-दो उप-विभाग कर देने से और इनमें केवल अन्तर खोजने का परिणाम यह हुआ कि प्रायः यह माना जाने लगा कि इन विभिन्न धाराओं में कोई मेल न था। एक का जन्म दूसरे के विरोधार्थ हुआ था। सगुण और निर्गुण मतावलम्बियों के संस्कार, सामाजिक परिवेश, मान्यताएँ और लक्ष्य भिन्न होने के कारण, दोनों ऐसी दो समानान्तर रेखाओं के सामान थे, जो कहीं नहीं मिलतीं। यद्यपि द्विवेदीजी भी यह मानते हैं कि दोनों सम्प्रदाय साधना-पद्धति, आचार-विचार, विश्वास-सिद्धान्त आदि में एक-दूसरे से अलग थे। एक का मार्ग समझौते का था, दूसरे का विद्रोह का, एक शास्त्र का अनुयायी था, दूसरा अनुभव का अवलम्बी; एक श्रद्धा को प्राथमिकता देता था,

1. कबीर, पृ. 138
2. कबीर, पृ. 122
3. कबीर, पृ. 127

दूसरा ज्ञान को। किन्तु "प्रेम दोनों का ही मार्ग था, सूखा ज्ञान दोनों को अप्रिय था, केवल वाह्याचार दोनों में से किसी को सम्मत नहीं था, आन्तरिक प्रेम निवेदन दोनों को इष्ट था, अहैतुक भक्ति दोनों की काम्य थी, आत्म-समर्पण दोनों के साधन थे, भगवान की लीला में दोनों ही विश्वास करते थे।"[1] इस प्रकार द्विवेदीजी ने भक्तिकालीन विभिन्न सम्प्रदायों और मतों के मूल में निहित समान तत्त्वों की छानबीन कर के यह सिद्ध कर दिया कि ये नाना पन्थ भले ही बहुसंख्यक रहे हों, वे अपने को श्रेष्ठ सिद्ध करने के लिए दूसरे की निन्दा और विरोध भी करते रहे हों, किन्तु कहीं-न-कहीं जाकर ये सभी एक-दूसरे से मिल जाते थे, कोई ऐसा सूत्र था, जो अन्ततः सबको एक में बाँधे हुए था।

कबीर तथा अन्य साधक 'सन्त' अपने समय में ही प्रतिष्ठा प्राप्त कर चुके थे, किन्तु उन्हें 'कवि' मानने में अब भी बहुतों को संकोच होता है। इस सम्बन्ध में मेरा विनम्र निवेदन यह है कि कवि की कसौटी क्या है? काव्य के लक्षण क्या हैं? क्या काव्य की सार्थकता या सीमा हाव-भाव वर्णन में, संयोग-वियोग की वाह्य एवं अन्तर्दशाओं के निरूपण में, ओजगुणसम्पन्न वीर रसात्मक आख्यानों में, आश्रयदाताओं के विरुदगानों में, प्रेमगीतों में और सामयिक की अभिव्यंजना में ही है? अथवा धार्मिक रचना होने से ही क्या कोई कृति या कवि साहित्य-परिधि से निकाल दिए जाने योग्य हो जाता है? यदि साहित्य को केवल भौतिक सुख-दुःखों अथवा इन्द्रियानुभूति की अभिव्यक्ति का साधन मान लिया जाएगा तो इससे न केवल साहित्य का, वरन् हमारा भी काफी अकल्याण होगा। साहित्य की सार्थकता जागतिक प्रपंचों से उत्पन्न समस्याओं के भावात्मक निरूपण में ही नहीं है। इन प्रतीत होने वाले द्वन्द्वों से भी एक बड़ी सत्ता है, जिसकी अनुभूति इन्द्रियों-द्वारा सम्भव नहीं। वह अतीन्द्रिय है, किन्तु उसकी अनुभूति का सुख इन्द्रिय-सुख से भी व्यापक और स्थाई है। जिस ब्रह्मानन्द का अनुभव योगी योग के बल पर करता है, कवि उसी का रसास्वादन अपनी साधना के बल पर करता है और उसे वाणी देने की चेष्टा करता है। ऐसे अतीन्द्रिय आत्मानन्द की अभिव्यंजना भी साहित्य का लक्ष्य है। रवीन्द्रनाथ ने काव्य की सार्थकता इसी 'ऐश्वर्य रस' की साधना में मानी है। द्विवेदीजी के शब्दों में "छोटी-से-छोटी वस्तु में उसकी विभिन्नता और क्षुद्रता के बावजूद एक ऐसा सत्य है, जो सारी वस्तुओं में समान रूप से पाया जाता है। उसी को रवीन्द्रनाथ 'एक' कहते हैं। जहाँ इस 'एक' के साथ किसी वस्तु का सामंजस्य है, वहीं सौन्दर्य है और कला है।"[2] कबीर तथा

---

1. मध्यकालीन धर्म साधना, पृ. 92
2. साहित्य सहचर, पृ. 5-6

अन्य सन्तों ने इसी 'एक' की साधना की है और अपनी वाणी का विषय बनाया है। ''उसी के आकर्षण को सहृदय समालोचक सँभाल नहीं पाता और रीझकर कबीर को 'कवि' कहने में सन्तोष पाता है।''[1]

जहाँ तक इन सन्तों की भाषा या शिल्प का प्रश्न है, यह सभी जानते हैं कि ये साधक (सुन्दरदास को छोड़कर) अधिक पढ़े-लिखे नहीं थे। कबीर ने 'मसि-कागद' का भी स्पर्श नहीं किया था। उन्हें छन्द-ज्ञान भी नहीं था। इसलिए उनके काव्य में भाषा या रूपगत सौन्दर्य खोजना अथवा उसमें अलंकार, छन्द आदि की बारीकियों की आशा करना न्यायसंगत न होगा। यही नहीं, उन्होंने कविता के लिए कविता नहीं लिखी थी। काव्य उनके लिए साधन था, साध्य नहीं। रीति-कालीन कवियों के सामन शब्द-कौशल अथवा उक्ति-वैचित्र्य या भंगीभणिति के द्वारा सामन्तों का मनोरंजन भी उनका इष्ट नहीं था। उनके लिए कविता भावों के अभिव्यक्तीकरण का माध्यम-मात्र थी। और इस दृष्टि से वे पूर्ण सफल रहे हैं। वस्तुतः भाषा की दृष्टि से सन्त सच्चे लोकनायक थे। उन्होंने लोकभाषा में अपनी बात की है। वे भाषा को बहते नीर के समान सर्वजनसुलभ देखना चाहते थे। उनकी भाषा 'बेमेल खिचड़ी' नहीं है, अपितु समूचे उत्तर भारत के जनमानस का प्रतिनिधित्व करती है। जहाँ तक भाषा की शक्ति का प्रश्न है, उन्होंने अरूप, अलख और अगोचर ब्रह्म को रूप और वाणी दी है। उसे अभिधा-द्वारा व्यक्त करना सम्भव नहीं। इन सन्तों ने उसका ध्वनन किया है। यह ध्वनि या व्यंजना ही काव्य की उत्तम शक्ति है। कबीर के सम्बन्ध में द्विवेदीजी का मत है कि ''आज तक हिन्दी में ऐसा जबर्दस्त व्यंग्य-लेखक पैदा ही नहीं हुआ। उनकी साफ चोट करनेवाली भाषा, बिना कहे भी सब कुछ कह देनेवाली शैली और अत्यन्त सादी, किन्तु अत्यन्त तेज प्रकाशन-भंगी अनन्य-साधारण है।''[2] यही नहीं, ''भाषा पर कबीर का जबर्दस्त अधिकार था। वे वाणी के डिक्टेटर थे। जिस बात को उन्होंने जिस रूप में प्रकट करना चाहा है, उसे उसी रूप में कहलवा लिया। बन गया तो सीधे-सीधे, नहीं तो दरेरा देकर। भाषा खुद कबीर के सामने लाचार-सी नजर आती है।''[3]

इस प्रकार द्विवेदीजी ने सन्त काव्य को समूची भारतीय परम्परा को एक अनिवार्य और स्वाभाविक कड़ी के रूप में देखते हुए उसे साहित्य-क्षेत्र में उसी

1. कबीर, पृ. 215
2. कबीर, पृ. 164
3. कबीर, पृ. 217

प्रकार प्रतिष्ठित किया, जिस प्रकार सूर, तुलसी, अथवा, जायसी को आचार्य रामचन्द्र शुक्ल ने।

अध्यापक-जीवन का एक बड़ा भारी अभिशाप यह है कि आपको ऐसी सैकड़ों बातों को पढ़ना-पढ़ाना पड़ेगा जिसे आप न तो हृदय से स्वीकार करते हैं और न साहित्य के लिए हितकर मानते हैं। यहाँ आदमी को आपा खोकर ही सफलता मिलती है।

—आलोचना का स्वतन्त्र मान

नाथ-साहित्य के अध्ययन में द्विवेदीजी का योग

नागेन्द्रनाथ उपाध्याय

नाथ सम्प्रदाय, साधना, दर्शन और साहित्य के आधुनिक ढंग के अध्ययन का आरम्भ सबसे पहले अँग्रेजी में ही हुआ। सबसे पहले 'इन्साइक्लोपीडिया ऑव रिलिजन एंड एथिक्स' में नाथों से सम्बन्धित कई लेख लिखे गये। सबसे पहला व्यवस्थित और विस्तृत ग्रन्थलेखन अँग्रेजी में जी.डब्ल्यू. ब्रिग्स ने किया। उनका ग्रन्थ 'गोरखनाथ एंड कनफटा योगीज़' के नाम से 1938 में प्रकाशित हुआ। फिर हिन्दी में कई लेख लिखे गये। लोगों ने स्वीकार किया कि बौद्ध-सिद्धों और नाथ-सिद्धों के सम्बन्ध बहुत घनिष्ट हैं। कुछ लोगों ने तो और आगे बढ़कर यह भी घोषणा कर दी कि नाथ-सम्प्रदाय तान्त्रिक बौद्ध मत के वज्रयान का एक उपयान है। गोरखनाथ का पूर्वनाम तो रमणवज्र था ही, वे पहले बौद्ध थे ही, फिर बाद में उन्होंने शैवमत स्वीकार लिया। यही कारण है कि नेपाल के बौद्ध लोग धर्मत्यागी गोरक्षनाथ को अश्रद्धा की दृष्टि से देखते हैं। इस प्रकार की स्थापनाओं को पुष्ट रूप देने के लिए महापंडित राहुल सांकृत्यायन ने बहुत-सी सामग्री जुटायी। उन्होंने रत्नाकर जोपम कथा का प्रमाण प्रस्तुत किया और तारानाथ के इतिहास-ग्रन्थ को बड़े विश्वास के साथ उद्धृत किया। उन्होंने वज्रयान के तत्त्वों का विकास नाथसाधना में नहीं दिखाया, फिर भी गोरखनाथादि को बौद्ध घोषित करने के साथ ही उन्होंने नाथ सम्प्रदाय को वज्रयान से विकसित माना। हिन्दी के प्रारम्भिक इतिहासकारों ने बिना तथ्यों और प्रमाणों की परीक्षा किये ही यह स्वीकार कर लिया कि नाथों और बौद्धों की परम्परा एक थी। यह भी मान लिया गया कि जालन्धरनाथ बौद्ध थे तथा वे ही नाथों के भी आदिनाथ थे। जब हिन्दी के विवेचक हिन्दी सन्त साहित्य के विभिन्न पारिभाषिक शब्दों की परम्परा के खोज में दत्तचित्त हुए तो उन्हें एक ही रास्ता दिखाई पड़ा कि गोरखनाथादि बौद्ध सिद्धों और हिन्दी के तथाकथित निर्गुणी सन्तों के बीच की कड़ी हैं। (गोरखबानी की भूमिका) यह बात डॉ. पीताम्बरदत्त बड़थ्वाल ने कही और पं. अयोध्यासिंह उपाध्याय ने इसे समर्थन प्रदान किया।

इसके बाद सन्तों के साहित्य का विवेचन करने के लिए बौद्ध और नाथ-सिद्ध साहित्य का विवेचन अपरिहार्य हो गया। आज के अध्ययन की स्थिति को देखते हुए अब हमें पिछले अध्ययन अपरिपक्व से मालूम पड़ते हैं। कारण यह है कि पिछले अध्ययन भारतीय साधना, संस्कृति, दर्शन और सम्प्रदायों के विकास को बिना ध्यान में रखे ही किए गये थे।

द्विवेदीजी के नाथ सम्प्रदाय और सन्त साहित्य सम्बन्धी ग्रन्थों को देखने से अध्ययन सम्बन्धी उनकी दृष्टि विविधता, जैसे ऐतिहासिक, पुरातात्त्विक, सांस्कृतिक, भाषावैज्ञानिक, साहित्यिक, साधानात्मक आदि, स्पष्ट हो जाती है। द्विवेदीजी संस्कृत वाङ्मय के प्रकांड पंडित हैं। इसीलिए जब भी वे आधुनिक भारतीय आर्यभाषा और साहित्य का पर्यालोचन करने लगते हैं तो उनकी दृष्टि अनायास ही अतीत साहित्य, दर्शन, साधना आदि की अनुद्घाटित कड़ियों तक दौड़ जाती है। फलतः शब्दों के नये अर्थ, साधना और दर्शन की नयी जीवन्त परम्परा पुष्ट रूप में प्रत्यक्ष हो जाती है। इसीलिए भूमिका प्रस्तुत करने में द्विवेदीजी बहुत-से विद्वानों की अपुष्ट और सर्वथा कल्पित स्थापनाओं को झकझोर देने में समर्थ हो सके। शुक्लजी ने अपनी आलोचना-पद्धति में और अपने इतिहास-ग्रन्थ में भी लोकजीवन और लोकमंगल पर बहुत जोर दिया है। लेकिन साहित्य, आलोचनात्मक विवेचन तथा शोध के क्षेत्र में व्यापक लोकजीवन, लोकश्रुति, लौकिक संस्कार, विश्वासादि का किस प्रकार उपयोग हो सकता है और उससे कैसे-कैसे रत्नों का उद्घाटन हो सकता है, यह द्विवेदीजी के 'नाथ सम्प्रदाय' और 'कबीर' नामक ग्रन्थों में प्रकट हुआ। शुक्लजी ने जिस लोकजीवन और लोकमंगल को महत्त्व दिया था, उसका भावपक्ष ही काव्य के लिए विवेच्य समझा गया। कवि और काव्य के विभिन्न रहस्यों को उद्घाटित करने के लिए सामान्य लोकजीवन की रूढ़ियों, रीतियों, विश्वासों, संस्कारों और परम्पराओं की छानबीन उन्होंने नहीं की। उन्होंने कवि को, उसके व्यक्तित्व और जीवन को, समझने और समझाने के लिए उसके समय की और उसके पूर्व की धार्मिक, सामाजिक, साधनात्मक और दार्शनिक परिस्थिति और परम्परा को उतना महत्त्व नहीं दिया। दूसरे उनकी दृष्टि भी स्मृति समर्थित व्यवस्था और अन्य क्षेत्रों में भी रूढ़ियों से बँधी हुई थी। यही कारण है कि इस परम्परा और रूढ़ि से पृथक् रहकर अपनी ही शक्ति से जीवित रहनेवाली संस्कृति, साधना और साहित्य की आलोचना और परीक्षा वे आलोचक के ताटस्थ्य के साथ नहीं कर सके। उन्होंने विभिन्न साम्प्रदायिक और मतमतान्तरीय संघर्षों, क्रिया-प्रतिक्रियाओं, विभेदों, विशिष्टतापरक लक्षणों की भी परीक्षा और खोज नहीं की। इस सब बातों का कारण यह था कि वे काव्य और साहित्य के लिए काव्यशास्त्रीय और साहित्यशास्त्रीय निकष को ही आवश्यक और उपयोगी मानते

थे। उन्होंने भक्ति की जो परिभाषा अपने सूरदास ग्रन्थ से स्थिर की, वह भी उनकी दृष्टि और आग्रह-विशेष की ही परिचायिका है। ऐसा स्पष्ट होता है कि, जैसा यह परिभाषा और साहित्यशास्त्रीय मानदंड तुलसीदास को ही ध्यान में रखकर स्थिर किए गये हैं। शुक्लजी के विविध ग्रन्थों के प्रकाशित हो जाने के बाद द्विवेदीजी के जो ग्रन्थ प्रकाशित हुए, उनसे यह स्पष्ट हुआ कि इन्होंने अपने ग्रन्थों में अधिक उदार साहित्यिक दृष्टि विकसित कर, और अधिक व्यापक ज्ञानक्षेत्र को समाहित कर उनके प्रकाश में कवि और काव्य का मूल्यांकन किया है। हिन्दी साहित्य की भूमिका के निवेदन में उन्होंने लिखा भी है, "ऐसा प्रयत्न किया गया है कि हिन्दी साहित्य को सम्पूर्ण भारतीय साहित्य से विच्छिन्न करके न देखा जाए।"

नाथों और सन्तों की रचनाओं के बारे में द्विवेदीजी ने जो कुछ लिखा है उससे यह बात प्रमाणित हो जाती है कि द्विवेदीजी इन रचनाओं का मूल्यांकन केवल काव्यशास्त्रीय दृष्टि से ही नहीं करते। वे उसका मूल्याकंन काव्यरूप, छन्द, शब्दकोश, भाषा, धर्म, साधना और दर्शन की भी दृष्टि से करते हैं। वे यह मानते हैं कि नाथों और सन्तों, दोनों की रचनाओं का इन क्षेत्रों में अपना योगदान है। शुक्लजी ने आदिकालीन साहित्य में जहाँ चारणों और भाटों के साहित्य का महत्त्व स्थापित किया वहीं द्विवेदीजी ने बौद्ध सिद्धों और नाथों के साहित्य का महत्त्व स्थापित किया। द्विवेदीजी की नाथ और सन्त साहित्य सम्बन्धी दृष्टि की तीन विशेषताएँ स्पष्टतया दिखाई पड़ती हैं। पहली तो यह कि यह आधुनिक शोध की प्रकृति से सम्पन्न है। दूसरी विशेषता यह है कि भारतीय धर्मसाधना के अन्धकाराच्छन्न और अनुद्‌घाटित पक्षों एवं तत्त्वों का विश्लेषण सम्भव हो सका, जिससे साहित्येतिहास लेखन में प्रथम बार कवि और उसके व्यक्तित्व की महत्ता स्थिर हुई। हिन्दी साहित्य में गोरक्षनाथ और कबीरदास के व्यक्तित्व को स्थापित करने का श्रेय द्विवेदीजी को ही है।

नाथ सम्प्रदाय के सम्बन्ध में द्विवेदीजी ने एक स्वतन्त्र ग्रन्थ ही लिखा है, लेकिन उसके सम्बन्ध में बहुत पहले से ही सोचते-समझते रहे हैं। आपने 'हिन्दी साहित्य की भूमिका' नामक ग्रन्थ में अपना यह विचार दिया कि "नवीं-दसवीं शताब्दियों में नेपाल की तराइयों में शैव और बौद्ध साधनाओं के सम्मिश्रण से नाथपन्थी योगियों का नया सम्प्रदाय उठ खड़ा हुआ।" इस कथन का अर्थनिरूपण इस विषय के हिन्दी के पुराने लेखकों के कथनों को ध्यान में रखकर करना चाहिए। जिसके अनुसार गोरक्षनाथ मूलतः बौद्ध थे और बाद में शैव हो गये। शुक्लजी ने भी (1929 में) घोषणा कर दी थी कि "गोरखनाथ के नाथपन्थ का मूल भी बौद्धों की यही वज्रयान शाखा है। चौरासी सिद्धों में गोरखनाथ (गोरक्षनाथ) भी गिन लिए गये हैं। पर यह स्पष्ट है कि उन्होंने अपना मार्ग अलग कर लिया।" राहुल जी

के दिए हुए प्रमाणों पर शुक्लजी ने कुछ और बातें भी कहीं जो आजकल के अध्ययन की दृष्टि से अप्रामाणिक कही जाएँगी, "नाथ-परम्परा में मत्स्येन्द्रनाथ के गुरु जालन्धरनाथ माने जाते हैं। सब बातों पर विचार करने से हमें ऐसा प्रतीत होता है कि जालन्धर ने सिद्धों से परम्परा अलग की और पंजाब की ओर चले गये।" मत्स्येन्द्र के गुरु जालन्धर थे, यह भ्रम रत्नाकर जोपम कथा को प्रमाण मान लेने के कारण हुआ। इस प्रमाण से यह सिद्ध करने का प्रयत्न किया गया है कि जालन्धरनाथ ही आदिनाथ हैं और नाथों की परम्परा आदिनाथ से ही चलती है। ऐसी स्थिति में और आगे विचार करने पर यह बात भी माननी पड़ेगी कि कृष्णपा या कान्हुपा मत्स्येन्द्रनाथ के गुरुभाई थे, लेकिन आज द्विवेदीजी के प्रामाणिक विवेचन से यह बात साफ हो गयी है कि मत्स्येन्द्र और जालन्धर दोनों ही समसामयिक थे तथा दोनों की साधना पद्धतियाँ भिन्न थीं और गोरक्षनाथ मत्स्येन्द्रनाथ के और कृष्णपा जालन्धरनाथ के शिष्य थे। नाथ सम्प्रदाय की कोई भी परम्परा जालन्धरनाथ को मत्स्येन्द्रनाथ का गुरु नहीं मानती। द्विवेदीजी ने जो यह बात कही है कि नाथयोगियों का नया सम्प्रदाय नेपाल में शैवों और बौद्धों के सम्मिश्रण से उठ खड़ा हुआ, इसका अर्थ केवल यही लगाया जा सकता है कि नाथों की साधना में बौद्धों की भी कुछ वज्रोली, सहजोली, जैसी साधनाएँ भी किसी-न-किसी प्रकार छिपे-छिपे, विभिन्न अशैव सम्प्रदायों के संगठन के बाद नाथ सम्प्रदाय में सरकती हुई चली आई हैं। लेकिन द्विवेदीजी के पूर्व यह प्रकट न हो सका था कि गोरखनाथ ने विभिन्न शैव-अशैव सम्प्रदायों का संगठन नाथ सम्प्रदायों में किस तरह किया था।

प्रारम्भ में हिन्दी साहित्य के इतिहास-लेखन में निर्गुणी सन्तों का विचार करते समय यह मत व्यक्त किया गया था कि निर्गुणी लोगों की जाति-पाँति खंडन की प्रवृत्ति मुसलमानों के प्रभाव के कारण है। द्विवेदीजी ने इसे भ्रम बतलाया और स्पष्ट ही उन्होंने बौद्ध सिद्धों और नाथ सिद्धों की परम्परा की ओर संकेत करते हुए कहा, "यदि कबीर आदि निर्गुणमतवादी सन्तों की वाणियों की बाहरी रूपरेखा पर विचार किया जाए तो मालूम होगा कि यह सम्पूर्णत: भारतीय है और बौद्ध धर्म के अन्तिम सिद्धों और नाथपन्थी योगियों के पदादि से उसका सीधा सम्बन्ध है। उन्होंने बौद्ध सिद्धों और विशेषकर सरहपा की वाणी की परीक्षा कर अक्खड़ता, आडम्बर, छूआछूत-जातिपाँति आदि की प्रवृत्तियों के विरोध की भारतीय परम्परा सिद्ध कर दी। इसी प्रकार पारिभाषिक शब्द, छन्द, पद-रचना, रागनिबद्धता, दोहा-चौपाई, शैली, गुरु-महिमा, पिण्डब्रह्माण्डवाद आदि प्रवृत्तियों के विषय में उन्होंने कहा कि ये सभी सहजयानियों, वज्रयानियों, तान्त्रिकों, नाथपन्थियों में समान भाव से समादृत हैं। 'हिन्दी साहित्य की भूमिका' में द्विवेदीजी ने भक्तिकालीन शाखा विशेष पर विचार करते समय नाथ सम्प्रदाय और सहजयान दोनों का साथ-साथ

उल्लेख किया है। अपने अलग ग्रन्थों में द्विवेदीजी ने नाथ-सम्प्रदाय को मूलतः शैव ही माना है, बौद्ध नहीं। उनके 'भूमिका' नामक ग्रन्थ में दो-तीन बातें और ध्यान देने योग्य हैं—उन्होंने सान्ध्यभाषा, उलटबाँसी और दृष्टकूट का सम्बन्धनिरूपण करते हुए यह निष्कर्ष निकाला कि यह प्रवृत्ति बहुत पुरानी है। परम्परा का विस्तार बताते हुए उन्होंने नाथों की अमृतवाणी और सूरदास के दृष्टकूट की तरह के उदाहरण 'पृथ्वीराजरासो' में भी दिखाए। दूसरी महत्त्वपूर्ण बात यह है कि द्विवेदीजी ने इसमें गोरक्षनाथ की शिष्य-परम्परा का भी विचार किया है, जो अभी तक नहीं हुआ था। उन्होंने लिखा —गोरक्षनाथ के कई शिष्य थे—बालनाथ, हालीकपाव, मालीपाव आदि। हालीकपाव या हाड़िपा, हाड़ी नामक अन्त्यज जाति में उत्पन्न हुए थे। पहले ये बौद्ध थे, बाद में नाथपन्थी हो गये थे। इन्हीं का एक और नाम जालन्धरनाथ था। उनके आगे के ग्रन्थ में जालन्धरनाथ के गोरक्ष का शिष्य होने की बात नहीं आई है। तीसरी महत्त्वपूर्ण बात यह है कि यहाँ नाथों के शैवयोग के विभिन्न पारिभाषिक शब्दों की शास्त्रीय आधार पर व्याख्या प्रस्तुत की गयी है। डॉ. बड़थ्वाल ने सन्त साहित्य में प्रयुक्त होनेवाले विभिन्न पारिभाषिक शब्दों के स्रोतों का वर्गीकरण तो किया था, किन्तु उन शब्दों के विकासात्मक सूक्ष्म अर्थों का विचार नहीं किया। द्विवेदीजी ने शून्य जैसे शब्दों का विस्तार से विचार किया। उन्होंने कबीरादि के व्यक्तित्व विकास के लिए उत्तरदायी जुग्गी आदि जातियों का समाजवैज्ञानिक और जनगणना सम्बन्धी तथ्यों के आधार पर तत्कालीन समाज-रचना और परिवर्तन का विवरण प्रस्तुत किया।

उपर्युक्त पुस्तक में ही द्विवेदीजी ने यह संकेत कर दिया था कि नाथ सम्प्रदाय और तदंगभूत जातियों ने कबीर को प्रभावित किया था। योगज्ञान कबीर को इस्लाम में नवधर्मान्तरित इसी जुग्गी जाति से मिला। डॉ. बड़थ्वाल ने पहले यह अवश्य बताया था कि कबीर किसी प्राचीनतया कोरी किन्तु तत्कालीन जुलाहा कुल के थे जो मुसलमान होने के पहले जोगियों का अनुयायी था। द्विवेदीजी ने बड़े विस्तार से इस तथ्य को उद्घाटित सिद्ध किया कि जोगी जाति नाथयोगियों से सम्बद्ध थी। इसके लिए उन्होंने रिजली और बेन्स को प्रमाण रूप में उद्धृत किया है। द्विवेदीजी कोरी के मुसलमानी रूप को जुलाहा नहीं मानते। उन्होंने डॉ. बड़थ्वाल के इस मत को भी अस्वीकार किया है कि सामाजिक प्रतिष्ठा के लिए ही यह धर्मान्तरण हुआ था। उनका अनुमान है कि मुसलमानों के आने के पहले इस देश में एक ऐसी श्रेणी वर्तमान थी जो ब्राह्मणों से असन्तुष्ट थी और वर्णाश्रम के नियमों की कायल नहीं थी। नाथपन्थी ऐसे ही योगी थे। अन्यत्र उन्होंने यह भी संकेत किया है कि शैवों के लकुलीश, पाशुपत आदि अतिवर्णाश्रमी थे। वे मुख्य रूप से संन्यासी ही होते थे, लेकिन बाद में राजनीतिक-सामाजिक परिस्थितियों के परिवर्तन से उनके

सम्प्रदाय के अन्तर्गत अत्याश्रमी और एतवर्णाश्रमी गृहस्थों का भी वर्ग विकसित होने लगा। ''उन दिनों नाथमतावलम्बी गृहस्थ योगियों की एक बहुत बड़ी जाति थी जो न हिन्दू थी न मुसलमान। वस्तुतः ये जातियाँ एक जमाने में आश्रमभ्रष्ट होने के कारण वर्णाश्रम व्यवस्था के बाहर पड़ती थीं। जोगी नामक आश्रमभ्रष्ट घरबारियों की जाति सारे उत्तर और पूर्व भारत में फैली थी। जाति भेद और ब्राह्मण की श्रेष्ठता के प्रति इनकी कोई सहानुभूति नहीं थी। ये आसपास के वृहत्तर समाज में नीच और अस्पृश्य थे। मुसलमानों के आने के बाद ये धीरे-धीरे मुसलमान होते रहे। पंजाब से लेकर बंगाल तक के प्रदेशों में इनकी जातियों ने सामूहिक रूप से इस्लाम धर्म ग्रहण किया।'' नाथ सम्प्रदाय से सम्बद्ध जातियों के धर्मान्तर की प्रक्रिया का विस्तृत विवेचन कर द्विवेदीजी ने केवल कबीर पर ही नहीं, अपितु अलीराजा, सैयद सुलतान, मुहम्मद शफी, मुरक्षित सभी पर नयी दृष्टि से विचार करने की प्रेरणा दी और यह संकेत किया कि इस वर्ग के कवियों का तत्कालीन संस्कृति, समाज और साहित्य में वैलक्षण्य स्पष्टया बहुत महत्त्वपूर्ण है।

हिन्दी में भक्तिकालीन सन्त साहित्य की भूमिका के लिए यद्यपि नाथ साहित्य और सम्प्रदाय की चर्चा कई बार हो चुकी थी, किन्तु नाथों के दर्शन, साधना और साम्प्रदायिक विश्वासों का खुलकर विवेचन नहीं किया गया था। पं. रामचन्द्र शुक्ल ने अपने इतिहास में नाथों के साधना और दर्शनगत वैशिष्ट्य पर जो संकेत किए थे वे पर्याप्त भ्रामक थे, ''योगियों की इस हिन्दू शाखा ने वज्रयानियों के अश्लील और बीभत्स विधानों से अपने को अलग रखा, यद्यपि शिवशक्ति की भावना के कारण कुछ शृंगारमयी वाणी भी नाथपन्थ के किसी-किसी ग्रन्थ (जैसे शक्तिसंगमतन्त्र) में मिलती है। गोरख ने पतंजलि के उच्च्व लक्ष्य ईश्वर-प्राप्ति को लेकर हठयोग का प्रवर्तन किया।'' यद्यपि शुक्लजी ने नाथों की अन्तस्साधना, ईश्वरवादिता, परमात्मा की अनिर्वचनीयता, नादबिन्दुसाधन आदि की ओर भी संकेत किया है। तथापि उपर्युक्त कथन की त्रुटियाँ भी छोटी नहीं हैं। यह तो ठीक है कि नाथों ने वज्रयानियों के अश्लील विधानों से अपने को अलग रखा, किन्तु वे यह नहीं बतला सके कि वज्रोली, सहजोली जैसी साधनाएँ नाथसाधना में कैसे स्थान पा गयीं। प्रत्युत इसी तरह की बात को स्पष्ट करने में वे 'शक्तिसंगमतन्त्रं को नाथपन्थी ग्रन्थ कह गये। वह ग्रन्थ नाथ सम्प्रदाय अथवा पन्थ का प्रमाणग्रन्थ नहीं है। 'गोरक्षसिद्धान्त संग्रह' जैसे ग्रन्थों में इसका उद्धरण अवश्य है, लेकिन केवल इसी आधार पर नाथ सम्प्रदाय का ग्रन्थ उसे घोषित नहीं किया जा सकता। नाथयोग का स्वरूप और लक्ष्य पातंजल योग से भिन्न है। उसका लक्ष्य है कार्यसिद्धि और नाथस्वरूपेण अवस्थान। लेकिन शुक्लजी ने पातंजल योग की ईश्वरप्राप्ति को नाथ सम्प्रदाय का लक्ष्य बताया। नाथ सम्प्रदाय के जितने ग्रन्थ उपलब्ध हैं उनके आधार

पर यह कहा जा सकता है कि पातंजल योग के ईश्वर का स्थान नाथ सिद्धान्त के परम शिव से बहुत नीचे है। (इसमें कोई सन्देह नहीं कि नाथ सम्प्रदाय पूर्णतया ईश्वरवादी है और वज्रयान और सहजयान अनीश्वरवादी) द्विवेदीजी के नाथ सम्प्रदाय, साधना और दर्शन सम्बन्धी विवेचन से उपर्युक्त बातें प्रकट होती हैं।

इस विवेचन का यह परिणाम स्वाभाविक था कि नाथों के उन पारिभाषिक शब्दों के मर्म खुल जाते जिनका बहुल प्रयोग परवर्ती सन्तों ने किया। द्विवेदीजी ने हठयोग, महाकुंडलिनी, उसकी अवस्थाओं, कुंडलिनीजागरण, षट्चक्र, खेचरी, गोमांसभक्षण, अमारवारुणी, सोमरस, मनोन्मनी, लौ आदि शब्दों का विस्तार से विचार तो किया ही, निरंजन, शून्य, सहज, बिन्दु, खसम आदि शब्दों का विस्तार से विचार पहली बार किया। यद्यपि सारे शास्त्रीय और प्रामाणिक विवेचन नाथसाधन के शब्दों के थे, किन्तु इनके विवेचन का लक्ष्य सन्त काव्य में प्रयुक्त योग के पारिभाषिक शब्दों के मर्म खोलना था। पारिभाषिक शब्दों के अर्थविकास सम्बन्धी इस विवेचन ने नाथ और सन्त साहित्य के अध्ययन को सुकर कर दिया और उसमें भी एक प्रकार की ऐतिहासिक रोचकता उत्पन्न कर दी।

सैद्धान्तिक, साधनात्मक और अर्थनिरूपणात्मक इस विवेचन ने सहज ही नाथों की शैली का स्वरूप उपस्थित कर दिया। द्विवेदीजी बौद्ध अपभ्रंश साहित्य के भी पंडित हैं अतः बौद्ध सिद्धों के दोहों और चर्यापदों में प्रयुक्त होनेवाली सन्ध्याभाषा और शैली का उन्हें पूरा ज्ञान था। इसीलिए नाथों की उलटी चर्चा, सन्तों की उलटबाँसी और बौद्ध सिद्धों की सन्ध्याभाषा की परम्परा एक सिद्ध करने में उन्हें कोई कठिनाई नहीं हुई। योगशास्त्र के सांकेतिक शब्दों, प्रतीकों का विस्तार से विवचेन कर उन्होंने नाथों और सन्तों की शैली का वैलक्षण्य उद्घाटित किया। इससे उलटबाँसियों की दुरूहता भी दूर हुई। अपने 'कबीर' नामक ग्रन्थ में उन्होंने कुछ और अधिक शब्दों का विवेचन किया और उसके साथ ही बौद्ध, शैव और जैन स्रोतों की समशील प्रवृत्तियों और अर्थों की ओर संकेत किया।

ब्रिग्स के जिस ग्रन्थ की ओर संकेत किया है, उसमें लेखक ने कनफटा योगियों के सम्प्रदाय पर तो साम्प्रदायिक परम्परा से प्राप्त सामग्री पर विस्तार से विचार किया है। किन्तु सिद्धान्त और साधना आदि पर सामग्री नगण्य-सी है। जो थोड़ा-बहुत विवेचन है उसके लिए ब्रिग्स ने प्रमाण-ग्रन्थ 'गोरक्षशतक' माना है। उस समय और भी प्रामाणिक ग्रन्थ उपलब्ध थे। फिर भी ब्रिग्स ने उन्हें विवेच्य नहीं समझा। परिणाम यह हुआ कि ब्रिग्स का तत्सम्बन्धी कार्य अधूरा, एकपक्षीय और अप्रामाणिक रहा। उन्हें सम्भवतः संस्कृत के शैव, योग और तन्त्र साहित्य का भी पता नहीं था। इस कार्य के एक वर्ष पूर्व (1937 ई. में) डॉ. मोहनसिंह ने अपना प्रसिद्ध ग्रन्थ 'गोरखनाथ एंड मेडिविल हिन्दू मिस्टिसिज्म' प्रकाशित कराया था।

इसमें उन्होंने 'मच्छीन्द्र गोरख बोध' नाम की हिन्दी रचना को प्रामाणिक माना और उसका अँग्रेजी में अनुवाद भी प्रस्तुत किया। योगसाधना को भारतीय रहस्यवाद के रूप में स्वीकार किया जाता रहा है, लेकिन गोरखनाथ के योगसम्बन्धी रहस्यवाद पर यह पहला ग्रन्थ था। ब्रिग्स ने भी एक महत्त्वपूर्ण कार्य यह किया कि सम्प्रदायगत विश्वासों, रीति-रिवाजों, संस्कारों, क्रियाओं और तथ्यों का विशाल और सम्पन्न भंडार उन्होंने प्रस्तुत कर दिया। द्विवेदीजी ने इन सारी सामग्रियों की भलीभाँति परीक्षा की और नाथ सम्प्रदाय के शास्त्रीय और प्रामाणिक ग्रन्थों के आधार पर नये सिरे से सिद्धान्त, साधन और दर्शन का विवेचन किया। पहले के लेखकों को संस्कृत, प्राकृत, अपभ्रंश में लिखित जैन, बौद्ध, शैव, शाक्त आदि का साहित्य हस्तगत नहीं था और न उनकी दृष्टि ही बहुत व्यापक भूमिका में नाथों की रचनाओं का दर्शन करने में समर्थ थी।

अपने ग्रन्थ 'नाथ सम्प्रदाय' में बहुत से प्रमाण देकर द्विवेदीजी ने यह सिद्ध किया है कि मत्स्येन्द्रनाथ का सिद्धामृत मार्ग ही आगे चलकर नाथ सम्प्रदाय के रूप में विकसित हुआ। उन्होंने बताया है कि "मत्स्येन्द्र लिखित 'कौलज्ञाननिर्णय' में अनेक कौल मतों में योगिनी कौल मत का भी उल्लेख है। 'गौरक्षसिद्धान्त संग्रह' के अनुसार कौलमार्ग अवधूतमार्ग है और शाक्त तन्त्र भी नाथानुयायी है। नाथ सम्प्रदाय के ग्रन्थों की अपनी गवाही से यह मालूम होता है कि तान्त्रिकों का कौल मार्ग और कापालिक मत नाथानुयायी है।" इन आधारों पर द्विवेदीजी ने नाथपन्थियों का यह दावा ठीक माना है कि कौलाचार उनके अपने आचार्यों-द्वारा उपदिष्ट मार्ग है। त्रिपुरामत के आचार्यगण स्वयं अपने को नाथमतानुयायी मानते हैं। दूसरी ओर काश्मीर के कौलमार्ग में मत्स्येन्द्रनाथ को बड़ी श्रद्धा के साथ स्मरण किया गया है। जालन्धरनाथ कापालिक थे और कान्हूपाद उनके शिष्य थे। गोरक्षनाथ-द्वारा संगठित नाथ सम्प्रदाय में बामारग नाम का एक अद्धोंप सम्प्रदाय भी है जिसका सम्बन्ध कान्हुपा से माना जाता है। द्विवेदीजी ने ब्रिग्स के आधार पर यह भी बताया है कि जालन्धरनाथ औघड़ थे जबकि मत्स्येन्द्रनाथ और गोरक्षनाथ कनफटा कहलाते थे। नाथपन्थियों का मुख्य सम्प्रदाय गोरखनाथी योगियों का है, जिन्हें साधारणत: कनफटा और दर्शनी साधु कहा जाता है। नाथ सम्प्रदायों में और भी बहुत से तत्कालीन प्रचलित उप-सम्प्रदायों का संगठन हुआ जिससे नाथ सम्प्रदाय का पर्याप्त विस्तार हो गया। द्विवेदीजी ने बहुत से स्रोतों की परीक्षा कर विस्तार से इन उपसम्प्रदायों का विवेचन किया। वेश, विश्वास, आदि के विवरणों के साथ गृहस्थ नाथयोगियों का वर्णन परवर्ती सन्तों के अध्ययन के लिए बहुत ही महत्त्वपूर्ण है।

सम्प्रदाय के पुराने सिद्धों का विचार करते समय द्विवेदीजी ने नवनाथों और चौरासी सिद्धों की विभिन्न सूचियों की भलीभाँति परीक्षा की। इनमें तीन सूचियाँ

विशेष महत्त्वपूर्ण हैं—हठयोगप्रदीपिका की सूची, वर्णरत्नाकर की सूची, राहुल सांकृत्यायन-द्वारा प्रदत्त सस्कय विहार की सहजयानी सिद्धों की सूची। द्विवेदीजी ने वर्णरत्नाकर की सूची को नाथसिद्धों की सूची माना है। उन्होंने इसी तरह की और कई सूचियों और परम्पराओं की तुलनात्मक समीक्षा कर यह निष्कर्ष निकाला है कि नाथ सम्प्रदाय के सर्वमान्य आचार्य मत्स्येन्द्रनाथ, गोरक्षनाथ, जालन्धरनाथ और कानिपा हैं क्योंकि इनके नाम सभी सूचियों में मिलते हैं। उन्होंने कुल मिलाकर 137 सिद्धों की सूची तैयार की है, लेकिन उनका यह भी कहना है कि उनमें से कई अभिन्न से जान पड़ते हैं। उदाहरणार्थ कान्ह, कन्हडी, करणिया, काणफीनाथ आदि एक ही सिद्ध के नाम के उच्चारण भेद से भिन्न रूप हैं। इस ग्रन्थ में उन्होंने उपर्युक्त चार नाथ सम्प्रदायाचार्यों का विस्तृत परिचय पहली बार विभिन्न प्रामाणिक ग्रन्थों के आधार पर दिया है। मत्स्येन्द्रनाथ के परिचय में उन्होंने बहुत सी स्थापनाओं की विसंगतियों को स्पष्ट किया और निष्कर्ष निकाला है कि मत्स्येन्द्रनाथ और मीननाथ दोनों ही व्यक्ति अभिन्न हैं। मीन नामधारी सिद्ध एक-दूसरे सिद्ध हैं। इसके लिए उन्होंने बहुत-से प्रमाणों पर युक्तिसंगत विचार भी किया है। द्विवेदीजी महामहोपाध्याय हरप्रसाद शास्त्री के इस मत को ठीक मानते हैं कि मत्स्येन्द्रनाथ कभी बौद्ध थे ही नहीं। उन्होंने मत्स्येन्द्रनाथ विषयक कथाओं की परीक्षा कर निष्कर्ष निकाला कि मत्स्येन्द्रनाथ 9वीं शताब्दी के मध्यभाग में वर्तमान थे। जालन्धरपाद उनके समसामयिक थे। मत्स्येन्द्र चन्द्रगिरि नामक स्थान में पैदा हुए थे जो कामरूप से बहुत दूर नहीं था। शुरू-शुरू में वह एक प्रकार की साधना का व्रत ले चुके थे, परन्तु बाद में किसी ऐसे आचार में जा फँसे थे जिसमें स्त्रियों का साहचर्य प्रधान था और यह आचार ब्रह्मचर्यमय जीवन का परिपन्थी था। वे जिस स्थान में इस प्रकार के नये आचार में व्रती हुए थे, वह स्थान स्त्रीदेश या कदलीदेश था जो कामरूप ही हो सकता है। इस मायाजाल से उनका उद्धार उनके प्रधान शिष्य गोरक्षनाथ ने किया और एक बार फिर वे अपने पुराने मार्ग पर आ गये।

जहाँ तक मत्स्येन्द्रनाथ के साधनमार्ग का प्रश्न है, वे पहले सिद्ध या सिद्धामृत मार्ग के अनुयायी थे, बाद में कामरूप में वाममार्गी साधना में प्रवृत्त हुए और वहाँ से कौलज्ञान अवतारित किया। फिर उनके प्रधान प्रवीण शिष्य गोरक्षनाथ ने उन्हें उद्बुद्ध किया और परिणामस्वरूप वे पुनः सिद्धामृत मार्ग के अनुयायी बने। यह सिद्धामृत मार्ग पूर्ण ब्रह्मचर्य पर आश्रित था। इसमें स्त्रीसंग पूर्ण रूप से वर्जित था। डॉ. बागची-द्वारा सम्पादित ग्रन्थियों मे से 'कौलज्ञान निर्णय' और 'कौलावली' 'निर्णय मत्स्येन्द्र' के बाद के प्रवर्तित योगिनीकौल मत के व्याख्या-ग्रन्थ हैं। दूसरी ओर 'अकुलवीरतन्त्र' को देखने से ऐसा लगता है कि मत्स्येन्द्र ने इस ग्रन्थ से सिद्धामृतमार्ग का विवेचन किया है। इस तन्त्र का स्वर गोरखसंहिता से पूरी तरह

से मिलता है। इसके विपरीत डॉ. बागची ने तान्त्रिक बौद्ध मतों और योगिनी कौल मत की तुलना कर यह बताया है कि दोनों में कई समान बातें मिलती हैं जैसे सहज पर जोर देना, बाह्याचार का विरोध, कुलक्षेत्र और पीठों की चर्चा, वज्रीकरण का प्रयोग, पंचपवित्र आदि पारिभाषिक शब्दों का प्रयोग। इनके आधार पर डॉ. बागची ने यह निश्चय किया कि मत्स्येन्द्र की इस साधना का सम्बन्ध बौद्ध साधना से अवश्य था। इस मत की समीक्षा करते हुए द्विवेदीजी ने एक बहुत ही महत्त्वपूर्ण बात कही है, "इस बात में तो कोई सन्देह ही नहीं कि जिन दिनों मत्स्येन्द्रनाथ का प्रादुर्भाव हुआ था, उन दिनों बौद्ध और ब्राह्मण तन्त्रों में बहुत सी बातें मिलती जुलती रही होंगी।" द्विवेदीजी की केवल इसी मान्यता के आधार पर हिन्दी साहित्य के इतिहास की बहुत-सी गुत्थियाँ सुलझाई जा सकती हैं। द्विवेदीजी ने और आगे बताया कि "ऊपर पाँच बातें बौद्ध तन्त्रों में भूरिश: आती हैं, पर शैव तन्त्रों में भी उन्हें खोज निकालना कठिन नहीं है। यह कह सकना बहुत कठिन है कि जिन तन्त्रों में या उपनिषदों में ये शब्द आए हैं, वे बौद्ध तन्त्रों के बाद के ही हैं...परन्तु नाथ परम्परा की सभी पुस्तकों के अध्ययन से ऐसा ही लगता है कि पुराना सिद्धमार्ग योगपरक था और पंचमकारों या पंचपवित्रों की व्याख्या उसमें सदा रूपक के रूप में ही हुआ करती थी। मत्स्येन्द्रनाथ ने जिस प्राचीन मार्ग की चर्चा की है वह निश्चय ही शाक्तमत था, बौद्ध नहीं। अकुलवीरतन्त्र में बौद्धों को स्पष्ट रूप में मिथ्यावादी और मुक्ति का अपात्र बताया गया है।" द्विवेदीजी ने इस प्रकरण में कुल और अकुल का विचार करते हुए कौलमत के अनुसार सृष्टि-विकास और तत्त्वविज्ञान का विस्तृत परिचय दिया है। कौल साधना का विचार करते हुए उन्होंने बताया कि "आज भी नाथयोगी सम्प्रदाय में वामाचार का प्रभाव है और परवर्ती नाथ सम्प्रदायों में कौल साधना की विभिन्न भोगपरक बातों की आध्यात्मिक व्याख्या मिल जाती है। गोरक्षपद्धति में उद्धृत वज्रोली और सहजोली दोनों ही निश्चित रूप से वज्रयानी और सहजयानी साधना के अवशेष हैं। कौलज्ञाननिर्णय की कुंडलिनी साधना और चक्रयोजना-सम्बन्धी बातें नाथपन्थी ग्रन्थों में नहीं मिलतीं। फिर भी नाथ-सम्प्रदाय और योगिनीकौल मत के लक्ष्य एक ही हैं।"

द्विवेदीजी ने जालन्धरपाद और कृष्णपाद के कापालिक मत का विचार करते हुए विभिन्न प्राचीन सांस्कृतिक तत्त्वों के संक्रमण का बहुत की रोचक विवरण प्रस्तुत किया है। विद्वानों के प्रमाणों के आधार पर यह बताया गया है कि वरुण, कुबेर और कामदेव वस्तुत: यक्षदेवता हैं। यक्ष, अप्सराएँ, गन्धर्व आदि एक ही श्रेणी के देवयोनिज माने गये हैं। इन्हीं यक्षों को वज्रधर माना जाता था। ये यक्षदेवता कालक्रम से बौद्ध-सम्प्रदाय में मान्य हो गये। यक्ष मणिभद्र और वज्रपाणि यक्ष को बुद्ध का शिष्य मान लिया गया। इन्हीं वज्रपाणि यक्ष की वज्रपाणि बोधिसत्त्व और

फिर बाद में महान देवता वज्रपाणि के रूप में प्रतिष्ठा हो गयी। यक्ष विलासी होते थे और कामदेव इनके देवता थे। सुरापान का इनमें प्रचलन था। द्विवेदीजी का कहना है कि "इन्हीं वज्रपाणि के वज्रयान में प्रतिष्ठित होने पर एक ऐसी साधना का विकास हुआ जिसमें स्त्रीलिंग और मदिरा की खुली छूट थी। यद्यपि इस प्राचीन यक्ष सम्प्रदाय का स्वरूप अब ज्ञात नहीं है तथापि इसने बौद्ध और शैव दोनों साधनाओं को प्रभावित किया।" भारतीय साहित्य के प्राचीन ग्रन्थों, जैसे मालती-माधव, प्रबोधचन्द्रोदय, कर्पूरमंजरी, पुष्पदन्त रचित महापुराण—में जिन कौलाचार्यों और कापालिकों का वर्णन मिलता है, वे शैवयोगी ही हैं तथा उनकी साधना का जो परिचय दिया गया है, उसमें मुक्त स्त्रीसंग और सुरापान का उल्लेख है। द्विवेदीजी का यह मत है कि "नाथों के साधन में प्राप्य वज्रोली, सहजोली, जैसे साधनाएँ इसी पुराने यक्ष सम्प्रदाय के प्रभाव के रूप में अवशिष्ट रह गयी हैं।" उन्होंने जालन्धरपाद और कृष्णपाद के कापालिक मत की साधनाओं और दार्शनिक तत्त्वों की नाथसम्प्रदायगत साधनादि से कई प्रसंगों में समशीलता बताई है।

नाथ सम्प्रदाय का विचार वस्तुतः मत्स्येन्द्र और गोरक्ष का विचार है। इनमें गोरक्षनाथ का महत्त्व सर्वाधिक है। कारण यह है कि आज जो नाथ सम्प्रदाय जीवित है उसमें जितनी अधिक प्रतिष्ठा गोरक्षनाथ की है उतनी अधिक मत्स्येन्द्रनाथ की नहीं। गोरक्ष की इस प्रतिष्ठा के कारणों की खोज, द्विवेदीजी ने प्राचीन धार्मिक-सामाजिक वातावरण और उथल-पुथल में की, गोरक्षनाथ के महिमान्वित व्यक्तित्व के सम्बन्ध में उन्होंने जो घोषणाएँ कीं, आगे के शोधकों ने उनका अपने शोध में उपयोग किया। उनके अनुसार, "विक्रम की 10वीं शताब्दी में भारतवर्ष के महान गुरु गोरक्षनाथ का आविर्भाव हुआ। शंकराचार्य के बाद इतना प्रभावशाली और इतना महिमान्वित महापुरुष भारतवर्ष में दूसरा नहीं हुआ।....भक्ति आन्दोलनों के पूर्व सबसे शक्तिशाली धार्मिक आन्दोलन गोरक्षनाथ का योगमार्ग ही था। भारतवर्ष की ऐसी कोई भाषा नहीं है, जिसमें गोरक्षनाथ सम्बन्धी कहानियाँ न पाई जाती हों। इन कहानियों में परस्पर ऐतिहासिक विरोध बहुत अधिक है, परन्तु फिर भी इनमें एक बात अत्यन्त स्पष्ट हो जाती है—गोरखनाथ अपने युग के सबसे बड़े नेता थे।" साम्प्रदायिक ग्रन्थों, उल्लेखों, किंवदन्तियों, सम्प्रदाय प्रसार और विश्वास के आधार पर विद्वानों ने उनके जन्मस्थान, लीलाक्षेत्र, साधना-स्थल आदि के बारे में अनुमान लगाया है, किन्तु द्विवेदीजी का निष्कर्ष है कि "गोरक्षनाथ निश्चित रूप से ब्राह्मण जाति में उत्पन्न हुए थे। उनके गुरु शायद ही कभी बौद्ध साधक रहे हों। मेरे अनुमान का कारण गोरखनाथी साधना का मूल सुर है।....गोरक्षनाथ और उनके द्वारा प्रभावित योगमार्गीय ग्रन्थों के अवलोकन से स्पष्ट रूप से पता चलता है कि गोरक्षनाथ ने योगमार्ग को एक बहुत ही व्यवस्थित रूप दिया है। उन्होंने शैव प्रत्यभिज्ञ दर्शन

के सिद्धान्तों के आधार पर बहुधा विस्तृत कायायोग के साधनों को व्यवस्थित किया है, आत्मानुभूति और शैव-परम्परा के सामंजस्य से चक्रों की संख्या नियत की, उन दिनों अत्यन्त प्रचलित वज्रयानी साधना के पारिभाषिक शब्दों के सांवृत्तिक अर्थ को बलपूर्वक पारमार्थिक रूप दिया, और अब्राह्मण उद्‌गम से उद्‌भूत और सम्पूर्ण ब्राह्मणविरोधी साधनमार्ग को इस प्रकार संस्कृत किया कि उसका रूढ़िविरोधी रूप ज्यों-का-त्यों बना रहा, परन्तु उसकी अशिक्षाजन्य प्रमादपूर्ण रूढ़ियाँ परिष्कृत हो गयीं। उन्होंने लोकभाषा को भी अपने उपदेशों का माध्यम बनाया।'' संक्षेप में गोरक्षनाथ का यही कृतित्व है जिसका व्याख्यान उन्होंने अपने ग्रन्थ 'नाथसम्प्रदाय' में किया।

इस ग्रन्थ में द्विवेदीजी ने गोरखनाथ के सिद्धान्त और साधन का भी विस्तार से विवेचन किया। नाथसाधना और दर्शन का अध्ययन करने वालों के लिए द्विवेदीजी का यह कथन बहुत ही महत्त्वपूर्ण है कि गोरक्षनाथ ने अपने साधन और दर्शन के लिए कश्मीर शैव दर्शन और साधन से पर्याप्त सहायता ली थी। भविष्य के शोधकों के लिए यह एक महत्त्वपूर्ण संकेत है। उन्होंने पिंड और ब्रह्मांड तथा गोरक्षनाथ का उपदिष्ट योगमार्ग शीर्षक परिच्छेदों में नाथों के इन दोनों पक्षों का विस्तार से विवेचन किया है। इससे उनका यह मत प्रतीत होता है कि ''गोरक्षनाथ के संस्कृत ग्रन्थों में तान्त्रिक साधना का प्रभाव शेष रह गया है, किन्तु हिन्दी रचनाओं में उसका प्रभाव दिखाई नहीं पड़ता।'' कारण उन्होंने यह बताया है कि ''तान्त्रिक योगसाधन में कुंडलिनी जागरणादि की क्रियाओं का अप्रतिम महत्त्व है, किन्तु हिन्दी रचनाओं में कुंडलिनीसाधन की चर्चा नहीं है, जबकि संस्कृत की सारी रचनाओं में इसका वर्णन है।'' अमरोधशासनम्' में गोरक्षशतक, सिद्ध-सिद्धान्त संग्रह, शिवसंहिता, हठयोगप्रदीपिका आदि के आधार पर द्विवेदीजी ने, परवर्ती उपनिषदों की सहायता लेते हुए योगसाधन के बहुत से पारिभाषिक शब्दों की विस्तृत व्याख्याएँ प्रस्तुत कीं जिनसे नाथ और सन्त साहित्य के गम्भीरतम अर्थों तक पहुँचने में सरलता हो गयी। साथ ही उन शब्दों की सहायता से भारतीय साधना में नाथ-साधना का स्थान भी स्पष्ट हो गया।

नाथसम्प्रदाय ग्रन्थ के नाम से ही यह अनुमान हो सकता है कि इसमें गोरक्ष के अतिरिक्त नाथ-सम्प्रदाय के और भी बहुत से सिद्धों का परिचय सम्मिलित होगा। ग्रन्थ के दूसरे संस्करण में द्विवेदीजी ने गोरक्ष के समसामयिक सिद्धों के अतिरिक्त बहुत से परवर्ती सिद्धों का भी परिचय दिया है। साथ ही उनके काल का भी विचार किया है। डॉ. पीताम्बरदत्त बड़थ्वाल ने बहुत पहले नागरी प्रचारिणी पत्रिका में 'हिन्दी कविता में योगप्रवाह' शीर्षक एक शोधनिबन्ध प्रकाशित कराया था। उसमें बहुत से गोरक्षपरवर्ती नाथ सिद्धों और उनकी रचानाओं का परिचय दिया

गया था। वही लेख बाद में योगप्रवाह में (सं. 2003) प्रकाशित हुआ। वड़थ्वालजी द्वारा संग्रहीत हस्तलेख सभा में सुरक्षित थे तथा बाद में बहुत से संग्रहीत हुए। बीच में डॉ. कल्याणी मल्लिक ने सभा से कई हस्तलेखों की नकल ली और उनका सम्पादन कर 'सिद्धसिद्धान्त पद्धति एंड अदर वर्क्स ऑव नाथयोगीज' के नाम से उसे पूना में प्रकाशित करा दिया। लेकिन उन्होंने उन सिद्धों का विस्तृत परिचय देने के लिए प्रयत्न नहीं किया। द्विवेदीजी ने सभा के बहुमूल्य हस्तलेख-संग्रह को देखकर उसमें से गोरक्ष के बहुत से समसामयिक और परवर्ती सिद्धों की अप्रकाशित रचनाओं का सम्पादन किया। इसमें कई अप्रकाशित और अपरिचित नाथसिद्धों का परिचय दिया गया और उनकी अप्रकाशित रचनाएँ भी प्रकाशित हुईं। इस संग्रह से एक बहुत महत्त्वपूर्ण बात प्रकाश में आई कि गोरक्ष के परवर्ती नाथ रचनाकारों पर भी भक्ति का प्रभाव पड़ने लगा था। नाथ-सम्प्रदाय ग्रन्थ में द्विवेदीजी ने इन नये सिद्धों का पुनः विस्तृत परिचय दिया। बौद्ध-सिद्धों का द्विवेदीजी को पूरा ज्ञान होने के कारण इन नाथ सिद्धों का परिचय पूर्ण और महत्त्वपूर्ण हो गया है। केवल बौद्ध माने जानेवाले सिद्धों की भी हिन्दी रचनाओं के इस संग्रह में प्रकाशित हो जाने के कारण नवीन शोध के लिए नयी सामग्री भी प्रकाश में आ गयी। सम्भव है कि इस अध्ययन से कुछ बौद्धों-सिद्धों के बारे में पुनर्विचार करना पड़े। भाषा की दृष्टि से भी द्विवेदीजी ने यह संकेत दिया है कि "खड़ीबोली का तो इन पदों में बहुत अच्छा प्रयोग हुआ है। खड़ीबोली के धारावाहिक प्रयोग का नया-स्रोत इन पदों में पाया जाता है।"

नाथ-सम्प्रदाय में इनमें से कई सिद्धों के नाम से प्रचलित पन्थियों का संगठन हुआ था। गोरखनाथ का आविर्भावकाल भारतीय धर्म साधना का बहुत उथल-पुथल का काल है। उस समय मुसलमानों का प्रवेश आरम्भ हो गया था। वेद-ब्राह्मण-विरोधी मत की संख्या बहुत तेजी से बढ़ रही थी। पाशुपत और कौल मत भी ऐसे ही मत थे। इस उथल-पुथल में कुछ ऐसे सम्प्रदाय अपनी वेदानुकूलता भी सिद्ध करने लगे। गोरक्षनाथ ने ऐसे बहुत से वेदविरोधी और वेदानुयायी शैव-शाक्त मतों और सम्प्रदायों को अपने सम्प्रदाय में मिलाकर उनका संगठन किया। अतः स्वाभाविक था कि इन संगठित सम्प्रदायों की कुछ-न-कुछ उपासनाएँ, क्रियाएँ, विश्वास, रूढ़ियाँ आदि नाथ सम्प्रदाय में भी जीवित रह जातीं। योगीसम्प्रदायाविष्कृति जैसे ग्रन्थों में इस प्रसंग की कई कथाएँ भी मिलती हैं। द्विवेदीजी ने बड़ी सूक्ष्मता से इन सम्मिलित सम्प्रदायों और उनकी अवशिष्ट विशेषताओं का उद्घाटन किया है। इन सम्प्रदायों से कपिलानी, रावल, बामारग, आईपन्थ आदि के बारे में कुछ महत्त्वपूर्ण सूचनाएँ भी दी गयी हैं। सांख्य-शास्त्र, जिसे निरीश्वर योग भी कहते हैं, के उपदेष्टा कपिल के अनुयायियों का अवशेष कपिलानी शाखा के रूप में

सुरक्षित हैं। नीमनाथी और पारसनाथी जैन तीर्थंकरों के नाम से चलनेवाले सम्प्रदाय के अवशेष हैं। द्विवेदीजी ने बताया है कि जालान्धरपाद का पूरा-का-पूरा सम्प्रदाय अवशेष है। द्विवेदीजी ने बताया है कि जालन्धरपाद का पूरा सम्प्रदाय बौद्ध-सम्प्रदाय से सम्बद्ध था। उनका कापालिक मत और कृष्णपाद का बामारग आज भी नाथ-सम्प्रदाय में जीवित है। मत्स्येन्द्रमतानुवर्तिनी महाप्रभावशालिनी सिद्धा विमलादेवी का आईपन्थ भी नाथ सम्प्रदाय में संगठित हुआ था। रावलशाखा के बारे में द्विवेदीजी ने कुछ विशेष बातें बताई हैं। उनका मत है कि यह रावल लकुलीश पाशुपत का अवशेष है।

इस मत के सम्बन्ध में द्विवेदीजी की जो स्थापनाएँ हैं वे विशेष महत्त्वपूर्ण हैं। उनके अनुसार यह मत किसी समय राजकुल से अवश्य सम्बद्ध रहा होगा। दूसरी बात यह कि इस मत के अनुयायी लाठी या इसी प्रकार का कोई दंड अवश्य धारण करते रहे होंगे। बप्पा रावल के सम्बन्ध में द्विवेदीजी का यह अनमुान है कि ये लकुलीश पाशुपत मत के अनुयायी थे और इस मत के प्रति प्रगाढ़ भक्ति का परिचय देने के लिए ही इन्होंनें रावल उपाधि धारण कर ली थी। इन बातों के लिए द्विवेदीजी ने पर्याप्त प्रमाण दिये हैं। ये लकुलीश भी 'भागवत' जैसे ग्रन्थ में सच्छास्त्र के परिपन्थी कहे गये हैं। द्विवेदीजी का अनुमान है कि गोरक्षनाथ के मत में आने के बाद, जैसा कि हुआ करता है, इन लोगों के सम्प्रदाय में गोरक्षनाथ लकुलीश के अवतार मान लिए गये होंगे और बप्पा रावल के साथ गोरक्षनाथ के सम्बन्ध की कहानी चल पड़ी होगी। उनका एक सर्वथा मौलिक अनुमान यह भी है कि रावलों का सम्बन्ध लकुलीश के साक्षात् शिष्य कुशिक पर्याय—उलूक टोटेमवाली जाति, राजा शकुनि स्थान अफगानिस्तान, विशेष सन्दर्भ 'औलूक्य दर्शन' से भी है। लकुलीश पाशुपत से सम्बन्धित और भी कई स्थापनाएँ द्विवेदीजी ने की हैं जिन सबकी चर्चा यहाँ स्थानाभाव के कारण सम्भव नहीं। विभिन्न संगठित सम्प्रदायों की चर्चा के प्रसंग में हिन्दी साहित्य के इतिहास की दृष्टि से एक बहुत ही महत्त्वपूर्ण विवेचन भी उपलब्ध हो जाता है—वह है नाथ सम्प्रदायों में वैष्णव योग। "कपिलानी शाखा या कपिलायन शाखा वैष्णव योग की पुरानी परम्परा पर आश्रित होने के कारण वैष्णव योगी की शाखा कही जा सकती है।" 10वीं शताब्दी में कपिलायन योग किस रूप में वर्तमान था, इसका आभास 'भागवत' के तृतीय स्कन्ध के सत्ताईसवें और आगे के अध्यायों में मिलता है। द्विवेदीजी ने इनके आधार पर यह निष्कर्ष निकाला है कि 'कपिल मुनि का यह योगमार्ग सांख्य तत्त्ववाद पर आश्रित पातंजल योग का प्राणायामप्रधान रूप है। प्राणायाम की महिमा इस योग में उसी प्रकार प्रतिष्ठित है जिस प्रकार हठयोग में। केवल इसमें भक्ति का मिश्रण है। इस प्रकार के योगमार्ग का कपिलायन सम्प्रदाय गोरक्षनाथ के झंडे के नीचे आ

खड़ा हुआ। निश्चय ही यह गोरक्षनाथ से पूर्ववर्ती है। इस प्रकार वैष्णव योग की साधना भी इस मार्ग में अन्तुर्भुक्त हुई है।'' द्विवेदीजी की इस स्थापना से एक अनुसन्धेय विषय प्रकट हो गया है कि हिन्दी में इस शाखा में प्रभावित कितनी काव्यरचना हुई। नाथों में पृथ्वीनाथ एक ऐसे सिद्ध हैं जिनकी रचनाओं में योग और भक्ति से समन्वित साधना का उपदेश मिलता है, किन्तु पृथ्वीनाथ किस शाखा के नाथसिद्ध थे, वह अनुसन्धेय है। नाथों की हिन्दी रचनाएँ बौद्ध सिद्धों और जैन मुनियों की रचनाओं की तरह प्रामाणिक रूप में उपलब्ध नहीं हुई हैं। अतः सामान्यतया आलोचक इन काव्यत्व से हीन रचनाओं को अप्रामाणिक और अव्यवस्थित मानकर त्याज्य घोषित कर देते हैं, किन्तु द्विवेदीजी का कहना है कि ''इन्हें प्राचीन और गोरखनाथ की स्वलिखित पुस्तक मानने का आग्रह नहीं होना चाहिए, परन्तु इन ग्रन्थों का महत्त्व अवश्य ही बहुत अधिक है। यह आवश्यक नहीं कि इनमें जो विचार प्रकट किए गये हैं, वे भी नये हों। हो सकता है ये परम्परालब्ध ज्ञान का ही नया रूप हो। रचना नयी होने से ज्ञान नया नहीं हो जाता।''

द्विवेदीजी ने अपने ग्रन्थों में भी नाथ-सम्प्रदाय से सम्बन्धित दिशा निर्दिष्ट कर देनेवाली कुछ महत्त्वपूर्ण बातें बतायी हैं। उनका कहना है कि शैवों में नाथ, कापालिक, रसेश्वरादि कई सम्प्रदाय हुए, जिनका तत्त्वज्ञान थोड़ा बहुत भिन्न है, परन्तु सर्वत्र मूल स्वर अद्वैतप्रधान है। तत्कालीन मध्यकालीन धर्म साधनात्मक परिस्थितियों का अध्ययन कर उन्होंने यह भी अनमुान किया है कि उन दिनों श्रीपर्वत पर शैव, बौद्ध और शाक्त साधनाएँ आसपास ही फल-फूल रही थीं। इस तरह के विचार पर मराठी के नाथ-सम्प्रदाय के प्रतिष्ठित लेखक और विद्वान् श्री रामचन्द्र चिन्तामणि ढेरे ने अपने संगृहीत प्रमाणों के बल पर यह अनुमान किया है कि नाथ-साधना और बौद्ध साधना का मूल स्थान श्रीशैल या श्रीपर्वत ही है, कामरूप या कदली देश आदि नहीं। उनकी साधना-सम्बन्धी समानता का भी यही कारण है। इधर द्विवेदीजी की जो नयी पुस्तकें प्रकाशित हुई हैं उनमें उन्होंने भारतीय धर्मसाधना के अन्तर्गत सहजसाधना का विकास बताते हुए सहजसाधना का स्वरूप प्रस्तुत किया है। वस्तुतः व्याख्यानों के इस संग्रह में मुख्य व्याख्येय तो सन्तों की सहजसाधना ही है, किन्तु अनिवार्य होने के कारण इस पुस्तक में नाथ साहित्य-साधना और दर्शन सम्बन्धी बहुत सी बातें भी प्रकाशित हो गयी हैं। उन्होंने नाथों और सन्तों की शब्दसाधना की विविध विशेषताओं का उद्‌घाटन करते हुए उसकी तुलना सुमेरियन और बेबिलोनियन धर्म-सम्प्रदायों के साधन से की है। जल और शब्दसाधना का रोचक सम्बन्ध निरूपण इस ग्रन्थ में साधन की ही दृष्टि से किया गया है।

द्विवेदीजी की नाथ साहित्य-साधना और सम्प्रदाय सम्बन्धी विचारणाओं और

स्थापनाओं का मूल्यांकन सरल नहीं है, लेकिन इतना निश्चित है कि बौद्ध सिद्ध-साहित्य, नाथ सिद्ध-साहित्य और सन्त साहित्य का इस प्रकार विचार और शोध यदि इस रूप में न किया गया होता, इनकी बहुविध व्याख्या यदि प्रस्तुत न की गयी होती तो साहित्येतिहास में आज भी इनकी वही विगर्हणीय स्थिति होती जैसी शुक्लजी के समय में थी।

भक्तिकाव्य के परीक्षण की समस्याएँ : द्विवेदीजी के समाधान

श्यामसुन्दर शुक्ल

हिन्दी साहित्य का मध्यकाल मुख्यतः अध्यात्मपरक अनुभूति एवं अभिव्यक्ति के वैभव से पूर्णतया समृद्ध है, इसीलिए इसे साहित्य के इतिहास का स्वर्ण-युग माना जाता है। भारतीय हिन्दू-मुसलमान समाज व्यवस्था के भुक्तभोगी एवं विषपायी सन्तों, महात्माओं द्वारा काव्य रस की ऐसी अनुपम सुधा गंगा प्रवाहित की गयी, जिसमें समाज के कल्मष एवं त्रिताप को धो डालने की अद्‌भुत क्षमता है। यह प्रवाह अमन्दगति से आज भी प्रवहमान है, यद्यपि इस विज्ञानवादी एवं बुद्धिवादी युग में इसकी ओर उठनेवाली निगाहें मन्द होती जा रही हैं। इसके कलेवर की विपुलता के मूलभूत कारणों में सहजयान, नाथसिद्ध, जैनमुनि, स्वामी रामानन्द आचार्य चतुष्टय के अनुयायी कवि-वर्ग, सूफी साधक, राम-कृष्ण साधना-परम्परा के कवि-समूह तथा शताधिक सन्त-काव्यधारा के कवि समुदाय की कृतियों की कल्लोलिनियों का सम्मिलित होना ही मुख्य है। इसमें उत्तर भारत के प्रायः सभी क्षेत्रों तथा सभी जातियों के भक्तों की बानियाँ सम्मिलित हैं। भाषा, भाव, अभिव्यक्ति एवं वर्ण्य की विविधता के बावजूद सबका लक्ष्य एक ही है—जीवात्मा और परमात्मा का साक्षात्कार या मिलन। इस लक्ष्य की प्राप्ति में कर्म, ज्ञान, योग एवं भक्तिमार्गों का परस्पर विलगाव व्यवधान स्वरूप सिद्ध नहीं हो सका। इस परम्परा के सबके सब साधक जन्मजात कवि हैं और कविता उनकी अनुभूतियों को अभिव्यक्त करने का साधन या माध्यम है। धर्म, अर्थ, काम, मोक्ष—पुरुषार्थ चतुष्टय में केवल प्रथम ही सबका श्रेय तथा प्रेय है। प्रायः सबका साहित्य स्वान्तः सुखाय है और जिसमें लक्ष्यस्वरूप काव्य-रचना के प्रयोजनों (यश एवं अर्थ का अर्जन या अमंगल निर्वतन आदि) में से एक भी नहीं है। इनमें से अधिकांश ने भाषा, छन्द, अलंकार, एवं राग-रागिनियों के शास्त्रीय नियमों के बन्धन से अपनी कृतियों को

स्वच्छन्द ही रखा है। समाज में रहकर भी उसकी कटु आलोचना करते समय उनमें भय का संचार नहीं हुआ है और न तो कोई भौतिक लोभ ही ऐसा करने से उन्हें रोक सका है।

ऐसे स्वच्छ एवं अनाविल साहित्य को भी सदियों तक भस्मावृत रहना पड़ा, यह एक विचित्र विडम्बना है। रत्न तभी रत्न है जब जौहरी उसे रत्न मानकर उसका मूल्यांकन करे, वरना वह भी पत्थर का एक ठीकरा ही है, परन्तु इससे रत्न की रत्नसुलभ विशेषता में कोई फर्क नहीं आता, जब भी पारखी उसे हाथ में लेता है वह अपना रत्नत्व ग्रहण कर लेता है। यही बात मध्ययुग के लगभग पाँच सौ वर्षों के साहित्य के लिए भी लागू होती है। इसको परखनेवाला व्यक्तित्व असाधारण तथा विज्ञानमय होगा तभी काम चल सकता है। उसमें यदि अनेक व्यक्तित्वों का समवेत स्वरूप अन्तर्निहित हो और जो दार्शनिक तन्त्र-मन्त्रज्ञ, योगशास्त्र मर्मज्ञ, समस्त प्राचीन एवं अर्वाचीन साधनामूलक वाङ्मय के विश्वकोशस्वरूप व्यक्तित्व को लेकर सर्वांग सन्तुलित विवेचन के क्षेत्र में अवतरित हुआ हो वही इस विशद साहित्य के साथ यथोचित न्याय कर सकता था। संयोगवशात् आचार्य हजारीप्रसाद द्विवेदी में सभी वांछित योग्यताएँ वर्तमान हैं और साथ ही उनमें आवश्यकतानुसार शोध की प्रवृत्ति तथा कारयित्री एवं भावयित्री दोनों प्रकार की प्रतिभाओं का समन्वय भी है।

द्विवेदीजी ने अपनी बहुमुखी शास्त्रज्ञता एवं अनवरत साधना द्वारा मध्यकालीन हिन्दी साहित्य के अन्धकाराभिभूत क्षेत्र को प्रकाशित किया है। उन्होंने अत्यन्त कंटकाकीर्ण मार्ग पर चलकर जो पथ प्रशस्त किया उस पर आज का एक बड़ा साहित्यान्वेषक एवं विवेचकवर्ग बेखटके चला जा रहा है। द्विवेदीजी ने स्वयं तो जो किया वह किया ही, साथ ही अपने प्रत्यक्ष एवं अप्रत्यक्ष मार्गदर्शन द्वारा अनेक ऐसे शिष्य-प्रशिष्यवर्ग को उसी दिशा में नियोजित कर दिया जिधर जाने में अभी कुछ समय पूर्व तक विद्वद्वर्ग भ्रान्तिजन्य उपेक्षा अथवा भय से कतराता फिरता था। आज विभिन्न विश्वविद्यालयों में सन्त और भक्ति साहित्य पर जितना शोध-कार्य हो रहा है उतना शायद किसी भी युग के साहित्य पर सम्भव नहीं हो पाया है। इसका श्रेय निस्सन्देह द्विवेदीजी को ही है। उन्होंने इस क्षेत्र में प्राचीन काव्य का नया मूल्यांकन करके और विभिन्न काव्यधाराओं के उद्‌भव और विकास के सम्बन्ध में प्रचलित भ्रान्तियों का निराकारण करके—नयी दिशाओं की ओर निर्देश किया। यह इतनी बड़ी देन है जो मध्यकालीन भक्ति-साहित्य की विवेचना एवं खोज के क्षितिज पर ध्रुवतारे की भाँति प्रकाशित तथा अपने स्थान पर अटल है।

वह साहित्य जो बहुत समय तक अज्ञात रहा, जिसका एक बड़ा अंश दीमकों या अन्य विनाशक तत्त्वों के पेट में समा गया, शेष अंश तत्तद् सम्प्रदायानुयायी

अविद्याग्रस्त महन्तों या उत्तराधिकारियों द्वारा अन्त:प्रेरणारहित भाव से अच्छत, जल, पुष्प, नैवेद्य द्वारा केवल पूजित होता रहा और जिसमें निहित ज्ञान के प्रकाश को नाना प्रकार की भ्रान्तियों के जाल ने आच्छन्न कर लिया उसे अपनी पारदर्शी दृष्टि द्वारा खोज निकालना तथा अध्ययन-विवेचन के कष्टसाध्य कार्य को सम्पन्न करना अपने-आप में बहुत बड़ा कार्य है। इस क्षेत्र में द्विवेदीजी ने अकेले ही इतना काम किया है जितना कदाचित् विद्वानों का एक बड़ा समूह भी मिलकर न कर पाता। दूसरी कठिनाई यह थी कि जो कवि सभी प्रकार की रूढ़ियों के बन्धन को झटककर फेंक देने के लिए कटिबद्ध थे उनकी निर्बन्ध बानियों को दर्शन या काव्यशास्त्र के सिद्धान्त-विशेष के साँचे में बैठाने का प्रयास बहुत दिनों से होता आया था। यह प्रयास ही अपने-आपमें बड़ा उपहासास्पद सिद्ध हो गया। अत: द्विवेदीजी को दूसरा महत्त्वपूर्ण काम जो करना पड़ा वह था, उक्त साहित्य की समय दृष्टि विवेचित करने के उचित वातावरण का सर्जन, जिसे उन्होंने बड़ी योग्यता से सम्पन्न किया। इस कार्य के लिए उन्होंने साहित्य-जगत् में अपने अनेक निबन्धों को प्रकाशित कराया, परन्तु उनके 'कबीर' ने सर्वाधिक प्रसिद्धि प्राप्त की।

भक्तिकाव्य का अधिकांश ऐसे कवियों की कृति है जो जन्मना अभिजात नहीं थे। अत: विद्या के क्षेत्र में एकाधिकार सम्पन्न कुलीनवर्ग कृति और कृतिकार दोनों को प्रश्रय न दे सका। यदि कभी कुछ कहा भी गया तो अतिशय श्रद्धाभिभूत होकर या उपेक्षा भाव से, परन्तु ये दोनों बातें स्वस्थ दृष्टि की सूचक नहीं हैं क्योंकि दोनों में एकांगिता का दोष वर्तमान है। जाति-पाँत के कृत्रिम विभाजन को सन्त कवियों ने कभी भी स्वीकार नहीं किया। भक्तों की, हरिजनों की एक ही जाति होती है—'जाति पाँति पूछे नहीं कोई, हरि को भजे सो हरि का होई।' कबीर ने तो जाति पूछनेवालों को ललकारते हुए कहा था—

जात न पूछो साधु की, पूछ लीजिए ग्यान।
मोल करो तलवार का, पड़ी रहन दो म्यान।।

'भक्त, भक्ति, भगवन्त, गुरु चतुरनाम वपु एक' कहकर भक्त कवि नाभादासजी ने भी हरि और हरि के जनों की सजातीयता का ही समर्थन किया है। मानवतावादी दृष्टिकोण का पोषण करनेवाले द्विवेदीजी भी साहित्य को समष्टिगत मानव जीवन का प्रतिबिम्ब मानते हैं। उनका विराट् मानव एक समग्र इकाई है जो किसी भी वर्ग, वर्ण, धर्म, सम्पद्राय और राष्ट्र मानवकृत सीमाओं से विभक्त नहीं है। साहित्य भी वही सार्थक है जो मानव जीवन में प्रेम, भक्ति और सौन्दर्य का सृजन करता है, आपस में भेद-बुद्धि उत्पन्न करनेवाला साहित्य सत्साहित्य नहीं हो सकता।

हिन्दी का कोई भी भक्त कवि, चाहे वह जिस धारा से सम्बद्ध हो, या तो भक्त है या कवि, दार्शनिक कोई नहीं है। यहाँ तक कि तुलसीदास, नन्ददास और सुन्दरदास की, जो दार्शनिक ज्ञान के क्षेत्र में अपेक्षाकृत पर्याप्त प्रबुद्ध थे, कृतियों का भी विश्लेषण किसी विशिष्ट दर्शन के सिद्धान्तों के आधार पर नहीं किया जा सकता। कविता का क्षेत्र हृदय-पक्ष है और दर्शन का बुद्धि क्षेत्र। दोनों का एक-दूसरे के क्षेत्र में अनधिकार प्रवेश अधिक दूर तक नहीं हो सकता। पूर्ववर्ती समीक्षकों ने दार्शनिक मूल्यों के आधार पर कबीरादि भक्त कवियों की कृतियों का विवेचन करने का व्यर्थ प्रयास किया था और अपने विशेष साँचे में उन्हें फिट न होते देख उपेक्षा से जो मन में आया कह दिया था। द्विवेदीजी ने इस प्रवृत्ति को प्रपत्तिदोष से मुक्त मानकर राय दी है कि उनकी कृतियों में यदि कोई विशेष दार्शनिक सिद्धान्त मिल रहा हो तो उसको एक सीमा तक ही पाने की अपेक्षा रखनी चाहिए, क्योंकि इन कवियों को दार्शनिक कहलाने की साध नहीं थी।

सन्त कवियों के जाति-पाँत विरोधी उद्‌गार में इस्लामी जोश की गन्ध पाकर उन्हें श्रुति-सम्मत हरि भक्ति-पथ का विरोधी, समाज-भंजक तथा धर्मोपदेशकों के मिथ्या दम्भ से युक्त माना गया था। कुछ विद्वानों ने उनकी इन प्रवृत्तियों को मुसलमानी धर्म-प्रचार का हथकंडा भी बताया था। द्विवेदीजी ने इन मान्यताओं का बड़े जोरदार तर्कों के साथ खंडन किया है। उन्होंने अनेक प्रमाणों के आधार पर सिद्ध किया है कि उक्त प्रवृत्ति बौद्ध सिद्ध-साहित्य और नाथ-साहित्य में पहले से ही वर्तमान थी। सहजयान और नाथपन्थ के अधिकांश साधक तथाकथित नीच जातियों में उत्पन्न हुए थे, अतः इस अकारण नीच बनानेवाली प्रथा को उन्होंने दार्शनिक तटस्थता के साथ कभी नहीं देखा। यहाँ तक कि उच्चजन्मा विचारकों तक ने इस व्यवस्था के प्रति रोष व्यक्त किया है। अश्वघोष, सरहपा, मत्स्येन्द्र, गोरख, काणेरीपाव और चौरंगीनाथ इसके उदाहरण हैं। यहाँ तक कि "जाति भेद से जर्जरित इस देश में जो कोई महासाधक आया है, उसे यह प्रथा खटकी है।"[1]

भक्त कवियों की युगधारा और उनके सामाजिक तथा मानसिक परिप्रेक्ष्य को दृष्टि में रखने के कारण भी अनेक प्रकार की भ्रान्तियाँ अस्तित्व में आईं। कई समर्थ आलोचकों ने भक्ति-साहित्य को एक हतदर्प पराजित जाति की सम्पत्ति और एक निरन्तर पतनशील जाति की चिन्ताओं का मूर्त्त प्रतीक मान लिया था। वह एक ऐसी बात थी जो समीक्षा के सन्तुलन की रीढ़ ही कमजोर किए दे रही थी। द्विवेदीजी ने सर्वाधिक जोरदार प्रहार इसी पर किया। उन्होंने स्पष्ट शब्दों में घोषित किया "मैं इन दोनों बातों का प्रतिवाद करता हूँ और अगर ये बातें मान भी ली जाएँ तो यह

1. हिन्दी साहित्य की भूमिका, पृ. 28

कहने का साहस करता हूँ कि फिर इस साहित्य का अध्ययन करना नितान्त आवश्यक है क्योंकि दस सौ वर्षों तक करोड़ों कुचले हुए मनुष्यों की बात भी मानवता की प्रगति के अनुसन्धान के लिए केवल अपेक्षणीय ही नहीं, बल्कि ज्ञातव्य वस्तु है।"[1] वे सर्वप्रथम विद्वान् हैं जिसने इस युग के साहित्य को व्यापक धार्मिक और सुदीर्घ ऐतिहासिक पृष्ठभूमि में परखने का प्रयास किया। वे इस विश्वास को दृढ़तापूर्वक मानकर चले थे कि मध्यकाल की प्रत्येक प्रवृत्ति का बीजारोपण किसी-न-किसी प्रकार पूर्ववर्ती काल में ही हो चुका था। "विक्रम की छठीं शताब्दी के बाद से जो तान्त्रिक प्रभाव भारतीय सभ्यता के ऊपर पड़ा वह परवर्तीकाल के सन्तों या निर्गुण भक्तों की साधना के रूप में प्रकट हुआ,"[2] यह उनका निष्कर्ष था।

भक्ति-काव्य में प्राप्त होनेवाली पारिभाषिक पदावली, काव्य रूढ़ियाँ, राग-रागिनियाँ, अभिव्यक्ति पद्धतियाँ, छन्द और काव्य बन्ध आदि अनेक ऐसी बातें हैं जिनके उत्स और विकास की कड़ी बौद्ध साहित्य से सन्त साहित्य तक शृंखलाबद्ध रूप से मिलाकर उन्हें एक ही प्रवाह का अंग सिद्ध कर देने में द्विवेदीजी को अद्भुत सफलता मिली है। वस्तुतः इस लक्ष्य की पूर्ति में उनका वैदिक, पौराणिक, बौद्ध, जैन, पाँचरात्र-वैष्णव, पाशुपत, शैव, कापालिक, नाथसिद्ध आदि धर्मसाधनाओं के सभी पक्षों से अवगत होना तथा संस्कृत, प्राकृत, पालि, अपभ्रंश, अवहट्ट तथा नव्य भारतीय आर्यभाषाओं में से एकाधिक का ज्ञान बहुत हद तक सहायक हुआ।[3] द्विवेदीजी के समस्त विवेचनात्मक साहित्य में उनका गवेषक रूप समीक्षक रूप से अधिक भास्वर दिखाई देता है। अपनी बहुमुखी शास्त्रज्ञता के कारण वे आलोच्य के प्रत्येक तत्त्व के मूल की खोज में बराबर प्रवृत्त दिखाई देते हैं। इस प्रकार उनकी समीक्षा उनकी गवेषणा का अनुमान-सी करती दिखाई देती है।

समीक्षा के क्षेत्र में बहुत-से ऐसे लोग भी हैं जिन्हें प्राचीन या मध्यकालीन साहित्य के प्रति सहज ही अरुचि है। इसके मूल में सम्भवतः उसकी अभिव्यक्ति और भाषा की आधुनिक दृष्टि से क्लिष्टता ही कारणस्वरूप हो सकती है। प्रत्येक प्राचीन को हेय और नवीन को प्रशंसनीय या प्राचीन को अच्छा तथा नवीन को निन्दनीय मानने की प्रवृत्ति को स्वस्थ दृष्टिकोण का द्योतक नहीं माना गया है। आज की स्तब्ध विज्ञानवादी एवं बुद्धिवादी दृष्टि की आलोचना करते हुए द्विवेदीजी का यह कथन मननीय है—

1. हिन्दी साहित्य की भूमिका, पृ. 28
2. मध्यकालीन धर्म साधना, पृ. 25
3. 'आचार्य हजारीप्रसाद द्विवेदी : व्यक्तित्व और कृतित्व' में संकलित डॉ. शिवप्रसाद सिंह का लेख, पृ. 116

"क्या अतीत को एकदम अस्वीकार करके भविष्य का हृदयहारी भवन निर्मित हो सकता है? क्या सन्तों और भक्तों के पुराने साहित्य में जो कुछ उपलब्ध होता है वह मृत विचारों का भूत है या उसमें भी ऐसे प्राणवान तत्त्व हैं जो इस युग के विचाराघात जर्जर मानव को कुछ आशा का सन्देश दे सकते हों।...मैं यहाँ यह नहीं कहता कि आप उनकी सारी बातें स्वीकार कर लें या यह कि आज के समूचे प्रयत्न को व्यर्थ समझकर उसी रास्ते चलने लगें...पर मैं यह अवश्य चाहता हूँ कि उस समूचे चिन्तन को एकदम भुला न दिया जाए। उसमें भी सत्य है, उसमें भी प्रकाश देने की क्षमता है।"[1]

द्विवेदीजी का सर्वाधिक प्रिय विषय मध्यकालीन साहित्य ही है, जो दूसरों को अस्पष्ट या क्लिष्ट लगा है। इसका मूल कारण सम्भवतः यह है कि भारत वर्ष का यह सुसुप्त मध्ययुग, जिसके गर्भ से हमारा आधुनिक युग उत्पन्न हुआ है, अनेक दृष्टियों से उन्हें बहुत महत्त्वपूर्ण प्रतीत हुआ है। इसको उन्होंने भारतीय जन-जीवन का जीवन्त प्रतिबिम्ब माना है।[2] स्पष्ट है कि उनके विचार में साहित्य जन-जीवन से अलग कुछ भी नहीं है। वे साहित्य को केवल कल्पना-विलास-मात्र न मानकर मनुष्य की दृष्टि से देखने के पक्षपाती हैं। जो वाग्जाल मुनष्य को दुर्गति, हीनता और परमुखापेक्षिता से बचा न सके, जो उसके हृदय को परदुःखकातर और संवेदनाशील न बना सके उसे साहित्य कहने में उन्हें संकोच का अनुभव होता है।[3] उनकी इस मानवतावादी कसौटी पर भक्ति-साहित्य पूरी तरह खरा उतरा है, अतः उन्हें प्रिय भी यही हुआ है। उनकी यह मानवता-विषयक दृष्टि समाज के वैज्ञानिक वर्गीकरण को, जिसे आज मान्य किया गया है, प्रश्रय न देकर अध्यात्म या विशुद्ध मानव को पकड़कर चलती है।

सन्त कवियों, सूफियों तथा कुछ अन्य भक्त कवियों की रचनाओं में निहित भावपक्ष एवं अभिव्यक्ति में इस्लामी या ईसाई तत्त्वों की भी बड़ी तत्परता से खोज-बीन हुई है। वर्ण-व्यवस्था, मूर्तिपूजा आदि के अक्खड़पन के साथ किए गये विरोध और ज्ञान-विरह सम्बन्धी निवेदनों में इस्लामी जोश या साधना-पद्धति के अनुगमन की बात को द्विवेदीजी ने स्वीकार नहीं किया है। सन्त कवियों की तो बात ही क्या सूफी कवियों की प्रबन्ध-पद्धति (जिसे मसनवी पद्धति कहा गया है) तथा छन्द, भाषा आदि को भी उन्होंने पूर्णतः भारतीय परम्परा में माना

1. सहज साधना, पृ. 9-10
2. "इस देश की जनता को, उसके विश्वासों को, धर्म-परिवर्तन के कारणों को समझने की सामग्री इस काल के साहित्य में प्रचुर मात्रा में उपलब्ध होती है। इसे समझे बिना भारतवर्ष को ही हम ठीक से नहीं समझ सकते।"—कल्पलता, पृ. 197
3. अशोक के फूल, पृ. 179

है। "...ऐसा करके मैं इस्लाम के महत्त्व को भूल नहीं रहा हूँ लेकिन जोर देकर कहना चाहता हूँ कि अगर इस्लाम नहीं आया होता तो भी इस साहित्य का बारह आना वैसा ही होता जैसा आज है।"[1] उनके मतानुसार कथा तो स्पष्टत: लोकप्रचलित कथाओं में से ली गयी है; दोहे-चौपाईवाली पद्धति सहजयानी और जैन-साहित्य में पहले से वर्तमान थी और भाषा अवधी है ही। सन्त कवि तो प्रत्येक दृष्टि से उतने ही भारतीय हैं जितने सूर और तुलसी आदि हो सकते हैं। आलवारों की भक्ति-भावना के स्वरूप में, जो आगे चलकर समस्त भारत की भक्तिधारा में परिणत हुआ, डॉ. ग्रियर्सन प्रभृति कुछ विद्वानों को ईसाइयत की स्पष्ट झलक मिली। द्विवेदीजी ने उक्त सभी मतों का जिनमें विदेश पद्धति के आगम की बात कही गयी है खंडन किया है।[2] और यदि यह मान भी लिया जाए कि उक्त परम्परा के साहित्य में कुछ विदेशी या अनाध्यात्मिक तत्त्वों का भी प्रवेश हो गया है तो भी कोई अन्तर नहीं पड़ता। हमारा धर्म और साहित्य सदैव से सारग्रही रहा है। इस सम्बन्ध में द्विवेदीजी का यह कथन भी उनके दृष्टिकोण को स्पष्ट कर देता है, "हम व्यर्थ के इस झगड़े में न पड़ जाएँ कि कोई वस्तु कहाँ तक भारतीय या अभारतीय, आध्यात्मिक है। चीज अगर अच्छी है तो वह भारतीय हो या न हो, आध्यात्मिक हो या न हो, ग्राह्य है।"[3]

आचार्य शुक्ल प्रभृति पूर्ववर्ती आलोचकों ने बौद्ध, जैन और नाथ साहित्य को 'असाहित्यिक' और 'साम्प्रदायिक शिक्षा मात्र' मानकर विशुद्ध साहित्य-क्षेत्र से धक्का देकर बाहर निकाल देने की राय दी थी, परन्तु द्विवेदीजी ने उक्त साहित्य को न केवल सामाजिक और सांस्कृतिक दृष्टि से महत्त्वपूर्ण बताया, बल्कि शुद्ध साहित्य के क्षेत्र में प्रतिष्ठित भी किया। शुक्लजी धर्म या भक्ति को वैयक्तिक साधना तथा लोकधर्म का विरोधी मानते हैं। वे श्रुति-सम्मत ज्ञान, कर्म और भक्ति के समन्वित रूप की साधना के प्रशंसक हैं, परन्तु द्विवेदीजी की दृष्टि में वह वैयक्तिक साधना और वह व्यक्ति महान है जो निजी स्वार्थों और संस्कारों से ऊपर उठकर आराध्य के समक्ष अपना सर्वस्व समर्पित कर देता है। डॉ. शिवप्रसाद सिंह के शब्दों में, "दलित द्राक्षा की तरह निचोड़कर अपने आराध्य के चरणों में समर्पित करनेवाले प्रत्येक भक्त-कवि को उन्होंने समझा और सराहा है।"[4]

---

1. यदि कबीर आदि निर्गुण मतवादी कवियों की बाहरी रूपरेखा पर विचार किया जाए तो मालूम होगा कि यह सम्पूर्णत: भारतीय है और बौद्ध धर्म के अन्तिम सिद्धों और नाथपन्थी योगियों के पदादि से उसका सीधा सम्बन्ध है।—हिन्दी साहित्य की भूमिका, पृ. 28
2. वही, पृ. 38
3. विचार और वितर्क, पृ. 192
4. आचार्य हजारीप्रसाद द्विवेदी : व्यक्तित्व एवं साहित्य, पृ. 111

मध्यकालीन भक्ति साहित्य के अनुशीलन और उसमें निहित तत्त्वों के सम्यक् विवेचन के लिए मुख्यतः तीन आवश्यकताओं की पूर्ति आवश्यक थी— 1. प्रकाशित तथा अप्रकाशित उपलब्ध साहित्य में डूबने की लगन, 2. विवेच्यकालीन सामाजिक, धार्मिक तथा मानसिक परिस्थितियों का आस्थापूर्ण यथार्थ ज्ञान, 3. देश के पारस्परिक अध्यात्म चिन्तन के परिवेश में व्यक्ति, कृति तथा विचारों के परीक्षण की क्षमता। स्पष्ट है कि एकमात्र द्विवेदीजी ही इन सभी वांछित आवश्यकताओं को एक साथ पूरा कर सके। उनके व्यक्तित्व की त्रिवेणी में शोध, विवेचन और दृष्टिऔदार्य—इन तीनों धाराओं का अद्‌भुत संगम है। शान्तिनिकेतन के भव्य ज्ञान मन्दिर में महामहोपाध्याय हरप्रसाद शास्त्री, आचार्य क्षितिमोहन सेन तथा गुरुदेव रवीन्द्रनाथ टैगोर के सतत सान्निध्य एवं मार्गदर्शन में द्विवेदीजी की उपर्युक्त तीनों वृत्तियों का क्रमशः विकास होता गया। भगवती सरस्वती को 'कबीर' की भेंट चढ़ाकर उन्होंने अपनी आराधना की वास्तविकता को प्रामाणिक किया। काशी के सारस्वत संस्कार एवं परिवार के कौलीन्य से परिवेष्टि विद्या-विनय-सम्पन्न द्विवेदीजी का पांडित्य अपने-आप में अद्वितीय हो उठा है।

भक्ति-साहित्य का एक दशमांश ही अभी तक प्रकाशित हो पाया है जिसमें कुछेक प्रमुख कवियों को छोड़कर शेष की रचनाएँ केवल भक्ति-भाव से प्रेरित होकर ही प्रकाशित हो गयी हैं, जिनके सम्पादन, संकलन आदि में वैज्ञानिक दृष्टिकोण का सर्वथा अभाव है। इस साहित्य में भक्ति, नीति और वैराग्य की प्रधानता होने के कारण ललित काव्य-सुलभ रसात्मकता का स्पष्ट अभाव होता है, जिसके फलस्वरूप रसान्वेषी पाठक-नाक-भौं सिकोड़ते हुए उसमें अनडूबे ही निकल आते हैं। जिन मठों या मन्दिरों के स्वामियों के यहाँ उनके तथा इतर सम्प्रदाय से सम्बद्ध बानियाँ पड़ी हुई हैं उन्हें प्रकाश में लाने या विद्धानों को उनकी ओर आकर्षित करने की दिशा में उनमें द्वारा प्रायः कोई तत्परता नहीं दिखाई गयी। इसके लिए साधनों की कमी नहीं थी, कमी थी इच्छा-शक्ति की। जो कवि अन्धकार के गहन आवरण को भेदकर प्रकाश का दर्शन कर सके वे अपने काव्यगत वैशिष्ट्य एवं अभिव्यक्ति-लालित्य के कारण ही, उसमें सम्प्रदायानुयायियों का योगदान नगण्य ही रहा है। अपनी अथक शोध-वृत्ति के करण द्विवेदीजी ने इस क्षेत्र में भी आश्चर्यजनक सफलता प्राप्त की। साहित्यान्वेषण में संलग्न विचारक यह भली भाँति जानते हैं कि यदि किसी प्रकार हस्तलिखित बानियाँ प्राप्त भी हो जाएँ तो लिपि की अस्पष्टता, अक्षर-मात्रा और पृष्ठ से त्रुटित, अव्यवस्थित और भाव-भाषा में अव्यक्त कृतियों का मनन-विवेचन तथा उनके सम्बन्ध में विविध तथ्यों का उद्‌घाटन कितना कठिन कार्य है। जब प्रकाशित साहित्य के सम्बन्ध में ही अनेक

भ्रान्तियों के लिए स्थान हो सकता है तो विशाल अप्रकाशित अंश का कहना ही क्या?

आचार्य शुक्लजी तथा उनके अनुगामी सीमक्षकों ने कबीर और उनके व्यक्तित्व से प्रभावित सन्तों की भाषा को सधुक्कड़ी, व्यक्तित्व को फकीरी, काव्य को अकाव्य, भक्ति को ज्ञान, सहजसाधना को हठयोग, छन्द को लय-ताल-तुक-मात्रादि दोषों से युक्त, साहित्यिक रूप को समाज सुधारक तथा उपदेशक रूप को रूढ़िभंजक आदि कहकर ऐसा तिरस्कृत किया कि सन्त-साहित्य ही नहीं, बल्कि उसके साथ सगुण साहित्य का भी एक बड़ा अंश उपेक्षित-सा हो गया। शास्त्रानुमोदित कसौटियों पर खरे न उतरने के कारण कवि तुक्कड़ और फक्कड़ मात्र रह गये। इस स्थिति में द्विवेदीजी की शास्त्रज्ञान से संयमित स्वच्छन्दतावादी समीक्षा दृष्टि ने सर्वथा मौलिक मार्ग प्रशस्त किया। उन्होंने भक्त-कवियों की अनलंकृत सहज भाषा, सहज साधना और व्यक्तित्व की सहजता की भूरि-भूरि प्रंशसा की तथा उसे ही साधना और भाषा के क्षेत्र की श्रेष्ठता का मानदंड बताया। उनके कथनानुसार "जिन लोगों ने गहन साधना करने के लिए अपने को सहज नहीं बना लिया है वे सहज भाषा नहीं पा सकते। व्याकरण और भाषाशास्त्र के बल पर यह भाषा नहीं बनाई जा सकती, कोशों में प्रयुक्त शब्दों के अनुपात पर इसे पढ़ा नहीं जा सकता। कबीरदास और तुलसीदास को यह भाषा मिली थी। महात्मा गाँधी को भी यह भाषा मिली क्योंकि वे सहज हो सके। अगर देने लायक वस्तु है तो भाषा स्वयं सहज हो जाएगी।"[1]

आलोच्य साहित्य को उन्होंने केवल हिन्दी साहित्य की सीमाओं में ही न देखकर उसे समस्त भारतीय वाङ्मय की विकासात्मक कड़ी के रूप में देखा है। यही कारण है कि उन्होंने ललित साहित्य को एक व्यापक परिभाषा के अन्तर्गत ग्रहण किया है, जबकि आचार्य शुक्ल प्रभृति समीक्षकों ने विशुद्ध साहित्य को धर्मोपदेश या योगशास्त्र-शिक्षा से सर्वथा अलग समझा है। इस सम्बन्ध में द्विवेदीजी का उनसे स्पष्ट मतभेद है। अपनी इसी विशिष्ट मान्यता से प्रेरित होकर उन्होंने हिन्दी के उद्‌भवकाल के समय ह्रासोन्मुख, परन्तु लोकपक्ष समन्वित बौद्ध धर्म, विशेषतः सहजयान के साहित्य की सराहना की है। वहाँ उन्हें भाषा, व्यक्ति और अभिव्यक्ति की सहजता के साथ लोकमंगलकारी साधकों की एक बड़ी जमात मिल जाती है। उनके विचार से मध्यकालीन भक्ति साहित्य को समझने के लिए परवर्ती शाक्त, जैन, बौद्ध, शैव, और वैष्णव साधना के वाम-दक्षिण मार्गों का परिचय अत्यन्त लाभप्रद है। बिना ऐसा किए आलोच्यकाल में दृष्टिगोचर होने वाले ब्राह्मण

1. अशोक के फूल, पृ. 179

और अब्राह्मण मतों में तीव्र गति से हुए विलगाव की प्रवृत्तियों का ठीक ढंग से विवेचन सम्भव नहीं है। 'मध्यकालीन धर्म-साधना' में संकलित एतद्विषयक अपने बीस निबन्धों में उन्होंने इस तथ्य का भलीभाँति समर्थन किया है।

भक्ति-काव्य की निर्गुण काव्यधारा के अन्तर्गत ज्ञानमार्गी या ज्ञानाश्रयी कहे जानेवाले विभाजन को भी द्विवेदीजी ने स्वीकार नहीं किया है। उनके मतानुसर वे कवि प्रेममार्गी अधिक हैं, ज्ञानामार्गी कम। इसी प्रकार उन्हें 'एकेश्वरवादी', 'अनीश्वरवादी' या 'अद्वैतवादी' कहना भी उनकी दृष्टि से युक्तिसंगत नहीं है, क्योंकि वे इनमें से एक भी नहीं थे। अत: द्विवेदीजी ने साधनामूलक प्रवृत्तियों को ध्यान में रखते हुए केवल दो मार्गों का ही नामनिर्देश किया है—1. योगमूलक साधनाएँ, 2. भक्तिमूलक साधनाएँ। प्रथम विभाजन की पृष्ठभूमि को समझाने के लिए उन्होंने 'हिन्दी साहित्य की भूमिका' के अन्तर्गत बौद्ध धर्म से लेकर सन्तमत तक का विकासात्मक अध्ययन प्रस्तुत किया है। इस सन्दर्भ में शंकर और कुमारिल द्वारा बौद्ध धर्म का उन्मूलन करने की दिशा में किए गये प्रयासों और जादू-टोटकों तक ही सीमित महायान की अन्तिम परिणति का बड़ा ही अन्वेषणपरक परिचय उन्होंने दिया है। इसी प्रकार वज्रयान तथा सहजयान का हिन्दूमतों से घुलना, नाथपन्थ का आविर्भाव तथा विकास और सन्त मतों से इन दोनों परम्पराओं के सम्बन्ध पर 'नाथ सम्प्रदाय' द्वारा उन्होंने भली भाँति प्रकाश डाला। योगमूलक साधनाओं की आचार-विचार सम्बधी मान्यताओं को स्पष्ट करने के लिए तन्त्रमत, कुंडलिनी शक्ति, षट्चक्र, इला-पिंगला-सुषुम्ना, नाद-बिन्दु-स्फोट, षट्कर्म, सहजसमाधि, उन्मुनिरहनी, पारखपद, मन-प्राण-भूतादि पंचतत्त्व, पिंड-ब्रह्मांड, शिव-शक्ति सामरस्य, अनभै, सुछमबेद, शब्दसाधना, शक्ति-बीज-मन्त्र, सुरति-निरति, यन्त्र-तन्त्र, हठयोग, योगांग, सम्प्रज्ञात-असम्प्रज्ञात समाधि, आसन-मुद्रा-बन्ध, प्रत्याहार-प्राणायाम, अजपागयात्री, नाड़ी शुद्धि, छह प्रकार का समाधियोग, लय, योग, शब्द ब्रह्म और सुरति योग आदि विशिष्ट ज्ञानापेक्षी एवं गुह्य साधनात्मक आचारों को समझाना द्विवेदीजी को आवश्यक प्रतीत हुआ है। उन्होंने 'कबीर', 'नाथ सम्प्रदाय', 'हिन्दी साहित्य की भूमिका', 'मध्यकालीन धर्मसाधना' और 'सहज साधना' नामक ग्रन्थों-द्वारा इन जटिल विषयों पर विद्वत्तापूर्ण प्रकाश डालकर बौद्ध, नाथ और सन्त परम्परा के साहित्य में प्रवेश का साधन कर दिया है।

रागात्मिका भक्ति-परम्पराओं को समझाने के लिए भी उन्होंने कम प्रयास नहीं किया। उन्होंने अपने विभिन्न ग्रन्थों से इस पद्धति से सम्बद्ध विषयों यथा—'अवतारवाद', 'गोपियाँ' और 'श्री राधा', 'लीला और भक्ति', 'लीला का रहस्य', 'राधा का स्वरूप', 'गीत गोविन्द की विरहिणी राधा', 'विद्यापति की विरहिणी राधा', 'चंडीदास की विरहिणी राधा, 'सूरदास की राधा', 'वैष्णव कवियों की

रूपोपासना', 'रामानुज एवं वैधी भक्ति', 'निर्विशेष-सविशेष भगवदरूप', 'नवधाभक्ति', 'उज्ज्वलरस', 'कृष्ण भक्तों और रामभक्तों का विशिष्ट दृष्टिकोण' प्रभृति शीर्षक निबन्धों में बड़ी ही स्पष्टता से प्रकाश डाला है। इस प्रकार योग, ज्ञान और भक्तिमार्गों के शास्त्र से अपने पाठक को अवगत कराकर भक्ति-साहित्य के अध्ययन का काम सरल बना दिया है।

आलोच्य साहित्य का अनुसन्धान, प्रकाशन, अध्ययन, मूल्यांकन और पाठ संशोधन आदि के क्षेत्र में द्विवेदीजी का स्थान वही है जो महाभारतकाल में द्रोणाचार्य और भीष्मपितामह का था। अभी उनसे और भी अधिक पाने की आशा है, अतः जिज्ञासु वर्ग अपने स्वार्थ की पूर्ति के लिए यदि उनकी दीर्घायु की कामना करे तो इसे उचित ही मानना चाहिए।

मैं साहित्य को मनुष्य की दृष्टि से देखने का पक्षपाती हूँ। जो वाग्जाल मनुष्य को दुर्गति, हीनता और परमुखापेक्षिता से बचा न सके, जो उसकी आत्मा को तेजोद्दीप्त न बना सके, जो उसके हृदय को परदुःखकातर और संवेदनशील न बना सके उसे साहित्य कहने में मुझे संकोच होता है।

—अशोक के फूल

साहित्य के इतिहास की सांस्कृतिक व्याख्या

रघुवंश

19वीं शताब्दी के यूरोप में आधुनिक ऐतिहासिक दृष्टि पर बहुत बल दिया जाने लगा था। इसके पहले यूरोप में इतिहास-लेखन की समृद्ध परम्परा थी और उसके बारे में अनेक धारणाएँ और सिद्धान्त विवेचित किए जा चुके थे। इतिहास चिन्तन के क्षेत्र में बहुत कुछ ऊहापोह किया गया था, परन्तु अभी तक इतिहास का अध्ययन अतीत की घटनाओं को जानने, उनके क्रम को पहचानने, कार्य-कारण की शृंखला को खोजने के लिए किया जाता था। अधिक-से-अधिक उसके अध्ययन का उपयोग अतीत के कार्य-कारण के आधार पर अपने लिए कुछ परिणाम निकालने, घटना-क्रम को बढ़ानेवालों की गलतियों से बचने, उसकी असंगतियों, विरोधाभासों और अतियों को परखने और बचने के लिए माना गया था। यह अलग बात है कि इतिहास-क्रम में एक ही प्रकार की गलतियों असंगतियों, असफलताओं और परिणामों को देखकर कहा जाता है कि 'इतिहास अपने-आपको दुहराता है'।

वस्तुत: इस शती में इतिहास के क्रम को ऊर्जस्वित प्रवाह के रूप में देखा गया, और उस समय राष्ट्र, समाज और मानवता के नये निर्माण की जो कल्पनाएँ और विचारधाराएँ सक्रिय हो रही थीं उन्होंने इससे शक्ति ग्रहण की। इतिहास की दृष्टि का यह उपयोग नया था और राजनीति, समाज-रचना, आर्थिक-व्यवस्था, धार्मिक क्रान्ति के लिए अनेक क्षेत्र में किया गया, यहाँ तक कि अध्ययन, मनन और चिन्तन के सभी क्षेत्रों पर इसका गहरा संघात देखा जा सकता है। परिणामस्वरूप समस्त मानवशास्त्रों और भौतिक विज्ञानों को भी ज्ञान-कोश और ज्ञानसमूह के रूप में न मानकर धारावाहिक परम्परा और ऐतिहासिक क्रम से देखने का प्रयत्न किया गया। इस ऐतिहासिक दृष्टि ने उन्नीसवीं शती के मानववाद को विकसित तथा पुष्ट करने में जिस प्रकार सहयोग दिया है, उसी प्रकार मानवतावादी विभिन्न दृष्टियों ने अपने-अपने पक्ष से इस ऐतिहासिक दृष्टि का उपयोग भी किया।

उन्नीसवीं शती के चिन्तकों ने इतिहास के प्रवाह को एक बुद्धिगम्य, सोद्देश्य

और सार्थक शक्ति के रूप में निरूपित करने की चेष्टा की। इतिहास को वस्तुपरक तटस्थता के साथ ग्रहण करने की प्रवृत्ति इनकी प्राय: नहीं रही। इतिहास की क्रमिक सोद्देश्य व्याख्या करने में अथवा प्रयोजन खोजने में मानवीय दृष्टि प्रधान हो जाती है, और यह उस युग की व्यापक मानववादी भावना के अनुकूल भी थी। ह्यूम और ब्रैडले जैसे विचारकों में कोई इतिहास की वस्तुपरकता पर आस्था नहीं रखते, ह्यूम (एसे ऑन मिरैकिल्स) भौतिक प्रकृति के नियमों का उल्लंघन करनेवाली अतीत की घटनाओं को विश्वसनीय नहीं मानता और ब्रैडले अतीत को उसी सीमा तक विश्वसनीय स्वीकार करता है जिस सीमा तक उसकी हमारे वर्तमान अनुभवों से अनुरूपता है।

इस शती में मानव-प्रकृति की धारावाहिकता, शाश्वत और सार्वभौमिकता को स्वीकार किया गया, साथ ही कई प्रकार से उसके विकास-क्रम को भी प्रतिपादित करने की चेष्टा की गयी। अत: इतिहास के मूल विषयवस्तु मानवीय गतिविधि होने के नाते ऐतिहासिक व्याख्या के पीछे भी अन्तत: मानवीय प्रकृति के ही साधारण सिद्धान्तों को माना गया। मानवीय प्रकृति की हमारी परिकल्पना अनुभव पर आश्रित है और अनुभव-विस्तार के साथ वह बदल भी सकती है। मानवीय व्यवहार में तर्कसंगत तथा स्वाभाविक के बारे में हम जो धारणा बनाते हैं हर प्रकार की मानवीय व्याख्याओं पर उनका रंग और प्रभाव पड़ता है।

मानववादी दृष्टि के साथ कई विचारकों ने इतिहास की व्याख्या के आधार में नैतिक और आध्यात्मिक विश्वासों को स्वीकार किया है। इसका यह परिणाम भी निकलता है कि ऐतिहासिक चिन्तन-मात्र अतार्किक मनोभावों में सम्बद्ध है और इतिहास की हर व्याख्या अनिवार्यत: इतिहासकार के मनोभाव से प्रभावित होगी। इस प्रकार इस युग में अतीत को अपनी भावनाओं, महत्त्वाकांक्षाओं और आशाओं के अनुरूप देखने की चेष्टा की गयी और इतिहास की गति तथा शक्ति को किसी निश्चित मानवीय विधान को पूरा करने के उद्देश्य से विवेचित किया गया। 19वीं शती के पहले भी इतिहास की गति और उसके प्रवाह में प्रयोजन देखा गया था, पर उसका दृष्टिकोण इतिहास में ईश्वरीय विधान को देखना था। सन्त अगस्तीन के 'ईश्वर के नगर' (सिटी ऑव गॉड) में इसी ईसाई सृष्टि सिद्धान्त का (डिस्कोर्स ऑन युनीवर्सल हिस्ट्री) में इसी मूलभाव का आधार लिया गया है और विको के 'नया विज्ञान' (न्यू साइन्स) में इसी दृष्टि से इतिहास की व्याख्या प्रारम्भ की गयी है, परन्तु 19वीं शती के विचारकों ने इतिहास की व्याख्या को मुख्यत: मानवाभिमुख किया, यह उनका प्रमुख योग है।

हजारीप्रसाद द्विवेदी की इतिहास के बारे में धारणा इस मानववादी दृष्टि से अत्यधिक प्रभावित रही है। यूरोप के कुछ विचारकों के मतों के साथ इनकी चर्चा

करने से यह स्पष्ट हो जाएगा। कांट इतिहास को बुद्धिगम्य योजना के साथ अग्रसर स्वीकार करता है और यह भी स्वीकार करता है कि उसका लक्ष्य नैतिक तर्क के द्वारा समर्थित भी है। सम्पूर्ण मानवता को उच्चतर स्थिति की ओर बढ़ाने में ही इतिहास की सार्थकता है। प्रकृति या विधाता (कांट के लिए पर्याय जैसे शब्द) व्यक्ति की भलाई का उत्सर्ग करके भी एक लम्बी विकास योजना में संलग्न हैं। यहाँ यह भी स्मरण रखना चाहिए कि 19वीं शती में डार्विन के विकासवाद ने भी काफी प्रभाव जमाया था। द्विवेदीजी प्रकृति से मनुष्य तक के क्रम को विकास की दृष्टि से स्वीकार करते हैं और साथ ही इस क्रम के सोद्देश्य होने में भी उनका विश्वास है, "प्रकृति अपने प्रयोगों में कृपण कभी नहीं रही है। उसने बरबादी की कभी परवाह नहीं की। दस वृक्षों के लिए वह दस लाख बीज बनाने में कभी कोताही नहीं करती। यह क्या सब व्यर्थ की अन्धता है, सुस्पष्ट योजना का अभाव है या हिसाब न जानने का दुष्परिणाम है? कौन बताएगा कि किस महान उद्देश्य की प्राप्ति के लिए प्रकृति ने इतनी बरबादी सही है?"

रवीन्द्रनाथ ठाकुर की व्यापक मानवतावादी भावना का द्विवेदीजी पर गहरा संघात रहा है, क्योंकि उन्होंने गुरुदेव से चिन्तन के क्षेत्र में गहरी प्रेरणा प्राप्त की है। साथ ही समन्वयात्मक दृष्टि के कारण इनमें भौतिकवादी, प्रत्ययवादी और नैतिकतावादी सभी कोटि के मानववादियों के विचार प्रतिबिम्बित देखे जा सकते हैं, पर यह सब उन्होंने अपने चिन्तन के स्तर पर विकसित किया है। हर्डर ने अपनी पुस्तक 'मानवता के दार्शनिक इतिहास की परिकल्पना' (आइडियाज फॉर एक फिलासफिकल हिस्ट्री ऑव मैनकाइंड) में ठेठ बौद्धिक होने के बजाय कल्पनाशील और भावशील मनुष्य को अधिक योग्य इतिहासकार माना है, अपनी तार्किक प्रतिभा से अधिक उसे अपनी सहजानुभूति पर विश्वास होना चाहिए। हर्डर ने स्वीकार किया है कि समस्त विश्व एक ही संयोजित करनेवाली शक्ति से अनुकार्यशील है। इस प्रकार वह इन शक्तियों की ऐतिहासिक प्रक्रिया की खोज के साथ इतिहास के सामान्य प्रयोजन को स्वीकार करता है, और उसे एक नैतिक घुमाव के साथ मानवता के उत्कर्ष के रूप में प्रतिपादित करता है। हजारीप्रसाद द्विवेदी मनुष्य की जययात्रा का बार-बार उद्घोष करते हुए इतिहास के इसी उद्देश्य को स्वीकार करते हैं, "मनुष्य की जययात्रा! क्या मनुष्य ने किसी अज्ञात शुत्र को परास्त करने के लिए अपना दुर्द्धर रथ जोता है? मनुष्य की जययात्रा!...मुझे यह वाक्य सचमुच बड़ा बल देता है।...जीवतत्त्व स्थिर अविक्षुब्ध भाव से उचित अवसर की प्रतीक्षा में बैठा था। अवसर पाकर उसने समस्त जड़ शक्ति के विरुद्ध विरोध करके सिर उठाया—नगण्य तृणांकुर के रूप में! सृष्टि के इतिहास में यह एकदम अघटित घटना थी। अब तक महाकर्ष (ग्रेविटेशन पावर) के विराट् वेग को रोकने में कोई समर्थ नहीं हो सका

था। जीवतत्त्व प्रथम अपनी ऊर्ध्वगामिनी वृत्ति की अदना ताकत के बल पर इस महाकर्ष को अस्वीकार कर सका। तब से एक कोश से अनेक कोशों के जटिल संघटन में, कर्मेन्द्रियों से ज्ञानेन्द्रियों की ओर, ज्ञानेन्द्रिय से मन और बुद्धि की तरफ संकुचित होता हुआ मानवात्मा के रूप में प्रकट हुआ।'' द्विवेदीजी ने इस प्रकार प्रकृति के विकास में प्रयोजन माना है, मनुष्य के इतिहास के क्रम को जययात्रा के रूप में देखा है। इससे मानववाद में उनका अटूट विश्वास ही प्रकट होता है।

इतिहास-सम्बन्धी धारणाओं पर उस युग के दार्शनिक चिन्तन का गहरा प्रभाव था। हीगल ने 'इतिहास-दर्शन पर भाषण' में विश्व की रचना-प्रक्रिया को तर्कसंगत और बुद्धिगम्य माना है, उसके लिए प्रकृति और आत्म-तत्त्व न केवल तार्किक प्रत्यय के अनुकरण हैं, वरन् वे उसी के विकास हैं। इतिहास-दर्शन तत्त्ववाद का ही अंग है। वस्तुतः उसके लिए इतिहास-दर्शन समस्या अनुभव के खास क्षेत्र में तार्किक प्रक्रिया को खोजना है। इतिहास के क्रम में तर्क कार्यशील है और जो तर्कसंगत है वही सत्य है। ऐतिहासिक प्रक्रिया में कार्यशील तर्क का प्रदर्शन उसके अर्थ का दैवीकरण ही माना जाएगा। हीगल ने समस्त संसार के इतिहास की प्रक्रिया को एक तथा समान उद्देश्य की ओर प्रेरित मानते हुए हर राष्ट्र का विशिष्ट योग माना है। इस स्थिति में प्रत्येक राष्ट्र की अपनी प्रतिभा होती है और उसका अपना विशिष्ट सिद्धान्त होता है जो उसके धर्म, राजनीतिक संस्थाओं, आचरण संहिता, न्याय की पद्धति, यहाँ तक कि कला और विज्ञान में प्रतिफलित होता है। हजारीप्रसाद द्विवेदी ने संस्कृति की व्याख्या में इतिहास की इसी दृष्टि को स्वीकार किया है, ''मनुष्य दिन-दिन अपने महान लक्ष्य के नजदीक पहुँचता जाएगा। सामान्य मानव-संस्कृति ऐसा ही दुर्लभ लक्ष्य है। मेरा विश्वास है कि प्रत्येक देश और जाति ने अपनी ऐतिहासिक परम्पराओं और भौगोलिक परिस्थितियों के अनुसार उस महान लक्ष्य के किसी पहलू का अवश्य साक्षात्कार किया है।'' द्विवेदीजी की विचारधारा में कांट की दृष्टि अन्तर्भुक्त है कि इतिहास के प्रयोजन को सिद्ध करने के लिए विधाता मानव-प्रकृति के बुरे पक्ष का भी उपयोग कर लेता है और हीगल की यह धारणा भी कि इतिहास की महान योजना की तर्कशीलता मानवीय भावावेश की सहायता से अग्रसर होती है।

द्विवेदीजी इतिहास की प्रक्रिया में व्यक्ति की भूमिका को बहुत-कुछ हीगल के समान स्वीकार करते हैं। महापुरुष इतिहास के इस निश्चित क्रम को गति देने के लिए है, वे अपने व्यक्तिगत उत्कर्ष के साथ (अनेक बार अपने महान पतन में) इतिहास के प्रयाजन को सिद्ध करते हैं। हीगल के अनुसार उनको सामान्य नैतिक मानदंड पर नहीं परखना चाहिए, वरन उन पर विचार करते समय इस व्यापक सन्दर्भ को ध्यान में रखना चाहिए। वस्तुतः मानववाद की सामाजिक व्याख्या का

स्वरूप यहीं से स्पष्ट होने लगता है, द्विवेदीजी की सामाजिक दृष्टि का आधार भी यह माना जा सकता है। इतिहास की व्याख्या को इस रूप में साध्य के आधार पर साधनों को भी न्यायोचित मान लिया जाता है, यह अवश्य है कि यहाँ नैतिक समर्थन को महत्त्व प्राप्त है। इतिहास की तार्किकता को प्रदर्शित करने के लिए घटनाओं की केवल बौद्धिक व्याख्या पर्याप्त नहीं है, वरन् उनके क्रम में नैतिक समर्थन भी आवश्यक है। मूलत: द्विवेदीजी भी सच्ची नैतिक इकाई अलग-अलग व्यक्ति को न मानकर सम्पूर्ण नैतिक संघटन को स्वीकार करते हैं। इस प्रकार व्यक्ति की नैतिक चेतना के स्थान पर समस्त समाज की भलाई की भावना पर आधारित नैतिक चेतना को महत्त्व दिया गया।

स्वाधीनता की भावना की दृष्टि से भी द्विवेदीजी हीगल के समीप पड़ते हैं। सामाजिक नैतिकता के साथ वे स्वधीनता को स्वीकार करते हैं। इतिहास का लक्ष्य इसी स्वाधीनता को क्रमश: उपार्जित करते जाना है। स्वाधीनता अनियन्त्रित जीवन नहीं है और प्राकृतिक अधिकारों का सिद्धान्त भी इस रूप में सही नहीं है। व्यक्ति के उन्नयन और विकास के साथ सामाजिक प्रगति और उन्नति का भाव गहरे स्तर पर जुड़ा हुआ है। द्विवेदीजी की इतिहास-सम्बन्धी दृष्टि का सम्बन्ध निश्चयवादियों से भी है, क्योंकि उन्होंने इनके समान सामाजिक गत्यात्मकता और अनुभवात्मक पद्धति को स्वीकार किया है। द्विवेदीजी ने इतिहास-प्रक्रिया को व्यापक मानवीय प्रकृति से समझने की चेष्टा की है, और राजनीति, अर्थनीति, समाज-शास्त्र, धर्मशास्त्र आदि के साथ इतिहास को परखने की चेष्टा की है। मार्क्स की समाजवादी दृष्टि और अर्थव्यवस्था के प्रति आकर्षित होते हुए भी द्विवेदीजी ने युगविशेष के सामाजिक, आर्थिक और सांस्कृतिक जीवन में निरन्तर घटित होनेवाली प्रक्रिया को स्वीकार किया है। और उसमें एक गहरा नैतिक और व्यापक मानवीय प्रयोजन स्वीकार किया है, जो मार्क्स की वर्ग-संघर्ष की द्वन्द्वात्मकता से भिन्न है और प्राय: हीगल के अधिक निकट है।

आगे इतिहास की समस्त प्रक्रिया को संस्कृति के सन्दर्भ में रखकर देखते समय द्विवेदीजी अपनी व्यापक मानववादी सीमा में ही रहते हैं। वे दानिलेव्स्की, स्पेंगलर, ट्वॉयनवी, सोरोकिन, बेर्दिएफ, क्रोएवर, पोपर तथा लवज्वाय आदि इतिहास के दार्शनिकों की भाँति इतिहास की प्रक्रिया को मूलत: सांस्कृतिक मानते हैं। अपने विचारों में भिन्न होते हुए भी ये सभी विचारक इतिहास का अध्ययन संस्कृतियों के जन्म, विकास, ह्रास, उत्थान और पतन के रूप स्वीकार करते हैं। इस स्तर पर द्विवेदीजी इतिहास की गति को संस्कृतियों के क्रम के माध्यम से अग्रसर मानते हैं और पिछले मानववादी इतिहास के चिन्तकों से प्रेरित तथा प्रभावित होते हए भी इन संस्कृतिवादियों के विचारों को यत्र-तत्र प्रतिफलित करते हैं। उनमें

मानववादियों की अटूट आस्था है कि मानव-इतिहास अन्ततः मनुष्य को आगे बढ़ाने मे संलग्न है, पर साथ ही अनेक विकासवादियों के नियतिवाद का आभास भी उनके विचारों में आ गया है। यद्यपि उनके नियतिवाद में भौतिक जड़ता के स्थान पर भाव तथा अनुभवमूलक गत्यात्मकता परिलक्षित होती है। संकल्प, प्रयोजन और उद्देश्य के साथ आगे बढ़ती हुई मानवता सांस्कृतिक ऊँचाइयों पर चढ़ती जा रही है। इस प्रकार कम-से-कम लक्ष्य की निश्चित स्थिति द्विवेदीजी स्वीकार करते हैं।

कई विचारक संस्कृतियों को उत्पत्ति, विकास, वृद्धि और नाश के क्रम को मानते हैं। दानिलेव्सकी ने संस्कृति का जीवन-क्रम जीवधारियों के शरीर के समान माना है; विस्तृत विकास-काल के बाद एक संक्षिप्त परिकाल आता है और उसके बाद संस्कृति विनष्ट हो जाती है। इस रेखात्मक विकास-ह्रास क्रम के विपरीत स्पेंगलर ने वृत्तात्मक विकास-ह्रास क्रम स्वीकार किया है। स्पेंगलर ने संस्कृतियों के जीवन-संग्रह को मानव-इतिहास माना है, और यह दृष्टि द्विवेदीजी में भी परिलक्षित होती है। स्पेंगलर ने मनुष्य के व्यक्ति और सामाजिक जीवन में सादृश्य माना है और मानव-विकास को एक अदम्य असीम प्रवाह के रूप में देखा है, "जल-राशि के अपार विस्तार पर अनन्त तरंगमालाएँ क्रीड़ा करती हैं। इस पर जहाँ-तहाँ प्रकाश की तीखी किरणें झलकती हैं और तरंगों के शाश्वत नृत्य में अस्पष्ट और अदृश्य हो जाती हैं। इसी प्रकार जातियाँ, कबीले, पीढ़ियाँ, वंश, समाज आदि प्रकट होते हैं और अधिक प्रभाव के पश्चात् मानवता के प्रवाह में विलीन हो जाते हैं।" द्विवेदीजी को मानव-संस्कृति का अदम्य तथा असीम प्रवाह स्वीकार है, लेकिन वे स्पेंगलर की भाँति मानवप्रवाह के तल पर महान संस्कृतियों के तरंगवृत्तों के विलीन हो जाने को स्वीकार नहीं करते, वरन् वे ट्वॉयनवी तथा सोरोकिन के दृष्टिकोण के अधिक निकट हैं। ट्वॉयनवी संस्कृतियों की ह्रास की स्थिति को उनका विनाश नहीं मानता है, अपनी इस अवस्था से ये संस्कृतियाँ अन्य समसामयिक संस्कृतियों से सम्पर्क स्थापित करती हैं और इस प्रकार के पारस्परिक सम्पर्क से पुनर्जागरण की प्रक्रिया चलती है।

ट्वॉयनवी—दोनों संस्कृतियों के अनेक वृत्त स्वीकार करते हैं, पर जब कि स्पेंगलर संस्कृतियों को अलग-अलग जीवन-लीला मानता है, ट्वॉयनवी ह्रास की स्थिति से संस्कृतियों के पुनरुत्थान को स्वीकार करता है और इस स्तर पर वह सोरोकिन के समान मानव-संस्कृति को अखंड और अद्वैत सत्य मान लेता है। मानव-संस्कृति की अविरल अजस्र धारा युगों से सारे संसार के देशों को आप्लावित कर रही है, पर देश-काल के अनुसार उसके अनेक रूप देखे जाते हैं। यहाँ संस्कृति को जिस व्यापक, सार्वदेशिक और सार्वकालिक प्रवाह के रूप में निरूपित किया

गया है, वह द्विवेदीजी द्वारा निर्धारित सामान्य मानव संस्कृति है, "मैं संस्कृतियों को किसी देश-विशेष या जाति विशेष की अपनी मौलिकता नहीं मानता। मेरे विचार से सारे संसार के मनुष्यों की एक ही सामान्य मानव-संस्कृति हो सकती है। यह दूसरी बात है कि वह व्यापक संस्कृति अब तक सारे संसार में अनुभूत और अंगीकृत नहीं हो सकी है।"

अन्ततः द्विवेदीजी की सांस्कृतिक दृष्टि में सामाजिक सन्दर्भ का विशेष महत्त्व है, जिसे उन्होंने सामाजिक मानववादी के रूप में स्वीकार किया है, और इस स्तर पर उनकी समता सोरोकिन के इस सामाजिक-सांस्कृतिक दृष्टिकोण से की जा सकती है,"संस्कृति उन मूल्यों, आदर्शों और स्थापनाओं का समूह है जिसके अनुसार मनुष्य अपने जीवन की रीति और शैली का निर्माण करते हैं। मनुष्य अपने जीवन में जिन तथ्यों को सत्य, शिव और सुन्दर मानते हैं उनसे संस्कृति का स्वरूप निर्मित होता है अतः यह एक मानसिक विकास की प्रक्रिया है। चूँकि समाज में रहकर ही मनुष्य इस विकास में अग्रसर होता है, अतः संस्कृति सामाजिकता में धुल-मिल जाती है।" द्विवेदीजी का यह कथन इसी बात को ध्वनित करता है कि "मनुष्य की श्रेष्ठ साधनाएँ ही संस्कृति है। इसकी अस्पष्टता का कारण यही है कि अब भी मनुष्य इसके सम्पूर्ण और व्यापक रूप को देख नहीं सका। संसार के सभी महान तत्त्व इसी प्रकार मानव-चरित्र में अस्पष्ट रूप से आभासित होते हैं। उनका आभासित होना ही उनकी सत्ता का प्रमाण है।" आगे चलकर संस्कृति के बारे में द्विवेदीजी ने व्यापक समन्वयशील दृष्टि का प्रतिपादन विस्तार के साथ भारतीय संस्कृति के विवचेन में किया है। इसका स्वरूप सोरोकिन के आदर्श समन्वय प्रधान सामाजिक-सांस्कृतिक व्यवस्था में परिलक्षित होता है।

ऊपर से समस्त विवेचन से स्पष्ट हो जाता है कि हजारीप्रसाद द्विवेदी इतिहास को मूलतः मानववादी दृष्टि से देखते हैं। वह विकास-क्रम को इतिहास की गति में निहित मानते हैं। यह विकास मनुष्य को ऊँची-ऊँची भूमिकाओं की ओर ले जा रहा है। और मानव-इतिहास के समस्त प्रयत्न संस्कृति के रूप में स्वीकार किए जाने चाहिए। वे संस्कृतियों के क्रम को और उनके उत्थान-पतन को स्वीकार कर लेते हैं, पर साथ ही व्यापक संस्कृति के धारावाहिक क्रम को भी मानते हैं और इस प्रकार उनके लिए संस्कृति के विकास की एक व्यापक और अखंड परम्परा है। उन्होंने संस्कृतियों के पुनर्जन्म और पुनरुत्थान को माना है। बेर्दिएफ जैसे आधुनिक संस्कृति के विचारकों के समान द्विवेदीजी ने संस्कृति के शाश्वत तत्त्व को महत्त्व दिया है और सांस्कृतिक विभिन्नता में लवज्जाय जैसे विचारकों के समान एकता प्रतिपादित की है।

हजारीप्रसाद द्विवेदी की साहित्य के इतिहास की दृष्टि उनके उपर्युक्त

विचारों और धाराओं पर आधारित है। नलिनविलोचन शर्मा ने अपनी पुस्तक 'साहित्य का इतिहास दर्शन' में माना है कि द्विवेदीजी ने स्पष्टत: विधेयवादी शुक्ल-परम्परा से भिन्न प्रतिज्ञा की है, क्योंकि वे "साहित्य की विभिन्न प्रवृत्ति से और उसके मूल और आन्तरिक स्वरूप का स्पष्ट परिचय देना ही अपना लक्ष्य घोषित करते हैं।" वस्तुत: जैसा नलिनजी ने स्वयं द्विवेदीजी के 'हिन्दी-साहित्य' से रीति-काव्य की रूपरेखा उद्धृत करके स्वीकार किया है कि द्विवेदीजी अपनी प्रतिज्ञा का दृढ़तापूर्वक पालन नहीं कर सके हैं, द्विवेदीजी की साहित्य इतिहास की दृष्टि शुक्लजी से इस स्तर पर भिन्न नहीं है। सम्भवत: नलिनजी ने हिन्दी में साहित्यिक साहित्येतिहास की परम्परा के प्रारम्भ की दृष्टि से ऐसा प्रतिपादित किया है, अन्यथा द्विवेदीजी की मूल साहित्य के इतिहास की दृष्टि का अनुसन्धान उनकी 'हिन्दी साहित्य को भूमिका' से किया जा सकता है। 'हिन्दी साहित्य की भूमिका' में उन्होंने न केवल हिन्दी साहित्य को भारतीय साहित्य से सम्बद्ध करके देखा है, वरन् उसे सांस्कृतिक अभिव्यक्ति के रूप में भारतीय संस्कृति की धारावाहिक परम्परा से जोड़ा है।

वस्तुत: रामचन्द्र शुक्ल और हजारीप्रसाद द्विवेदीजी दोनों साहित्य के इतिहास को मानवीय परिवेश में रखकर देखते हैं, और उस दृष्टि से 19वीं शती के विधेयवाद और ऐतिहासिकता से प्रभावित हैं। शुक्लजी के अनुसार, "प्रत्येक देश का साहित्य वहाँ की जनता की चित्तवृत्ति का स्थायी प्रतिबिम्ब होता है,...वहाँ की जनता की चित्तवृत्ति के परिर्वतन के साथ-साथ साहित्य के स्वरूप में भी परिवर्तन होता चला जाता है। आदि से अन्त तक इन्हीं चित्तवृत्तियों को परखते हुए साहित्य परम्परा के साथ उनका सामंजस्य दिखाना ही 'साहित्य का इतिहास' कहलाता है। जनता की चित्तवृत्ति बहुत कुछ राजनीतिक, सामाजिक, साम्प्रदायिक तथा धार्मिक परिस्थिति के अनुसार होती है। अत: कारण स्वरूप इन परिस्थितियों का किंचित् दिग्दर्शन भी साथ-ही-साथ आवश्यक हो जाता है।" इसी प्रकार द्विवेदीजी भी स्वीकार करते हैं, "वास्तव में हमारे अध्ययन की सामग्री प्रत्यक्ष मनुष्य है। आपने इतिहास में इसी मनुष्य की धारावाहिक जययात्रा की कहानी पढ़ी है, साहित्य में इसी के आवेगों, उद्वेगों और उल्लासों का स्पन्दन देखा है, राजनीति में इसी की लुका-छिपी के खेल का दर्शन किया है, अर्थशास्त्र में इसी की रीढ़ की शक्ति का अध्ययन किया है।" दोनों विचार साहित्य के इतिहास को युग और समाज के परिवेश से सम्बद्ध करके देखते हैं और मानववाद तथा लोककल्याण की भावना से साहित्य को प्रेरित स्वीकार करते हैं। अन्तर केवल इस बात का है कि शुक्लजी साहित्य को युगीन जीवन की क्रिया-प्रतिक्रिया के रूप में अथवा उसके प्रतिबिम्ब के रूप में स्वीकार करते है और द्विवेदीजी साहित्य को युग-जीवन की

सांस्कृतिक प्रक्रिया के रूप में विवेचित करते हैं।

यह अन्तर भी कम महत्त्व का नहीं है। शुक्लजी के द्वारा प्रतिपादित युग और साहित्य का सम्बन्ध बाह्य अधिक है और धर्म, समाज, राजनीति से साहित्य का कारणपरक सम्बन्ध स्थापित किया गया है, उदाहरण के लिए भक्तिकाल के युग-जीवन से उस युग के साहित्य का सम्बन्ध और रीतिकाल के वातावरण का उसके साहित्य पर प्रभाव। परन्तु द्विवेदीजी ने साहित्य को सांस्कृतिक अभिव्यक्ति के रूप में व्याख्यायित किया है और इस स्तर पर साहित्य युग के वाह्य की अपेक्षा उसकी रचाशीलता से सम्बद्ध हो जाता है। संस्कृति स्वतः युग-विशेष की विशिष्ट और महत्त्वपूर्ण रचनात्मक उपलब्धि है अतः जब साहित्य के इतिहास को उसके आधार पर विवेचित किया जाएगा तब साहित्य को मात्र युग के सामाजिक, राजनीतिक, आर्थिक तथा धार्मिक जीवन की प्रतिक्रिया न मानकर सारे युग जीवन की रचनाशीलता से सम्बद्ध करना पड़ेगा। यही बात द्विवेदीजी ने अपनी 'हिन्दी साहित्य की भूमिका' में भक्ति आन्दोलन की लम्बी परम्परा के आधार पर भक्ति-काव्य की विवेचना में प्रदर्शित की है। समस्त परम्परा और आन्दोलन के स्वरूप को प्रस्तुत करके भी द्विवेदीजी ने भक्ति-काव्य के रचना तत्त्व को अधिक उजागर करने की चेष्टा की है। एक भिन्न स्तर पर यह शुक्लजी के बारे में भी कहा जा सकता है कि उन्होंने समस्त युगीन, सामाजिक और राजनीतिक वातावरण से प्रतिक्रियात्मक सम्बन्ध रखते हुए साहित्य को रचनात्मक माना है जो एक कृतिकर्म है। सामाजिक मानववाद के समान उन्होंने साहित्य में लोकमंगल की भावना को अवश्य प्रतिपादित किया है, पर कवियों और काव्य के विवेचन में उन्होंने यदि भारतीय काव्यशास्त्र के अनुसार काव्य के रचनात्मक स्वरूप का विवेचन गुण, अलंकार, शब्दशक्ति, आदि के द्वारा किया है तो भारतीय और पाश्चात्य काव्यशास्त्र के समन्वय से काव्य के भाव, रस, प्रभाव और सौन्दर्य पक्षों की व्याख्या की है। इस दृष्टि से द्विवेदीजी ने काव्य तथा साहित्य को आन्तरिक तथा सूक्ष्म रचनात्मक मूल दृष्टि से सम्बद्ध माना है, अतः उनके कवि अथवा काव्य के विवेचना का शुक्लजी की तुलना में वस्तुपरक की अपेक्षा व्यक्तिपरक और भावात्मक स्तर है। यही कारण है कि संस्कृत के पंडित होकर भी उन्होंने संस्कृत काव्यशास्त्र का प्रयोग अपनी व्यावहारिक समालोचनाओं में नहीं किया है।

सन्दर्भ-ग्रन्थ

1. ब्रैडले : द प्रीसजीशन्स ऑव क्रिटिकल हिस्ट्री।
2. ह्यूम : इन्क्वायरी कन्सर्निंग ह्यूमन अंडरस्टैंडिंग।
3. हजारीप्रसाद द्विवेदी : अशोक के फूल, हिन्दी साहित्य और हिन्दी साहित्य की भूमिका।

4. कांट : द क्रिटीक ऑव जजमेंट।
5. हर्हर : आइडिया फार ए फिलासफिकल हिस्ट्री ऑव मैनकाइंड।
6. हीगल : लेक्चर्स ऑन द फिलोसफी ऑव हिस्ट्री।
7. सोरोकिन : स्पेशल फिलासफीज ऑव एन एज ऑव क्राइसिस।
8. स्पेंगलर : द डिक्लाइन ऑव द वेस्ट।
9. ट्वॉयनवी : सिविलिजेशन ऑन ट्रायल, माई व्यू ऑव हिस्ट्री, ए स्टडी ऑव हिस्ट्री।
10. बेदिंएक : दि मीनिंग ऑव क्रिएटिवनेस, दि मीनिंग ऑव हिस्ट्री।
11. क्रोएव : कोन्फीगरेशन्स ऑव कल्चरल ग्रोथ।
12. पोपर : दि पावर्टी ऑव हिस्टोरिसिज्म।
13. लव ज्वाय : दि ग्रेट चेन ऑव बीइंग, स्टडीज इन द हिस्ट्री ऑव आइडियाज।
14. रामचन्द्र शुक्ल : हिन्दी साहित्य का इतिहास।
15. नलिनविलोचन शर्मा : साहित्य का इतिहास-दर्शन।

सन्तुलित दृष्टि

◈

''सन्तुलित दृष्टि वह नहीं है जो अतिवादिताओं के बीच एक मध्यम मार्ग खोजती है, बल्कि वह है जो अतिवादिताओं की आवेग-तरल विचारधारा का शिकार नहीं हो जाती और किसी पक्ष के उस मूल सत्य को पकड़ सकती है, जिस पर बहुत बल देने और अन्य पक्षों की उपेक्षा करने के कारण उक्त अतिवादी दृष्टि का प्रभाव बढ़ा है। सन्तुलित दृष्टि सत्यान्वेषी की दृष्टि है।''

—विचार और वितर्क : पृ. 253

आचार्य द्विवेदी की दृष्टि में लालित्य तत्त्व

रमेश कुन्तल मेघ

आचार्य हजारीप्रसाद द्विवेदी ने 'कालिदास की लालित्य योजना' शीर्षक पुस्तक में सौन्दर्य के इस महान गायक कवि के सौन्दर्य बोधतत्त्व पर सर्वप्रथम भारतीय मोनोग्राफ लिखा है। इसकी तुलना लेसिंग के 'लाओकून' तथा डच चित्रकार जान वर्मीअर पर लिखित थियोफिले थोरे के मोनोग्राफ से की जा सकती है। इस कृति के माध्यम से लेखक ने अपने सौन्दर्यबोधशास्त्रीय (एस्थेटिक) दर्शन के भी इतस्ततः स्फुट किन्तु स्पष्ट संकेत किए हैं। अतएव हम हजारीप्रसाद द्विवेदी के सौन्दर्यबोध तत्त्व पर यह मोनोग्राफ प्रस्तुत करेंगे।[1]

क

कला और साहित्य सम्बन्धी अनुशीलन तथा अभ्यास की परिपूर्णता, कला एवं साहित्य को अखंड मानकर, उसके चिन्तन एवं दर्शन में होती है। रसदर्शन में काव्य एवं नाट्य को अखंड माना गया, रीति के अभ्यास में अलंकार एवं वाणी को अखंड माना गया, ध्वनि में भाव एवं अर्थ की एकता स्थापित की गयी। जब हम अनेक ललित या सृजनात्मक कलाओं के संयोग से एक समाहित इकाई प्राप्त करते हैं तब हमें इनकी मूलभूत एकता, एकान्वित कलानुभव, एक वैश्विक कला भाषा, एक सार्वभौम मनुष्य तथा एक संश्लिष्ट जीवन-दर्शन की झाँकी मिलने लगती है। वस्तुतः सौन्दर्यबोधशास्त्र का चिन्तन एवं दर्शन इसी तत्त्वान्वेषण एवं

---

1. सौन्दर्य तत्त्वान्वेषी हजारीप्रसाद द्विवेदी सौन्दर्यबोध शास्त्र (एस्थेटिक्स) पर एक स्वतन्त्र पुस्तक भी लिख रहे हैं जिसके प्रकाशन के बाद ही उनके लालित्य-सम्बन्धी दर्शन का सर्वांगीण स्वरूप निखर सकेगा। फ़िलहाल हम उनकी निम्नलिखित सामग्री को ही प्रमुख उपजीव्य बनाएँगे—1. 'कालिदास की लालित्य योजना', 2. 'प्राचीन भारत के कलात्मक विनोद', 3. 'हिन्दी साहित्य की भूमिका', 4. 'सिसृक्षा का स्वरूप' (आलोचना, दिल्ली), 5. 'लालित्य तत्त्व' (हिन्दी विभाग, पंजाब की वार्षिक-1963-गोष्ठी में पढ़ा गया लेख) आदि।

कृतित्व का परम अभिषेक होता है। सौन्दर्यबोधशास्त्रीय जीवनदृष्टि कलाकारों तथा तत्त्ववेताओं, दोनों के एक विशेष प्रौढ़ चरण में उन्मीलित होती है। हजारीप्रसाद द्विवेदी ने भी तीस-पैंतीस वर्षों तक निरन्तर सांस्कृतिक अन्वेषण करने के उपरान्त अपनी कलादृष्टि एवं संस्कृतिदर्शन को अन्ततोगत्वा लालित्य तत्त्व के बोध में चरितार्थ पाया। इसके पूर्व उन्होंने कबीर, तुलसी, चंडीदास, चैतन्य, रवीन्द्रनाथ ठाकुर आदि के माध्यम से अपना मानवतावाद विकसित किया, सूरदास और कालिदास के माध्यम से व्यावहारिक रस-सिद्धि की गहराइयों को समझा, प्राचीन कलात्मक विनोदों एवं साहित्यिक भूमिका के माध्यम से अनेक कलाओं की एकता का अनुभव किया; तथा 'बाणभट्ट की आत्मकथा' एवं 'चारुचन्द्रलेख' के माध्यम से कलात्मक संस्कृतियों की पुनर्रचना की। इतना अनुशीलन एवं अभ्यास करने के उपरान्त उन्होंने कलात्मक विनोदों, कवि-समयों तथा काव्यशास्त्र, तीनों को संयोजित करने की एक धुँधली अन्तर्भूमि प्राप्त की। वैष्णव, शैवानन्दवादी दार्शनिकता आदि की सम्यक् दृष्टियों ने उनके मानवतावाद तथा सांस्कृतिक पैटर्न का विन्यास किया। सौन्दर्यतत्त्व की ओर उनके प्रयाण की भूमिका यह है।

चंडीगढ़ में सन् '60-61' से वे काव्यशास्त्र से आगे सौन्दर्यबोधशास्त्र की ओर मुड़े। उन्होंने यह अनुभव करना शुरू किया कि काव्यशास्त्र एवं नाट्यशास्त्र की पुनश्च मैत्री हो सकती है; अब सौन्दर्यबोधशास्त्र में। उन्होंने यह भी अनुभव किया कि आधुनिक सौन्दर्यबोधशास्त्रीय कई तत्त्वों को प्राचीन शब्दावली के कुहासे में ढँकी धारणाओं में ढूँढा जा सकता है; एवं कई प्राचीन रहस्यवादी गूढ़ बातों को आधुनिक सौन्दर्यबोधशास्त्रीय शब्दावली में स्पष्ट किया जा सकता है। उनकी यही गहरी दार्शनिक अनुभूति ही कालिदास को माध्यम बनाकर सौन्दर्यतत्त्व का अन्वेषण करती है। यही उनके लालित्य तत्त्व का उद्गम है। कालिदास के माध्यम से उन्होंने 'अबोधपूर्वास्मृति', 'अन्यथाकरण', 'यथालिखितानुभव', 'भावानुप्रवेश', 'अन्वयन', 'यथाप्रदेशविनिवेश' आदि श्लोक-व्यवहृत शब्दों को लेकर सौन्दर्यबोध एवं सृजन-प्रक्रिया और सौन्दर्यबोधानुभव का तात्त्विक विवेचन किया है। इस तरह से उन्होंने काव्यशास्त्र का अवलम्बन लेकर सौन्दर्यबोधशास्त्र की आधुनिक चेतना का क्रान्तदर्शी संचार किया है। महाकवि के श्लोकों के अलावा लेखक ने मिथकों की अद्भुत व्याख्याएँ करके भी अपने सौन्दर्यतत्त्व का स्वरूप गढ़ा है। अन्ततः उन्होंने पश्चिम के पंडितों के भी विचारों को या तो ग्रहण किया है अथवा उनको भारतीय सन्दर्भों में लागू किया है, अथवा उन विचारों की मानवीय समानान्तरताएँ पेश की हैं। अर्नस्ट कैसीर से उन्होंने भाषा तथा मिथक के अन्तस्सम्बन्धों को समझने की नयी दृष्टि ली है, गोम्ब्रिच से 'डिस्टार्शन' की धारणा का उपयोग ग्रहण किया है (और इसे कालिदास के 'अन्यथाकरण' से जोड़ दिया है), एरिकन्यूटन से उन्होंने

कला-माध्यम (आर्ट मीडियम) की सत्ता तथा स्वभाव का आहरण किया है, फ्रेजर और वेस्टरमार्क से लोकतत्त्वों एवं आदिम चित्ररूपसृष्टि के सम्बन्ध की वैज्ञानिक धारणाएँ प्राप्त करके मानव-चित्त की एकता की दृष्टि पाई है। इस तरह सौन्दर्यबोधशास्त्रीय चिन्तन के प्रकाशन में हजारीप्रसाद द्विवेदी चैतन्य, कबीर और रवीन्द्रनाथ के आध्यात्मिक मानवतावाद से आगे फ्रेजर और वेस्टरमार्क के नृतत्त्वशास्त्रीय मानवतावाद की ओर मुड़ते हैं; वाणी सरस्वती से आगे भाषा एवं मिथक के सम्बन्ध खोजते हैं; रस के आगे सौन्दर्य या लालित्य तत्त्व की मीमांसा करते हैं; सहृदय के आगे तत्त्वान्वेषी के व्यक्तित्व की धारणा भी खोजते हैं। अत: उनके लालित्य तत्त्व की आधुनिकता का कारण उनके कलात्मक चिन्तन में इस 180 डिग्री के मोड़ पर आ जाना है।

फिर भी, वे कालिदास और तुलसी की तरह आद्योपान्त सौन्दर्य और मंगल की, प्रेम और तपस्या की, शैव दर्शनवादी क्रियाशक्ति एवं इच्छाशक्ति की मैत्री कायम रखते हैं। यह उनकी सांस्कृतिक निष्ठा एवं व्यक्तित्व की स्वकीयता का नतीजा है। इसके फलस्वरूप वे सौन्दर्यबोधशास्त्र के आदर्शवादी विचारक एवं परम्परा के आधुनिक व्याख्याता हो जाते हैं और, इसी वजह से उनमें मध्यकालीन बोध एवं आधुनिक बोध, सामन्तीय संस्कार एवं प्रजातान्त्रिक उछाह के बीच के अन्तर्विरोध भी मिलते हैं।

उन्होंने चार तत्त्वों के आधार पर अपने लालित्य तत्त्व का ढाँचा तैयार किया है। पहला मानवतत्त्व है जिसके अन्तर्गत उन्होंने माना है कि 'मानवचित्त एक है। समष्टि-मानस में ही समान बोध के मान रहते हैं।' दूसरा लोकतत्त्व है। इसके अन्तर्गत उन्होंने नृत्य, चित्र और काव्य के आदिम बोधों का अन्वेषण किया है। तीसरा मिथक तत्त्व है जिसके अन्तर्गत उन्होंने मानवता के समान अनुभव, कला की एक भाषा, सहृदय के एकचित्त की प्रतिष्ठा की है। चौथा लालित्य तत्त्व है जिसके अन्तर्गत उन्होंने मनुष्यनिमित सौन्दर्य की अन्वीक्षा की है। इस तरह वे क्रमश: मानवतत्त्व से लोकतत्त्व, मिथक तत्त्व और लालित्य तत्त्व की ओर अग्रसर होते चल रहे हैं। एक ओर तो वे इन तत्त्वों को आधुनिक ज्ञान के आलोक में परखते हैं, तथा दूसरी ओर इन्हें पुरातनता और परम्परा से भी प्रमाणित करते हैं। अतएव उनके तत्त्वान्वेषण की दिशा दुहरी है।

ख

लेखक ने कालिदास को एक द्रष्टा की तरह देखा। तत्त्वज्ञान को परखनेवाला द्रष्टा होता है। द्रष्टा के लिए सम्यक दृष्टि अनिवार्य होती है। अर्थात् उसका अन्तर और बाहर निर्मल होता है, वह राग और द्वेष मुक्त होता है, वह भय और भ्रान्ति का

शिकार नहीं होता, और उसका मन योग से शुद्ध होता है। लेखक ने अपनी आन्तरिक शुद्ध दृष्टि से कालिदास के लालित्य तत्त्व से साक्षात्कार करने की कोशिश की है, किन्तु कालिदास ही क्यों माध्यम बने? लेखक कालिदास को सौन्दर्य (रस की अपेक्षा) का महान गायक कवि मानते हैं; रूप, प्रभा, वर्ण एवं प्रभाव का दुर्लभ चितेरा मानते हैं। आभिजात्य एवं विलासिता का उद्‌गाता मानते हैं, तथा राग और सौभाग्य का उद्‌घोषी मानते हैं। इस प्रकार हजारीप्रसाद द्विवेदी एक 'द्रष्टा' की तरह 'सौन्दर्य, रूप एवं सौभाग्य के कवि' का तत्त्वान्वेषण करते हैं।

सौन्दर्यतत्त्व के अन्वेषण में कई प्रश्न एकबारगी उठते हैं। सबसे पहला प्रश्न तो यही है कि कालिदास का सौन्दर्यबोध क्या है? किन्तु यह तो समग्र सौन्दर्यतत्त्व का ही अन्वेषण है। अतः स्वयं लेखक ने प्रश्नावली प्रस्तुत की है : 'सौन्दर्य की स्थिति द्रष्टा के रागात्मक चित्त में है अथवा सुन्दर वस्तु में? क्या सौन्दर्य का कोई विश्वजनीन मानदंड है अथवा उसका कोई मानदंड हो ही नहीं सकता? रूप और सौभाग्य का क्या सम्बन्ध है? अलंकरण क्या सौन्दर्य के हेतुभूत हैं या सहायक हैं? मनुष्य की शोभा और प्रकृति की शोभा में क्या और कैसा सम्बन्ध है?...प्रकृति ने जिस सौन्दर्य का प्रसार किया है उससे मनुष्य के प्रयत्न-साधित लालित्य-योजना का क्या सम्बन्ध है?...ऐतिहासिक चेतना और भौगोलिक ज्ञान का, सौन्दर्यख्यापन में, कैसा उपयोग होता है?...छन्द क्या है, और नृत्य, गीत, चित्र, मूर्ति, सदाचार, आदि से उसका क्या सम्बन्ध है? इस प्रकार के अनेक प्रश्न 'तत्त्वान्वेषी' पाठक चित्त में उदित होते हैं और सब समय वह ठीक उत्तर नहीं खोज पाता।''[1]

उपर्युक्त तत्त्वान्वेषण के सूत्र ही लेखक की राह बता देते हैं। वे शुद्ध रूप या सौन्दर्य को नहीं स्वीकरते, अपितु सौन्दर्य एवं सौभाग्य (अर्थात् शिवम्) को संयुक्त करते हैं। वे सौन्दर्य में कौशल या उपादान (अलंकरण) की भूमिका को विशेष महत्त्व देते हैं। इसीलिए वे प्राकृतिक 'सौन्दर्य' बनाम मनुष्य के प्रयत्नसाधित सौन्दर्य या 'लालित्य' में भेद करते हैं। वे लालित्य को ऐतिहासिक चेतना और भौगोलिक ज्ञान अर्थात् 'काल' एवं 'देश' के आयामों में परखना चाहते हैं। या तो लालित्य वैश्विक (युनिवर्सल) हो सकता है अथवा नितान्त अनिर्वचनीय एवं अन्तर्मुखी (इंडिविजुअल)। वे सौन्दर्य की सिसृक्षा को 'छन्द' मानकर उसका विश्व की गति एवं ताल या छन्दोधारा से रहस्योन्मुख सम्बन्ध स्थापित करते हैं। अन्ततः वे 'छन्द' के आधार पर अन्य सृजनात्मक कलाओं के सम्बन्ध प्राप्त करते हैं। इस सब प्रयत्नों में लेखक ने स्वयं एक सीमा भी बाँध ली है : केवल और मूलतः

1. कालिदास की लालित्य-योजना, पृ. 53

कालिदास के माध्यम की। अतः लेखक की लालित्य-योजना की मीमांसा सर्वांगीण की अपेक्षा आंगिक है।

अस्तु, हम सबसे पहले मानव-तत्त्व का विवेचन करेंगे।•

ग

'मनुष्य' की धारणा का निर्माण दर्शनशास्त्र, समाजशास्त्र, मनोविज्ञान और सौन्दर्यबोधशास्त्र की महत्तम अन्वीक्षा रही है। सौन्दर्य दर्शन में मानव और मानवता को एकात्म बनाने के प्रयासों के द्वारा एक वैश्विक एवं चिरन्तन मनुष्य की रचना होती रही है, किन्तु यह मनुष्य जैविक विकास, सामाजिक विकास, ऐतिहासिक चेतना और भौगोलिक तत्त्वों के मेल से व्यक्त भी होता है, राष्ट्रीय चरित्र भी ग्रहण करता है, वर्गीय समूह का अंग भी होता है, और समष्टिचित्त भी होता है। हजारीप्रसाद द्विवेदी ने एकचित्त वाले मानव की वैश्विक धारणा को स्वीकार किया है। लेकिन अब वे चंडीदास या वेदान्त की अपेक्षा नृतत्त्वशास्त्र और मनोविज्ञान के साक्ष्य स्वीकर करते हैं। नृतत्त्वशास्त्र ने मानव-चित्त की व्यापकता के रहस्य को ढूँढ निकाला। इन रहस्य ने जीवतात्त्विक आवेगों और मानसिक संवेगों में सम्बन्ध स्थापित करके वाह्य इन्द्रियों तथा अन्तःकरण में एकतान अन्विति को प्राप्त किया। वेस्टरमार्क के शोधों से यही स्पष्ट हुआ कि जीवतात्त्विक आवेग समान भाव से सर्वत्र मानस सूक्ष्म बोधों को उकसाते हैं—मानव-चित्त एक है। इस चित्त का सामान्य बोध ही नर्म (नॉर्मल) है। अवनर्मिल तथा उन्नर्मिल अवस्थाएँ मनोवैज्ञानिक अन्यथाकरण हैं। लेखक प्रत्येक व्यक्ति के लिए सामान्य रूप से सामग्र्य भाव-बोध को सौन्दर्यतत्त्व के अभिज्ञान की आधार भूमि मानता है। यही सौन्दर्य का एक मानवीय स्तर है। इसके लिए वे 'समष्टि-मानव-चित्त' की कल्पना करते हैं। इस समष्टि-मानस में ही पदार्थगुणों के 'नर्म' (नॉर्म्स) विद्यमान रहते हैं। सारांश में, सौन्दर्य का मानवीय स्तर है जहाँ मनुष्य का चित्त एक जैसा है और वह चित्त समष्टि-मानव चित्त भी है।

लेखक ने इन 'समष्टि मानव-चित्त' की व्याख्या के लिए कई प्राचीन दार्शनिक आधारों को ग्रहण किया है। भट्टनायक की तरह उन्होंने भी सांख्य-सम्मत अन्तःकरण (मन, बुद्धि, अहंकार) एवं बाह्यकरण (मन, ज्ञानेन्द्रियाँ, कर्मेन्द्रियाँ) का भेद स्वीकार किया है। अतः यह माना है कि बाह्यकरणों की अनुभूति तो एक समान है, लेकिन अन्तःकरण में व्यक्तिगत भेद हो सकता है। तथापि, अन्तःकरण और ज्ञानेन्द्रियों की ग्राहिका-शक्ति की दृष्टि का मनुष्य एक है। जहाँ व्यक्ति-विशेष में स.मान्य बोध से भिन्न प्रकार की अनुभूति होती है। वहीं वह अवनर्मिल हो जाता

है।[1] अतः वे अवनर्मिल दशाओं का विवेचन नहीं करते। इसके उपरान्त वे त्रिगुणों का आधार लेते हैं। वे गुणीभूत ज्ञानशक्ति को सत्त्व, इच्छाशक्ति को रजस्, और क्रियाशक्ति को तमस् या जड़ता स्वीकार करते हुए एक ओर तो जड़ एवं चैतन्य के द्वन्द्व का सिद्धान्त प्रतिपादित करते हैं, तथा दूसरी ओर यह सिद्धान्त स्थापित करते हैं कि पूर्ण समाहित चित्त या पूर्ण समाधि की अवस्था में ही चित्त सत्त्वस्थ रहता है; और सत्त्वस्थ चित्त ही अनिन्द्य सुन्दर रूप की रचना कर सकता है। यहाँ वे भट्टनायक की भाँति ही नैतिकवादी एवं अध्यात्मवादी मानस की रचना स्वीकार करते हैं क्योंकि रजोगुण का धुँधलापन, तथा तमोगुण की जड़ता 'नर्म के बाहर पड़ जाती है।[2] इस तरह से वे मानवविज्ञान और मनोविज्ञान के आधिभौतिक रूप की ओर मुड़ते जाते हैं।

सत्त्व को ज्ञान से, रजस् को इच्छा से तथा तमस् को क्रिया से सम्बद्ध करने के उपरान्त वे अभिनवगुप्त और पंडितराज जगन्नाथ की तरह शैवानन्दवाद एवं अद्वैतचिन्तन को भी स्वीकार कर लेते हैं। शिव या ब्रह्म की धारणा ले आने पर वे तुरन्त उन दर्शनों के अनुगामी हो जाते हैं। अब वे कह उठते हैं कि ब्रह्म की इच्छा-शक्ति ही 'छन्द' है जो समस्त भेदोपभेद का छादन करता है। अतः एक विश्व व्यापक छन्द है जो उसकी चित्शक्ति की सर्जनेच्छा या सिसृक्षा है। अतः ब्रह्म की इच्छा-शक्ति छन्द है। यह छन्द की सृष्टि करता है, उसे नाना वर्णों, गन्धों और रूपों में रूपायित करता है। छन्द इच्छा-मात्र है, गतिमात्र है, चेतन धर्म है। इस चेतन धर्म के कारण ही गति और आनन्द है इस तरह वे काल में प्रवाहित छन्दोधारा को ब्रह्म की सर्जनेच्छा, तथा देश में स्थिरीभूत सृष्टि को ब्रह्म की क्रियाशक्ति स्वीकार कर लेते हैं। अतः क्रिया स्थिति एवं इच्छा गति हो जाती है।

इस अध्यात्मवादी भूमि पर लेखक मनुष्य की परम्परागत मीमांसा करते हैं। उनके अनुसार जो कुछ विश्व (ब्रह्म) में घट रहा है, वही पिंड (प्राणी) में। किन्तु जीव या प्राणी मायाजन्य पंचकंचुकों या कोशों से आवृत होने के कारण सीमित है।[3] अतएव—ब्रह्म की तरह—मानवचित्त में भी गति एवं स्थिति के द्वन्द्व से ही 'रूप' (फॉर्म) बनता है। गति इच्छा है, स्थिति क्रिया। गति चित्तत्त्व है, स्थिति अचित्तत्त्व। इस तरह जड़ और चैतन्य का भी बारम्बार द्वन्द्व चलता है। जड़ता नीचे की ओर खींचती है, और चैतन्य ऊपर की ओर। "इच्छा अनन्त है, क्रिया सान्त है। इच्छा नाद है—कंटिनुअम है, क्रिया बिन्दु है—क्वैंटम है। इच्छा गति है, क्रिया

1. लालित्य-तत्त्व, पृ. 17
2. 'कालिदास की लालित्य योजना', पृ. 60
3. 'प्राचीन भारत के कलात्मक विनोद' में लेखक ने कला-कंचुक पर विशेष बल देते हुए कला एवं विद्या के बीच के सम्बन्ध निरूपित किए हैं।

देश है। इसी देश-काल के द्वन्द्व से जीवन रूप लेता है प्रवाह के रूप में। इसी से धर्माचरण बनता है, नैतिकता बनती है। इन सबको छापकर, सबको अभिभूत करके, सबको अन्तर्ग्रथित करके जो सामग्र्य भाव है वह सौन्दर्य का दूसरा रूप है। यह भाषा में , छन्द में, मिथक रूप-में, नृत्य में, गीत में, मूर्ति में, चित्त में, सदाचार में इच्छा-शक्ति का विलास है। दूसरा सौन्दर्य प्रथम-द्वारा चालित होता है, पर है मनुष्य के अन्तरतर की अपार इच्छाशक्ति को रूप देने का प्रयास। एक केवल अनुभूति देकर विरत हो जाता है। दूसरा अनुभूति से उत्पन्न और अनुभूति परम्परा का निर्माण करता है।''[1] लेखक ने दूसरे प्रकार के मानवनिर्मित सौन्दर्य को ही 'लालित्य' कहा है। इस तरह उन्होंने 'चैतन्य' में ज्ञानशक्ति को उपशमित करके इच्छा (काल, गति) और क्रिया (देश, स्थिति) शक्ति के द्वन्द्व से ब्रह्म की सृष्टि एवं कलाकार की कलाकृति से एकधर्मिता कायम की है क्योंकि वे मानवचित्त के समानान्तर की ही एक विश्वव्यापक छन्दोधारा की धारणा की पुष्टि भी करते हैं। इसी आधार पर वे समष्टि मानस एवं सामान्य रूप से सामग्र्य भाव के बोध को प्रस्तुत करते हैं। ये दोनों ही सांख्य, शैवाद्वैत एवं वेदान्त-चिन्तन के सम्यक योग से उद्भूत होते हैं। इन्हें आधुनिक भी प्रतीत कराने के लिए लेखक ने दूसरे कोण से फ्रेजर, वेस्टर मार्क, फ्रांक थीस आदि की समान्तर स्थापनाएँ दी हैं। फ्रांक थीस के अनुसार नृत्य वस्तुतः जड़ के गुरुत्वाकर्षण पर चैतन्य की विजयेच्छा का प्रयास है। हजारीप्रसाद द्विवेदी ने कहा भी है कि ''फ्रांक थीस के कथन का बड़ा महत्त्व है कि वस्तुतः हर कला-प्रयास में शिल्पी जड़ सामग्री के सहज धर्म पर विजय पाने का प्रयास करता है। मनुष्य के कला-प्रत्यनों का अर्थ ही है जड़ता से संघर्ष। जितनी मात्रा में शिल्पी इस संघर्ष में विजयी होता है उतनी ही मात्रा में वह शिल्पी-रूप में सफल होता है। जितना दूर तक उसके अन्तरतर का विशुद्ध चैतन्य जड़ाकर्षण और भौतिक बन्धन को छिन्न करके लक्ष्यीभूत द्रष्टा या स्रोत की अन्तर्निहित उच्छल प्राणधारा को मुखर कर देता है और जीवन्त रूप में चैतन्य को अनुभवगम्य बनाता है, उतनी ही दूर तक उसका शिल्प चरितार्थ होता है। हम किसी मूर्ति या चित्र को देखकर या कविता को सुनकर फड़क उठते हैं, तो वस्तुतः हम जड़ को गुरुत्वाकर्षण से मुक्त होने का अनुभव करते हैं।''[2] लेखक ने आगे चलकर जड़ उपादानों (माध्यम) को सँवारने (कौशल) और जाँचने (अभ्यास) के क्रमिक विकास में ही कलाओं के भेद, तथा कला के इतिहास के सूत्र के संकेत दिए हैं। जड़ की इस जटिल धारणा में ही लेखक ने 'माध्यम' के धर्म की समीक्षा की है। जड़-चेतन

1. 'लालित्य तत्त्व', पृ. 14
2. 'लालित्य तत्त्व', पृ. 15

के इस द्वन्द्व को शिव की इच्छा एवं क्रियाशक्ति के द्वन्द्व से मंडित करके लेखक ने कलाकार और आशंसक कृती और तत्त्वान्वेषी, सभी में एक मानव-चित्त तथा चेतन धर्म (प्राण एवं आनन्द) को आविर्भूत किया है। इस तरह भाषा, मिथक, धर्म, काव्य, मूर्ति, चित्र आदि में अभिव्यक्त 'मानवीय इच्छा-शक्ति का अनुपम विलास' ही सौन्दर्य की संज्ञा पाता है। मिथकीय चेतना के अनुसार इसकी व्याख्या करते हुए लेखक ने कहा है कि यह 'विश्वव्यापिनी सर्जनात्मक शक्ति (अर्थात् शिव की लीलासखी) 'ललिता' का व्यष्टिगत रूप है। जब शिव को लीला की लालसा होती है तब उनकी लीलासखी ललिता जगत् को प्रपंचित करती है। लोक-रचना ललिता की क्रीड़ा है, और चिन्मय शिव उनके सखा हैं। इसीलिए वे मानवरचित सौन्दर्य का नामकरण 'लालित्य' करते हैं। यह स्थापना उन्होंने 'ललिता सहस्रनाम' से ग्रहण की है। अतएव लालित्य का क्षेत्र सौन्दर्य का आकर्षण, सौन्दर्य की रचना और सौन्दर्य का रसास्वादन है। लालित्य ही मनुष्य के ललित भावों की अभिव्यक्ति करता है! यही लेखक के 'लालित्य शास्त्र' का क्षेत्र और तत्त्व है।[2] अत: चैतन्य का धर्म प्राण और आनन्द हो जाता है; चेतना और क्रीड़ा से सौन्दर्य का आकर्षण, रचना और रसास्वादन होता है; सौन्दर्य रूप लालित्य में मांगल्य (शिव), काम (क्रीड़ा) तथा विलास का संयोग है। सारांश में, सरस्वती का स्थान ललिता ले लेती है।

शिव की इच्छाशक्ति ललिता की लोक-रचना, और मनुष्य की इच्छा शक्ति द्वारा चालित कलासृष्टि को, इस मिथकीय एवं यथार्थ एकरूपता को लेखक ने विश्वव्यापी छन्दोधारा और कला के छन्द के रूपक के माध्यम से भी पुष्ट किया है। अत: हम देखते हैं कि कवि फ्रेजर, वेस्टरमार्क, कैसीर, फ्रांक थीस, कर्ट साक्स आदि के जीवतात्त्विक (बायोलॉजिकल), मानवशास्त्रीय (एन्थ्रोपोलॉजिकल) मनोवैज्ञानिक (नार्मल साइकोलजी) आदि आधारों को भी मिथकीय चेतना (mythic consciousness) द्वारा प्रमाणित करता है। किन्तु यह लेखक के मध्यकालीन संस्कार और नैतिकतावादी आस्था का भी प्रबल आग्रह है। हम यह कैसे स्वीकार करें कि सचमुच ही कोई 'विश्वात्मा' है और उसकी कोई 'सिसृक्षा' है। फिर, विश्व की छन्दोधारा अगर मानव-समाज है, तब तो यह समाज गति स्थिति के द्वन्द्व से संचालित हुआ है जो मात्र इच्छा-शक्ति और क्रिया-शक्ति की सरलीकृत धारणा न होकर जटिल है। लेखक नैतिक मानव के विकास पर ही आस्था रखते हैं; किन्तु सामाजिक मानव के क्रान्तिकारी रूपान्तर, वर्गीय मानव की श्रमरूपा रचना (समाधि के अलावा), तथा अवनर्मिल व्यक्ति को गूढ़ दृष्टि आदि की वास्तविकताओं का

1. वही, पृ. 15

अपेक्षाकृत उपराम करते हैं। सारांश में, मनुष्य का जीवतात्त्विक आधार आध्यात्मिक आधार में समुन्नत कर दिया गया है। मनुष्य के व्यक्तित्व की यह निरपेक्ष धारणा अत्यधिक अमूर्तीकरण से आच्छादित हो गयी है।

मानवी सृष्टि की अपूर्वता एवं सामाजिकता को प्रकाशित करने के लिए हजारीप्रसाद द्विवेदी पुनः एक मिथक-व्याख्या की ओर उन्मुख होते हैं। भरत के नाट्यशास्त्र में यह कथा आई है कि भोगयोनि के होने के कारण देवता नाटक का अभिनय नहीं कर सकते, किन्तु मुनि (मनुष्य) अपनी इच्छा-शक्ति के बल पर दूसरों का अनुकरण कर सकते हैं। देवता केवल धीरोद्धत होते हैं, जबकि मनुष्य धीरोदात्त। मुनष्य की महिमा का यह सर्जनात्मक रूप ही कला में प्रकट होता है।[1] मनुष्य की महिमा और उसकी सृष्टि के इस मिथकीय व्याख्या के उपरान्त द्विवेदीजी कालिदास के व्याज से कलाकार की मनोदशा को स्पष्ट करने के लिए पुनः एक मिथकीय व्याख्या करते हैं। कालिदास विधाता (ब्रह्मा) को भी एक कलाकार मानते हैं जो सुन्दर रचना करते समय समाधिस्थ होता है। दिलीप की रचना करते समय निश्चय ही उसने 'महाभूत समाधि' धारण की होगी ('तं वेधा विदधे नूनं महाभूतसमधिना) द्विवेदीजी पुनः रूपक (मेटाफर) के साधन से कालिदास और सामान्यतः कलाकारों की रचना-दशा का निरूपण करते हुए कहते हैं कि ''वे विधाता को भी मनुष्य की तरह एक कलाकार मानते हैं।...वस्तुतः कल्प पहले होता है, सृष्टि बाद में।...मनुष्य अपने रूप में ही विधाता को देखता है। कालिदास ने स्वयं रचयिता का जो रूप सोचा होगा या स्वयं रचना-प्रक्रिया का जैसा अनुभव किया होगा, उसी को विधाता में घटित कराया होगा, यह अनुमान असंगत नहीं है। कालिदास उत्तम रचना के लिए समाधिस्थ चित्त को बहुमान देते हैं, इस विषय में कोई सन्देह नहीं है।''[2] यदि विधाता के लिए 'महाभूत समाधि' अपेक्षित है, तो कलाकार के लिए 'पूर्ण समधि'। पूर्ण समाधि की अवस्था में ही चित्त सत्त्वस्थ रहता है, और सत्त्वस्थ चित्त ही अनिन्द्य सुन्दर रूप की रचना कर सकता है। रचयिता में पूर्ण समाहित होने की क्षमता के अभाव में रचना कमजोर हो जाती है। अतः जहाँ कहीं कलाकार 'शिथिल समाधि' होता है, वहीं वह लक्ष्यभ्रष्ट होता है। इस तरह कालिदास के श्लोक के बहाने लेखक ने श्रेष्ठ मानव-कलाकार के गुणों का उल्लेख किया है। पहले वह प्रयत्न करता है, फिर 'समाधि' की अवस्था में पहुँचता है, फिर 'चित्त को सत्त्वस्थ' करता है, और अन्ततः तब सुन्दर सृष्टि कर पाता है। अन्तर्मुखी प्रयत्न, समाधि, एवं सत्त्वस्थिति, तथा बहिर्मुखी सृष्टि—ये चार चरण ही

1. 'नाट्यशास्त्र की भारतीय परम्परा और दशरूपक' की भूमिका
2. 'कालिदास की लालित्य योजना', पृ. 63

रचना-प्रक्रिया के हैं। बहिर्मुखी रचना के चरण में माध्यम की इच्छा तथा कौशल का संयोग होता है। इसके लिए कलाकार 'उपादान' (इन्द्रियाँ—अन्त:करण एवं बहि:करण) और 'उपकरण' (औजार-तूलिका, छेनी, लेखनी आदि) दोनों का व्यवहार करता है। उपादान एवं उपकरण ही 'माध्यम' (मीडियम) हैं। इस बहिर्मुखी रचना-कुशलता के लिए, इनको यथास्थान सजाने के लिए, शब्द का व्यवहार किया है। अत: लेखक ने 'यथाप्रदेश विनिवेश' को एक सौन्दर्यतत्त्व के रूप में ग्रहण किया है। उनके अनुसार यह (य. वि.) कलाकार की निरीक्षण शक्ति की सच्चाई या कच्चाई की गवाही देते हैं क्योंकि श्रेष्ठ कलाकार ही उपादान को अनुकूल बना सकता है।

रचना-प्रक्रिया के अन्तर्मुखी चरण के लिए वे कल्व या 'मानसी मूर्ति' की धारणा प्रस्तुत करते हैं। "कवि या शिल्पी वास्तव जगत् की वस्तुओं को देखकर पहले अपने चित्त में एक मानसी मूर्ति बनाता है और फिर उसे एक नया रूप देता है। मानसी मूर्ति कवि या शिल्पी की इच्छा शक्ति का विलास है, और रूप रचना उसकी क्रिया-शक्ति का। मानसी मूर्ति को ही भाव कहा जाता है। कवि या शिल्पी भावगृहीत रूप को शब्दों, तूलिका या छेनी आदि के द्वारा जड़ आधारों पर उतारता है। यही उसकी नयी सृष्टि है।"[1] इस तरह द्विवेदीजी अपने दो मूलभूत सौन्दर्यसिद्धान्तों—1. जड़ पर चैतन्य की विजय की चेष्टा, और 2. मनुष्य की इच्छाशक्ति (गति) एवं क्रियाशक्ति (स्थिति) का द्वन्द्व—को पुन: रचनाप्रक्रिया में भी प्रतिष्ठित कर देते है। यही उनके लालित्य-तत्त्वान्वेषण का सारत्व है। मानसी मूर्ति की अवधारणा के इर्द-गिर्द ही उन्होंने 'करण विगम', 'यथालिखितानुभाव', 'भावानुप्रवेश', 'अन्यथाकरण' आदि के कालिदास सौन्दर्यतत्त्वों का उपस्थापन किया है जिनकी चर्चा यथाप्रसंग होगी।

कलाकार, शिल्पी, कवि, अभिनेता के साथ-साथ ही लेखक ने ग्रहीता की भी मीमांसा की है। सहृदय, द्रष्टा, तत्त्वान्वेषी, कृती आदि भेदों में ग्रहीता भी विकसित हुआ है।

लेखक ने दार्शनिक तत्त्वमीमांसा करनेवाले आचार्यों को 'द्रष्टा' (या तत्त्वद्रष्टा) कहा है जो 'सही' देखते हैं। सही देखने के लिए उनका अन्तर्बाह्य निर्मल होता है, वे राग-द्वेष से मुक्त होते हैं, भय-भ्रान्ति के शिकार नहीं होते, तथा उनका मन योग से शुद्ध होता है, अर्थात् वे 'समाधि' की अवस्था में 'चित्त को सत्त्वस्थ' कर सकते हैं। उनका साधन शुद्ध आन्तरिक दृष्टि है। उनकी तुलना में वैज्ञानिक का साधन प्रयोगशाला है। द्रष्टा तत्त्व और भाव का, विशेष रूप से

1. 'लालित्य-तत्त्व', पृ. 10

विश्वतत्त्व और सामग्रय भाव का दर्शन करता है। अतः वह वैज्ञानिक से भिन्न है, और उसकी पद्धति भी भिन्न है। इस सन्दर्भ में द्रष्टा का विषयहेतु सौन्दर्य एवं प्रेम आदि होता है, किन्तु क्या सौन्दर्य दृष्टि-सापेक्ष्य नहीं है? लेखक के अनुसार कुछ हद तक। वे कालिदास की एक उक्ति—'किमिव हि मधुराणां मंडनं नाकृतीनाम्' (कौन-सी वस्तु है जो मधुर आकृतियों का मंडन नहीं बन जाती)—का दृष्टान्त देते हुए कहा है कि कालिदास ने दो बातें लक्ष्य कीं : 1. सुन्दर सबके लिए सुन्दर होता है पर 2. उनके लिए अधिक सुन्दर होता है जिनसे उसका लगाव होता है।[1] सौन्दर्य के सबके लिए सुन्दर होने के लिए लेखक ने पहले ही कहा है कि 'अन्तःकरण और ज्ञानेन्द्रियों की ग्राहिका शक्ति की दृष्टि से मनुष्य एक है', तथा लालित्यमीमांसा की दृष्टि से यह बात विशेष महत्त्वपूर्ण है जो इसके विवेक के विषय में एक मानवीय दृष्टि का सन्धान बताती है। इसके साथ ही वे मनुष्य की इच्छाशक्ति (ललिता की क्रीड़ा) को भी विश्वव्यापक छन्दोधारा का ही रूप मानते हैं। इन दो आधारों को लेकर ही विशेष सौन्दर्य संस्कार की धारणा प्रकट होती है, और इसमें ही कृती, सहृदय आदि की स्थापनाएँ सम्बद्ध होती हैं।

सौन्दर्य उसके लिए अधिक सुन्दर होता है जिससे उसका लगाव होता है। 'लगाव' अर्थात् आकर्षण एवं संस्कार। आकर्षण के लिए लेखक एक कालिदासीयतात्त्विक शब्द 'अबोधपूर्वा' स्मृति' को प्रचलित करते हैं। यह अध्यात्मवादी धारणा पूर्वजन्म के संस्कारों एवं वासना-शक्ति को समाहित करती है जिसे कालान्तर में अभिनवगुप्त एवं विश्वनाथ ने निरूपित किया। "कालिदास के युग में यह बात सिद्धान्त के रूप में स्वीकृत थी कि मनुष्य अनेक योनियों में घूमता हुआ दुर्लभ मानव-जन्म पाता है। उनकी आत्मा पर अनेक भाव जमे रहते हैं। सभी सब समय स्मरण नहीं आते, परन्तु सौन्दर्यधायक वस्तु के साक्षात्कार से वे किसी पुरानी स्मृति को उभार देते हैं। इस उभरी हुई स्मृति को कालिदास 'अबोधपूर्वा' कहते हैं, अर्थात् जिसकी याद में विशेष तत्त्वों का स्मरण नहीं रहता, केवल निर्विशेष स्मृति-मात्र रहती है।"[2] जन्मान्तरवादी आस्था पर टिकी इस धारणा का आधार अवचेतन (unconscious) तथा जातीय अतीत (racial past) है। इसीलिए रमणीय वस्तु को देखकर और मधुर शब्दों को सुनकर अर्थात् सौन्दर्याधायक वस्तु के साक्षात्कार से निर्विशेष अबोधपूर्वा स्मृति जाग जाती है। निर्विशेष एवं अबोधपूर्वा होने के कारण इस स्मृति का धर्म पर्युत्सुकीभवन होता है। अर्थात् यह अनेक संस्कारस्थ भावों को 'पर्युत्सुकीभाव' में रूपान्तरित कर देता है। बाद के आचार्यों

1. 'लालित्य-तत्त्व', पृ. 2
2. 'कालिदास की लालित्य योजना', पृ. 107

ने इसे चित्त की दीप्ति एवं द्रवण दशाओं में व्यंजित किया। यही अबोधपूर्वा स्मृति अपनी सुषुप्त दशा में संस्कार एवं वासना है। स्थायीभाव वासनारूप में स्थित रहते हैं। अतः लेखक के कालिदासीय बोध के अनुकूल अबोधपूर्वा स्मृति वासना को चालित करके स्थायीभाव में रूपान्तरित करती है वह रूपान्तरण-धर्म 'पर्युत्सुकीभवन' है। अतः रचना के लिए 'समाधिस्थ चित्त' की, और आशंसा के लिए 'पर्युत्सुकीभाव' की अपेक्षा होती है। आशंसा के लिए यह भी अनिवार्य है कि आशंसक 'सहृदय'—समान हृदयवाला हो, अर्थात् कवि शिल्पी, चित्रकार आदि के हृदय में जो विशिष्ट भाव रहते हैं उसको वही अनुभव कर सकता है जो उसी प्रकार का अनुभूति-सम्पन्न हृदय रखता हो। अतः "यदि कलाकार समाधिनिष्ठ हो सकता है तो बदले में सहृदय को भी समाधिनिष्ठ कर सकता है। यदि वह शिथिलसमाधि है तो सहृदय की भी समाधि शिथिल होगी।[1] एक दूसरे ढंग से यह 'तन्मयीभवन' योग्यता है, किन्तु लेखक ने इसके लिए दो कालिदास शब्दों—'यथालिखितानुभाव' एवं 'करणविगम'—का व्यवहार किया है। 'मेघदूत' में एक स्थान पर 'करणविगम' शब्द का प्रयोग है (यस्मिन्दृष्टे करणविगमादूर्ध्वमुद्धूतपापाः) जिसका सीधा-सादा अर्थ है 'इन्द्रियों को बाहरी विषयों की ओर से मोड़कर अन्तर्मुखी करना।' करणविगम भावित कराने का आरम्भिक हेतु है, किन्तु पात्रों की भावनाओं के साथ सहृदय की भावनाओं का तादात्म्य करने के लिए (भट्टनायक 'भावकत्व व्यापार' के लिए) दूसरा हेतु 'यथालिखितानुभाव' है अर्थात् जैसा लिखा या चित्रित हुआ उसे सत्य समझकर अनुभव करने के कारण चित्रगत विकार और उससे उत्पन्न स्वेद रोमांचादि अनुभव उत्पन्न होने लगे। कालिदास ने चित्रकला के प्रसंगों में ही प्रधानतः लिखितानुभविता का उल्लेख किया है। कलाकार के सन्दर्भ में ऐसी दशा 'भावानुप्रवेश' की है। इस तरह रसानुभव सहृदय श्रोता या दर्शन के चित्त में अनुभूत होता है। पात्र के चित्त में नहीं। सारांश में, सहृदयत्व के लिए पर्युत्सुकीभाव, करणविगम, यथालिखितानुभाविता तथा सहृदयसमाधि की दशाओं का संयोजन किया गया है।

'सहृदय' की काव्यशास्त्रीय धारणा को सौन्दर्यतात्त्विक सन्दर्भों में ढालने की लेखक की यह चेष्टा 'कृती' की धारणा परिपूर्ण हुई है। कृती वह है जो तत्त्वान्वेषण की बातों में नहीं उलझता, बल्कि 'छककर' सौन्दर्य पीता है। कृतीधन्य है। उपर्युक्त निरूपण में विधाता और कलाकार, द्रष्टा और तत्त्वान्वेषी, सहृदय और कृती की धारणाओं का पुनर्निर्माण हुआ है। हजारीप्रसाद द्विवेदी का मूलाधार कालिदास का

1. वही, पृ. 101

'चेतन-धर्म' रहा है। जिसके माध्यम से उन्होंने शिव की इच्छाशक्ति के ललित विलास, विधाता की पूर्ण समाधि, जन्मान्तरवादी अबोधपूर्वा स्मृति का दार्शनिक अवलम्बन लेकर लालित्य-मीमांसा की है, किन्तु अगर आध्यात्मिक एवं धार्मिक में यदि हमारा विश्वास न हो, तो इनकी पुनर्व्याख्या दूसरे ढंग से होगी। लेखक का यह समग्र ढाँचा आध्यात्मिक आदर्शवाद पर आधारित है। वे मूलत: एक नैतिक एवं आध्यात्मिक मनुष्य की धारणा का विधान करते हैं। सम्भवत: उन पर कालिदास और उनके युग के माध्यम ने भी यह सीमा बाँधी हो। इस मनुष्य की धारणा में वे मनोवैज्ञनिक अवनर्मिलताओं, वैयक्तिक विशेषताओं, तथा युगीन द्वन्द्वों (जो विश्वव्यापक छन्दोधारा के विरुद्ध हैं) पर विचार नहीं करते। विश्वव्यापक छन्दोधारा प्रकृति में सम्भवत: कल्पित भी की जा सकती है, किन्तु समाज में यह एक असम्भावना है (लेखक के तात्पर्य से) मनुष्य के इस उल्लासवादी, आनन्दवादी, नैतिकतावादी एवं अध्यात्मवादी पक्ष को लेकर ही वे आगे अपने लालित्य तत्त्व का उन्मेष करते हैं। 'सर्वत्र मनुष्य ने उल्लास चंचल होकर जड़ता पर विजय पाने का प्रयास किया है। आरम्भ में उसने नृत्य-चारिका से और स्वर सन्धान द्वारा इस बन्धन के विरुद्ध विद्रोह किया है और बाद में वाक्मिथक और भावसम्मूर्तन के द्वारा अपने भीतर के किसी बन्धन-द्रोही व्याकुलता के रूप में देने का प्रयास किया है। कहीं कुछ ऐसा है जो मनुष्य के आदि उद्भव के समय से ही अपने को बन्धनमुक्त करने के लिए छटपटाता रहा है।..जान पड़ता है यह उसका चैतन्य है, अनाविल व्यापक चित्तत्व उसी का अद्भुत और अक्लान्त प्रयत्न है जो लालित्य रचना के द्वारा नित्य बन्धनजयी होने की क्रिया से प्रकट हो रहा है। इस प्रयास को समझने के लिए उसकी इच्छाशक्ति का स्वरूप जानना तो आवश्यक है ही...।"[1]

अब हम लेखक के लालित्य तत्त्व का निरूपण करेंगे।

घ

मनुष्य (कलाकार और कृती), मानव-चित्त, चेतन-धर्म और मानवीय शक्तियों की विवेचना के साथ हजारीप्रसाद द्विवेदी 'प्राकृतिक सौन्दर्य' तथा मानवनिर्मित 'सौन्दर्यतात्त्विक लालित्य' एवं उसके अलंकरण-मंडन की व्याख्याएँ करते हैं।

"सुन्दर वस्तु या कृति एक समग्र भाव की अनुभूति है जिसे समष्टि-मानस अनुभव करता है।...सौन्दर्य का एक मानवीय स्तर है जिसके लिए एक 'समष्टि मानव-चित्त' की कल्पना की गयी है जो नर्मिल (नॉर्मल) है। अत: कहीं-कहीं व्यक्ति-विशेष का स्तर इससे आपात विरुद्ध हो जाता है।" लेखक सुन्दर वस्तु या कृति की समग्रता की अनुभूति के दो रूप मानते हैं : 1. एक सौन्दर्य तो हमें अभिभूत

---

1. 'लालित्य तत्त्व', पृ. 18

करता है, प्रभावित करता है, चालित करता है, पर इसलिए नहीं कि वह ऐसा करना चाहता है। वह सौन्दर्य कौन-सी अदृश्य इच्छा-शक्ति से हमें चालित करता है, यह कल्पना या तर्क का विषय-मात्र है। यह प्राकृतिक सौन्दर्य है। 2. दूसरा सौन्दर्य मानवीय इच्छा-शक्ति का विलास है जो उसे रूप देता है, अनुभूति-परम्परा का निर्माण करता है। यह मानवनिर्मित सौन्दर्य प्राकृतिक सौन्दर्य से भिन्न, किन्तु उसके समानान्तर चलनेवाला है। इसका नाम 'लालित्य' है। यह भाषा में, मिथक में, धर्म में, काव्य में, मूर्ति में, सदाचार में, चित्र में बहुधा अभिव्यक्त मानवीय इच्छा-शक्ति का अनुपम विलास है। इस सौन्दर्य की शक्ति रहस्यवादी एवं अदृश्य न होकर ज्ञात है अर्थात् यह मानवीय इच्छा-शक्ति है। इसे भी स्पष्ट करने के लिए लेखक ने इसे विश्वव्यापिनी सृजनात्मक शक्ति 'ललिता' (शिव की लीलासखी) का व्यष्टिगत रूप कहा है। यही कला-रचना करती है, और लालित्य बोध की भूमिका है। अत: लेखक ने लालित्य में मांगल्य (शिव), नैतिकता (धर्म) और महत्ता की एक साथ अन्विति की है।

लेखक पुन: शिव-शक्ति के आध्यात्मिक मिथक का सहारा लेते हुए कहते हैं कि ब्रह्म या शिव की सिसृक्षा ने ही उसे स्त्री और पुरुष रूप में द्विधा विभक्त होने को प्रवृत्त किया। द्विधा विभक्त होकर उनसे परस्पर आकृष्ट होने का सिलसिला निरन्तर है जो मनुष्यों में प्रेम और आकर्षण के रूप में विद्यमान है। इस तरह द्विवेदीजी ने सौन्दर्य के साथ प्रेम और आकर्षण तथा धर्म को भी पूरा माना है। सौन्दर्य, यौवन, काम और धर्म को साथ-साथ निरूपित करने की व्यापकता उन्हें कालिदास के माध्यम से मिली। अत: उनका लालित्य तत्त्व मूलत: सौन्दर्य के साथ यौवन, काम और मंगल को संयोजित करता है। लालित्य की यह व्यापक परिणति शिव-ललिता को मिथक तथा कालिदास के लालित्य बोध के कारण ही सिद्ध हो सकी है। हम देखते हैं कि लेखक ने मानवतत्त्व एवं लालित्य तत्त्व, दोनों में ही मिथक तत्त्वों का अनूठा बौद्धिक समुपरंजन किया है। शिव और पुरुष, सृष्टि और कृती में आत्मैक्य (अद्वैत) मानने के कारण द्विवेदीजी सौन्दर्य को वस्तु एवं प्रमाता का उभयनिष्ठ धर्म माननेवाले मत के अनुयायी हैं। "द्रष्टव्य वस्तु में सौन्दर्य एक ऐसी शक्ति या ऐसा धर्म है जो द्रष्टा को आन्दोलित और हिल्लोलित कर सकता है। और द्रष्टा में भी ऐसी शक्ति है, ऐसा एक सम्वेदन-तत्त्व है, जो द्रष्टव्य के सौन्दर्य से चालित और हिल्लोलित होने की योग्यता देता है यह (तीसरी) बात अधिक समझ में आने योग्य है। ग्रहीता और ग्रहीतव्य के अन्तरतर का आकर्षण ही तो वह लीला है जो अनादि शिव-तत्त्व और शक्ति-तत्त्व के शाश्वत लीला-विलास की व्यष्टिनिष्ठ अभिव्यक्ति है।"[1] इस भाँति लेखक मनुष्य की इच्छा-

1. 'कालिदास की लालित्य योजना', पृ. 88-89

शक्ति और उसकी आत्मा के चैतन्य-धर्म, तथा ललिता की व्यष्टिनिष्ठ अभिव्यक्ति के ऐक्य में लालित्य के मनोवैज्ञानिक, आध्यात्मिक एवं मिथकीय आयामों का उद्‌घाटन करता है। उक्त उभयनिष्ठ आकर्षण के कारण ही एक ओर सौन्दर्य यौवन तथा प्रेम से सम्बद्ध संवेद्य भी माना गया है—(एक सामूहिक संवेदना के अलावा)। 'सत्त्वस्थ चित्त' की मनोवैज्ञानिक व्याख्या करते हुए लेखक कहते हैं कि वस्तुतः यह सर्जक चित्त के साथ-साथ ताल मिलाकर चलनेवाली सहृदय-संवेद्यता है। इसे 'कॉमन ह्यूमेनिटी' की दिशा कह सकते हैं। इसकी तुलना में राजसचित्त व्यक्ति का एकान्तचित्त होता है। यहाँ वे मानसिक या ऐन्द्रिय विकार से ग्रस्त अवनर्मिल एवं उन्नर्मिल दशाओं की चिकित्सामूलक दशाएँ मानते हैं। अतः सौन्दर्य-द्रष्टा का सम्वेदन-तत्त्व सत्त्वस्थ चित्त में अन्तर्भाव्य रहता है। यही सौन्दर्य का एक मानवीय स्तर है: 'सर्वास्ववस्थासु अनवद्यता रूपस्य' (मालवि. 2)। यह स्तर सामान्य रूप से सामग्रय भाव का बोध है। यह प्रत्येक 'नर्मिल' व्यक्ति के लिए आकर्षक है।

इस मानवीय स्तर की अधिक गहराई के विषय में लेखक का मत है कि "जिसे हम सुन्दर कहते हैं, वह वस्तुतः हमारे भीतर की चित्-शक्ति के ज्ञान, इच्छा और क्रिया का समन्वय है।" किन्तु सुन्दर वस्तु होने के लिए कुछ और गुण भी आवश्यक है। इन गुणों के अन्तर्गत ही लेखक ने कालिदास के लालित्य तत्त्व को छानकर, यौवन, धर्म, मांगल्य आदि का समावेश किया है। इस समावेश की विधियाँ ही 'रूप' की सृष्टि करती हैं। कलाकृति में कौशल का समावेश करती हैं, तथा ऐतिहासिक चेतना एवं भौगोलिक ज्ञान के योग से सांस्कृतिक पैटर्न का प्रकरण संलग्न करती हैं। अतएव 'प्रकृतिदत्त सौन्दर्य जैसा है, वैसा के अनुभव का आस्वाद है; मनुष्यकृत सौन्दर्य इस अनुभव और 'जो जैसा होना चाहिए' वैसा इन दोनों से उद्‌भूत विशिष्ट आनन्द है।"[1] यहाँ सौन्दर्य या चारुता के आकर्षण के अतिरिक्त आनन्द को भी शामिल कर लिया गया।

सारांश में, कवि ने कालगत एवं प्रकृति सौन्दर्य को ई. एफ. कैरिट की तरह समानजातीय माना है। पहले का कर्ता कलाकार है, तथा दूसरे का विधाता। दोनों में ही क्रमशः मानवीय इच्छा शक्ति और शिव की ललिता-शक्ति क्रियारत है। दोनों में ही सत्त्वस्थ चित्त की समाधि दशाएँ हैं। प्राकृतिक सौन्दर्य में यदि विश्वव्यापी छन्दोधारा है तथा लालित्य में उसके अनुकूल अन्तर्जगत् की छन्दोधारा। अतः विश्वव्यापी छन्दोधारा के अंशरूप में मनुष्य के अन्तर्जगत् की छन्दोधारा प्रवाहित है। जब दूसरी छन्दोधारा पहली के अनुकूल प्रवाहित होती है, तभी सौन्दर्य है। इसके विपरीत असौन्दर्य (ugliness) की स्थिति है। अतएव असौन्दर्य के बोध

1. वही, पृ. 112

में सत्त्वस्थ चित्त के बजाय तामसिकर चित्त की संवेदना रहती है। 'यही 'सौन्दर्य' एवं 'लालित्य' की शक्ति तथा धर्म है।

सौन्दर्य की इस धारणा को हजारीप्रसाद द्विवेदीजी ने अपने कालिदासीय विवेक से चरितार्थता एवं परिपूर्णता प्रदान की है। इसके लिए उन्होंने सौन्दर्य में यौवन (प्रेम) तथा धर्म (तप) तथा मांगल्य के विनायक धर्म जोड़े हैं। वस्तुतः वे 'उदात्त' (sublime) की धारणा का सहज विकास करते हैं।

कालिदास ने प्रेम के साथ तपस्या का, सुकुमारता के साथ सुशीलता का, मानसिक मृदुता के साथ चारित्रिक दृढ़ता का, अपार वैभव के साथ विपुल वैराग्य का अर्थात् सौन्दर्य के साथ धर्म का मणिकांचन योग किया है। यह सहजात मानसभावों का उदात्तीकरण है, जो सौन्दर्य के विलास को सौन्दर्य के अध्यात्म में प्रतिष्ठित करता है। यहाँ रूपासक्ति भस्म होती है (काम का विरेचन), तथा तपस्याशोधित कान्तिमय प्रेम उदित होता है। (सौन्दर्य का उदात्तीकरण)। इस तरह तपस्या की अग्नि के शोधित सौन्दर्य का आकर्षण उदात्त हो जाता है। यही 'श्रेष्ठ सौन्दर्य अर्थात् उदात्त सौन्दर्य है। इसमें कंट्रास्ट है—द्वन्द्वों का सामंजस्य। 'कुमारसम्भव' में काम (असंयत काम-चेतना) पर स्थिर संयमी शिव के प्रशान्त रूप की विजय हुई है; तथा 'शकुन्तला' में उन्मद आकर्षण पर मंगलमय वात्सल्य की विजय होती है। 'कुमारसम्भव' में त्याग के साथ ऐश्वर्य का और तपस्या के साथ प्रेम का मिलन हुआ है। इस तरह त्याग और भोग के सामंजस्य से ही जीवन की चरितार्थता एवं प्रेम सौन्दर्य की पूर्णता दिखाई गयी है। त्याग और भोग, शिव और काम के द्वैत तथा द्वन्द्व तथा सामंजस्य के अतिरिक्त लेखक के मिलन और विरह के द्वैत-द्वन्द्व सामंजस्य का भी समावेश किया है। 'मेघदूत' के दृष्टान्त में वे कहते हैं कि मिलन स्थिति-बिन्दु है, विरह गति वेग है; दोनों के आकर्षण से 'रूप' की प्रतीति होती रहती है, विचार मूर्त्त आकार ग्रहण करते हैं, भावना सौन्दर्य बनती है।[1] यहाँ वे शिव के द्विधा विभक्त होने तथा शिव-शक्ति की साम्यावस्था को अपनी लालित्य मीमांसा एवं कालिदास की लालित्य-योजना, दोनों पर लागू करते हैं। अतः हजारीप्रसाद द्विवेदी की कालिदासीय उदात्त सौन्दर्य की अवधारणा का स्वरूप यह है।

कालिदास ने नारी-सौन्दर्य को महिमा-मंडित किया है। लेखक ने इसके माध्यम से सौन्दर्य-तत्त्वों का उल्लेख किया है। नारी के सात अयत्नज रसाश्रय अलंकारों में से 'शोभा' भी एक है। शोभा का अनुप्राणक धर्म 'यौवन' है। यौवनावस्था में अंगों में सौष्ठव, विपुलीभाव, विभेद या उभार आता है। इस विभेद या उभार को कालिदास ने जम कर अलंकार लक्षित करके नवयौवनशाली शरीर

1. 'कालिदास की लालित्य योजना', पृ. 13

में निवास करके इस विभेद या उभार को आकर्षक बनाया है। लेखक इस भेद की भी तात्त्विक मीमांसा करते हैं। उनके अनुसार समष्टि में जो शिव और शक्ति है वही व्यष्टि में पुरुष और स्त्री है। व्यष्टि में यह भेद यौवन काल में अपनी चरमविकासावस्था को प्राप्त होता है। इस तरह युवावस्था में ही सौन्दर्य का 'सहज' एवं 'मनोहर' रूप उभरता है। इसीलिए भारतीय काव्यशास्त्र में उत्तम रस शृंगार है, और सौन्दर्यारूपायन में सहज रूप यौवनावस्थावाला है, किन्तु इसकी महिमा मंगलसापेक्ष्य होने में ही है। मंगलनिरपेक्ष यौनाकर्षण का रूप मोहमय है। कालिदास ने शकुन्तला तथा पार्वती को कठिन तपस्या से तपाकर ही विशुद्ध प्रेम की व्यंजना की है। तपस्या के बाद काम 'अतनु' और (मोहमय होने की अपेक्षा) 'भावैकरस' होता है। अत: कालिदास सौभाग्य धर्म से चालित मंगलसापेक्ष सौन्दर्य को श्रेष्ठ मानते हैं। ऐसी भावैकरस दशा प्राप्त करनेवाला सौन्दर्य ही उदात्त है।

सारांश में, नारी सौन्दर्य वर्णन के अन्तर्गत शोभा से सौभाग्य नामक गुण तक एकतान हो गये हैं। अत: यह 'सहज सौन्दर्य' है। इस सहज सौन्दर्य को प्रेम, रूप तथा यौवन के त्रिकोण 'श्रेष्ठ सौन्दर्य' में रूपायित कर देता है। प्रेम तपस्या से तपकर निर्मल होता है, रूप सौभाग्यमंडित होता है, तथा यौवन विभक्तिपूर्ण होकर विलास होता है। तब ही 'उदात्त सौन्दर्य' की सिद्धि होती है। कालिदास के इस कल्प को लेखक ने अपनी लालित्य सृष्टि से संयोजित किया है।

श्रेष्ठोदात्त सौन्दर्य के लिए 'अलंकरण' और 'मांगल्य' को अपेक्षित माननेवाले कालिदासीय बोध के अनुगामी हजारीप्रसाद द्विवेदी भी हैं। कालिदास की अलंकार योजना के विषय में वे कहते हैं कि 'अलंकरण' योजना के विषय में कालिदास रंगों के सामंजस्य का बड़ा ध्यान रखते हैं। रूप और वर्ण समवाय के समंजस विधान से ही निखरता है। लेकिन अलंकार-योजना का उद्देश्य, आभिजात्य, विलासिता और परिपाटी-विहित साज-सज्जा को अधिक आकर्षक करना भी है।''[1] कालिदास के अनुसार श्रेष्ठ सौन्दर्य के लिए श्रेष्ठ अलंकरण द्रव्यों की पहचान तो उनकी नायिकाओं के वेश, चेष्टाएँ, सज्जादि में खिली हैं। अत: कवि ने उन्हें पुष्पों, पल्लवों, किसलयों, दूर्वांकुरों आदि से ही सजाया है। मालविका, रति, उर्वशी, यक्षप्रिया को उन्होंने मणि-रत्नों से भी सजाया है, किन्तु दोनों कोटि की नारियों में प्रेम, शील, सेवा, संयम, तप आदि की प्रधानता है। कालिदास विवाह के मांगल्य-आभरणों से वधू को सजाते हैं तथा हर प्रेम-व्यापार को विवाह की ओर ले जाते हैं और वधू के मातृत्व पर ही उसका अवसान करते हैं। इस भाँति उनका सौन्दर्य मंगल आभरण में ही अधिक निखरता है।[2] मांगल्य के विषय में लेखक

1. 'कालिदास की लालित्य योजना,' पृ. 148
2. 'कालिदास की लालित्य योजना', पृ. 155-157

का मत है कि यह प्रयोजनातीत होता है। यह एक प्रकार का अभिप्राय (motif) है। मांगल्य के प्रयोजनातीत होने का तात्पर्य है कि यह शरीर और मन के स्थूल प्रयोजनों को सिद्ध न करके विशुद्ध आनन्दजनक है। यह मंगल इसलिए होता है कि यह 'सृष्टिव्यापी' विश्वमूर्ति छन्दोधारा के अनुकूल है अर्थात् जिस मूलेच्छा से सृष्टि की यह अभिव्यक्ति हुई है उसके अनुकूल होनेवाली वस्तुएँ ही मंगलमय हैं।[1] यहाँ भी लेखक पुनः-पुनः ललित इच्छा-शक्तिवाली अपनी मूल धारणा के केन्द्र में वापस लौट आते हैं। सारांश में सौन्दर्य मंगलमय तथा कुरूपता अमंगल है। सौन्दर्य में सौभाग्य एवं आनन्द की सिद्धि है।

मांगल्य के साथ अलंकरण गुँथे हैं। अलंकरण शोभा को निखारनेवाले हैं। रत्न, हेम, वस्त्र, माल्य, मंडपन, द्रव्यप्रयोजन आदि अलंकारों का प्रचुर विवरण देते हैं। 'कालिदास की लालित्य योजना में' 'संस्कृतिमुखी प्रकृति' शीर्षक अध्याय के अन्तर्गत लेखक ने कालिदास की अलंकरण-योजना का गहराई, व्यापकता और बारीकी के साथ सोदाहरण सौन्दर्यतात्त्विक विवरण प्रस्तुत किया है जिससे प्रतीत होता है कि कालिदास का प्रिय धातु हेम या सोना है, वे केशरचना में पुष्प-पल्लवों को अधिक महत्त्व देते हैं, गहनों में उन्हें मंजीर या नूपुर प्रिय हैं, हाथ के आभूषण में वलय (कंकण) उन्हें अधिक प्रिय है, हार उनका सर्वप्रिय अलंकार है, मृणालसूत्रों की माला तो उन्हें मोह लेती है, स्नान करने के बाद मंडन द्रव्यों की चर्चा वे नहीं भूलते, सीमन्त रचना में कुसुम्भ-स्वच्छ सिन्दूर धारण करने के सौभाग्य का उल्लेख वे करते हैं, वे दहकते हुए अंगार के समान वासन्तिक पुष्पों को कनकाभरण का प्रतिनिधि मानते हैं, इत्यादि इत्यादि।[2] इसी तरह कालिदास यौवन के भेद या उभार को भी जमकर अलंकार लक्षित करते हैं।

फिर भी, कालिदास रसाश्रय अलंकारों को ही महिमा प्रदान करते हैं। इनमें तीन शारीरिक, सात अयत्नज तथा दस स्वाभाविक अलंकार हैं। ये बीसों अलंकार मिलकर अनायास ही वर्ण, प्रभा, राग, आभिजात्य, विलासिता, लावण्य, लक्षण, छाया और सौभाग्य को निखार देते हैं। इस तरह वे सहज गुणों के वर्धक सहज रूप का ही अभिषेक करते हैं। इस सहज रूप का ही गुण 'माधुर्य' है। माधुर्य समस्त अवस्थाओं में चेष्टाओं की रमणीयता में आविर्भूत होता है। अतएव सहज सौन्दर्य के लिए 'आकर्षण' के बजाय 'माधुर्य' को प्रधानता दी गयी है। यह लेखक का अनुपम तत्त्वान्वेषण है।

मनुष्य का यह सहज रूप समवाय के सामंजस्य-विधान से ही निखरता है।

---

1. 'कालिदास लालित्य योजना', पृ. 153
2. 'कालिदास की लालित्य योजना', 117-148

इस सहज रूप के माधुर्य-मंडन में प्रकृति की महत्तम भूमिका होती है। लेखक ने यह सिद्ध किया है कि कालिदास ने मनुष्य की पूरिपूर्णता प्रकृति के साहचर्य में देखी है। उदाहरणार्थ 'ऋतुसंहार' में प्रकृति मनुष्य की आशा-आकांक्षा के साथ निरन्तर ताल मिलाकर चलनेवाली अविच्छेद्य संगिनी है। इस तरह यह ललिता शिव की लीला-सखी है, तो प्रकृति पुरुष की। लेखक पुन: शैव मिथकदर्शन से ही अपनी यह प्रतिपत्ति भी प्राप्त करता है।

निष्कर्ष यह है, कि कालिदास के समस्त सौन्दर्य के साथ मांगल्य, अलंकरण, रसाश्रय, अलंकार, प्रकृति और धर्म का समंजस प्रदर्शित कराकर हजारीप्रसाद द्विवेदी ने श्रेष्ठ सौन्दर्य, उदात्त सौन्दर्य, सहज सौन्दर्य आदि की सौन्दर्यबोधात्मक ललित धारणाओं की रचना की है। इनका पर्यवसान उदात्तता में ही होता है।

अब हम 'रूप' विषयक चर्चा करेंगे। 'सहज रूप' की धारणा में यौवन के आगमन पर अंगों के सौष्ठव, विकास और विभक्ति से जो शरीर-रचना होती है वह अंलकारों एवं दशगुणों के समावेश से 'रूप' (form) को पूर्ण एवं सजग बना देती है। इस रूप में आकर्षण एवं माधुर्य होता है जो सौन्दर्य का भी धर्म है। रूप के साथ ही 'कला' का अनुप्रवेश होता है।

रूपसृष्टि के तात्त्विक सिद्वान्त को रचते हुए लेखक कहते हैं कि गति और स्थिति के द्वन्द्व से ही रूप बनता है। इसके पूर्व वे इच्छा-शक्ति को छन्दमात्र और गति, तथा क्रिया-शक्ति को सृष्टि और स्थिति मान चुके हैं। उनके अनुसार गति चित्तत्व एवं स्थिति अचित्तत्व (मैटर) है। इस तरह रूप का बाह्यभूत और सृष्टि है, तथा आभ्यन्तर छन्द और विभक्ति है। अत: यौवन में नारी-आकृति का रूप परिपूर्ण है, वसन्त में प्रकृति का। लेखक राजानक रूय्यका का मत बताते हुए कहते हैं कि वे दस शोभाविधायक धर्मों से रूप को प्रथम तथा सौभाग्य को अन्तिम मानते हैं। दस सहज गुणों वाला रूप ही 'सहज रूप' होता है। सहज रूप ही नारी आकृति को रमणीयता प्रदान करता है और, रमणीयता ही माधुर्य है। लेखक भी रूप के दो छोर स्वीकार करता है, जिनमें से पहला रूप बाह्याकर्षण है तथा दूसरा सौभाग्य आन्तरिक। इस तरह रूप के अन्तर्वाह्य आकर्षण होते हैं। निष्कर्ष रूप में बाह्याकर्षण वाले रूप का फल 'आन्तरिक वशीकरण' या माधुर्य है। कालिदास के अनुसार प्रिय के प्रति सौभाग्य उद्रिक्त करना ही रूप का वास्तविक फल है। इसी भूमिका पर सौभाग्य और आन्तरिक वशीकरण मिल जाते हैं। तब 'रूप सौन्दर्य' की लालित्य पूर्ण अनुभूति होती है। अत: सौन्दर्य में प्रेम और तपस्या का सामंजस्य भी सम्भव हो जाता है। इसीलिए कालिदास के रूप-सौन्दर्य वर्णन का लक्ष्य 'तपस्या' से

तपकर विशुद्ध प्रेम द्वारा व्यंजित 'सौभाग्य धर्म' है। इस बिन्दु पर रूप और सौभाग्य, रूप सौन्दर्य और आन्तरिक वशीकरण का तादात्म्य हो जाता है। ऐसे रूप सौन्दर्य में सत्त्वोद्रेक की शक्ति होती है।

हजारीप्रसाद द्विवेदी ने रूप-सृष्टि में प्रकृति के सौन्दर्य-निर्माण तथा मनुष्य की लालित्य-सृष्टि के विरोध को दिखाने के लिए सौन्दर्यबोधशास्त्री एरिक न्युटन का साक्ष्य दिया है। ''कलाकार की वृत्ति होती है कि 'एकमात्र यही आकार (दूसरा नहीं) मेरी इच्छा को सन्तुष्ट कर सकता है' और प्रकृति की वृत्ति यह होती है कि 'एकमात्र यही आकार (दूसरा नहीं) ठीक-ठीक उपयोगी हो सकता है' (दी मीनिंग ऑव ब्यूटी, पृ. 86)। कालिदास से पूछा जाता तो वे कदाचित् कलाकार की वृत्ति को इस प्रकार बताते कि 'एकमात्र यही आकार विश्वात्मा की मूल सर्जनेच्छा (जिसे आजकल प्रकृति कहा जाता है) के अनुकूल है, दूसरा नहीं।' जो व्यक्ति ऐसा मानता है उसके लिए सौन्दर्यशास्त्र में नित्य आलोचित होती रहने वाली अनेक समस्याओं का समाधान अनायास हो जाता है।[1] स्पष्ट है कि 'ऐसा माननेवाले' स्वयं हजारीप्रसाद द्विवेदी हैं। अत: यहाँ से वे कालिदास की भावना को स्पष्ट करने में अपनी भावना ही अभिव्यक्त करते हैं।

लेखक अपने आध्यात्मिक मानवतावादी ढंग से रूप-सृष्टि को विश्वात्मा की मूल सर्जनेच्छा मानते हैं जो आनन्दमय है। लेकिन रूप-सृष्टि मूल में आनन्द की इस भावना के प्रमाण के लिए वे फ्रेजर का साक्ष्य प्रस्तुत करते हैं। फ्रेजर ने आदिम जातियों की कला का अध्ययन कर यह सिद्ध किया है कि आदि मानव की कल्पना और रूप-सृष्टि के मूल में भय की भावना नहीं थी, बल्कि यह (आदिम मानव की रूप-सृष्टि) मांगल्यमूलक थी। लेखक ने एस. रैनेक का भी प्रमाण दिया है जिन्होंने, सन् 1903 में लगभग बारह सौ प्रागैतिहासिक चित्रों को प्रकाशित करके यह सिद्ध किया है कि आदि मानव को तान्त्रिक सृष्टि या 'मैजिकल क्रिएशन' के आधारभूत मानसिक हेतु भय और असुरक्षा-कातरता नहीं, उल्लास और आनन्द थे। इस तरह लेखक की आध्यात्मिक मान्यता को नृतत्त्वशास्त्रीय समर्थन मिल जाता है: ''मनुष्य की प्रथम सृष्टि आनन्द हेतु सिद्ध हुई। भयमूलक सृष्टि इसके बाद हुई थी (जब मनुष्य में तर्क बुद्धि का विकास हुआ होगा...)।''[2] जब कलाकार, कवि, शिल्प आदि चित्त में बनी मानसी-मूर्ति को भिन्न-भिन्न उपादानों एवं उपकरणों से अर्थात् भिन्न-भिन्न माध्यमों (mediums) में नये-नये रूप देने लगे अर्थात् नयी 'रचना' करने लगे, तब रचनात्मक कलाएँ (creative arts) आविर्भूत हुईं।

---

1. 'कालिदास की लालित्य योजना', पृ. 59
2. 'लालित्य तत्त्व', पृ. 6-7

ङ

कला-सृष्टि सम्बन्धी लालित्यमूलक समस्या को हजारीप्रसाद द्विवेदी ने दो प्रकार से स्पष्ट किया है। पहले के अन्तर्गत उन्होंने जड़-चैतन्य के संघर्ष एवं विधान की महाभूत समाधि की दशा में रचना के मिथकीय रूपों का इस्तेमाल किया है, तथा दूसरे के अन्तर्गत माध्यम की इच्छा एवं कलाकार की इच्छा के बीच के निरन्तर द्वन्द्व का उद्घाटन किया है।

फ्रांक थीस के नृत्यकला सम्बन्धी विवेचन से प्रभावित होते हुए लेखक ने स्थापना की है कि वस्तुतः हर कला-प्रयास में कलाकार जड़ सामग्री के सहज धर्म पर अपने चैतन्य की विजय पाने की कोशिश करता है। मनुष्य के कला-प्रयत्नों का अर्थ ही है जड़ता से संघर्ष। जड़ के गुरुत्वाकर्षण से मुक्त होने का अनुभव ही कलानुभव है। कलारचना के सिद्धान्त भी वे अपनी इच्छाशक्ति (गति) और क्रिया-शक्ति (स्थिति) के, काल (इच्छा) और देश (क्रिया) के द्वन्द्व के अनुकूल ढाल लेते हैं। उनकी यही क्षमता तो उनके स्वकीय (original) लालित्य-सिद्धान्त की विवृत्ति करती है।

विधाता की महाभूत समाधि तथा कलाकार की सत्त्वस्थचित्तवाली पूर्ण समाधि के रूपक-साम्य से भी उन्होंने कला-सृष्टि के चार चरणों का उद्घाटन किया है जो क्रमशः प्रयत्न, समाधि, चित्त की सत्त्वस्थ दशा और सुन्दर सृष्टि हैं। हम इस मोनोग्राफ के ग-खंड में इसका विस्तृत निरूपण कर चुके हैं।

कला-सृष्टि के उपर्युक्त दोनों प्रकार प्रतिकल्पनात्मक हैं। अतः लेखक माध्यम की व्यावहारिक चुनौती से उलझते हैं जहाँ-जहाँ कौशल और अभ्यास की अनिवार्य भूमिका होती है।

पहले तो वे स्पष्ट करते हैं कि कवि या शिल्पी वास्तव जगत की वस्तुओं को देखकर पहले अपने चित्त में एक मानसी-मूर्ति बनाता है और फिर उसे एक नया रूप देता है। मानसी-मूर्ति ही भाव है और रचना-प्रक्रिया में वह 'पर्युत्सुकी भाव' में रूपान्तरित होता है क्योंकि मानसीमूर्ति पर अबोधपूर्वा स्मृति की भी छाया आच्छादित होती है। भावरूपा होने के कारण मानसी-मूर्ति कवि या शिल्पी की इच्छा-शक्ति का विलास है। मानसी-मूर्ति की वाह्य एवं माध्यम सम्भृत रूप रचना कवि या शिल्पी की क्रिया-शक्ति का विलास होती है। हमारा सम्बन्ध रूप-रचना में क्रिया-शक्ति के विलास से है। यहाँ माध्यम केन्द्रस्थ होता है।

माध्यम के स्वभाव एवं धर्म के विषय में लेखक ऐरिक न्यूटन से ही प्रभावित है, जिनके अनुसार कलाकार की अपनी इच्छा तथा माध्यम या उपादान की प्रकृति के बीच (चैतन्य-जड़ता परक) द्वन्द्व चलता है। "जिस या जिन उपादानों के सहारे

कलाकृति का निर्माण होता है वे भी अपना व्यक्तित्व रखते हैं। उनका निर्देश मानना पड़ता है। उनकी प्रकृति के विरुद्ध यदि बलात् उनका उपयोग किया जाए तो कलाकृति की चारुता को नष्ट कर देते हैं।...उपादान सहानुभूति चाहता है, सहलावा चाहता है, मनुहार चाहता है।"[1] अत: कलाकार माध्यम के स्वाभाविक आचरण की उपेक्षा नहीं कर सकता। कुशल शिल्पी माध्यम के स्वाभाविक आचरणों को अनुकूल बनाकर उसका ठीक-ठीक उपयोग करता है। हम जानते हैं कि क्लासिकल सौन्दर्यतात्त्विक दृष्टि में माध्यम की इच्छा का अधिनायकत्व होता है तथा रोमांटिक सौन्दर्यतात्त्विक दृष्टि में कलाकार की इच्छा का प्रभुत्व। द्विवेदीजी इन दोनों का ठीक-ठीक सन्निवेश प्रतिपादित करते हैं।

कलाकार किस प्रकार अपनी इच्छा के साथ माध्यम की मरजी को एकमेक करता है, इसकी विधियाँ क्या हैं, इनके स्पष्टीकरण के लिए, हजारीप्रसाद द्विवेदी ने कालिदास को दृष्टान्त बनाया है। उन्होंने कालिदास की कृतियों में व्यवहृत कुछ शब्दों को चुनकर कला-सृष्टि के रहस्यों को उद्‌घाटित किया है। 'यथा प्रदेश विनिवेश' या 'यथानुप्रवेश', 'भावानुप्रवेश', 'अन्यथाकरण', 'अन्वयन' आदि ऐसे ही शब्द हैं जो दो इच्छाओं को एकमेक करने की विधियों और प्रक्रिया में से कुछ का इतस्तत: दिग्दर्शन कराते हैं। लेखक ने अनूठी अन्तर्दृष्टि एवं प्रकांड पांडित्य के साथ उपरिदत्त शब्दों को पारिभाषिक बना दिया है। उन्होंने उक्त शब्द काव्यक्षेत्र से न चुनकर बहुधा चित्रकला के क्षेत्र में चुने हैं। यह एक अतिरिक्त लालित्य धर्मा विशिष्टता है, किन्तु केवल कालिदास की कृतियों के माध्यम से ही पल्लवित होने के कारण यहाँ उनकी सर्वांगीण लालित्य-तत्त्व मीमांसा नितान्त सीमित भी हो गयी है।

लेखक ने माध्यम के उपयोग की क्षमता के अनुसार ही 'कारीगर' की धारणा का संकेत किया है। कई शिल्पी उपादान की प्रकृति के अच्छे ज्ञाता होने के बावजूद, अपनी कमजोर इच्छाशक्ति के कारण, उपादान का निर्देश नहीं कर पाते। अत: वे कारीगर की मर्यादा से ऊपर नहीं उठ पाते। श्रेष्ठ कलाकार अपनी सर्वोत्तम सर्जनेच्छा के साथ माध्यम का ऐसा प्रयत्नसाध्य निर्देश करते हैं कि कलाकृति श्रेष्ठ बन जाती है। ऐसी कलाकृति में कलाकार की इच्छा-शक्ति रचना रूप में सहज एवं यत्नसाध्य प्रचेष्टाओं की 'द्विसंश्रयाप्रीति' अर्थात् उभयनिष्ठा प्रीति प्राप्त करती है (उमामुखं तं प्रविविश्य लोला द्विसंध्यां प्रीतिमवाप लक्ष्मी:) ऐसी द्विसंश्रया प्रीति का भाजन बननेवाली रचना में कलाकार को सामग्री संग्रह करनी पड़ती है, उनकी प्रकृति का अध्ययन करना पड़ता है, कहाँ किसे रखना ठीक होगा, इसका विचार

---

1. कालिदास की लालित्य योजना, पृ. 76, और ऐरिक न्यूटन कृत 'दी मीनिंग ऑव ब्यूटी', पृ. 89-90

करना पड़ता है, अभ्यास निपुण चित्त से प्रयत्न करना पड़ता है, और तब जाकर वह श्रेष्ठ कृति बन पड़ती है।[1] यह सारे कलाकर्म 'यथाप्रदेशविनिवेश' कहे गये हैं (सर्वोपमाद्रव्यसमुच्चयेन यथाप्रदेशं विनिवेशितेन। सा निर्मिता विश्वसृजा प्रयत्नादेकस्थसौन्दर्यदिदृक्षयेव।। कु. 1/49)।

माध्यमोपयोग की एक दूसरी प्रक्रिया 'अन्यथाकरण' (distortion) है। वस्तुतः यह उत्पादन के उपयोग में कलाकार की वह स्वकीयता (ओरिजिनेलिटी) है जिसके द्वारा वह बाह्यजगत् की वस्तुओं की मानसी-मूर्ति इस प्रकार बनाता है जिस प्रकार वह उनका अनुभव करता है, जिस प्रकार वे उसकी इच्छा-शक्ति और स्वकीयता के अनुकूल होनी चाहिए, जिस प्रकार वे लौकिक से अनुपम एवं अपूर्व एवं अलौकिक हो जाएँ। अतः वह बाह्यजगत् को ज्यों-का-त्यों नहीं ले लेता, बल्कि तथ्यात्मक वाह्यसत्ता को बदलता है अन्यथा बनाता है। अन्यथाकरण अर्थात् जो जैसा है उसे वैसा ही न रहने देना (अन्यथाकरण की यह धारणा सम्भवतः गोम्ब्रिच की 'आर्ट एंड इल्यूजन' नामक पुस्तक से भी प्रभावित हुई है)।

अन्यथाकरण के द्वारा बाह्य जगत् ज्यों-का-त्यों नहीं आता, बल्कि उत्तम कोटि का चित्रकार उसमें कुछ और जोड़ देता है—किंचित् अन्वितम्। यद्यत्साधु न चित्रे स्यात् क्रियते तत्तदन्यथा। तथापि तस्या लावण्यं रेखया किंचिदन्वितम्।। (शकुं.)'। अतः 'अन्वयन' का तात्पर्य है वास्तविकता से अधिक भाव-परम्परा का उत्पादन। अन्वयन कलाकार की रचनात्मक शक्ति का वैशिष्ट्य है जहाँ वह हू-ब-हू की अपेक्षा कुछ अधिक देता है। जिस वीणा के तार को हलका-सा आघात कर देने पर देर तक 'अनुरणन' होता है, जिस तरह अर्थ की व्यंजना शक्ति का प्रसार भी 'अनुरणन' द्वारा होता है, उसी तरह चित्र या मूर्ति की भाव-परम्परा को दीर्घ काल तक उत्पन्न करने की क्षमता 'अन्वयन' है।

सारांश में, अन्थाकरण एवं अन्वयन रचना कौशल हैं जो बाह्य जगत के समाज स्वीकृत रूपों को मानसी-मूर्ति के अनुकूल बनाकर उन्हें अपूर्व, अनुपम, अलौकिक, ललित और उदात्त भी बना देते हैं। दोनों में ही माध्यम के उपयोग का कौशल सन्निहित है। इनका सम्बन्ध मूलतः चित्र और शिल्प से, तथा सापेक्षता काव्य से है।

कालिदास के चित्रकला सन्दर्भों से हजारीप्रसाद द्विवेदी ने दो अन्य शब्द परिभाषिक बनाए हैं—'भावानुप्रवेश' एवं 'यथालिखितानुभाव'। मानसी-मूर्ति के पर्युत्सुकीभाव के द्वारा संचालित कलाकार की तन्मयीभवन-योग्यता के प्रभाव का यह संकेत अत्यन्त महत्त्व का है। इसका सम्बन्ध कलाकार और पात्र या चित्रितव्य

---

1. कालिदास की लालित्य योजना, पृ. 77-78

के बीच के स-हृदय व्यापार से है। पात्र या चित्रितव्य के भावों को लेख और रंगों में फिर से प्रवेश करा देना चित्रकार का आत्मदानपरक भावानुप्रवेश है। नर्तक के प्रसंग में लेखक कहते हैं कि "नृत्य में जिस भाव को प्रदर्शित करना है उसी भाव में नर्तक का विलीन होना 'भावानुप्रवेश' है। वहाँ नर्तक नर्तितव्य विषय के साथ एकमेक हो जाता है।' इसके अभाव में अभिनय असफल हो जाता है। इसे स्पष्ट करने के लिए लेखक ने विक्रमोर्वशीय नाटक के तीसरे अंक में उर्वशी के अभिनय में प्रमाद की चर्चा की है। इस तरह 'भावानुप्रवेश, वक्तव्य विषय के साथ कलाकार का 'तन्मय' होना है। सारांश में कलाकार के मानसिक माध्यम में 'भावानुप्रवेश' तथा कृति के भौतिक माध्यम में 'यथाप्रदेशविनिवेश' ही मिलकर कलाकृति में द्विसंश्रयप्रीति की भाविता भरते हैं।

भावानुप्रवेश की सफलता के बाद कलाकृति की पूर्णता सिद्धप्राय है। इसके उपरान्त आशंसा (ऐप्रिशियेशन) का क्षेत्र शुरू होता है। यह सहृदय हृदय लोक है। कला-रचना के उपरान्त कलाकार भी एक सहृदय-आशंसक हो सकता है। शकुन्तला का चित्र बनाते समय दुष्यन्त शकुन्तला के भावों में भावानुप्रवेश कर गया, किन्तु इसके बाद वह तुरन्त 'यथालिखितानुभाविता' की अवस्था में पहुँच गया अर्थात् जैसा लिखा उसे सत्य समझकर अनुभव करने के कारण उसमें चित्तगत विकार और उससे उत्पन्न स्वेद रोमांचादि अनुभव उत्पन्न होने लगे। स्वयं निर्मित चित्र से उत्पन्न अनुभाव अन्यनिर्मित चित्र से उत्पन्न हो सकते हैं। अत: चित्र या कलाकृति की सफलता की दो कसौटियाँ ठहरती हैं—कलाकार की ओर से 'भावानुप्रवेश' तथा सहृदय की ओर से 'यथालिखितानुभाव' या मात्र 'लिखितानुभाव'। सहृदय-पक्ष की दूसरी अवस्था 'करणविगम' की है। इसका निरूपण हम ग-खंड में कर चुके हैं। इस भाँति सर्जना एवं आशंसा का एकतान व्यापार परिपूर्ण हो जाता है।

अब हम मिथक तत्त्व का निरूपण करेंगे।

च

यदि गौर से देखा जाए तो हजारीप्रसाद द्विवेदी की लालित्य-मीमांसा का मूल आधार मिथक (myths), मिथकालेखन (mythography) तथा मिथकालोचन (mythic vision) हैं। चिन्मय शिव की सिसृक्षा, शिव का शिव-शक्ति में द्विधा-विभक्त होकर चिरन्तन आकर्षण से व्याकुल रहना, शिव की लीला-सखी ललिता, ब्रह्म के अंश रूप जीवात्मा में इच्छा-शक्ति एवं क्रिया शक्ति का द्वन्द्व, विश्वव्यापक छन्दोधारा, चैतन्य (शिव) और जड़ता (माया) का संघर्ष आदि लेखक की सृजनात्मक लालित्यधारणा के नाभिबिन्दु (फोकस) हैं जिनसे ही कालिदास के

लालित्य तत्त्वों के अन्वेषण की किरणों का, तथा स्वयं उनकी स्थापनाओं की रेखाओं का विकिरण हुआ है। उनकी लालित्य-मीमांसा का तत्त्व और दर्शन इन्हीं मिथकों की रहस्याध्यात्मवादी वैश्विक धारणाओं से आच्छादित हैं।

किन्तु शैवदृष्टि के साथ-साथ उन्होंने अर्नस्ट केसीरर, सुशाने लैंगर, मैक्समूलर आदि की दृष्टियों का भी भारतीयकरण करके मिथक और भाषा, भाषा और वाक् आदि के सौन्दर्यतत्त्वों का अन्वेषण किया है।

मिथक मानवता के पूर्वेतिहास (प्रि-हिस्टरी) हैं, मानवजाति के सामूहिक अनुभव हैं, पूर्वतार्किक (प्रि-लॉजिकल) हैं, अवचेतन अनुभूतियाँ हैं, और देशकालबहिर्भूत मिथकीय चेतना की वाहक हैं। कैसीर की तरह द्विवेदीजी का भी यही मत है कि वाक् (Speech) या भाषा और मिथक-तत्त्व परस्पर पूरक हैं। वाक् के साथ-साथ जब मिथक तत्त्व का आविर्भाव हुआ होगा तो अदृश्य शक्तियों की रूप-कल्पना की गयी होगी जिनको केन्द्र करके उल्लास व्यंजक नृत्य चले होंगे। लेखक आदिमानव की आरम्भिक मूर्त्त मानसी कल्पना को शैवों एवं शाक्तों की इच्छा-शक्ति से, तथा परवर्ती मिथक एवं वाक् में उसे सम्मूर्तित करने के प्रयत्नों को क्रिया-शक्ति से जोड़ते हैं। इस भाँति वे मिथक से सीधे धर्म की एकतान कर देते हैं, और अपने लालित्य तत्त्वदर्शन की नींव डालते हैं। इसी क्रम में वे शिव की मिथकीय विश्वव्यापिनी सर्जनात्मक शक्ति अर्थात् लीला-सखी 'ललिता' की धारणा की व्याख्या करते हैं। अत: ललिता की क्रीड़ा लोक-रचना अर्थात् 'सृष्टि' है; एवं ललिता के व्यष्टिगत (मानवीय) रूप की रचना 'कृति' है। ललिता के सखा चिन्मय शिव हैं, तो कला का सर्जक समाधिस्थ कलाकार। सृष्टि भी आनन्दमय है, तथा मानवीय सृष्टि अर्थात् कला भी । इसके बाद तीसरे सोपान अर्थात् सौन्दर्य के स्वभाव के विषय में भी वे इसी मिथक तत्त्व का विस्तार करते हैं। किन्तु, अब कालिदास की जीवन-दृष्टि के साध्य से। उनके अनुसार ('कुमारसम्भव' में) "कवि ने यह घोषणा की है कि देवाधिदेव शिव ने ही पुरुष और स्त्री के रूप में अपने-आपको द्विधाविभक्त किया है। इस पुरुष तत्त्व और स्त्री तत्त्व में पारस्परिक आकर्षण है। वह भगवान शिव की आदि सिसृक्षा का ही विलास है। एक-दूसरे की ओर आकृष्ट हेकर वे उस प्रथम शिवत्व की अवस्था को ही प्राप्त करना चाहते हैं। विशुद्ध प्रेम में जो अद्वैत भावना आती है वह शिवत्व की ही अनुभूति का एक रूप है। इसी महान उद्देश्य को दृष्टि में रखकर महाकवि ने शिव और पार्वती को सनातन पुरुषत्व और स्त्रीत्व का प्रतीक बनाया है।"[1]

निष्कर्ष रूप में कहा जा सकता है कि शिवमिथक और शैवधर्म के कालिदासीय

1. कालिदास की लालित्य-योजना, पृ. 14

परिष्कार के द्वारा हजारीप्रसाद द्विवेदी ने लालित्य (मानवकृत सौन्दर्यतत्त्व) को आनन्द तथा मंगल (शिवत्व) और प्रेमाकर्षण (शृंगार) के त्रिरत्न से मंडित किया है। अतः उनके 'लालित्य' को उस सौन्दर्य का रूप माना जा सकता है जो मनुष्य के ललितभावों की अभिव्यक्ति करता है।

मनुष्य की सिसृक्षा और सृष्टि को वे विश्वात्मा शिव की सिसृक्षा का ही व्यष्टिगत अंशरूप मानते हैं और उसके महिमाकरण के लिए पुनः नाट्यशास्त्र के एक मिथक का सहारा लेते हैं, जिसमें बताया गया है कि भोगयोनि होने के कारण देवता नाटक का अभिनय नहीं कर सकते। अतः केवल मुनि (मनुष्य) ही अपनी इच्छा-शक्ति के बल पर दूसरे का अनुकरण कर सकते हैं। अतः मनुष्य की इच्छा-शक्ति चालित लालित्य-रचना सब प्रकार से अपूर्व है। मनुष्य की कला-रचना की प्रक्रिया को भी वे विधाता की महाभूत समाधि एवं कलाकार की पूर्णसमाधि के सादृश्यपरक रूपक के द्वारा करते हैं। नाट्यशास्त्र की उक्त मिथकथा के द्वारा वह आगे भी नृत्य एवं नाट्य के ऐतिहासिक विकास की अनूठी व्याख्या करते हैं : "नाट्यशास्त्र में अन्यत्र बताया गया है कि देवता नृत्य कर सकते हैं। तांडव के मूल प्रवर्तक शिव हैं; लास्य की प्रवर्तिका पार्वती हैं। परन्तु देवता नाटक का अभिनय नहीं कर सकते। नृत्य और नाटक का अन्तर स्पष्ट है। नृत्य में बाह्य उपकरण की आवश्यकता नहीं होती, नाटक में होती है। नाटक अनुकरण है, पर नृत्य नहीं। इस बात को ऐतिहासिक विकास-क्रम की दृष्टि से देखा जाए तो इसका अर्थ यह होगा कि नाटक मनुष्य के भावाभिव्यंजक वाक् तत्त्व के पर्याप्त आयत्तीकरण के बाद की कला है। यह उस समय विकसित हुआ होगा जब पद और पदार्थ का विवेक पूर्ण हो गया होगा, पर नृत्य उसके पूर्व की कला है। कदाचित् वह मानवपूर्व है। यह उस समय की कला है जब वाक्तत्त्व का पूर्ण उन्मेष नहीं हुआ था अर्थात् जब पर और पदार्थ विविक्त नहीं थे।[1] यहाँ लेखक मिथक से इतिहास की ओर अग्रसर होते हैं तथा कला इतिहास सम्बन्धी अपनी दिशा का प्रथम उद्घाटन करते हैं। सिसृक्षा से सृष्टि, सृष्टि से मिथक और मिथक से इतिहास...यही उनकी विश्लेषण-रेखा है। सारांश में, उनकी लालित्य तत्त्व सम्बन्धी प्रत्येक स्थापना किसी मिथक की व्याख्या से निःसृत है या फिर कालिदास के किसी सौन्दर्यन्वयन से। आधुनिक वैज्ञानिक दृष्टियों से वे अपनी स्थापनाओं का अनुमोदन करते हैं।

---

1. लालित्य तत्त्व पृ. 16, तथा नाट्यशास्त्र की भारतीय परम्परा और दशरूपक की भूमिका और 'परिषद् पत्रिका' में प्रकाशित लेख का पद-पदार्थ विवेचन।
2. लालित्य तत्त्व, पृ. 12

वाक् उच्चरित वाक् और भाषा की तत्त्वमीमांसा में परा-पश्यन्ती मध्यमावैखरी की धारणाओं की अपेक्षा कैसीरर, लैंगर आदि से ज्यादा अभिभूत हैं। वाक्-चर्या में वे शुरुआत तो अपनी 'मिथकाध्यात्मिक लालित्य-दृष्टि' से ही करते हैं, किन्तु समापन आधुनिक बोध में। उन्होंने लिखा है कि "अर्न्स्ट कैसीरर का कहना है कि किसी वस्तु को प्रत्येक इन्द्रिय के द्वारा संश्लिष्ट रूप में ग्रहण करना आदिम मुनष्य के लिए सम्भव है। यह संश्लिष्ट रूप किसी एक क्षण की रचना नहीं होगी। धीरे-धीरे इसके संस्कार संचित हुए होंगे और अन्त में समस्त ऐन्द्रिय अनुभूतियों के संश्लिष्ट रूप ने उच्चरित वाक् के रूप में अपने को अभिव्यक्त किया होगा। 'गति में रूपान्तरित होने पर उसने उल्लास के रूप में और 'शब्द' में उल्लसित होकर संगीतात्मक नाद में अभिव्यक्ति पाई होगी। धीरे-धीरे भेद का विवेक स्पष्ट होने लगा और भाषा का बढ़ाव क्रमशः जाति से व्यक्ति की ओर हुआ होगा। इसका मतलब यह हुआ कि वाक्-का प्रथम स्फोट या प्राकट्य बहुत कुछ भारतीय आचार्यों की बताई हुई उस पश्यन्ती वृत्ति के रूप में जिसमें पद और पदार्थ एकमेक होकर रहे होंगे, दूसरा स्फोट मध्यमा वृत्ति के रूप में जिसमें पद और पदार्थ अलग होकर भी 'भाव' (Notion) के रूप में प्रकट हुए होंगे और तीसरा बहुत-कुछ वैखरी वृत्ति के रूप में जहाँ पद और पदार्थ एकदम अलग हो गये होते हैं, हुआ होगा।" इस तरह लेखक ने आधुनिक पंडित की बात व्याख्या एवं भारतीय तत्त्वचिन्तन से उसकी समानधर्मिता का सारांशीकरण कर दिया है। वाक् और मिथक के इस एकमेक बोध के विषय में वे कहते हैं कि "मिथक-कल्पनाओं को आज का मानव विज्ञानी आत्मवंचना नहीं मानता। वह भी वाक् तत्त्व की भाँति मनुष्य की सहज सर्जना शक्ति का ही निदर्शक रूप है। वाक् तत्त्व की भाँति मिथक तत्त्व भी मनुष्य की सर्जना-शक्ति की कहानी बताता है और उसके पूरक के रूप में युगपत् उत्पन्न होता है।...भाषा वस्तुतः विचारों के ऊपर काली छाया डालती है जो तब तक दूर नहीं होगी जब तक भाषा विचार के साथ एकमेक नहीं हो जाती। मिथक तत्त्व भी भाषा की भाँति ही मनुष्य की निश्चित सर्जना शक्ति का विलास है। अगर वह आत्मवचंना है तो वाक्-तत्त्व भी ऐसा ही है। अर्न्स्ट कैसीरर की इस रोषोक्ति में पार है।"[1] हम जानते हैं कि आज बर्ट्रण्ड रसेल, विटगेंस्टान, कार्नाप आदि भी भाषा के अर्थ (पदार्थ), तत्त्व (पद), अनुभूति और सत्य की समस्याओं से इसी तरह उलझे हैं। कवि वाणी का संस्कारकर्ता होता है। कालिदास मनीषा को बहुत उत्तम गुण मानते हैं और संस्कार की वाणी की प्रशंसा करते हैं। एक जगह तो उसे पार्वती और गंगा से तुलनीय मानते हैं (कुमार. 1-28)।

किन्तु भाषा की सीमा है (जिसे 'आत्मवंचना या पंडितराज जगन्नाथ सम्मत

1. लालित्य तत्त्व, पृ. 13

'अनिर्वचनीयता', या मम्मट सम्मत 'जात्यादिर्तातिरेव वा' कहा गया है) "पद पद पर मानव-चित्त के अपार औत्सुक्य को प्रकट करनेवाली इच्छा-शक्ति भाषा की सीमा से टकराती है। अपनी अनुभूति को जब भाषा-द्वारा सीधे नहीं प्रकट कर पाती तो उपमा का सहारा लेती है। "कैसा लाल? जैसी कि अमुक वस्तु होती है, वैसा। उससे भी काम नहीं चलता तो उत्प्रेक्षा का सहारा लेती है। यदि अमुक वस्तु अमुक वस्तु से युक्त होती तो जैसा होता वैसा। पर काम क्या चलता है।"[1] लेखक शनैः-शनैः 'काव्यभाषा के अलंकार-विधान और वक्रोक्ति-शैली की ओर उन्मुख होता जाता है। "भाषा की यह चित्त-निर्माण शक्ति वस्तुतः मिथक-कल्पनाओं से बनती है। लेकिन उपमा और रूपक क्षण-चित्रों के सहारे उन सारी बातों को कहने में असमर्थ होते हैं। भाषा का चित्र धर्म अलंकार में व्यक्त होता है—अर्थालंकारों में। परन्तु उसमें गति ले आने का कार्य संगीत करता है, जो छन्द से, पदगुम्फन से, यमक से, अनुप्रास से चित्र को गतिमय बनाता है। ये दोनों तत्त्व अर्थ में गरिमा भरते हैं, गति देते हैं, उपभोग्यता और अर्थ में यथार्थता लाते हैं। इन्हीं के द्वारा साधारण प्रत्यय 'यथार्थ' बनता है। अर्थतत्त्व और संगीत-तत्त्व का पूर्ण सामंजस्य ही 'यथार्थ' है।[2] यह काव्यभाषा की धारणा की परिपूर्णता है।

अन्यथाकरण की चर्चा में हजारीप्रसाद द्विवेदी यह भी स्पष्ट करते हैं कि परिदृश्यमान जगत् की सचाई व्यक्तिदृष्ट नहीं, बल्कि समष्टिदृष्ट सचाई है। किन्तु अन्तर्जगत् भी तो स्थूल नहीं है, यद्यपि अन्तर्जगत् की अनुभूतियों की सचाई भी समाजचित्त की सचाई है। मूल समस्या अभिव्यक्ति और अर्थ की है। भाषा अवनर्मिल (एब्नार्मल) भाव के लिए नहीं बनती। यह समाजचित्त की अनुयायिनी होती है। "अन्तर्जगत् की अनुभूतियों के लिए जो भाषा बनी है उससे व्यक्तिचित्र पूरा-पूरा कभी सन्तुष्ट नहीं होता और अधिकांश व्यक्तियों में अन्तर्द्वन्द्व बना रहता है। समाजचित्त को परिवर्तित करना इस क्षेत्र में कठिन कार्य है। कलाकार को यही करना पड़ता है। बाह्य तथ्यात्मक जगत् सदा अन्तर्जगत् व्यक्तिचित्र को वैसा ही नहीं देखता जैसा समाजचित्त से देखा जाता है। अन्यथाकरण की निर्माणोन्मुखी प्रक्रिया बाह्य जगत् के समाजस्वीकृत रूपों को जोड़कर सही अर्थों में उपलब्ध कराती है।[3] मनुष्य की तर्कक्षमता भाषा की देन है। अतः अनुभूति जैसी भाषापूर्व अवस्था के विश्लेषण में वह असमर्थ है। 'अनिर्वचनीय' का कारण यही है।

---

1. वही, पृ. 14
2. कालिदास की लालित्य योजना, पृ. 115
3. कालिदास और लालित्य विधान, पृ. 28

काव्यभाषा के विश्लेषण के उपरान्त हजारीप्रसाद द्विवेदी 'कलाभाषा' के संश्लेषण की महत्त्वपूर्ण दिशाएँ खोजते हैं। इसके हेतु वे काव्यभाषा के 'भाव' से आरम्भ करते हैं। इसका बलात् परिणाम यह होता है कि काव्य के अलावा चित्र, मूर्ति, नाट्य, नृत्य आदि सभी के लालित्यानुभव को 'रसानुभव' मानना पड़ता है।

लेखक का मत है कि पद-पदार्थ के विवेक ने अनुभूत तत्त्व का आश्रय लिया। पद-पदार्थ विवेक की पूर्ति मिथक से और इन दोनों की पूर्ति लालित्य तत्त्व से की गयी। अतः सूक्ष्म जगत् की मानसीमूर्ति की रचना का सम्बन्ध भावजगत् से है। मानसजगत् का अर्थ भावजगत् का अर्थ है, किन्तु वाक्यार्थ तो रसबोध तक जाकर विश्रान्त होता है। और रस अर्थ अनुभूति का विषय न होकर स्वयं अनुभूति है। अतः भाव और रूप के सम्बन्ध भाषा की सीमा को लाँघ जाते हैं। इसीलिए कलाभाषा की अपेक्षा अनिवार्य हो जाती है, क्योंकि भाव रूप में ग्रहण करना (इच्छा), और गृहीत भाव को पुनः अभिव्यक्त करना (क्रिया) अपने आप में अन्त नहीं है। मनुष्य के अन्तर्निहित चैतन्य की सीमाहीन अभिव्यक्ति की व्याकुलता लालित्य का मूल उत्स है। अतः "नृत्य, नाट्य, चित्र, मूर्ति, वास्तु, यहाँ तक कि सारा विश्व वाक् है और इसी से अभिव्यक्त अर्थ अपनी शक्ति के अनुसार हम ग्रहण करते हैं। सारा विश्व वाक् और अर्थ की सम्पृक्तता की लीला है।"[1] यहाँ जो भी तत्त्व कुछ अर्थ प्रकट करे वह 'वाक्' या 'वचन' कहा जा सकता है। उदाहरणार्थ नाटक के व्यंजना के साधन केवल शब्द ही नहीं, बल्कि अभिनेता की चेष्टाएँ भी हैं। किन्तु व्यंजना भी तो उस अनुभूति को नहीं व्यक्त कर सकती जो शब्द और अभिनय के बाहर है और श्रोता या दर्शक के चित्त में अनुभूत होती है। अतः कलाभाषा में 'शब्द' के स्थान पर 'भाव' केन्द्रस्थ होता है क्योंकि कलानुभव अर्थ न होकर अनुभूति है। 'भाव' नाटक में 'नाना अभिनय सम्बन्धवाले रसों को भावित कराता है'...कवि के चित्त में स्थित भावों को प्रीति योग्य बनाता है। विभाव-द्वारा आहृत अर्थ को मानवीय बनाता है, और सहृदय के हृदय में वासनारूप में स्थित स्थायीभाव को भावित, वासित या रंजित करता है।"[2] इसीलिए कवि द्वारा विशेषीकृत पात्र सामान्य-मानव-अनुभूतियों से पुनर्निर्मित होकर 'साधारणीकृत' हो जाते हैं। इस अन्तः प्रक्रिया का नाम ही भट्टनायकीय 'भावकत्व'-व्यापार है।

काव्य में शब्द की जो भूमिका होती है, चित्रकला में वही रेखा की। चित्रकार रेखा के माध्यम से ही चित्र को 'विद्धचित्र', 'भावचित्र' और 'रसचित्र' बनाता

1. कालिदास की लालित्य योजना, पृ. 91
2. कालिदास की लालित्य योजना, पृ. 104

है। इसीलिए 'अन्वयन'—कौशल में कालिदास ने रेखा के महत्त्व को स्वीकार किया है। रेखा के अलावा वातावरण और अलंकरण का भी निर्देश कवि ने किया है। वातावरण के बिना मुक्तक रचनाएँ, भावचित्र तथा रसचित्र अधूरे रह जाते हैं। इस तरह भाव एवं शब्द एवं रेखा की त्र्यणुक इकाई के द्वारा हजारीप्रसाद द्विवेदी एक कलाभाषा की भी परिकल्पना करते हैं।

छ

मानव-तत्त्व, लालित्य-तत्त्व और मिथक-तत्त्व के साथ लेखक ने लोक-तत्त्व का संयोग कराके चतुरस्त्र लालित्य-विधान का आन्तरिक परिगठन (सुपरस्ट्रक्चर) खड़ा किया है। अभी तक लालित्य-तत्त्व के अन्तर्गत यह तत्त्व समाहित नहीं हो पाया है, किन्तु 'हिन्दी साहित्य की भूमिका' में सन्तों के लोकानुभव एवं लोकमत के अन्तर्गत, 'प्राचीन भारत के कलात्मक विनोद' में क्रीड़ाओं के अन्तर्गत, 'बाणभट्ट की आत्मकथा' में उत्सवों, उल्लासों, आयोजनों आदि के अन्तर्गत, 'चारुचन्द्र लेख' में किंवदन्तियों एवं मौखिक परम्पराओं की व्याख्याओं के अन्तर्गत लेखक ने अपने लोकतत्त्व की मानवतावादी और उदारवादी दृष्टि को प्रकाशित किया है। लोक-तत्त्व के अनुशीलन से हम पाते हैं कि "आचार, रीति-रिवाजों से लेकर धर्म, दर्शन, शिल्प, सौन्दर्य तक में सर्वत्र नये सिरे से सोचने की आवश्यकता है। कोई नैतिक मूल्य अन्तिम नहीं है, कोई शिल्प विधि सर्वोत्तम नहीं कही जा सकती, कोई अभिव्यक्ति-पद्धति सर्वश्रेष्ठ नहीं हो सकती।...इस तरह लोकवार्ता साहित्य ने अभिजात साहित्य को यथार्थ परिप्रेक्ष्य में देखने की दृष्टि दी।"[1] लेखक ने लोक तत्त्व का उपयोग मूलतः इतिहास लेखन—हिन्दी साहित्य के इतिहास तथा उपन्यास में कलात्मक इतिहास के लेखन में किया है। इतिहास और शैली के अन्तःसम्बन्धों की विवेचना में लोक अथवा लोकवार्ता तत्त्व (Folklore-element) अनिवार्य होता है। लालित्य में इस तत्त्व के समावेश की हम प्रतीक्षा करेंगे क्योंकि इससे उनके मिथकाध्यात्म में एक प्रवर्तनकारी परिवर्तन भी सम्भव है। मिथक से इतिहास में आने पर, और सामाजिक इतिहास का लालित्यमूलक धारण करने पर लोकतत्त्व को समाहित करना ही पड़ेगा। यह हजारीप्रसाद द्विवेदी का स्वभाव भी है और यही उनकी जीवन-दृष्टि का सर्वोत्तम चन्द्रबिन्दु भी है।

ज

हजारीप्रसाद द्विवेदी ने स्फुटतः कुछ सृजनात्मक कलाओं पर विचार किया है।

---

1. 'लालित्य तत्त्व', पृ. 3-4

'लालित्य तत्त्व' में नृत्य और नाटक पर, 'कालिदास की लालित्य-योजना' में चित्र पर, 'परिषद्पत्रिका' वाले लेख में काव्य पर मुख्य रूप से विचार किया गया है। इसके पूर्व वे मनोविनोद के प्रयोजन को लेकर 'प्राचीन भारत के कलात्मक विनोद' शीर्षक पुस्तक में वात्स्यायन प्रणीत कलाओं एवं विद्याओं का व्यावहारिक निरूपण कर चुके थे, तथा 'बाणभट्ट की आत्मकथा' में भी अनेक ललित कलाओं की मीमांसा कर चुके थे। इस प्रसंग में उन्होंने 'लालित्य' के अन्तर्गत आकर्षण, आनन्द और मंगल के प्रयोजनों को लेकर कुछ सृजनात्मक कलाओं पर विचार किया है। इस विचार में उनकी दो दृष्टियाँ प्रकट हुई हैं—1. गति और स्थिति, अर्थात् इच्छा-शक्ति और क्रिया-शक्ति, अर्थात् चेतन और जड़ के द्वन्द्व से ही रूप बनता है, छन्द बनता है, संगीत बनता है, नृत्य बनता है। इनका सामग्रय भाव सौन्दर्य का दूसरा रूप है जो भाषा में, छन्द में, मिथक रूप में, नृत्य में, गीत में, मूर्ति में, चित्र में, सदाचार में अपने-आपको प्रकट करता है। और 2. माध्यम की भिन्नता के कारण कौशलों की भिन्नता हुई और दोनों भेदों के विवेक से विभिन्न कलारूपों का उद्‌भव हुआ। कलाओं के भेद के, उनकी प्रकृति के मूल कारण ये ही दो हैं।

सबसे पहले नृत्य को लें। नृत्य के प्रागैतिहासिकमूलक और सभी आदिम जातियों में मंडलावर्त नृत्य के पाए जाने की खोज से सहमत होकर लेखक कहते हैं कि नृत्य का मूल प्रेरक मनोभाव उल्लास है और विविध प्रकार की चारियों से वलयित, ताल-द्वारा नियन्त्रित, धारावाहिक मंडलावर्त नृत्य जीवन के किसी अज्ञात रहस्यमय केन्द्र से संचालित होने के कारण तांडव का अर्थ मात्र 'मांगल्य' है जिसे आधुनिक मानव-विज्ञानियों की भाषा में 'मैजिकल क्रिएशन' कहा जाता है। इस तरह 'लास्य' एक मानवीय सर्जनात्मक कला है, उसकी सर्जनात्मक वृत्ति-द्वारा सँवारा हुआ एक ललित रूप है।

नाटक पर विचार करते समय भी वे 'नाट्यशास्त्र' में वर्णित एक मिथक का सहारा लेते हैं। इस कथा में बताया गया है कि देवता नृत्य तो कर सकते हैं, किन्तु नाटक का अभिनय नहीं, क्योंकि वे भोगयोनि के हैं। नाटक में फलागम तक पहुँचने के लिए नायक को धीरोदात्त होना पड़ता है जबकि देवता धीरोद्धत होते हैं। अतः नाटक के क्षेत्र में मनुष्य की महिमा सर्वोपरि है। इसके अलावा नाट्य के पूर्णांग रूपकों में दो ही पूर्णांग रस—वीर और शृंगार—माने गये हैं जिनमें उत्तम शृंगार ही है। यह भी मानव की इच्छा-शक्ति का ही भाव लोक है। नाटक की तुलना करके लेखक कहते हैं कि नृत्य में बाह्य उपकरणों की आवश्यकता नहीं होती, नाटक में होती है। नाटक अनुकरण है, पर नृत्य नहीं। परवर्ती नृत्यों में आगे चलकर मुखवास और विविध प्रकार के वस्त्राभरण का उपकल्पन हुआ होगा जिससे नृत्य में नाटकीय समावेश हुआ होगा।

चित्रकला पर विचार करने में वे मिथकीय बोध का अवलम्ब छोड़ पाए हैं। प्रागैतिहासिक युग में दीवारों और गुफाओं में चित्रित आदि मानव की रूप सृष्टि के दो समाजशास्त्रीय कारणों—1. हरिण के चित्रण से हरिणों की वृद्धि में विश्वास, तथा 2. चित्र को वास्तविक वस्तु का प्रतिनिधि मानने में विश्वास—को वे भी स्वीकार करते हैं। वे फ्रेजर का यह निष्कर्ष भी स्वीकार करते हैं कि आदि मानव की रूपरचना मांगल्य-मूलक है, भयमूलक नहीं। उन दिनों इस प्रकार की मांगल्य-मूलक रूपरचना को तान्त्रिक सृष्टि या मैजिकल क्रिएशन कहा जाता था। अत: द्विवेदीजी सहजतापूर्वक अपने लालित्य तत्त्व में मिथकाध्यात्मिक स्रोत से आए हुए 'आनन्द' एवं 'मंगल' के मूल्य प्रयोजनों को आधुनिक अनुगामिता भी प्रदान कर देते हैं। वे शिव की आदि सिसृक्षा अर्थात् ललितक्रीड़ा को मनुष्य की प्रथम रूप सृष्टि की आनन्दहेतुक सिद्धि के समान एवं समानान्तर स्थापित कर देते हैं। इसके साथ ही 'कालिदास लालित्य योजना' और 'बाणभट्ट की आत्मकथा' में आए चित्रकला प्रसंगों के माध्यम से चित्ररस तथा चित्रकला की रचना-प्रक्रिया का भी अन्वेषण करते हैं। 'अन्यथाकरण', 'यथालिखितानुभाव', 'अन्वयन' आदि लालित्यमूलक पारिभाषिक शब्दों को वे चित्रकला की रचना-प्रक्रिया के द्वारा ही गढ़ते हैं। लेकिन ये सन्दर्भ मूल चित्रकला के न होकर महाकवि की कृतियों में वर्णित चित्ररचना के हैं। अलबत्ता वे कालिदास की कृतियों में वर्णित चित्रकला के प्रसंगों के आधार पर 'विद्धचित्र', 'भावचित्र' एवं 'रसचित्र' नामक तीन भेदों का निरूपण कर डालते हैं जिसके लिए 'विष्णुधर्मोत्तरपुराण', 'चित्रसूत्रम्', अवनीन्द्रनाथ ठाकुर कृत 'षडंग मीमांसा', न. च. मेहता कृत 'चित्रमीमांसा' आदि की सहायता ली गयी है। सो, जिस चित्र में यथा प्रदेशविनिवेश हो अर्थात् जिसमें कलाकार हू-ब-हू चित्रण करे वह विद्धचित्र है। इसमें चित्रकार यथासम्भव असम्पृक्त रहकर सफल होता है। कालिदास विद्ध-चित्रों को श्रेष्ठ कला नहीं मानते जान पड़ते। भावचित्र में किंचित् अन्वयन होता है तथा चित्र के दर्शनीय स्थलों में मानसिक भावों का भावानुप्रवेश हो जाता है। इस दशा में दर्शक में 'यथालिखितानुभविता' की स्थिति होती है। रसचित्र में समूचे वातावरण की योजना होती है। वातावरण के कारण ही जो सबीह होता है वही रसचित्र बन जाता है।

द्विवेदीजी कालिदास के आधार पर भी नृत्य और चित्र की अभिन्नता का दिग्दर्शन कराते हैं। चित्रसूत्र में चित्र को श्रेष्ठ नृत्य कहा गया है। क्योंकि उसमें भावभंगी की गति होती है। वे यह भी स्पष्ट करते हैं कि वस्तुत: चित्रकार रेखा के माध्यम से ही चित्र को जीवन्त (भावचित्र) तथा रसयुक्त (रसचित्र) बनता है। इसीलिए भारतीय कला के आचार्य रेखा को बहुत अधिक महत्त्व देते हैं।

अन्तत: मूल चित्र की व्यावहारिक जेस्टाल्टवादी समीक्षा के लिए और

माध्यम के अनुशासन तथा इच्छा के निदर्शन के लिए वे इटैलियन रिनेसाँ के चित्रकार बोट्टिचेलीर कृत 'समुद्र तट में बहकर आई वीनस' शीर्षक चित्र की व्याख्या भी करते हैं जो एलिन्स कृत 'एस्थेटिक्स एंड जेस्टाल्ट' शीर्षक पुस्तक पर आधृत है। लेखक की यह विवेचना 'आलोचना' में प्रकाशित 'सिसृक्षा और सृजन का स्वरूप' शीर्षक लेख में द्रष्टव्य है।

काव्य सम्बन्धी उनके विचार इसी मोनोग्राफ के च-खंड में विवेचित मिथक तत्त्व के अन्तर्गत वाक् की मीमांसा में प्रस्तुत कर दिए जा चुके हैं।

अनेकानेक सुकुमार (नारी—) कलाओं, गोष्ठी कलाओं, विद्याओं, गृहकलाओं, आदि जैसी लघु कलाओं के निरूपण के लिए उनकी 'प्राचीन भारत के कलात्मक विनोद' नामक पुस्तक पठनीय है। इसमें वात्स्यायन कृत कलाओं के वर्गीकरण, तथा संस्कृति रसात्मक साहित्य को उपजीव्य बनाया गया है।

इस तरह हम देखते हैं कि लेखक ने कला प्रकारों का एक क्रमिक एवं पूर्ण निरूपण नहीं किया है जो उनके 'लालित्यशास्त्र' की कमी है।

झ

सबसे अन्त में हम हजारीप्रसाद द्विवेदी के 'कला-इतिहासदर्शन' एवं 'कला-इतिहासलेखन' पर विचार करेंगे। यहाँ भी लेखक की इतस्ततः तथा बिखरी हुई मान्यताएँ मिलती हैं, क्योंकि उन्होंने लालित्य तत्त्व पर अपने पूरे ग्रन्थ का प्रणयन अभी तक नहीं किया है।

उनके इतिहासदर्शन की यथार्थोन्मुख आदर्शवादी झाँकी तो 'चारुचन्द्रलेख' में मिलती है जिसे हमने 'आलोचना' (1964) के एक लेख में निरूपित किया है, लेकिन कला-इतिहासदर्शन की झलक मुख्यतः 'लालित्य तत्त्व' शीर्षक शोधपत्र में ही पाई जाती है। इसके मुकाबले कला-इतिहासलेखन के सूत्र 'हिन्दी साहित्य की भूमिका' (पुस्तक) और 'लालित्य तत्त्व' में बिखरे हैं।

उनके कला-इतिहासदर्शन की दो धाराएँ हैं : मिथकीय और आध्यात्मिक। मिथकीय दृष्टि से वे मानते हैं कि नृत्य और नाटक में, इनमें से विशेषतः नृत्य में, मानव-पूर्व तत्त्व अधिक हैं। तांडव एक उल्लास नर्तन है जिससे शिव उन्मत्त हो उठे थे। तांडव का लक्ष्यीभूत मानस-संस्कार अस्पष्ट है, अव्यक्त है और यह आदिम है, किन्तु यह मांगल्य मूलक है। अतः आदिम मानव कलाएँ आनन्द एवं मंगल के प्रयोजनों या मूल्यों से पूर्ण हैं, किन्तु शिव के नृत्य को पार्वती के लास्य नृत्य ने अधिक सँवारा। अतः यह ललित प्रयत्न है। इस तरह कला-इतिहासदर्शन आदिम स्वच्छन्दता से ललित मानवीय बोध की ओर उन्मुख होता है क्योंकि इसमें मानवीय क्रियाशक्ति भी सम्मिलित है। लेखक ने इस सर्जनात्मक शक्ति की तुलना

पार्वती अर्थात् अव्यक्त ब्रह्म (शिव) और सिसृक्षा, रूप देने का सामर्थ्य देनेवाली शक्ति तन्मात्र से की है। चिन्मय शिव की लीलासखी का नाम ललिता है और ललिता की क्रियाशीलता ही मानवचित्र में सौन्दर्य का आकर्षण है, सौन्दर्य रचना की प्रवृत्ति है, सौन्दर्यास्वादन का रस है। इस तरह कला मुनष्य के ललित भावों की अभिव्यक्ति है। अत: वे मिथकीय चेतना की सामूहिकता आनन्दोन्मुखता, तथा मांगल्य को कला-इतिहासदर्शन के तत्त्वों के रूप में प्रतिष्ठित करते हैं। लेकिन मिथकीय चेतना भाषा पूर्व अवस्था वाली होती है। अतएव लेखक कोई अज्ञात, रहस्यपूर्ण विश्वव्यापक, विशुद्ध केन्द्रीय शक्ति के अवेचतन (अनकांशस) बोध को वाक् तत्त्व के साथ जोड़कर कला-इतिहासदर्शन के आध्यात्मिक आयाम के उन्मीलन की अपनी सहज वृत्ति को भी प्रकाशित करते हैं।

मिथक-कल्पनाएँ ही कला और धर्म में संस्कारित होकर ऐतिहासिक चेतना का आयत्तीकरण करती हैं। लेखक लालित्य तत्त्व में मिथकीय चेतना का, तथा मानवतत्त्व में धार्मिक चेतना का सामंजस्य करते हैं। फलत: वे मानते हैं कि इस विश्वव्यवस्था के मूल में एक व्यापक छन्द है जो समष्टिगत चित्शक्ति की सिसृक्षा है। विश्वमूर्ति शिव की सिसृक्षा ने ही उसे स्त्री और पुरुष में द्विधा विभक्त होने को प्रवृत्त किया था। यह परस्पर आकर्षण की शिव की आदि सिसृक्षा विलास हैं जिससे वे उस प्रथम शिवत्व की अवस्था को ही प्राप्त करना चाहते थे। यही आकर्षण सौन्दर्य और लालित्य है।

अनादि या मूल चैतन्यधारा (?) शिव की इच्छा-शक्ति का ही रूप है। वह गति मात्र है। क्रियाशक्ति स्थितिमात्र है। गति और स्थिति का द्वन्द्व निरन्तर चलता रहता है। इसी से रूप बनता है, छन्द बनता है, संगीत बनता है, नृत्य बनता है अर्थात् कलाओं का सर्जन होता है। काल और देश अर्थात् इतिहास और भूगोल के साथ ही क्रमश: इच्छा और क्रिया सम्बद्ध है। अत: देशकाल के द्वन्द्व से जीवन रूप लेता है, प्रवाह के रूप में। इसी से धर्माचरण बनता है, नैतिकता बनती है। इस भाँति लेखक ने दो द्वन्द्वों के माध्यम से जीवन और रूप की रचना का विन्यास किया है। और, इन सबको अभिभूत एवं अन्तर्ग्रथित करके जो सामग्र्य भाव है वह सौन्दर्य का दूसरा रूप है। अर्थात् वह मानवनिर्मित या उसकी इच्छा-शक्ति का अनुपम विलास है जिसे 'लालित्य' कहा गया है।

सारांश में शिवशक्ति के द्विधाविभक्त होने के फलस्वरूप परस्पर आकर्षण की वृत्ति को वे काम के उदात्तीकरण में अन्तर्ग्रथित कर देते हैं जिससे रमणीय सौन्दर्य प्रेम, तपस्या और मंगल से मण्डित होकर कामाध्यात्म का उन्मेष करता है। वे इच्छा-शक्ति और क्रिया-शक्ति के परस्पर सम्बन्धों में ही कला की रचना का दर्शन पाते हैं जिसके अनुसार चिन्मय शिव सखा है और ललिता उनकी

लीलासखी। मनुष्य की इच्छा-शक्ति एवं क्रियाशक्ति के द्वारा रचित कलासृष्टि भी इसी विश्वव्यापक लीला का ही अंशरूप है। इस भाँति कला-इतिहास विश्वव्यापक है, चिरन्तन है, और एक समष्टि-मानवचित्त का ही परिणाम है। सारांश में, कला-इतिहास विश्व मानव की सर्जनात्मक इच्छा-शक्ति अनुपम ललित विलास एवं अभिव्यक्ति है जो इच्छा-क्रिया की, गति-स्थिति की, देश-काल की द्वन्द्वत्रयी से संचालित होकर कला-सर्जन में पल्लवित-पुष्पित होती है।

उक्त द्वन्द्वत्रयी के अलावा जड़ चेतन के द्वन्द्व को भी लेखक ने कला-इतिहास दर्शन का आधार बनाया है। क्रिया-शक्ति जड़ है। इच्छा-शक्ति चेतन। इच्छा गति है, और गति चित्तत्व है। क्रिया स्थिति है, और स्थिति अचित्तत्त्व है। अतएव हर कला-प्रयास में कलाकार जड़ सामग्री के सहजधर्म पर विजय पाने का प्रयत्न करता है। लेखक के मतानुसार ''मनुष्य के कलाप्रयत्नों का अर्थ ही है जड़ता से संघर्ष।...हम किसी मूर्ति या चित्र को देखकर या कविता को सुनकर फड़क उठते हैं तो वस्तुतः हम जड़ के गुरुत्वाकर्षण से मुक्त होने का अनुभव करते हैं।''[1] इसी सन्दर्भ में वे फ्रांक थीस की उस धारणा को बताते हैं कि 'नृत्य वस्तुतः जड़ के गुरुत्वाकर्षण पर चैतन्य की विजयेच्छा का प्रयास है।' लेखक ने यह बात इच्छा शक्ति एवं क्रिया-शक्ति के द्वन्द्व के कला-इतिहासदर्शन में काल चिरन्तन (इटर्नल) सहक्रमिक (साइमल्टेनियस), अपरिवर्तमान (unchanging), तथा विशुद्ध चेतना हो जाता है। पहले वे इसे 'महाकाल' कहते थे, कालदेवता कहते थे, इतिहास प्रतिष्ठित करते हैं। यह छन्दोधारा ही शिव की सर्जनात्मक इच्छा-शक्ति है, गति है और चेतनधर्म है। और, यह छन्दोधारा मानवचित्त में भी प्रवाहित है। यही छन्दोधारा भाषा में, मिथक में, धर्म में, काव्य में, मूर्ति में, चित्र में बहुधा मानवीय इच्छा-शक्ति का अनुपम ललित विलास है। अतः यह सौन्दर्य है।

इसके बाद हम लेखक के कला-इतिहासलेखन का सर्वेक्षण कर सकते हैं। कला-इतिहासलेखन में बहुधा मानव-विज्ञान का सहारा लेते हैं, विशेषतः कलाओं के उद्गम के कालक्रम निर्धारण में। जिस प्रकार कला-इतिहासदर्शन में उन्होंने विश्वात्मक शिव और अंशरूप मानव के सम्बन्ध से यह आध्यात्मिक सत्य पाया था कि मानवचित्र एक है, उसी तरह कला-इतिहास लेखन में नृतत्त्व-विज्ञान एवं आदिम-मानवीय की कलारचना के आधार पर यह तथ्य स्वीकार करते हैं कि मनुष्य एक ही जीवश्रेणी (species) का प्राणी है। यह बहुत महत्त्वपूर्ण उपलब्धि है जो वैश्वक कला-इतिहास दर्शन के समान ही वैश्वक कला इतिहास लेखन का बोध प्रदान करती है।

---

1. 'लालित्य तत्त्व' पृ. 9

सम्भवतः कैसीरर से प्रभावित लेखक की यही मान्यता है कि मिथक तत्त्व और वाक् तत्त्व का साथ-ही-साथ आविर्भाव हुआ था। आदिम मनुष्य के लिए किसी वस्तु को प्रत्येक इन्द्रिय के द्वारा संश्लिष्ट रूप में ग्रहण करना सम्भव था। यह संश्लिष्ट रूप किसी एक क्षण की रचना न होकर संचित संस्कारों की रचना होगा। इस संश्लिष्ट रूप ने ही उच्चरित वाक् के रूप में अपने को अभिव्यक्त किया होगा। अतः भाषा-पूर्व अवस्था तर्क-पूर्व अवस्था भी है।

वे भावावेग की अभिव्यक्ति का प्रथम मानवीय प्रयत्न नृत्य के माध्यम से हुआ मानते हैं। उनके अनुसार संगीत और भाषा के साथ नृत्य मानवीय अभिव्यक्ति प्रयत्नों में सर्वपुरातन है। वे यह सांस्कृतिक-नृत्तत्व सार भी स्वीकार करते हैं कि मनुष्य की प्रथम रूप-सृष्टि आनन्दहेतुक और मांगल्यमूलक थी, भयमूलक नहीं। तर्क बुद्धि के विकास के बाद ही भयजनक रूप-कल्पनाएँ हुई होंगी। इसके लिए वे प्रागैतिहासिक चित्ररूप सृष्टि का प्रमाण देते हैं। इसीलिए वे नृत्य के प्रागैतिहासिक मूल को स्वीकार करते हैं। वे कहते हैं कि मानसी कल्पना को मूर्त्त या परिदृश्य रूप देने के लिए नृत्य में आगे चलकर मुखवास और विविध प्रकार के वस्त्राभरण का उपकल्पन हुआ होगा जिससे नृत्य में नाटकीय का समावेश हुआ होगा। अतएव सभ्यता के अग्रसर होने पर अन्य "साधनों के विकास के साथ-साथ क्रमशः मध्यवर्ती जड़ उपादान बढ़ते गये और चैतन्य की विजय के प्रयास क्रमशः जटिल होते गये। कौशल ने कला के मूलरूप को आच्छन्न कर लिया।"[1] इस तरह तकनीक के विकास में ही लेखक ने कलाओं की विविधता और विभेदों के इतिहास का सूत्र गुम्फित किया है। यह एक बहुत बड़ी बात है। इसी आधार पर वे ऐतिहासिक विकास-क्रम दृष्टि से देखकर निदर्शित करते हैं कि नाटक मनुष्य के भावाभिव्यंजक वाक्-तत्त्व के पर्याप्त आपत्तीकरण के बाद की कला है, तथा नृत्य मानव-पूर्व कला है।

अन्त में यह स्थापित करते हैं कि मनुष्य की इच्छा-शक्ति एवं क्रिया-शक्ति (अर्थात् सामाजिक चेतना और तकनीकी कौशल), नाद और बिन्दु, पद और पदार्थ के पूर्ण उन्मेष के बाद उत्पन्न हुई कलाओं, काव्य, चित्र, मूर्ति आदि की भी यही कहानी है।[2] इस तरह वे कला के उद्गम और कलाओं के आरम्भिक इतिहास क्रम का तत्त्वान्वेषण करते हैं। नृत्य और नाटक के विषय में उनके निरूपण महत्त्वपूर्ण हैं।

उपसंहार में हम यही सिद्धि पाते हैं कि हजारीप्रसाद द्विवेदी पुरातन आदर्शोन्मुख मानवतावादी जीवनदृष्टि कृती हैं। उन्होंने अपनी अंशरूपेण लालित्य-

---

1. 'लालित्य तत्त्व', पृ. 9
2. 'लालित्य तत्त्व', पृ. 16

तत्त्वमीमांसा में शैवानन्दवादी अभिनवगुप्त की ही परम्परा में अपना आधुनिक पुनर्वास प्राप्त किया है। यह ऐतिहासिक तथ्य रेखांकन योग्य है। हम उनके लालित्यतत्त्व के उपसिद्धान्त को निष्कर्ष रूप में 'मिथकाध्यात्मवादी लालित्य सिद्धान्त' का नाम दे सकते हैं। इसके प्रमाण के लिए हमने अब तक उनके मानव-तत्त्व, लालित्य तत्त्व, मिथकतत्त्व और लोकतत्त्व की चतुर्मुखी गवेषणा की ही है।

वे आधुनिक भारतीय सौन्दर्यबोधशास्त्रियों में आनन्दकुमार स्वामी, कान्तिचन्द्र पाण्डेय और प्रवास जीवन चौधरी से भी भिन्न हैं क्योंकि उन्होंने सर्वप्रथम एक लालित्य सिद्धान्त की सर्वांगीण अन्विति के लगभग सारे उपादान ढूँढ निकाले हैं। किसी अन्य ने अभी तक ऐसा नहीं किया। उनके आधारबिन्दु शिवशक्ति की विभक्ति, इच्छाशक्ति एवं क्रियाशक्ति का सामंजस्य, गति और स्थिति का द्वन्द्व, देश और काल का द्वन्द्व, जड़ और चैतन्य का संघर्ष आदि रहे हैं। उन्होंने बारह सूत्र दिये हैं : 1. मानव चित्त एक है। समष्टि-मानस में ही समान बोध के मान रहते हैं जो नर्म (norm) कहे जाते हैं; 2. मनुष्य ने उल्लास की अवस्था में प्रथम आत्माभिव्यक्ति की थी जिसका अन्तर्निहित उद्देश्य जड़ बाधाओं पर चैतन्य के विजयी होने का प्रयास था; 3. मंडलावर्त नृत्य के रूप में यह अभिव्यक्ति पूर्व-मानव काल में ही हो चुकी होगी; 4. वाक्तत्त्व का प्रथम उन्मेष मनुष्य की इच्छा-शक्ति का प्रथम स्पष्ट विस्फोट है जो शुरू में पद और पदार्थ के सम्पृक्तरूप में रहा होगा; 5. बाक्तत्त्व वाह्य वस्तु के नामकरण का नहीं, अन्तःकरण के उल्लास-चंचल आश्चर्य का साधन था जो बाद में उल्लास-दायक तत्त्व का वाचक हो गया; 6. वाक्तत्त्व का स्फोट जहाँ पद और पदार्थ के विवेक का कारण बना, वहाँ उच्चरित शब्द के सीमाबोध का ज्ञान लेकर भी आया। इसीलिए पदार्थ विवेक के साथ ही मिथक तत्त्व भी साथ-ही-साथ पूरक के रूप में आविर्भूत हुआ; 7. पद-पदार्थ के विवेक ने अनुभूत तत्त्व की पूर्ण उपलब्धि में बाधा दी। इसीलिए मनुष्य की इच्छा-शक्ति ने लालित्य तत्त्व का आश्रय लिया; 8. पद-पदार्थ के विवेक की पूर्ति मिथक से और इन दोनों की पूर्ति लालित्य-तत्त्व से की गयी; 9. बाह्य पदार्थ को भाव रूप में ग्रहण करना और गृहीत भाव की अभिव्यक्ति करना मनुष्य की विशेषता है; 10. भाव रूप में ग्रहण करना (इच्छा) और गृहीत भाव को पुनः अभिव्यक्त करना (क्रिया) अपने आप में अन्त नहीं है। ये मनुष्य के अन्तर्निहित विशुद्ध चैतन्य सहायक हैं; 11. चैतन्य की सीमाहीन अभिव्यक्ति की व्याकुलता लालित्यतत्त्व का मूल उत्स है; और 12. व्याकुलता क्यों है, यह प्रश्न उचित और समाधेय है।[1]

1. 'लालित्य तत्त्व', पृ. 18-19

हाँ, उनका अन्तिम सूत्र ही उनके लालित्य चिन्तन, आधुनिक बोध और यथार्थवादी समान दर्शन की सच्ची कसौटी बनेगा! इसके समाधान का हमें इन्तजार है क्योंकि अब तक वे 'व्याकुलता' को रहस्य, धर्म, अध्यात्म, मिथक आदि में ही गूढ़ गोपन बनाते रहे हैं। इस अन्तिम सूत्र का महान उत्तर केवल तभी सम्भव है, जब आचार्य हजारीप्रसाद द्विवेदी गतिस्थिति की, जड़-चैतन्य की, काल-देश की अपनी द्वन्द्व योजना को आधुनिक द्वन्द्वात्मक भौतिकवादी विश्वदर्शन की ओर सिद्ध कर लेंगे।

> *"राजन्, भाषा बड़ी रहस्यमय देवी है। यह नयी सृष्टि करती रहती है। इतिहास विधाता के किये-कराये पर वह ऐसा परदा डाल देती है कि कभी-कभी दुनिया ही बदल जाती है। महामाया का सबसे परिष्कृत रूप भाषा है सत्त्वोन्मुखी होकर वह प्रकाश देती है, किन्तु तमोगुणी की ओर उन्मुख होने पर वह केवल मोह की सृष्टि करती है, केवल आवरण उत्पन्न करती है, केवल कुहेलिका का जाला ताना करती है।"*
>
> —चारुचन्द्रलेख

द्विवेदी-साहित्य : संस्कृत की पीठिका

रामसुरेश त्रिपाठी

आचार्य हजारीप्रसाद द्विवेदी आरम्भ से ही संस्कृत के छात्र रहे हैं। संस्कृत वाङ्मय में ग्रथित उपनिषद्, इतिहास-पुराण, ज्योतिष, धर्मशास्त्र, तन्त्र आदि विविध विद्या-भेदों का उन्होंने परिशीलन किया है; काव्य, नाटक, कथा-आख्यायिका आदि रूप में उपलब्ध संस्कृत-साहित्यधारा में यथेष्ट अवगाहन किया है; ललित कलाओं में रस लिया है; प्राचीन इतिहास और पुरातत्त्व के आलोक में भारतीय संस्कृति के गौरव को देखा है और उसे रोचक शैली में दिखाने का प्रयास किया है। वस्तुतः संस्कृत-साहित्य में जो कुछ उदार है, स्पृहणीय है, अद्‌भुत है, प्रज्ञा और प्रतिभा से आलोकित है उन सब पर द्विवेदीजी की दृष्टि पड़ी है और अपनी कृतियों में उन सबके समावेश के प्रयत्न उन्होंने किए हैं।

द्विवेदीजी की रचनाओं में कुछ ग्रन्थ पूर्णतः अथवा अधिकांश रूप में संस्कृत साहित्य पर अवलम्बित हैं। उनमें 'प्राचीन भारत के कलात्मक विनोद' 'भारतीय नाट्यशास्त्र की परम्परा और दशरूपक', 'कालिदास की लालित्य योजना' आदि उल्लेखनीय हैं। उनके लेखों में 'साहित्य के व्याकरण', 'रस क्या है', 'कथाआख्यायिका और उपन्यास', 'काव्यकला' जैसे लेख संस्कृत साहित्य की सामग्री पर गठित हैं। अपने निबन्धों में भी द्विवेदीजी संस्कृत-साहित्य की अनोखी अथवा मनोरम वस्तु का आकलन करते चलते हैं। उनके निबन्धों में संस्कृत का आधार प्रायः निम्नलिखित रूप में दृष्टिगोचर होता है—

1. शब्द की व्युत्पत्ति के रूप में,
2. संस्कृत-सम्बन्धी किसी अनुसन्धान को सामने लाने के रूप में,
3. संस्कृत के उद्धरण के रूप में,
4. किसी सांस्कृतिक विषय पर प्रकाश के रूप में,
5. कथा-आख्यायिका के उल्लेख के रूप में।

द्विवेदीजी ने अपनी अद्यावधि प्रकाशित कृतियों में अनेक शब्दों के निर्वचन

पर विचार किया है। शब्दनिरुक्ति के अवसर पर उनकी दृष्टि धातु अथवा प्रत्यय आदि पर उतनी नहीं जाती जितनी उस शब्द के इतिहास, उसके ध्वनिगत अथवा अर्थगत परिवर्तन और सांस्कृतिक रहस्य के उन्मीलन पर रहती है। 'गधैया ताल' में गधैया शब्द का सम्बन्ध उन्होंने कार्तवीर्य शब्द से जोड़ा है—कार्तवीर्य>गर्दभिज्ज> गर्दभिल्ल>गधैया। शब्दविचार के अवसर पर द्विवेदीजी कुछ इधर-उधर भी झाँक लेते हैं। कुटज शब्द की व्युत्पत्ति के चपेट में कूट, कुटहारिका, कुटकारिका, कुटिया, कुटीर, कुट्टनी आदि आ जाते हैं। उसकी जाति के परख में कमल, कुड्मल, कम्बु, कम्बल, ताम्बूक आदि आग्नेय अथवा कोलपरिवार के शब्दों की चर्चा हो जाती है; उसके नाम के प्रसंग में सुस्मिता, गिरिकान्ता, वनप्रभा, शुभ्रकिरीटिनी, मदोद्धता, विजितातपा, अलकावतंसा अथवा अकुतोभय, गिरिगौरव, कूटोल्लास, अपराजित के साथ धरतीधकेल, पहाड़फोड़, पातालभेद भी सामने लाए गये हैं और उसके जीवन दर्शन के सम्बन्ध में, संस्कृत कवियों की शैली में, कहा गया है—

"चारों ओर कुपित यमराज के दारुण निश्वास के समान धधकती लू में यह हरा भी है और भरा भी, दुर्जन के चित्त से भी अधिक कठोर पाषाण की कारा में रुद्ध अज्ञात जलस्रोत से बरबस रस खींचकर सरस बना हुआ है और मूर्ख के मस्तिष्क से भी अधिक सूने गिरि-कान्तार में भी ऐसा मस्त बना है कि ईर्ष्या होती है।"[1]

द्विवेदीजी के निबन्ध अनुसन्धान विरहित नहीं होते। विभिन्न निष्कर्षों और अनुसन्धानों को वे कौशल से एक ही निबन्ध में पिरो देते हैं। उपर्युक्त आकार-प्रकार भी एक साथ एक ही निबन्ध में देखे जा सकते हैं। 'आम फिर बौरा गये' उनका एक सुन्दर निबन्ध है। इस लघुकाय निबन्ध में संस्कृत से सम्बद्ध निम्नलिखित अनुसन्धानों का समावेश हुआ है—

क :1. अम्र शब्द अम्ल का रूपान्तर है। अमृत शब्द का भी सम्बन्ध अम्र से जान पड़ता है जो मूल रूप में सम्भवतः सोमरस के लिए था।
2. वसन्त के जन्मदिन को मदनमहोत्सव मनाया जाता था।
3. शम्बर शब्द किसी विदेशी भाषा का है।
4. यातु और जादू शब्द एक ही शब्द के भिन्न-भिन्न रूप हैं।
5. खुदा शब्द स्वधा शब्द का भाई है।
6. नमाज शब्द संस्कृत नमस् शब्द का सगा-सम्बन्धी है।

1. 'कुटज', पृ. 6

7. शारदोत्सव में अश्लील गाली और वारवनिताओं का प्रामुख्य होता था।
8. मदनोत्सव के तुल्य असुरों का भी कोई उत्सव रहा होगा।
9. कालिदास आम्रमुकुलों को मदन देवता के पाँच बाणों में नहीं गिनते थे। आम्रमंजरी से वे विशेष उल्लसित नहीं होते थे।
10. असुरों की आखिरी हार अनिरुद्ध और उषा के विवाह के अवसर पर हुई थी।
11. अरविन्द, अशोक, नवमालिका और नीलोत्पल अप्सरा जाति के फूल हैं।
12. आम प्रारम्भ में पर्वतीय वृक्ष था। उसके फल छोटे और खट्टे होते थे।
13. गोधूम लता (गेहूँ) किसी दिन गायों के लगनेवाले मच्छरों को भगाने के लिए धुआँ पैदा करने के काम आती थी।
14. कन्दर्प और गन्धर्व में केवल उच्चारण भेद है।
15. नवाम्रखादनिका नाम का उत्सव प्राचीन भारत में प्रचलित था।
16. आम और माधवीलता का विवाहोत्सव नागरिकों का एक विनोद था।
17. सुवसन्त नाम का उत्सव वसन्तावतार के दिन मनाया जाता था।
18. काम-गायत्री ही श्रीकृष्ण-गायत्री है।
19. आम्रमंजरी के हथेली में रगड़ने से बिच्छू डंक नहीं मारते—इस जन-प्रवाद के पीछे प्रद्युम्न और शिव के युद्ध की कहानी छिपी है।

ख : उसी निबन्ध में संस्कृत के इन ग्रन्थों के नाम लिए गये हैं—कामसूत्र, सरस्वतीकण्ठाभरण, मात्स्यसूक्त, हरिभक्तिविलास, भागवत-पुराण, कालिका-पुराण, औचित्यविचारचर्चा।

ग : उसी निबन्ध में संस्कृत के उद्धरण हैं—1. शङ् के संहरति स्मरोऽपि...। 2. आत्तम्महरियपांडुर...। 3. क्षणदिट्ठ धूसरत्थणि...। 4. इदमसुलभवस्तु प्रार्थना...। 5. सहकारकुसुमकेसर...।

घ : उसी निबन्ध में निम्नलिखित कथाएँ दी गयी हैं—1. दुष्यन्त-द्वारा वसन्तोत्सवनिषेध की कथा, 2. प्रद्युम्न की कहानी।

'आम फिर बौरा गये' इस छोटे-से निबन्ध में इतने अधिक और इतने विभिन्न विषयों का विवेचन द्विवेदीजी की 'बन्ध-शैली' की विशेषता है। बाणभट्ट ने भट्टार हरिचन्द्र के उज्ज्वल और हृद्य गद्यबन्ध की प्रशंसा की है। स्वयं बाण के 'दृढ़बन्ध' रमणीय हैं। किन्तु 'द्विवेदी-बन्ध' दोनों से पृथक् बन्ध है। संस्कृत के गद्य-निर्माता वर्णक्रम, पदयोजना, जाति, श्लेष, विकटाक्षरविन्यास, उक्तिवैचित्र्य आदि में ही

बन्ध मानते थे, किन्तु द्विवेदीजी की बन्ध शैली इनसे पृथक् है। इसमें कला, ज्ञान और विज्ञान के अन्वेषणों का एकत्र गुम्फन है। इसमें सन्देह नहीं कि 'आम फिर बौरा गये' की प्रेरणा अभिज्ञानाशाकुन्तल के एक श्लोक से मिली है, किन्तु कालिदास के मर्म खोलने के व्याज से उपर्युक्त अनेक अनुसन्धानों का अनुसन्धान निबन्ध की एकतानता में बाधक नहीं हुआ है।

द्विवेदीजी ने संस्कृत के जिन ग्रन्थकारों की कृतियों से अपनी रचनाओं को पल्लवित किया है उनमें विशेष उल्लेखनीय भरत, वात्स्यायन, वराहमिहिर, कालिदास और बाणभट्ट हैं। 'प्राचीन भारत के कलात्मक-विनोद' और 'भारतीय नाट्यशास्त्र की परम्परा' में नाट्यशास्त्र और कामसूत्र की चुनी हुई सामग्री का चयन कर दिया गया है। कलात्मक-विनोद के छोटे कण से कई अनुसन्धान-प्रबन्ध तैयार हो सकते हैं। कला के सम्बन्ध में 'मृच्छकटिक' के एक पात्र की एक उक्ति की ओर द्विवेदीजी ने सहृदयजनों का ध्यान आकृष्ट किया है और स्वयं भी निष्कर्ष निकाला है कि "जीविका के साधन बन जाने पर कला अपने ऊँचे आसन से गिर जाती है।"[1] कामशास्त्रीय ग्रन्थों से द्विवेदीजी ने कला और नगरवृत्त से सम्बद्ध कुछ व्यापारों के उन्मीलन किए हैं। कामशास्त्रीय अन्य विषयों की चर्चा में जहाँ-तहाँ कुछ इंगित करने के अतिरिक्त वे प्रायः मौन हैं जो आत्मनियन्त्रण अथवा किसी कुंठा का प्रतीक है। अवश्य ही कविता की चर्चा करते समय वे सदा अरसिक नहीं बने रहते।[2] फलतः संस्कृत के कवियों की तरह कभी-कभी अभिनवयौवना किशोरियों की आँखों में मत्स्यधर्मिता के दर्शन कर लेते हैं। इधर इस दिशा में उनके कठोर आत्मसंयम में कुछ शिथिलता दिखाई देने लगी है। नायिका भेदों पर उनके विचार कुछ मुखरित होने लगे हैं। 'चारुचन्द्रलेख' में पद्मिनी नायिका की व्याख्या बत्तीस लक्षण के आधार पर, पद्मगन्धि श्वास के आधार पर, राजकप्रदत्त वस्त्र पर भौरों के मँडराने के आधार पर तथा कुछ ऐसे ही अन्य सूत्रों के आधार पर की गयी है। मेरे विचार में, विचार के क्षेत्र में झिझक नहीं होनी चाहिए। ऋषि के निर्लेपभाव और कवि की निरंकुशता के मध्य में स्थित साहित्यकार की दृष्टि अशोभन नहीं मानी जाएगी। वस्तुपरक दृष्टि से कलाकार और चिन्तक सदा सर्वग्राही रहे हैं।

द्विवेदी-साहित्य में वराहमिहिर के सांस्कृतिक अंश अधिक हैं। यद्यपि द्विवेदीजी ने ज्योतिष शास्त्र का विधिवत् अध्ययन किया है, किन्तु उनकी आरम्भिक कृतियों में फलित ज्योतिष में उनकी विशेष आस्था नहीं झलकती। इधर की रचनाओं में योगों और ग्रहों की चर्चा कुछ बढ़ गयी है और 'मृत्युंजय रवीन्द्र' में

1. 'चारुचन्द्र लेख', पृ. 322
2. 'कविता की चर्चा करते समय मुझसे इतना ठूँठ होने की आशा आप नहीं कर सकते'—'साहित्य का मर्म', निबन्ध संग्रह, पृ. 180

रवीन्द्रनाथ टैगौर की जन्मकुंडली को—उनकी जीवनसीमा को वे एक पक्के ज्योतिषी की भाँति निहारते जान पड़ते हैं। वृहत्संहिता के आधार पर रत्नआभूषण आदि की चर्चा द्विवेदीजी ने की है। जाम्वृनद, शातकौम्भ, हाटक, वेणव श्रृंगी, शुक्तिज, जातरूप, रसबिद्ध, आकार, उद्गत आदि रूप में स्वर्ण के भेदों पर विचार किए गये हैं। डॉ. वासुदेवशरण अग्रवाल ने बारह बानी सोने का विवरण प्रस्तुत किया था। द्विवेदीजी ने सोलह बानीवाले सोने की भी खोज की है। वराहमिहिर जैसे ज्योतिष में अद्वितीय हैं वैसे ही नारी के प्रति सरस श्रद्धा रखने में भी अप्रतिम हैं। वराहमिहिर की भाँति द्विवेदी जी ने भी नारी को श्रेष्ठ रत्न माना है और उसके करुण-विमुग्ध हृदय पर अपनी कला को निछावर कर दिया है।

द्विवेदीजी के सबसे प्रिय कवि कालिदास जान पड़ते हैं। कालिदास के साहित्य का उन्होंने पर्याप्त आलोड़न किया है और अनेक सूक्ष्म अनुसन्धान किये हैं। "भारतीय धर्म, शिल्प और साधना में जो कुछ उदात्त है, जो कुछ दीप्त है, जो कुछ महनीय है, और जो कुछ ललित और मोहन है उसका प्रयत्नपूर्वक सजाया-सँवारा रूप कालिदास का काव्य है।"[1] कालिदास के काव्य से जो कुछ मधुर है, उदार है, संवेद्य है, निष्कम्प है, और स्नेहमय है उन सबका संयोजन द्विवेदी साहित्य की एक कला है। कालिदास की चेतना से तादात्म्य करने में, उनकी सान्द्र अनुभूतियों को पहचानने में और उनके शब्दों के अन्तर्निहित रहस्यों के उद्घाटन में द्विवेदीजी अद्वितीय हैं। साथ ही कालिदास की भावराशि और शब्द-सम्पत्ति से द्विवेदी साहित्य उजागर और चमत्कृत है। कालिदास के निवांत-निष्कम्प-प्रदीप जैसे कुछ शब्द द्विवेदीजी के अवचेतन में उतर आये हैं और बार-बार उनके चिन्तन में झलक जाते हैं। यद्यपि द्विवेदीजी ने यथावसर कालिदास के शब्दों और भावों का अनुगमन किया है, किन्तु ऐसे स्थलों पर उनका उद्देश्य सहृदय पाठकों के मन में कालिदास की स्मृति जगा देना होता है अथवा कालिदास के किसी रम्य चित्र को झलका देना होता है। जैसे—

"उज्जयिनी के सौध वातायनों से झाँकते हुए चन्द्रवदनों के अलकार्पित रक्ताशोक और श्रवणदत्त कर्णिकार अब भी भूले नहीं हैं, सिप्रा की चटुल-कुवलय-प्रेक्षिदृष्टि की मोहिनी अब भी सद्योदृष्ट स्वप्न की भाँति मदमत्त कर रही है, हिमालय के कुंजरा-बिन्दु-शोण भूर्जत्वक् अब भी किन्नर-वधुओं के अनंगलेखों की याद दिला देते हैं।"[2]

कालिदास के भावचिह्न, भावानुप्रवेश, यथालिखितानुभव, अबोधपूर्वा स्मृति

---

1. 'कालिदास की लालित्य-योजना', पृ. 3
2. 'विचार और वितर्क', पृ. 119

आदि शब्दों की रसात्मक व्याख्या महाकवि के स्नेह-दर्शक और द्विवेदीजी के सूक्ष्म दर्शन का एक साथ निदर्शक है। कालिदास के सांस्कृतिक अध्ययन में जिन-जिन विषयों का ग्रहण हो सकता है उन सबको बीन-बीनकर द्विवेदीजी ने अपने साहित्य के बीच-बीच में सन्नद्ध कर दिया है। कालिदास को मयूरवर्हकेश, मेघ-मे चकवेणी कुन्दानुविद्ध अलकें प्रिय थीं। द्विवेदीजी ने इन पर खूब लिखा है। कालिदास के लिए नृत्य मोहक था। द्विवेदीजी ने अपनी कल्पना में नृत्यों के अनेक आयोजन किए हैं। मालविका की नृत्य-भंगिमा, उसकी अराल उँगलियाँ, नृत्य के लिए ही रची गयी-सी उसकी शरीर-यष्टि, द्विवेदीजी की भावधारा में रह-रहकर उछल पड़ती है। कालिदास के 'छन्दो नर्तयितुम्' प्रेरणा से उद्‌बुद्ध द्विवेदीजी का एक नृत्यमय शब्दचित्र द्रष्टव्य है—

"उसका सारा शरीर छन्दों से बना जान पड़ता था। मानो अनुप्रासों से कसकर, संगीत से ढालकर, यमकों से सँवारकर, उपमानों से निखारकर, तालों से बाँधकर, यतियों से शासित कर इस मनोरम आकर्षक शरीर को स्वयं छन्दों के देवता ने बनाया हो।"[1]

कालिदास में रूप, प्रभा और लावण्य के अनेक जगमगाते चित्र हैं। द्विवेदीजी ने उन सबको देखा है, परखा है और किसी-न-किसी रूप में अंकित किया है। कालिदास ने उठते सौन्दर्य को सूर्यांशु से ईषत् भिन्न अरविन्द में, तूलिका से ईषत् उन्मीलित चित्र में देखा था। हवा की हिलोर से हिलती लता में, कुसुमस्तवक में उन्हें लोभनीय रूप दिखाई देता था। संचारिणी दीपशिखा में और प्रभा-तरल-ज्योति में उन्हें सुषमा के दर्शन होते थे। द्विवेदीजी ने इन सबका आकलन प्रायः कालिदास के शब्दों में ही अपने साहित्य में किया है। कहीं-कहीं उपालम्भ के रूप में द्विवेदीजी ने कालिदास के रूप वर्णन की समीक्षा भी की है। आतपक्लान्त माधवी लता-सी कामतप्त नारी की शोच्य और प्रियदर्शना शोभा पर कालिदास की दृष्टि अवश्य गयी है, किन्तु मुख्य रूप में वह मधुर रूप में निर्वाण खोजती रही है। करुण-व्यथित सौन्दर्य की झलक कालिदास में कम है। इस पर द्विवेदीजी ने यों लिखा है—

"हाय महाकवि, तुमने हँसी-खुशी में ही जिन्दगी काट दी। तुमने ऐसा करुण-मोहक स्मित देखा होता, तो दुनिया को बता सकते कि वह कौन था। पार्वती के लीला-स्मित को तुमने अमर कर दिया है; किसलय-विनिहित पुष्प में जो पवित्रता है और निर्मल विद्रुमपात्र में रखे हुए मुक्ताफलों में जो आभिजात्य है, वह तुमने लक्ष्य किया था, पर इनको स्वर्मन्दाकिनी की धारा में लुढ़कते-पुढ़कते,

---

1. 'चारुचन्द्र लेख', पृ. 180

बहते-उतराते तुमने नहीं देखा। यह वह पुष्प था, जिसके विकास के क्षण-भर बाद ही धारासार वर्षा हो गयी; वह यह तारिका थी, जिसके उदय होते ही कुज्झटिका से दिगन्त धूसर हो गया; यह वह इन्द्रधनुष था, जिसके उठते ही झंझा ने आकाश को धूलिच्छन्न बना दिया।''[1]

द्विवेदीजी ने कालिदास के दृश्यमान सौन्दर्य के उस पार किसी एक शाश्वत सत्ता को स्वीकार किया है जो मंगल की ओर ले जाने का संकल्प रखती है, किन्तु द्विवेदीजी की अपनी व्याख्या समझनी चाहिए।

द्विवेदी-साहित्य का एक अंश कालिदास-सम्बन्धी अनुसन्धान से सम्बन्ध रखता है। 'चारुचन्द्रलेख' में विद्योत्तमा की तपस्या, सरस्वती और विक्रमादित्य-सम्बन्धी उनके मौलिक अन्वेषण विचारणीय हैं। जान पड़ता है, द्विवेदीजी 'चारुचन्द्रलेख' में कालिदास के जीवन को ही चित्रित करना चाहते थे, किन्तु 11-12वीं शताब्दी तक के तन्त्र-साहित्य को उसमें घसीट लेने की इच्छा से उन्हें मूल विचार को छोड़ देना पड़ा। फिर भी गधैया ताल के बहाने कालिदास की कथा आ गयी है। 'चारुचन्द्रलेख' के आरम्भ में 'अभिज्ञान-शाकुन्तल' और 'कुमारसम्भव' की सम्मिलित छाप है और प्रकृति अथवा रूपवर्णन-प्रधान स्थलों में कालिदास वाङ्मय ओतप्रोत है।

'कालिदास की लालित्य योजना' में प्राकृतिक सौन्दर्य से भिन्न, किन्तु उसके समानान्तर चलनेवाला मानवरचित सौन्दर्य का उन्मीलन है। साथ ही द्विवेदीजी ने योग और भोग में, कला और विज्ञान में, शैली में, जीवन में, सर्वत्र कालिदास की सन्तुलित दृष्टि पर प्रकाश डाला है और कुछ दूर तक इसे अपने साहित्य में उतारने की चेष्टा की है।

कालिदास के सदृश बाणभट्ट के साहित्य से भी द्विवेदी-साहित्य का गहरा सम्बन्ध है। बाणभट्ट के अबाध शब्दार्थ-प्रवाह में आमूलचूल डूबकर, उतराकर, बहकर, तैरकर द्विवेदीजी ने जितना देखा-सुना है, उतना शायद ही कोई दूसरा व्यक्ति जान सका हो। 'बाणभट्ट की आत्मकथा' में कादम्बरी और हर्षचरित के सभी रमणीय अंश अन्तर्हित कर दिए गये हैं। शैली बाणभट्टीय है। उत्प्रेक्षा और रूप-सौन्दर्य की भरमार बाणभट्ट के साथ आँखमिचौनी खेलती जान पड़ती है। अन्य कवियों की उँगलियाँ भी जब-तब पकड़ में आ गयी हैं। पर द्विवेदीजी सर्वत्र कोई-न-कोई नूतन अस्पष्ट छवि झलका देते हैं। यह विशेषता प्राकृतिक-वर्णन और रूप-वर्णन दोनों स्थलों पर है। नीचे लिखा गद्यांश बाणभट्ट की छाया लेकर भी अपना महत्त्व रखता है, ''सूर्यमंडल अपने किरण-जाल को ऊपर की ओर समेट रहा था। ऐसा लग रहा था, मानो दिवसलक्ष्मी आकाश में पश्चिमप्रान्त से नीचे की ओर चली जा रही हैं और उनके द्रुत-संचारित चरणों से पद्मराग मणि के नुपूर

1. 'बाणभट्ट की आत्मकथा', पृ. 135

खिसककर पीछे छूट गये हैं। सूर्यबिम्ब ने सारा दिन करपुटों से जो कमलपराग संग्रह किया था, वह मानो अचानक ढरक गया और सारा आकाश पद्मराग के रस से पिंजर हो गया।''[1]

नारी-रूप वर्णन में बाणभट्ट और कालिदास की तरह द्विवेदीजी की दृष्टि उत्फल्ल कपोल, धूपायित केशपाश, कोटरशायिनी आँखें आदि पर क्षण-भर ठहर जाती हैं, किन्तु नीचे नहीं उतरतीं। जिन अंगों के नाम लिए बिना संस्कृत के कवियों को सौन्दर्य का उभार दिखाई नहीं देता, उनके विषय में द्विवेदीजी काष्ठ मौन साध लेते हैं। इतना आत्म-दमन किसी युग के साहित्यकार में मिलना दुष्कर है। ढलती उम्र में अब वे इस क्षेत्र में कुछ नम्र हो रहे हैं और अब लिखने लगे हैं—

''उल्लास चंचल साड़ी जब मंडलित हो उठती थी तो भीतर की नीली अँगिया शत-शत बलियों में तरंगित-व्याकुलित होकर उसे पछाड़ने का प्रयत्न करती थी, परन्तु कठोर बन्धन की वेदना से केवल कसमसाकर रह जाती थी।''[2]

रूपवर्णन में द्विवेदीजी ने करुण-मोहक चित्र बाण की अपेक्षा अधिक दिए है। निदाघ ग्लपित जपापुष्प, झंझा विलोडित कचनार, धूलिपटलित अशोक कुसुम—जैसे मनोहर-धुसर, चित्र 'बाणभट्ट की आत्मकथा' और 'चारुचन्द्रलेख' दोनों में बिखरे पड़े हैं। क्षौम, कौशेय, हंसचिह्नित दुकूल, कोमल कर्बुर अंशुकान्त जैसे सांस्कृतिक महत्त्व के शब्द कालिदास और बाणभट्ट से ज्यों-के-त्यों लिये गये हैं।

द्विवेदीजी के साहित्य में तन्त्र साहित्य भी धीरे-धीरे अग्रसर हो रहा है। ईसा की पाँचवीं शताब्दी से लेकर बारहवीं शताब्दी तक के प्रमुख तन्त्र-मार्गों को अपनी कृतियों में वे स्थान दे चुके हैं। एक चिर-उपेक्षित साहित्य को पुनः कान्तासम्मित पद्धति से प्रकाश में लाने का श्रेय द्विवेदीजी को मिलना चाहिए। उन्होंने तन्त्र साहित्य के सैकड़ों पारिभाषिक शब्दों को हिन्दी में सहज रूप से उतार दिया है। जहाँ-तहाँ नवीन मनोविज्ञान के प्रकाश में तन्त्र-मान्यताओं की नवीन व्याख्या की गयी है। आगमों के इच्छा, ज्ञान और क्रिया के आधार पर जीवन-मूल्यों की सर्वथा नूतन व्याख्या की ओर द्विवेदी जी अग्रसर हो रहे हैं। इसमें सन्देह नहीं कि उनकी कुछ महत्त्वपूर्ण रचनाओं का उपजीव्य संस्कृत का तन्त्र साहित्य है।

इतना कुछ होते हुए भी यह कहना कठिन है कि द्विवेदीजी संस्कृत साहित्य से प्रभावित हैं। मेरे विचार में, उन्होंने संस्कृत साहित्य से जो कुछ लिया है उस पर अनुसन्धान कर उसका ऋण चुका दिया है। द्विवेदीजी की दृष्टि में ''संस्कृत भारतीय मस्तिष्क को सर्वोत्तम प्रकाशित करनेवाली अतुलनीय भाषा है।''[3] साथ

1. 'बाणभट्ट की आत्मकथा', पृ. 152
2. 'चारुचन्द्र लेख', पृ. 313
3. 'विचार और वितर्क', पृ. 73

ही वे यह भी स्वीकार करते हैं कि "हमारी भाषा पर, हमारे विचारों पर और हमारे साहित्य पर संस्कृत के उत्कृष्ट साहित्य का प्रभाव पड़ना कोई लज्जा की बात नहीं है, नहीं पड़ना जरूर लज्जा की बात है।"[1] मेरे मत में, विचार के क्षेत्र में द्विवेदीजी संस्कृत साहित्य से प्रभावित नहीं है। किसी वस्तु का ग्रहण प्रभाव नहीं है, उस ग्रहण से अभिभूत हो जाना प्रभाव है। दर्शन प्रभाव नहीं, किन्तु दर्शन से दृष्टि भेद हो जाना प्रभाव है। संस्कृत साहित्य में अवगाहन से द्विवेदीजी में निखार आया है, किन्तु उसको चेतना का आलोक कहीं अन्यत्र से मिला है; सम्भवतः आधुनिक ज्ञान-विज्ञान से। कालिदास और बाणभट्ट की भाँति द्विवेदीजी को अपनी जन्मभूमि से अनुराग है। बाणभट्ट की आत्मकथा में वे बलिया जिले के सुरहा झील को नहीं भूले हैं और 'चारुचन्द्रलेख' की कहानी तो उनके गाँव के आस-पास से ही आरम्भ होती है। किन्तु पूर्व समुद्र से लेकर पश्चिम समुद्र तक, नर लोक से लेकर किन्नर लोक तब सब में एक ही रागात्मक सत्ता को जीवन में प्रयोग-द्वारा प्रत्यक्ष करने-कराने की भावना अपेक्षाकृत आधुनिक है। संस्कृत के लेखक साहित्य को शब्द और अर्थ से बहुत दूर नहीं ले जा पाते थे। द्विवेदीजी की दृष्टि में "मनुष्य की जो सबसे सूक्ष्म और महनीय साधना है उसी का प्रकाश साहित्य है।"[2] संस्कृत साहित्य भोगपरक है। द्विवेदीजी इसके पोषक नहीं जान पड़ते। द्विवेदीजी का अपना स्वतन्त्र जीवन-दर्शन है। द्विवेदी साहित्य की पीठिका एक सीमित रूप में ही है और वह भी केवल पीठिका रूप में ही। उसमें रंग-विन्यास बहुत कुछ द्विवेदीजी के हैं और प्राण तो उनके हैं ही। अपने प्राणों के कुछ अंश, अपनी संवेदना के कुछ कण द्विवेदीजी ने संस्कृत के लिए भी उत्सर्ग किए हैं। उन्होंने कई श्लोक रचे हैं जो संस्कृत साहित्य के लिए उनकी मौलिक देन है। उनका एक श्लोक यहाँ उद्धृत किया जा रहा है—

भित्त्वा पाषाणपिठरं छित्त्वा प्राभञ्जनीं व्यथाम्।
पीत्वा पातालपानीयं कुटजश्चुम्बते नभः।।[3]

1. 'विचार और वितर्क', पृ. 74
2. 'साहित्य का मर्म', निबन्ध संग्रह, पृ. 190
3. 'कुटज', पृ. 7

आचार्य हजारीप्रसाद द्विवेदी की समीक्षा-दृष्टि

रामदरश मिश्र

लोग कभी-कभी किसी व्यक्ति को उसी व्यक्ति से काटना चाहते हैं। उसी के एक गुण को समृद्ध बताकर दूसरे गुण को पराभूत करना चाहते हैं, लेकिन प्रायः होता ऐसा है कि उस व्यक्ति का एक गुण दूसरे का पूरक बनकर उसे और भी प्रदीप्त कर देता है। लोग किसी विशेष अभिप्राय से इस पूरकता को लुप्त कर उन्हें खंडित रूप में देखना चाहते हैं। मैंने प्रायः कुछ आलोचकों को यह कहते सुना है कि श्री हजारीप्रसाद द्विवेदी सर्जक तो बहुत बड़े हैं, किन्तु आलोचक के रूप में उतने शक्तिमान नहीं। कुछ लोग तो सलाह भी देते पाए गये हैं कि वे निबन्ध (व्यक्ति व्यंजक निबन्ध) और उपन्यास ही लिखें, आलोचना के चक्कर में क्यों पड़ते हैं? यानी वे यह कहते हैं कि द्विवेदीजी अपना सर्वोत्तम रचनात्मक साहित्य के माध्यम से ही दे सकते हैं, आलोचना के फेर में पड़कर वे अपनी सर्वोत्तम शक्ति का सदुपयोग नहीं करते।

वास्तव में इस कथन के पीछे यह धारणा छिपी हुई है कि आलोचना एक बौद्धिक व्यापार है। आलोचक विश्लेषण शक्ति से सम्पन्न एक तटस्थ न्यायाधीश है, जो गम्भीरता का भारी चेहरा पहने हुए आलोच्य कृतियों पर निर्लिप्त व्याख्या और निर्णय, प्रस्तुत करता है जिसमें बौद्धिकता का एक आतंक और भाराक्रान्तता होती है, जिसे सर्जनात्मकता से कुछ लेना-देना नहीं होता। क्या सचमुच आलोचक वह न्यायाधीश है, जो घटनास्थल और घटना की प्रक्रियाओं में दूर बैठा हुआ वकीलों की बहसों पर फैसला देता है। वह फैसला मानवीय है या अमानवीय इसकी चिन्ता उसे कम होती है, नियम पालन की चिन्ता अधिक। आलोचना में सर्जनात्मकता का रस देखकर ऐसे ही आलोचक चौंक उठते हैं और यह कहना शुरू करते हैं कि इस आलोचक को तो रचना के क्षेत्र में रहना चाहिए था जैसे कि आलोचना का सर्जनात्मकता से कोई सम्बन्ध नहीं। शायद ऐसे ही आलोचकों को ध्यान में रखकर कहा गया है कि असफल कवि आलोचक बन जाता है।

मैं सर्जनात्मकता और आलोचना में इस आत्यन्तिक अलगाव का पक्षपाती नहीं। सर्जनात्मक प्रतिभाव वाला ही आलोचक सर्जन की वास्तविक प्रक्रिया को पहचान सकता है, वह अनुभव कर सकता है कि कला-कृतियों में सर्जन की समस्या कितनी जटिल और संश्लिष्ट होती है, कला की मूल प्रकृति क्या है? सर्जनात्मक प्रतिभासम्पन्न आलोचक शुष्क सिद्धान्तों की बात नहीं करता, सिद्धान्तों या कृतियों की निर्लिप्त बौद्धिक विवेचना-मात्र नहीं करता, वह अपनी रचनात्मक प्रतिभा से भावावेग को समझाने का प्रयास करता है, कवि द्वारा अनुभूत और अभिव्यक्त सत्य-चेतना को अनुभव कराने की चेष्टा करता है और इस तरह वह अपनी कल्पना से रचनात्मक सौन्दर्य की सृष्टि करता हुआ पाठकों को सौन्दर्य के माध्यम से सौन्दर्य तक ले जाता है। इन सारी रचनात्मक क्रियाओं के साथ उसकी विश्लेषणपरक बौद्धिकता और चिन्तनशीलता साथ लगी रहती है।

"जब तक सहृदय का व्यक्तित्व कवि के साथ एकाकार नहीं हो जाता तब तक रस का अनुभव नहीं हो सकता। समीक्षक जब तक अपना अहंकार लेकर बैठा रहेगा तब तक रस नहीं पा सकेगा। स्वयं शुक्लजी ने कहा है कि काव्य का जो चरम लक्ष्य सर्वभूत को आत्मभूत करके अनुभव कराना है उसके साधन में अहंकार का त्याग है।"[1]

सर्जनात्मकता से सर्वथाहीन आलोचना वन्ध्या आलोचना है, जो केवल सिद्धान्त की बात करती है, किन्तु यह नहीं देखती कि इन सिद्धान्तों की बहस से सर्जित होनेवाला साहित्य का पथ कितना प्रशस्त होता है या कि उसका मूल्यांकन कितना सही हो पाता है। द्विवेदीजी की आलोचना में सर्जनात्मकता का सौन्दर्य इस बात का परिचायक नहीं है कि उन्हें सर्जन-साहित्य में रत रहना चाहिए था, बल्कि उलटे यह सिद्ध करता है कि उसके स्पर्श से आलोचना साहित्य कितना गौरवान्वित हो जाता है। सर्जनात्मकता का रस होने से ही द्विवेदीजी की समीक्षादृष्टि में एक ऐसा लचीलापन है कि वे एक-साथ ही पूर्व के रसवाद और पश्चिम की ट्रेजेडीज, सामंजस्यवादी प्राचीन साहित्य और द्वन्द्व उद्वेलित नवीन साहित्य—सब का आस्वाद ले सकते हैं और साहित्य को समझने के लिए उन्हें प्रभावित करने वाले तत्त्वों—परम्परा, युग, समाज, सर्जक का व्यक्तित्व, समकालीन कृतिकारों के व्यक्तित्व का विश्लेषण, करते हैं।

कहा जा सकता है कि द्विवेदीजी की समीक्षादृष्टि मूलतः रचनात्मक है। इनकी दृष्टि रचना के मूल सौन्दर्य और उसके विधायक तत्त्वों को समझने का प्रयत्न करती है। अर्थात् ये इस बात के समर्थक हैं कि साहित्य के सौन्दर्य का आस्वाद

1. 'साहित्य का साथी' : आचार्य हजारीप्रसाद द्विवेदी

और परीक्षण साहित्य के ही मानदंड से होना चाहिए। किन्तु साहित्य क्या है? इसी बिन्दु पर विचारों में अलगाव लक्षित होने लगता है। जब यह कहा जाता है कि साहित्य में सामाजिकता नहीं है, मानवता नहीं है, सांस्कृतिक मूल्य नहीं हैं तो क्या इसका यह अर्थ होता है कि साहित्य को साहित्येतर क्षेत्रों में घसीटा जा रहा है या इन सबका साहित्य के सर्जन और मूल्य के साथ अपरिहार्य सम्बन्ध जोड़ा जा रहा है। दोनों बातें कही जा सकती हैं। बहुत से विचारक इस मत के हैं कि साहित्य अपने भीतर से सामाजिक और मानवतावादी स्वरों को मुखर करे यानी वह एक विशेष प्रकार के सामाजिक उद्देश्य से प्रेरित हो। साहित्य की साहित्यिकता का आग्रह करनेवाले इस प्रकार की उद्देश्यपरकता का विरोध करते हैं, किन्तु साहित्य में सामाजिकता और मानवतावाद को समाविष्ट करने की एक दूसरी भी दृष्टि है जो मूलतः रचनात्मक है। अर्थात् जो मानती है कि स्वस्थ और सशक्त साहित्य के सर्जन के मूल में ही सामाजिकता और मानववादिता होती है। यह सामाजिकता साहित्य पर आरोपित नहीं है, बल्कि उसका मूल स्रोत है। उस मूल स्रोत से विच्छिन्न होने पर या क्षीण रूप से सम्बद्ध होने पर साहित्य अपनी शक्ति खो बैठता है। उसमें सौन्दर्य अन्य उपकरणों से भी आता है, परन्तु वह सौन्दर्य ऊपरी और प्रभावहीन होता है। द्विवेदीजी ने सामाजिकता और मानवतावाद के इसी सर्जनात्मक पहलू को साहित्य के साथ सम्बद्ध किया है। यह बड़ा स्पष्ट है कि वे मानवतावाद और सामाजिकता के स्वर को वहन करनेवाले साहित्य को ही उच्च साहित्य कहते हैं, किन्तु उनकी सामाजिकता और मानवतावादी आदर्श साहित्य पर आरोपित नहीं किया गया है, बल्कि साहित्य-सर्जन की मूल शक्ति के रूप में पाया गया है। 'प्रत्येक व्यक्ति अपनी ज्ञानेन्द्रियों के सहारे कुछ तथ्यों की उपलब्धि करता है और कुछ बातों को उपलब्धियों के सहारे स्मरण करता है। इन्हीं उपलब्धियों और स्मृतियों के ताने-बाने से व्यक्ति की दुनिया बनती है। परन्तु यह दुनिया बदलती रहती है। वैयक्तिक तथ्य-जगत् निरन्तर दूसरे लोगों के उपलब्ध तथ्य-जगत् से टकराते रहते हैं और सामान्य तत्त्व कट-छँटकर हमारी ज्ञानराशि के रूप में परिणत होते रहते हैं। इससे दो बातें सिद्ध होती हैं—एक तो यह कि व्यक्ति के अन्तःकरण से गृहीत तथ्यात्मक ज्ञान राशि सम्पूर्ण रूप से वैयक्तिक नहीं होती। वह दूसरों की उपलब्धि और स्मृति से बनी तथ्यात्मक ज्ञान राशि से टकरा-टकरा कर बना हुआ एक ऐसा पदार्थ है, जिसे हम अन्तर्वैयक्तिक तथ्य-जगत् कह सकते हैं।...दूसरी बात यह मालूम होती है कि यह अन्तर्वैयक्तिक तथ्य-जगत् निरन्तर परिवर्धमान और परिवर्तनमान पदार्थ है—वह गतिशील है। वह नाना वैयक्तिक तथ्य जगतों के संघर्ष से स्थिरीकृत सामान्य जगत् है। हमारी ज्ञानराशि अधिकांश में वैयक्तिक न

होकर अन्तर्वैयक्तिक है। (विचार और वितर्क, पृ. 228-229)

साहित्य का मूल सम्बन्ध यथार्थ जगत् से है। वह यथार्थ जगत से जितना ही अधिक सम्बद्ध होगा उतना ही प्रभावशील होगा। द्विवेदीजी स्पष्ट रूप से इस सत्य को पहचानते हैं। साहित्य के कथ्य और अभिव्यक्ति दोनों में सामाजिकता अर्थात् बाह्य सत्ता का रूप निहित है। अर्थात् भाव, विचार और भाषा ये सभी प्रकृत्या सामाजिक हैं। इनकी सामाजिकता की शक्तियों के साथ इनका उपयोग करनेवाला साहित्य ही धन्य होता है। "काव्य भी स्थूल जगत् से विच्छिन्न होकर नहीं रह सकता क्योंकि शब्द और अर्थ ही उसके शरीर हैं और अर्थ शब्दों द्वारा सूचित बाह्य सत्ता को प्रकट करते हैं। एक व्यक्ति के चित्त में स्थित अर्थ को दूसरे के चित्त में प्रवेश कराके ही शब्द सार्थक होता है। (विचार प्रवाह, पृ. 159)।

द्विवेदीजी संगीत के साथ तुलना करते हुए, काव्य की एक सामाजिक प्रकृति को स्पष्ट करते हुए कहते हैं, "वस्तुतः अर्थहीन छन्द प्रवाह ही संगीत है। संगीत में बाह्य-जगत् की उस सत्ता से जो शब्द-द्वारा प्रकाशित होती है। कम-से-कम योग होता है, ठीक उसी प्रकार जिस प्रकार गणित में उस आन्तर सत्ता से जो आवेश कम्पित स्वर से प्रकाशित होता है कम-से-कम योग होता है। चेतना के एक प्रान्त पर संगीत है दूसरे पर गणित। संगीत में जिसे स्वर कहते हैं, वह एक प्रकार का वेग ही है। बाह्य अर्थों से युक्त होने पर वह आवेग के रूप में प्रकट होता है, परन्तु काव्य में जिस प्रकार शब्द प्रकाश्य अर्थ के द्वारा बाह्य विषय सत्ता से बँधा रहता है उस प्रकार संगीत नहीं बँधा रहता। वह अपने-आप ही स्पन्दित होता है। ताल उसमें उसी प्रकार की अनुभूति क्षमता भरता रहता है जिस प्रकार छन्द आवेग में। काव्य-द्वारा और संगीत-द्वारा स्पन्दित मानव चित्त के आवेगों में थोड़ा अन्तर होता है। काव्य में आवेग-द्वारा जो स्पन्दन उत्पन्न होता है वह बाह्य सत्ता से पूर्णतया सम्बद्ध होता है। हम बाह्य घटनाओं की अनुभूति से चालित होते रहते हैं। काव्य पाठक के सुख-दुःख का आवेग उत्पन्न करता है। मनुष्य दूसरों के सुख-दुःख से प्रभावित होता है। उसके साथ उनकी समवेदना होती है और अन्त तक उस सुख-दुःख का अनुभव करने लगता है। इस प्रकार काव्य मनुष्य-मनुष्य के भीतर वर्तमान एकत्व का प्रतिष्ठापक हो जाता है। काव्य प्रमाणित कर देता है कि व्यक्ति मानव के ऊपरी विभेदों के नीचे एक अभेद है, एकता है। (विचार प्रवाह, पृ. 160)

द्विवेदीजी इस प्रकार काव्य की मूल प्रकृति को सामाजिक मानते हैं। काव्य बाह्य सत्ता से सम्बन्ध स्थापित कर मानव समुदाय की आन्तरिक एकता को उद्घाटित करता है। यहाँ एक बात विशेष ध्यान देने की है कि द्विवेदीजी किसी साम्प्रदायिक या राजनीतिक विचार से प्रेरित होकर सामाजिकता को साहित्य के ऊपर नहीं लादते। वे तो सामाजिकता को साहित्य का मूल उत्स और विषय मानते हैं। इसलिए जहाँ

किसी प्रकार के साम्प्रदायिक आग्रह से ग्रस्त सामाजिकतावादी आलोचक या सर्जक एक विशेष प्रकार की (असाहित्यिक) दृष्टि से गृहीत सामाजिक जीवन को साहित्य के लिए श्रेयस्कर मानते हैं वहाँ द्विवेदीजी एक सर्जक की दृष्टि से 'सामाजिक तत्त्वों का कला में ग्रहण' के प्रश्न पर विचार करते हैं। इसलिए उसकी सामाजिकता या मानवतावाद में वैसा कोई साम्प्रदायिक आग्रह नहीं दीखता जो सामाजिकता या मानवतावाद को एक वर्ग, एक स्थान और एक काल तक सीमित कर दे। वे सामाजिक सत्ता की चेतना में उद्भूत हर युग के हर प्रकार के साहित्य को समान भाव से सराह लेते हैं।

सामाजिक सत्ता से सम्बन्ध जोड़ने का अर्थ है बृहत्तर जीवन-सत्यों से सम्बन्ध जोड़ना। जीवनी-शक्ति ही मूल वस्तु है। वह जिस साहित्य में नहीं है वह अपने समस्त प्रसाधनों और संगीतमयता के बावजूद प्राणवान और प्रभावशील नहीं हो सकता। लेकिन द्विवेदीजी एक रूढ़ या दलवादी सामाजिक दृष्टि सम्पन्न आलोचक की तरह इतर साहित्य को नगण्य या तुच्छ मानकर फेंक नहीं देते। वे उसके भी सौन्दर्य का विश्लेषण करते हैं—आग्रही दृष्टि से नहीं, रचनात्मक दृष्टि से। बाह्य सत्ता से सम्बन्ध न रखने वाली कृतियाँ शब्दालंकारों की झनझनाहट, अतिशयोक्ति की चमक, चमत्कारवादिता और मृदु कम्पन के बावज़ूद अनुभूति पैदा करने की शक्ति नहीं रखतीं और उनका मूल्य इसीलिए बहुत अधिक नहीं है फिर भी उनकी अपनी छवि तो है। ''जिस काव्य में केवल शब्दालंकार झंकार उत्पन्न करता है, अर्थ का भार कम होता है। वह बहुत कुछ उसी प्रकार का असान्द्र या हलका अनुभूतिजनक आवेग-कम्पन उत्पन्न करता है जो संगीत करता है, पर उसमें संगीत की अबाध गति भी नहीं होती और अर्थ जगत् से सम्पूर्ण विच्छेद भी नहीं होता क्योंकि उनके शब्द बराबर बाह्य सत्ता से श्रोता का सम्बन्ध जोड़ते रहते हैं और स्वर के स्वच्छन्द प्रवाह में बाधा उत्पन्न करते रहते हैं।'' वे बिहारी का एक दोहा उद्धृत करते हुए इस बात को अधिक स्पष्ट करते हैं, ''वस्तुतः अलंकार जब आवेग सहचर होकर आते हैं तो काव्य में अत्यधिक ऊर्जस्वल तेज भर देते हैं, पर जब आवेग हीन होकर आते हैं तो चमत्कारी उक्ति भर रह जाते हैं। वे उस अवस्था में बिजली की कौंध के समान एक क्षणिक ज्योति विकीर्ण कर अन्तर्धान हो जाते हैं। यह क्षणिक ज्योति हमारे बड़े काम की नहीं होती, केवल अन्तर की चेतना पर मृदुल आघात करके विलीन हो जाती है। रीति कवि की अज्ञातयौवना नायिका ने जब अपनी दासी को ईख की दतुअन ले आने के अपराध में झिड़का था तो उसकी सरलता ने ऐसी ही एक क्षणिक ज्योति उत्पन्न की थी। अधर के माधुर्य से दतुअन कहीं भी मीठी होकर ऊख-सी नहीं लगने लगती। इसलिए इस दोहे में मृदु कम्पन उत्पन्न करने की शक्ति होते हुए भी वह उतना अनुभूति प्रेरक नहीं हो पाया क्योंकि

इस कम्पन का हेतु बाह्य सत्ता से असम्पृक्त होने के कारण स्थायी नहीं होता और न अनुभूति को गाढ़ा रंग ही देता है। दोहा इस प्रकार है—

अधर परस मीठी भई, दई हाथ सों डारि।
लावति दतुअनि ऊख की, नोखी खिजमति गारि।।

लेकिन प्रश्न यहीं समाप्त नहीं हो जाता। यह कविता भी एक श्रेणी के लोगों को आनन्द देती है इसलिए इसे उपेक्षा की दृष्टि से नहीं देखा जा सकता।''

सामाजिकता के आग्रही ऐसी कविताओं को तुच्छ मानकर या तो इन्हें छोड़ देते हैं या इनका मजाक करते हैं, किन्तु द्विवेदीजी अनुभव करते हैं कि कला की दृष्टि से इनकी भी विवेचना होनी चाहिए। इनके भीतर जो रस और आनन्द देने वाला सौन्दर्य है उसे प्रकाशित करना चाहिए, बाह्य सत्ता कला नहीं है वह तो कला की उत्स है, कला में यह ज्यों-की-त्यों ही नहीं गृहीत होती। कला एक संश्लिष्ट व्यापार है। उसमें पदार्थ एक विशेष प्रक्रिया से मिल-जुलकर रसायन तैयार करते हैं। इसलिए साहित्य और कला की चर्चा रूढ़ या दलवादी सामाजिक दृष्टि से नहीं हो सकती। द्विवेदीजी कहते हैं, ''कविता की चर्चा करते समय मुझसे इतना ठूँठ होने की आशा आप नहीं कर सकते, पर मेरी आपत्ति उसी व्यक्ति को दतुअन के मीठी लगने पर है जो स्वयं उस माधुर्य का धनी है।'' फिर भी वे इस प्रकार की उक्तियों के प्रयोग के मूल कारणों की खोज करते हुए इनकी सार्थकता प्रमाणित करते हैं, ''रूढ़ि नितान्त निरर्थक नहीं होती, केवल काल प्रवाह में लुढ़कते आने के कारण उसके मूल अर्थ घिसकर अदृश्य हो गये रहते हैं। इन रूढ़ियों से शब्दों को, अर्थों को और आचारों को एक ऐसा मूल्य मिलता है जो लोक कल्पित और अवास्तव होता है। अधर संस्पर्श से दतुअन का मीठी हो जाना इसी प्रकार का कल्पित और अवास्तव अर्थ है। पर वह भी एक श्रेणी के सहृदय के चित्त में आवेग कम्पन उत्पन्न करता ही है।''

बाह्य सत्ता से स्वस्थ साहित्य का सहज सम्बन्ध है यह बात सिद्ध हो जाने पर भी यह जानना शेष रहता है कि बाह्य सत्ता सतह पर दिखाई पड़नेवाली सत्ता मात्र नहीं है। इसका अर्थ उस सत्ता से है जो किसी व्यक्ति तक सीमित न हो, बल्कि समष्टि में व्याप्त हो। किन्तु क्या बाहर फैली हुई समस्त सत्ता का सब कुछ समेटना कलाकार के लिए आवश्यक है? क्या बाहर दिखाई पड़नेवाला सब कुछ सत्य है? इस सन्दर्भ में विचार करते हुए द्विवेदीजी ने कहा है कि—ज्ञान दोमुँहा पदार्थ है और उसके एक ओर तथ्य है दूसरी ओर सत्य। सभी तथ्य सत्य नहीं होते। ऐसा कह सकते हैं कि तथ्यों के भीतर सत्य ओत-प्रोत होकर वर्तमान रहता है। प्रत्येक व्यक्ति अपनी ज्ञानेन्द्रियों के सहारे कुछ तथ्यों की उपलब्धि करता है और कुछ बातों को उपलब्धियों के सहारे स्मरण करता है। इन्हीं उपलब्धियों और

स्मृतियों के ताने-बाने से व्यक्ति की दुनिया बनती है, परन्तु यह दुनिया बदलती रहती है। वैयक्तिक तथ्य जगत् निरन्तर दूसरे लोगों के उपलब्ध तथ्य जगत् से टकराते रहते हैं और सामान्य तत्त्व छँट-छँटकर हमारी ज्ञानराशि के रूप में परिणत होते रहते हैं। इस प्रकार नित्य हमारे वैयक्तिक उपलब्ध ज्ञान में परिवर्तन और परिवर्धन होते रहते हैं। इससे दो बातें सिद्ध होती हैं—एक तो यह कि व्यक्ति के अन्त:करण में गृहीत तथ्यात्मक ज्ञान राशि सम्पूर्ण रूप से वैयक्तिक नहीं होती। वह दूसरों की उपलब्धि और स्मृति से बनी तथ्यात्मक ज्ञान राशि से टकरा-टकराकर बना हुआ ऐसा पदार्थ है जिसे हम अन्तर्वैयक्तिक तथ्य जगत् कह सकते हैं।...दूसरी बात यह मालूम होती है कि यह अन्तर्वैयक्तिक तथ्य जगत् निरन्तर परिवर्तमान और परिवर्धमान पदार्थ है—वह गतिशील है। (विचार प्रवाह पृ. 133-134)

इससे सिद्ध होता है कि सत्य वह नहीं है जिसे व्यक्ति अपनी इन्द्रियों से उपलब्ध करता है। सत्य वह है जो अनेक लोगों की उपलब्धियों का सामान्य रूप होता है। सत्य बदलता रहता है, वह स्थिर नहीं रहता। इस प्रकार हम यदि मानव समष्टि को देखें तो पाएँगे कि अपनी सीमाओं से जूझते हुए उनसे निकलने की अदम्य इच्छा और अनवरत गति मानव का सबसे बड़ा सत्य है। जब हम व्यक्तिगत दृष्टि से अलग-अलग व्यक्तियों को देखते हैं या जीवन के उपरले स्तरों को देखते हैं तो हमें ऐसा लगता है कि मानव कमजोर है, हीन है, स्वार्थी है, पशुवृत्ति का शिकार है। हमें यह सत्य मालूम पड़ता है, किन्तु जब हम मानव जीवन के सामूहिक प्रवाह को देखते हैं, सतह के नीचे की धारा को देखते हैं तो ऐसा प्रतीत होता है कि समष्टि मानव अपनी सीमाओं और हीनताओं के बावजूद बड़ा ही समर्थ, सशक्त और बड़ा है। उसे उच्चतम उपलब्धियाँ भले ही प्राप्त न हो सकी हों, किन्तु उपलब्धियों के लिए उसकी अखंड सामूहिक यात्रा अपने आप में कम महत्त्वपूर्ण और कम सत्य नहीं है। समूह मानव की इस अखंड यात्रा का ही परिणाम है उन सभ्यताओं और संस्कृतियों का जन्म और विकास जो अपने भीतर उच्च जीवन मूल्यों की ज्योति जगाए मानव को अन्धकार से प्रकाश में लाने की चेष्टा करती रहती है—'नाखून क्यों बढ़ते हैं?''—निबन्ध में द्विवेदीजी ने नाखून को मनुष्य की पशुता की निशानी माना है अर्थात् मनुष्य में पशुता के संस्कार आज भी हैं। यह सत्य है किन्तु उससे बड़ा सत्य यह है कि मनुष्य पशुता की निशानी नाखून को बार-बार काटने का प्रयत्न करता है। जो कलाकार मानव की जिजीविषा और सिसृक्षा को नहीं पहचान पाते वे व्यक्ति-जीवन की हीनताओं और सीमाओं को ही सत्य मान लेते हैं और या तो उनका चित्र उतारकर यथार्थवादी होने का दम भरते हैं या उनसे घबराकर उनकी उपेक्षा कर एक कल्पित आदर्श लोक की स्थापना करते हैं। वास्तव में यह सत्य नहीं है। खंडित सत्य है या कि सत्याभास है। द्विवेदी जी

साहित्य की इस दृष्टि का विरोध करते हैं। वे मानवतावादी आधारित हैं, मिथ्या आदर्शवादी परिकल्पनाओं पर नहीं। दूसरे इनका मानवतावाद रूढ़ और स्थूल नहीं है, वह युगसापेक्ष गतिशीलता से समन्वित है तथा मानव की आधारभूत प्रवृत्तियों पर आधारित होने के नाते अधिक व्यापक और सार्वभौम है। द्विवेदीजी मनःशास्त्रीय, शरीरशास्त्रीय सत्यों का विवेचन करते हुए तथा ऐतिहासिक विकास दिखाते हुए मानवतावादी प्रतिष्ठा करते हैं। उनका मानवतावाद साहित्य का स्रोत भी है और लक्ष्य भी, यथार्थ भी है और गन्तव्य भी। साहित्य जीवन को ज्यों-का-त्यों नहीं लेता, वह सौ बातों में से एक बात को चुनता है और जब वह चुनता है तो उसे क्यों न चुने जो बृहत्तर सत्य है और सत्य होकर भी मंगलप्रद है। द्विवेदीजी कलावादियों और आनन्दवादियों की तरह साहित्य को अपने-आप में लक्ष्य नहीं मानते, उसे साधन ही मानते हैं और वह साधन है मानव की चेतना के विकास का। "जो साहित्य हमारी वैयक्तिक क्षुद्र संकीर्णताओं से हमें ऊपर उठा ले जाए और सामान्य मनुष्यता के साथ एक कराके अनुभव करावे वही उपादेय है। उसके भाव पक्ष के लिए किसी देशविशेष या कालविशेष की नैतिक आचार-परम्परा का मुँह जोहना आवश्यक नहीं है। हमें दृढ़ता से केवल एक बात पर अटल रहना चाहिए और वह यह है कि जिसे काव्य या नाटक या उपन्यास साहित्य कहकर हमें दिया जा रहा है वह हमें हमारी पशु-सामान्य मनोवृत्तियों में ऊपर उठाकर समस्त जगत् के सुख-दुःख को समझने की सहानुभूतिमय दृष्टि देता है या नहीं। हमें उसकी एकाकी अनुभूति में सहायता पहुँचता रहा है या नहीं, जिसे व्यक्ति ने अपने स्वार्थ के बलिदान के बाद उपलब्धि योग्य बनाया है। जो भी साहित्य इसके बाहर पड़े—अर्थात् हमारी सामान्य वृत्ति को बड़ी करके दिखाए—हमें स्वार्थी और खंड विच्छिन्न बनावे, उसे हम साहित्य नहीं कह सकते—चाहे जितना बड़े साहित्यक दल या समुदाय का समर्थन उसे प्राप्त हो।"[1]

कहा जा चुका है कि द्विवेदीजी का मानवतावाद किसी दलीय या साम्प्रदायिक दृष्टि से निर्दिष्ट मानवतावाद नहीं है। जब वे मानवतावाद का नाम लेते हैं तो उनके सामने मानवता का कोई निश्चित स्थिर स्थूल स्वरूप नहीं होता। वे उन तमाम भावों, विचारों, व्यापारों को मानवता को अंग मानते हैं जो व्यक्ति को बृहत्तर सत्य से जोड़ते हैं, जो मनुष्य के भीतर स्थिर भेद-बुद्धि, खंड भाव को तोड़ते हैं। यह स्पष्ट है कि मानवतावाद मात्र एकभाव नहीं है, जिसे कल्पना में जिया जाए, वह आचार भी है और भाव तथा आचार सभी नवीन चिन्तनाओं प्रयोगों

---

1. विचार प्रवाह, पृ. 141

और बाह्य तथ्य जगत् से प्रभावित होते रहते हैं। इसलिए द्विवेदीजी का मानवतावाद किसी एक काल या स्थान की सीमा में आबद्ध न होकर, एक रूढ़ निष्प्राण स्वरूप न धारण कर युगों-युगों की चिन्ता और भाव-घाटियों में बहता हुआ, नया होता हुआ, नये प्रश्नों और मूल्यों से जुड़ता हुआ मानवतावाद है। जो लोग मात्र भाव की दुनिया में जीते हैं वे बदले हुए यथार्थ के परिवेश में बदलते हुए मानवतावाद के प्रश्नों और मूल्यों को नहीं पहचान पाते हैं, वे अतीत के मूल्यों के प्रति आसक्त होकर नवीन मूल्यों को नहीं झुठलाते हैं तथा मानव-मंगल का मार्ग अवरुद्ध करते हैं। जो प्रबुद्ध होते हैं वे नये यथार्थ के परिवेश में बदले मानों का बोध ग्रहण करते हैं और उनका विश्लेषण भी करते हैं। "सभी मानों के मूल में कुछ पुराने संस्कार और नये अनुभव होते हैं। यह समझना गलत है कि किसी देश के मनुष्य सदा-सर्वदा किसी व्यापार या आचार को एक ही समान मूल्य देते आए हैं। पिछली शताब्दी में हमारे देशवासियों ने अपने अनेक पुराने संस्कारों के साथ नये अनुभवों को मिलाकर नवीन मूल्यों की कल्पना की है। वैज्ञानिक तथ्यों के परिचय से, राजनीतिक आर्थिक सामाजिक और परिस्थितियों के दबाव से और आधुनिक शिक्षा के मानवतावादी दृष्टि के बहुल प्रचार से हमारी पुरानी मान्यताओं में बहुत अन्तर आ गया है।"[2]

द्विवेदीजी ने मानवतावाद के विभिन्न स्वरूपों और उनकी लम्बी परम्परा का विवेचन किया है। साहित्य हमारे सामाजिक यथार्थ में बनता है, अत: समाज के चित्त, विश्वास, मूल्य, सौन्दर्य-बोध में जो परिवर्तन उपस्थित होते हैं वे साहित्य में प्रतिफलित होते हैं। इसी कोटि का साहित्य सशक्त कहा जा सकता है।

द्विवेदीजी की समीक्षा-दृष्टि का अध्ययन करते समय उनकी एक बहुत बड़ी और मूलवर्ती विशेषता की ओर सहज ही ध्यान आकृष्ट होता है वह है सन्तुलनवादी प्रवृत्ति। सन्तुलनवादी दृष्टि का अर्थ व्यावहारिक ढंग से समझौता करानेवाली दृष्टि नहीं होता।

समझौतावादी दृष्टि पंचायती दृष्टि होती है—थोड़ा तुम दबो, थोड़ा तुम दबो। थोड़ी तुम्हारी बात सही, थोड़ी तुम्हारी बात। यह दृष्टि सत्य-निर्णय में सहायक नहीं होती। "सन्तुलित दृष्टिकोण का मतलब बिल्कुल दूसरा है। भावावेशवश या मोहवश कभी-कभी मनुष्य जीवन के किसी एक पक्ष पर आवश्यकता से अधिक बल देने लगता है और इस प्रकार जीवन को देखने और समझने में एकांगी दृष्टि का विकास होता है। यदि इस प्रकार की दृष्टिवाला व्यक्ति बौद्धिक शक्ति-सम्पन्न हुआ, तो वह साहित्य में इस दृष्टि की प्रतिष्ठा बढ़ा देता

---

1. विचार प्रवाह, पृ. 175

है। इस प्रकार समय-समय पर जीवन को देखने की एकांगी दृष्टियों का प्रादुर्भाव होता रहता है। इन दृष्टियों में सचाई के एक-एक पार्श्व को जरूरत से ज्यादा महत्त्व दे दिया जाता है। सन्तुलित दृष्टिकोण इन्हीं एकांगी दृष्टियों की अतिवादिता विनिर्मुक्त और इन सबमें पाई जानेवाली सचाई पर आधारित समग्र दृष्टि है।" (विचार और वितर्क, पृ. 244)

द्विवेदीजी सन्तुलित दृष्टि को सत्यान्वेषी की दृष्टि मानते हैं। यह दृष्टि जहाँ एक ओर सत्य की समग्र मूर्ति को देखने का प्रयत्न करती है, वहीं दूसरी ओर वह अपने को सुधारती रहने को प्रस्तुत रहती है। हम लोग जो भी कार्य करते हैं, उसके मूल में हमारे जीवन का कोई-न-कोई तत्त्ववाद अवश्य रहता है; जाने में या अनजाने में हमारा तत्त्ववाद हमेशा हमारे क्रियाकलाप का नियन्त्रण करता रहता है। विचार के क्षेत्र में वह अधिक स्पष्ट तथा सुचिन्तित रूप में आता है। साहित्य पर जब हम विचार करते हैं, तब भी हमारा अपना दृष्टिकोण प्रधान हो उठता है। सत्यान्वेषी का कर्तव्य होता है कि उन सभी तत्त्ववादों को पहचाने, जो मिलकर सत्य की मूर्ति को अखंड बनाते हैं। इस सन्तुलनवादी दृष्टि के कारण, द्विवेदीजी पर यह आरोप लगाया जा सकता है कि उनके मानवतावाद या समाजवाद का कोई निर्दिष्ट रूप नहीं दिखाई पड़ता। यह सत्य है, किन्तु रूप निर्दिष्ट हो भी नहीं सकता। इसीलिए तो तत्त्वचिन्तकों ने सत्य को निश्चित आकार न देकर निराकार ही माना है—वह यह भी नहीं है, वह भी नहीं है। नेति-नेति है, अर्थात्, वह इतना गतिशील व्यापक और सूक्ष्म है कि उसे कुछ विशिष्ट आकार मात्र से व्यक्त नहीं किया जा सकता है। साहित्य में यह प्रश्न और भी जटिल हो जाता है। एक कलाकार न जाने कितने सूक्ष्म और स्थूल तन्तुओं के योग से कला का निर्माण करता है। वह अपने व्यक्तित्व और अन्तर्वैयक्तिक तथ्य जगत् से न जाने कितने दृश्य-अदृश्य प्रभाव ग्रहण करता है, न जाने उसकी कला की किन-किन भंगिमाओं से सौन्दर्य की दीप्ति मुखर हो उठती है। कला की संश्लिष्टता के प्रभाव को ग्रहण करनेवाला व्यक्तित्व भी उतना ही संश्लिष्ट और कोमल होना चाहिए। एक निश्चित बनी-बनाई दृष्टि लेकर समस्त साहित्य की यात्रा करनेवाले और सर्वत्र दो टूक फैसला देनेवाले आलोचक किसी वृत्ति को इस खाने में या उस खाने में डालते चलते हैं। एक निर्दिष्ट समाजवादी दृष्टिवाले प्रगतिशील आलोचकों ने साहित्य को प्रगतिशील, प्रतिक्रियावादी, वैयक्तिक-सामाजिक, आदर्शवादी-यथार्थवादी कठघरों में झोंकना चाहा था। उनके सामने सामाजिक यथार्थ का एक निश्चित रुढ़ स्वरूप था। द्विवेदीजी का मानवतावाद और सामाजिक यथार्थवाद अत्यन्त वैज्ञानिक व्याख्याओं पर आधारित होकर भी साम्प्रदायिक रुचि में मुक्त है। अत: वे अपने-अपने ढंग से मानवता की ज्योति जगानेवाले भक्तिकाव्य, छायावादी काव्य, प्रगतिवादी

साहित्य सभी का समान भाव से आस्वादन और मूल्य-परीक्षण कर लेते हैं। हिन्दी के कबीर, तुलसी, सूर, जायसी, प्रसाद, पन्त, निराला, महादेवी, प्रेमचन्द, अज्ञेय, सभी अपने-अपने ढंग से इन्हें प्रभावित करते हैं, क्योंकि अपने-अपने ढंग से सारे सर्जक मानव की अन्तर्निहित एकता के सत्य को उद्भासित करते हैं और सभी मानवीय छवि तथा कला-छवि के शिल्पी हैं। साहित्य का मानवतावाद नीतिशास्त्र के मानवतावाद तथा उसका यथार्थवाद इतिहास, राजनीति, विज्ञान के यथार्थवाद की तरह स्थूल नहीं होता। वह सूक्ष्म और संश्लिष्ट होता है, दूसरे सौन्दर्य के माध्यम से व्यक्त होता है। सौन्दर्य स्वयं हमारी मानवता को प्रभावित करनेवाला एक तत्त्व है। इसलिए जो साहित्य मात्र सौन्दर्य-वृद्धि करता है, वह भी प्रकारान्त से हमारी मानवता को जाग्रत करता है। सौन्दर्य साहित्य का माध्यम भी है और लक्ष्य भी। लक्ष्य के रूप में प्रतिबिम्बित सौन्दर्य वह नहीं है, जो हमारी इन्द्रियों को मोहासक्त कर चेतना को जड़ीभूत करे, वरन् वह है, जो जड़ीभूत चेतना को द्रवित और जाग्रत कर जीवन को व्यापकता में प्रसारित करे। द्विवेदीजी सुन्दरता के इसी रूप के उपासक हैं। सौन्दर्य चाहे माध्यम के रूप में हो, चाहे लक्ष्य के रूप में, वह सन्तुलन से ही प्रादुर्भूत होता है। हमारी चेतना को स्पन्दनशील बनानेवाला सौन्दर्य विशेष सन्तुलन की आवश्यकता रखता है। द्विवेदीजी सौन्दर्य को भी सामाजिक सन्दर्भ में ही स्वीकार करते हैं। वे शाश्वत युग समाज-निरपेक्ष आत्मगत सौन्दर्य को बहुत मूल्य नहीं देते। सौन्दर्य का सम्बन्ध व्यापक समाज की यथार्थ-चेतना से है। सामाजिक यथार्थ की चेतना के आलोक में जो सौन्दर्य को गढ़ता है, वही सौन्दर्य-शिल्पी है, वही सौन्दर्योपासक है।—'साहित्य के उपासक अपने पैर के नीचे की मिट्टी की उपेक्षा नहीं कर सकते। हम सारे बाह्य जगत् को असुन्दर छोड़कर सौन्दर्य की सृष्टि नहीं कर सकते। सुन्दरता सामंजस्य का नाम है। जिस दुनिया में छोटाई-बड़ाई, धनी और निर्धन में, ज्ञानी और अज्ञानी में; आकाश-पाताल का अन्तर हो, वह दुनिया सामंजस्य की नहीं कही जा सकती और इसलिए वह सुन्दर भी नहीं है। इस बाह्य असुन्दरता के ढूह पर खड़े होकर आन्तरिक सौन्दर्य की उपासना नहीं हो सकती। हमें उस बाह्य असौन्दर्य को देखना ही पड़ेगा। निर्धन-निर्वसन जनता के बीच खड़े होकर आप परियों के सौन्दर्य-लोक की कल्पना नहीं कर सकते। साहित्य सुन्दर का उपासक है। इसलिए साहित्यिक को असामंजस्य को दूर करने का प्रयत्न पहले करना होगा। सौन्दर्य और असौन्दर्य का कोई समझौता नहीं हो सकता। सत्य अपना पूरा मूल्य चाहता है। उसे पाने का कोई दूसरा रास्ता नहीं है। हमारे देश का बाह्य रूप न तो आँखों को प्रीति देने लायक है, न कानों को, न मन को, न बुद्धि को। यह सच्चाई है।'' (अशोक के फूल, पृ. 198-199) इस उद्धरण का तात्पर्य यह है कि वही साहित्यकार सौन्दर्य का निर्माण कर सकता है, जो अपने

सामाजिक दायित्व को समझता है और कई प्रकार के तत्त्वों को परस्पर अनुस्यूत करता है। जब वह परम्परा और आधुनिकता, आत्म और बाह्य को परस्पर गूँथता है, जब उसमें सुन्दरता के साथ-ही-साथ सामाजिक असुन्दरता का बोध तथा उसे दूर करने की तड़प होती है, जब उसमें सामाजिक चेतना मूर्तिमान हो उठती है, तभी वह सुन्दर है और सामाजिक पीड़ा के बीच चुपचाप बैठकर मंगल-प्रवचन करनेवाले आत्मोन्मुखी कलाकारों के अमन-राग असुन्दर हैं।

कहा जा चुका है कि द्विवेदीजी की समीक्षा-दृष्टि मूलतः सर्जनात्मक है। वह समग्र जीवन-रचना के लिए हर प्रकार के तत्त्ववाद को स्वीकार करना चाहती है और साहित्य भी समग्र तभी होगा, जब वह समग्र जीवन-दृष्टि से उष्म होगा। इस दृष्टि के सामने मूल प्रश्न यह नहीं होता कि क्या-क्या छोड़ा जाए, बल्कि यह होता है कि कहाँ-कहाँ से क्या-क्या लिया जाए? इस तत्त्व-संग्रही वृत्ति के साथ अतत्त्व-त्यागी वृत्ति अपने आप लगी हुई है, किन्तु त्याग करनेवाली वृत्ति में कभी-कभी किसी पूर्वग्रह के कारण तत्त्वों का भी त्याग हो जाता है। वह कभी-कभी रुचि-विशेष से ग्रस्त होने के कारण अन्य सुन्दर चीजों का भी त्याग कर देती है, किन्तु तत्त्व-संग्रही वृत्ति सत्यान्वेषी की वृत्ति होती है। वह उदार होती है। जहाँ-कहीं उसे जीवन को गढ़नेवाले तत्त्व दिखाई पड़ते हैं, उन्हें ले लेती है। इसी दृष्टि से प्रेरित होकर द्विवेदीजी ने जीवन और साहित्य के भिन्न-भिन्न क्षेत्रों में दिखाई पड़नेवाले तत्त्व को एक साथ स्वीकार किया है। समीक्षा के क्षेत्र में निर्णयात्मक, व्याख्यात्मक, प्रभाववादी समीक्षा-दृष्टियाँ एक-दूसरे से भिन्न और कुछ अंशों में एक-दूसरे की विरोधिनी दिखाई पड़ती हैं, किन्तु द्विवेदीजी इन तीनों समीक्षा-दृष्टियों के भीतर निहित मूल मर्मों को एक साथ अनुस्यूत कर एक को दूसरे का पूरक बना देते हैं। निर्णयात्मक समीक्षा उत्तम, मध्यम, निकृष्ट श्रेणियों का भेद स्वीकार करती है, किन्तु व्याख्यात्मक समीक्षा केवल प्रकार-भेद स्वीकार करती है। व्याख्यात्मक समीक्षा वैज्ञानिक समीक्षा है, जो व्याख्या करती है, निर्णय नहीं देती। द्विवेदीजी इन दोनों समीक्षाओं की उपलब्धियों को स्वीकार करते हुए कहते हैं, "लेकिन वनस्पति शास्त्र के बबूल और गुलाब को जाति-भेद बताने के बाद भी एक ऐसे शास्त्र की आवश्यकता रह जाती है, जो बतावे कि इन दोनों में से किसका नियोग मानव-जाति के कल्याण में किया जा सकता है। इसी प्रकार समालोचक नहीं तो, कोई और ही बतावे कि इस कवि से समाज को क्या लाभ या हानि है—अर्थात्, समाज के लिए कौन कितना उत्कृष्ट या अपकृष्ट है।" (साहित्य का साथी, पृ. 147) इसी प्रकार वे प्रभाववादी समीक्षा के भीतर निहित उसके सौन्दर्य को कोई ठीक-ठिकाने की वस्तु नहीं मानते। उसका न ज्ञान के क्षेत्र में न भाव के क्षेत्र में कोई मूल्य है। किन्तु, द्विवेदीजी शुक्लजी से दूर तक सहमत होते हुए भी

प्रभाववादी समीक्षा के सुन्दर तत्त्व को स्वीकार करते हैं। शुक्लजी समीक्षा में बुद्धि-मूलक-चिन्तन को प्रधान मानते हैं। यह ठीक है, किन्तु भूल जाते हैं कि काव्य की समीक्षा कितनी भी बुद्धि-मूलक क्यों न हो, वह भावावेग को समझाने का प्रयत्न करती है। द्विवेदीजी की दृष्टि में यह कार्य प्रभाववादी समीक्षा बड़ी कुशलता से करती है। चिन्तन और गवेषणा के साथ प्रभाववादी समीक्षा की रचनात्मकता मिल जाए, तो समीक्षा नयी छवि से दीप्त हो उठे। द्विवेदीजी अपनी अनेक व्यावहारिक समीक्षाओं में इस सन्तुलित पद्धति को अपनाकर चले हैं। कबीर-सूर की आलोचना करते समय, द्विवेदीजी ने उसके काव्य-सौन्दर्य को विश्लेषण बुद्धि और रचनात्मक हृदय, दोनों से समझने का बड़ा सुन्दर प्रयास किया है। उनके बहुत से अन्य निबन्ध भी (जैसे समालोचक की डाक, गीत गोविन्द की विरहिणी राधा, आदि) इस कोटि का आलोचना का स्वस्थ स्वरूप प्रस्तुत करते हैं।

परम्परा और प्रगति का सम्बन्ध अविच्छिन्न है। द्विवेदीजी की सन्तुलनवादी दृष्टि इन दोनों में भी सामंजस्य स्थापित करती है। यह बड़ा स्पष्ट है कि द्विवेदीजी वर्तमान जीवन को बहुत महत्त्व देते हैं। वे मानव-समूह के विकास में घोर आस्था रखते हैं। जो भी कुछ नये रूप में सामने आ रहा है, वह हमारे ऐतिहासिक विकास का परिणाम है। उसे भला-बुरा कहकर हम छुट्टी नहीं पा सकते। उसकी नवीन छवियों को, शक्तियों को स्वीकार करना है, उसकी कुरूपताओं से जूझना है, प्रश्नों को समझना है, समस्याओं को हल करना है। वर्तमान जीवन-प्रवाह से कटकर हम जीवन को नहीं देख सकते। इसे ही हमें सुन्दर बनाना है। द्विवेदीजी आधुनिक जीवन-चेतना-सम्पन्न साहित्य को इसीलिए सच्चा साहित्य मानते हैं। परम्परा की ओर पीछे लौटनेवाला जीवन और साहित्य अपने दायित्व और सौन्दर्य, दोनों से चुक जाता है। परम्परा को वर्तमान की ओर उन्मुख करना है, न कि वर्तमान को परम्परा की ओर। वर्तमान को समझने के लिए परम्परा को समझना आवश्यक होता है, क्योंकि जो वर्तमान हमारे सम्मुख आया है, वह एकाएक नहीं आया है, वह न जाने कितने घातों-प्रतिघातों का परिणाम है। न जाने उसके साथ कितने कारण जुड़े हुए हैं, जो अतीत के गर्भ में अदृश्य हैं। उन कारणों को समझना वर्तमान को समझने में सहायक होता है। दूसरे, अतीत में जो विचार-सम्पदा और भाव-सम्पदा सुरक्षित है, वह हमारी मदद करती है। इस प्रकार, परम्परा या इतिहास वर्तमान के सहायक के रूप में ही स्वीकार किए जा सकते हैं, हमारे वर्तमान जीवन-लक्ष्य के रूप में नहीं। ''यह गलत बात है कि मनुष्य कभी पीछे लौटकर ठीक हू-ब-हू उन्हीं विचारों की अपनाएगा, जो पहले थे। जो लोग मध्य युग की भाँति सोचने की आदत को इस भंयकर वात्याचक्र की उलझन से बच निकलने का साधन समझते हैं, वे गलती करते हैं। इतिहास चाहे और किसी क्षेत्र में अपने को दुहरा लेता हो,

विचारों के क्षेत्र में जो गया, सो गया। पर इतिहास हमारी मदद अवश्य करता है। रह-रहकर प्राचीन काल के मानवीय अनुभव हमारे साहित्यकारों के चित्त को चंचल और वाणी को मुखर बनाते अवश्य हैं, पर वे व्यक्ति साहित्यकार की विशेषता-रूप में ही जी सकते हैं।'' (विचार-प्रवाह, पृ. 190)

इसीलिए द्विवेदीजी मानते हैं कि भारतीय अलंकार-शास्त्र उपयोगी हैं, यदि वे प्रेरणा-स्रोत के रूप में कार्य करें। यदि वे संस्कार बनकर, पाठक को देश और काल के बाहर जाने में बाधा दें, तो उनकी उपयोगिता नहीं रहेगी, ''भारतीय समीक्षा के सर्वोत्तम अंगों में से एक का प्रतिनिधित्व करनेवाले इन ग्रन्थों को यों ही नहीं छोड़ देना चाहिए। नयी समीक्षा इन्हें प्रेरणास्रोत मानकर चरितार्थ होगी।'' (विचार-प्रवाह, पृ. 132)

इस सन्दर्भ में भारतीय रसवाद की चर्चा की जा सकती है। रसवाद भारतीय साहित्य-समीक्षा की श्रेष्ठ उपलब्धि कहा जा सकता है, किन्तु उस रसवाद का निर्माण और आस्वादन करने के लिए एक विशेष प्रकार की समंजसवादी मनोवृत्ति आवश्यक होती है। प्राचीन भारतीय व्यवस्था समंजसवादी थी, यानी, भारतीय जनमानस समस्त मानवीय व्यापारों और सम्बन्धों को ईश्वरीय व्यवस्था-द्वारा निर्मित और संचालित मानता था। असन्तोष और विषमता के भाव नहीं पैदा होते थे। रसवाद इसमें समंजसवादी मनोवृत्ति की उपज है। रसबोध पर विचार करते समय, इन पंडितों ने स्वीकार किया है कि दो विरुद्ध भाव एक ही आश्रय के मन में आ सकते हैं। यह अवश्य है कि जिसे वे रसबोध कहते हैं—जो सामाजिक सहृदय के मानसिक संस्कारों की उपेक्षा करके नहीं टिक सकता—उसके लिए ऐसे दो तुल्यबल संवेद घातक सिद्ध होते हैं।

अन्त में कहा जा सकता है कि द्विवेदीजी की समीक्षा-दृष्टि बड़े व्यापक धरातल पर बनी है। वे साहित्य के संश्लिष्ट स्वरूप को निर्मित और प्रभावित करनेवाले सभी तत्त्वों को पहचानते हैं, उनकी परीक्षा करते हैं, उनका आस्वाद लेते हैं। वे प्राचीन के पंडित हैं, नवीन के व्याख्याता है, बुद्धि के धनी है, सहृदयता के पुंज हैं, सामाजिक शक्ति के आकांक्षी हैं, सौन्दर्य के उपासक हैं, भावों और विचारों की समृद्धि साहित्य में देखना चाहते हैं, किन्तु शब्दों के भी मर्मज्ञ और शिल्पी हैं, स्रष्टा के व्यक्तित्व के अध्येता हैं और उसके समूचे परिवेश के सत्यों (जिनके बीच वह सर्जन करता है) को जानने के आग्रही हैं। इस प्रकार द्विवेदीजी साहित्य को परखते समय, उसके समस्त सौन्दर्य और असौन्दर्य तथा उन्हें प्रभावित करनेवाले तत्त्वों का अध्ययन करते हैं। वे आस्वाद सबका लेते हैं (बशर्ते कि वे अपने किसी-न-किसी गुण के कारण साहित्य हों), किन्तु मूल्यांकन के समय उनका अपना स्पष्ट

मानदंड सामने रहता है, "काव्य केवल कौशल नहीं है। वह मनुष्य को सामान्य पशु-धरातल से ऊपर उठाकर उच्चासन पर बैठाने का साधन भी है।"

प्रेमचन्द का अपना मत है जिस पर वे पहाड़ के समान अविचलित खड़े हैं। इस एक महागुण (निश्चित मत) के कारण नाना विरोधों के होते हुए भी जैनेन्द्र कुमार को साहित्य में अपना स्थान बना लेने से कोई रोक न सका। वह उपन्यासकार है ही नहीं यदि उसमें अपनी विशेष दृष्टि न हो और उस विशेष दृष्टि पर उसका दृढ़ विश्वास न हो।

—साहित्य सहचर

मानवतावादी दृष्टि

शम्भुनाथ सिंह

हिन्दी-साहित्य के रंगमंच पर आचार्य हजारीप्रसाद द्विवेदी ने जिस समय अपनी ऐतिहासिक 'भूमिका' को लेकर प्रवेश किया उस समय साहित्य के इतिहास और समीक्षा के क्षेत्र में दो प्रकार की विचार-धाराएँ एक-दूसरे से टक्कर ले रही थीं। पहली विचार-धारा का प्रतिनिधित्व आचार्य रामचन्द्र शुक्ल कर रहे थे, जो साहित्य को युग-सोपक्ष्य मानते हुए भी संस्कारगत वैष्णव नैतिकता के मानदंड से ही सब प्रकार के साहित्य का मूल्यांकन करने में विश्वास रखते थे; दूसरी ओर वे नये आलोचक थे जो छायावादी काव्य-धारा के मूल स्रोतों से प्रेरणा ग्रहण करते थे तथा नवीन मनोविज्ञान और सौन्दर्य-शास्त्र का दृष्टिकोण अपनाकर समीक्षा लिखते थे। इस विचारधारा का प्रतिनिधित्व आचार्य नन्ददुलारे वाजपेयी, डॉ. नगेन्द्र आदि कर रहे थे। गाँधी-युग से बहुत कुछ प्रभाव ग्रहण करते हुए भी आचार्य शुक्ल ने मूलतः सामन्ती आदर्शवाद अथवा सुधारवादी नैतिक दृष्टिकोण को ही अपनी समीक्षा और मूल्यांकन का मानदंड स्वीकार किया था। इसके विपरीत दूसरी विचारधारा के समीक्षकों पर पूँजीवादजनित व्यक्तिवादी जीवन-मूल्यों और व्यक्ति-स्वातन्त्र्य की प्रेरणा से उद्‌भूत सौन्दर्य-भावना और जीवनादर्शों का पूरा प्रभाव था। इन दोनों ही मतवादों में यद्यपि काफी गहराई और व्यापकता थी, किन्तु दोनों की एक बहुत बड़ी कमी यह थी कि उनके पास इतिहास की गतिविधि को पहचानने और साहित्य के साथ उसका सम्बन्ध जोड़ने का कोई वैज्ञानिक साधन नहीं था। इसी कारण दोनों ही अपने-अपने ढंग से आत्मपरक (Subjective) समीक्षा में लगे रहे। एक में 'लोक-मंगल की भावना' हिन्दू राष्ट्रीयता और पुनरुत्थानवाद बनकर रह गयी थी तो दूसरे में वैयक्तिक सौन्दर्य-चेतना ही 'कला कला के लिए' के सिद्धान्त की सीमा तक पहुँच गयी थी। पहला मतवाद महत्तावादी दृष्टिकोण (Classical outlook) से अनुप्राणित था तो दूसरा रोमानी और प्रभाववादी दृष्टिकोण (Romantic and impressionist) से, किन्तु यह तनाव अधिक दिन नहीं रह सकता था। यह

वह काल (1930-40) था जब देश में राष्ट्रीयता नवीन अन्तर्राष्ट्रीयता भावनाओं से शक्ति ग्रहण करके नया बल और नयी प्रेरणा लेकर नवजीवन धारण कर रही थी और पूँजीवादी तथा सामन्तवादी भ्रम का कुहरा फट रहा था। अत: उपर्युक्त दोनों दृष्टिकोणों की सीमाएँ भी स्पष्ट होने लगीं। इसी समय हिन्दी-साहित्य के इतिहास और समीक्षा के क्षेत्र में दो नये दृष्टिकोण सामने आए। पहला ऐतिहासिक, सामाजिक और सांस्कृतिक दृष्टिकोण अथवा मानवतावादी समाजशास्त्रीय दृष्टिकोण था और दूसरा था मार्क्सवादी समाजशास्त्रीय दृष्टिकोण। पहले का प्रारम्भ आचार्य हजारीप्रसाद द्विवेदी ने किया और दूसरे का डॉ. रामविलास शर्मा तथा शिवदानसिंह चौहान आदि ने।

आचार्य हजारीप्रसाद द्विवेदी की हिन्दी-साहित्य को सबसे बड़ी देन यह है कि उन्होंने हिन्दी-साहित्य को एक नयी, उदार और वैज्ञानिक दृष्टि दी है। इनके पूर्व डॉ. पीताम्बरदत्त बड़थ्वाल जैसे खोजियों ने इस दिशा में कार्यारम्भ अवश्य किया था, किन्तु उनके पास वह मानवतावादी उदार दृष्टिकोण नहीं था जो परम्परा और शास्त्र की विवेचना और निष्कर्षों को वर्तमान जीवन में संयोजित करता और इस प्रकार आलोचक साहित्य का ही नहीं मानव समाज का भी पथ-प्रदर्शक बनता है। द्विवेदीजी के पास वह दृष्टिकोण है जो उन्हें उनके विशाल भारतीय वाङ्मय के अध्ययन-मन्थन, वर्तमान विश्व-समाज की समस्याओं और प्रश्नों के चिन्तन-मनन तथा शान्ति-निकेतन के वातावरण और रवि बाबू तथा आचार्य क्षितिमोहन सेन-जैसे उदार व्यक्तित्व वाले मनीषियों के सम्पर्क से निर्मित हुआ है। वस्तुत: द्विवेदीजी हिन्दी के क्षेत्र से भारतीय वाङ्मय के क्षेत्र की ओर नहीं गये हैं, बल्कि भारतीय वाङ्मय के भीतर गुजरते हुए हिन्दी के क्षेत्र में आ पहुँचे हैं और उसमें अपने विशाल ज्ञान की सुविधाओं के साथ उन्होंने अपना एक सुनिश्चित स्थान बना लिया है। यही कारण है कि पूर्ववर्ती आलोचकों से उनकी दृष्टि भिन्न है। द्विवेदीजी ने उस ऐतिहासिक और समाजशास्त्रीय समीक्षा-पद्धति की नींव डाली है जो साहित्य को अपने-आप में स्वतन्त्र मानकर नहीं चलती, बल्कि उसे संस्कृत की जीवन-धारा का एक महत्त्वपूर्ण अंग मानती है। संस्कृति को वे शाश्वत या एकदेशीय वस्तु नहीं मानते। उनके अनुसार वह प्रगतिशील, परिवर्तनशील और परम्परा-नैरन्तर्य से युक्त है। इस तरह अनिवार्यत: साहित्य भी, संस्कृति का अंग होने के कारण, परिवर्तनशील किन्तु प्रगतिशील है। इस सम्बन्ध में उनका कहना है कि "मनुष्य की जीवन-शक्ति बड़ी निर्मम है। वह सभ्यता और संस्कृति के वृथा मोहों को रौंदती चली आ रही है।...देश और जाति की विशुद्ध संस्कृति केवल बात की बात है। शुद्ध है केवल मनुष्य की दुर्दम्य जिजीविषा। वह गंगा की अबाधित-अनाहत धारा के समान सब-कुछ को हजम करने के बाद भी पवित्र है।"[1]

इस तरह तत्कालीन सामाजिक परिस्थिति में सांस्कृतिक गतिविधि, लोकजीवन, राजनीतिक हलचल आदि के बीच रखकर ही साहित्य का परीक्षण करना साहित्य-समीक्षा की समाजशास्त्रीय पद्धति है। कहना नहीं होगा कि हिन्दी-समीक्षा के क्षेत्र में इस दिशा में पहला कदम उठानेवाले आचार्य द्विवेदीजी हैं। आचार्य रामचन्द्र शुक्ल ने साहित्य के इतिहास और आलोचना के सम्बन्ध में जो मानदंड स्थिर किया था, उससे द्विवेदीजी का मानदंड बिल्कुल भिन्न है; वस्तुतः ये दोनों आचार्य साहित्य को दो दिशाओं और दो भिन्न दृष्टियों से देखते हैं। शुक्लजी ने अपनी तर्क-शैली की निपुणता, विचारों की अन्विति और दृढ़ता तथा सूक्ष्म साहित्यिक दृष्टि के बावजूद उन तमाम स्रोतों और प्रभावों की उपेक्षा की है जिनका सम्यक् उद्घाटन और विवेचन द्विवेदीजी ने किया है। शुक्लजी ने यदि हिन्दी-साहित्य को उसका इतिहास दिया है तो द्विवेदीजी ने सचमुच उस साहित्य की भूमिका प्रस्तुत की है और इस तरह उनके अधूरे कार्य को पूरा किया है। वस्तुतः ये दोनों व्यक्तित्व एक-दूसरे के पूरक हैं, प्रतिद्वन्द्वी नहीं।

इस सम्बन्ध में ध्यान देने की बात यह है कि शुक्लजी ने अपने इतिहास में सामाजिक, ऐतिहासिक, धार्मिक और अन्य सांस्कृतिक पृष्ठभूमियों को अपेक्षाकृत कम महत्त्व तो दिया ही है, विभिन्न कालों के साहित्य के मूल्यांकन में उन्होंने तटस्थता भी नहीं बरती है। उदाहरणार्थ भक्ति-काल में उन्होंने सगुण-मार्ग की राम-भक्ति शाखा और निर्गुण मार्ग की प्रेमाश्रयी शाखा के विवेचन में जितना रस लिया और जितनी विशद विवेचना की है, उतनी ज्ञानाश्रयी शाखा और कृष्ण-भक्ति शाखा की नहीं, इसका कारण उनका वह वैष्णव संस्कार और दार्शनिक विचारधारा है जिसकी अभिव्यक्ति उनके विभिन्न ग्रन्थों और निबन्धों में हुई है। साथ ही वे लोक-मंगलवादी और रसवादी आलोचक भी थे। इन दोनों कारणों से साहित्य के प्रति उनकी विशेष धारण थी जिसका आदर्श रूप उन्हें तुलसी में प्राप्त हुआ था। इसी पूर्वग्रह के साथ उन्होंने प्रत्येक कवि और प्रत्येक युग के साहित्य पर विचार किया है। अतः यह निश्चित था कि वे कबीर आदि सन्त कवियों के प्रति तटस्थ और उदार दृष्टि नहीं अपना सकते थे। अपभ्रंश के कवियों के सम्बन्ध में भी उनकी यही धारणा थी। उनके अनुसार निर्गुण सन्त और सिद्ध कवि साम्प्रदायिक और धर्मचालित अधिक थे, उनमें सामाजिक सद्भावना और सहृदयता की कमी थी और उनकी "बानी में लोक-धर्म की अवहेलना छिपी हुई थी।" साहित्य के इतिहासकार और समीक्षक के लिए जिस तटस्थता और उदारता की आवश्यकता

1. 'अशोक के फूल', पृ. 8

होती है और जिसकी शुक्लजी में अपेक्षाकृत कमी है, वह द्विवेदीजी में पूर्ण रूप से दिखलाई पड़ती है। द्विवेदीजी के समूचे साहित्य में पूर्वग्रह जैसी चीज नहीं दिखलाई पड़ती है। 'सूर-साहित्य' और 'मध्यकालीन धर्म-साधना' में कृष्ण-भक्ति शाखा के सम्बन्ध में उन्होंने विशदता और तन्मयता से विचार किया है, जिस तरह 'कबीर' और 'हिन्दी-साहित्य की भूमिका' में सन्तों की निर्गुण-धारा पर। इसी प्रकार रीति-काल के सम्बन्ध में भी उन्होंने अपनी पद्धति से सम्यक् विचार किया है और उसे प्राचीन भारतीय साहित्य की परम्परा के मेल में रखकर देखा है।

शुक्लजी ने मध्यकाल के जिस लोक-धर्म की बात कही, वस्तुतः वह लोक धर्म नहीं, हिन्दू समाज के सवर्ण वर्ग के विशिष्ट लोगों का धर्म था। वस्तुतः लोकधर्म तो उस विशाल जन-समुदाय का वह आचार-विचार और विश्वास था, जो शिक्षित और विशिष्ट हिन्दू-जनता के धर्म-आचार से बहुत-कुछ भिन्न था। दूसरे शब्दों में पहला समुदाय ब्राह्मण-संस्कृति से प्रभावित था और दूसरा विशाल बहुजन-समाज समग्र संस्कृति की परम्पराओं से आबद्ध था। अतः अपभ्रंश सिद्ध जैसे कवियों और बाद के सन्तों ने जिस धर्म-विश्वास की अभिव्यक्ति की है वही तत्कालीन लोक-धर्म और लोक-विश्वासों का सच्चा रूप है। इस दृष्टि से तत्कालीन संस्कृति के स्वरूप, उस काल को सामाजिक-धार्मिक परिस्थितियों का पता लगाने के लिए निर्गुण धारा के कवियों पर विशेष रूप से विचार होना चाहिए था। यह काम द्विवेदीजी ने अत्यन्त सफलतापूर्वक किया है। जिस कविता को शुक्लजी ने 'जैन धर्म के उपदेश-विषयक' या 'लोक धर्म-विरोधी' या 'साम्प्रदायिक' और शुष्क ज्ञानोपदेश कहा है; उसी के सम्बन्ध में द्विवेदीजी कहते हैं, "उनमें कई रचनाएँ ऐसी हैं जो धार्मिक तो हैं, किन्तु उनमें साहित्यिक सरसता बनाए रखने का पूरा प्रयास है। धर्म वहाँ कवि को केवल प्रेरणा दे रहा है।....इधर कुछ ऐसी मनोभावना दिखलाई पड़ने लगी है कि धार्मिक रचनाएँ साहित्य में विवेच्य नहीं हैं। कभी-कभी शुक्लजी के मत को इस सम्बन्ध में उद्धृत किया जाता है। मुझे यह बात बहुत उचित नहीं मालूम देती। धार्मिक प्रेरणा या आध्यात्मिक उपदेश होना काव्यत्व का बाधक नहीं समझा जाना चाहिए।...धार्मिक साहित्य होने मात्र से कोई रचना साहित्य की कोटि से अलग नहीं की जा सकती। यदि ऐसा समझा जाने लगे तो तुलसीदास का 'रामचरितमानस' भी साहित्य क्षेत्र में अविवेच्य हो जाएगा और जायसी का 'पद्मावत' भी साहित्य सीमा के भीतर नहीं घुस सकेगा।"[1]

---

1. 'हिन्दी-साहित्य का आदिकाल', पृ. 11

सच बात तो यह है कि अगर केवल शुक्लजी के रसवाद की दृष्टि से ही साहित्य को देखा जाएगा तो साहित्य की सीमा बहुत संकीर्ण हो जाएगी।

द्विवेदीजी की जीवन-दृष्टि उनके समीक्षा-साहित्य में प्रत्यक्ष रूप से सर्वत्र अभिव्यक्त हुई है। वे साहित्य को सामान्य जनता के जीवन से विच्छिन्न कोई अलग वस्तु नहीं मानते। मनुष्य को जीवन के केन्द्र में प्रतिष्ठित करके ही उन्होंने समूचे साहित्य को देखने का प्रयत्न किया है। यह मनुष्य-समग्र और मुक्त, एक इकाई के रूप में है; विभिन्न वर्णों-वर्गों, धर्मों-सम्प्रदायों, जातियों-राष्ट्रों आदि की सीमाओं में बँटा और बँधा मनुष्य नहीं। उन्होंने प्रमाणों और उदाहरणों द्वारा बराबर यह सिद्ध करने का प्रयत्न किया है कि विभिन्न जातियों और देशों के बीच आदि काल से सांस्कृतिक तत्त्वों का आदान-प्रदान होता आया है, क्योंकि सत्य एकदेशीय या एकजातीय नहीं होता। साहित्य और कला भी ऐसे ही सत्य हैं जिनके सम्बन्ध में द्विवेदीजी कहते हैं: "मनुष्य के सभी विराट् प्रयत्नों के मूल में कुछ व्यक्तिगत या समूहगत विश्वास होते हैं, परन्तु जब वे उस संस्कारजन्य प्रयोजन की सीमा का अतिक्रमण कर जाते हैं, तो उसमें मनुष्य की विराट् एकता और अपार जिजीविषा का कोई ऐश्वर्य प्रकट होता है। फिर वह किसी समूह में आबद्ध न होकर मनुष्य-मात्र की सम्पत्ति हो जाता है।" इस कथन से यह स्पष्ट है कि वे मानव-मात्र की एकता में विश्वास करते हैं और पाश्चात्य संस्कृति तथा पौर्वात्य या भारतीय संस्कृतियों के भेद को कृत्रिम मानते हैं। कुछ प्रतिक्रियावादी आलोचक संकीर्ण राष्ट्रीयता के जोश में यहाँ तक कहने लगते हैं कि संसार का सब ज्ञान-विज्ञान भारत से ही बाहर गया है, अतः हमें भारतीय संस्कृति को दृढ़तापूर्वक पकड़े रहना चाहिए, ऐसे लोगों के सम्बन्ध पें द्विवेदीजी कहते हैं कि "इस प्रतिक्रिया के कारण इस देश में उन अत्यन्त उत्साहपरायण समालोचकों का आविर्भाव हुआ है जो सब समस्याओं का समाधान एक ही कसौटी पर कसकर करने लगे हैं, 'हमारे यहाँ' ऐसा माना है या 'हमारे यहाँ' ऐसा नहीं माना है। 'हमारे यहाँ' उनका अमोघ ब्रह्मास्त्र है, जिससे किसी को भी धराशायी बनाया जा सकता है। "पाश्चात्य विचार का प्रभाव उनका ऐसा बहुधा विघोषित निन्दा-वाक्य है कि जिस किसी विचार को परास्त करने के लिए यह एक वाक्यांश बहुत काफी समझा जा सकता है।"[1] कहने की आवश्यकता नहीं कि द्विवेदीजी का संकेत शुक्लजी तथा उनके जैसे इतर विचारकों की ओर है।

मनुष्यता या मनुष्य की एकता के सम्बन्ध में 'साहित्य का मर्म' शीर्षक अपने भाषण में द्विवेदीजी ने बहुत ही वैज्ञानिक ढंग से विचार किया है। मानवतावाद

---

1. 'साहित्य का मर्म', पृ. 39

निश्चय ही एक आदर्शवाद है, जिसका प्रतिपादन आदि काल से बड़े-बड़े महात्मा और महापुरुष करते आए हैं। किन्तु द्विवेदीजी का मानवतावाद यथार्थोन्मुख मानवतावाद है, जो इतिहास और विज्ञान से मुँह मोड़कर चलनेवाला नहीं है। इस मानवतावाद की अभिव्यक्ति उन्होंने 'हिन्दी-साहित्य की भूमिका' और 'कबीर' में इतिहास का आश्रय लेकर की है तो 'साहित्य का मर्म' में यह अभिव्यक्ति ज्ञान और विज्ञान के विविध स्वरूपों के उद्घाटन के माध्यम से हुई है। इसमें उन्होंने स्पष्ट शब्दों में कहा है कि "काव्य और विज्ञान एक ही मानवीय चेतना के दो किनारों की उपज हैं' वे परस्पर विच्छिन्न नहीं हैं, परस्पर विरुद्ध तो नहीं ही हैं। सौन्दर्य-शास्त्र का आलोचक सामंजस्य खोजता है।" अर्थात् साहित्य के आलोचक को विज्ञान और राजनीति आदि शास्त्रों से सहायता लेनी ही पड़ेगी, अन्यथा वह साहित्य के मर्म तक नहीं पहुँच सकता है। द्विवेदीजी ने आलोचना के क्षेत्र में साहसपूर्ण कदम उठाकर इतिहास, धर्म-विज्ञान, पुराण-विज्ञान, प्राच्य-विद्या, जीव-विज्ञान, मनोविज्ञान, प्रजनन-शास्त्र, नृतत्त्व-शास्त्र, पुरातत्त्व-विज्ञान, नीतिशास्त्र, कानून, अर्थशास्त्र, राजनीति-शास्त्र, आदि सबसे भरपूर लाभ उठाया है। भारत के लिए यह कोई नयी बात नहीं है कि यहाँ काव्यशास्त्र को वेदान्त, मीमांसा, न्याय, धर्मशास्त्र, कामशास्त्र आदि ने किस सीमा तक प्रभावित किया है यह साहित्य के साधकों से छिपा नहीं है। अत: आज के युग में ज्ञान-विज्ञान के उन अंगों का, जो पश्चिम में आए हैं, समीक्षा के क्षेत्र में उपयोग करने में क्या बुराई है? उन्होंने जीव-विज्ञान के अध्ययन का निष्कर्ष और साहित्य के लिए उसकी उपयोगिता की चर्चा करते हुए मनुष्यता की परिभाषा इस प्रकार की है : "जो जैसा है उसे वैसा ही मान लेना मनुष्य-पूर्व जीवों का लक्षण था, पर जो जैसा है वैसा नहीं बल्कि जैसा होना चाहिए वैसा करने का प्रयत्न मनुष्य की अपनी विशेषता है। इसमें प्रयत्न की आवश्यकता होती है, प्रयत्न करना मनुष्य का स्वाभाविक धर्म है...लोभ सहजात मनोवृत्ति है, वह पशु और मनुष्य में समान है। पर औदार्य, पर दु:ख-संवेदन उसमें नहीं होते, यह मनुष्य की अपनी विशेषता है..इसी प्रकार आहार, निद्रा आदि पशुसामान्य धरातल से जो ऊपर की चीज है, जो संयम से, तप से, औदार्य से, और त्याग से प्राप्त होती है वह मनुष्य की अपनी विशेषता है; यही मनुष्य की मनुष्यता है। फिर मनुष्य प्रकृति के नियमों का विश्लेषण करता है और इस प्रकार उनका उपयोग करता है कि जिससे वह नयी सृष्टि कर सके। विवेक, कल्पना, औदार्य और संयम मनुष्यता हैं और इसके विरुद्ध जानेवाले मनोभाव मनुष्यता नहीं हैं।"[1]

मनुष्य-मात्र की मंगल-भावना और जीवन के प्रति सुप्रतिष्ठित दृष्टि से द्विवेदीजी का तात्पर्य यह है कि साहित्यकार का लक्ष्य मनुष्य का हितसाधन करना

1. 'साहित्य का मर्म', पृ. 68

है और उसे कला के लिए निरुद्देश्य और कल्पनाश्रित प्रेरणा नहीं ग्रहण करनी चाहिए। स्पष्ट ही यह दृष्टिकोण उदार और सहिष्णुतापूर्ण होते हुए भी सर्वोदयवादी नहीं है। द्विवेदी जी की सामाजिक चेतना विद्रोह पर आधारित है। पर यह विद्रोह मानव-मात्र का उसके अथक प्रयत्नों के रूप में, सहज विद्रोह है, जिसका विधाता स्वयं 'इतिहास देवता' है। अतः द्विवेदीजी ने राजनीतिक नहीं, बल्कि सामाजिक क्रान्ति की इतिहाससम्मत विचारधारा को विशेष रूप से वाणी दी है; भक्ति और सन्त-साहित्य में उसी विद्रोह का स्वर फूटा है और द्विवेदीजी ने उन स्वरों को सुनकर युग की आवश्यकता के अनुरूप उनका मूल्यांकन किया है। किन्तु वे अन्ध क्रान्ति की बात नहीं करते, वे सहज क्रान्ति चाहते हैं। क्रान्ति का अर्थ वे अतीत की परम्परा से वर्तमान को तोड़ लेना नहीं मानते और न यही मानते हैं कि राष्ट्रों और जातियों की अपनी विशेषताएँ कभी नष्ट हो जाएँगी और सब एक साँचे में ढल जाएँगे; यह तो आदर्शवादी या काल्पनिक क्रान्ति है। इस सम्बन्ध में उनका स्पष्ट मत है : "मेरी अल्प बुद्धि में तो यही सूझता है कि समाज के नाना स्तरों के लिए अलग-अलग ढंग की भाषा होगी, नाना उद्देश्यों की सिद्धि के लिए नाना भाँति के प्रयत्न करने होंगे। सारे प्रान्तीय-मान विरोधों का सामंजस्य एक ही बात से होगा, मनुष्य का हित।....हमारे समस्त प्रयत्नों का लक्ष्य एक मात्र वही मनुष्य है। उसको वर्तमान दुर्गति से बचाकर मनुष्य के आत्यन्तिक कल्याण की ओर उन्मुख करना ही हमारा लक्ष्य है, यही सत्य है, यही धर्म है; सत्य वही नहीं जो मुख से बोलते हैं, सत्य वह है जो मनुष्य के आत्यन्तिक कल्याण के लिए किया जाता है।"[2] इस प्रकार द्विवेदीजी की विचारधारा क्रान्तिकारी होते हुए भी उदार, सहिष्णु और सामंजस्यपूर्ण है। वे मनुष्य के चरम हित की कामना करते हुए भी उसे मनुष्य रूप में देखना चाहते हैं, अतिमानव या देवता के रूप में नहीं। इसीलिए उन्होंने विज्ञान के बढ़ते हुए कुप्रभावों, युद्धों और राजनीतिक हठवादिता का भी जगह-जगह विरोध किया है।

पहले कहा जा चुका है कि द्विवेदीजी का दृष्टिकोण ऐतिहासिक, वैज्ञानिक और समाजशास्त्रीय है। उनकी इतिहास सम्बन्धी मान्यता साहित्य के पूर्ववर्ती इतिहासकारों अथवा इतिहासशास्त्र के अध्यापकों की मान्यता से बिल्कुल भिन्न है। इतिहास को वे गड़ा मुरदा या विगत तथ्यों का ब्योरा नहीं मानते, बल्कि उसे एक जीवन्त-शक्ति मानते हैं जिसे वे इतिहास-विधाता या इतिहास देवता कहते हैं। अतः उनके अनुसार मनुष्य ही इतिहास को नहीं बनाता, बल्कि इतिहास भी मनुष्य को बनाता है। इस प्रकार इतिहास सामाजिक जीवनधारा का प्रवाह है, जो एक ओर व्यक्ति को समष्टि में डुबोता रहता है। दूसरे शब्दों में इतिहास केवल व्यक्ति मनुष्य का

1. 'अशोक के फूल', साहित्यकारों का दायित्व

नहीं, बल्कि समाज और उसके परिवेश के संघर्ष का नाम ही इतिहास है अर्थात् मानव-प्रयत्नों और परिवेश की प्रतिक्रियाओं की अटूट परम्परा ही इतिहास है। वह एक अखंड-धारा के समान है जिसके प्रवाह में कालान्तर में संस्कृतियों के अनावश्यक मृत तत्त्व नष्ट होते रहते हैं और आवश्यक, उपयोगी और जीवन तत्त्व प्रवाहित होते रहते हैं। इस प्रकार इतिहास ने द्विवेदीजी को सांस्कृतिक नैरन्तर्य का वह अमोघ अस्त्र, प्रदान किया है जिसके कारण आदिकालीन और मध्यकालीन हिन्दी-साहित्य में उनका प्रवेश सहज और सुकर हो सका है। साहित्य के इतिहास के सम्बन्ध में उनकी धारणा है कि वह ग्रन्थों और ग्रन्थकारों के उद्भव और विलय की कहानी है : "वह काल-स्रोत में बहकर आते हुए जीवन्त समाज की विकास-कथा है। ग्रन्थकार और ग्रन्थ उस प्राणधारा की ओर सिर्फ इशारा करते हैं। वे ही मुख्य नहीं हैं। मुख्य है वह प्राणधारा जो नाना परिस्थितियों से गुजरती हुई आज हमारे भीतर अपने-आपको प्रकाशित कर रही है। साहित्य के इतिहास में हम अपने-आपको पढ़ने का सूत्र पाते हैं।"[1] इस दृष्टि से द्विवेदीजी ने हिन्दी-साहित्य के इतिहास के पुनर्निर्माण का कार्य सफलतापूर्वक किया है, शुक्लजी के इतिहास की सीमाओं का उल्लेख ऊपर किया जा चुका है। द्विवेदीजी ने शुक्लजी द्वारा उपेक्षित युगों और कवियों के सम्बन्ध में जो कार्य किया है वह अत्यन्त महत्त्वपूर्ण है। 'हिन्दी साहित्य की भूमिका', 'कबीर', 'हिन्दी साहित्य' द्वारा उन्होंने अपनी इतिहास-सम्बन्धी मान्यताओं को रूप प्रदान किया है। हिन्दी साहित्य के आदिकाल अर्थात् अपभ्रंश और वीरगाथा काल की शुक्लजी ने अपने इतिहास में जो उपेक्षा की थी उसके सम्बन्ध में द्विवेदी जी ने लिखा है: "खेद की बात है उस दृष्टि की प्रतिष्ठा, जो शुष्क घटनाओं और तिथियों को ही इतिहास समझती है, उसी का यह परिणाम हुआ है कि देश की अन्य महत्त्वपूर्ण परिस्थितियाँ उपेक्षित कर गयी हैं। यदि इतिहास का अर्थ मनुष्य-जीवन के अखंड प्रवाह का अध्ययन हो तो हिन्दी-साहित्य के आदिकाल का इतिहास एकदम उपेक्षणीय नहीं है, पर दुर्भाग्यवश वह सचमुच ही उपेक्षित रह गया है।"[2] इस प्रकार हम देखते हैं कि इतिहास के प्रति द्विवेदीजी का दृष्टिकोण आत्मगत नहीं वस्तुगत है, इतिहास और समाजशास्त्र की यही वैज्ञानिक दृष्टि है। द्विवेदीजी ने अपने सम्पूर्ण साहित्य में इसका पूर्ण उपयोग किया है।

द्विवेदीजी का आलोचनात्मक साहित्य मोटे तौर पर दो भागों में बाँटा जा सकता है : 1. इतिहास-सम्बन्धी, 2. समीक्षा-सम्बन्धी। साहित्य के इतिहास के

1. 'कल्पलता', पृ. 175
2. वही, पृ. 194

सम्बन्ध में उनकी जो दृष्टि है उसका विवेचन ऊपर किया जा चुका है। उस दृष्टि से उन्होंने हिन्दी-साहित्य आदि और मध्यकाल का मूल्यांकन और पुनर्विवेचन किया है। इन कालों में उन्होंने ऐसी अनेक विचारधाराओं और कवियों की विशेषताओं का उद्घाटन किया है जो या तो हाल के शोधों का परिणाम हैं या जिनकी परम्परा के मूल स्रोतों का, वैदिक साहित्य से लेकर अपभ्रंश साहित्य तक का आलोड़न कर के, लेखक ने स्वयं पता लगाया है और इस तरह हिन्दी-साहित्य के इतिहास के लिए विपुल सामग्री प्रस्तुत की है। 'हिन्दी-साहित्य का आदिकाल' और 'हिन्दी साहित्य की भूमिका' उनके साहित्य के इतिहास-सम्बन्धी ग्रन्थ हैं। इनमें उन्होंने तत्कालीन राजनीतिक, सामाजिक और सांस्कृतिक परिस्थितियों का विशद विवेचन किया है; जिसमें उस काल के अपभ्रंश और पुरानी हिन्दी का साहित्य विकसित हुआ था। हिन्दी के भक्ति-साहित्य के सम्बन्ध में आपका मत है कि वह एक हतदर्प पराजित हिन्दू-जाति की सम्पत्ति नहीं है और न एक निरन्तर पतनशील जाति की चिन्ताओं का मूर्त प्रतीक है। इस सम्बन्ध में वे कहते हैं कि "अगर इस्लाम नहीं आया होता तो भी इस साहित्य का रूप बारह आना वैसा ही होता जैसा आज है।" अपने मत की पुष्टि के लिए द्विवेदीजी ने ईसा की पहली शताब्दी से लेकर 15वीं शताब्दी तक की सांस्कृतिक परिस्थितियों का विश्लेषण किया है और यह सिद्ध किया है कि "ई. सन् के हजार वर्ष बाद यहाँ के सभी सम्प्रदाय, शास्त्र और मत धीरे-धीरे लोक मत में घुल-मिलकर लुप्त हो गये जिसकी स्वाभाविक परिणति का मूर्त प्रतीक हिन्दी-साहित्य है।" इस प्रकार द्विवेदीजी हिन्दी के आदिकाल और भक्तिकाल के साहित्य को मुसलमानी आक्रमण की प्रतिक्रिया नहीं मानते और न वे मतों, आचार्यों, सम्प्रदायों और दार्शनिक चिन्ताओं के मानदंड से लोक-चिन्ता की माप ही करना चाहते हैं। इसके विपरीत वे लोक-चिन्ता की अपेक्षा में उन्हें देखने की सिफारिश करते हैं और इस निष्कर्ष पर पहुँचते हैं कि "भारतीय पांडित्य ईसा की एक सहस्राब्दी बाद आचार-विचार और भाषा के क्षेत्र में स्वभावतः ही लोक की ओर झुक गया था। यदि अगली शताब्दियों में भारतीय इतिहास की अत्यधिक महत्त्वपूर्ण घटना अर्थात् इस्लाम का प्रमुख विस्तार—न भी घटी होती तो भी वह इसी रास्ते जाता। उसके भीतर की शक्ति उसे इसी स्वाभाविक विकास की ओर ठेले लिए जा रही थी, उसका वक्तव्य विषय कथमपि विदेशी न था।"[1] इस प्रकार द्विवेदीजी ने हिन्दी-साहित्य को भारतीय साहित्य-परम्परा का स्वाभाविक विकास और लोक-चेतना का प्रतीक माना है। यह मत पूर्ववर्ती इतिहासकारों के मत से सर्वथा भिन्न है।

1. 'हिन्दी साहित्य की भूमिका', पृ. 15

इस दृष्टि से देखने पर हिन्दी-साहित्य के अध्येता के लिए उन तमाम स्रोतों का अध्ययन करना ही आवश्यक हो जाता है, जिनके द्वारा पिछले हजार वर्षों में हिन्दी भाषा-भाषी जनता की चेतना का निर्माण और विकास हुआ। द्विवेदीजी ने अपने विशाल अध्ययन के द्वारा यह कार्य आसान कर दिया है। उन्होंने भारतीय समाज में विभिन्न कालों में आकर घुल-मिल जानेवाली विभिन्न जातियों और उनके धर्म-साहित्य, रीति-नीति आदि का समाजशास्त्रीय विश्लेषण किया है और इस तरह तत्सम्बन्धी पूर्वप्रचलित अनेक भ्रमों का निवारण किया है। उन्होंने विभिन्न सम्प्रदायों, धर्मों और शास्त्रों के ऐसे तत्त्वों का भी विश्लेषण किया है जिनकी अमिट छाप लोक-चेतना के माध्यम से हिन्दी-साहित्य पर पड़ी है। उनकी 'कबीर', 'नाथसम्प्रदाय', 'मध्यकालीन धर्म-साधना' और 'प्राचीन भारत के कलात्मक विनोद' नामक पुस्तकों में अनेक इस प्रकार के शोध और अध्ययन सम्बन्धी कार्यों की विवृत्ति दिखाई पड़ती है। इतिहास-सम्बन्धी उनका यह कार्य उनकी प्रस्तावना के बिल्कुल अनुरूप है : "मेरा अनुमान है कि हिन्दी साहित्य का इतिहास लिखने के पहले निम्नलिखित साहित्यों की जाँच कर लेना बड़ा उपयोगी होगा, जिनकी अच्छी जानकारी के बिना हम न तो भक्तिकाल के साहित्य को समझ सकेंगे और न वीरगाथा या रीतिकाल को। 1. जैन और बौद्ध अपभ्रंश का साहित्य, 2. काश्मीर के शैवों और दक्षिण तथा पूर्व के तान्त्रिकों का साहित्य, 3. उत्तर और उत्तर-पश्चिम के नाथों का साहित्य 4. वैष्णव आगम, 5. पुराण, 6. निबन्ध ग्रन्थ, 7. पूर्व के प्रच्छन्न बौद्ध वैष्णवों का साहित्य, 8. विविध लौकिक कथाओं का साहित्य।[1] कहने की आवश्यकता नहीं कि इन सभी दिशाओं में द्विवेदीजी की गति है, जिसका प्रमाण उनका समूचा साहित्य है।

उपर्युक्त विवेचन से यह स्पष्ट है कि द्विवेदीजी की चिन्ता-धारा और सोचने विचारने की शैली पूर्ववर्ती तथा समकालीन इतिहासकारों और समीक्षकों से बिल्कुल भिन्न है। उनका इतिहासकार और समीक्षक-रूप परस्पर इतना घुलमिल गया है कि दोनों को अलग-अलग करके देखना असम्भव जैसा है। वस्तुतः वे प्राच्यविद्याविशारद पाश्चात्य विद्वानों—मैक्समूलर, बेबर, मेकडानल्ड, कीथ, पिशेल, विंटरनित्स, ब्लूमफील्ड आदि की दिशा में काम करनेवाले हिन्दी के प्रथम विद्वान् हैं, उनकी पैनी दृष्टि जितनी शोध कार्य में रमती है उतनी अमूर्त समीक्षा के क्षेत्र में नहीं। 'साहित्य का मर्म' और 'साहित्य का साथी' में उनके विशुद्ध आलोचनात्मक विचार अभिव्यक्त हुए हैं, जिन्हें देखकर निस्संकोच कहा जा सकता है द्विवेदीजी की तात्त्विक आलोचना की दृष्टि उनके इतिहासकार की दृष्टि से कम

1. 'अशोक के फूल', पृ. 89

सूक्ष्म और तलप्रवेशिनी नहीं है; हाँ, उस दिशा में अधिक कार्य करने का अवकाश उन्हें नहीं मिल सका, क्योंकि उनकी सारी शक्ति हिन्दी-साहित्य के इतिहास के उपेक्षित अंगों के उद्घाटन की ओर ही लगी रही है। फिर भी, अपने इतिहास ग्रन्थों और फुटकल निबन्धों में उन्होंने आलोचना की दिशा में भी नये ढंग से विचार किया है। हिन्दी के काव्य रूपों के विकास की ओर किसी आलोचक ने ध्यान नहीं दिया था। 'हिन्दी-साहित्य का आदिकाल' में उन्होंने हिन्दी-काव्य रूपों का सूत्र प्राकृत और अपभ्रंश के काव्य-रूपों में खोजा है, साथ ही विभिन्न प्रान्तों के साहित्य का हिन्दी-साहित्य के साथ सम्बन्ध जोड़कर काव्य रूपों का तुलनात्मक अध्ययन किया है। काव्य-रूढ़ियों और कथानक-रूढ़ियों या अभिप्रायों के सम्बन्ध में उन्होंने जो विचार किया है, उससे हिन्दी के काव्य-रूपों के अध्ययन क्षेत्र में एक नयी दिशा ही खुल गयी है। लोक-कथाओं, प्राचीन-निजन्धरी कथाओं और लोकगीतों के मेल में रखकर हिन्दी-साहित्य को देखने की यह बिल्कुल नयी किन्तु अत्यधिक सम्भावनाओं से भरी दिशा है। ऐतिहासिकता के उलझन-भरे प्रश्न का बहुत कुछ समाधान हो जाता है। आदि और मध्यकालीन हिन्दी-कविता में प्रयुक्त छन्दों और उनकी परम्पराओं के सम्बन्ध में भी इस ग्रन्थ में विशद विवेचन किया गया है।

पहले कहा जा चुका है कि द्विवेदीजी की विचारधारा आत्मगत और पूर्वाग्रहयुक्त नहीं है। उन्होंने जो कुछ लिखा है, ऐतिहासिक और वैज्ञानिक आधार पर उसे प्रमाणों और उदाहरणों से पुष्ट किया है। अत: उनकी आलोचना में उनका सन्तुलित दृष्टिकोण सर्वत्र दिखलाई पड़ता है। इस सम्बन्ध में उनका मत है कि "सन्तुलित दृष्टि वह नहीं है जो अतिवादिताओं के बीच एक मध्यमार्ग खोजती फिरती है, बल्कि वह है जो अतिवादियों की आवेगतरल विचारधारा का शिकार नहीं हो जाती और किसी पक्ष के उस मूल सत्य को पकड़ सकती है जिस पर बहुत बल देने और अन्य पक्षों की उपेक्षा करने के कारण उक्त अतिवादी दृष्टि का प्रभाव बढ़ा है।" उनके विचार से सन्तुलित दृष्टि सत्यान्वेषी दृष्टि है, जो एक ओर यदि सतत समग्र मूर्ति को देखने का प्रयास करती है तो वहीं दूसरी ओर वह सदा अपने को सुधारने और शुद्ध करते रहने को प्रस्तुत करती है, वह सभी प्रकार के दुराग्रह और पूर्वाग्रह से मुक्त रहने की और सब तरह के सही विचारों को ग्रहण करने की दृष्टि है। कहने की आवश्यकता नहीं कि द्विवेदीजी की यह सन्तुलित विचारधारा ही सच्चे अर्थों में वैज्ञानिक समाजशास्त्रीय विचारधारा है और यही हिन्दी-साहित्य को उनकी सबसे बड़ी देन है। वैज्ञानिक समाजशास्त्रीय दृष्टि का अर्थ कुछ लोग यह लगाते हैं कि वह मार्क्सवाद के सिद्धान्त के साँचे में ढली हो, उसमें भी आगे जाकर कुछ लोग कम्युनिस्ट पार्टी के अनिश्चित राजनीतिक सिद्धान्तों और कार्यक्रमों के अनुसार साहित्य की रचना और व्याख्या करने को ही वैज्ञानिक समाजशास्त्रीय आलोचना कहते हैं। ऐसे ही लोग द्विवेदीजी को कभी

पुनरावर्तनवादी और जातीयवादी (Racialist) तक कह देते हैं। ऐसे संकीर्ण मतवादी आलोचक यह भूल जाते हैं कि पुनरुत्थानवाद और जातीयतावाद का जितना विरोध द्विवेदीजी के साहित्य में मिलता है उतना अन्यत्र एक साथ शायद ही मिले। स्वयं ऐसे लोगों की समीक्षा-पद्धति के सम्बन्ध में द्विवेदीजी का कहना है कि "प्रगतिशील लेखकों में दो श्रेणी के लेखक हैं। एक तो वे, जो कम्युनिस्ट पार्टी से सम्बन्धित हैं और पार्टी की निर्धारित नीति और अंगुलि निर्देश साहित्य पर लिखते हैं; दूसरे वे, जो पार्टी से सम्बन्धित नहीं हैं पर इन (मार्क्सवादी) विचारों को मानते और तदनुसार यत्न करते हैं...कम्युनिस्ट पार्टी से जिन साहित्यकारों का सम्बन्ध है उनको पार्टी के निर्देश पर चलना पड़ता है। पार्टी का इस प्रकार स्वतन्त्र चिन्तन के मार्ग में आना हितकर नहीं हो सकता।....भविष्य में या तो पार्टी को अपना अंकुश उठा लेना पड़ेगा या प्रथम श्रेणी के साहित्यकार से वंचित रहना पड़ेगा।"[1] निस्सन्देह ये पंक्तियाँ पूर्वाग्रही और उग्र हठवादी आलोचकों की संकीर्ण राजनीतिक विचारधारा से क्षुब्ध होकर लिखी गयी हैं जिनके कारण हिन्दी-आलोचना का अपने स्वाभाविक मार्ग पर विकास नहीं हो रहा है और जिसमें छिछले प्रचार और मार्क्सवादी मनमानी व्याख्या के अतिरिक्त और कुछ नहीं रहता। द्विवेदीजी ने आलोचना से जिस विद्वत्तापूर्ण, किन्तु सहज, वैज्ञानिक तथा तटस्थ किन्तु सोद्देश्य मार्ग की ओर अंगुलिनिर्देश किया है वह सर्वथा नवीन होते हुए भी कठिन है; उस पर चलने के लिए पांडित्य और शक्ति की आवश्यकता है। उसे पार करना किसी एक व्यक्ति के बूते का काम नहीं है। अनेकानेक खोजियों के सम्मिलित प्रयत्न, उनकी शक्ति, योग्यता और ईमानदारी पर द्विवेदीजी द्वारा निर्दिष्ट लक्ष्य की प्राप्ति निर्भर करती है।

> *साहित्य सृष्टि की मूल शक्ति का नाम संश्लेषणी है, विश्लेषणी नहीं। स्थायी साहित्य की रचना के लिए आवश्यक है एक अत्यन्त दृढ़ समुन्नत भूमि। वह एक तरफ जहाँ मानव-चित्त के अत्यन्त निकट नहीं होना चाहिए वहाँ उसमें सामयिकता की ऐसी निकटता भी नहीं होनी चाहिए जो चित्त की तत्तद् समस्याओं में उलझा दे। वर्तमान साहित्य इस रास्ते पर नहीं चल रहा है। उसमें विश्लेषण की प्रधानता है संश्लेष या संघात का नहीं, वह किसी दृढ़ समुन्नत भित्ति पर अवस्थित नहीं है, अथ उसमें सामयिकता की मात्रा पर्याप्त है।*
>
> —सूर साहित्य

1. 'हिन्दी-साहित्य', पृ. 494

अतीत कथा

"मैं इन उपन्यासों को अत्यन्त आधुनिक मानता हूँ। उपन्यास के सामान्य गुणों के फ्रेम में ठीक से न बैठती हुई भी वे कृतियाँ महान संकेतों से उद्भासित हैं। नवीन समस्याओं के बीच रास्ता ढूँढनेवाले नये लोग जिस खंडित दृष्टि से देश की समस्याओं का निराकरण कर रहे हैं, उनके परिष्कार और विस्तार के लिए इन दो ग्रन्थों का फलितार्थ समझना आवश्यक होगा।"

—ठाकुरप्रसाद सिंह

द्विवेदीजी का परकायप्रवेश

ठाकुरप्रसाद सिंह

'बाणभट्ट की आत्मकथा' तथा 'चारुचन्द्रलेख' के प्रकाशन के बीच लगभग सोलह सत्रह वर्षों का अन्तराल है। दोनों रचनाओं के समाजों में भी तीन-चार सौ वर्षों का अन्तर है, लेकिन 'बाणभट्ट की आत्मकथा' के साथ 'चारुचन्द्रलेख' का सम्बन्ध अत्यन्त क्रमिक है; दोनों उपन्यास मूल समस्याओं तथा अभिप्राय की दृष्टि से लगभग एक उपन्यास के दो खंडों जैसे ही लगते हैं। बाणभट्ट की प्रसिद्ध रचना 'कादम्बरी' के पूर्व और उत्तर भागों की तरह इनमें थोड़ा बहुत अन्तर यदि है तो शैली की निविड़ता की मात्रा भर का ही है। अन्यथा दोनों रचनाओं में लगभग एक जैसी स्थिति और मन:स्थिति है। आज से लगभग 18-19 वर्ष पहले आत्मकथा पढ़ी थी पर आज नवीन प्रसंग में उसे पढ़ने पर कितने ही नये संकेत इस रचना में मिलते है। वैसे ही चारुचन्द्रलेख को भी आत्मकथा के क्रम में पढ़ने पर कई सूत्र जुटते हैं और इस प्रकार दोनों रचनाएँ मिलकर मेरे ऊपर एक सम्मिलित प्रभाव डालती हैं।

कहीं पढ़ा है कि बड़ी रचनाएँ काल को झेल कर जीवित रही हैं। उनके जीवित रहने की सबसे बड़ी शर्त है उनकी हर नये परिवर्तन के लिए नवीन-नवीन अर्थवत्ता। प्रारम्भ में रचनाएँ एक विशिष्ट अर्थ ग्रहण करती हैं, लेकिन बाद के वर्ष उन्हें नये अर्थ देते हैं और ज्यों ही कोई रचना यह शक्ति खो देती है, उसकी अमरता चुक जाती है। हर बड़ी रचना में रचनाकार के अर्थ के अलावा इतनी जगहें बची रहती हैं कि आनेवाली पीढ़ी उसमें आसानी से नये अर्थ भर सके। द्विवेदीजी के ये दोनों ग्रन्थ, जिन्हें मैं सुविधा के लिए एक ही ग्रन्थ के दो हिस्से कह रहा हूँ, इस दृष्टि से आज नये सिरे से पढ़ने पर नये अर्थ ग्रहण करने में समर्थ लगते हैं।

उपन्यास के शिल्प की दृष्टि से इन ग्रन्थों को देखने की स्थिति में मैं नहीं हूँ। हो सकता है आज के आलोचकों को यह दोनों कृतियों नवीन अर्थों में उपन्यास लगें भी नहीं, इनका सारा गठन और इनकी बुनावट जिन तानों-बानों से हुई है,

वे आज के बाजारों में शायद मिलेंगे नहीं। महाकवि बाणभट्ट के युग में जीने के बाद तथा नाथसिद्ध-युग को पूरी तरह से आत्मसात् करने के बाद लिखी गयी ये कृतियाँ नये उपन्यास की परिभाषा के फ्रेम में किसी भी तरह अपने को अँटा नहीं पाएँगी, यह तय है। नये पाठकों के लिए इन ग्रन्थों का छन्द अनजाना है वैसे ही लेखक के निविड़ मनोलोक की गहराइयाँ भी उसके लिए कौतूहल से अधिक रोमांचवर्द्धक हैं। अत्यन्त आधुनिकता के वातावरण में इन रचनाओं के सन्देश को यथावत् ग्रहण न कर पाने की लाचारी भी आज के पाठक के सामने है। फिर भी इन रचनाओं के पूरे विस्तार में फैले हुए बहुत-सारे वर्णनों, दार्शनिक उपपत्तियों और वातावरण उत्पन्न करने के नाना प्रयत्नों को छोड़ने के बाद एक सीधी-साधी कथा बचती अवश्य है। सामान्य दृष्टि से देखने पर यह कथांश भी ऐसा नहीं लगता कि उसे आधुनिक कथानक कहा जा सके। सीधी आँख से देखने पर इतना ही लगता है कि एक पुरुष दो स्त्रियों के सम्पर्क में आता है और नाना परिस्थितियों और घटनाक्रमों के बीच वह कभी एक के पास तो कभी दूसरे के पास होता, हटता, भटकता रहता है। इतिहास की घटनाएँ पात्रों-घटनाओं को केवल नाम-भर देती हैं अन्यथा कथा-विकास वैसे ही हुआ है जैसे अन्य उपन्यासों में मनोविश्लेषण के नये स्तर खोलने के लिए होता है। बाणभट्ट की रचनाओं का आभास देनेवाली ये दोनों पुस्तकें पाठकों पर अधूरी होने का असर छोड़ती हैं जबकि वे अधूरी हैं नहीं। हर बड़े उपन्यास की तरह ये रचनाएँ जहाँ समाप्त होती हैं वहीं से प्रारम्भ होने का आभास देती हैं क्योंकि वे समाप्त होने के बाद भी पाठक के मन में बनी रहती हैं।

उपन्यास की दृष्टि से इसीलिए इन रचनाओं को न देखा जाए तो कई बाधाएँ अपने आप सुलझ जाएँगी। बड़ी रचनाओं में इतनी शक्ति होती है कि वे अपने लिए नयी परिभाषा बनवा लें। आनेवाला समय ही बताएगा कि ये दोनों रचनाएँ अपने लिए नयी परिभाषा बनवा सकने में समर्थ हुईं या नहीं। जहाँ तक पात्रों का प्रश्न है दोनों उपन्यास देखने में पात्र-संकुल लगते हुए भी पात्र-प्रधान बिल्कुल नहीं हैं। सच पूछिए, तो इन दोनों ग्रन्थों में नायक यदि कोई है तो वह इतिहास का वह विशिष्ट 'काल' ही है। सामान्य पात्रों की जगह काल को नायक बनाकर रची गयी कृतियाँ बहुत अधिक नहीं हैं, विशेषकर ऐसे 'काल' को नायक बनाने का साहस तो सम्भवतः साहित्य में किसी लेखक ने आज तक किया ही नहीं। महाराज हर्षवर्धन के उत्तरापथ के अधीश्वर होने के समय से लेकर मुसलमानों के इस देश में आने तक की घटनाओं का सार-तत्त्व निचोड़कर उससे न केवल इतिहास-रस प्रस्तुत किया गया है, बल्कि नाना दर्शनों, मत-मतान्तरों तथा सम्प्रदायों के परस्पर

विरोधी आचरणों के बीच संगति खोजने की भी चेष्टा की गयी है।

स्वतन्त्रता के अभियान का लगभग एक ऐतिहासिक चक्र अभी-अभी पूरा हुआ है। चतुर्थ आम चुनाव के समय तथा बाद में राष्ट्र के चंचल मन और क्षुब्ध मस्तिष्क का जैसा आभास हमें मिला है उसे देखते हुए फिलहाल हम इन दो ग्रन्थों में व्याप्त क्षोभ को नवीन सन्दर्भ में रखकर देख सकते हैं। यह बात पहले भी देखी जा सकती थी, लेकिन आज जैसी स्थिति है उसमें विरोधाभास और अधिक उभरकर सामने आए हैं, जिनके कारण इतिहास को नये अर्थ देने की आवश्यकता महसूस होने लगी है। महाराज हर्ष के बाद भी लगभग तीन-चार सौ वर्षों तक उत्तरापथ पर प्रतिहार, पाल तथा गहड़वार राजाओं का प्रभुत्व रहा, लेकिन गहरी निगाह रखनेवालों को कान्यकुब्ज प्रदेश को केन्द्र बनाकर बार-बार खड़ी होनेवाली राज-सत्ताएँ धोखे में नहीं डाल सकीं। भारतीय समाज की चूलें जिस तरह हिल रही थीं और जैसे आस्था और विश्वास की दीवारें खंडित हो रही थीं उसे देखते हुए उस ढाँचे के बल पर कोई दीर्घजीवी रचना नहीं की जा सकती थी। जैसे महाराज हर्षदेव अन्तिम सबसे बड़े राजा थे वैसे ही सम्भवत: बाणभट्ट भी संस्कृत के महाकवियों की परम्परा के अन्तिम सबसे बड़े कवि थे। आशा और निराशा के जो खेल उस वातावरण में खेले जा रहे थे, उनका जितना पता बाणभट्ट को था उतना शायद ही किसी को रहा हो। द्विवेदजी ने बाणभट्ट को केन्द्र बनाकर इसीलिए उस युग को देखने का प्रयत्न किया है। युग को देखने की या काल सत्य को परखने की जिम्मेदारी सही माने में यदि किसी को सौंपी जा सकती है तो वह साहित्य पर ही होगा। दोनों ग्रन्थों का पूरा आत्मान्वेष बाणभट्ट, सिद्ध और नाथ दार्शनिक साहित्यकार तथा जल्हण जैसे देसज भाषा के कवियों के निष्कर्षों का परिणाम है। द्विवेदीजी ने गहरे पैठकर इन दोनों युगों के महान रचनाकारों के सत्यों को आत्मसात् करने का प्रयत्न किया है। बिना इस परकायाप्रवेश के इतिहास-रस पाया नहीं जा सकता। इसमें दो मत नहीं हो सकते हैं कि द्विवेदीजी ने इन दोनों ग्रन्थों के पूरे काल-खंड को अपने भीतर पूरी तरह जी कर ही इन ग्रन्थों को लिखा है। जो कुछ प्रत्यक्ष दिखाई पड़ता है उसे ही सत्य न मानते हुए लेखक ने अन्तर में प्रविष्ट होकर घटनाओं का मूल अर्थ पकड़ने की कोशिश की है। ''सब प्रत्यक्ष दृष्टतथ्य सत्य नहीं होते। इसमें केवल एक बात सत्य है जो अक्सर प्रत्यक्ष नहीं दीखती। एकाएक नहीं कहा जा सकता है कि हमने जो कुछ देखा है वह किस हद तक सत्य है।'' वैसे ही व्यक्तियों के सत्य अलग-अलग भी होते हैं। उन सत्यों को राष्ट्र के सत्य के अविरोधी कैसे समझा जाए, यह भी एक समस्या आए दिन सामने आती है।'' बाणभट्ट की आत्मकथा में छोटे और बड़े सत्य की मर्यादाएँ निर्धारित करते समय भी यही प्रश्न लेखक के सम्मुख उपस्थित होता है। राजकुमारी भट्टिनी उसकी

सखी निपुणिका या सुचरिता सब अपने-अपने सत्य के लिए बलिदान करने—ऐसी स्थिति में हैं वैसे ही महारानी राज्यश्री की सौत महामाया अपने जीवनादर्श के लिए पूरा जीवन तपस्या में झोंक देती है। बाणभट्ट एक स्तर पर इन सभी परस्पर विरोधी सत्यों में समग्रता लाने का कार्य करता है। उसे कदम-कदम पर अपने भीतर के विरोधों से लड़ना पड़ता है, लेकिन एक स्तर तक वह सारी विरोधी स्थितियों के बीच रास्ता बनाने में सफल होता है। साधना और सिद्धि के नाना प्रयोगों से भरे हुए भारतीय जन-समूह में सहज धर्म की स्थापना अपना स्थान खोज रही है, इसका संकेत बाणभट्ट की आत्म-कथा में सुचरिता तथा चारुचन्द्रलेख में नाटी माता की काम-पूजा तथा नारायण की अभ्यर्थना से मिलता है, पर तब तक यह भाव-धाराएँ भारतीय जन-मानस को उस स्तर तक छू नहीं सकी थीं कि एक विशाल आन्दोलन की धारा उनसे फूट सके। बाणभट्ट या चारुचन्द्रलेख का नायक सातवाहन दोनों ही प्रकारान्तर से इन सभी धाराओं से परिचित होते हैं, लेकिन अपने युग के फलितार्थ के अप्राप्त होने के कारण वे ग्रन्थ के अन्त तक किसी भी निष्कर्ष तक नहीं पहुँच पाते।

दोनों ग्रन्थों में प्रमुख पात्रों में बीच वर्तमान त्रिकोण इन रचनाओं को प्रतीक रचनाएँ बना देते हैं। बाणभट्ट की आत्मकथा में जो त्रिकोण बाणभट्ट, भट्टिनी और निपुणिका के बीच में है वही त्रिकोण चारुचन्द्रलेख में सातवाहन, रानी चन्द्रलेखा और मैना के बीच है। मध्ययुगीन धर्म-साधनाओं से जिनका थोड़ा-भी परिचय होगा वे इस 'त्रिकोण' श्रीचक्र से भलीभाँति परिचित होंगे। ''ज्ञान, इच्छा और क्रिया के रूप में यह जगत् विधा विभक्ति है। विधा विभक्त होने की सामर्थ्य रखनेवाली इस शक्ति को कोई आद्या शक्ति, कोई त्रिपुरा, कोई सीता, कोई महामाया कहता है। बात एक ही है, नाम उसके बहुत हो सकते हैं, तत्त्व एक ही है। ज्ञान से निकली हुई शाखाएँ—इच्छा और क्रिया—यही अधोमुख त्रिकोण है। यही ऊर्ध्वशाख अधोमूल अश्वत्थ है, यही त्रिगुणात्मक जगत् है। इसमें ज्ञान नीचे की ओर पड़ा हुआ है। पान के पत्ते में यही त्रिकोण दिखाई देता है। यह उस शक्ति का प्रतीक है जिसने स्थूल जगत् में नारी-कलेवर धारण किया है। और पान के ऊपर रखा हुआ पूँगीफल या सुपारी उल्टे त्रिकोण का प्रतीक है जो नीचे से दीर्घ और ऊपर सूक्ष्म होता गया है, यह शिवतत्त्व है। जब क्रिया और इच्छा दोनों ज्ञान की ओर बढ़ने लगती हैं तो नर-नारी पिंड में—इस स्थूल काया में—चिन्मय शिव तत्त्व की ज्योति जगती है। शिव और शक्ति की इसी लीला को शक्ति साधक अधोमुख और ऊर्ध्वमुख त्रिकोण में अंकित श्रीचक्र कहते हैं, बौद्ध-साधक वज्र कहते हैं, परन्तु गृहस्थ का श्रीचक्र तो ताम्बूल ही है। इसमें केवल शिव तत्त्व का लीला विलास ही नहीं उनका तेज भी विन्यस्त है। कत्था शक्ति का तेज हैं, चूना शिव-

तत्त्व का तेज है। इस प्रकार यह पान न केवल जगत्-व्यापी तेज योग का स्मरण कराता है बल्कि संसार में रहते हुए संसार-चक्र से मुक्त होने का भी स्मरण दिलाता है। इसीलिए शास्त्रकार इसे गृहस्थी के लिए परम मंगलमय मानते हैं। इन दोनों ग्रन्थों में श्रीचक्र के इन्हीं नाना स्वरूपों के बीच गृहस्थ धर्म की स्थापना के प्रतीक पर ज्यादा जोर दिया गया है। पान, सुपारी, कत्था और चूना मिलाकर एकमेक हो जाते है उसी प्रकार जब पुरुष और नारी और उनकी तेजोगरिमा एकमेक हो जाते हैं तभी अलौकिक आनन्द के हेतु बनते हैं। कैसे बनते हैं? एक दूसरे को परिपूर्ण भाव से आत्म-समर्पण करके। जहाँ परिपूर्ण आत्म-समर्पण है वहीं प्रकटीकरण है।''

द्विवेदीजी का निष्कर्ष मन को बड़ा ही उदास कर देता है। सारे मत-मतान्तरों के बीच आत्म-समर्पण के अभाव के कारण वे सारी साधनाओं को असफल होते हुए देखते हैं और सिर पीटकर रह जाते हैं। ज्ञान से इच्छा और क्रिया को जानेवाली रेखाएँ दुर्भाग्यवश कभी मिल नहीं पातीं, जैसे रानी चन्द्रलेख या भट्टिनी इच्छा का प्रतीक हैं और मैना या निपुणिका क्रिया का। ज्ञान बारी-बारी से इच्छा और क्रिया के सम्पर्क में आता है। इच्छा के सम्पर्क में आने पर वह उत्साह से भर जाता है और कुछ करने की दुर्दम आकांक्षा ज्ञान के प्रतीक बाणभट्ट या राजा सातवाहन के बीच जागती है। ज्ञान में एक प्रकार की तटस्थता है, वह इच्छा के सम्पर्क में आकर प्रक्षुब्ध होती दीखती है। निपुणिका या मैना क्रिया की प्रतीक हैं और इनके सम्पर्क में आने पर ज्ञान के प्रतीक राजा सातवाहन या बाणभट्ट कर्म में प्रवृत्त होते हैं, लेकिन दुर्भाग्यवश ज्ञान जब इच्छा के वश में होता है तो क्रिया के अभाव में वह सफल नहीं हो पाता। वैसे ही जब वह क्रिया के सम्पर्क में आता है तो इच्छा के अभाव में वह बिना मस्तूल के जहाज की तरह इधर-उधर भटकने लगता है। भट्टिनी, निपुणिका, बाणभट्ट तथा चन्द्रलेखा, मैना और राजा सातवाहन के दोहरे त्रिकोणों में आरम्भ से अन्त तक एकाग्रता न हो पाना एक ऐसी नियति है जिससे शताब्दियों से इस देश का मानस विक्षुब्ध रहा है। इन दोनों प्रतीकों में मैना और निपुणिका की मृत्यु एकात्मकता के इस प्रयत्न में क्रिया के भाव के हत होने की सूचना है। लेखक के मत से पूरा मध्ययुगीन विचारतन्त्र अपने इसी क्रिया के अभाव के कारण लुंजपुंज हो गया दिखाई पड़ता है।

दोनों रचनाओं में रानी चन्द्रलेख या भट्टिनी के रूप में इच्छा-शक्तियाँ अपने केन्द्र से च्युत होकर उल्काखंड की तरह बराबर कक्षाविहीन होकर भटकती दिखाई पड़ती हैं। इस दुर्निवार भटकाव से इन शक्तियों को विरत करना तत्कालीन शासकों के लिए सम्भव नहीं था और न तो तत्कालीन समाज ही उन्हें रास्ते पर लगा सकता था। यही कारण है कि लेखक उन सारी शक्तियों से निराश होकर मुँह फेर लेता

है जो ऊपरी तौर से तत्कालीन इतिहास और समाज की निर्णायक शक्तियाँ मालूम पड़ती हैं। ऐसी स्थिति भी आती है जब परिवर्तन, सुधार या स्थिति को व्यवस्थित करने के सारे प्रयत्न एकबारगी ही व्यर्थ हो जाते हैं। निर्णायक शक्तियाँ अनुभव करती हैं कि उनके हाथ में ऐसी कोई भी शक्ति बची नहीं रह गयी है, जिनसे वे समाज और जीवन के नाना स्तरों में हो रहे बिखराव को रोक सकने में समर्थ हो सकें। द्विवेदीजी के मत से मध्यकालीन समाज में मूल्यों के विघटन और सैकड़ों वर्षों से चली आती हुई परम्पराओं के बिखराव का जैसा विराट् स्वरूप सम्मुख आ रहा था उसे कान्यकुब्ज या उस जैसे ही दस बीस राज्य शासन रोक सकने में समर्थ नहीं हो सकते थे।

हर स्तर पर मूल्यों में ठहराव आ गया था और रीति-नीति के प्रेरणा-मूलक अंश मृत-प्राय हो गये थे। सारा-का-सारा भारतीय समाज देखने में एक लगते हुए भी छोटे-छोटे स्वार्थों, वर्गों और सम्प्रदायों का समूह मात्र होकर रह गया था। इन कोशिकाओं में परस्पर सम्बन्ध स्थापित होने की जगह विभेद और विक्षोभ की सृष्टि हो रही है और इसके चलते पूरा जन-मानस भाटे के समुद्र की तरह कीचड़ और वाष्प बुद्बुदों से भरा हुआ-सा लगने लगा था। इस कीचड़ के बीच से दामन बचाकर गुजरा नहीं जा सकता था। लोग चाहकर भी जगह-जगह फँसे हुए हाथ-पाँव मार रहे थे और सम्प्रदायों-विश्वासों की कितनी ही नावें यत्र-तत्र कीचड़ के बीच जलाभास के भुलावे में पड़ी हुई खड़ी थी। इस प्रपंच-जाल से समाज को मुक्ति दिलाने के लिए आवश्यक था एक शक्तिशाली ज्वार, ऐसा ज्वार जो न केवल सारा कीचड़ बहा ले जाए, बल्कि सम्भव हो तो कगार भी तोड़ दे और जगह-जगह के अभाव में फँसी नावों से धारा का संयोग करा दे।

द्विवेदीजी ने इतिहासकार की निर्मम तटस्थता के साथ साहित्यकार की अन्धकार भेदिनी दृष्टि पाई है इसलिए वे अपने स्वयं के सीमावृत्तों से ऊपर उठकर बड़े ही दुःखी मन से यह स्वीकार करते हैं। "देखा महाराज, पश्चिम की ओर से जो महान इस्लाम आ रहा है उसे ठीक-ठीक समझो। उसके एक हाथ में अमृत का भांड है, दूसरे में नग्न कृपाण। वह समानता का मन्त्र लेकर आया है, सड़े-गले आचारों को चुनौती देने का अपार साहस लेकर उद्भूत हुआ और रास्ते में जो भी बाधक हो उसे साफ कर देने का विकट संकल्प लेकर निकला है। उसने लाखों-करोड़ों को पैरों तले दबकर उनकी मांस-मज्जा के ढूह पर प्रासाद खड़े करने की त्रुटि नहीं दिखाई है। विचित्र है उसकी प्राणदायिनी शक्ति, अपूर्व है उसका दलितोत्थापन संकल्प। सहस्रों दलितों को उसने तलवार की नोंक पर उठाकर ऊँचा आसन दे दिया, सैकड़ों जंगली जातियों को उसने एक झटके में रूढ़ियों और परम्पराओं के मलबे से दूर फेंक दिया। इसके महामन्त्र के प्रभाव से कल तक बर्बर

समझी जानेवाली जातियाँ विश्व-नेतृत्व की लालसा से मत्त हो उठती हैं। हमारा यह समाज लाखों-करोड़ों को अपमानित करने में गर्व का अनुभव करता है, अपमान का फल अपमान ही होगा। जिन्हें हमने पैरों तले दबा रखा है, वे ही एक दिन नीचे से हमारा पैर पकड़कर हमें चलने में असमर्थ बना देंगे, बना दे रहे हैं। सर्वत्र घुन लगा हुआ है। क्षुद्रता के अहंकार से यहाँ की प्रत्येक जाति जर्जर है। प्रत्येक सम्प्रदाय अन्तर्विदीर्ण है। छोटेपन का अहंकार अपने को ही खंडित करता रहता है। भारतवर्ष की असंख्य छोटी इकाइयाँ अपने को खंडविदीर्ण करती जा रही हैं। अन्तर्विदारी शक्ति इतनी तीव्र हो गयी है कि यह आशा करनी ही व्यर्थ है कि यह महादेश कभी किसी एक महान आदर्श के लिए सीना तानकर खड़ा हो सकेगा।...सारे पुराने चिन्तन और तत्त्वज्ञान इस सौ छेदों वाले पात्र में व्यर्थ हो रहे हैं। कोई बड़ा आदर्श, अत्यन्त बड़ा आदर्श ही इसकी क्षुद्रता को झाड़ सकता है। शस्त्रयुद्ध की व्यर्थता मैं समझ गया हूँ, क्षणिक जय-पराजय की कुहेलिका का रहस्य जान गया हूँ।'' द्विवेदीजी ने स्थिति का विवेचन करते हुए जो निष्कर्ष निकाला है उसके पीछे स्वतन्त्रता का विशाल आन्दोलन तथा उसको प्रचोदित करनेवाली महान राष्ट्रीयता की कल्पना काम कर रही है। वे बाणभट्ट, जल्हण की काया में प्रवेश तो करते हैं, लेकिन उनका मन अत्यन्त आधुनिक है और वे सही माने में एक ऐसे व्यक्ति भी हैं जिसने भारतीय राष्ट्रीय आन्दोलन के उस दौर को भोगा है जिसके चलते खंड-खंड हो गया राष्ट्र न केवल एक हो गया था, बल्कि राष्ट्रीयता के महान ज्वार ने कितने-सारे खंडित सत्य, सीमावृत तथा क्षुद्र बन्धन एक झटके में बहा डाले थे। उन्होंने बीसवीं शती के प्रारम्भ में जाग उठ बैठे राष्ट्र का रूप देखा था और इस प्रकार उनके भीतर बाण और जल्हण की कुंठित आत्मा ने नया जन्म प्राप्त किया था। इतिहास के कष्टकर निर्णयों से शिक्षा लेकर इस देश के जागृत तरुणों ने जिस नवीन धर्म और साहित्य-संस्कृति की प्रतिष्ठा इस देश में की थी उसके द्वारा न केवल देश में पुनरुत्थान का नवीन आन्दोलन चला, बल्कि साहित्य की नयी सम्भावनाएँ भी व्यक्त हुईं। द्विवेदीजी के दोनों उपन्यास इसीलिए एक ओर जहाँ अपने कलेवर और चिन्तन-प्रक्रिया में ऐतिहासिक लगते हैं वहीं दूसरी ओर वे नवीनतम वैचारिक उपलब्धियों से संयुक्त हैं। वे मध्ययुगीन समाज को एक नये समाज से जोड़ते हैं और विचार संस्कृति को आधुनिक मोड़ देते हैं।

आत्मकथा के अन्त में जिस छोटे और बड़े सत्य के परस्पर अविरोधी होने की बात उठाई गयी है वह आज नये सिरे से विचारणीय हो उठी एक समस्या बन गयी है। हर्ष या जयचन्द्र इतिहास की बात हो चुके हैं वैसे ही सैकड़ों वर्षों का इस्लामी शासन भी हमारे लिए एक बीती हुई कहानी मात्र रह गया है। द्विवेदीजी की कल्पना को सहस्र ज्वारों से भर देनेवाला राष्ट्रीयता का महाभियान भी इस बीच

धीरे-धीरे उतार पर आता गया है और स्वतन्त्रता प्राप्ति से 20 वर्षों बाद हम फिर अन्धकार में भटकने लग गये हैं। छोटे सत्य बड़े सत्य के न केवल विरोधी बन गये हैं, बल्कि कई छोटे सत्य मिलकर आकार-प्रकार में बड़े बन गये हैं और वे बड़े सत्य ही उपेक्षा करने को अपनी सबसे बड़ी उपलब्धि मान रहे हैं और पश्चिम से आए भयंकर और दुर्निवार प्रवाह में हमारे पैर जड़ से उखड़ गये हैं। वे सारी बातें लगभग व्यर्थ-सी हो गयी हैं जिनसे कभी स्थायी मूल्यों की हम स्थापना का काम लिया करते थे। विघटित हो रहे मूल्यों के धुन्ध में नवीन प्रकाश कहीं दिखलाई नहीं पड़ता। विचित्र बात है कि द्विवेदीजी ने अपनी इतिहासभेदिनी दृष्टि से जिस एक अनिश्चय और अनास्था-भरे युग का साक्षात्कार किया था वह युग (थोड़ी देर के लिए) राष्ट्रीयता के महान प्रकाश के चलते आँखों से ओझल हो गया था, विशाल प्रकाश के निर्वापित होते ही पुनः अब वह हमें चारों ओर से लपेटकर खड़ा हो गया।

द्विवेदीजी 60 वर्ष के हो गये हैं, लेकिन उनकी उम्र केवल 60 की वर्ष की नहीं है। गहन इतिहास-ज्ञान और कालभेदिनी दृष्टि ने उनकी उम्र में उन सभी कवियों और विचारों की उम्र जोड़ दी है जिन्हें पिछले सहस्रों वर्षों के कालप्रवाह में बड़े ही सन्तप्त मन से कन्धों पर सत्य का बोझ उठाए चलते रहना पड़ा है। वे एक साथ ही उन सभी कष्टों, चिन्तनों और उपलब्धियों के पुंजीभूत प्रतीक हैं जो चिन्तन की लौ लेकर अन्धकार में रास्ता ढूँढती घूमती रही है। वे सौ या हजार वर्षों तक ही जीवित नहीं रहेंगे क्योंकि भविष्य में भी सत्य को सहने का महान उत्तरदायित्व झेलनेवाली बाणभट्ट और जल्हण की परम्पराएँ आएँगी। द्विवेदीजी इस विशाल दीप-चक्र के अविच्छिन्न अंग बन गये हैं इसलिए यदि उन्होंने अपनी आँखों के सामने ही एक राष्ट्र को दुःस्सह आवेग से उठते और आदर्शहीनता के कारण लड़खड़ाकर गिरते देखा है तो इससे उन्हें निराश होने की आवश्यकता नहीं है।

पिछले दिनों वाराणसी की गोष्ठी में साहित्य में मूल्यों के विघटन की समस्या पर विचार करते हुए द्विवेदीजी ने कहा था कि ऐसा लगता है कि एक बार सब-कुछ उलट-पुलट दिए बिना काम चलने का नहीं। वे अब भी अपने भीतर उस मूल दृष्टि का आलोड़न अनुभव करते हैं जिसके चलते उन्हें इस्लाम के हाथों समानता का अमृत भांड दीखता है और पैरों तले कुचली जातियों के उभरने का हर्ष उन्हें अनुभव होता है। आज के क्षुब्ध भारत राष्ट्र के सामने मध्ययुगीन संक्रान्ति से कहीं अधिक बड़ी संक्रान्ति उपस्थित है। ऐसी स्थिति में मैं इन उपन्यासों को अत्यन्त आधुनिक उपन्यास मानता हूँ। उपन्यास के सामान्य गुणों के फ्रेम में ठीक से न बैठती हुई भी ये कृतियाँ महान संकेतों से उद्‌भासित हैं। नवीन समस्याओं

के बीच रास्ता ढूँढने वाले नये लोग जिस खंडित दृष्टि से देश की समस्याओं का निराकरण कर रहे हैं उसके परिष्कार और विस्तार के लिए इन दो ग्रन्थों का फलितार्थ समझना आवश्यक होगा। अच्छा होगा कि द्विवेदीजी की साठवीं वर्षगाँठ के अवसर पर उनके द्वारा दिए गये इन निष्कर्षों पर आधुनिक समस्याओं के सन्दर्भ में नये सिरे से विचार किया जाए।

> *संसार का यह एक विचित्र रहस्य है कि प्रेम की आँखों में देखने से जो बात जितनी ही आकर्षक होती है, घृणा की नजरों से देखने से वह उतनी ही गर्हित। प्राय: देखा गया है कि धार्मिक आक्षेप करनेवाले उन्हीं बातों में अधिक दोष देखते हैं जिनसे उस धर्म के अनुयायी अधिक प्रेम करते हैं। ईसा के मेषपाल रूप में करुणा का जो स्रोत फूट पड़ा है, ईसाई धर्म के आलोचकों को उसी में भेड़िया धसान दिखाई पड़ता है।*
>
> —सूर साहित्य

सुन्दर और असुन्दर

प्रभाकर माचवे

आत्मकथा और सो भी 'पञ्चबाणवस्तु बाण:' की। जिसकी प्रलम्बायमान वाक्यावली शैली के लिए ख्याति हो, उसकी 'डायरी' का संक्षिप्त आलोचना सर्वांगीण सम्भव नहीं। अत: एक दो बातों को लेकर ही हजारीप्रसादजी के इस उपन्यास की चर्चा करना चाहूँगा। 'आजकल' के वार्षिकांक में चन्द्रगुप्त विद्यालंकार ने इस पुस्तक पर एक स्वतन्त्र लेख लिखा है, जिसमें उस उपन्यास के दो दोष बताये हैं : एक तो कथानक का 'सस्पैंस' रहित होना और दूसरा भाषा का बोझलपन। प्रश्न यह उठता है कि उपन्यास का उद्देश्य क्या है? उसी की अपेक्षा में गुण-दोष विवचेना का कोई अर्थ है, अन्यथा नहीं। चन्द्रगुप्तजी के अनुसार हर्षकालीन समाज-स्थिति चित्रित करना प्रधान; तथा बाण का व्यक्तित्व खड़ा करना और उनकी 'शैली का हिन्दी में परीक्षण (?) करना' द्वैतीयिक महत्त्व के उद्देश्य इस उपन्यास में हैं। मेरे मत से, चन्द्रगुप्तजी उपन्यास की मूल-भित्ति को नहीं पकड़ पाए हैं, अन्यथा एक ओर बाण की शैली की प्रशंसा करके अन्त में भाषा के बोझलपन, प्रलम्बायमान रूपकों का अनौचित्य न बतलाते। जहाँ तक इस उपन्यास को मैं समझ गया हूँ, लेखक ने अपने को बाण की आत्मा में पैठाकर कलाकार बाण और पंडित बाण के अन्तर्द्वन्द्व का , बाणभट्ट की मूल प्रेरणा के स्रोत का चित्रण करने का प्रयत्न किया है। इसमें वह कहाँ तक सफल है यह सिद्ध करने के लिए हमें 'हर्षचरित' के प्रथम ढाई उच्छ्वास, 'कादम्बरी' और अन्य बाण की रचनाओं का आधार लेना होगा। बाणभट्ट के अन्तरंग की यह उच्छ्वासमयी झाँकी प्रस्तुत करने के लिए ऐतिहासिक वातावरण तथा बाण-शैली का प्रश्रय उपादान के नाते लिया गया है। मूलत: यह बाण की समस्या उतनी हो न हो हजारीप्रसाद जी द्वारा निर्मित बाण की अवश्य है; क्योंकि अन्तत: यह हजारीप्रसाद जी की स्वयं की समस्या है। इस उपन्यास में कहीं हजारीप्रसाद जी का पंडित, उनमें के सूक्ष्म सौन्दर्यदर्शी कलाकार पर हावी हो जाता है—वे स्थल थोड़े हैं और कच्चे हैं; अन्यथा सर्वत्र

कलाकार और पंडित का समन्वय (या कहें पारस्परिक संघात) चलता रहता है। उसी बौद्धिक और हार्दिक आनन्द की सृष्टि में इस कलाकृति की महानता निहित है।

परन्तु इस आनन्द का एक पक्ष और भी है: यह उपन्यास हर्षकालीन है; जर्जरित सामन्ती विलासमयी सामाजिक मनोदशा का भी इस उपन्यास के कथानक प्रवाह की शिथिलता में योग हैं। हाथियों, शिविकाओं और विट-चेटों से भरा उत्सव कालीन जुलूसों का चित्र पृष्ठ 12-13 पर है, वह उस उपन्यास का प्रतीक चित्र है। रंग है, रूप है, झलमलाहट है, अलंकार-प्रसाधन हैं—पर यह सब किसलिए? क्योंकि ऐसी विलासवतियों के विषय में बाणभट्ट की आत्मकथा में पृष्ठ 254-55 पर स्पष्ट संकेत है, ''इस उत्तरापथ में लाख-लाख निरीह बहुओं और बेटियों के अपहरण और विक्रय का व्यवसाय क्या नहीं चल रहा है?...क्या निरीह प्रजा की बेटियाँ उनकी नयनतारा नहीं हुआ करतीं? क्या राजा और सेनापति की बेटियों का खो जाना ही संसार को बड़ी दुर्घटनाएँ हैं?...कौन नहीं जानता कि इस घृणित व्यवसाय के प्रधान आश्रय सामन्तों और राजाओं के अन्तःपुर हैं? आपमें से किसे नहीं मालूम कि महाराजाधिराज की चामरधारिणियाँ और करंकवाहिनियाँ इसी प्रकार भगायी और खरीदी हुई कन्याएँ हैं?' और पृष्ठ 261 पर 'वह महाराज्ञी राज्यश्री की सौत है!'' मैं जैसे सोते से जगा, चौंककर पूछा—'सौत?' धावक ने डाँटा—'चिल्लाते क्यों हो, इस नगर में रानियों की सौतों का विशाल जंगल है—जंगल!' और इस सारी सड़ी-गली समाज-व्यवस्था में बुर्दा-फरोशी और स्त्री को खाद्यवस्तु की तरह पण्य मानने के मूल में था सामन्तवाद! उज्जयिनी के मधुर कोमल वर्णन में बाण के मूल शब्दों में 'विकचकुवलयकान्तैरुत्फुल्लकमलधवलोदरैर निमिषदर्शनरमणीयैराखंडललोचनैरिव सहस्रसंख्यैरुद्भासिता सरोभिरविरलकदलीवन कलिताभिरमृतफेनपुञ्जपाण्डुराभिदिर्शि दिशिदन्तबलभिकाभिर्धवलकृतायौवनमदमत्तष्ट मालतीकुचकलशलुलितसलिलया भगवते महाकालस्य शिरसि सुरसरितमालोक्य समुपजातेर्ष्ययेव सततसमाबद्धतरङ्गभ्रुकुटिलेखया खमिव क्षालयन्त्यासिप्रथा परिक्षिप्ता। सकलभुवनख्यातयशसा हरजटाचन्द्रेणेव कोटिसारेण...।' यह उद्धरण कुछ लम्बा इसलिए दिया कि 'कादम्बरी' में उज्जयिनी वर्णनवाले तीन पृष्ठ तक चलने वाले एक वाक्य का कुछ अन्दाज मिले। तो इन कोटिसार सामन्तों के प्रति, उपन्यास पढ़कर तिरस्कार तो कुछ मात्रा में उत्पन्न होता है, परन्तु रोष नहीं। लेखक के आत्मकथा का माध्यम चुनने के कारण उस काल की विलास-जर्जर समाजस्थिति में बाण कुछ अटकता-भटकता, मोह-मुग्ध होता है। और समूची पुस्तक पढ़ने पर उस काल के सौन्दर्य पर दृष्टि ठिठकती है। साधारण पाठक उसी काल को लौटाने की इच्छा कर सकता है, यही एक बड़ा भय इस पुस्तक में है। 'दिव्या' या 'जय

यौधेय' में भी करीब-करीब उसी काल का चित्रण है, परन्तु यह भय वहाँ नहीं है। हजारीप्रसादजी की पुस्तक का सबसे बड़ा गुण या दोष कहिए, उस काल के प्रति उनकी दी हुई सहानुभूति है, सहृदय सौन्दर्य समदृष्टि है। इस बात पर दो मत हो सकते हैं कि क्या इतिहास के काल-विशेष का ऐसा चित्रण इष्ट है कि जिससे पाठक निराश-सौन्दर्य-लुब्ध बनकर आत्मविस्मृत हो जाए, परन्तु यह सौन्दर्यशास्त्री आलोचकों की चिरन्तन समस्या है, सौन्दर्यस्त्रष्टा शायद उससे असम्पृक्त ही रहता है, कि मोनालिसा के आकर्षक स्मित के पीछे सीजर बोर्गिया वंश की ऐयाशी और पापों का पूरा अम्बार था, परन्तु चित्रकार ने उस कर्दम को नहीं देखा, कमल ही बना दिया। प्रगतिशील दृष्टि वाले मुझ-जैसे आलोचक की हजारीप्रसादजी के उपन्यास से इतनी ही शिकायत है कि काश वे समग्र सत्य का चित्रण करते, और केवल सुन्दर सत्य तक ही सीमित न रहते!

परन्तु वह काल ही वैसा था जब—

उद्वेगमहावर्ते पातयति पयोधरोन्नमनकाले।
सरिदिव तटमनुवर्षं विवर्धमाना सुता पितरम्।।

जैसी आर्याएँ प्रकृतिवर्णन प्रसंग में भी रची जाती थीं; और हर्ष को अपने पिता के मृत्युकाल के समय भी रुग्ण के कमरे के पास आने पर यही सुनाई देता था—'दाहो महान! आहा हारान् हरिणि, मणिदर्पणान्मे देहे देहि वैदेहि, हिमलवैर्लिम्प ललाटं लीलावति, घनसारधूलिं निधेहि धवलाक्षि, कपोले कलय कुवलयं कलावति, चन्दनचर्चा रचय चारुमते, पाटय पटमारुतं पाटलिके, मन्दय दाहं इन्दुमति अरविन्दैः, जनय जलार्द्रया मुदं मदिरावति, उपनय मृणालानि मालति, तरलय तालवृन्तं आवन्तिके!'.....और जब गालियों की बौछार भी लग जाती तो वहाँ भी वैसा ही शब्द-बाहुल्य होता, यथा—'अः पाप, क्रोधोपहत, दुरात्मन्, अज्ञ, अनात्मज्ञ, ब्रह्मबन्धो, मुनिखेट, अपसद, निराकृत, आत्मस्खलित, विलक्षः कथं....'। इस कारण शब्द-बहुलता के लिए बाण को दोषी ठहराना व्यर्थ है। और कथा की घटना विरलता के विषय में कुमारी काम्प्टन-बर्नेट का यह कथन बहुत सत्य है कि, "जहाँ तक कथानक का सम्बन्ध है, मुझे यथार्थ जीवन किसी काम का नहीं जान पड़ता। यथार्थ जीवन में कथानक कहाँ है? और चूँकि कथानक मैं अत्यन्त इष्ट और आवश्यक समझती हूँ, जीवन के प्रति मेरी यही शिकायत है। परन्तु कुछ लक्षण इस बात के भी चिह्नित होते रहते हैं कि विचित्र घटनाएँ घटित अवश्य होती रहती हैं, यद्यपि वे निर्मित नहीं की जा सकतीं।"

(हेनरी रीड नावेल सिन्स 1939, पृ. 18)

इधर एक और निबन्ध में आर्थर मेल्विल क्लार्क के 'स्टडीज इन लिटररी

मोड्स' में पढ़ रहा था जो कि 'ऐतिहासिक उपन्यास' पर ही है। उसमें उन्होंने प्रत्यक्ष अतीत और प्रत्यक्ष अतीत के इतिहास में सूक्ष्म अन्तर करते हुए बतलाया है कि उस इतिहास पर आधारित नवलिका (गुजराती में 'रोमांस' के लिए शब्द) तो और भी तीसरी अगम्य वस्तु है। जैसे सिनॉरको के काव्य की आलोचना को पूर्व की आलोचना की आलोचना मात्र मानते हैं, उसी प्रकार इतिहास का लेखन पुराने इतिहास की आलोचना की आलोचना मात्र है। इस प्रकार अरस्तू का यह कथन कि हेरोडोटस की रचना को छन्दोबद्ध कर देने से कथा-काव्य नहीं बन जाता; बल्कि इतिहास जहाँ अतीत कथा का वर्णन देता है, ऐतिहासिक कथा अतीत सम्भावना को चित्रित करती है। हर्षकालीन जीवन को बाण और समवर्ती रचनाकारों ने अपनी आँखों से देखा, अपनी उर्वर चिन्ता से सौन्दर्यमय बनाकर प्रस्तुत किया; उसके कितने सदियों बाद शान्तिनिकेतन के इस असाधारण संस्कृत पंडित और मर्मग्राही पंडित ने उसी बाण के हृदय में प्रवेश कर इस पुस्तकरूपी मणि को खोज निकाला। उसमें ऐतिह्य सत्य की खोज व्यर्थ है, उसका मूल्य कलाकृति के नाते है। ई. एम. फार्स्टर ने अपने 'आस्पेक्ट्स आफ नावेल' में स्काट की खूब खबर ली है कि उसके पात्रों में केवल दो ही दिशा-प्रमाण हैं, तीन नहीं; वे पात्र 'फ्लैट' हैं। वह दोष हम हजारीप्रसादजी पर कदापि नहीं लगा सकते—'निपुणिका' जो इस उपन्यास का सर्वोत्तम पात्र है एक सजीव और सर्वथा प्रिय रचना है। 'करणवावेला' नामक ऐतिहासिक गुजराती उपन्यास की आलोचना में वि.प. भट्ट ने 'साहित्यसमीक्षा' में पृष्ठ 205 पर जो दोष अधिक ऐतिहासिक विवरण देने के सम्बन्ध में बताया है, वह भी यहाँ नहीं। मराठी में ऐतिहासिक उपन्यास बहुत लिखे गये हैं, पर वे भी अधिकतर घटना-बहुल हैं, चरित्र-प्रधान नहीं जैसे 'बाणभट्ट की आत्मकथा'। राखालबाबू के उपन्यासों से यह उपन्यास इस दृष्टि से कई सौ कदम आगे की कृति है। अब ऐसी साहित्य की गौरववर्द्धिनी कृति को पाकर हिन्दी के डॉक्टर लोगों को यह लिखने का साहस न रहेगा कि—'हिन्दी के अधिकांश ऐतिहासिक उपन्यास केवल नाममात्र के ऐतिहासिक हैं क्योंकि उनमें लेखकों ने इतिहास की ओट में तिलस्म, अय्यार और प्रेमप्रसंगों की ही अवतारणा की है।'

(डॉ. लाल : आधुनिक हिन्दी साहित्य का विकास, पृ. 302-3)

अतीत का पुनर्निर्माण

देवराज उपाध्याय

हिन्दी में इधर कुछ वर्षों से कथा-साहित्य की प्रगति में पर्याप्त क्षिप्रता रही है और वह साहित्यिक श्रीवृद्धि का कारण रही है। फ्रायड के मनोविश्लेषणशास्त्र, मार्क्स के साम्यवादी सिद्धान्तों ने तथा आज की उत्तरोत्तर प्रवृद्ध रहनेवाले आर्थिक और सामाजिक वैषम्य ने लेखकों के हृदय को बलपूर्वक झकझोर दिया है और उन्होंने इनका सहारा पाकर अपने हृदय-पन्थ को कथा के रूप में मानो साकार रूप देने की चेष्टा की है। पर इतना सब होते भी हिन्दी साहित्य में ऐतिहासिक उपन्यास नहीं से हैं। साहित्य का यह अंग आज तक उपेक्षित ही रहा है। 'बाणभट्ट की आत्मकथा' में द्विवेदीजी का ध्यान साहित्य के इसी उपेक्षित अंग की ओर गया है और उन्होंने अपनी सशक्त कल्पना को इस ओर प्रवृत्त किया है।

'बाणभट्ट की आत्मकथा' प्रधान रूप से उस श्रेणी में आती है जिसे आलोचना के क्षेत्र में ऐतिहासिक उपन्यास के नाम से अभिहित किया जाता है। जैसा कि नाम से पता चलता है कि इसमें दो तत्त्वों का समावेश रहता है, इतिहास का और कथा का और ये दोनों तत्त्व पारस्परिक विरोधी हैं। इतिहास है एकदम वस्तु जगत् की वास्तविकता और कथा है कल्पनाजगत् की उड़ान, एक में इसी जगत् के सीधे-सादे, ठोस, इन्द्रियगोचर जीव रहते हैं और दूसरे में वैसे जीव जो लेखक की कल्पना से जन्म ग्रहण करते हैं। तब इन दो पारस्परिक विरोधी तत्त्वों को लेखक किस तरह एकत्र संगठित करे और इनके समन्वय से कथा को अपने लक्ष्य की ओर अग्रसर करे यह एक बड़ी विचित्र समस्या है। इसी तरह की विरोधी बातों का समन्वय ऐतिहासिक उपन्यासकार को करना पड़ता है जिसे द्विवेदीजी ने कर दिखलाने की कोशिश की है।

ऐतिहासिक उपन्यास की सफलता की कठिनता का अन्दाज इसी बात से लगाया जा सकता है कि अँग्रेजी साहित्य में इस श्रेणी की कथाओं के बाहुल्य के बावजूद उच्चकोटि के सफल औपन्यासिकों में स्काट और थेकरे जैसे महानुभावों

का ही नाम लिया जाता है। हिन्दी की तो बात ही छोड़िएगा। किशोरीलाल गोस्वामी, मिश्रबन्धु, तथा वृन्दावनलाल वर्मा का नाम अवश्य इस क्षेत्र के लिए लिया जाता है पर इसे 'तसल्ली के लिए गुड़ का मलीदा' से कुछ अधिक मूल्य नहीं दिया जा सकता। ऐतिहासिक उपन्यासों के लिए इतिहास की सहज प्रतिभा तथा कवित्वमय कल्पना इन दोनों के कांचनपद्मधर्मी सहयोग की अपेक्षा है। वह बात इन लोगों में नहीं थी। हाँ, वृन्दावनलाल वर्मा इस अंश में औरों से कुछ अधिक सफल अवश्य हैं, पर यह मानी बात है कि जिस तरह की तरल और कल्पनामय भाषा की आवश्यकता एक सफल औपन्यासिक को है वह उन्हें प्राप्त न थी। यह उनके उपन्यासों का सबसे दुर्बल अंश है। द्विवेदीजी के पास ऐतिहासिक प्रतिभा, कल्पना तथा भाषा भी है। इस तरह वे ऐतिहासिक उपन्यासों की प्रगति की ओर एक स्पष्ट कदम उठाते दीख पड़ते हैं, एक अभाव की पूर्ति करते हैं और सबसे बड़ी बात कि वे भविष्य के लेखक के लिए मार्ग निर्देश करते हैं और प्रतिभा के प्रदर्शन के लिए एक अपरिमित क्षेत्र का उद्घाटन करते हैं।

सबसे पहले 'आत्मकथा' की बाहरी रूप-रेखा पर विचार किया जाए। किसी व्यक्ति के संपर्क में आते ही हमारा—अर्थात् आलोचक बुद्धि का—ध्यान सर्वप्रथम उसकी वेष-भूषा, साज-सज्जा तथा बाह्य शरीर-सौष्ठव की ओर ही जाता है। उसी को देखकर हम कुछ साधारण-सी धारणा बना लेते हैं और यदि वह धारणा अनुकूल हुई तो आगे का मार्ग प्रशस्त हो जाता है। साहित्य के स्रष्टा का सर्वकर्तव्य यह होता है कि यह अपनी रचना के इर्द-गिर्द एक इस तरह के वातावरण की सृष्टि करे कि उसकी सत्यता की छाप लोगों पर बैठ जाए। पाठक लाख जानता रहे कि कथा सच्ची नहीं, लेखक की कल्पना की उपज है; फिर भी लेखक की जादू की छड़ी कुछ इस सफाई के साथ चले कि उसकी झूठ-सच की परख करने वाली आलोचक बुद्धि सो जाए। इसी ओर लेखक की सारी प्रवृत्तियाँ उन्मुख रहती हैं। द्विवेदीजी ने इस ध्येय की प्राप्ति के लिए क्या नहीं किया है! संस्कृत साहित्य का ऋण तो है ही, अँग्रेजी से भी कम नहीं लिया गया है, यहाँ तक कि बिचारी हिन्दी की देन द्विवेदीजी की झोली में कम नहीं। वे एक सतर्क और जागरुक कलाकार हैं। और बड़ी सतर्कता के साथ छेनी की एक-एक टाँकी से उन्होंने अपने उपन्यास की मूर्ति की रचना की है।

सबसे प्रथम आत्मकथा की ही बात लीजिए। इसमें नायक बाणभट्ट अपने जीवन के साहसिक कार्यों का विवरण स्वयं ही करता चला गया है। इसके कारण कथा में वास्तविकता का स्वाद आ जाता है। आत्मकथा के रूप में हिन्दी में और उपन्यास नहीं हैं सो बात नहीं। इलाचन्द्र जोशी का 'पर्दे की रानी', जैनेन्द्र का 'त्यागपत्र', रविबाबू का 'घर और बाहर' (घरे बाहिरे) ग्रन्थ हैं। पर इन सब ग्रन्थों

के पात्र उत्पाद्य हैं इनका जन्म लेखक की कल्पना में हुआ है। पर द्विवेदीजी के पात्र संस्कृत-गद्य के सम्राट, महाराज हर्ष के राजकवि बाणभट्ट हैं। यह द्विवेदीजी की मौलिकता है कि इस आत्मकथा वाली प्रवृत्ति को उन्होंने एक ऐतिहासिक यात्रा से सम्बद्ध किया है और पुस्तक का नामकरण किया है 'बाणभट्ट की आत्मकथा'।

द्विवेदीजी खूब जानते हैं कि आलोचक और समझ-बूझकर चलनेवाली बुद्धि को भुलावा देने के लिए स्थगित शंकावृत्ति, (सस्पेंशन ऑफ डिस्बिलीफ) की सूरत पैदा कर देने के लिए यह पर्याप्त नहीं है। अतः वे आस्ट्रिया की अशीतिप्राय दीदी की अनुशासनप्रियता की बात सामने लाते हैं और बातें कुछ इस ढंग से करते हैं कि मालूम होता है कि मानो इस कथा की पांडुलिपि उन्हें शोणनदी के तट पर भ्रमण करते मिली थी जिसका सम्पादन--भर करके उन्होंने प्रकाशित कर दिया है। यहाँ पर एक बात कही जा सकती है यदि वह छोटा मुँह और बड़ी बात जैसी न लगे तो। इस टेकनीक के लिए द्विवेदीजी थैकरे के प्रसिद्ध उपन्यास 'हेनरी एसमंड' से नहीं तो जैनेन्द्र के 'त्यागपत्र' के अवश्य ऋणी हैं। द्विवेदीजी ने जरा आगे बढ़कर मीठी पर सतर्कतापूर्वक दबी हँसी के द्वारा यह कह दिया है कि यह तो मजाक भर है। पर इससे कितना कठिन हो जाता है। वह इतने भर से ही पता चल सकता है कि मेरे विद्वान् मित्र श्रीशान्तिकुमार नानूराम व्यास ने अपनी पुस्तक 'संस्कृत साहित्य का इतिहास' में यहाँ तक लिख दिया है कि बाणभट्ट की जीवनी की एक नयी साम्रगी द्विवेदीजी के हाथ लगी है और उसके प्रकाशन से बाणभट्ट की जीवनी पर नया प्रकाश पड़ेगा! द्विवेदीजी जैनेन्द्र से इस बात में बड़े हैं कि अन्त में दीदी के पत्र का उल्लेख कर पाठक की भूल पर हँसते से भी हैं। अर्थात् उनके दिमाग में अधिक पेचीदगी है।

बाणभट्ट की कोई भी रचना पूरी नहीं है। 'हर्षचरित' एक तरह से अधूरा ही है और 'कादम्बरी' भी। यह 'आत्मकथा' भी पूरी कैसे होती! यह बाणभट्ट की जो है। यदि पूरी होती तो पाठक को शंका न होती कि यह पूरी कैसे हो गयी जब और सब रचना अधूरी हैं। अतः इसे भी अपूर्ण ही रहना चाहिए। प्रायः यह देखा जाता है कि एक लेखक एकाधिक पुस्तकें लिखता है तो प्रायः एक पुस्तक की बातें दूसरी पुस्तकों में ज्यों-की-त्यों आ जाती हैं। इस आत्मकथा में भी 'कादम्बरी' और 'हर्षचरित' की बातें क्यों न पाई जाएँ; यह तो स्वाभाविक ही है, समानता के ही नहीं मिलने से आत्मकथा की सत्यता में शंका की गुंजाइश हो सकती है। कितनी सतर्कता से पाठक के लिए जाल बिछाया जा रहा है और कितनी पैंतरेबाजी से उसे घेरने की बन्दिश बाँधी जा रही है! और भाषा? वह तो बाणभट्ट की है न, हिन्दी भले ही हो, पर उमड़ती है तो मानो चली है "नदी नापने धरती।" हाँ इतना अवश्य है कि 'हर्षचरित' और 'कादम्बरी' के श्लेषगर्भत्व और विरोधाभासगर्भत्व की कमी

अवश्य है पर वह है बाणभट्ट की ही, यही पाठक समझता है। यही है साहित्य में युग भावना का प्रतिबिम्ब। बाणभट्ट भले ही हों 7वीं शताब्दी के पर उनकी आत्मकथा है 20वीं शताब्दी की और उसमें इसी युग का कंठस्वर है।

ऊपर कह आए हैं कि ऐतिहासिक उपन्यास में इतिहास और कल्पना का समानुपातिक सम्मेलन होना चाहिए। अँग्रेजी साहित्य के प्रसिद्ध इतिहास लेखक प्रोफेसर सेण्टरबरी ने ऐतिहासिक लेखक के लिए कुछ गुणों का होना आवश्यक बतलाया है कि ऐसे लेखकों में किन-किन बातों का अभाव होना चाहिए। पहला अभावात्मक गुण तो यह है कि कथा-प्रवाह में इतिहास की चट्टानों की व्यर्थ ठूँस-ठाँस से बचा जाए। द्विवेदीजी में इससे बचने का लक्ष्य तो परिलक्षित अवश्य होता है, पर हर्ष के साथ तुविरमिलिन्द को ला बैठाना, और उससे हर्ष की मैत्री कराने का प्रयत्न काल-विरोध तो हो ही जाता है, साथ-ही-साथ पाठकों की विश्वासभावना पर आवश्यकता से अधिक दबाव-सा डालता दीख पड़ता है। माना कि तुविरमिलिन्द का समय-निरूपण एक समस्या है, जैसा कि द्विवेदीजी ने स्वीकार किया है, पर हर्ष के समकालीन होने की कल्पना किसी ने नहीं की है। एक उपन्यास में भी उन दोनों को साथ ले घसीटना कहाँ तक समीचीन है, मैं इस पर कुछ निश्चय के साथ नहीं कह सकता। इस घटना के समावेश के पक्ष में कुछ तर्क तो दिया जा सकता है, महाराज हर्ष क्यों बाणभट्ट को 'भुजंग' (लम्पट) समझते थे और उनसे अत्यधिक अप्रसन्न थे इसका एक सबल कारण उपस्थित करना था, बाणभट्ट को चन्द्रदीधिति मिलिन्द की कन्या का उद्धार करने जैसे कार्य से कम महत्त्व के काम में कैसे नियुक्त किया जा सकता था। इतिहास का रूप भी बनाए रखना था इत्यादि। पर विश्वास भावना की जड़ इससे हिलती नहीं दीखती क्या? और स्थगित शंकावृत्ति एक औपन्यासिक सर्वोपरि कर्तव्य नहीं है क्या? दूसरी बात—जिसे दूर से बचने की बात—प्रो. सेण्टरबरी कहते हैं क्रिया तथा वार्तालाप की अपेक्षा ऐतिहासिक घटनाओं के विवरण को अधिक स्थान देने का लोभ है, यह एक ऐसी बात है जिसका लोभ संवरण करना बड़े-से-बड़े ऐतिहसिक उपन्यासकार के लिए कठिन हो जाता है। द्विवेदीजी की कथा आदि से अन्त तक नाटकीय स्फूर्तियों और साहसिक कार्यों से पूर्ण है तथा वार्तालापों की सुन्दर योजनाओं ने उपन्यास में गतिमयता की सृष्टि कर दी है। उदाहरण के लिए उस स्थल की ओर संकेत किया जा सकता है (पृष्ठ 218) जहाँ सुगतभद्र महाराज के इस स्थूल प्रश्न का उत्तर दिया है कि 'बुद्ध निर्वाण प्राप्त करने के बाद भी पूजा कैसे ग्रहण करते हैं' और ऐसे बहुत-से स्थल यत्र-तत्र बिखरे पड़े हैं।

हाँ, काल्पनिक अंश में द्विवेदीजी पूर्ण रूप से सफल हैं। उनकी कल्पना ने उस समय के वातावरण के पुनर्निर्माण में सहायता ही दी है। द्विवेदीजी के बाणभट्ट,

शीलभद्र, वसुभूति इत्यादि ऐतिहासिक व्यक्तियों से अधिक सत्य हैं क्योंकि वे व्यक्ति न रहकर टाइप हो गये हैं, वे एक जाति का प्रतिनिधित्व करने लग गये हैं। उनका व्यक्तित्व व्यष्टिगत न रहकर समष्टिगत हो गया है और वे उस समय की युग भावना के शरीर हो गये हैं। उस समय के लोगों के बीच किस तरह तान्त्रिक सिद्धियों में विश्वास था यह तो शायद जितनी स्पष्टता से यहाँ व्यक्त किया गया है वह शायद ही कहीं दूसरी जगह मिले। कहीं-कहीं तो देवकीनन्दन खत्री की 'चन्द्रकान्ता सन्तति' एवं 'आश्चर्य वृत्तान्त' जैसी पुस्तकों के पढ़ने का आनन्द मिलने लगता है।

सबसे बड़ी बात इस पुस्तक में है नारी-तत्त्व की व्याख्या और समाज की स्थिरता के लिए उसकी उद्भावना का जोर। नारी-तत्त्व मतलब आत्म-समर्पण की भावना, दूसरे शब्दों में अहिंसा की नींव पर समाज का निर्माण। यह पूरे उपन्यास प्रबन्ध का मुख्य व्यंग्य है। सारी पुस्तक भारतीय प्राचीन सभ्यता का विजय-घोष-सी करती है और भारतीय जीवन में संयम का जो स्थान है उसको आधुनिक सभ्यता की आधारशिला बनाने की अपील करती है। यवनों की सम्यता जो समाज के उच्च-नीच का विभेद नहीं मानती उसकी प्रशंसा अवश्य है पर उनकी त्रुटि की ओर भी ध्यान दिलाया गया है "उसमें संयम का अभाव है, आत्मनियन्त्रण की कमी है। उन्हें यही चाहिए।" प्रकारान्तर से आधुनिक समाज के निर्णायकों को यही चाहिए, यही बात सारी पुस्तक की ध्वनि है। सब मिला-जुलाकर इस पुस्तक का महत्त्व इसमें नहीं है कि यह पूर्णरूपेण सफल ऐतिहासिक उपन्यास है, पर इसमें अधिक है कि यह भविष्य के औपन्यासिक के लिए एक विशाल क्षेत्र का उद्घाटन करती है।

साहित्यिक परकायप्रवेश

नलिनविलोचन शर्मा

"मिस कैथराइन नामक एक आस्ट्रियन महिला को बाणभट्ट की आत्मकथा पर एक स्वतन्त्र ग्रन्थ की पांडुलिपि सोन नदी के किनारे उपलब्ध हुई है ('विशालभारत' जनवरी 1943)। बाण के अन्य ग्रन्थों की भाँति यह आत्मकथा भी अपूर्ण है। इसका हजारीप्रसाद द्विवेदी कृत हिन्दी अनुवाद 'विशाल भारत' में प्रकाशित हो रहा है। मूल संस्कृत आत्मकथा का प्रकाशन संस्कृत-साहित्य की अपूर्व वस्तु होगी"!...

हिन्दी में लिखे गये जिस मामूली तरह से कामचलाऊ संस्कृत साहित्य के इतिहास से ये पंक्तियाँ उद्धृत की गयी हैं। उसका पता-ठिकाना नहीं देना उसके साथ अन्याय करना नहीं होगा। द्विवेदीजी की लेखनी का जादू उल्लिखित पुस्तक के लेखकों के सरपर चढ़कर बोल गया है। मैं एक तरफ द्विवेदीजी की मूक खिलखिलाहट की बात सोचता हूँ और दूसरी तरफ उद्धृत पंक्तियों के लेखकों की विनोद-भावना के नितान्त अभाव की, और फिर इस आलोचना को लिखते समय मन-ही-मन उस तरह खिलखिला रहा हूँ जिस तरह पहली बार इस वक्तव्य को पढ़ने पर खिलखिला पड़ा था।

लेकिन गम्भीरतापूर्वक विचार करने पर इस भ्रान्ति के लिए आत्मकथा का लेखक ही उत्तरदायी ठहरता है। उसने अपनी विनोदपूर्ण भूमिका से जितना भ्रम नहीं फैलाया है उतना तो अपनी लेखन-शैली से जो पुस्तकों को इस प्रकार विश्वासोत्पादक बना देती है। द्विवेदीजी ने यह प्रगल्भ परिहास न भी किया होता तो शोध-प्रेमी यह सन्देह कर सकते थे कि इन महाशय को कदाचित् कोई प्राचीन पांडुलिपि मिल गयी हो। बाणभट्ट की आत्मकथा साहित्यिक 'परकाय प्रवेश' का उत्कृष्ट उदाहरण है : द्विवेदीजी को बाणभट्ट बन जाने में पूरी सफलता मिली है।

द्विवेदीजी की सफलता का रहस्य आसानी से समझ में आ जाने की बात है। उनके और बाणभट्ट के व्यक्तित्व में एक से अधिक समान तत्त्व हैं। दोनों में ही शास्त्र के ज्ञान और जीवन के अनुभव, पांडित्य और विनोद, संयम और सहृदयता,

गाम्भीर्य और परिहास-प्रेम के दुर्लभ संयोग हैं। कोई आश्चर्य नहीं, द्विवेदीजी की लिखी बाणभट्ट की जीवनी बाणभट्ट की आत्मकथा ही बन गयी है।

आत्मकथा लिखना सबके बूते की बात नहीं; पर कुछ लोगों को दूसरों की जीवनी लिखने में ऐसी सफलता मिल सकती है कि वह आत्मकथा ही मालूम पड़े। दूसरी कोटि के लेखकों के लिए इतिहास के सूक्ष्म अध्ययन के साथ कवि की शक्ति और उपन्यास की स्थापत्य-कुशलता भी आवश्यक है। लेखक और उसके चरित-नायक के व्यक्तित्व की समानता तो जीवन और लेखन के लिए अनिवार्य है। और जहाँ तक इस अन्तिम तत्त्व का प्रश्न है, मैंने तुरत पहले इसका निर्देश किया है।

बाणभट्ट के इतिहास के विषय में भी, सौभाग्य से, लेखक को पर्याप्त सामग्री सुलभ थी। सौभाग्य से इसलिए कहा क्योंकि संस्कृत के प्राचीन लेखकों का इतिहास इतिहास नहीं, अनुमान मात्र है। बाणभट्ट उन अपवादों में से हैं जिनके विस्तृत और प्रमाणित जीवन-वृत्त उपलब्ध हैं। इससे भी ज्यादा तो यह कि बाण का जीवन-वृत्त उन्हीं के द्वारा लिखा गया है। 'कादम्बरी' और 'हर्षचरित' में बाण ने अपने बारे में जितना और जो कुछ लिखा है वह क्या कम है? बाणभट्ट के काल-निर्णय जैसे नीरस शास्त्रीय प्रश्नों पर भले ही उनकी आत्मकथा से प्रकाश नहीं पड़ता हो, किन्तु उससे उनके व्यक्तित्व का अन्तर्दर्शन सम्भव हो जाता है जो उनकी जीवनी लिखने के प्रयास को काफी सरल बना देता है।

आत्मकथा लिखनेवाला अपनी केंचुली से बाहर निकलकर अपना विश्लेषण करता है; इसलिए ईमानदारी से लिखी गयी आत्मकथा जीवनी-सी लगती है। इसके विपरीत जीवनी-लेखक वर्ण्य व्यक्ति में अभिन्न होकर उसके व्यक्तित्व का संश्लेषण करता है; फलतः सफल जीवनी आत्मकथा बन जाती है। बाणभट्ट ने बिना भावुक हुए और निर्मम तटस्थता के साथ लिखा है कि एक अभिजात ब्राह्मण वंश में जन्म लेने के बावजूद वे यौवन में, सन्देहास्पद चरित्रवाले समवयस्कों के साथ आवारागर्दी करते रहे, फिर सँभले और घर-गिरस्ती की ओर ध्यान दिया और साहित्य रचना में जुटे; राजा के यहाँ पहुँचने पर पहले तो उपेक्षा ही हुई, क्योंकि जवानी के कारनामों की 'प्रसिद्धि' राजा के पास तक पहुँच चुकी थी, पर बाद में उनकी प्रतिभा के कारण उनका यथोचित आदर भी हुआ। इतनी सी बात, लेकिन बाणभट्ट की लिखी हुईः कवित्वपूर्ण होने पर भी कहीं असत्य नहीं, अपने बारे में होते हुए भी कहीं लीपा-पोती नहीं। व्यक्ति के जीवन के इतिहास के लिए इतनी सामग्री है तो काफी है। द्विवेदीजी ने इस सामग्री सम्भावनाओं को देखा और उनका सफाई के साथ उपयोग किया। बाण ने आत्मकथा लिखते हुए भी वस्तुतः जीवनी लिखी। द्विवेदीजी ने जीवनी लिखी और उसे आत्मकथा कहा और हमने उसे ऐसा

पाया भी—कुछ लोगों ने तो शब्दशः।

परिमाण में इतिहास के आधार पर परिपूर्ण जीवनी—जैसे बाणभट्ट की आत्मकथा है—लिखने के लिए कवित्व-शक्ति बहुत आवश्यक है। एक कवि ही, मैं ऐसा मानता हूँ, जीवनी लिख सकता है। बाण ने 'कादम्बरी' और 'हर्षचरित' दो उपन्यास लिखे हैं। 'हर्षचरित' एक ऐतिहासिक उपन्यास है। वह इतिहास कम और ज्यादा उपन्यास ही है और ज्यादा जीवनी। बाण का कवित्व तब देखने को मिलता है जब वे गहरे रंगों की विविध पृष्ठभूमियों के सहारे हर्ष के व्यक्तित्व और स्वभाव को, उनके संघर्ष तथा सरलता, कोमलता और कठोरता के साथ अभिव्यक्त करते चलते जाते हैं। द्विवेदीजी ने बाण की तरह बहुत गहरे रंगों का तो प्रयोग नहीं किया है, फिर भी गहरे रंगों का प्रयोग उन्होंने भी अवश्य ही किया है। गहरे रंगों की पृष्ठभूमि में यह खतरा बना रहता है कि कहीं तस्वीर ओछी न पड़ जाए। बाण कहीं-कहीं अपने चित्रों को, उनकी पृष्ठभूमि के फलस्वरूप, हलका ही छोड़ देने को बाध्य हो गये। द्विवेदीजी ने अपने चरित-नायक की कुशलता और असफलता दोनों से ही सीख ली है। बाणभट्ट की आत्मकथा में शायद ही ऐसा कहीं हुआ हो कि पृष्ठभूमि प्रधान और चित्र गौण हो गया हो। लेकिन द्विवेदीजी की तस्वीरें भी सार्थक पृष्ठभूमि पर ही उभरी हैं। और सार्थक पृष्ठभूमि के लिए कवित्व-शक्ति की ही अपेक्षा रहती है। पुस्तक के आरम्भ में बाणभट्ट के जो विशद चित्र उपस्थित किए गये हैं उनकी परिपूर्णता के पीछे लेखक की कवित्व-शक्ति ही काम करती है। 'बाणभट्ट की आत्मकथा' निस्सन्देह एक कवि-चित्रकार की रचना है।

बाणभट्ट के उपन्यासों के समान ही उनकी इस जीवनी में भी कवित्वपूर्ण वर्णनों का, एक विशेष प्रभाव को उत्पन्न करने के लिए, विन्यास पाया जाता है। विस्तृत एवं सजीव वर्णनों की सहायता से, कुल मिलाकर वह वातावरण तैयार कर दिया गया है जो चरित्र-निर्माण को विश्वास्य बना पता है। बाण के पर्यटन-काल से सम्बद्ध देश, तत्कालीन आचार-व्यवहार आदि के जो वर्णन आए हैं वे अपने में ही महत्त्वपूर्ण नहीं है, किन्तु बाण के अमर्यादित जीवन के अनिवार्य वातावरण की सृष्टि करते हैं। बाणभट्ट की आत्मकथा पढ़ते हुए हम सम्राट् हर्षवर्धन के समय के भारतवर्ष में पहुँच जाते हैं। इतिहास की पुस्तक पढ़ने पर भी पाठक को ऐसा अनुभव करना चाहिए। लेकिन इतिहासकार कवि नहीं होते हुए भी इतिहास लिख सकता है जबकि जीवनी लेखक कवि हुए बिना इतिहास ही लिख सकता है, जीवनी नहीं।

आत्मकथा के स्थापत्य में सभी तत्त्व आनुषंगिक और आनुपातिक रूप में नियोजित हैं। कादम्बरीकार का स्थापत्य-कौशल अपने समय की दृष्टि से अद्वितीय और आज भी असाधारण है। जीवनी-लेखक अवश्य ही स्थापत्य सम्बन्धी ऐसे

जटिल प्रयोग नहीं कर सकता, लेकिन स्थापत्य की सरलता उससे कम महत्त्वपूर्ण विशेषता नहीं। घटना-वैचित्र्य, स्वतन्त्र कल्पना आदि के अभाव में भी 'बाणभट्ट की आत्मकथा' एक महान ऐतिहासिक उपन्यास बन रहा है। आत्मकथा जैसी लगने वाली यह जीवनी वस्तुतः एक उपन्यास ही है, और द्विवेदीजी यहीं एक कुशल कलाकार के रूप में प्रकट भी होते हैं। उन्होंने केवल ऐतिहासिक पृष्ठभूमि या केवल ऐतिहासिक पात्र को नहीं चुना है बल्कि दोनों की संकीर्ण परिधि में अपने को आबद्ध रखा है। फिर भी आत्मकथा में आद्यन्त औपन्यासिकता का अकृत्रिम निर्वाह हुआ है। द्विवेदीजी ने ऐतिहासिक यथातथ्य और सूक्ष्म वाह्य वर्णन के साथ बाणभट्ट के अभ्यन्तर द्वन्द्व और संघर्ष के विश्लेषण को जिस विलक्षणता के साथ गुम्फित किया है वह उनके निर्माण कौशल का परिचायक है।

आधुनिक और प्राचीन प्रणालियों का यही समन्वय आत्मकथा की शैली और भाषा में भी दीख पड़ता है। बाण की अत्यन्त कृत्रिम और आलंकारिक गद्य-शैली के बदले आधुनिक आदर्श के अनुरूप गद्य के सहारे ही लेखक बराबर बाण की याद दिलाते रहने में सफल हुआ है। स्वयं बाण, अपने सारे पांडित्य-प्रदर्शन के रहते हुए भी, भावानुरूप परिवर्तनक्षम तथा लयपूर्ण गद्य लिख सकते थे। कई-कई पृष्ठों तक फैले हुए वाक्यों के बदले जब दो-दो, चार-चार शब्दों के लघु, सरल वाक्य आने लगते हैं और फिर कुछ दूर बाद पहले का क्रम चल निकलता है तो पाठक इस शैलीगत विस्तार के संकोच की लय में बह चलता है। गद्य की यह लयपूर्णता, द्विवेदीजी की शैली की बाणप्रेरित विशेषता है।

प्राचीनता के उपर्युक्त वातावरण की सृष्टि के लिए द्विवेदीजी ने जिन अप्रचलित शब्दों का प्रयोग किया है वे बड़ी सावधानी के साथ, हिन्दी की प्रकृति के अनुकूल वाक्यों में पिरोए गये हैं। यह बहुत कठिन कार्य है और बहुधा साधारणतः सफल लेखक भी इसका निर्वाह नहीं कर पाते। यों भी, गवेषणा और अध्यापन जैसे निर्जीव कामों में लगे रहने पर भी, द्विवेदीजी स्पन्दनशील गद्य लिखते हैं और उनकी यह सामान्य विशेषता तो आत्मकथा में है ही।

अगर मुझसे हिन्दी के दो-तीन उत्कृष्ट ऐतिहासिक उपन्यासों के नाम लेने को कहा जाए तो 'बाणभट्ट की आत्मकथा' उनमें से एक जरूर होगा।

निरन्ध्र इतिहास कथा

भगवतशरण उपाध्याय

श्री हजारीप्रसाद द्विवेदी हिन्दी के यशस्वी आलोचक हैं, आलोचकों में अग्रणी हैं। परन्तु इस 'आत्मकथा' से प्रमाणित है कि द्विवेदीजी केवल साहित्य विश्लेषक ही नहीं, उसके मौलिक निर्माता भी हैं। और प्रस्तुत प्रयास में उन्होंने केवल मौलिक प्रयत्न ही नहीं किया है, एक प्राचीन सबल सर्जक से लोहा भी लिया है। बाणभट्ट अपने काल के साहित्य-सर्जकों का नेता था। उसकी शैली अनुकरणीय है, यद्यपि हमारी आज की साहित्यिक अभिरुचि के वह सर्वथा विरुद्ध है—अत्यन्त दुरूह, अप्रिय भी, वैसे तो बाण कवि कहा गया है और आलोचकों ने सही ही कहा है कि कवित्व 'चण्डीशतक' मात्र तक सीमित नहीं है। उसके 'हर्षचरित' और 'कादम्बरी' में भी यह कवित्व सर्वत्र प्रवाहित है।

सही, परन्तु उस कवित्व की रूपरेखा निश्चय कठोर है। भाव भाषा की दुरूहता में छिप जाते हैं, शैली समस्तपदीय होने के कारण नितान्त अग्राह्य है और इसी कारण अननुकरणीय भी—बाणभट्ट की सर्वथा अपनी। उसमें यद्यपि एक प्रकार का आकर्षण है, परन्तु प्रसाद का उसमें मेरी समझ में सर्वथा अभाव है। आज के युग में उसकी शैली ग्राह्य न हो सकेगी और इस दृष्टिकोण में सम्भवतः मैं अकेला नहीं हूँ।

परन्तु प्राचीन काल में यह शैली कभी स्तुत्य नहीं हुई थी और 'कादम्बरी' तो आज भी पाठक के हृदय में एक विचित्र गुदगुदी उत्पन्न करती है। सुदूर अतीत में तो उसका आकर्षण अपनी एकान्त असाधारणता के कारण भी था। सुबन्धु के अतिरिक्त 'रोमांस' के क्षेत्र में किसी और ने लेखनी भी तो नहीं उठाई। श्री द्विवेदीजी की 'बाणभट्ट की आत्मकथा' भी बाण की 'कादम्बरी' की ही भाँति एक रोमांस है। परन्तु दोनों की समता का यह निरूपण उनकी कथा-वस्तु के सम्बन्ध में बिल्कुल नहीं है; 'कादम्बरी' की कथावस्तु सर्वथा अलौकिक और काल्पनिक है, 'आत्मकथा' की ऐतिहासिक और सामाजिक। 'आत्मकथा' की घटनाएँ

ऐतिहासिक नहीं हैं, परन्तु उनकी पृष्ठभूमि सर्वथा ऐतिहासिक है, उसका सामाजिक-तथ्य दर्पण की भाँति सातवीं सदी के भारतीय समाज को प्रतिबिम्बित करता है—निपुणिका भट्ट के नटी-सूत्रधार के सम्बन्ध से लेकर अघोरभैरव—महामाया भैरवी की तन्त्र-प्रतिपदा तक। बौद्ध महायान से तन्त्रयान का जन्म हुआ, तन्त्रयान से वज्रयान का और तभी स्वतन्त्रभविकस्ति आगम-तन्त्र का शाक्त पन्थ उससे आ मिला। किन चमत्कारों ने उन्हें परस्पर एकत्र कर दिया यह कहना तो कठिन है, परन्तु दोनों के संयोग से कापालिक-औघड़पन्थ की परम्परा विकसित हुई, यह सम्भवतः अनेक स्वीकार करेंगे।

श्री द्विवेदीजी की पुस्तक में सिद्ध तन्त्र की गहरी छाया में समाज के आचरण का बहुमुखी निदर्शन है, सर्वथा स्पष्ट है ऐतिहासिक पृष्ठभूमि के विचार से भी यह पुस्तक नितान्त निर्दोष है। इतिहास का विद्यार्थी जब ऐतिहासिक पृष्ठभूमि पर ग्रन्थ की आलोचना अथवा अध्ययन करता है तो उसमें और ग्रन्थकार में एक प्रकार की होड़ लग जाती है—लुका-छिपी की। मुझे सन्तोष है कि अनवरत रन्ध्रान्वेषण के बाद भी मैं श्री द्विवेदीजी के ऐतिहासिक निरूपण में कहीं कोई छिद्र न पा सका, सिवाय इसके कि हर्ष का समकालीन होकर भी लोरिकदेव ने जैसा पृ. 314 पर लिखा है, समुद्रगुप्त का गरुड़ध्वज सिन्धु और कुम्भ के उस पार तक फहराया था। समुद्रगुप्त और हर्ष के समय मोटी दृष्टि से भी लोरिकदेव केवल साठ साल का है। कुम्भा अर्थात् काबुल नदी के उस पार गरुड़ध्वज फैलाना सर्वथा ऐतिहासिक न होकर भी दृष्टोक्ति होने के कारण क्षम्य हो सकता है।

समर्थ साहित्यिक द्विवेदीजी ही बाण की शैली को पुनरुज्जीवित कर सकते थे। संस्कृत भाषा, काव्य-अलंकार, आगम-तन्त्रादि का उनका गहरा ज्ञान इस 'आत्मकथा' में फूट पड़ा है और यदि उनकी शैली की दुरूहता का दोष हमें खले तो उसका आरोप हम श्री द्विवेदीजी के ऊपर न कर बाण पर करेंगे यद्यपि प्रश्न यह हो सकता है कि यह ग्रन्थ क्यों? यह प्रश्न हमें साहित्य की सार्थकता के समक्ष ला खड़ा करेगा और साहित्य किसके लिए? 'कस्मै देवाय हविषा विधेम' के कठिन प्रश्न का उत्तर देने को बाध्य करेगा। इस प्रश्न का उत्तर देते हुए हम जितना ही बाण को दोषी ठहराएँगे उतना ही श्री द्विवेदीजी को भी क्योंकि दोनों प्रस्तुत प्रयास में बौद्धिक अभिजात परम्परा के पोषक हैं। बाणभट्ट अपनी संस्कृति शैली जटिल अभिजातीयता से साधारण जनता से जितने दूर थे, श्री द्विवेदीजी भी इस ग्रन्थ में साधारण जनता से उतने ही दूर हैं। परन्तु हाँ पूर्वजों का दोष वंशजों के मत्थे नहीं मढ़ा जा सकता। बाणभट्ट का मौलिक आधार चाहे दूषित हो उसके आधुनिक प्रतिनिधि कलाकार की कला का निखार उज्ज्वल है।

श्री द्विवेदीजी ने अतीत का निवारण करना चाहा है। उसमें वे सर्वथा सफल

हुए हैं। प्राचीन अथवा वर्तमान को खोलकर रख देना साहित्यिक प्रगति का एक रूप है और इसी कारण मार्क्स तथा लेनिन दोनों ने वालज़क की कला को सराहा था। हाँ, हम जानते हैं कि केवल उसे खोल देना ही पर्याप्त नहीं है, उससे प्राप्त निष्प्राण हो जाता है, आवश्यकता होती है इस बात की कि अतीत के स्रोत हमारे वर्तमान में बहते दिखाए जा सकें जिससे उस अतीत के प्रवाह के भीतर से हमारे भविष्य विच्छिन्न न हो सके। इस सर्वथा सुन्दर कृति को जिसे 'हर्षचरित', 'कादम्बरी', 'नागानन्द', 'रत्नावली', 'चण्डीशतक' आदि अनेक उपकरणों से द्विवेदीजी ने निर्मित किया है हम दूर से कुछ विस्मय के साथ देखते हैं और उससे अपनापा किसी प्रकार नहीं जोड़ पाते। आरम्भ में ही समर्थ साहित्यिक ने 'रोमांस' की पृष्ठिभूमि एक आधुनिक आस्ट्रियन महिला की खोज में निर्मित की है। श्रीमती कैथराइन ने उसे इस 'आत्मकथा' की पांडुलिपि शोण तट के गाँवों से खोजकर दी है। श्री राहुल सांकृत्यायन ने भी अपने 'सिंह सेनापति' में इस प्रकार की एक पृष्ठभूमि दी थी जिसने अनेक पाठकों को विस्मय में डाल दिया था। इस पद्धति का आरम्भ वास्तव में उस फ्रेंच महिला ने किया था जिसकी सुन्दर कृति 'द मोगल प्रिंसेज' इतिहास की रोमांचक प्रस्तुति है। श्री द्विवेदीजी द्वारा विरचित यह 'बाणभट्ट की आत्मकथा' बाण के गुण-दोषों का दर्पण है और इसकी यथातथ्यता की मात्रा में लेखक बाणवत् ही सफल हुआ है।

> *वह लोक कितना नीरस और भोंड़ा होता होगा जहाँ विरह-वेदना के आँसू निकलते ही नहीं, और प्रियवियोग की कल्पना से जहाँ हृदय में ऐसी टीस पैदा ही नहीं होती, जिसे शब्दों में व्यक्त न किया जा सके।...आँसू से जीवन तरंगित होता रहता है। पीड़ा में प्रेम पनपा करता है। अलकों में यदि आँसू नहीं हैं तो यक्ष के हृदय की सारी पीड़ा मृगमरीचिका से अधिक मूल्य नहीं रखती।*
>
> —मेघदूत : एक पुरानी कहानी

बाणभट्ट की आत्मकथा : स्पन्दचेतना की काव्यानुभूति

बच्चनसिंह

बाणभट्ट की आत्मकथा एक क्लासिकल रोमांटिक उपन्यास है। अर्थात् अपने बन्ध, चित्रण, वर्णन, शिल्प, शैली में यह क्लासिकल है और प्राणगत ऊष्मा में रोमांटिक। ये दोनों तत्त्व एक-दूसरे से मिलकर एक अविभाज्य टेक्सचर बन जाते हैं। इस क्लासिकल विन्यास में अपेक्षित रोमांटिक सूत्रों की कमी नहीं है और रोमांटिक आवेग को क्लासिकल संगम बाँधे हुए है। क्लासिक में एक ओर औदात्त्य होता है तो दूसरी ओर जड़ता। लेखक ने औदात्य तत्त्व को लेते हुए रोमांस के सन्निवेश-द्वारा जड़त्व का सहज ही परिहार कर लिया है। एक जड़त्व जीवन और परिवेश के स्तर पर भी है। लेखक उसपर गहरा प्रहार करता है और समस्त उपन्यास में स्पन्दचेतना का नवोन्मेष फूट पड़ता है।

इस स्पन्द चेतना को जिस काव्यात्मक पैटर्न पर प्रस्तुत किया गया है वह अद्वितीय है। यह अद्वितीयता वस्तु-रूप दोनों में है क्योंकि जो वस्तु है वही रूप है, जो व्यक्ति का है वही परिवेश है। इस प्रकार की अवयवगत सम्पूर्णता काव्य में ही सम्भव है। इसीलिए इसके पैटर्न को मैंने काव्यात्मक कहा है। काव्य का अनुवाद नहीं हो सकता। इसके एक तार के छू देने पर समस्त तार एक साथ झंकृत हो उठते है। झंकृति ही स्पन्द चेतना है।

महावाराह इस स्पन्दचेतना का प्रतीक है। इस पौराणिक मिथ का दुहरा उपयोग है। एक ओर तो यह उस अटूट आस्था का प्रतीक है जो 'जलौघमग्ना सचराचराधरा' का उद्धार करने में समर्थ है, दूसरी ओर यह मनुष्य की निमित्तता और अंकिचनता का बोध करता है। ''महावाराह के दाँतों पर उठी हुई धरित्री के मुखमंडल पर जो उल्लास और दीप्ति का भाव था, वह देखते ही बनता था। महावाराह के दोनों हाथ कटिदेश पर इस प्रगल्भता के साथ टिके हुए थे और बाहुमूल की पेशियाँ इस दृढ़ता के साथ निकाली गयी थीं कि देखकर मन में एक अपूर्व विश्वास उद्रिक्त हो उठता था।'' विश्वास ही वह वस्तु है जो मनुष्य को

बड़े-से-बड़ा खतरा उठाने के लिए उत्प्रेरित करता है। इस विश्वास-विग्रह के आगे बाणभट्ट अपने को नगण्य महसूस करने लगा।

सचराचर धरा जल में मग्न है। सारा समाज एक प्रकार के अवरोध में है। भट्टिनी, महामाया, निपुणिका, सुचरिता, यहाँ तक कि बाणभट्ट भी अवरुद्ध है। सम्पूर्ण मध्यकाल में एक गतिशून्यता भरी हुई है। राजनीति, संस्कृति, धर्म आदि बँधे घाटों के जल की तरह आविल हैं। सोचने का बँधा हुआ तरीका है, धर्म की एक बँधी-बँधायी परिपाटी है, सब लकीर के फकीर हैं। बाणभट्ट को लगा था—'न जाने क्यों मुझे ऐसा लग रहा था कि नीचे से ऊपर तक सारी प्रकृति में एक अवश अवसाद की जड़िमा छायी हुई है।' इस उपन्यास में इस जड़िमा को तोड़ने का रचनात्मक प्रयास है।

यह एक ऐतिहासिक उपन्यास है। ऐतिहासिक उपन्यास में एक ओर तो ऐतिहासिक प्रामाणिकता होनी चाहिए और दूसरी ओर उसकी गत्यात्मकता का बोध। द्विवेदीजी की ऐतिहासिक चेतना आधुनिक है, इसमें दो मत नहीं है। यह चेतना गति का दूसरा नाम है जो स्थिति को विच्छिन्न करनेवाली स्फूर्ति के रूप में, एक विशेष संकट के कारण, इतिहास की अनिवार्य माँग के रूप में आविर्भूत होती है।

इतिहास की प्रामाणिकता के रूप में धर्म, दर्शन, उपासना, राजतन्त्र, मूर्तिचित्र आदि के व्यापक सन्दर्भों को, जो अपने संशिलष्ट तथा उन विशेषताओं के साथ जो उस युग की नितान्त अपनी हैं, कलात्मक वर्णन में उकेरित हैं, पेश किया जा सकता है। इस परिवेश में ही वे परिस्थितियाँ उगती हैं जिनके संघातों में पड़कर पात्र स्वयमेव क्रियात्मक हो उठते हैं। इस क्रियात्मकता के कई स्तर हैं—अन्तर्वैयक्तिक सम्बन्धों का स्तर, सांस्कृतिक स्तर, जातीय स्तर, राजनीतिक स्तर। ये सभी स्तर अलग होकर भी एक हैं। इस समूचे परिवेश और क्रियात्मकता को इतिहास की गत्यात्मकता परिचालित करती है।

सम्पूर्ण उत्तरापथ निर्वीर्य राजतन्त्र और उच्छृंखल सामन्तीय व्यवस्था में जकड़ा हुआ था। कुछ लोगों को इसका एहसास था, पर वे जकड़े खड़े थे। इस जकड़न को तोड़ने का कार्य मुख्यतः स्त्रियाँ करती हैं। हेनरी मिलर का विश्वास है कि पुरुष के मुरदा हो जाने पर उसे जिलाने का कार्य स्त्रियाँ करेंगी। वे शक्ति हैं, वे त्रिपुर सुन्दरी हैं। निपुणिका, महामाया, भट्टिनी और सुचरिता ने अपने-अपने ढंग से स्पन्द-चेतना को आविर्भूत किया है।

निपुणिका भट्ट से पूछती है—'तुम असुर-गृह में आबद्ध लक्ष्मी का उद्धार करने का साहस रखते हो? मदिरा में डूबी हुई कामधेनु को उबारना चाहते हो?' आगे चलकर उसने पुनः कहा था—'भट्ट यह अशोक वन की सीता है, तुम इसका

उद्धार करके अपना जीवन सार्थक करो।' भट्टिनी का उद्धार तो निमित्त है। क्योंकि इसके उद्धार के साथ देश का उद्धार भी लगा हुआ है। मौखरियों का अवरोध असुरगृह है जो मध्यकालीन सामन्तों की उच्छृंखलता को मुखर बनाता है। महामाया भी अपनी इच्छा के विरुद्ध इसी असुरगृह में आबद्ध थीं। उन्होंने कहा था कि उनका अवरोध में रहना अमंगलकारी है। अवरोध से बाहर आकर उन्होंने राजतन्त्र में जकड़े हुए जन-जीवन को झकझोर दिया। गिरिवर्त्म के पास खड़ी म्लेच्छों की सेना के विरुद्ध उन्होंने आवाज लगाई—'अमृत के पुत्रो, मृत्यु का भय माया है, राजा का भय दुर्बल चित्त का विकल्प है। प्रजा ने राजा की सृष्टि की है। संघटित होकर म्लेच्छवाहिनी का सामना करो। देवपुत्रों और महाराजाधिराजों की आशा छोड़ो। समस्त उत्तरापथ की लाज तुम्हारे हाथों में है।...यह पहला अन्याय नहीं है। यह दुर्बल सम्पत्तिमद का चिराचरित रूप है। इसके लिए न्याय की प्रार्थना व्यर्थ है। अमृत के पुत्रो, धर्म की रक्षा अनुनय-विनय से नहीं होती, शास्त्रवाक्यों की संगीत लगाने से नहीं होती; वह होती है अपने को मिटा देने से।...'

महामाया के कथन को काव्यात्मक वक्तव्य का रूप देने के लिए, उसे गत्यात्मक अन्विति देने के लिए रहेटोरिक का प्रभावशाली प्रयोग किया गया है, ''एक सहस्र कंठों ने दीर्घ दीर्घायित स्वर में प्रतिध्वनि की, मृत्यु का भय माया है।' उस महाध्वनि ने स्थाणीश्वर के दुर्भेद्य प्रस्तर भित्तियों को चीरकर पर-प्रान्त तक हलचल मचा दी। भीड़ बढ़ने लगी और रह-रहकर आकाश को विदीर्ण करके एक ही स्वर गूँज उठा—'मृत्यु का भय माया है।' विराट् पट-मंडप उस स्फीत जन-सम्मर्द को धारण करने में असमर्थ हो गया। भीड़ राजमार्गों, गवाक्षों, वृक्षों और ध्वज-दंडों को आच्छन्न करने लगी।''

यह वर्णन महामाया के वक्तव्य को विस्तारित करने अथवा उसकी प्रभावान्विति को घनीभूत बनाने के लिए महत्त्वपूर्ण नहीं है। इसके माध्यम से लेखक पाठकों के बोध को काव्यात्मक अनुभूति के रूप में परिणत कर देता है। भीड़ की धकमपेल के चाक्षुष बिम्ब के पीछे अपने जातीय जीवन का एक स्वर गूँजता रहता है—मृत्यु का भय माया है। और इसकी अनुगूँज देर तक छायी रहती है।

पर भट्टिनी को महामाया का सत्य आधा सत्य मालूम देता है। वह नरलोक से किन्नर लोक तक व्याप्त एक ही रागात्मक हृदय देखती है। इसलिए वह म्लेच्छ कही जानेवाली जाति के उस पहलू को जगाना चाहती है जो उसे कोमल और संवेदनशील बना दे, जो उसे नारी का सम्मान करना सिखा दे। यानी उसे हृदय-परिवर्तन में विश्वास है। भट्टिनी को भट्ट की सरस्वती में इतना गहन विश्वास है कि उसके द्वारा निर्दय जातियों मे भी संवेदना का संचार किया जा सकता है। किन्तु खुद भट्ट को काव्य की इस शक्ति में आस्था नहीं है। जब कालिदास के काव्य से

वह उद्देश्य पूरा नहीं हुआ तो और किस के काव्य से होगा? भट्ट की दृष्टि अधिक यथार्थवादी है। इतने ढेर के संवेदनात्मक साहित्य ने मनुष्य में क्या परिवर्तन किया? सच तो यह है कि साहित्य थोड़े-से लोगों को ही संवेदनशील बना पाता है। हृदय-परिवर्तन के मसीहाओं का क्या हुआ? बुद्ध को विष दिया गया, ईसा को कीलों में ठोंक दिया गया और गाँधी को गोली मार दी गयी। क्या दास्तेवस्की का कहना ही तो सच नहीं है कि मनुष्य मूलतः बर्बर है! वास्तविकता यह है कि वह पशु और मनुष्य दोनों है। न उसकी पुशता दूर की जा सकती है न मनुष्यता। उसकी बर्बरता को दूर करने की कल्पना महज कल्पना है, किन्तु इस दिशा में क्रियाशील होना बुरा नहीं है, किन्तु इस बर्बरता को दूर करने का उपाय महामाया के पास है, भट्टिनी के पास नहीं। भट्टिनी के यूटोपियाई सत्य को सत्य मान कर, अपने भोलेपन के कारण, हम अपनी भूमि और प्रतिष्ठा दोनों खो चुके हैं। भट्टिनी के सत्य से जड़ता के प्रादुर्भाव का खतरा लगा रहेगा। इसलिए महामाया और निपुणिका का सत्य चाहे सम्पूर्ण सत्य न हो, पर वह वास्तविक सत्य है। वास्तविक सत्य का अर्थ है कि वह यथार्थ है। उससे कोई छलावे में नहीं पड़ सकता।

और सत्य क्या है? जिससे लोक का आत्यन्तिक कल्याण हो। बाणभट्ट ने अघोरभैरव की शब्दावली में इसे प्रस्तुत किया है—'देखो, विरति, सत्य अविभाज्य है। तुम्हारे बौद्ध दार्शनिकों ने संवृत्ति-सत्य (व्यावहारिक सत्य) और परमार्थ सत्य कहकर उसे विभक्त करने का दम्भ फैलाया है। मानो ये दोनों परस्पर विरुद्ध हों। जो मेरा सत्य है तो वह सारे जगत् का सत्य है, व्यवहार का सत्य है, परमार्थ का सत्य है, त्रिकाल का सत्य है।' लेकिन आज के सन्दर्भ में, जब कि व्यक्ति और समाज के सत्यों में इतनी गहरी खाई हो गयी है, अघोरभैरव का सत्य सत्य से दूर प्रतीत होता है। मार्क्स का सत्य सत्य है या अस्तित्ववादियों का सत्य सत्य है अथवा दोनों का सत्य सत्य है। बौद्धों का सत्यविभाजन अधिक यथार्थ लगता है। अपने-अपने सत्य को चरम सत्य सिद्ध करने के लिए संसार में लड़ाई होती रही और हो रही है। क्या निपुणिका का सत्य समाज का सत्य हो सका या हो सकेगा? सत्य की नित्यता सन्दिग्ध है। हाँ, वैयक्तिक सत्य और सामाजिक सत्य का संघर्ष अवश्य नित्य है। निउनिया के सन्दर्भ में बाणभट्ट ने कहा है, ''निश्चय ही कोई बड़ा असत्य समाज में सत्य के नाम पर घर बना बैठा है।' वस्तुतः व्यक्ति इसी असत्य के खिलाफ लड़ता है।

यह लड़ाई जिन्दगी है, गति है, इतिहास है, काफ्का ने अपने डायरी में कहीं लिखा है—'एक बिन्दु हो, प्यार हो, आदमी लड़ जाएगा।' बाणभट्ट, भट्टिनी, निपुणिका, महामाया, सुचरिता की शक्ति प्यार की शक्ति है। भट्ट की जड़िमा भट्टिनी तोड़ती है. उससे वह क्रियाशील हो उठता है। भट्टिनी के सौन्दर्य से

बाणभट्ट अभिभूत है। बाणभट्ट की दृष्टि में उसकी स्मिति से सौ-सौ आरात्रिक प्रदीप जल उठते हैं। उसकी चारुता सम्पत्ति भट्ट का काव्य है, उसका पराक्रम है, उसकी जीवन्तमयता है। बाण अकुंठभाव से भट्टिनी को देता है और अकुंठ भाव से पाता भी है, लेकिन इसके आधार पर यह नतीजा नहीं निकाला जा सकता कि जो जितना देता है उतना ही पाता भी है।

भट्ट-भट्टिनी का प्रेम रोमांटिक है—आत्यन्तिक रूप के योटोपीय रोमांटिक। कुछ लोग इसे यथार्थ के मेल में न देखकर भट्ट पर कापुरुषता का आरोप भी करते हैं, किन्तु यह प्रश्न इतना सरल नहीं है कि झट से इस पर राय जाहिर कर दी जाए। रोमांस के सम्बन्ध में एक बार मैंने द्विवेदीजी से पूछा था। उन्होंने विनोदपूर्वक कहा था कि वह स्वास्थ्यवर्धक है, लेकिन सहज सुपाच्य नहीं है। अर्थात् वह पच जाने पर ही लाभप्रद होता है। भट्ट पशु नहीं था, इसे अघोरभैरव ने कहा था। प्रेम शरीर से सम्बद्ध होकर भी मानस-जगत् में ही जीवित हो सकता है। इसके अनगिनत आयाम हैं, अगणित स्थितियाँ हैं। नारी को, उसके सौन्दर्य को, केवल गोलाइयों में देखना आयातित चिन्तन का फल है, उस स्वतन्त्रता की माँग का फल है जो कहीं प्रतिबद्ध नहीं है। भट्ट ने निउनिया से कहा है—'यह बन्धन ही चारुता है, संयम है, सुरुचि है।' भट्ट भारतीय संस्कृति का व्याख्याता ही नहीं उसे अपने आचार-व्यवहार में उतारनेवाला भी है। आज बन्धन, संयम, सुरुचि का मजाक किया जाता है। वह मजाक इस हद तक बढ़ गया है कि रोमांटिक हो गया है। भट्ट माधुर्य और लावण्य को देखता है विव्वोक और हेला को नहीं, जबकि आज का समाजशास्त्री शब्दावली को गोली मारकर भी उन्हीं को पसन्द करता है।

भट्ट के प्रेम को उसका अन्तर्द्वन्द्व मानवीय स्तर पर ला खड़ा करता है। प्रेम का बन्धन कभी-कभी इतना कस जाता है कि मनुष्य उसके मुक्त होने के लिए विकल हो उठता है। 'मैं कहने को तो उनकी रक्षा के लिए साथ हूँ। पर हो गया हूँ परम आश्रित। इस अवस्था में मुक्ति मिलनी चाहिए। आज से अधिक पराधीन कभी नहीं था।' कभी इस पराधीनता का वह स्वागत करता है और उसका हृदय नवनीत के समान ढरक जाना चाहता है। वह भट्टिनी के अधरोष्ठों की लीला, कपोलपाली की विभ्रम-वीचियाँ, बड़ी-बड़ी आँखों की ललाई देखकर अपने जीवन को अर्थ देता है। क्या आदमी के जीने के लिए इतना पर्याप्त नहीं है? लेकिन भट्ट अपने जीवन को अधिक फलवान बनाना चाहता है। वह अपने सौभाग्य को अपने ही हाथों डुबो देना चाहता है—'मैं उनको उनके पिता के पास पहुँचाकर छुट्टी लूँगा। मैं अधिक मोहग्रस्त होना पसन्द नहीं करता।' पर क्या वह मोहमुक्त हो पाया?

प्रेम दो प्रेमियों को अनेक प्रकार से समृद्ध बनाता है। केवल प्रेम में अपने को नि:शेष भाव से दिया जा सकता है। बंगाल के वैष्णवों ने इसे अच्छी तरह समझा था। प्रेम और सौन्दर्य की सार्थकता उसके रचनात्मक होने में है। भट्टिनी का सौन्दर्य और प्रेम पूर्णत: रचनात्मक था। प्रेम के प्रभाव से भट्ट उस समय के राजनीतिक चक्रों में उलझता है और उत्तरापथ के उद्धार में निमित्त बनता है, किन्तु इस प्रकार के प्रेम में एक खतरा लगा रहता है। व्यक्ति का अपना स्वतन्त्र विचार कोई मूल्य नहीं रखता। भट्ट भट्टिनी का इतना अनुगत है कि उसका अपना व्यक्तित्व पराश्रित होता गया है, इसकी अनुभूति भट्ट को भी थी। जो भी हो पर भट्ट की अनुगतता सत्य है। लेखक ने उनकी वैयक्तिक सार्थकता पर बल देते हुए लोक की सार्थकता के साथ अविच्छेद रूप से सम्बद्ध कर दिया है।

निउनिया साधारण नारी है, भट्टिनी असाधारण। भट्टिनी को एक विशेष परिस्थिति में एहसास हुआ था कि वह लाख-लाख कन्याओं की भाँति एक कन्या है। उन्हीं की भाँति सुख-दु:ख का पात्र वह भी है। उसका अंहकार मरकर भी जिन्दा रहता है क्योंकि वह मर नहीं सकता। उसका आभिजात्य जीवित रहता है। उसे जीवित रखने के लिए उस समय की परिस्थिति मजबूर करती है। बाणभट्ट, कृष्णवर्धन, लोरिकदेव उसे जीवित रखने में अपने-अपने ढंग से मदद करते हैं। उसका अनिन्द्य सौन्दर्य तुविरमिलिन्द के नयनतारा होने के गौरव के साथ मिलकर और भी प्रभावशाली हो उठता है। तुविरमिलिन्द की साधारण कन्या भी असाधारण हो जाती है, किन्तु निउनिया अभिशप्त वर्ग की नारी है। उसे अभिशाप की आग में निरन्तर सुलगने का वरदान मिला है। वह अपने विकारों को दबा नहीं सकी क्योंकि वे सत्य थे। भट्ट को पाकर (देकर कहना अधिक संगत है) वह अपने विकारों को सिद्धि-सोपान मान लेती है। इस प्रतीति से उसकी जड़िमा तिरोहित हो जाती है। इस जड़िमा की जड़ें दूर तक गयी हैं। इसके लिए बहुत कुछ निर्वीर्य राजतन्त्र दायी है। इस तन्त्र के विरुद्ध निउनिया के तबके की स्त्री ही आवाज बुलन्द कर सकती है।—'बड़ा दु:ख है आर्य! इस विराट् दैन्य के अन्त: स्पन्दनहीन ढूह पर यह साम्राज्य की नयनहारी यात्रा चली जा रही है। मैं इस ढूह की एक नगण्य कणिका मात्र हूँ। मुझे इस योग्य बना दो कि आप अपनी अग्नि से धधककर समूचे जंगल को भस्म कर दूँ। मैं तुम्हारा करावलम्ब चाहती हूँ। नारी का जन्म पाकर केवल लांछन पाना ही सार नहीं है। तुमने ही मुझे आनन्द की ज्योतिष्कणिका दी थी। तुम्हीं मुझे तेज की चिनगारी दो आर्य!' तेज की चिनगारी उपन्यास के काव्य-वक्तव्य का ऐसा प्रतीक है जो समय-समय पर जन-जीवन को ज्योतिर्मय बना देता हैं जब तक स्पन्दनहीनता मौजूद रहेगी साम्राज्यवाद और पूँजीवाद को ढहते देर नहीं लगेगी।

महामाया तो मूर्तिमान स्पन्दचेतना हैं। उनका सारा जीवन स्पन्दनपूर्ण है। गिरिवर्त्म के पास खड़ी लुटेरों की सेना के विरुद्ध जन-सेना का आयोजन उनकी ऊर्जस्विता का प्रमाण है। और भैरवियों का गान! वह तो ओजपूर्ण काव्य है...अमृत के पुत्रो, आँधी की भाँति बहो, तिनके की भाँति म्लेच्छवाहिनी को उड़ा ले जाओ। संकट के इस भय से कातर होना तरुणाई का अपमान है। जवानो, प्रत्यन्त दस्यु आ रहे हैं। इस भैरवगान में केवल ओज नहीं है, इसके पीछे वह सांस्कृतिक विरासत है जो हमारे वर्तमान के लिए उपादेय है।

फिर भी महामाया और निपुणिका के सम्बन्ध में यह कहा गया है कि उनके जीवन को पूर्ण सार्थकता नहीं मिल पाई। सार्थकता की दृष्टि से भट्टिनी और सुचरिता का जीवन ही पूर्ण सार्थक कहा गया है। सार्थकता की बात इस उपन्यास में बार-बार उठाई गयी है। इससे लगता है कि एक स्तर पर सारे उपन्यास का केन्द्रीय वक्तव्य यही है। भट्टिनी और महामाया की बातचीत से सार्थकता के स्वरूप का पता लगता है। भट्ट के सम्पर्क में आने पर भट्टिनी को अनुभूत हुआ कि उसके भीतर एक देवता है जो आराधक के अभाव में मुरझाया हुआ था। नारी के रूप में वह धन्य हो गयी। महामाया पराजित-सी हो गयी। अवधूतपाद की साधना अधूरी रह गयी क्योंकि उसे विशुद्ध नारी का सहयोग नहीं मिला और निपुणिका को किसी पुरुष का सहारा नहीं प्राप्त हुआ। विशुद्ध नारी द्विवेदीजी का क्या अभिप्राय है, पता नहीं लगता। भट्टिनी के अर्थ में महामाया और निपुणिका की सार्थकता पूर्ण नहीं है। उन्हें उनके देवता का आराधक नहीं मिला। इस आराधक के अभाव में गहरे मनोवैज्ञानिक अर्थ में नारी के जीवन को सार्थक नहीं कहा जा सकता। किन्तु क्या गम्भीर मानवीय स्तर पर निपुणिका की सार्थकता कम है? बाणभट्ट की उपमा-उत्प्रेक्षाओं से अभिमंडित भट्टिनी की निजी सार्थकता चाहे जो रही हो पर मनुष्य की दृष्टि से, गहरे ट्रैजिक जीवन की दृष्टि से, अपने विकारों में वह अत्यन्त महनीय और अविस्मरणीय हो उठी है। ऐतिहासिक चेतना के लिहाज से महामाया की अपनी सार्थकता है। भट्टिनी और सुचरिता की सार्थकता भागवत धर्म की सार्थकता अधिक है मानवीयता की कम।

पहले ही कहा जा चुका है कि इतिहास की प्रामाणिकता के लिए इसमें बहुविध सन्दर्भों को गूँथा गया है। बाणभट्ट की आत्मकथा के लिए जरूरी था कि बाणभट्ट की शैली का पैटर्न भी अपनाया जाता, इसके अभाव में प्रामाणिकता सन्दिग्ध हो जाती है। लेकिन यह पैटर्न अनुकृति के रूप में न होकर लेखक के सहायक के रूप में अपनाया गया है। बहुविध सन्दर्भों और पैटर्न विशेष के माध्यम से जिस विशाल सांस्कृतिक पट का निर्माण किया गया है वह स्वयं ही कथा है। इसकी बनावट और बिनावट में अद्‌भुत सतर्कता दिखाई देती है। इसका फल यह

हुआ कि इसकी आन्तरिक परिपक्वता के साथ अभूतपूर्व 'फिनिश' का सौन्दर्य भी आ गया है। इसके बहिरन्तर की सतर्क संघटना फ्लाब्येर के 'मादाम बाबेरी' उपन्यास की याद दिलाती है। इसके शिल्प को कुट्टिम शिल्प कहा जा सकता है। आधुनिक शब्दावली में यह 'मोजेएक' शैली है। इसके लिए जिस रिवाज और तराश की आवश्यकता होती है वह भी यहाँ मौजूद है। इस तराश के कारण इसकी गत्यात्मकता में कहीं कमी नहीं आती, बल्कि उसकी चमक बढ़ जाती है। शिल्प की पूर्णता लेखक का लक्ष्य नहीं है क्योंकि वह कथ्य के अतिरिक्त और कुछ नहीं है।

बाणभट्ट की भाँति सूक्ष्म-संश्लिष्ट वर्णनों में सन्दर्भित पांडित्यपूर्ण संस्कृति के साथ ऊर्ध्वोमुख दृष्टिकोण का कहीं लोप नहीं होता। कुमार कृष्णवर्धन द्वारा भट्टिनी को भेंट दी जानेवाली मूर्ति का एक चित्र है '...उनके अर्द्ध-स्तिमित नयन के ऊपर भ्रू-लताएँ धारायन्त्र की ऊर्ध्व विक्षिप्ति पयोरेखाओं की वक्रता लिए हुए नहीं थीं, बल्कि इस प्रकार छायी हुई थीं कि वे नासावंश के छत्र का काम दे रही थीं। हाथ की अँगुलियाँ स्वाभाविक थीं। गुप्तों की मूर्तिकला के साथ उनका दूर का सम्बन्ध भी नहीं था। समाधि और निद्रा में एक भेद होता है। अधिकांश कुषाण मूर्तियाँ उस भेद को स्मरण भी नहीं होने देतीं, पर यह मूर्ति ऐसा ओज लिए हुए थी कि उसके रोम-रोम से जागरूकता प्रकट हो रही थी।' इस मूर्ति में वह मुख्यत: ओज और जागरूकता देखता है। उसकी कुट्टिम शैली में इस मूर्ति का जो प्रतीकात्मक महत्त्व है उसका उल्लेख किया जा चुका है।

चारुस्मिता का नृत्य नागर अभिरुचि का द्योतक है तो आभीर युवतियों का नृत्य लोक की प्राण-चेतना का। चारुस्मिता के मयूर और पद्म-नृत्यों में उसकी रुचि नहीं है क्योंकि वे चित्र-प्रवण कला है। कान्यकुब्जों के करण-कौशल में रुचि लेने को भी वह ठीक नहीं समझता। उसके मन में उत्कंठा थी तो चारुस्मिता केताललयसमन्वित पद-संचार देखने की। आभीर युवतियों के नृत्य की आवेगमयता अद्भुत है—'स्त्रियाँ तरंगायित उपान्तवाली लाल शाटिकाएँ पहने हुए थीं और नील कंचुक के ऊपर हारिद्र उत्तरीय धारण किए हुए थीं। वे उन्मत्त भाव से नाच रही थीं। उनके आघूर्णन-वेग से तरंगायित शाटिकान्त इस प्रकार भ्रमित हो उठता, मानो, अनुराग के समुद्र में वात्याचक्र चंचल हो उठा हो। उनकी चारियाँ तालानुग नहीं थीं, किन्तु इतनी उद्दाम थीं कि उनके हारिद्र उत्तरीय और नीले कंचुकों का एक घूर्णमान चक्रवाल तैयार हो जाता था। दीर्घ वेणियाँ मटकन-झटकन के वेग से धरती और आकाश को काली मसृण रेखाओं से पूर्ण कर देती थीं। बार-बार ऊपर नीचे आने वाले लाल करतल आकाशरूपी नील सरोवर में अधोमुखर स्वर्ण कमलों की शोभा भर देते थे और क्षीण कटिप्रान्त झंझा में बार-बार झटक खाती हुई पर्वतीय

शतावरी लता की भाँति दर्शक को चिन्तापरायण बना देते थे न जाने कब कौन-सा झटका उन्हें मरोड़ दे।'

इस वर्णन में ताल-लय के समन्वय पर नहीं, आवेग की उद्यामता पर जोर दिया गया है जो काव्य की संवेदनात्मक सम्पदा से पूर्ण है। इस आवेग, और प्राणवत्ता को वह अपने रहेटारिक द्वारा निर्मित करता है। अथवा यों कहिए कि अपने आवेग, स्पन्द-चेतना को अन्वेषित करते हुए वह इस विशिष्ट शैली-शिल्प को अन्वेषित कर लेता है।

मध्यकालीन राजसभा का यथार्थ चित्र प्रस्तुत करते हुए वह उस समय के बुद्धिजीवी को विस्मृत नहीं करता। राज-सभाओं की उच्छृंखलता, चाटुकारिता खोखलेपन के बीच बुद्धिजीवी की विचित्र स्थिति थी। हर्षवर्धन-द्वारा वह लम्पट कहा जाता है, उसे आसन भी नहीं दिया जाता और न ताम्बूल वीटक द्वारा सम्मानित किया जाता है। वह आक्रोश से आगबबूला हो उठा पर मन्त्रबद्ध पददलित सर्प की भाँति कुछ कर नहीं सका। कर भी क्या सकता था? यह सब होने पर जब वह राजसभा का सभ्य बन जाता है तो गौरव का अनुभव करता है। बाणभट्ट की यह स्थिति आज के बुद्धिजीवियों का नक्शा उभारती है। आज का बड़ा से बड़ा साहित्यकार किसी-न-किसी सेठ, साहूकार, मन्त्री, सामन्त का आश्रित है। उनके विरोध में उसकी आवाज या तो बन्द रहती है या खुलती है तो अपनी अर्थहीनता को जाहिर कर देती है। बाणभट्ट तक तो गनीमत थी क्योंकि सामन्तीय पंजा पूँजीवादी पंजे की तरह आत्मकेन्द्रित और रक्तपिपासु नहीं होता।

यह सब होने पर भी वर्णनों के अन्तराल में वह सोचता है—'मेरा मन कहता था कि जब तक राज्य रहेंगे, सैन्य संगठन रहेंगे, पौरुष दर्प का प्राचुर्य रहेगा, तब तक यह होता ही रहेगा। परन्तु क्या कभी यह भी सम्भव है कि मानव समाज में राज्य न हों, सैन्य-संगठन न हों, सम्पत्ति-मोह न हो?' वह उत्तर खोज नहीं पा रहा था। उसका उत्तर प्रश्न है।

परस्पर विरोधी चित्रणों के आधार पर भी उस युग के साथ आज के युग को समझा जा सकता है। उज्जयिनी के वैभव, प्रशस्त राजमार्ग, उच्चाट्टालिकाओं के आस-पास चोरों, मद्यपों, स्त्री का शरीर बिक्री करनेवाले लम्पटों का अड्डा भी था। राजकुल के पुत्र-जन्म के सम्बन्ध में होनेवाले उत्सव के विरोध में उसका अपना सूना जीवन भी उभरता है।

इन समस्त वर्णनों का प्रयोजन जीवनानुभूति को सशक्त ढंग से अंकित करना रहा है। सारे उपन्यास से प्राणों का उच्छल वेग देखते ही बनता है। मध्यकाल की जड़िमा को जिस आधुनिक केन्द्र परिदृश्य में रखा गया है वह हमारी वृत्ति को स्पन्दचेतन बनाता है, आज की समस्याओं को एक विशेष धर्मपूत जिम्मेदार सन्दर्भ

में रखता है। मौजूदा हालात में हमारा देश जिस सांस्कृतिक-आध्यात्मिक संकट-बोध का अनुभव कर रहा है उसके सन्दर्भ में इसे देखने पर इस नतीजे पर पहुँचना होगा कि दो दशक पहले लिखा गया यह काव्य-उपन्यास आज की केन्द्रच्युत दृष्टि और मूल्यहीन विघटित स्थिति में मूल्यवान योग दे सकता है। जीवन की सार्थकता के साथ-साथ किसी कृति की भी सार्थकता होती है। इस उपन्यास में जिस सार्थकता को अन्वेषित किया गया है वह इस कृति की सार्थकता से अन्वित है क्योंकि कृति की सार्थकता उसमें अन्वेषित जीवनगत सार्थकता से अभिन्न होती है।

शोभा का मूल उत्स तो आत्मदान में है। जहाँ अपने-आपको दलित द्राक्षा की तरह निचोड़ कर समर्पित कर देने की प्रवृत्ति नहीं है, वहाँ कचधार्य, देहधार्य, परिधेय और विलेपन जैसे मंडन द्रव्यों के निरन्तर प्राप्त होते रहने पर भी और रूप, वर्ण, प्रभा, राग, आभिजात्य, विलासिता, लावण्य, छाया और सौभाग्य के सुलभ होते रहने पर भी सच्चा सौन्दर्य नहीं बन पाता।

—मेघदूत : एक पुरानी कहानी

बाणभट्ट की आत्मकथा : एक प्रतिक्रिया-धर्मी विश्लेषण

मधुरेश

किसी सुख्यात और सुप्रतिष्ठित कृति के, एक लम्बे अर्से बाद, पुनर्मूल्यांकन में कई दिक्कतें पेश आती हैं। वे दिक्कतें और भी बढ़ जाती हैं जब वह कृति 'बाणभट्ट की आत्मकथा' जैसी रचना हो, समय-समय पर जिस पर बहुत कुछ लिखा गया हो, लिखा जाता रहा हो और जिसें हिन्दी की एकमात्र ऐसी कृति होने का गौरव प्राप्त हो कि सभी दलों और विचारधाराओं के व्यक्तियों ने प्राय: एक ही स्वर में, शब्द और भाषा बदल-बदल कर उसकी स्तुति-प्रशंसा की हो। मेरे साथ कठिनाई और भी अधिक इसलिए है कि न मैं संस्कृत का जानकार हूँ और न ही इतिहास का। लेकिन इस दोनों चीजों का मेरा अज्ञान कृति के परीक्षण-मूल्यांकन की दृष्टि से भले ही मुझमें अपूर्णता और अपात्रता की चेतना पैदा करता हो, लेकिन उसके रसास्वादन में इससे कोई अन्तर पड़ा है कम-से-कम गैं ऐसा समझ पाने में असमर्थ रहा हूँ।

'बाणभट्ट की आत्मकथा' को लेकर बहुत पहले ही ऐसा कहा गया था कि हिन्दी के लिए उसकी उपलब्धियाँ नितान्त मौलिक हैं, यह सचमुच ही हिन्दी का दुर्भाग्य है कि ऐसी कृतियों के परीक्षण-मूल्यांकन के कोई सुनियोजित प्रयास प्राय: विरल ही हैं। लेकिन निस्सन्देह हिन्दी कथा-समीक्षा कम-से-कम जागरुक थी कि इस कृति का महत्त्व प्रतिपादन उसने किया—भले ही उसकी उपलब्धियों को सम्पूर्णता में रेखांकित कर सकनेवाले प्रयासों का अभाव रहा हो।

आज इतने अर्से बाद 'बाणभट्ट की आत्मकथा' का मूल्यांकन करते समय पुरानी कही गयी बातों को दोहराए जाने का खतरा ही सबसे अधिक है। उसके मूल्यांकन का दूसरा तरीका समीक्षकों के आपसी मतभेदों की चर्चा करते हुए निष्कर्षत: उसकी उपलब्धियों की स्तुतिपरक व्याख्या का हो सकता है। लेकिन सरल होने पर भी यह ढंग अधिक उपयोगी नहीं है। इस लेख के लिए प्रतिश्रुत होने के बाद मैंने 'बाणभट्ट की आत्मकथा' को तीसरी बार पढ़ा है और पिछली दो

बार की तरह इस बार भी उसे पढ़ने के बाद ऐसा लगता है कि अपनी इस मानसिक यात्रा के दौरान प्रकृति के कतिपय सुरम्य स्थलों से गुजरा हूँ और उसके जिन पात्रों की संगति का सुलाभ मिला है उसने मुझे एक नये आलोक और गरिमा से सम्पन्न किया है। उसकी भाषा और उपमाओं पर मैं रह-रहकर मुग्ध हुआ हूँ। अत: अपनी इस मानसिक यात्रा के बीच की अनुभूतियों को रेखांकित करके कृति की सामान्य उपलब्धियों की ओर संकेत करना ही मुझे अपेक्षाकृत एक उपयोगी और सरल रास्ता मालूम होता है।

'बाणभट्ट की आत्मकथा' का प्रथम पुस्तकाकार प्रकाशन सन् '46 में हुआ था। आचार्य हजारीप्रसाद द्विवेदी की परवर्ती कृतियों को, जिनमें 'मृत्युंजय रवीन्द्र' और 'चारुचन्द्रलेख' भी शामिल हैं, देखने के बाद उनके सृजन के दो स्पष्ट धरातल और स्तर दिखाई पड़ते हैं। मित्रों के बीच यदि कभी इस विषय पर चर्चा हुई है तो मैंने उनके पूर्ववर्ती लेखन को साधनावस्था का लेखन और परवर्ती कृतियों को सिद्धावस्था का लेखन कहकर समझने-समझाने की कोशिश की है। 'चारुचन्द्रलेख' को लेकर आरोपों, प्रत्यारोपों की बात को ही अपने कथन के प्रमाणस्वरूप उपस्थित करने का आग्रह किसी हद तक समस्या का अवैज्ञानिक और अतिसरलीकृत रूप हो सकता है, परन्तु दोनों ही कृतियों—'बाणभट्ट की आत्मकथा और 'चारुचन्द्रलेख' की उपलब्धियों के शिखर निर्विवाद ही असाधारण रूप में ऊँचे-नीचे हैं। लेकिन 'बाणभट्ट की आत्मकथा' की स्पष्ट दिखाई देनेवाली सफलता के मूल में कुछ अधिक ठोस और वैज्ञानिक कारण भी रहे हैं, जिनके लाभ का सुयोग सुचर्चित होने पर भी परवर्ती कृति को नहीं मिल सका है। 'बाणभट्ट की आत्मकथा' की वर्णन-शैली और रूपाकार ही नहीं, उसके पात्रों की निर्मिति और युग की आन्तरिक सत्ता का प्रामाणिक उद्घाटन आदि चीजें मिलकर उसकी उपलब्धियों को एक ऐसा धरातल देती हैं जिसके सामने 'चारुचन्द्रलेख' की उपलब्धियाँ बेहद साधारण और बौनी मालूम देती हैं। जहाँ तक 'बाणभट्ट की आत्मकथा' के रूपाकार का सवाल है उसकी योजना सम्पूर्णतया मौलिक न होने पर भी अपने पूर्ववर्तियों से अधिक विश्वसनीय फलत: सफल रही है। जिस आस्ट्रियन दीदी को माध्यम बनाकर प्रस्तुत किया गया है उस कल्पना का उत्साह भले ही जैनेन्द्र कुमार के 'त्यागपत्र' और राहुल सांकृत्यायन के 'सिंह सेनापति' में उपलब्ध हो, लेकिन कृति की शिल्पगत सफलता की दृष्टि से 'बाणभट्ट की आत्मकथा' अपेक्षाकृत अधिक विश्वसनीय ही नहीं उस सम्पूर्ण नियोजन को आधुनिक सन्दर्भ से जोड़ने के कारण (इस दृष्टि से पुस्तक का 'उपसंहार' वाला अंश विशेष महत्त्व का है) अधिक सार्थकता-गर्भित भी है।

'बाणभट्ट की आत्मकथा' के निर्माण के पीछे बाणभट्ट और श्रीहर्ष की

रचनाओं के आधार की चर्चा प्रायः ही हुई है। पुस्तक की पादटिप्पणियों को देखकर संस्कृत की कतिपय अन्य कृतियों और कृतिकारों के दाय और उस सम्पूर्ण साहित्य की विशाल परम्परा की बानगी भी देखने को मिल जाती है, लेकिन 'बाणभट्ट की आत्मकथा' को पढ़ने और उसके निर्माण-काल को विशेषतया ध्यान में रखने से और भी कुछ महत्त्वपूर्ण तथ्य उद्घाटित होते हैं। व्यक्तिगत रूप से मुझे ऐसा लगता है कि जहाँ उसकी आत्मा में संस्कृत साहित्य के तत्त्व हैं और भारत की विशाल मानवतावादी सांस्कृतिक परम्परा का योग है वहीं उस पर, महज उसे बाह्य रूपाकार पर नहीं, बांग्ला कथा-साहित्य की सुस्पष्ट छाप है। 'बाणभट्ट की आत्मकथा' का निर्माणकाल वही है जब बांग्ला कथा-जगत् में शरत् बाबू और रवीन्द्रनाथ की विजय-दुन्दुभि दिग्-दिगन्त में व्याप्त थी। जहाँ हिन्दी के अन्य अनेक साहित्यकारों पर उक्त दोनों लेखकों का प्रभाव अनुवाद के माध्यम से आया द्विवेदीजी को बांग्ला भाषा के मौलिक अध्ययन का सुलाभ ही नहीं, रवीन्द्रनाथ के निकट सम्पर्क का सुयोग भी प्राप्त था। 'बाणभट्ट की आत्मकथा' को मैंने जब भी पढ़ा है मुझे रह-रहकर 'श्रीकान्त' की याद आई है—आत्मलांछना और आत्मप्रताड़ना की भंगिमा ही नहीं उद्गाराभिव्यक्ति की शैली, नारी विषयक दृष्टिकोण और प्रेम-प्रसंगों की नीरव-मौन अप्रगल्भ अवतारणा की दृष्टि का साम्य भी मुझे उसमें दिखाई दिया है। भट्टिनी और निपुणिका ही नहीं, सुचरिता और चारुस्मिता के निर्माण के पीछे भी वही दृष्टि और सहृदयता है जिसकी चर्चा शरत् की नायिकाओं के सम्बन्ध में बहुधा हुई है। आचार्य हजारीप्रसाद द्विवेदी ने बड़ी सहृदयता से अभिशप्त और प्रताड़ित नारी जाति को समझने की कोशिश की है; उसमें उच्छ्वास और भावावेग की आकुलता-भर नहीं है, यथार्थ की मजबूत और गहरी पकड़ भी शामिल है।..."बड़े करुणाजनक संयोगों के बीच से मैंने यह अनुभव किया है कि स्त्री के दुःख इतने गम्भीर होते हैं कि उसके शब्द उसका दशमांश भी नहीं बता सकते। सहानुभूति के द्वारा ही उस मर्म-वेदना का किंचित् आभास पाया जा सकता है...निपुणिका में इतने गुण हैं कि वह समाज और परिवार की पूजा का पात्र हो सकती थी पर हुई नहीं।..." लेकिन स्थिति का उद्घाटन मात्र ही लेखक की सीमा नहीं है वह स्थिति के लिए उत्तरदायी कारणों की खोज करता है और सार्थक निष्कर्षों तक पहुँचता है: 'निश्चय ही कोई बड़ा असत्य समाज में सत्य के नाम पर घर बना बैठा है..." ('बाणभट्ट की आत्मकथा' पृ. 261) श्री हर्ष विरचित 'रत्नावली' में वासवदत्ता की भूमिका के अवसर पर निपुणिका ने अपने को निःशेष भाव से समर्पित कर दिया। आचार्य वाभ्रव्य से उसने सुना था कि 'अपने को निःशेष भाव से देना ही वशीकरण है' और वही उसने किया। वासवदत्ता की भूमिका का माध्यम भी उसने इसीलिए चुना कि उसमें यही साम्य था। भट्टिनी की ओर बाणभट्ट

अभिभावक के पद और सम्मान की भावना से प्रारम्भ करके अत्यन्त धीर पदों और नीरव मौन सम्भाषणों के माध्यम से उस अलौकिक अनुभूति की ओर बढ़ा है जिसे ही प्रकारान्तर से 'प्रेम' की संज्ञा से अभिहित किया जाता है। भट्टिनी के जीवन और सम्मान की रक्षा के लिए बाणभट्ट ने एक से अधिक बार अपने अस्तित्व को संकट में डाला है, लेकिन प्रतिदान या पुरस्कार की बात सोचकर उसने कभी भी भट्टिनी के प्रति अन्याय नहीं किया है। और अन्त में जो कुछ भी उसे मिला है वह अप्रत्याशित न होने पर भी उसे सम्भ्रम और कौतुक की स्थिति में ला खड़ा करने को काफी है।

'बाणभट्ट की आत्मकथा' की परिगणना ऐतिहासिक उपन्यासों के अन्तर्गत होती रही है। निस्सन्देह यह ऐतिहासिक उपन्यास अपने में एक कठिन विधा है क्योंकि उसे कला और इतिहास के सम्मिलित अनुशासन के मध्य से अपना रास्ता अपनाना होता है। शायद इसीलिए लेस्ली स्टीफेन ने उसे वर्णसंकर रचना कहा है। ऐतिहासिक उपन्यासों के प्रति जो गहरा असन्तोष समय-समय पर व्यक्त किया जाता रहा है उसके मूल में भी यही बात सर्वोपरि है कि उसका पैमाइश बहुधा ही बहुत भिन्न, और किसी हद तक परस्पर विरोधी, पैमानों में होती रही है। साहित्य और कला में रुचि रखनेवाले सामान्य पाठक के लिए उसकी ऐतिहासिकता नीरस और बोझिल लगती है जबकि इतिहास के तथाकथित विद्वानों को यह शिकायत रहती है कि उसमें इतिहास को भ्रष्ट किया गया है क्योंकि ज्यों का त्यों इतिहास कभी भी किसी सृजनात्मक कृति के लिए किसी भी रूप में उपयोगी नहीं होता। हिन्दी में ही नहीं अन्य भाषाओं में भी ऐसे ऐतिहासिक उपन्यासों की संख्या बहुत कम है जो इतिहास और कला दोनों के धर्मों को पूरा करते हों और दोनों के कठोर अनुशासन के बीच से सुगमतापूर्वक अपना रास्ता तय कर सके हों। कोई भी लेखक जब ऐतिहासिक उपन्यास लिखने की बात सोचता है तो स्वभावतः उसके अलग-अलग कारण होते हैं और उसके निर्णय के पीछे उसकी व्यक्तिगत रुचि ही विशेष निर्णायक तत्त्व होती है। कुछ ऐतिहासिक उपन्यास इसलिए लिखे जाते हैं कि वर्तमान की किसी समस्या का सन्धान लेखक अतीत के परिप्रेक्ष्य में करना चाहता है। रांगेय राघव के 'चीवर' और राहुल के ऐतिहासिक उपन्यास के मूल में यही तथ्य निहित है। ऐसा भी हुआ है कि वर्तमान की किसी समस्या को देख ऐतिहासिक उपन्यास लिखने की प्रेरणा भी लोगों को हुई है। देश-विभाजन की विभीषिका और भयंकर नरसंहार को देखकर आचार्य चतुरसेन को 'सोमनाथ' लिखने का विचार हुआ। लेकिन कुछ ऐतिहासिक उपन्यास ऐसे भी होते हैं जिनका उद्देश्य कुछेक महत्त्वपूर्ण ऐतिहासिक पात्रों या युग-विशेष का पुनरवतारण मात्र होता है। रांगेय राघव का 'मुर्दो का टीला' सम्बन्धित युग की धूमिल रेखाओं को स्पष्ट

आकार देने का प्रयास करता है जबकि 'बाणभट्ट की आत्मकथा' बाण के चरित्र के प्रति भी उतना ही आग्रहशील है जितना कि युग की सम्पूर्ण सत्ता के उद्घाटन के प्रति। लेकिन कोई भी उपन्यासकार क्यों न हो यदि अपने वर्तमान के प्रति थोड़ी-सी दायित्व चेतना भी उसमें है तो वह मात्र अतीतजीवी होकर ही नहीं रह सकता। ऐतिहासिक उपन्यास की सबसे अधिक सफलता ही इस तथ्य में निहित है कि अतीत के परिवेश में वर्तमान को वह कहाँ तक समाहित करके चल सका है। 'चीवर' और 'अमिता' में युद्ध की विभीषिका से संत्रस्त होकर शान्ति स्थापना का सफल प्रयास किया गया है। 'यशोधरा जीत गयी' में नारी की गरिमा और आत्मसम्मान की भावना को पुन:प्रतिष्ठा मिली है। 'बाणभट्ट की आत्मकथा' का लेखक अपने नायक के प्रति अतिशय मोहाविष्ट है। ऐसे संकेत सम्पूर्ण रचना में बिखरे मिलते हैं, लेकिन उसकी व्यक्तिगत और युग की सामूहिक दुर्बलताओं को भी उसने स्पष्ट देखा है।

'बाणभट्ट की आत्मकथा' का आग्रह, जैसा कि मैंने अभी निवेदन किया, युग की सत्ता का उद्घाटन भी है और अपने नायक की चरित्र की पुनरवतारणा भी। उसमें कोई भी चीज ऐसी नहीं है जिसकी ओर उँगली उठाकर तत्काल निर्देश किया जा सके कि वह हमारे वर्तमान को सीधे और प्रत्यक्ष रूप में छूती है। लेकिन फिर भी वह अतीत की पुन:प्रतिष्ठा को ही अपनी सीमा मानने से साफ इनकार कर देती है। वर्तमान की बहुत-सी ऐसी समस्याएँ हैं जो उसकी आत्मा में इस प्रकार रच-पच गयी हैं कि अलग से उनकी ओर संकेत करना कृति के प्रति ही अन्याय को प्रश्रय देना हो सकता है। नारी के प्रति कुंठाहीन सहृदय दृष्टि, क्रमश: विरल होते हुए मानवीय तत्त्वों की पुन: प्रतिष्ठा का आग्रह, आक्रान्ताओं के पद-प्रहारों से दुर्बल होते हुए राष्ट्र के लिए संजीवनी-सन्देश आदि बहुत-सी चीजें हैं जो वर्तमान की होकर भी सार्वकालिक हैं। महामाया के उद्बोधनों में बहुत-सी ऐसी बातें हैं कि यदि पुस्तक चीनी और पाकिस्तानी आक्रमण के बाद लिखी गयी होती तो उन्हें बड़ी सरलता से सामयिक सन्दर्भ से जोड़ा जा सकता था। हर कहीं लेखक की दृष्टि शाश्वत महत्त्व की चीजों की ओर ही अधिक रही है और वैसी हालत में कुछ समीक्षकों को यदि उसमें सामाजिक सन्दर्भ का अभाव दिखाई दिया है, या लेखक की दृष्टि मात्र सौन्दर्यवादी मालूम हुई है तो यह आश्चर्य की बात नहीं है। आचार्य सुगतभद्र, कुमार कृष्णवर्धन और भट्टिनी सारे ही पात्र घूम-फिरकर एक ही बिन्दु को छूते से मालूम पड़ते हैं। भट्टिनी को लेकर, कुमार कृष्णवर्धन के सम्मुख जब बाणभट्ट अलौकिक साहस का प्रदर्शन करता है तो ब्राह्मण के अन्दर ऐसे विरल तत्त्वों को देखकर कुमार को आश्चर्य होता है आचार्य सुगतभद्र पुलकित होकर

कहते हैं : ''क्या ब्राह्मण और क्या श्रमण, मनुष्यता दोनों ही जगह विरल है कुमार!'' (पृ. सं. 63) आचार्य का यह संक्षिप्त वक्तव्य एक से अधिक कारणों से महत्त्वपूर्ण है। यह एक ओर जहाँ मानवीय तत्त्वों की विरलता और स्खलन को रेखांकित करता है वहीं दूसरी ओर ऐसा संकेत भी छोड़ता है कि यही बाण उसी अनुपलब्ध विरल प्रायः मानवता का निष्ठापूर्ण अन्वेषक ही नहीं उसका स्वयं एक सार्थक प्रतीक भी है।

कुमार कृष्णवर्धन कहता है : ''इतिहास साक्षी है कि देखी-सुनी बात को ज्यों-का-त्यों कह देना या मान लेना सत्य नहीं है। सत्य वह है कि जिससे लोक का आत्यन्तिक कल्याण होता है। ऊपर से वह जैसा भी झूठ क्यों न दिखाई देता हो, वही सत्य है।...'' (पृ.सं. 101-102) बाणभट्ट स्वयं सोचता है, ''महापुरुषों ने करुणा और मैत्री के उपेश दिए हैं, भ्रातृभाव और जीव-दया के बहुत ग्रन्थ लिखे हैं, पर उन्हें सफलता नहीं मिली है। ...क्या संसार की सबसे मूल्यवान वस्तु इसी प्रकार अपमानित होती रहेगी? मेरा मन कहता था कि जब तक राज्य रहेंगे, सैन्य संगठन रहेंगे, पौरुषदर्प का प्राचुर्य रहेगा तब तक यही होता रहेगा...'' (पृ. सं. 116)

भट्टिनी को दूसरे देशों और जातियों की सामाजिक व्यवस्था को देखने का अवसर भी मिला है। उसकी दृष्टि अपेक्षाकृत अधिक खुली और उदार है। सामाजिक जटिलताओं और मिथ्याडम्बरों के प्रति वह अतिशय असहिष्णु एवं कटु है। यह बाणभट्ट से कहती है, ''यही देखो, तुम यदि किसी यवन-कन्या से विवाह करो तो इस देश में यह भयंकर सामाजिक विद्रोह माना जाएगा। परन्तु यह क्या सत्य नहीं है कि यवन कन्या भी मुनष्य है और ब्राह्मण युवा भी मनुष्य है! महामाया जिन्हें म्लेच्छ कहती हैं वे भी मनुष्य हैं।....क्यों भट्ट, क्या यह नहीं हो सकता कि ऊँची भारतीय साधना उनतक पहुँचाई जा सके और निकृष्ट सामाजिक जटिलता यहाँ से हटाई जा सके। जब तक ये दोनों बातें साथ-साथ नहीं हो जातीं तब तक शाश्वत शान्ति असम्भव है। महामाया आधा ही देख रही हैं। बौद्ध संन्यासियों ने भी आधा ही देखा था। भट्ट, तुम यदि इस पूर्ण सत्य का प्रचार करो तो कैसा हो!'' (पृ. सं. 278-279)

बौद्धों और ब्राह्मणों के निरर्थक आपसी संघर्ष ने देश को खोखला कर रखा है। बौद्ध राजा की अधिकांश प्रजा उसके धर्म को स्वीकार नहीं सकी है। सुचरिता स्थिति का बड़ा सटीक और तथ्यपूर्ण विश्लेषण करती हुई कहती है, ''धनदत्त के गुरु भदन्त वसुभूति बौद्धधर्म को जिताकर ही छोड़ेंगे और भवभूति के प्रतिभट परमस्मार्त आचार्य मेधातिथि—जो आज की सभा के गुप्त सूत्रधार थे—सनातन धर्म को पुनःप्रतिष्ठित करके ही दम लेंगे। मनुष्य चाहे चूल्हे-भाड़ में जाए इन्हें अपने

धर्ममत का डिण्डिम पीटना है। एक की पीठ पर राज्य शक्ति है और दूसरे की हथेली में प्रजा का विद्रोह है! इस जय-पराजय की प्रतिद्वन्द्विता में मनुष्य का चाहे सत्यानाश ही क्यों न हो जाए।"...(पृ. सं. 227)

भारतीय और पाश्चात्य सभ्यताओं के मौलिक अन्तर को बाणभट्ट ने समझाने की कोशिश की है। भारतीय साधना के महत्त्व को किंचित् गर्वमुखर वाणी में इस प्रकार प्रस्तुत करता है: "बन्धन ही सौन्दर्य है, आत्मदमन ही सुरुचि है, बाधाएँ ही माधुर्य हैं। नहीं तो यह जीवन व्यर्थ का बोझ हो जाता..म्लेच्छ जाति में इसी संयम का अभाव है, आत्मनियन्त्रण की कमी है। उन्हें यही चाहिए। भारतीय समाज ने बन्धन को सत्य मानकर संसार को बहुत बड़ी चीज दी है।...." (पृ. सं. 290)

कुछ आलोचकों ने 'बाणभट्ट की आत्मकथा' की एकाध नगण्यप्राय ऐतिहासिक असंगति की चर्चा भी की है। डॉ. देवराज उपाध्याय को हर्ष और तुविरमिलिन्द की समकालीनता आपत्तिजनक लगती है। डॉ. भगवतशरण उपाध्याय को समुद्रगुप्त की ध्वजा कुम्भा के पार फहराने वाली बात इतिहास विरुद्ध लगने पर भी वह उसे क्षमा कर देने की उदारता दिखाते हैं। इतिहास का आधार लेकर लिखे गये बहुत से साहित्य ग्रन्थों पर मुझे डॉ. भगवतशरण उपाध्याय की समीक्षाएँ पढ़ने का सौभाग्य मिला है। और मेरे लिए यह सचमुच ही सुखद आश्चर्य की बात थी कि 'बाणभट्ट की आत्मकथा' ही एकमात्र ऐसी पुस्तक है जिसे लेकर उन्होंने सन्तोष व्यक्त किया है : "इतिहास का विद्यार्थी जब ऐतिहासिक पृष्ठभूमि पर ग्रन्थ की आलोचना अथवा अध्ययन करता है तो उसमें और ग्रन्थकारों में एक प्रकार की होड़ लग जाती है—लुकाछिपी की। मुझे सन्तोष है कि अनवरत रन्ध्रान्वेषण के बाद भी मैं श्री द्विवेदीजी के ऐतिहासिक निरूपण में कोई छिद्र न पा सका..." (द्वैमासिक 'प्रतीक-' संख्या 10—हेमन्त)

'बाणभट्ट की आत्मकथा' की भाषागत दुरूहता और बोझिलता को लेकर लगाए गये चन्द्रगुप्त विद्यालंकार के आरोपों का निराकरण 'प्रतीक' के उसी अंक में प्रकाशित डॉ. प्रभाकर माचवे ने अपनी समीक्षा में किया है। व्यक्तिगत रूप से संस्कृत का विद्यार्थी न होने पर भी ऐसी कोई दुर्बोधता मुझे उसमें नहीं प्रतीत हुई जो उसे पढ़ सकने में किंचित् भी बाधा दे। इस सफलता का मूल एक ओर जहाँ द्विवेदीजी के विशाल हिन्दी-संस्कृत ज्ञान में है, क्योंकि शब्द-चयन और भाषा को सँवारने के लिए उन्हें कोई अतिरिक्त श्रम नहीं करना पड़ा है, वहीं शिल्प सम्बन्धी उनकी दूरदर्शिता में भी है। वह भली-भाँति जानते थे कि बाण की भाषा का रूप आज के पाठक को अधिक रुचिकर और बोधगम्य नहीं होगा। इसीलिए उन्होंने एक ऐसी डिवाइस चुनी जो रचना को केवल दुर्बोध होने से ही नहीं बचाती अपेक्षाकृत उसे अधिक विश्वसनीय भी बनाती है। उन्होंने उसे यह कहकर प्रस्तुत

किया है कि आस्ट्रियन महिला को मिली हुई पोथी का वह अनुवाद मात्र है। ऐसा करने से उन्हें भाषा के क्षेत्र में स्वतन्त्र रह सकने का अधिकार मिल सका है। यही कारण है कि संस्कृतबहुल शब्दावली के बीच उन्होंने दरवाजा, बाजार, इशारा, जँचा, मामूली, हैरान, अजीब, जरूरत, कीमत, कारबार, अड्डा, आदि शब्दों का बेहिचक प्रयोग किया है। इससे बड़े आश्चर्यजनक रूप से भाषा जटिल होने से बची है और उसमें क्षिप्रता आई है। इस दृष्टि से 'बाणभट्ट की आत्मकथा' की भाषा मुझे 'दिव्या' की भाषा से अधिक सुबोध ही नहीं सफल भी लगी है। 'दिव्या' की भाषा अपने युग के संस्कारों और ऐतिहासिक परिवेश के प्रति न्याय न कर सकी हो ऐसा नहीं, लेकिन वैसा कर सकने के लिए जो कीमत उसे चुकानी पड़ी है वह उसके श्रमसाध्य होने की असाधारण चेतना में परिलक्षित होती है। 'बाणभट्ट की आत्मकथा' में श्रमसाध्य होने का दोष तो नहीं ही है।

मैं डॉ. शिवप्रसाद सिंह का आभार मानता हूँ कि उनकी योजना में सहयोग देने के बहाने मुझे फिर एक बार इस कृति को पढ़ने का अवसर मिल सका है। आज जब बहुत से क्षेत्रों में भूखी पीढ़ी और बीट आन्दोलन की चर्चा व्याप्त है, अनुभूति की सचाई और यथार्थ की सीधी पकड़ के नाम पर सब कहीं निराशा, कुंठा, अवसाद और प्रयोजनहीनता का बोलबाला है, 'बाणभट्ट की आत्मकथा' का वाचन अपने में एक सुखद अनुभव रहा है। बहुत पहले आचार्य नलिनविलोचन शर्मा ने उसके बारे में लिखा था कि हिन्दी के दो-तीन उत्कृष्ट उपन्यासों में वह एक है। उसके बाद भी हिन्दी में बहुत से अच्छे उपन्यास आये हैं, आ रहे हैं, लेकिन निस्सन्देह 'बाणभट्ट की आत्मकथा' की स्थिति अप्रभावित ही रही है।

बाणभट्ट की आत्मकथा

देवराज

'बाणभट्ट की आत्मकथा' श्री हजारीप्रसाद द्विवेदी का पहला उपन्यास है। हिन्दी में कोई दूसरा व्यक्ति इस तरह के उपन्यास की कथा को लिख सकता था, ऐसी कल्पना करना कठिन है। पं. रामचन्द्र शुक्ल संस्कृत साहित्य के उतने सरस-सहृदय पाठक न थे। भारतीय संस्कृति के अन्य अंगों से भी उनका ऐसा गहरा परिचय न था। द्विवेदीजी की प्रधान विशेषता है—कठोर पांडित्य के साथ एक अपूर्व सहज सरलता तथा मस्ती का योग। द्विवेदीजी पूरी डिसिप्लिन के साथ पांडित्यपूर्ण ग्रन्थों का निर्माण ही नहीं करते, वे उन्मुक्त निर्द्वन्द्वता से हँस भी सकते हैं। सम्भवत: इस समय अनेक दृष्टियों से वे हिन्दी माध्यम से बोलनेवाले दो-एक श्रेष्ठ वक्ताओं में हैं।

तो, द्विवेदीजी ने 'बाणभट्ट की आत्मकथा' लिख डाली, मानो पांडित्य ने अपनी गरिमा से उबरकर उच्छ्वसित आत्म-विनोद करने का प्रयत्न किया हो। स्वयं बाणभट्ट भी कोरा कलाकार नहीं था, कम-से-कम पांडित्य प्रदर्शन के प्रति विमुख न था। उसकी अलिखित आत्मकथा लिखने का कोई दूसरा अधिकारी हो ही नहीं सकता था।

जिन्होंने बाणभट्ट की 'कादम्बरी' तथा 'हर्षचरित' नहीं पढ़े हैं वे ठीक से अनुमान नहीं लगा सकते कि 'कथा' के रूप में द्विवेदीजी ने कितनी महत्त्वपूर्ण चीज हिन्दी को दी है। साहित्य के साथ ही द्विवेदीजी यदि 'क्लासिकल' भारतीय संस्कृति के गहरे जानकार न होते तो वे हर्गिज इस 'कथा' का निर्माण न कर पाते।

'कथा' में द्विवेदीजी के मुख्य उद्देश्य दो हो सकते हैं—एक, प्रसिद्ध बाणभट्ट की लेखन शैली की विडम्बना प्रस्तुत करना; और दूसरे, हिन्दी पाठकों को संस्कृत साहित्य के, विशेषत: बाणभट्ट के, उज्ज्वल सौन्दर्यबोध की समृद्ध अवगति देना। इन दोनों दृष्टियों से वे पूर्णतया सफल हुए हैं।

किन्तु, द्विवेदीजी का कृतित्व यहीं तक सीमित नहीं है। एक स्वतन्त्र कथाकार

एवं कलाकार के रूप में भी उन्हें आश्चर्यजनक सफलता मिली है। कथा में उन्होंने एक कहानी गढ़ने का प्रयत्न किया है जिसकी सफलता का सबूत उसकी रोचकता है। मानवीय रोचकता की दृष्टि से हमें 'कथा' का पूर्वार्द्ध अधिक प्रिय लगा; उत्तरार्द्ध की रचना करते समय सम्भवत: लेखक कुछ ऊब महसूस करने लगा था। 'कथा' अपूर्ण रह जाती; अपनी परिणति की ओर नहीं बढ़ पाती। इसका एक कारण लेखक का अनावश्यक नैतिक संयम अथवा साहित्यिक साहसहीनता भी है। लेखक मानो अपनी वाणी पर विशेष प्रकार का प्रतिबन्ध या प्रतिरोध लगाकर लिख रहा हो। लेखक ने स्वयं इसे स्वीकार किया है—इस 'कथा' में सर्वत्र प्रेम की व्यंजना अतृप्त भाव से प्रकट हुई है। ऐसा जान पड़ता है कि एक स्त्री-जनोचित लज्जा सर्वत्र उस अभिव्यक्ति में बाधा दे रही है। इस बात में 'आत्मकथा' पूर्णतया बाणभट्ट के अनुरूप नहीं है।

वैसे 'कथा' में सब विशेषताएँ हैं जो संस्कृत के, और विशेषत: बाणभट्ट के गद्य-काव्य में पाई जाती हैं। जैसा कि द्विवेदीजी ने उपसंहार में लिखा है—'कादम्बरी' की कला में आँखों का, अर्थात् प्रेक्षणमूलक चेतना का, प्राधान्य है। कादम्बरी का लेखक चित्र खड़े करने की कला में अद्वितीय है, यद्यपि वे चित्र सर्वत्र खड़ा करने के लिए कई दर्जन उपमाएँ खर्च कर डाली हैं। इस दृष्टि से मितभाषी कालिदास और मुखर बाणभट्ट में काफी अन्तर है। और इस दृष्टि से 'अज्ञेय' के निर्लिप्त चित्र-विधान तथा बाणभट्ट के वैसे वर्णनों में कुछ साम्य है—यद्यपि बाणभट्ट में उतने बारीक विश्लेषण की प्रवृत्ति नहीं है। 'कादम्बरी' के वर्णनों की भाँति 'आत्मकथा' की अधिकांश कमियाँ बाणभट्ट की कमियों का सफल प्रतिफलन मात्र हैं।

बाणभट्ट की सबसे बड़ी शक्ति और अशक्ति है—रागात्मक जरूरतों से निरपेक्ष, विदग्ध वैचित्र्यपूर्ण वर्णन के प्रवाह में बह जाना। 'कथा' की कलात्मक जरूरतों को भुलाकर बाण मानो अपनी ही वाणी के प्रबल आवर्त में फँसकर रह जाता है। उसका शब्दों एवं उसके संगीत का अनुराग वैसा ही उत्कट है जैसा अँग्रेजी कवि स्थिनवर्न का। और कवि की वर्णना का विषय कोई भी वस्तु या स्थान हो सकता है—एक अश्व या सरोवर उतना ही जितने कि नायक-नायिका अथवा अन्य पात्र। द्विवेदीजी ने बाणभट्ट की इन विशेषताओं का पूर्ण निर्वाह किया है। एक नमूना देखिए—

'इसी समय उस राजकन्या ने वीणा बजाना शुरू किया। मैंने...इस कमनीयता की मूर्ति की ओर देखा। अत्यन्त धवल प्रभापुंज से उसका शरीर एक प्रकार ढँका हुआ-सा ही जान पड़ता था, मानो वह स्फटिक-गृह में आबद्ध हो, या दुग्ध-सलिल में निमग्न हो, या विमल चीनांशुक से समावृत हो, या दर्पण में प्रतिबिम्बित

हो, या शरत्कालीन मेघपुंज से अन्तरित चन्द्रकला हो।...निश्चय ही यह धर्म के हृदय से निकली हुई है। मानो विधाता ने शंख से खोदकर, मुक्ता से खींचकर, मृणाल से सँवारकर, चन्द्रकिरणों के कूच से प्रक्षालित कर, सुधा-चूर्ण से धोकर, रजत-रस से पोंछ, कुटज कुन्द और सिन्धुवार पुष्पों की धवल कान्ति से सजाकर ही इसका निर्माण किया था। अहा, यह कैसी अपूर्व पवित्रता है! यहाँ क्या मुनियों की ध्यान-सम्पत्ति ही पुंजीभूत होकर विद्यमान है, या रावण के स्पर्शभय से भागी हुई कैलास पर्वत की शोभा ही स्त्री-विग्रह धारण करके विराज रही है, या बलराम की दीप्ति ही उनकी मल्लावस्था में उन्हें छोड़कर भाग आई है, या मन्दाकिनी की धारा ने ही यह पवित्र रूप ग्रहण किया है।' (पृ. 39-41)

भट्टिनी का पहली बार परिचय पाने पर बाणभट्ट उसके पवित्र व्यक्तित्व का इस प्रकार वर्णन करता है—

'उचित स्थान पर विधाता का पक्षपात हुआ है। हिमालय के सिवा गंगा की धारा को कौन जन्म दे सकता है? महासमुद्र के सिवा कौस्तुभ मणि को कौन उत्पन्न कर सकता है? धरित्री के सिवा और कौन है जो सीता को जन्म दे सके? मैं बड़भागी हूँ, जो इस महिमाशालिनी राजबाला की सेवा का अवसर पा सका। अहा! किस पाप-अभिसन्धि ने इस कुसुमकलिका को तोड़ लिया था? किस दुर्वह भोग-लिप्सा ने पवित्र शरीर को कलुषित करने का संकल्प किया था? किस दुर्निवार पाप-भावना ने ज्योत्स्ना को मलिन करना चाहा था? मेरे हृदय की भक्ति और बढ़ गयी।' (पृ. 58)

'आत्मकथा' की एक स्पृहणीय विशेषता है, उसकी व्यापक-विनोद-भावना। बाणभट्ट जगह-जगह स्वयं अपने को लक्ष्य करके हँसता है। शुरू में वह बतलाता है, किस प्रकार उसे उसके गाँव के लोगों ने 'वण्ड' (पूँछ कटे बैल) की उपाधि दी थी, जिसे उसने संस्कृत शब्द 'बाण' द्वारा संस्कार करके अपने नाम की इज्जत बढ़ा ली। चौथे उच्छ्वास में एक पुजारी का बड़ा विनोदपूर्ण वर्णन है। वर्णन को विशेष विनोदपूर्ण बनाने के लिए पुजारी बाबा को बहुत ही विरूप चित्रित किया गया है—यह कादम्बरीकार के युग की कला की स्थूलता का सबूत है। यों 'आत्मकथा' का हास्य स्वयं द्विवेदीजी की विशेषता है। छठे उच्छ्वास में एक बाबा बाणभट्ट से, उसके कहने पर कि मैं अमंगल से डरता हूँ, उससे इस प्रकार बातें करते हैं—

'ब्राह्मण है न?

'हाँ आर्य!'

'तेरी जाति ही डरपोक है। क्यों रे, महावराह पर तेरा विश्वास नहीं है?'

'है आर्य!'

'झूठा! तेरी जाति ही झूठी है!'

पाठक इस संवाद की विनोदात्मकता की अधिक दाद दे सकेंगे, यदि वे स्मरण रखें कि बाणभट्ट ही नहीं, 'आत्मकथा' का लेखक भी स्वयं ब्राह्मण है।

'बाणभट्ट की आत्मकथा' पढ़कर मन में एक प्रश्न उठता है—क्यों द्विवेदीजी ने अपनी रचनात्मक प्रतिभा का और अधिक सदुपयोग नहीं किया? क्यों वे अपना अधिकांश समय रूखे रिसर्च-कार्य को ही देते रहे हैं? कहीं इसका कारण उस नैतिक साहस की कमी तो नहीं है जो 'आत्मकथा' के शृंगार के दृप्त बनने में बाधक हुई है?

पागल उसे कहते हैं जिसके हृदय के अभिलाष और उसे व्यक्त करने वाली ऊपर के स्तर की वैखरी में सामंजस्य का पता नहीं रहता। मैं ज्ञानी भी नहीं हूँ क्योंकि ज्ञानी उसे कहते हैं जो सत्य को अनावृत रूप से पकड़ लेने का दावा करता है। मैं भ्रान्त हूँ, व्याकुल हूँ, कातर हूँ। मुझे सत्य के अनावृत रूप का पता नहीं है, परन्तु उसके हिरण्मय आवरण और अन्तरतर के अनभिषिक्त जीवन देवता का सामंजस्य मुझे मालूम है।

—मेघदूत : एक पुरानी कहानी

दृष्टिकेन्द्र का स्खलन

नेमिचन्द्र जैन

परम्परा से, सर्जनशील सम्पृक्ति का एक रूप निस्सन्देह यह है कि वर्तमान स्थितियों को अतीत के सन्दर्भ में भी पहचानने का यत्न किया जाए। अथवा अतीत को किसी आधुनिक दृष्टिकेन्द्र के अन्तर्गत रखा जाए। इस प्रक्रिया में एक ओर अतीत वर्तमान के लिए अधिक सार्थक और महत्त्वपूर्ण बनता है, और दूसरी ओर समकालीन अनुभूति को काल में गहराई का और तीव्रता का एक सर्वथा नया आयाम प्राप्त होता है। इस भाँति हम अपने आप को अतीत से जुड़ा हुआ ही नहीं, एक सर्वव्यापक सार्थकता के साथ देख पाते हैं। इसी से प्राय: प्रत्येक प्रकार की कलात्मक अभिव्यक्ति में इतिहास और पुराण की नये सिरे से व्याख्या करने का, उन्हें नये रूप से प्राप्त करने का, प्रयास बारम्बार होता रहा है। दुर्भाग्यवश हिन्दी कथा साहित्य में इतिहास-पुराण का उपयोग प्राय: इतिवृत्तात्मक अथवा भावुक श्रद्धापूर्ण ही रहा है, उनके सर्जनात्मक पुनर्निर्माण के प्रयत्न बहुत कम ही मिलते हैं। 'बाणभट्ट की आत्मकथा' के बाद हजारीप्रसाद द्विवेदी का दूसरा उपन्यास 'चारु चन्द्रलेख' इस दृष्टि से उल्लेखनीय अपवाद है। इसमें लेखक ने आधुनिक स्थितियों की चेतना के साथ 12-13वीं सदी के आन्तरिक कलह से जर्जर और तान्त्रिक साधना के मोह में पथभ्रष्ट, भारतीय जीवन में उस युग की अराजकता, विशृंखलता, नैतिक हीनता और मूढ़ता के सूत्र और उनकी परिणति खोजने का प्रयास किया है। उज्जयिनी का राजा सातवाहन, उसकी बत्तीस स्त्री-लक्षणों से युक्त रानी चन्द्रलेखा और उसी संगिनी मैना—विधा-विभक्त शक्ति के तीन आद्यरूप ज्ञान, इच्छा और क्रिया—एक दूसरे से विच्छिन्न हैं, संयुक्त नहीं हो पाते और इसीलिए कोई सिद्धि प्राप्त नहीं होती। रानी चेतना का गतिशील पार्श्व है—इच्छा-मात्र; मैना उस पार्श्व का प्रतिनिधित्व करती है जो केवल क्रिया मात्र है।

'इच्छा गति-मात्र है, क्रिया स्थिति-मात्र है। इच्छा और क्रिया के अनवरत

आघात-प्रत्याघात से तरंगमाला विकसित हो रही है वही मेरा इतिहास है, मेरा जीवन है, मेरा संसार है। मैं ज्ञाता हूँ, मैं द्रष्टा हूँ, मैं साक्षी हूँ (पृष्ठ 293)

किन्तु इच्छा अप्रतिहत है; दुर्वार वेग से गलत दिशा की ओर बढ़ी चली जाती है और फिर कुंठित हो रहती है; क्रिया ऐसी है जिसके मूल में ज्ञान नहीं, जिसकी समाप्ति ज्ञान में नहीं, इसलिए इच्छा की गोद में आत्मघात के अतिरिक्त उसकी अन्य परिणति नहीं। और इच्छा तथा क्रिया से टूटा हुआ यह 'ज्ञाता' यह चैतन्य, मोहग्रस्त है, विमूढ़ है, रोने-झींकनेवाला अपदार्थ क्लीव है। लेखक ने दिखाना चाहा है कि भारतीय इतिहास के उस अन्धकार युग के विघटन और स्खलन का कारण यही था; पर उसने यह भी कहना चाहा है कि क्या आज भी हमारे जीवन की अराजकता और विशृंखलता का कारण यही नहीं है कि बुद्धि, इच्छा और कर्म में कोई सामंजस्य नहीं, कोई सहयोग नहीं, कोई सन्तुलन नहीं? उस युग की परिस्थितियों और मन:स्थितियों को प्रस्तुत करने में स्थान-स्थान पर लेखक ने आधुनिक युग की गूँज पैदा की है।

'राजाओं का युद्ध समाप्त हो गया। अब कहीं आशा है तो प्रजा की संगठित शक्ति में है' (पृष्ठ 100)

'सिद्धियाँ मनुष्य को कुछ विशेष बल नहीं देतीं। एक साधारण किसान, जिसमें दया-माया है, सच-झूठ का विवेक है और बाहर-भीतर एकाकार है, वह भी बड़े-से-बड़े सिद्ध से ऊँचा है।' (पृष्ठ 156)

'देवी के चरणों पर सिर रखकर शपथ कर कि तू सीधे जनता से सम्पर्क रखेगा, किसी को छोटा और बड़ा नहीं मानेगा, धरती को बपौती नहीं, धरोहर समझेगा, सामन्ती प्रथा का उच्छेद करेगा।' (पृष्ठ 409)

इस भाँति बहुत प्रकार से लेखक ने उस युग के संघर्ष में आज की स्थितियों को समझने और पहचानने का प्रयत्न किया है और इस कार्य के लिए उसने पूरे युग के अन्तर्द्वन्द्व को एक उपाख्यान द्वारा मूर्त करना चाहा है।

उज्जैन का राजा सातवाहन एक दिन सीदी मौला नामक सिद्ध की खोज में निकलता है तो रास्ते में उसकी चन्द्रलेखा नामक एक परम सुन्दरी समस्त स्त्री गुणों से सम्पन्न स्त्री से भेंट होती है जो स्वयं किसी तपस्वी की खोज में है। राजा से वह अपनी खोज में सहायता की माँग करती है और उसकी रानी बनने को तैयार हो जाती है। सातवाहन राजधानी लौटकर उससे विवाह कर लेते हैं और साथ ही उस तपस्वी नागनाथ को ढूँढ निकालते हैं। तपस्वी कोटिबेधी रस की सिद्धि में लगा है और रानी से, चन्द्रलेखा से, इस कार्य में सहायक होने की माँग करता है क्योंकि सर्वगुण-सम्पन्न स्त्री द्वारा ही उस रस की सिद्धि सम्भव है।

इधर सारा देश तुर्कों के आक्रमण से आक्रान्त और भयभीत है। देश के

शासकों के बीच आपसी कलह और कुछ स्वार्थी लोगों के विश्वासघात के फलस्वरूप उन्हें सफलता भी मिल रही है। विशेषकर पृथ्वीराज और जयचन्द के वैमनस्य तथा ऐसे ही कारणों से देश नेतृत्वहीन है। इस स्थिति में सातवाहन के मन्त्री विद्याधर भट्ट, जो पहले जयित्रचंन्द्र के भी मन्त्री थे, देश का नेतृत्व सम्हालने के लिए प्रेरित करते हैं। यद्यपि उन्हें यह भी भय है कि राजा कहीं रानी चन्द्रलेखा के अनिन्द्य सौन्दर्य पर लुब्ध और मुग्ध होने से अपना कर्तव्य न भुला बैठें। पर रानी स्वयं देश में चारों ओर घूमकर जनता को जगाने का व्रत लेती हैं और राजा को भी इसी के लिए प्रेरणा देती हैं। उनकी प्रेरणा से राजा तो इस कार्य में लगते हैं, किन्तु रानी स्वयं कुछ समय बाद कोटिबेधी रस की सिद्धि के लिए तपस्वी के साथ चली जाती हैं। रस अन्ततः सिद्ध नहीं होता और उसके बाद रानी मानसिक दृष्टि से लगभग अस्वस्थ-सी हो जाती हैं।

सातवाहन और उसके मन्त्री आदि मिलकर तुर्कों को हराने के लिए तैयारी करते हैं। उनका संघर्ष कुछेक तान्त्रिक मठों के महन्तों-योगियों से भी है जो तुर्कों से मिल गये हैं। दूसरी ओर रानी चन्द्रलेखा की प्रेरणा से मालव प्रदेश के जनसाधारण, नट आदि, जिसमें मैना, बोधा, प्रधान आदि भी हैं, राजा की सहायता के लिए सन्नद्ध हो गये। कई बार शत्रु से मुठभेड़ होती है—कभी जीत कभी हार। एक ऐसे ही संघर्ष में राजा और रानी दोनों आहत होते हैं और एक-दूसरे से बिछुड़ भी जाते हैं। स्वस्थ होने के बाद सातवाहन शत्रु से फिर लोहा लेने के लिए अन्य राजाओं की सहायता पाने का प्रयास करते हैं। पर वे लोग सिद्धों और देवी-देवताओं के चक्कर में पड़े हैं और कोई निश्चय करने में असमर्थ हैं। अन्त में सातवाहन की चन्द्रलेखा से भेंट होती है उस समय, जब उनकी प्रिय सहायिका मैना आत्मघात कर लेती है और वे दोनों भी आश्रय छोड़कर अन्धकार में भागने को लाचार हो जाते हैं। चेतना को प्राप्त क्रिया-शक्ति नष्ट हो जाती है, और इच्छा-शक्ति दिग्भ्रमित है।

कथा का मुख्य सूत्र यही है; पर उसके अन्तर्गत बहुत से अन्य प्रसंग हैं जो उस युग की धार्मिक और बौद्धिक मान्यताओं पर, विश्वासों और क्रिया-कलापों पर सामाजिक और नैतिक जीवन पर, प्रकाश डालते हैं। इनमें चन्द्रलेख का अपना जीवन-वृत्तान्त है; विद्याधर भट्ट द्वारा राजा जयित्रचन्द्र के राज्य और शासन आदि का वर्णन और उससे जुड़ी हुई चन्द्रलेखा के जन्म की कथा है; चन्द्रलेखा के कोटि बेधी रस की सिद्धि से सम्बन्धित अनुभवों के तथा विष्णुप्रिया के प्रसंग हैं; सीदी मौला के तिब्बत और मध्य एशिया में भ्रमण तथा विचित्र अनुभवों की, इत्मिश खान की कब्र पर पूजा की, तान्त्रिक और महायानी बौद्ध अभिचारों-क्रियाओं की कथा है; नाटी माता के जीवन और उनके नृत्य तथा चन्द्र कवि के पुत्र जल्हन के प्रसंग

का सविस्तार वर्णन है; व्यास तीर्थ में अशोक चल्ल द्वारा शिवा बलि के अनुष्ठान, तथा अक्षोभ्य भैरव और भद्रकाली के प्रसंग हैं, मैना और बोध प्रधान के प्रेम-प्रसंग के साथ-साथ मैना और सातवाहन के बीच भी एक कोमल सूत्र का उद्घाटन है।

इस प्रकार मुख्य कथा-सूत्र अनगिनत छोटी पगडंडियों में भटकता-उलझता, बिखरता चलता है। यहाँ तक कि कई स्थलों पर प्रासंगिक गौण सूत्र प्रधान हो जाते हैं, यद्यपि समस्त बिखरे हुए सूत्रों को, विभिन्न अन्त:कथाओं और उपकथाओं को, एक ही पार्श्वपट के रूप में बुनने का प्रयत्न भी यथासाध्य लेखक ने किया है और बड़े कौशल से कथा का विन्यास करने का प्रयास पूरे उपन्यास में दृष्टिगोचर होता है। किन्तु कुल मिलाकर लगता यही है कि कथा के बहाने एक अत्यन्त रोचक युग की बहुमुखी सांस्कृतिक गाथा को पूरे विस्तार से कहने का लोभ लेखक संवरण नहीं कर सका है। वह उस युग के जीवन को, उसके विभिन्न स्तरों पर, विभिन्न रूपों और आयामों में, इतने विस्तार से जानता है कि उसे सभी कुछ मूल्यवान महत्त्वपूर्ण और सार्थक प्रतीत होता है। लगता है जैसे उस अगाध विराट् भंडार में चुनाव करना उसके लिए कठिन हो गया है और अधिक-से-अधिक समाग्री प्रस्तुत कर देना ही उसे सर्वोत्तम उपाय जान पड़ा है। इस प्रक्रिया में चारुचन्द्रलेख एक उपाख्यान की बजाय कथासरित्सागर जैसा कहानी-किस्सों का खजाना बन गया है जिसमें एक में से दूसरा आख्यान तो निकलता चला जाता है, पर कुल मिलाकर रचना का कोई कलात्मक रूप नहीं उभरता।

वास्तव में इस उपन्यास की रचना में निजी तौर पर लेखक का जो भी उद्देश्य रहा हो, उसको कार्यान्वित करने में वह कलात्मक कथाकृति और सूचनात्मक ज्ञानवर्धक इतिवृत्त के बीच असमंजस में पड़ गया है, जिसके फलस्वरूप दोनों में से कोई भी उद्देश्य पूरी तरह सिद्ध नहीं होता। निस्सन्देह चारुचन्द्रलेख का सार्वजनिक गद्य लेखन में अपूर्वतम और अनूठा है। सातवाहन की वन में चन्द्रलेखा से भेंट और राजधानी में लौटकर उससे विवाह तक का प्रसंग कुछ इस प्रकार रखा गया है कि वह अपने सूक्ष्म कलाबोध में, काव्यात्मक व्यंजना में, भाव और विचार के सुकुमार सन्तुलन और नियोजन में, अभिव्यक्ति के निखार और संयम में, एकदम बेजोड़ है। इस स्थल पर कथा में आधुनिक उपाख्यान (फेबल) के वे अधिकांश तत्त्व मौजूद हैं जो उसे समकालीन कथा-रचना का अत्यन्त विशिष्ट और सार्थक प्रकार बनाते हैं। कथा का यह उठान पाठक के मन में ऐसी छवियाँ मूर्तिमान करता है जो न केवल अपने रूप और अपेक्षाओं में नयी हैं, बल्कि साथ ही जीवन के नये अर्थों की ओर ले जाने की सम्भावनाएँ भी प्रस्तुत करती हैं।

इसके बाद ही लेखक फिर से सीदी मौला के प्रसंग को बढ़ाता है जिस की खोज में निकलने पर राजा की चन्द्रलेखा से भेंट हुई थी, किन्तु सीदी मौला की

लम्बी कहानी अपने-आप में पर्याप्त रोचक और तरह-तरह की जानकारी से भरपूर होने पर भी, मूलतः अवान्तर और अनावश्यक जान पड़ती है। उसके बाद फिर कुछ देर तक विद्याधर भट्ट द्वारा जयत्रिचन्द्र के दरबार के वृत्तान्त और चन्द्रलेखा के जन्म की कथा में, तथा उसके बाद युद्ध के लिए मालव जनपद के उद्‌बोधन के प्रसंग में, लेखक किसी हद तक मूल कथा-सूत्र ही नहीं उसके व्यंजना प्रधान रूप की ओर भी, लौटने का प्रयास करता है। विशृंखल देश को जाग्रत और संगठित करने के लिए जन सहयोग की आवश्यकता के विचार का समावेश वह यहीं करता है। और इस तत्त्व के समोवश से यद्यपि उपन्यास अपनी प्रारम्भिक भावभूमि से कुछ उतरता हुआ जान पड़ता है, फिर भी एक प्रकार की सार्थकता बनी रहती है।

किन्तु इस स्थल पर गधैया ताल में सातवाहन का ही सर्वस्व नहीं डूबता बल्कि, पूरे उपन्यास पर 'ऐसा अनभ्र वज्रपात' होता है जिससे 'लहलहाती लता' अचानक ही सूख जाती है। इसके बाद कथा अनेकानेक सम्बद्ध-असम्बद्ध प्रसंगों और प्रसंगांतरों में भटकने लगती है। मूल भाववस्तु खो जाती है, और उस काल के जीवन पर, उसके दृष्टिपूर्ण तथा दृष्टिहीन विश्वासों पर, धार्मिक और तान्त्रिक अभिचारों पर, सामाजिक और राजनीतिक परिस्थितियों के विवरणों पर, आग्रह बढ़ जाता है। यह बात जितनी दिलचस्प है उतनी ही अनिवार्य और स्वाभाविक है, कि अब लेखक उन तान्त्रिक प्रक्रियाओं और विश्वासों को मानवस्थिति और नियति के साथ मौलिक रूप में जोड़ने के बजाय उनके मनोवैज्ञानिक आधार प्रस्तुत करने लगता है। तान्त्रिक साधनाओं को किसी आधुनिक वैज्ञानिक परिप्रेक्ष्य में देख सकने की बजाय, लेखक उनकी व्याख्या और अर्थ खोजता है और लगता है जैसे उनकी रोचक रहस्यमयता में वह स्वयं डूब गया हो। पौराणिक अथवा मध्ययुगीन कर्मकांड, संस्कार-अभिचार आदि को या तो एक कलात्मक-रचनात्मक जीवन-पद्धति और उसकी अनिवार्य 'ट्रेजडी' के रूप में देखा जा सकता है, या बौद्धिक स्तर पर उसकी ऐतिहासिक-वैज्ञानिक, समाजशास्त्रीय समीक्षा हो सकती है। किन्तु उसे एक स्वतन्त्र रहस्यमयी सत्ता देकर उसका रोमांचकारी वर्णन-विवरण तिलिस्मानी प्रभाव भले ही उत्पन्न करे, कोई कलात्मक सार्थकता नहीं प्रदान कर सकता। चारुचन्द्रलेख में लेखक इस मायाजाल से अपनी रक्षा नहीं कर सका है और उसकी भाववस्तु एक मानवीय दस्तावेज के बजाय प्रायः एक रहस्य कथा बनकर रह गयी है। उपन्यास के परवर्ती अंश में सातवाहन और चन्द्रलेखा किसी आधुनिक उपन्यास के सार्थक पात्र नहीं, एक रोमांचक कथा के रोमैंटिक नायक-नायिका-मात्र बने रहते हैं।

भावभूमि का यह स्खलन-परिवर्तन एक और रूप में दिखाई पड़ता है। उपन्यास के इस अंश में मैना क्रमशः प्रधानता प्राप्त करती है, किन्तु मैना सम्बन्धी

प्रसंगों का अंकन अपेक्षाकृत यथार्थवादी है। अब लेखक जीवन को अभिव्यंजनाप्रधान काव्यात्मक रूप की बजाय अधिक सीधे, प्रत्यक्ष रूप में प्रस्तुत करता है और कथा का उद्घाटन प्राय: विवरणात्मक और घटना-प्रधान हो जाता है। यदि अब भी उसमें काव्यात्मकता बची रहती है, तो वह मैना के दुहरे व्यक्तित्व के कारण, उसके एक सर्वथा भिन्न कोटि के अन्त:संघर्ष के कारण, बोध के साथ उसके प्रेम के बावजूद राजा सातवाहन के प्रति उसके मन के एक अत्यन्त कोमल भावसूत्र के कारण। यदि एक स्तर पर मैना चेतना के क्रिया-तत्त्व की प्रतीक है, तो एक अन्य स्तर पर वह साधारण, अ-विशिष्ट, सीधे-सादे, अकृत्रिम जीवन की भी प्रतिनिधि है—ऐसा जीवन जो सामान्य परिचित भावों और आवेगों के रूप में देखा, जाना और समझा जा सकता है। इस दृष्टि से मैना चन्द्रलेखा और सातवाहन से सर्वथा भिन्न और जीवन के एक अलग ही स्तर को सूचित करती है। यदि उपन्यास के प्रतीकात्मक रूप को छोड़ दें तो मैना और चन्द्रलेखा के बीच यह भिन्नता, बल्कि विसदृशता (कंट्रास्ट) अपने-आप में पर्याप्त रोचक और विशिष्टतापूर्ण है। चन्द्रलेखा और मैना सर्वथा भिन्न प्रकार की नारियाँ होकर भी अपने-अपने ढंग से उपन्यास के इस अंश में यदि उसका प्रतीकात्मक उपाख्यानमूलक रूप टूटता है, तो एक नयी सार्थकता और प्राणवत्ता उसे मैना के रूप में प्राप्त होती है। मैना जैसे धड़कते जीवन की प्राणदायी बयार इस मन्त्र-तन्त्र से आबद्ध तथा नाना पदार्थों के होम-धूम्र [illegible] अवरुद्ध प्रदेश में बहा लाती है। उसके व्यक्तित्व में एक प्रकार की सहजता, मधुरता और स्फूर्ति है जो उस पूरे युग के वातावरण में अपूर्व और अप्रत्याशित लगती है, जैसे अनगिनती छाया आकृतियों के बीच वही जीवन्त हो।

मैना के इस विशिष्ट रूप का उल्लेख इसलिए आवश्यक है कि उपन्यास के इस अंश में लगता है जैसे लेखक का दृष्टिकेन्द्र चन्द्रलेखा से खिसककर मैना पर आ गया हो। वास्तव में उपन्यास में दृष्टिकेन्द्र का यह परिवर्तन जितना अप्रत्याशित है उतना ही उसके मूल कथ्य तथा उसके रूप को तोड़नेवाला भी। मैना का व्यक्तित्व अपने-आप में चाहे जितना मोहक हो, पर वह समस्त रचनाओं को केन्द्र-विच्युत ही करता है क्योंकि वह चन्द्रलेखा की प्रतिमा को तोड़ देता है। मैना की तुलना में अब चन्द्रलेखा इतनी निष्प्राण और अरूप लगती है कि उसकी कोई विशेष सार्थकता ही नहीं रह जाती। यहाँ तक कि उपन्यास में मैना और चन्द्रलेखा का जो सम्बन्ध है, मैना उसके प्रति जो भक्तिभाव प्रदर्शित करती है, वह भी असंगत-सा प्रतीत होने लगता है।

यहाँ आकर अब लेखक की द्विधा एकदम स्पष्ट हो जाती है। वह निश्चय नहीं कर सका है कि चाहता क्या है। उसकी दृष्टिकेन्द्र चन्द्रलेखा है या मैना? दोनों में से किसके धरातल पर अपने कथ्य को प्रस्तुत करना चाहता है? उसका कथ्य है

क्या? मैना के एक बार सामने आ जाने पर चन्द्रलेखा वास्तव ही नहीं लगती; उसकी समस्त असाधारणता कृत्रिम लगने लगती है। यह भी विश्वसनीय नहीं जान पड़ता कि मैना की तुलना में चन्द्रलेखा की अन्यथार्थता दिखाना ही लेखक का उद्देश्य है। क्योंकि उपन्यास का जैसा प्रारम्भ और रुपबन्ध है, प्रतीकार्थ की जैसी प्रतिष्ठा उसमें हो गयी है, उसमें प्रधानता चन्द्रलेखा की ही है। वास्तव में स्थिति के इस अन्तर्विरोध का लेखक के पास कोई समाधान नहीं। परिणति मैना के आत्मघात में होती है जो अतिनाटकीय और आरोपित लगती है। या इसी बात को दूसरी दृष्टि से कहें तो, उस कृत्रिम, अवास्तव लोक में जीवन का अपघात अवश्यम्भावी ही है। इस प्रकार यह विरोध जीवन और अ–जीवन के बीच, यथार्थ के ही दो स्तरों के बीच, नहीं स्थापित हो पाता, क्योंकि चन्द्रलेखा और मैना एक ही चेतना के दो स्तरों की नहीं, बल्कि अन्त में चेतन और अचेतन की प्रतीक जैसी जान पड़ती हैं। दृष्टिकेन्द्र विच्युति इस उपन्यास की बड़ी भारी दुर्बलता है।

प्रतीकात्मक स्तर पर उपन्यास में शायद लेखक यह कहना चाहता है कि ज्ञान, इच्छा और क्रिया का अन्त में कोई स्थायी, निर्विघ्न सामंजस्य नहीं हो पाता। पहले ज्ञान अकेला है इसलिए असमर्थ है, व्यर्थ है। अचानक इच्छाशक्ति से उसका संयोग होता है और चेतना सिद्धि की ओर बढ़ती जान पड़ती है, पर यह संयोग क्षणिक सिद्ध होता है। जल्दी ही इच्छा भटककर पथभ्रष्ट हो जाती है, यद्यपि इस बीच वह चेतना को क्रियाशक्ति से सम्बद्ध करने में सफल हुई है। पर इच्छा के अभाव में चेतना आहत है, क्षत–विक्षत है। इसलिए क्रियाशक्ति बहुत सफल नहीं हो पाती। चेतना क्रियाशक्ति से प्रभावित होकर भी इच्छाशक्ति की ही खोज में बेचैन है। स्वयं क्रियाशक्ति के महत्त्व से आक्रान्त है। अन्त में क्रिया की सार्थकता भी चुक जाती है; और चेतना को इच्छाशक्ति प्राप्त हो जाने पर भी, अन्धकार में निर्वासन के अतिरिक्त कोई पथ नहीं बचता।

किन्तु दृष्टिकेन्द्र के बदल जाने के कारण इस प्रतीकार्थ की भी उपन्यास में कोई स्पष्ट उपलब्धि मानवीय अनुभूति के रूप में नहीं होती। कथा का प्रत्येक तत्त्व अपने स्थान से हटा हुआ, धुँधला और अस्पष्ट जान पड़ता है और पूरा उपन्यास अपने समग्र रूप में कोई समन्वित प्रभाव मन पर नहीं छोड़ता। चारुचन्द्रलेख न तो सफल रूप या उपाख्यान है, न किसी युग के यथार्थ जीवन की मर्मदर्शी आधुनिक कथा। वह विभिन्न प्रकार की संवेदनशीलताओं का रूपहीन संग्रह या प्राणहीन मिश्रण–मात्र रह गया है। इसलिए वह आधुनिक जीवन की कोई सार्थक व्याख्या या गहरी चेतना भी उत्पन्न नहीं करता।

दूसरे शब्दों में इसी बात को यों कह सकते हैं कि चारुचन्द्रलेख में मानवीय तत्त्व की बड़ी क्षीणता है। उसमें उत्कट जीवनानुभूति का अभाव है, अपार

तथ्यसमूह के ज्ञान का प्रदर्शन अधिक। वर्णन की रोचकता और रोमांचक रहस्यमयता पर इतना बल है कि मानवीय चरित्र या तो जीवन्त नहीं, केवल नाम भर हैं, या प्रतीक मात्र हैं, अथवा अपूर्ण और अविकसित रह गये हैं। वे अपने-आप में, अथवा कुल मिलाकर कोई संयोजित समन्वित प्रभाव तो छोड़ते ही नहीं।

ऊपर मैना के जीवन्त होने की बात कही गयी है। इस प्राण-तत्त्व का कुछ-कुछ स्पर्श बोध प्रधान और नाटी माता में भी मिलता है और उस हद तक मन को छूता भी है। पर वह भी इतना क्षीण और बाह्य है कि किसी सार्थक स्तर तक नहीं उठता। नाटी माता की जीवन कथा उसका सहज भक्तिभाव और आत्मोत्सर्ग, एक प्रकार की करुणा से परिपूर्ण है, किन्तु उसका सारा प्रसंग इतना पृथक् और स्वत: सम्पूर्ण है कि नाटी माता के जीवन को लेकर एक पूरा उपन्यास ही लिखा जा सकता था। चारुचन्द्रलेख के अपने विस्तार में उसका स्थान बड़ा प्रासंगिक है, रोचक और सूचनात्मक वह चाहे जितना क्यों न हो। इसलिए न तो उसकी अपनी पूरी सम्भावनाएँ विकसित हो पाती हैं न कोई सार्थक आयाम वह मूल कथा-सूत्र में ही जोड़ता है।

मानवीय तत्त्व के रूप में चन्द्रलेख दो भिन्न स्तरों पर अंकित है। यदि उसके परवर्ती रूप को एक व्यक्तित्व के विघटन के रूप में देखा जाए, तो वह भी सुचिन्तित और कलात्मक दृष्टि से भलीभाँति परिकल्पित नहीं जान पड़ता। प्रारम्भ में वह अभिभूत करती है और उसकी एक विशेष प्रकार की प्रतिमा हमारे मन पर अंकित होती है, किन्तु बाद में लगभग अकारण ही वह इतनी निस्तेज पड़ जाती है कि उस पर दया भी नहीं आती; उससे कोई सहानुभूति तक नहीं बचती; यद्यपि राजा तथा अन्य सभी व्यक्ति (और इस प्रकार उनके माध्यम से स्वयं लेखक) अब भी उसके उसी पूर्व रूप का स्मरण करके अपना आदर प्रकट करते रहते हैं। यह अपने-आप में भी विचित्र और अस्वाभाविक लगता है। साथ ही एक और भी प्रश्न है। क्या इच्छा-शक्ति अपने-आपमें इतनी दयनीय और असहाय होती है? क्या इतनी सारी तेजस्विता इस प्रकार लगभग अकारण ही स्खलित और जर्जर हो सकती है? किन्तु उसके जर्जर होने का रूपायन भी यदि जीवन्त और सप्राण हो तो बड़ा तीखा और प्रखर मानवीय वक्तव्य हो सकता है और होना चाहिए। चारुचन्द्रलेख में बस वही नहीं होता। प्रारम्भिक तीव्रता के बाद धीरे-धीरे चन्द्रलेखा बुझी-सी चुपचाप पृष्ठभूमि में चली जाती है और कथा अन्य अनगिनत निरर्थक तथा शून्य प्रदेशों में भटकती रहती है।

चन्द्रलेखा के विषय में लेखक की एक और अक्षमता सामने आती है। मानवीय स्थिति की दृष्टि से उसका और मैना का सम्बन्ध कितने ही स्तरों पर एक ऐसे गहरे अन्तर्विरोध और संघर्ष की सम्भावना से भरपूर है जिससे इस उपन्यास

को असाधारण गहराई और तीव्रता तथा सार्थकता प्राप्त हो सकती थी। इच्छा और क्रिया के बीच तीव्र आकर्षण और असह्य विकर्षण, उनका अनिवार्य द्वन्द्व और तनाव, तो बड़ी गहरी काव्यात्मक अर्थवत्ता से युक्त है। यदि उसे सचमुच उस युग के जीवन में पहचाना और प्रस्तुत किया जा सकता तो पूरी रचना न केवल उस युग की एक उत्कट मानवीय स्थिति को व्यक्त करती, बल्कि वह आज के समकालीन जीवन के लिए भी अत्यधिक सार्थक और मूल्यवान हो उठती। दिलचस्प बात यह है कि चन्द्रलेखा और मैना, दोनों के व्यक्तित्व में इसकी पर्याप्त सम्भावनाएँ मौजूद हैं; सातवाहन के साथ जिस प्रकार से दोनों को सम्बद्ध किया गया है वह उनके गहरे अन्तर्विरोध के लिए बड़ा ही मानवीय और महत्त्वपूर्ण आधार प्रस्तुत करता है। पर लेखक ने उन दोनों को अपने-अपने स्थान पर आकर्षक और मोहक बनाकर छोड़ दिया है। उनके व्यक्तित्व की निहित सार्थक मानवीय सम्भावनाओं पर उसकी दृष्टि नहीं जाती। इसके बजाय वह अन्य रोमांचक और कौतूहलवर्धक प्रसंगों में खो जाता है।

मानवीय तत्त्व की इस उपेक्षा का एक अन्य रूप है स्वयं राजा सातवाहन। प्रतीक स्तर पर वह ज्ञान अथवा चेतना का प्रतिनिधि है जो इच्छा और क्रियाशक्ति के अभाव में जड़ और विमूढ़ है, पर उपन्यास के प्रारम्भ से ही वह जैसे निरा माध्यम है; उसका अपना कोई व्यक्तित्व ही नहीं है, कोई प्रेरणा नहीं है, कोई गति नहीं है। इतनी प्रधान स्थिति में ऐसे अभावात्मक वैशिष्ट्यहीन, निष्क्रिय चरित्र को रखने का क्या कलात्मक अभिप्राय हो सकता है? वह प्रारम्भ से अन्त तक केवल रोता-झींकता ही रहता है। चन्द्रलेखा की ओर उसका व्यवहार जैसा दीनतापूर्ण है, वह भी कुछ विचित्र और असंगत ही लगता है। सातवाहन का ऐसा चरित्र बनाने की प्रतीकात्मक आवश्यकता जो भी हो, मानवीय घात-प्रतिघात के स्तर पर, जीवन्त व्यक्तियों के बीच सम्बन्ध के स्तर पर, उसकी कोई सार्थकता नहीं जान पड़ती। सर्जनात्मक लेखन में व्यक्तियों का प्रतीकमूलक प्रयोग बड़ी गहरी मानवीय अनुभूति और दृष्टि की माँग करता है। रवीन्द्रनाथ टैगोर के 'रक्तकरवी' 'मुक्तधारा' या 'राजा' आदि नाटकों में पात्र पूर्णतः प्रतीकमूलक होते हुए भी अपनी चरम मानवीय सत्ता बनाए रखते हैं। इसी कारण ये नाटक एक से अधिक स्तर पर सक्रिय और सजीव हो पाते हैं, किन्तु सर्जनात्मक लेखन में चरित्रों की मानवीय सत्ता किसी भी कारण उपेक्षित नहीं की जा सकती, एक बार चाहे उनका प्रतीकात्मक रूप भले ही अस्पष्ट हो जाए। चारुचन्द्रलेख में पात्रों का मानवीय रूप प्रायः विघटित हो जाता रहा है। कुल मिलाकर उसमें मानवीय तत्त्व के चित्रण में समर्थता, प्रौढ़ता, जीवन्तता और गहराई का अभाव दिखाई पड़ता है।

मानवीय तत्त्व की यह दुर्बलता सम्भवत: बुद्धिविलास के प्रति उचित से अधिक मोह के कारण भी है। इसी से रचना किसी समग्र, समन्वित मानवीय अनुभूति को सम्प्रेषित नहीं करती। जो अनुभूति उसमें है भी, उसमें कोई तीव्रता नहीं है। उसमें भावाभास है, भावाकुलता नहीं। एक प्रकार की कृत्रिमता, यान्त्रिकता के कारण भावाभास अत्यन्त दुर्बल और अशक्त लगता है। यही कारण है कि उसमें इतनी प्रसंग-विविधता और घटनाबहुलता है, और विभिन्न घटनाएँ और प्रसंग अपने-आप में ही साध्य और लक्ष्य बन गये हैं। वे अत्यन्त ही रोचक और प्रभावशाली अवश्य हैं, पर स्वत: सम्पूर्ण हैं। उनकी कलात्मक सार्थकता, संयोजन, परस्पर-सम्बद्धता और आन्तरिक अनुपात का कोई ध्यान नहीं रखा गया है। उपन्यास के अनगिनत प्रसंगों में से किसी एक पर दृष्टि डालते ही यह स्पष्ट प्रकट हो जाता है।

यह बात हमें उपन्यास के रूपबन्ध और शिल्प पर ले आती है। चारुचन्द्रलेख में कथा के विभिन्न अंश अलग-अलग स्रोतों से संकलित-एकत्रित हैं और बिखरे हुए सूत्रों के द्वारा कथा का उद्घाटन और विकास किया गया है। कथाओं को एक साथ ही प्रतीकात्मक और सहज मानवीय स्तरों पर गतिशील बनाने का प्रयास है। इस उद्देश्य के अनुरूप ही कथामुख यह सूचित करता है कि किन्हीं अघोरनाथ नामक साधु को कहीं कथा के अंश मिले थे, जिन्हें उसने व्योमकेश शास्त्री के पास प्रचारार्थ भेजा है। समग्ररूप में कथा सातवाहन के अपने वृत्तान्त के रूप में लिखी गयी है। वह मुख्य पात्र ही नहीं कथा का वर्णनकर्ता भी है, पर कथा के भीतर भी कई वर्णनकर्ता हैं जिनमें स्वयं चन्द्रलेखा प्रमुख है। वह सीधा वर्णन भी करती है और उसके द्वारा अन्य पुरुष में अपने ही अनुभव का वर्णन भी दिया गया है। एक जगह उसकी लिखी पोथी भी सातवाहन पढ़ता है। इनके अतिरिक्त विद्याधर भट्ट, सीदी मौला, बोध प्रधान, भंभल और जल्हन आदि विभिन्न स्थलों पर कथा के विभिन्न अंशों का वर्णन करते हैं। एक दो स्थलों पर विभिन्न व्यक्तियों के वार्तालाप सुने जाने की युक्ति का भी प्रयोग किया गया है। इस प्रकार वर्णन में विविधता और रोचकता लाने के लिए कई प्रकार की युक्तियाँ, रूढ़ियाँ, रीतियाँ प्रयोग में लाई गयी हैं। उपसंहार में पं. व्योमकेश शास्त्री की टिप्पणी में रूपसम्बन्धी कुछ विशेषताओं की चर्चा भी की गयी है :

'...कुछ बातें उनके (अघोरनाथ के) समाधिस्थ चित्त में प्रतिफलित हुई थीं...। ऐतिहासिक दृष्टि से कथा में असंगति नहीं है। ऐसा लगता है कि किसी ने ऐतिहासिक तथ्यों को सोच-विचार कर इसी में पिरोया है।...कथा दैनन्दिनी शैली में हैं।....कथा में ऐसे विचार मिलते हैं जो आधुनिक युग की देन हैं। ...कथा में सांस्कृतिक और धार्मिक तत्त्व हैं, पर उन्हें आधुनिक शिक्षा-प्राप्त व्यक्ति के संस्कार

में समावृत होना पड़ा है।...परन्तु कथा का स्वर विश्वसनीय है। अघोरनाथ के लिए भी यह असम्भव ही जान पड़ता है कि इसमें से तथ्य और कल्पना के अलग-अलग रंग करके दिखा दें। वस्तुतः इस दृष्टि में कथा में एक जीवन्त ऐक्य है।' (438)

व्योमकेश शास्त्री की यह टिप्पणी बड़े दिलचस्प ढंग से इस कथा की रूप और शिल्पगत समस्याओं का निर्देश करती है। सच्चाई यह है कि उपन्यास में हर स्तर पर अन्विति का अभाव है, चाहे उसके प्रतीकात्मक रूप को लें, चाहे मानवीय रूप को। इस उपन्यास में कलात्मक अन्विति तथ्य और कल्पना में 'ऐक्य द्वारा नहीं, दोनों विभिन्न स्तरों पर उनके अन्तः समन्वित और परस्पर समन्वित होने से ही आ सकती है। तथ्य और कल्पना के ऐक्य ने तो कुछ ऐसी रोचक कौतूहलपूर्ण रहस्य कथा गढ़ डाली है जिसमें प्रतीकात्मक अथवा प्रत्यक्ष मानवीय, दोनों से किसी प्रकार की सम्पूर्ण सार्थकता नहीं उत्पन्न हो सकी है।

कुल मिलाकर इस रचना के रूप में बिखराव अधिक है। हर प्रसंग अपने आप में सम्पूर्ण जान पड़ता है। शायद इसका एक कारण तो यह है कि उपन्यास के खंड-खंड करके रचे जाने की छाप इसके पूरे रूपबन्ध पर वर्तमान है। वह समग्रता का प्रभाव उत्पन्न ही नहीं करता। इसकी चरम परिणति है इसके अन्त में। ऐसा लगता है अचानक लेखक को किसी-न-किसी प्रकार इसे समाप्त कर देना आवश्यक जान पड़ा। इसलिए लेखक एक ओर तो बड़े ही नाटकीय, बल्कि अति-नाटकीय ढंग से लगभग अकारण ही मैना से आत्मघात करा देता है; और दूसरी ओर, उतने ही रहस्यपूर्ण और रोमांचकारी रूप में रानी और सातवाहन की बहुत दिनों बाद भेंट कराता है, रात्रि के अन्धकार में छिपकर एक साथ भाग निकलने के लिए। यह नाटकीय अन्त पाठक को झटका देता है और बहुत सुचिन्तित नहीं लगता, और न किसी मूलभूत उद्देश्य की सिद्धि में सहायक ही जान पड़ता है। यद्यपि यह भी ठीक है कि पूरी कथा जिस प्रकार से चलती रही है, उसे कहीं भी रोका जा सकता है, कहीं भी तोड़ा जा सकता है, क्योंकि सम्पूर्ण रूपबन्ध की अन्विति का कोई प्रश्न ही शायद लेखक के सामने नहीं है। प्रसंग प्रधानता के आधार पर कथा रचना में अन्विति का कोई महत्त्व सम्भवतः होता भी नहीं।

खंड-खंड में लिखी जाने का एक अन्य प्रभाव है स्थितियों, भावदशाओं तथा विचारों की पुनरावृत्ति। तर्कों के साथ मुठभेड़ों में, विभिन्न अभिचारों के वर्णनों के उत्कर्ष बिन्दु में, राजा सातवाहन की मानसिक निष्क्रियता और जड़ता के उद्‌घाटन में, बार-बार एक ही प्रकार की युक्तियों का प्रयोग दिखाई पड़ता है। इसी कारण सम्पूर्ण कथा के भीतर गति की बड़ी भारी विषमता है। उसमें सहज आन्तरिक लय नहीं दीख पड़ती; उसी द्रुतता और मन्दता के बीच संयोजन तथा समंजन नहीं जान पड़ता। प्रतीकात्मक स्तर पर रची जानेवाली कथा की यह अनिवार्य आवश्यकता है।

इस आन्तरिक गति और लय के अभाव में कोई प्रतीकात्मक रचना, जिसका मूल रूप अपनी व्यंजनात्मकता के कारण काव्य जैसा होता है, जीवन्त नहीं हो सकती। चारुचन्द्रलेख की आन्तरिक गति न पूर्णत: काव्यात्मक है न पूर्णत: इतिवृत्तात्मक। कथ्य ही आन्तरिक अन्विति के अभाव में रुपबन्ध और शिल्प भी शिथिल होकर बिखर गया है।

इस प्रकार यद्यपि चारुचन्द्रलेख में ऐतिहासिक परिवेश की नवीनता तथा मूल कथा सूत्र की चामत्कारिक मौलिकता है, उसमें निहित आधुनिक सम्भावनाओं में सार्थकता, और उसकी परिकल्पना और रूप में काव्यात्मकता का आश्वासन है, फिर भी वह कलात्मक उपलब्धि के स्तर पर बड़ा गहरा असन्तोष मन में छोड़ जाता है। कुछ ऐसा अनुभव होता है जैसे पाठक कहीं ठगा गया हो। इस दृष्टि से शैली की रहस्यमय रोचकता यदि एक ओर पाठक को अन्त तक उलझाए और अटकाए रखती है, तो दूसरी ओर अपनी रिक्तता और लक्ष्यहीनता के कारण ही और भी तीव्र असन्तोष उत्पन्न करती है। इस दृष्टि से चारुचन्द्रलेख द्विवेदीजी के पहले उपन्यास बाणभट्ट की आत्मकथा से कितना भिन्न है, और इस युग के अन्य सम्भावनापूर्ण, किन्तु अन्तत: उत्कृष्ट कलाकृति होते-होते रह जानेवाले उपन्यासों के कितना समान है। उसके पीछे विचारों की पुष्टता और गम्भीरता की कमी नहीं, किन्तु वे सर्जनात्मकता के स्तर पर सार्थक जीवनानुभूति और उसकी समन्वित अभिव्यक्ति के रूप में नहीं प्रस्तुत हो पाते और अपनी समस्त मौलिकता के बावजूद अपर्याप्त और सतही भावावेग में अपना अस्तित्व खो बैठते हैं। चारुचन्द्रलेख आधुनिक हिन्दी उपन्यास के चरम सार्थकता के स्तर पर पहुँचते-पहुँचते रह जाने का एक और भव्य उदाहरण है।

> *"गोरखनाथ ने किसी से भी समझौता नहीं किया, लोक से भी नहीं, वेद से भी नहीं। परन्तु फिर भी उन्होंने समस्त प्रचलित साधना मार्ग से उचित भाव ग्रहण किया। केवल एक वस्तु वे कहीं से न ले सके वह है भक्ति। वे ज्ञान के उपासक थे और लेशमात्र भावुकता को भी बरदाश्त नहीं कर सकते थे। और यदि सचमुच ही भाग और विभाग कल्पित हैं, कल्प और विकल्प मिथ्या हैं, संसार मृग-मरीचिका है, श्रुतियाँ परम तत्त्व के विषय में भिन्न-भिन्न विचार प्रकट करती हैं, और अखंड सच्चिदानन्द ही सत्य है तो भावावेश का स्थान कहाँ?"*
>
> —नाथ सम्प्रदाय

चारुचन्द्रलेख

नवलकिशोर

'चारुचन्द्रलेख' अद्भुत उपन्यास है—जो मध्यकालीन भारत की तान्त्रिक साधनाओं का आलेख है, एक प्रेम कहानी है, 12वीं-13वीं शती के भारत की राजनीतिक दशा का चित्र है, अतीत के पुनरान्वेषण तथा वर्तमान के प्रक्षेपण एवं भविष्य के निदर्शन का प्रयास है और इस सबके अतिरिक्त एक प्रतीक कथा है। अपार तथ्य-समूह और अविरल पांडित्य का प्रवाह उपन्यास में है और है रूप, शोभा और प्रकृति का विलास। लेंखक यदि 'बाणभट्ट की आत्मकथा' जैसा श्रेष्ठ उपन्यास नहीं दे पाता तो इसका कारण यह नहीं कि वह असाध्य-साधन में प्रवृत्त हुआ है, उसकी विफलता इस बात में है कि एक औपन्यासिक कलाकृति को रचना के बजाय उसमें अपने संचित ज्ञान के कथात्मक प्रकाशन का लक्ष्य बना लिया है। एक श्रेष्ठ उपन्यास न होते हुए भी हिन्दी-उपन्यास के इतिहास में 'चारुचन्द्रलेख' महत्त्वपूर्ण है क्योंकि इतिहास-पुराण के सर्जनात्मक पुनर्निर्माण की दिशा में यह एक उल्लेखनीय प्रयास है।

'कथामुख' में समस्त स्त्री-गुणों से विभूषित सातवाहन की एकमात्र रानी चन्द्रलेखा की सहायता से नागार्जुन द्वारा कोटि बेधि रस की सिद्धि का प्रयास, रससिद्ध होते ही नागार्जुन की हत्या और देवताधिष्ठित रस के तत्काल तिरोहित होने का आख्यान दिया गया है। 'प्रबन्ध-चिन्तामणि' की इस कथा पर टिप्पणी करते हुए लेखक ने कहा है "इसकी कहानी में यह नहीं बताया गया कि चन्द्रलेखा या उसके पुत्रों पर क्या बीती। हाल ही में अघोरनाथ नामक औघड़ साधु को विचित्र रूप से इस कथा का बाकी हिस्सा मिल गया है।" स्पष्ट है कि औघड़ साधु, जो आधुनिक विचारों के पुरानी परिपाटी में शिक्षित सिद्ध हैं, हजारीप्रसाद द्विवेदी के व्यक्तित्व का तन्त्रज्ञ रूप है और 'चारुचन्द्रलेख' इस कथा से प्रेरित उसके उपन्यासकार की सृष्टि है।

12वीं-13वीं शती का समय भारत के राजनीतिक पराभव के साथ सांस्कृतिक

अध:पतन का भी समय है। तान्त्रिक-साधनाओं से जनता की चित्तवृत्ति जड़ीभूत हो चुकी है। उपन्यासकार का मुख्य विषय तन्त्राचार का वर्णन है, लेकिन केवल तान्त्रिक साधनाओं और अनुष्ठानों की कथा कहना उसे अभीष्ट नहीं है। उस युग की समूची राजनीतिक-सांस्कृतिक व्यवस्था के प्रकाश में ही उनका कोई अर्थ है। इसके लिए चन्द्रलेखा की कथा को विराट् सामाजिक आशय देना आवश्यक हो जाता है। समस्त स्त्री-गुणों से मंडित सुन्दरी कोटि-बेधि रस की सिद्धि के अतिरिक्त भी कथागत सम्भावनाएँ रखती है। उससे नारी-महिमा का उद्घोष सहज ही कराया जा सकता है।

विदेशी आक्रान्ताओं से देश की रक्षा में संघर्षरत राजा सातवाहन की कल्पना की गयी है। सातवाहन और चन्द्रलेखा का मिलन बड़े नाटकीय ढंग से होता है। सातवाहन सिद्ध सीदी मौला की खोज में और रानी तपस्वी नागनाथ की तलाश में निकले हैं। सिद्ध और तपस्वी की खोज आगे की तान्त्रिक कथाओं का संकेत अवश्य देती है, लेकिन कथा का आरम्भ सामाजिक-राष्ट्रीय भूमि से होता है। चन्द्रलेखा सातवाहन की रानी बनती है और राजा के कार्य में सहायक होने का संकल्प इस प्रकार प्रकट करती है, ''इस देश में मिथ्या खंड अभिमानों को चूर्ण करने के लिए चन्द्रलेखा वज्र के हथौड़े का काम करेगी और हतदर्प, हीनवीर्य, पराजित प्रजा के चित्त में इतिहास की मंगलमयी प्रेरणा देने के लिए वह अमृत की तरह झरेगी।'' रानी सैनिकों के सम्मुख आधुनिक जनतान्त्रिक भावना का एक भाषण देती है और उसके तुरन्त बाद लेखक सूचना देता है 'रानी की योजना चरितार्थ हुई। समस्त मालव जनपद एक अद्भुत नवजीवन से जाग उठा। शत्रु को लौटना पड़ा।' इस तरह लेखक चन्द्रलेखा को जनपद पार्वती बना देता है, लेकिन उसके रूप को किन्हीं जीवन्त स्थितियों में मूर्त नहीं किया जाता। वह अरूप रहता है और आगे की कथा में उसकी कोई चरितार्थकता भी नहीं है। वस्तुत: जिस चन्द्रलेखा की लेखक ने प्रकल्पना की है, वह सिद्धयोगिनी है, जननेत्री का उसपर आरोप कर दिया गया है। उपन्यासकार उसके इस रूप का आगे निर्वाह नहीं कर पाता। कोटिबेधि रस की सिद्धि में जाने के साथ ही कथा में चन्द्रलेखा की सक्रिय भूमिका समाप्त हो जाती है। अब उसके सिद्धयोगिनी रूप का चित्रण आवश्यक हो जाता है और चूँकि सिद्धयोगिनी का कोई मानवीय व्यक्तित्व नहीं हो सकता, अत: वह साधनाओं और सिद्धियों के वर्णन का माध्यम बनकर रह जाती है। रस-मर्दन की प्रक्रिया, विघ्नवाहिनी का आक्रमण, त्रिपुर-सुन्दरी के छिन्नमस्ता और त्रिपुरभैरवी रूप, धूर्जटि के तेज, पारद का महत्त्व, गुरु गोरक्षनाथ की शक्ति, आकाश-गमन सिद्धि, शव-साधना का लक्ष्य, कुल-कन्या-साधना, प्रथम वर्ष से षोडश वर्ष की कुमारिकाओं की तान्त्रिक संज्ञाएँ, साधनामार्ग में नीच जातियों के शरीर, उसमें भी

स्त्री-शरीर और उसमें भी किशोरावस्था की महत्ता, बौद्ध और शाक्त तन्त्रों की समानता, गोरखनाथ की सहज समाधि आदि का जमकर वर्णन किया गया है। कथा के स्वर को विश्वसनीय बनाए रखने के लिए इन्हें रानी के भयत्रस्त चित्त के विक्षोभ से निकली अद्‌भुत सिद्धि-कथाओं के रूप में रखा गया है। इसके लिए अपसारण की क्रिया और मनोवैज्ञानिक व्याख्या का आश्रय लिया गया है। अपसारण की प्रक्रिया व्यक्ति के मन की अचेतन गहराइयों को सामने लाने के लिए होती है, लेकिन लेखक ने इसका उपयोग साधनाओं का परिचय देने, सिद्धियों का चमत्कार बताने और दार्शनिक-मनोवैज्ञानिक व्याख्याएँ देने के लिए किया है। अतः सिद्धि-कथाओं से एक रहस्यमय वातावरण की सृष्टि होती है।

चन्द्रलेखा के अतिरिक्त सीदी मौला की एक अलग कथा है, जिसमें यौगिक साधनाओं—प्राणायाम का चमत्कार और रसायन योग का विवरण है और भोट देश की तान्त्रिक-साधना के रूप में चीनाचार का सविस्तार वर्णन है। अशोक चल्ल की शिवा-बलि, हाहुलीराय को देवी का प्रसाद न मिलना, नील-तारा-माहात्म्य, अक्षोभ्यभैरव का आविष्ट भाव जैसे अन्य प्रसंग भी हैं।

सिद्धियों की निस्सारता प्रमाणित करने के लिए स्थितियों के निर्माण की अपेक्षा लेखक ने वैचारिक टिप्पणियों के नियोजन का आश्रय लिया है: 'आज आततायी के खड्गाघात से सिद्धियों का यह सारा खिलवाड़ टूटकर गिर गया है। आज भी हमारे विहार के ढोंगी साधक मन्त्रबल से तुर्कों की सेना उड़ा देने की गप्पों पर विश्वास करते हैं। (×) वशीकरण और मोहन की दुरन्तकला का सहस्त्र चित्तों के मिलित जयोन्माद को रत्ती-भर भी इधर-उधर नहीं मोड़ सकता। (×) एक साधारण किसान, जिसमें दया-माया है, सच-झूठ का विवेक है और बाहर-भीतर एकाकार है, वह भी बड़े-से-बड़े सिद्ध से ऊँचा है। (×) चरित्रबल समस्त शक्तियों का अक्षय भंडार है। (×) व्यक्ति चित्त का परिष्करण केवल असफल प्रयास ही नहीं है, अनावश्यक भी है। मैं समाज-चित्त के परिष्करण को मान देने लगा हूँ।' केवल एक शिवा-बलि का प्रसंग ऐसा है, जो एक घटमान स्थिति है। लेकिन इसका क्या कारण है कि सत्य का प्रत्यक्षीकरण भिसिलपाद, अमोघवज्र, सीदी मौला और अक्षोभ्यभैरव जैसे सिद्धों द्वारा ही कराया जाता है, जिनका उपन्यास के कथा-चक्र में कोई प्रत्यक्ष योग नहीं है। इसका उत्तर यही हो सकता है कि लेखक का सिद्ध-विशेषों में विश्वास अस्खलित है। इससे उसकी द्विधा-विभक्त धारणा का पता चलता है। वह सिद्धियों के पीछे पागल होने के ऐतिहासिक दुष्परिणामों से परिचित है, पर सिद्धों का अस्वीकार भी उसके लिए सम्भव नहीं है। इस बात को छोड़ भी दें तो कोई अन्तर नहीं पड़ता। लेखक अरूप वैचारिक आधार पर ही उपन्यास में साधनाओं और सिद्धियों की माया तोड़ना चाहता है।

तान्त्रिक साधनाओं का वर्णन रहस्य और रोमांच के धरातल पर हुआ है। इनके चामत्कारिक प्रभाव को कम करने के लिए लेखक ने मनोवैज्ञानिक आधार प्रस्तुत करने का प्रयास किया है। उनका समाजशास्त्रीय परिप्रेक्ष्य भी उसने नहीं दिया है। यह एक दिलचस्प तथ्य है कि वर्ण-विभक्त समाज में तान्त्रिक साधनाएँ वर्ण-विभाग के अस्वीकार को लेकर चली हैं और निम्न जातियों में उनका प्रभाव अधिक रहा है। अतः एक पूरी समाज-व्यवस्था को मानव-अधिकारों के इतिहास के सन्दर्भ में रखकर भी देखा जा सकता था। उपन्यासकार का मुख्य प्रयोजन तान्त्रिक साधनाओं के तात्त्विक अध्ययन, प्रकार-निरूपण और अनुष्ठान-विधियों को कथा-निबद्ध करने का हो गया है। उसने अपनी अधीत सामग्री का इतना खुलकर उपयोग किया है कि उपन्यास तान्त्रिक साधना पद्धतियों के लिए एक परिचयात्मक ग्रन्थ बन गया है। मानवीय-भाग्य की कहानी का विषय बनकर ही ये तान्त्रिक साधनाएँ उपन्यास को विशिष्टता दे सकती थीं। चूँकि ऐसा नहीं हुआ, अतः सर्वथा अछूती भूमि पर लिखा जाकर भी 'चारुचन्द्रलेख' एक कलाकृति नहीं बन पाया।

उपन्यास की राजनीतिक कथा सामन्ती व्यवस्था की आलोचना के लिए और प्रजातन्त्र के जयघोष के लिए प्रयुक्त हुई है। मातृभूमि की रक्षा के लिए रानी समस्त प्रजा में आत्मगौरव और प्रतिरोध की भावना उत्पन्न करने की बात कहती है। विदेशी शत्रुओं से कोई प्रत्यक्ष संघर्ष नहीं होता, मुख्य संघर्ष उन घुंडक साधुओं से ही होता है, जो आक्रान्ताओं के सहायक हैं। सातवाहन राजा की अपेक्षा एक छोटे जननायक जैसा चित्रित हुआ है, जिसका किसी बड़े संघर्ष से प्रत्यक्ष सम्बन्ध नहीं है। कथा में राजनीतिक दाँव-पेचों का कल्पना विलास अवश्य है। अक्षोभ्य भैरव आविष्ट भाव में सामन्ती-प्रथा और सामन्ती-सैन्य-व्यवस्था की आलोचना करते हैं। कथा स्वयं में न सामन्ती-व्यवस्था के दोषों को प्रयत्क्ष करती है और न जन-चेतना को उद्बुद्ध करने का विधान। ऊँच-नीच, धर्म-सम्प्रदाय, कुल मिथ्याभिमान को मिटाने की बात वैचारिक धरातल पर ही होती है और लेखक का जनतान्त्रिक मानववाद अरूप ही रह जाता है।

'चारुचन्द्रलेख' में जैसे घटनाओं का घटाटोप है वैसे ही पात्रों की बहुलता भी है। उपन्यास चरित्र-प्रधान है, लेकिन एक भी जीवन्त व्यक्तित्व वाला पात्र नहीं है, सभी के चरित्र एकदम सपाट हैं। चन्द्रलेखा के व्यक्तित्वहीन अस्तित्व की चर्चा हम कर चुके हैं। राजा को प्रत्येक पात्र का द्रष्टा बना दिया गया है। उसका अपना कोई व्यक्तित्व नहीं है—पति के रूप में भी नहीं, प्रेमी के रूप में भी नहीं, और राजा के रूप में भी नहीं। वह नेय है—स्तब्ध की भाँति, मूक की भाँति। प्रधान पात्रों में केवल एक मैना है, जिसका चरित्र जीवन्त लगता है। मैनसिंह और मैना के रूप में उसका दुहरा व्यक्तित्व नाटकीय है और राजा से सम्पर्क रोमांटिक प्रभाव लिए

है। लेकिन घटनाओं को अपने हाथ में लेने की उसकी व्यग्रता, संकट में धँस जाने का साहस, राजा के लिए पूर्ण आत्मदान आदि का यथार्थ-स्थितियों में अंकन किया गया है। चन्द्रलेखा के स्थान पर क्रमशः मैना ही उपन्यास में प्रधानता पा लेती है।

राजा-चन्द्रलेखा और मैना-कथा के त्रिकोण-बिन्दु बनते हैं, पर रेखाएँ नहीं मिलतीं। मैना को सातवाहन को प्रथम बार देखने में ही ऐसा लगता है जैसे जन्म-जन्मान्तर से इसी रूप को खोजती फिर रही थी। अतः उसने आत्म-दान कर दिया। रानी- के दीदी के धन पर उसे लोभ नहीं है अतः उसके दान में सत्त्वोद्रेक है, लेकिन नारी-विग्रह बाधक है—गंगाजल ही धार देने में आगे उतरकर फूल भी बह जाना चाहता है। राजा के मन में भी मोह है, लेकिन उसका कोई अर्थ नहीं। लेखक की भावुक आदर्शवादी दृष्टि एक रोमांटिक प्रसंग को लाकर भी उसे पूरी सम्भावनाओं तक नहीं ले जाती। यह ऐसा स्थल था जहाँ मानवीय सम्बन्धों की जटिलता के अन्वेषण का पूरा अवसर था।

राजा-रानी और मैना एक प्रतीक कथा भी बनाते हैं। राजा ज्ञान-शक्ति है, रानी इच्छा-शक्ति और मैना क्रिया-शक्ति। अकेला ज्ञान (राजा) असमर्थ है वह इच्छा शक्ति (रानी) के संयोग से सिद्धि की ओर बढ़ता है, लेकिन इच्छा क्रिया (मैना) से योग कराकर भटक जाती है। इच्छा के अभाव में ज्ञान निष्क्रिय है, अतः क्रिया भी सफल नहीं होती। ज्ञान को जब तक पुनः इच्छाशक्ति मिलती है, तब तक क्रियाशक्ति समाप्त हो चुकी होती है (उपन्यास का अन्त मैना के अपघात के साथ होता है) लेखक त्रिपुर के इस वैषम्य को कामायनीकार की भाँति किसी ज्योति-रेखा के काल्पनिक समाधान से नहीं मिटता और कथा से युग की असफलता को चित्रित करते हुए वर्तमान में भी उस वैषम्य की ओर संकेत करता है। लेकिन उपन्यास की कथा में जीवन्तता के अभाव में इस प्रतीक कथा का कोई अर्थ नहीं रहता।

'चारुचन्द्रलेख' में सम्बद्ध-असम्बद्ध, प्रासंगिक-स्वतन्त्र उपकथाएँ मुख्य कथा की क्षीणता को भर लेती हैं। ऐतिहासिक प्रसंगों और प्रसंगच्युत कथाओं से लेखक रोचकता लाने का प्रयास करता है। सीदी मौला की कथा, कदम्बवास आश्रिता कारुनटी की नृत्य-कथा, जयित्रचन्द और सूहवदेवी का प्रसंग, जयित्रचन्द्र और परमर्दिदेव की कन्या चन्द्रप्रभा का प्रेम-प्रसंग और चन्द्रलेखा की जन्मकथा, चन्द्र-बलद्दिय-हाहुलीराय और जल्हन प्रसंग, मैना की जन्मकथा, अक्षोभ्य भैरव व भद्रकाल की कथा—ये कथाएँ अपने-आप में उद्देश्य हो गयी हैं। कथानायक के समान कथा को भी सबको साथ लेकर चलने की समस्या हो गयी है। ये कथाएँ अपने-आप में भले ही रोचक हों, उपन्यास में ये एक पूरी संगति का निर्माण नहीं करतीं। ये उपन्यास को व्यर्थ ही पृथुलता देती हैं।

'बाणभट्ट की आत्मकथा' में एक कथा-शिल्प को आविष्कृत कर द्विवेदीजी ने हिन्दी उपन्यास का एक नया प्रतिमान स्थापित किया था। कल्पित कथा को विश्वस्त बनाने के लिए एक प्राप्त दस्तावेज के रूप में उसे रखने की भूमिका उपन्यास के इतिहास में बहुत पहले प्रयुक्त हो चुकी है। अत: उस प्रयोग में कोई नवीनता नहीं थी, लेकिन कथा-शिल्प की मौलिक खोज संस्कृत कथा परम्पराओं नये अभिनिवेश द्वारा नयी सृष्टि है। आत्मकथा की शैली का ऊपरी साम्य कादम्बरी की शैली से है, पर वह आधुनिक उपन्यास के लिए नवीकृत प्रविधि थी। 'चारुचन्द्रलेख' में कथाकार की कथाशिल्प की खोज नहीं है, आत्मकथा की शैली को अपना लिया गया है, अत: केवल दोहराव ही हो सकता है। 'आत्मकथा' की जो माँग थी वही माँगें 'चारुचन्द्रलेख' की नहीं है। वहाँ कथा एक सीमित परिधि में थी, यहाँ लेखक उसे विराट् फलक पर प्रस्तुत करता है। सातवाहन को दूसरे पात्रों की मन:स्थिति जानने के लिए चोरी से बात सुननी होती है। इससे चरित्रों के दृश्य रूप में आने की सम्भावना समाप्त हो जाती है। राजा के चोरी से कथा सुनने की बात में मनोवैज्ञानिक अभिप्राय का आरोपण, जैसा कि एक समीक्षक ने किया है, बेहूदा है। चोरी से सुनने की पद्धति यहाँ लेखक की विवशता का परिणाम है (क्योंकि उसके सिवा उसे घटना-विकास और चरित्रांकन का विकल्प नहीं सूझता), पात्र की मनोवैज्ञानिक लाचारी नहीं। रूप, शोभा, प्रकृति का उसी प्रकार का आलंकारिक वर्णन है, जैसा 'आत्मकथा' में था। प्राचीन कवियों-लेखकों के शब्दों में अपनी ओर से वर्णन की कोई संगति मुझे नहीं दिखाई देती। चन्द्रलेखा के रूप वर्णन में पद्मावत के कवि (लेखक ने कम से कम इस ऋण को स्वीकार नहीं किया है) के शब्द देकर विज्ञ पाठक को सन्तुष्ट नहीं किया जा सकता। इससे लेखक की स्वयं की शक्ति अनभिव्यक्त ही रह जाती है और पाठक को केवल पठित को पढ़ने का ही आनन्द मिल सकता है। 'आत्मकथा' की शैली को दोहराने से 'चारुचन्द्रलेख' में अभिव्यक्ति की सीमाएँ निश्चित हो जाती हैं और कथा अपनी अभिव्यक्ति के लिए कथाकार से कोई नयी माँग नहीं कर पाती।

उपन्यास में चीनी आक्रमण की छाया है और शत्रु से प्रतिरोध के लिए जनता के आत्मबल में संचार का सन्देश है, लेकिन यह बहुत सतह पर आ गया। ऐतिहासिक उपन्यास में केवल वर्तमान की गूँज होनी चाहिए, द्विवेदीजी यहाँ वर्तमान को अतीत में निमज्जित कर देते हैं। इसलिए सामन्तवाद की आलोचना और प्रजातन्त्रीय मानववाद का जयघोष काल की गहाराई से नहीं आता।

'चारुचन्द्रलेख' विचारों का उपन्यास नहीं है, जिसमें किसी विचार-परम्परा-को मूर्त रूप दिए जाने की कोशिश की जाती है। वह हिन्दी के अधिकांश उपन्यासों की तरह निबन्धात्मक है, जिनमें उपन्यास की काया में अनेक निबन्धात्मक

टिप्पणियाँ होती हैं। ऐसे उपन्यास शुद्ध और कलात्मक उपन्यास के स्तरों को नहीं छूते। आधुनिक उपन्यास में लेखक अदृश्य होता है, कथा अपने-आप बोलती है। द्विवेदीजी की औपन्यासिक धारणा पुरानी है, जिसके अनुसार लेखक की अपनी जीवन-दृष्टि का निरूपण आदि अनिवार्य है।

द्विवेदीजी ने इस उपन्यास में सर्वथा नयी भूमि पर इतिहास-पुराण का सर्जनात्मक उपयोग किया है। तान्त्रिक साधनाओं को लेकर लिखा गया यह पहला उपन्यास है और परम्परा का अन्वेषण करते हुए लेखक ने जनतान्त्रिक मानववादी दृष्टि को प्रतिष्ठित किया है। एक ऐसी कृति उन्होंने दी है जो कलात्मकता को छूते हुए भी अपनी मौलिकता के कारण विशिष्ट स्थान का अधिकार पाती है। द्विवेदीजी अपनी कथा-कृति-द्वारा 'मनुष्य के भीतर जो देवता स्तब्ध बैठा है, जो अन्याय के सामने नहीं झुकता, लोभ और मोह के प्रहारों से जर्जर नहीं होता, शताब्दियों से विरूप परिस्थितियों में भी चारित्र्य को, दया को, परोपकार को कसकर पकड़ने में आनन्दित होता है'—उस देवता को उद्‌बुद्ध करने का लक्ष्य लेकर चले हैं और अपने-आप में यह कम श्लाघनीय नहीं है।

चारुचन्द्रलेख : कुछ शंकाएँ

कुँवर नारायण

'चारुचन्द्रलेख' से ऐसा कोई निश्चित संकेत नहीं मिलता कि उसे ऐतिहासिक उपन्यास ही माना जाए, यद्यपि उसे ऐतिहासिक उपन्यास मानकर भी चर्चा शुरू की जा सकती है। कुछ ऐतिहासिक चरित्रों और घटनाओं के बावजूद उपन्यास कल्पना-प्रधान ही रहता है, तथ्य-प्रधान नहीं; कल्पना-प्रधान भी सजावट के अर्थ में नहीं, वायवीयता के अर्थ में। लेखक का इतिहास-बोध इतिहास ग्रन्थों पर आधारित न होकर प्राचीन धर्म-ग्रन्थों पर निर्भर करता है। ऐतिहासिक तत्त्व धर्म-ग्रन्थों से भी लिए जा सकते हैं, लेकिन 'चारुचन्द्रलेख' पर धार्मिक स्रोतों की शैली और चिन्तन-पद्धति का अधिक प्रभाव दीखता है; वह दृष्टि नहीं मिलती जिसका रुझान मूलतः अतीत के वास्तविक जीवन में हो। शायद, इसीलिए 'चारुचन्द्रलेख' का जीवन पक्ष चटक नहीं उभर पाता; लेखक खिलौनों की तरह पात्रों से खेल रहा है।

लेखक ने कई जगह आधुनिक समस्याओं की बात उठाई है, लेकिन उपन्यास का शिल्प इतना शिथिल है कि आधुनिक समस्याओं और ऐतिहासिक कथानक के बीच सामंजस्य नहीं बैठ पाता, जैसे सीदी मौला का चीन पर वक्तव्य! 12वीं 13वीं सदी के खिलजीकालीन भारत के कई चरित्रों के माध्यम से लेखक ने हिन्दू धार्मिक मनोवृत्ति का चित्रण किया है जिसे उसने मुख्यतः नाथ सम्प्रदाय—जिसके प्रमुख प्रचारक गोरखनाथ (9वीं-10वीं सदी) माने जाते हैं—के सन्दर्भ में विचारा है। इस धर्म का 'सिद्धों' के लिए जो भी महत्त्व रहा हो, पर जनसाधारण के लिए वह हितकर नहीं सिद्ध हुआ—उसने किसी हद तक पलायन का रास्ता दिखाकर सामाजिक चेतना को कुंठित किया। लेखक ने जगह-जगह इस ओर संकेत किया है—(पृ. 99 पर, "...सारा समाज धर्म की झूठी कल्पना के कारण जर्जर हो गया है, शतधा विच्छिन्न हो गया है, आत्मगौरव की भावना से हीन हो गया है। वीरों, प्रतापी सातवाहन और उनकी रानी चन्द्रलेखा तुम्हारा नेतृत्व इसलिए नहीं कर रहे

हैं कि धर्म को युद्ध माननेवाले कुछ विशिष्ट राजपुत्रों के प्रतिनिधि हैं। वे सारी प्रजा के प्रतीक हैं...'') लेकिन कहाँ तक वह इस प्रकार के विचारों को उपन्यास के शिल्प में पूरी तरह खपा पाया है, इसमें सन्देह है। अधिकतर वे एकालाप वार्तालाप-द्वारा जोशीले वक्तव्य में प्रकट हुए हैं; चरित्रों और घटनाओं के अनिवार्य संघर्षों द्वारा उत्पन्न नहीं होते।

शुद्ध औपन्यासिक दृष्टि से, मुझे इस असफलता का मुख्य कारण ऐतिहासिक स्रोतों का गलत चुनाव लगता है। जिस ऐतिहासिक सामग्री से लेखक ने कथानक और पात्रों का चुनाव किया है, उससे अधिक प्रामाणिक और विस्तृत सामग्री को उसने अछूता छोड़ दिया है। हिन्दूकालीन भारत की बात दूसरी है, जबकि अधिकांश सामग्री तत्कालीन धार्मिक और साहित्यिक पुस्तकों में ही मिलती है और विधिवत् लिखा गया इतिहास नहीं के बराबर है। इसीलिए, शायद, प्रसाद के नाटकों में प्राचीन भारत का वातावरण एक सजावट के रूप में ही लाया गया है; घटनाओं, पात्रों और सामाजिक यथार्थ पर अधिक जोर नहीं दिया गया। यही प्रवृत्ति हम बाद के अधिकांश उन हिन्दी ऐतिहासिक उपन्यासों में देखते हैं जिनमें प्राचीन भारत को लिया गया है। लेकन मध्यकालीन और आधुनिक भारत की स्थिति भिन्न है। खिलजीकालीन भारत का इतिहास अपेक्षाकृत अधिक विश्वस्त सूत्रों द्वारा भी उपलब्ध है। समकालीन इतिहासकारों में बरनी, सिराज, अमीर खुसरो, इब्नेबतूता, फरिश्ता, एसामी, आदि के रोचक और विस्तृत वृत्तान्त मिलते हैं जिनके सहारे उस समय के भारत की सही और जीवन्त सामाजिक तस्वीर खींची जा सकती थी, और जिन मन्तव्यों को लेखक ने 'चारुचन्द्रलेख' में व्यक्त करना चाहा है उन्हें अधिक ठोस और विश्वसनीय आधार दिया जा सकता था। उदाहरण के लिए, सीदी मौला जलालुद्दीन खिलजी के समय में था और बादशाह के विरुद्ध षड्यन्त्र में शरीक होने के अपराध में उसे हाथी के पैरों के तले कुचलवा के मरवा डाला गया था। 'तारीखे फीरोजशाही' का लेखक जियाउद्दीन बरनी सीदी मौला को अच्छी तरह जानता था और उक्त पुस्तक में विस्तार से उसके बारे में लिखा है। 'फुतूहस्सलातीन' और 'तारीखे मुबारकशाही' में ही सीदी मौला का जो जिक्र आया है वह बरनी के जिक्र से मेल खाता है। सीदी मौला का एक निश्चित ऐतिहासिक व्यक्तित्व है, लेकिन 'चारुचन्द्रलेख' में उसका जो रूप सामने आता है वह सूफियों की अपेक्षा हिन्दू फक्कड़ साधुओं के अधिक निकट पड़ता है। उपन्यास में सीदी मौला यदि दो एक जगह यह न कहे कि दिल्ली का सुल्तान उसे हाथी के पैरों के नीचे कुचलवा डालना चाहता है, तो उसके ऐतिहासिक व्यक्तित्व को शायद पहचान सकना ही कठिन हो। इसी प्रकार, उपन्यास में नालन्दा के विध्वंस की चर्चा है, जिसे उस समय के धार्मिक और सांस्कृतिक सन्दर्भ में बड़े ही महत्त्वपूर्ण ढंग से लाया जा

सकता था। मिनहाज सिराज ने 'तबकाते नासिरी' में बख्तियार द्वारा नालन्दा के विनाश का विस्तृत वर्णन दिया है, किन्तु उपन्यास में वह किसी लोककथा-सा प्रतीत होता है।

ऐतिहासिक तथ्यों की यह अवहेलना हो गयी है, या किसी विशेष कारण से की गयी है, इसको विचारने से पहले उपन्यास में उपन्यास के नायक सातवाहन की स्थिति पर थोड़ा विवेचन आवश्यक है—आवश्यक इसलिए है कि ऐतिहासिक उपन्यासों में सुविख्यात ऐतिहासिक व्यक्तित्व को नायक बनाना कहाँ तक उचित है और कहाँ तक उपन्यास के कला-पक्ष के लिए घातक, प्रश्न से 'चारुचन्द्रलेख की दूसरी असफलता जुड़ी हुई है। सातवाहन का चरित्र उपन्यासों में न तो कथा की दृष्टि से, न इतिहास की दृष्टि से महत्त्वपूर्ण बन पाया है। एक बार यदि यह मान भी लिया जाए कि ऐतिहासिक दृष्टि से सातवाहन एक प्रमुख व्यक्तित्व है, तो तुरन्त ही दूसरे प्रकार की समस्या सामने यह उठती है कि उसमें एक सफल औपन्यासिक नायक के गुण कहाँ तक समाविष्ट किए जा सके। प्रसिद्ध ऐतिहासिक व्यक्तित्व पर एक सीमा तक ही कल्पना का रंग चढ़ाया जा सकता है। वाल्टर स्काट ने कहीं भी प्रमुख ऐतिहासिक व्यक्तित्वों को अपने उपन्यासों में नायक नहीं बनाया; उन्हें पृष्ठभूमि में ही रखा। उसने ऐतिहासिक व्यक्तित्वों की अपेक्षा देशकाल के प्रामाणिक चित्रण पर अधिक जोर दिया। इसीलिए, शायद, लेखक का पिछला उपन्यास 'बाणभट्ट की आत्मकथा' भी 'चारुचन्द्रलेख' की अपेक्षा अधिक सफल रहा। पूरे उपन्यास में सातवाहन केवल उपस्थित है, सक्रिय नहीं। उपन्यास में जो कुछ होता है वह सब केवल उसके नाम पर। कथानक उसके साथ-साथ नहीं, उसके बावजूद चलता है। यहाँ तक कि आगे चलकर कथानक का गतिकेन्द्र सातवाहन न होकर मैना या मैनसिंह बन जाता है। लेकिन मैना का व्यक्तित्व उपन्यास में इतना व्याप्त होते हुए भी विकसित नहीं हो पाता। अंशतः इसका कारण जगह-जगह वह बचकानी कायापलट भी है जो पाठक का कोई स्थायी रागात्मक सम्बन्ध न तो मैना न मैनसिंह के साथ बनने देता है, जहाँ तक चन्द्रलेखा का प्रश्न है, उसका चारित्रिक महत्त्व उसी समय रद्द हो जाता है, जब उसके मानसिक असन्तुलन का आभास करा दिया जाता है। लेखक ने रानी के अन्तर्मन में घटित होनेवाली घटनाओं की नयी व्याख्या देने का प्रयत्न किया है, लेकिन उसकी चर्चा अभी बाद में करूँगा।

पीछे कहा जा चुका है कि 'चारुचन्द्रलेख' की कथावस्तु के लिए लेखक खिलजीकालीन इतिहासकारों की अपेक्षा नाथ-साहित्य के अपने विशेष अध्ययन पर अधिक निर्भर करता है। इसीलिए एक बार उस ओर से भी उपन्यास पर विचार कर लेना उपयुक्त हो सकता है। लेखक ने नाथपन्थियों के इस विश्वास की चर्चा

की है कि सिद्ध लोग चिरंजीवी हैं और काल-दंड को खंडित करके आज भी ब्रह्मांड में विचर रहे हैं। सम्भवत: इस धारणा ने लेखक को उपन्यास में काल की समस्याओं की ओर प्रेरित किया। जो कुछ रानी चन्द्रलेखा के अन्तर्मन में अर्धविक्षिप्तावस्था में घटित होता है, उसे प्राथमिक महत्त्व देकर उपन्यास के शिल्प, या शिल्पहीनता को, जायज ठहराते हुए कहा जा सकता है कि चन्द्रलेखा उपन्यास का प्रमुख पात्र है। जो कुछ होता हुआ देखा जाता है वह उसके ही माध्यम से। बाह्य यथार्थ के यथातथ्य वर्णन की अपेक्षा, यदि चेतना-विशेष को साक्षी बनाकर, घटनाओं का विवेचन किया जाए तो निश्चय ही एक बृहत्तर अनुभव क्षेत्र को उपन्यास में समेटा जा सकता है—कुछ-कुछ उसी प्रकार जैसे स्वप्नावस्था में समाज का बोध लगभग मिट-सा जाता है। मार्सेल प्रूस्त और जेम्स जायस ने अपने विश्वप्रसिद्ध उपन्यासों 'ए ल रेशार्श द्यू ताम्प्स पर्द्यू' और 'यूलिसिस' में इसी प्रकार की तकनीक को अपनाया है। लेकिन 'चारुचन्द्रलेख' में कहाँ तक इस तकनीक का सफल उपयोग हो सका, यह सन्दिग्ध है।

प्रूस्त और जायस की मुख्य चिन्ता थी यथार्थ के नये स्तरों की खोज। सामाजिक यथार्थवाद की जो नींव 19वीं सदी में पड़ी और मार्क्सवाद द्वारा पुष्ट हुई, उसने व्यक्ति-यथार्थ को लगभग पृष्ठभूमि में डाल दिया था। 20वीं सदी के आरम्भ होते-होते नये दार्शनिक और मनोवैज्ञानिक विचारों ने एक बार फिर साहित्यकारों का ध्यान उस व्यक्तिमन पर केन्द्रित किया जिसे वर्गसों, फ्रायड आदि इतना महत्त्व दे चुके थे। 'चारुचन्द्रलेख' को पढ़कर सहज ही यह प्रश्न उठता है कि लेखक ने इस तकनीक को किस उद्देश्य से अपनाया है? क्या वह यथार्थ का कोई नया स्तर खोज सका है? क्या वह मानव-अनुभव के आयाम को और विस्तृत कर सका है? क्या इस तकनीक द्वारा इतिहास या धर्म को किसी नये आलोक में देखा गया है? कला की दृष्टि से इतना ही कहा जा सकता है कि यथार्थ हो, चाहे ऐतिहासिक यथार्थ, चाहे मनोवैज्ञानिक यथार्थ, चाहे धार्मिक यथार्थ—जिस विश्वसनीयता के प्रति कलाकार सतर्क रहता है, 'चारुचन्द्रलेख' में उसकी सर्वथा अवहेलना हुई है। लोक-कथाएँ, धर्म-ग्रन्थ, सिद्ध-वाणी, भक्ति-साहित्य आदि के मुहावरों में लेखक ने जिस कथा शिल्प का निर्माण किया है, औपन्यासिक उपलब्धियों को देखते हुए वह अनिवार्य नहीं सिद्ध होता। यद्यपि उन स्रोतों का मनोविज्ञान और सामूहिक मनोविज्ञान से दूर का नाता है अवश्य, किन्तु उस सामग्री का उपन्यास में कुशल उपयोग नहीं हो सका।

समय 'चारुचन्द्रलेख' में नितान्त अ-मानवीय मालूम देता है, जिसके सामने मनुष्य और उसका संकल्प महत्त्वहीन ठहरते हैं। प्रूस्त के विश्लेषण में समय मानवीय सन्दर्भ में ही महत्त्व पाता है। एक में यथार्थ समय से आक्रान्त है, दूसरे

में वह समय को अर्थ देता है। इसीलिए 'चारुचन्द्रलेख' का कोई ठोस—महत् भी नहीं—आकार नहीं बन पाता, और उसका ढाँचा कल्पित कथाओं के संग्रह-सा लगता है जिन्हें किसी प्रवक्ता या बातूनी पात्रों द्वारा जोड़ दिया गया हो। जहाँ तक पौराणिक विषयों का सवाल है, यह कह देना यहाँ प्रासंगिक होगा कि जेम्स जायस के 'यूलिसिस' का पूरा ढाँचा ही एक पौराणिक 'थीम' पर खड़ा है। 'चारुचन्द्रलेख' की कमजोरी का मुख्य कारण वैसा, स्रोत नहीं, उपन्यास-शिल्प को ठीक से न सँभाल पाना है। जिस सामाजिक चेतना और मिथ्या धर्म-भावना की बात लेखक ने जगह-जगह उठाई है, वह उपन्यास का अभिन्न अंग नहीं बन पाता। जोशीले भाषणों, उद्‌बोधनात्मक वक्तव्यों, नाथपन्थी पूजा-साधना के साथ-साथ, एक ऐतिहासिक कथानक का खाका घिसटता हुआ चलता है। सवाल यहाँ उपन्यास से किसी शिल्प या मन्तव्य को गढ़ निकालना उतना नहीं, जितना उसके ठीक-ठीक पहचान में आ सकने का है। किसी उपन्यास के शिल्पविधान का जटिल होना, या एक परिचित शिल्प-विधान का उसमें न होना असन्तोष की बात नहीं, लेकिन पाठक उस निरालेपन को किस सन्दर्भ में ग्रहण करें, इसका संकेत स्पष्ट होना चाहिए। 'चारुचन्द्रलेख' की धार्मिक संवेदना न तो ऐतिहासिक प्रसंग में ही पूरी तरह बँध पाई है, न उसका आधुनिक विचारों के आलोक में ही कोई महत्त्वपूर्ण विवेचन हो सका। शुद्ध मनोरंजन के लिए तो शायद यह उपन्यास लिखा ही नहीं गया था।

> *दूसरों के दिखाए रास्ते पर चलकर प्रयोग करने की जरूरत नहीं। अपनी आँखों में अपने वृद्ध जर्जर देश को देखना है और दृढ़ चरित्रता के अमृत से सींचकर इसे महत्तर बनाना है। साहित्यिक प्रयोग करते समय हमें बार-बार यह बात सोच लेनी चाहिए। मुझे रंचमात्र भी सन्देह नहीं कि तरुण साहित्यकारों में यह शक्ति है। केवल उन्हें अपने उत्तरदायित्व को समझना है।*
>
> —सावधानी की आवश्यकता

चारुचन्द्रलेख : पार्श्व छवि

कृष्णनाथ

एक क्षण में क्या हो गया! यह चित्र बना रहेगा, चित्त में पत्थर की लकीर बनकर बना रहेगा, व्याख्याएँ होती रहेंगी, चित्र मुस्कराता रहेगा।...

'चारुचन्द्रलेख' की एक प्रति कई महीने हुए समीक्षा के लिए आई। और यह बात यहाँ बनारस में फैल भी गयी। तो मित्र-मंडली पूछने लगी कि कहाँ तक पढ़ गये हैं? कब लिख रहे हैं? शुरू के महीनों में तो कह देता कि अभी देख रहा हूँ, बहुत बढ़िया चीज है, समय लगता है। लेकिन समय की तो आखिर सीमा है। मित्रों ने दूसरे महीने घेरना शुरू किया। जाहिर है, उनकी निगाह समीक्षा पर नहीं, किताब पर थी। और अब यह कहना कि : "नहीं, अभी लिखना शुरू भी नहीं किया, चीजें जमा रहा हूँ", अटपटा लगने लगा। इन सबसे ऊपर यह बात तो थी ही कि समीक्षा के लिए सचमुच देर हो रही है।

इसलिए कल यह तय किया कि आज तो जरूर ही लिखना शुरू करूँगा। डायरी में दर्ज किया, ताकि अगर भूल-चूक हो तो यह डायरी उसकी साक्षी रहे। इससे अपने पर एक अंकुश लग जाता है। लेकिन शाम को कई एक साथी इकट्ठा हो गये, चाय पी, फिर 'अभ्यास-दोष' से गोदौलिया गया। वहाँ से दशाश्वमेध तक एकाध चक्कर लगाकर कॉफी पी। लौटते-लौटते रात के साढ़े दस बज गये। डायरी लिखने बैठा तो 'चारुचन्द्रलेख' टँका था। इसलिए इसकी लाज निभाने की गरज से किताब उठाई। कुछ प्रश्नों को दिमाग में पलटने लगा। कुछ सिलसिला जमने भी लगा। तभी जाने कब नींद आ गयी।

कितनी देर सोया रहा, पता नहीं। फिर क्या जैसे कोई जगा रहा है। आँख खुली तो देखा आचार्य हजारीप्रसाद द्विवेदी सामने खड़े मूँछों और आँखों में ही मुस्करा रहे हैं।

एक बड़े के सहसा सामने दीखने पर अभिवादन के लिए बिस्तर से जैसे

उछल पड़ा। आँख की कड़ुवाहट को दबाते हुए खोलने की कोशिश करते, पूछा: "आप चंडीगढ़ से कब आए?"

अब द्विवेदीजी हँसे। वही ठहाकेवाली हँसी जिसकी गूँज-अनुगूँज अब काशी में कभी-कभी ही सुनाई पड़ती है। बोले : "मैं चंडीगढ़ गया ही कब था। वहाँ तो आचार्य हजारीप्रसाद द्विवेदी रहते हैं न? मैं तो अघोरनाथ हूँ।"

एक पल के लिए तो मैं जैसे सकते में आ गया। फिर यह छलना दूर हुई। पंडित व्योमकेश शास्त्री की टिप्पणी कौंध गयी : "अघोरनाथ आधुनिक विचारों के, पुरानी परिपाटी में शिक्षित, सिद्ध हैं। वे भावुक और कल्पनाप्रवण जीव हैं।"

मैंने सिद्ध-साधकवाली बात समझते हुए बैठने के लिए कुरसी बढ़ायी। द्विवेदीजी उर्फ अघोरनाथ जी जमकर बैठे तो कुरसी और कमरा भरा-पूरा लगने लगा।

अब एक अन्तराल आ गया; न अघोरनाथ बोले न कृष्णनाथ।

फिर अघोरनाथ जी ने ही शुरू किया : "आज तो लिखने का संकल्प किया था न! फिर यह स्खलन क्यों? 'दीदी' होतीं तो डाँटतीं : बड़े आलसी हो।"

मैं चुप। दीदी ने जिसे बहुत बड़ा आलसी कहा था, वही जब कहे कि 'बड़े आलसी हो' फिर इसे तो मान ही लेना चाहिए।

मुझे विनयनत देख, वे बोले : "इस पर कहाँ तक काम कर डाला? अब बाधा क्या है?"

मैंने बताया : "एक बार तो काफी अंशों में धारावाहिक रूप से 'कल्पना' में पढ़ा था। समीक्षा के लिए मिलने पर इसे शुरू से आखिर तक पूरा पढ़ डाला। अब तो जैसे इसने मुझे छान लिया; 'आविष्ट-सा' रहा। फिर धीरे-धीरे इससे मुक्त होते हुए कुछ प्रश्नों को उलट-पुलट रहा हूँ। कुछ तय नहीं कर पा रहा हूँ..."

कुछ शब्दों में, कुछ इशारे से, कुछ थहम-थहम कर इतना कहा ही था कि अघोरनाथजी अनायास ही गद्‌गद होकर बोले : "मैं प्रीत हूँ, कृतज्ञ हूँ" कनाउड़ा हूँ।"

मैं तो त्रस्त हो गया। खैर अगर प्रीत हैं, कृतज्ञ हैं तो चाहे मेरे लेखे अकारण ही, लेकिन हैं तो हैं, लेकिन यह 'कनाउड़ा' क्यों हैं?

फिर मुझे पंडित व्योमकेश शास्त्री की टिप्पणी याद आयी : "...सर्वत्र उनपर (अघोरनाथ पर) पुराने ढंग की भाषा का आवरण है।"

मुझे त्रस्त देख अघोरनाथ जी ठहाका मारकर फिर हँसे। (मेरे मन में द्विवेदीजी की हँसी गूँज गयी।)

बोले : "उलझन में हो। वैसे 'उलझना' हर समय बुरा नहीं होता। 'लेकिन अगर सुलझाना ही चाहते हो तो पूछो, क्या पूछना चाहते हो?"

मैं अपने प्रश्न सरियाने लगा। समझ में न आया कहाँ से शुरू करूँ। फिर शुरू से ही शुरू करने का तय पाया। पूछा : ''चारुचन्द्रलेख' की कथा क्या है? संक्षेप में बताने की कृपा करेंगे?''

''यह क्या प्रश्न? संक्षेप में ही कह सकता तो फिर 441 पृष्ठों में क्यों कहता?''

''अन्यथा न समझें—कहते हैं, समीक्षा में 'कृति' क्या है?' इसकी व्याख्या से शुरू करना अच्छा होता है, इसलिए यह प्रश्न है।''

''मैं यह सब कुछ नहीं जानता। यह तो पंडित व्योमकेश शास्त्री से पूछो। हाँ, मुझसे पूछते हो तो मैं यही कहूँगा कि अपने पाठकों को कह दो कि पहले 'चारुचन्द्रलेख' पढ़ डालें, तब यह चाहे पढ़ें, चाहे न पढ़ें।''

मैं जब इसे नोट करने के लिए बढ़ा तो अघोरनाथ जी ने डाँटा : ''एक समय एक काम करने का अभ्यास करो। प्रश्न-परिप्रश्न में यह बाधा मुझे सह्य नहीं। वह सब छूट आचार्य हजारीप्रसाद द्विवेदी शोध-विद्यार्थियों को देते होंगे, मैं नहीं।''

अब इसके आगे मैं क्या कर सकता था, दीनहीन भाव से थहम गया।

अपने शब्दों में इस कथा को संक्षेप में कह सकते हो। कुछ सूत्र तुम्हें इस कथा में, कुछ टिप्पणी में मिल भी जाएँगे। यह उस समय की कहानी है जब भारतवर्ष के उत्तरी भाग पर पूर्ण रूप से तुर्कों का राज्य स्थापित हो गया था।....विदेशी आक्रमण प्रतिरोध के समय देश की प्राण-शक्ति ग्रह-गण, मन्त्र-तन्त्र, भूत-वैताल, डाकिनी-शाकिनी, ऋद्धि-सिद्धि, सुन्दरी साधना, मोहन और उच्चाटन में लोप हो रही थी।''

यह है कथा की पृष्ठभूमि। इस पर पंडित व्योमकेश शास्त्री की टिप्पणी : ''ऐसा लगता है कि किसी ने ऐतिहासिक तथ्यों को सोच-विचार कर इसमें पिरोया है।''

''इतना तो स्पष्ट है न?'' अघोरनाथजी ने एक कुशल अध्यापक की तरह पूछा।

मैंने सिर हिलाया।

अघोरनाथ ने दुहराया : ''क्या समझे? यह है इतिहास-विधाता की पार्श्व छवि। और इतिहास की इस छवि को उकेरते हैं व्यक्ति : राजा सातवाहन, रानी चन्द्रलेखा, मैन सिंह-मैना, नाटी माता, वृद्ध मन्त्री विद्याधर, पंडित धीर शर्मा, तरुण तापस सीदी मौला, बोधा प्रधान तथा अन्य। वैसे तो इन नाना चरित्रों के नाना रूप हैं, लेकिन इनकी धुरी युद्ध और प्रेम की है। राजा सातवाहन इस कथा-सूत्र को इस तरह याद करता है : ''रानी का प्रथम साक्षात्कार, फिर उनकी साधना, फिर युद्ध, फिर उनके लेख, फिर मैना का परिचय—एक पर एक इस प्रकार दिखाई देने लगा

जैसे किसी निपुण कवि का निबद्ध नाटक अभिनीत होता देख रहा होऊँ।''

''तो संक्षेप में यह है क्रम। यह ठीक है आयुष्मन्?''

मेरी तबीयत हुई कि हाथ जोड़कर निवदेन करूँ : ''ठीक है श्रीमान्।''

लेकिन आज की पीढ़ी में यह विनय कहाँ? इसलिए इतना ही कहकर रह गया : ''जी हाँ, ठीक तो है।''

अघोरनाथ जी आधुनिक विचारों के हैं, इसलिए इसे झेलते हुए से बोले : ''अब और क्या प्रश्न है?''

मैंने पूछा : ''पंडित व्योमकेश शास्त्री के अनुसार इस कथा में 'एक जीवन्त ऐक्य है; किन्तु आप की व्याख्या के अनुसार पूरी कथा में द्वैत है : इतिहास और व्यक्ति का द्वैत, युद्ध और प्रेम का द्वैत। इनके रहते पंडित व्योमकेश शास्त्री कैसे कह सकते हैं कि कथा में एक जीवन्त ऐक्य है?''

अघोरनाथ मूँछों में मुस्कुराते हुए बोले : ''अघोरनाथ और पंडित व्योमकेश शास्त्री में झगड़ा लगाना चाहते हो। लेकिन यह झगड़ा है नहीं। कथा का 'जीवन्त ऐक्य' इसी अनैक्य पर ही तो है। अनैक्य के बिना ऐक्य का क्या मतलब। इस तरह यह एकता इतिहास और व्यक्ति और युद्ध और प्रेम द्वैत के बीच है।

''और ऐसे ही परस्पर-विरुद्ध कितने ही जोड़े वय-यौवन, शिक्षित और अशिक्षित उत्साह, योग्य नेतृत्व और क्लीव वगैरह के इस कथा में एक 'जीवन्त ऐक्य' है, अन्यथा यह निर्जीव अद्वैत हो जाता, 'सर्वोदय' हो जाता। है न?''

मुझे लगा कि मैंने जो द्वैत-अद्वैत की गाँठ बाँधनी चाही थी वह अनायास ही खुल गयी। लेकिन मन की गाँठ कहाँ खुलती है?

इसलिए थोड़ा प्रेम-प्रकरण में गहरा उतरने की गरज से पूछा : ''यह तो प्रेम का त्रिकोण है, सातवाहन, चन्द्रलेख और मैना का, इस पर कुछ प्रकाश डालने का प्रसाद हो।''

अघोरनाथ ने फिर डाँटा : ''फिर वही मूर्खता! अध्ययन-अध्यवसाय में अप्रमाद नहीं है न! नहीं तो क्या मैंने नहीं लिखा है कि 'न तो प्रेम छिपता है, न प्रकाश।' अब प्रकाश पर क्या प्रकाश डाला जा सकता है।''

अघोरनाथ आवेश में आकर बोलते गये : ''तुमने नहीं सुना है कि ज्ञान की तरह प्रेम की पुत्रियाँ भी अनग्ना, अवसना होती हैं? अब तुम यह झीना आवरण भी उठा देना चाहते हो? तुम नये लोगों को यह हो क्या गया है?''

मैं एक चुप, हजार चुप!

अघोरनाथजी कहते गये : ''मर्यादा की सीमा में रहते हुए कथा में यह विश्लेपण हुआ ही है। देखा, पृ. 412-13 : ''इच्छा-शक्ति और क्रिया शक्ति का द्वन्द्व तेजी से चल पड़ा है। नहीं चाहता कि जो कुछ हो रहा है उसके विश्लेषण

में समय नष्ट करूँ, पर न जाने क्यों मन ही नहीं मानता।...

"मैना का वह क्रीड़ा-मनोहर मुख जो हृदय-देश पर आया सो चिपक ही गया। रण-डंका बज गया है, उत्तर से दक्षिण तक भंयकर घमासान में बिजली की भाँति चमक रहा हूँ, पर वह मूर्ति जो चिपकी है वह जम ही गयी है। पीड़ा होती है, चाहता हूँ वहाँ से हटा दूँ। न मूर्ति ही हटा पाया हूँ और न पीड़ा से मुक्ति ही मिली है। कुछ पीड़ाएँ बेहिसाब मीठी होती हैं।"

मैंने यहाँ टोक दिया, क्योंकि अघोरनाथ भी सीदी मौला की तरह बोलने लगते हैं, तो लगता है चुप ही न होंगे। चुप होते हैं तो ऐसा लगता है कि अब बोलेंगे ही नहीं। बड़े मस्त मौला हैं।

मैंने कहा : "यही तो इसके भी पहले सातवाहन कह चुका है : एक क्षण में क्या हो गया यह चित्र बना रहेगा, चित्त में पत्थर की लकीर बनकर बना रहेगा, व्याख्याएँ होती रहेंगी। चित्र मुस्कराता रहेगा।"

अघोरनाथ को यह क्षण जैसे याद आ गया, या जाने क्या हुआ कि वे अभिभूत से रहे।

मैंने मौन तोड़ा : "लेकिन यह मैना चन्द्रलेखा पर भी छा गयी है। सो क्यों?"

"इसका उत्तर रानी चन्द्रलेखा से ही सुनो...मैं मैना की तुलना में अत्यन्त नगण्य हूँ।....मुझे बहुत आदर दे-देकर तुमने मेरी क्षुद्रता को बढ़ावा दिया है। महाराज, मुझे दासी की भाँति क्यों नहीं आज्ञा देते? मैना धन्य है जो तुम से डरती है, तुम्हारे ऊपर श्रद्धा रखती है, तुम्हारे लिए प्राण देती है'।"

"यह परिपूर्ण आत्मसमर्पण मैना की शक्ति है, द्विधा विभाजन चन्द्रलेखा की कमजोरी है। तरुण-तापस और महाराज के बीच, जन-शक्ति और तन्त्र-शक्ति की साधना के बीच चन्द्रलेखा का चित्र दो-टूक खंडित हो गया है। यह द्विधा-विभाजित व्यक्तित्व का दबाव ही उसके सन्तुलन के नष्ट होने का हेतु है। इसे ही सम्बोधन माध्यम से जोड़ने का प्रयत्न करते हुए सातवाहन ने स्नेहपूर्ण शब्दों में कहा, 'रानी चन्द्रलेखे! प्रिये'!

"फिर भी यह खंडित व्यक्तित्व जुड़ता नहीं। इसलिए रानी चन्द्रलेखा का मानसिक विक्षेप बना रहता। उन्हें कहाँ-कहाँ नहीं भटकाता।"

"निर्द्वन्द्व तो मैना भी नहीं।" नाटी माता कहती है न : "मुझे भय लगता है कि उसकी सेवा में मोह है, प्रतिदान की आकांक्षा है, इसलिए उसमें झिझक है, कुंठा है, ब्रीडा तक तो ठीक है, पर कुंठा क्यों होगी?"—मैं चुप! "—है न महाराज?"

जवाब में मैं दुहरा सकता हूँ : "यह तो वही कह सकता है अघोरनाथजी,

जिसमें मोह न हो, कुंठा न हो, झिझक न हो।''

जो भी हो, यह हुआ प्रेम, और उसके द्वन्द्व, उसकी पीड़ा और कुंठा के बारे में।

मैंने एक पर एक जो प्रश्न सरियाए थे उनमें यह युद्धवाले प्रश्न थे। मैंने पूछा : ''आपकी राय में, युद्ध पर क्या खास बात कथा में आई है?''

अघोरनाथ जी थोड़ी देर सोचकर, कुछ अटकते हुए से बोले : ''विशेष बात...विशेष...तो जो भारत की राजनीतिक के तीन महादोष गिनाए गये हैं वे विशेष तो कुछ है नहीं, शायद सामान्य ही हैं। यहाँ एक बात चुपके से कह दूँ। यह सब देश की वर्तमान राजनीति की, खास तौर पर युद्ध नीति की, गहरी टीका है। उदाहरण कोई भी पढ़कर ढूँढ सकता है।...हाँ, एक नयी बात जरूर है जो आज के सन्दर्भ में भी विचारणीय है। रानी चन्द्रलेखा साधारण ग्राम-बालिका से सहसा रानी हुई हैं। वे आवाहन करती हैं : ''वीरो, राजाओं का युद्ध समाप्त हो गया। अब कहीं आस है तो प्रजा की संगठित शक्ति है। मैं तुम्हें उसी शक्ति को उद्‌बुद्ध करने के लिए आमन्त्रित करती हूँ।...मैं तुम्हारे पीछे प्रज्ञा वर्ग को संगठित करने के लिए प्रयत्न करने जा रही हूँ।...

''इस पर विद्याधर भट्ट को जैसे झटका लगा। बोले, ''नया सुन रहा हूँ देवि, अब तक तो युद्ध सैनिकों का ही कर्तव्य समझा जाता रहा। निरीह प्रजा इसमें क्या कर सकती है भला!''

''स्यात् यह विशेष बात है। स्यात् यह भी नहीं है, क्योंकि कौटिलीय अर्थशास्त्र, शुक्रनीति और कामन्दकीय नीतिसार में प्रजा के इस विक्रमबल को भी बल माना ही गया है। फिर भी इस पर यहाँ विशेष बल दिया गया है। और फिर, ''राजा-रानी दोनों ने साधारण प्रजा के साथ एकमेक हो जाने का व्रत जो लिया, वह शायद एक असली बात है।''

''धरती पर विश्वास, इस व्रत का आधार है। और 'धरती' से मतलब केवल इस मिट्टी से नहीं है, किसानों और साधारण लोगों से है। मैनसिंह 'मामूली नेटुए का बालक' इसी धरती की शक्ति का नायाब प्रतीक है। इसी शक्ति-बल पर चम्बल के बीहड़ों में छापामार लड़ाई लड़ी और जीती गयी। यह एक विशेष बात है न?''

मैंने हुँकारी भरी।

वैसे अभी कथा के बारे में बहुत कुछ पूछने को रह गया था—जैसे तन्त्र-दृष्टि और साधना पर, जाति, वातावरण और काल की कई एक प्रवृत्तियों पर, लेकिन आखिर इस वर्णन-विश्लेषण का कहीं तो अन्त करना ही था। इसलिए इसे यहीं खतम कर कुछ मूल्यांकन के बारे में पूछना शुरू किया।

मैंने पूछा : ''आपकी सम्मति में इस कथा में कौन-से प्रमुख गुण-दोष हैं?''

अघोरनाथजी ने इस सवाल से बचने की कोशिश करते हुए कहा : ''इससे मुझे क्या लेना देना है? मैं तो आविष्ट-सा था जब यह कथा शिलाखंड में उतरी। पं. व्योमकेश शास्त्री ने टिप्पणी के साथ इसे छपा दिया। अब यह गुण-दोष विवेक भी क्या मैं ही करूँगा?''

मैंने कहा : ''वैसे यह कथा छपी आचार्य हजारीप्रसाद द्विवेदीजी के नाम से है। इसलिए आप निस्संग तो हो ही सकते हैं।''

अघोरनाथ हँसे, बोले : ''चतुर हो, आलोचक! अब जिज्ञासा करते हो तो सुनो! मेरी सम्मति में अन्य बातों के साथ-साथ, इस कथा के तीन गुण हैं : एक तो भारतीय इतिहास के इस युग से तादात्म्य। यह तादात्म्य शायद एकान्तिक प्रेम से आता है और जब एक बार सध जाता है तो इतिहास के अनदेखे में देखने की आँख देता है।

''दूसरे, सहजता। इसका एक उदाहरण भर दूँ। राजा सातवाहन को पता चलता है कि रानी की सहेली मैना वही नेटुए का लौंडा मैनसिंह है। मैनसिंह—मैना—मदनावती। अब मैना राजा के पैर पर गिरती है। लेकिन जिस मैना ने बालक वेश में देर तक मेरे पैर दबाये थे और धोये थे, वही स्त्री-वेश में उन्हें छूने का साहस नहीं कर सकी। पैरों से दूर रही उसने सिर धरती पर रख दिया। आश्चर्य यह कि मैं भी उसकी पीठ थपथपाने का साहस नहीं कर सका। असहाय भाव से ताकता रह गया। ऊपरी आवरण कितना व्यवधान पैदा कर देता है?

''यह व्यवधान अच्छा है या बुरा, यह अलग प्रश्न है, लेकिन सहज तो है न?''

मैंने फिर हुँकारी भरी।

अघोरनाथजी ने तीसरे गुण की व्याख्या करते हुए कहा, ''यह गुण है तारतम्य, नैरन्तर्य, सातत्य। अर्थात् कुछ ऐसा है कि बारहवीं-तेरहवीं शताब्दी के भारत के लिए विशेष होते हुए भी, सब सहज, सब समय और सब चीजों पर लागू है।''

''उदाहरण के लिए...''

''उदाहरण चाहे प्रेम से ले लें या युद्ध से। कोमल दृप्त कंठ से डाँटा और राजा सातवाहन ने तीर तरकश में धर लिये। चन्दलेखा ने कहा, रानी बना लो। रानी बना लिया। रानी ने कहा, जैसी मेरी इच्छा होगी वैसे तुम्हें करना होगा। राजा ने कहा, ऐसा ही होगा। अब इसमें जोखिम तो है ही। और यह आज भी बहुत कुछ वैसा ही है। और आगे भी शायद ऐसा ही रहेगा। है न?''

''जी हाँ, है तो। मेरे कुछ मित्र तो ऐसे हैं। हम उन्हें छोटे गुलाब अली कहते

हैं।...''

अघोरनाथ हँसे। फिर कहते गये : ''ऐसे ही जो भारतीय राजनीति के तीन महादोष हैं वे आज भी हैं। इसी प्रकार कितने ही उदाहरण इस तारतम्य, सातत्य या नैरन्तर्य के दिए जा सकते हैं।

''इस तरह मेरी सम्मति में अन्य बातों के अलावा, ये तीन गुण हैं : 1. तादात्म्य, 2. सहजता, 3. तारतम्य।

''अब दोष भी मुझसे ही न पूछो। जो चिन्त्य बाते हैं वे पंडित व्योमकेश शास्त्री ने अपनी टिप्पणी में गिनाई भी हैं। उन पर उनसे चर्चा कर लेना।''

मेरी आँखों में शंका देखकर अघोरनाथ ने सीदी मौला की तरह पूछा : ''तुम्हारी आँखों में शंका का भाव देख रहा हूँ।''

मैंने टोककर कहा : ''शंका नहीं, जिज्ञासा।''

''जिज्ञासा भी शंका ही है, अच्छा, पूछो। क्या पूछना चाहते हो?''

मैंने कहा : ''आपने गुणों की सूची में व्यापकता का जिक्र नहीं किया। आज कल इसकी बड़ी चर्चा है। इस पर कुछ प्रकाश डालें।''

अघोरनाथजी जैसे कुछ परेशानी में पड़े गये, बोले : ''व्यापकता...व्यापकता बहुत हद तक तो है ही। अब प्रश्न है कि यह व्यापकता कितनी व्यापक है?''

''इतिहास की व्यापकता का मतलब व्यास के महाभारत जैसे इतिहास से लें, या वाल्मीकि के रामायण जैसे ग्रन्थ से, तो निश्चय ही इन प्राचीन ग्रन्थों की तुलना में 'चारुचन्द्रलेख' कम व्यापक है। ऐसे ही गोस्वामी तुलसीदास के 'रामचरितमानस' से भी इसकी व्यापकता कम ही है। लेकिन ये तो महाकाव्य हैं। इनकी व्यापकता से इस कथा की तुलना कहाँ की जा सकती है? फिर व्यापकता ही तो अन्तिम कसौटी नहीं है। गहराई भी तो एक चीज है।''

अघोरनाथ जैसे कुछ सोच में पड़ गये। थमकर बोले, ''एक बात मुझे अब सूझती है। इस कथा की प्रमुख विशेषता 'चारुता' है 'व्यापकता' नहीं। इसमें शायद गहराई अधिक है, लम्बाई-चौड़ाई कम ही है। वैसे यह परस्पर-विरुद्ध नहीं। भेद मात्रा का है, गुण का नहीं।''

मैंने इस बहस को फिलहाल आगे बढ़ाना अच्छा न समझा।

फिर, कई एक बातें दिमाग में थीं। जैसे, पंडित धीर शर्मा झमाझम पाँच-सात संस्कृत के श्लोक बोल जाते हैं। उनका अर्थ वे जानते हैं, हम तो नहीं जानते, और हमारे जैसे असंख्य पाठक हैं। उनके लिए क्या धीर शर्मा अर्थ कहने की आदत भी नहीं लगा सकते? या पंडित व्योमकेश शास्त्री टिप्पणी में इनका अर्थ नहीं दे सकते? फिर कुछ उद्‌बोधन-आवाहन वाले वाक्य हैं। 'उठो, जागो, एक हो जाओ!' जैसी अपीलें हैं।

इसके अलावा, एक बात कथा के अन्त के बारे में। वैसे जो कुछ चमत्कार हुआ वह किसी एक या तो दो पात्र के साथ घटता तो स्वाभाविक लगता, लेकिन घटनाचक्र बड़ी तेजी से चल पड़ा है। भैरवपाद की भद्रकाली का अपहर्त्ता मिल गया है, एक ही चोट में शाह धराशायी हो गया है, भद्रकाली पर-कटे पक्षी की तरह गिर गयी है, मैना ने अपने ही भाले से अपने को भोंक लिया है, और वह जिसकी गोद में है वह रानी चन्द्रलेखा है। इनमें से एकाध तक तो ठीक है लेकिन सबका सब एक साथ घटना असहज है। लगता है जैसे अब अन्त करना है, इसलिए सब कुछ एक साथ गड्ड-मड्ड कर दिया गया है।

फिर, प्रारम्भ में शीर्षक 'चारुचन्द्रलेख' ऐसा है जैसे कि कोई शहर बनने के पहले चहारदीवारी खींच दी गयी और बनने पर शहर का अच्छा-खासा हिस्सा उसके पार बसा हो।

यह सब कुछ बातें मेरे दिमाग में तब भी थीं। लेकिन इन पर चर्चा करना एक तो शिष्टाचार के खिलाफ लगा, दूसरे इनका एक ही पद में जवाब मेरे पास है : 'समरथ को नहिं दोष गुसाईं।' और 'चारुचन्द्रलेख' के 'समर्थ' होने में दो राय नहीं।

इसलिए इन दोषों को जहाँ का तहाँ छोड़कर मैंने एक ऐसा प्रश्न पूछा जिसका उत्तर शायद ठीक-ठीक अघोरनाथ ही दे सकते हैं। शायद वह भी नहीं दे सकते।

मैंने पूछा : "इस कथा का प्रयोजन क्या है?"

अघोरनाथ ने घुड़का : "ऐसे व्यर्थ कितने प्रश्न तुम्हारे पास हैं? क्या पंडित व्योमकेश शास्त्री ने 'कथामुख' में नहीं लिख दिया है कि मैं 'आविष्ट-सा बना लिखता गया।' अब तो मैं इसका प्रयोजन क्या जानूँ?"

मैंने टोका : "शास्त्रीजी ने वहाँ यह भी तो लिखा है कि आप चाहते हैं कि आपकी कथा का प्रचार हो। आप प्रचार क्यों चाहते हैं?"

अघोरनाथ कुछ तो ठिठके, फिर उखड़कर बोले : "यह मेरे मन की मौज है, 'स्वान्तःसुखाय' है।"

मैंने फिर टोका : "इतना कहकर तो अब गोस्वामी तुलसीदासजी भी नहीं बच सकते। मन की मौज है, तो प्रचार की क्या जरूरत है?"

अघोरनाथ बोले : "क्या कथा रोचक नहीं लगी? लोगों का मनोरंजन नहीं हुआ?"

मैंने कहा : "कथा तो बहुत बढ़िया लगी। शुरू में ही कह चुका हूँ कि यह मुझ पर छायी रही। लेकिन मेरा प्रश्न है कि इतनी बढ़िया रचना के लिए कोई बड़ा ही संकल्प होना चाहिए न?"

अघोरनाथ अब असमंजस में पड़े : "अब बड़ा-छोटा संकल्प जो है सो तो

यही है। हाँ, चाहो तो यह जोड़ सकते हो कि यह विदेशी आक्रमण के सन्दर्भ में प्रजा में आत्मविश्वास बना रहे, अपने गौरवमय इतिहास की प्रेरणा जाग्रत रहे, यह भी इसका एक प्रयोजन है।''

मुझे सन्तोष तो न हुआ। लेकिन कामचलाऊ जवाब मिल गया। इसलिए इस सिलसिले का अन्तिम प्रश्न पूछा, ''अच्छा यह बताइए कि सामाजिक दृष्टि से आपकी यह कथा प्रगतिशील है या प्रतिक्रियावादी?''

इस प्रश्न पर अघोरनाथ ऐसा हँसे कि लगा कि छत ही उड़ जाएगी। जब हँसी थमी तो बोले : ''यह क्या तुम्हारा प्रश्न है? तुम्हारा तो नहीं है। हाँ, यह प्रश्न अगर कोई पूछे तो उसे नामवर सिंहजी के यहाँ भेज देना, वे जवाब दे लेंगे।''

मैं हँस पड़ा : ''अच्छा महाराज, एक अन्तिम बात। आजकल 'चारुचन्द्रलेख' की समीक्षाओं में यह बात उठाई जा रही है कि यह है क्या? ऐतिहासिक उपन्यास है? या सांस्कृतिक इतिहास? या ऐतिहासिक रोमांस है? या शुद्ध प्रेमकथा है? आखिर यह है क्या?''

अघोरनाथ इस पर जैसे जी-जान से बिगड़ गये, बोले : ''ऐसी आलोचनाएँ तो घर-बैठों का धन्धा हैं। मुझे इससे क्या मतलब कि यह क्या है? मेरे लेखे तो यह जो है, सो है। हाँ, इन आलोचकों से अलबत्ता यह कह दो कि कपट-कपाट खोलकर पहले 'चारुचन्द्रलेख' पढ़ें। इसकी सुगन्ध से अभिभूत हों, जैसे मैं हुआ था। फिर लिख सकें तो लिखें। समझे? क्या समझे?''

मुझे सकते में आया देखकर अघोरनाथ अनायास ही ठहाका लगाते उठ खड़े हुए और जाने को हुए। उनकी हँसी गूँजती ही नहीं, कोंचती रही। और तब मेरी आँख खुल गयी। देखा : बिल्ली दूध का गिलास गिरा गयी है। गिलास अभी भी जमीन पर खनखना रहा है। बगल में 'चारुचन्द्रलेख' की प्रति पड़ी हुई है। मैं सोचता हूँ कि यह क्या हो गया? यह है क्या? यह सच है या एक सपना? इस बहस में पड़े बिना, शेष रात में इस साक्षात्कार से प्राप्त प्रश्नोत्तर को लिख डाला।

अब यह जो भी है, सो जस-का-तस प्रस्तुत है।

> *अजनबीपन, प्रेम के अभाव का द्योतक है; सन्त्रास भविष्य की उज्ज्वलता के विषय में निराशा का परिणाम है और अनास्था समाज के प्रतिष्ठित कहे जानेवाले लोगों के आचरणों के भोग-परायण होने का फल है। इसमें आशा का केवल एक ही स्थान है— वह है साधारण जनता का स्वस्थ मनोबल। आगामी 20-25 वर्षों में देश के संवेदनशील चित्त में सन्त्रास की जगह आस्था, अजनबीपन की जगह*

प्रेम और आशंका के स्थान पर विश्वास की तरंगें हिल्लोलित होंगी। कविता में छन्द का महत्त्व बढ़ेगा। वह प्रमुख साहित्यांग नहीं रहेगी, कहानी में राग-तत्त्व क्रमशः शिथिल होता जाएगा और अर्थाभार से बोझिल रचनाएँ बढ़ती जाएँगी। यथार्थवाद का जो वर्तमान रूप है, वह बहुत दिनों तक ज्यों-का-त्यों नहीं रहेगा। सन् दो हजार ईस्वी का साहित्य आधुनिक अर्थ में यथार्थ नहीं होगा। वह बहुत कुछ चरितार्थवादी के रूप में प्रकट होगा। विभिन्न देशों की आन्तरिक व्यवस्था में भी रह-रह कर विस्फोट होता रहेगा। परन्तु इससे साहित्य को नयी-नयी शक्ति भी प्राप्त होती रहेगी। आगामी 33 वर्षों में हिन्दी साहित्य स्वस्थ होगा अर्थात् देश के भीतरी जन-जीवन की उगती हुई आकांक्षाओं के साथ कदम रखता हुआ आगे बढ़ेगा। जहाँ तक रचनात्मक साहित्य का प्रश्न है, वह अधिकाधिक जन-जीवन के सम्पर्क में आएगा और जन-जीवन की चरितार्थ की खोज में अधिकाधिक संलग्न होगा।

—दिनमान, 13 अगस्त 1967

द्विवेदीजी के उपन्यासों का सांस्कृतिक परिवेश

त्रिभुवन सिंह

अबतक प्रकाशित आचार्य हजारीप्रसाद द्विवेदी के दो उपन्यास 'बाणभट्ट की आत्मकथा' और 'चारुचन्द्रलेख' क्रमशः हर्षवर्द्धनकालीन एवं मध्ययुगीन भारतीय संस्कृति की सजीव झाँकी प्रस्तुत करते हैं। द्विवेदीजी ने जिस काल को अपने उपन्यासों का उपजीव्य बनाया है उसका सम्बन्ध हमारे अतीतकालीन भारत की सामन्ती संस्कृति से है। द्विवेदीजी ने अपने व्यापक अध्ययन एवं अद्‌भुत रचनात्मक मौलिक प्रतिभा के कारण अतीत में बिखरे सूत्रों को जोड़कर एक ऐसी प्रेरणादायिनी दृढ़भित्ति का निर्माण किया है कि जिसकी टेक लेकर वर्तमान पीढ़ी अपनी भावी जय-यात्रा का सफल अभियान कर सकती है। इतिहास तो किसी देश अथवा जाति की सम्पत्ति होता है। इतिहास में हुई भूलों एवं सफलताओं को सामने रखकर किसी भी जाति को अपने कर्तव्य की भावी रूपरेखा निश्चित करने में सहायता मिलती है। द्विवेदीजी आशावादी प्रगतिशील साहित्यकार हैं, जिससे मानव के पराभव की आशंका से ही वे विचलित हो जाते हैं। उसके सद्‌गुणों एवं महती शक्ति पर से उनकी आस्था कहीं भी डिगती नहीं जान पड़ती। वे उसकी हीनावस्था का अनुभव करते हुए भी उसकी अतीत गरिमा का स्मरण दिलाकर उसे जातीय गौरव के अनुकूल बनाने की कामना करते रहते हैं। अपने साहित्य के माध्यम से उन्होंने यह जो महत् कार्य किया है, उसमें उनके सांस्कृतिक परिवेश में लिखे ऐतिहासिक उपन्यासों ने सर्वाधिक योगदान किया है।

सांस्कृतिक ऐतिहासिक उपन्यासों के माध्यम से देशीय एवं जातीय संस्कृति तथा परम्परागत मान्यताओं का वर्तमान सामाजिक हित में चित्रण किया जाता है। यों तो यह प्रायः सभी ऐतिहासिक उपन्यासों का प्रिय विषय है, पर इस प्रकार के उपन्यासों में ऐतिहासिक पुरुषों एवं घटनाओं का केवल साक्ष्य-भर लिया जाता है। उपन्यासकार के विषय संग्रह में स्रोत ऐतिहासिक तथ्यात्मक घटनाएँ न होकर तत्कालीन साहित्य तथा लोकजीवन को अनुप्राणित करती हुई चली आती

किंवदन्तियाँ एवं आचार-विचार हुआ करते हैं; जिनका सजीव चित्रण वह अपनी कल्पनाशक्ति के माध्यम से करता है। 'बाणभट्ट की आत्मकथा' में आए प्रमुख पात्रों में बाणभट्ट, सम्राट् हर्षवर्द्धन तथा राजश्री जैसे कुछ पात्रों को छोड़कर शेष पात्र उपन्यासकार की कल्पना की उपज हैं। जिन घटनाओं एवं परिस्थितियों की सहायता से उपन्यास का कलेवर निर्मित है, उनके उपजीव्य ऐतिहासिक घटनाएँ न होकर सामाजिक एवं सांस्कृतिक घटनाएँ हैं जिन्हें प्रस्तुत करने में द्विवेदीजी ने तत्कालीन काव्य में प्राप्त सामग्री से सहायता ली है, जो उस काल की सांस्कृतिक झाँकी प्रस्तुत करने की दिशा में एकमात्र प्रामाणिक सामग्री के रूप में स्वीकार की जा सकती हैं। 'चारुचन्द्रलेख' के प्रमुख पात्र 'सातवाहन' तथा रानी चन्द्रलेखा की ऐतिहासिकता सन्दिग्ध है। कथा में रंग भरनेवाले विद्याधर तथा जल्हण ऐसे एकाध नाम उपन्यासों आये हैं जो उपन्यास की घटनाओं को इतिहास से जोड़ने का असफल प्रयत्न करते हैं; अन्यथा इस काल में प्राप्त धार्मिक विषमता, राजनैतिक विशृंखलता, वज्रयानी सिद्धों तथा नाथपन्थी योगियों की तन्त्र-मन्त्र साधना और अभिचार आदि के चमत्कार के वर्णन में ही उपन्यासकार ने अपनी काल्पनिक प्रतिभा का सर्वाधिक उपयोग किया है।

द्विवेदीजी ने संस्कृति को संकीर्ण अर्थ में न लेकर उसके व्यापक स्वरूप को ही अपने उपन्यासों में स्थान दिया है। हिन्दी में संस्कृति अँग्रेजी शब्द 'कल्चर' का पर्याय हो गया है और इसका प्रयोग कम-से-कम संकीर्ण और व्यापक दो अर्थों में होता है। जिस संस्कृति को द्विवेदीजी ने महत्त्व प्रदान किया है, वह संकीर्ण नहीं, बल्कि व्यापक संस्कृति है। इस प्रकार संस्कृति समस्त सीखे हुए व्यवहार—उस व्यवहार का नाम है जो सामाजिक परम्परा से प्राप्त होता है। इस अर्थ में संस्कृति को सामाजिक प्रथा 'कस्टम' का पर्याय भी कहा जाता है। संकीर्ण अर्थ में संस्कृति एक वांछनीय वस्तु मानी जाती है और संस्कृत व्यक्ति एक श्लाघ्य व्यक्ति समझा जाता है। इस अर्थ में संस्कृति प्रायः उन गुणों का समुदाय समझी जाती है जो व्यक्तित्व को परिष्कृत एवं समृद्ध बनाते हैं।''[1] 'बाणभट्ट की आत्मकथा' में हर्षकालीन भारत में प्राप्त सामाजिक, धार्मिक एवं राजनैतिक गतिविधियों का बड़ा ही सरल वर्णन मिलता है। देश में लोग ब्राह्मणों का कितना अधिक सम्मान करते थे, उसका कुछ-न-कुछ आधार तो हमें 'बाण' से प्राप्त हो ही जाता है। ब्राह्मणों की सामाजिक स्थिति के सम्बन्ध में वह जो कुछ भी कहता है, उससे स्मृतियों के दृष्टिकोण का समर्थन होता है। बाणभट्ट कृत हर्षचरित में एक स्थान पर आता है। (असंस्कृतमयोऽपि जात्येव द्विजन्मनो माननीया—हर्षचरित पृ. 18) जो केवल जन्म से ब्राह्मण हैं, परन्तु जिनकी बुद्धि संस्कार से रहित है वे भी माननीय हैं। 'निपुणिका'

---

1. हिन्दी साहित्य कोश, पृ. 801

और 'भट्टिनी' का बार-बार यह कहना कि बाणभट्ट, तुम ब्राह्मण हो न? तथा बाणभट्ट को प्रथम भोजन कराकर ही अन्न ग्रहण करना और उसे एक ब्राह्मणोचित सत्कार देने के लिए सदैव प्रस्तुत रहना आदि इस युग में स्वीकृत ब्राह्मणों की सामाजिक श्रेष्ठता का प्रमाण हैं। निश्चित ही यह एक सामाजिक शिष्टचार है, जो भारतीय संस्कृति का अत्यन्त महत्त्वपूर्ण अंग रहा है। 'चारुचन्द्रलेख' में भी धीर शर्मा और विद्याधर, राजा सातवाहन और रानी चन्द्रलेख द्वारा जिस सम्मान और पद के अधिकारी माने गये हैं उससे भी इसी सांस्कृतिक चेतना का परिचय मिलता है।

छुआछूत का रोग भी हर्षकालीन भारत में अपनी पराकाष्ठा पर था। 'ह्वेनसांग' के अनुसार 'कसाई', 'मछुए', 'मेहतर', 'जल्लाद' तथा 'नट' आदि के निवास-स्थानों पर पहचान के चिह्न लगा दिए गये थे और वे नगर से बाहर रहने के लिए बाध्य थे तथा गाँवों में जाते समय बायीं ओर दबकर चलना उनके लिए अनिवार्य था। बाणभट्ट कादम्बरी में जिस समय चांडाल कन्या ने सुग्गे को लेकर राजा शूद्र के दरबार में प्रवेश किया उसने राजा को सचेत करने के लिए कुछ दूर से ही हाथ में लिए हुए जर्जरित वंश-खंड को पीटा। इस समस्या का प्रवेश द्विवेदीजी ने अपने उपन्यास से कादम्बरी के रूप में नहीं कराया है। द्विवेदीजी प्राचीन संस्कृति के उसी रूप को ग्रहण करना चाहते हैं जो वर्तमान सामाजिक जीवन को स्वस्थ रूप प्रदान कर सकें अस्वास्थ्य कर सामाजिक कुरीतियों को संस्कृति के नाम पर स्वीकार कर लेना उनके लिए कठिन है और यहीं आकर हमें द्विवेदीजी की प्रगतिशीलता का परिचय मिल जाता है। समाजविरोधी वैयक्तिक स्वतन्त्रता को भी द्विवेदीजी ने कहीं भी अपना समर्थन नहीं दिया है। यही कारण है कि उन्होंने प्राचीन संस्कृति में प्राप्त स्वस्थ परम्पराओं को अपने ढंग से स्वीकार कर उसे समाज के लिए अत्यन्त उपयोगी बना दिया है। भट्टिनी और निपुणिका के आचार-निष्ठा व्यवहारों द्वारा जिस शुचिता की झाँकी मिलती है, वह और कुछ नहीं समाज में व्याप्त अवांछित छुआछूत का वांछित स्वरूप है।

अन्तर्जातीय विवाहों का उस समय प्राय: अभाव था, पर कुछ-न-कुछ होते ही रहते थे, बहुपत्नीत्व की व्यापक प्रथा थी, इसका संकेत 'बाणभट्ट की आत्मकथा' और 'चारुचन्द्रलेख' दोनों ही उपन्यासों में मिलता है। जहाँ कहीं भी द्विवेदीजी ने इस प्रकार की दूषित सामाजिक प्रथाओं की चर्चा की है। उनका अभिप्राय केवल उनका इतिवृत्तात्मक वर्णन प्रस्तुत करना नहीं रहा है, बल्कि उसके कुपरिणामों से वर्तमान को आगाह करना चाहा है। 'बाणभट्ट की आत्मकथा' में वर्णित राजमहल तथा छोटे कुल का जघन्य एवं अश्लील दृश्य तथा 'चारुचन्द्रलेख' में आये हिन्दू शासकों के अन्त:पुरों का उल्लेख इसी तथ्य की ओर संकेत करता है। न जाने कितनी देवियों के जीवन का सर्वनाश इस दूषित प्रथा द्वारा हुआ है—

चाहे वह 'महामाया' रही हो अथवा 'नाटी माँ'।

प्रश्न यह उठता है कि 'वर्तमान' के सन्दर्भ में विगत संस्कृति की चर्चा की उपयोगिता क्या है? संस्कृति की व्याख्या करते हुए यह कहा जा सकता है कि यह जीवन को जीने योग्य बनाने का प्रमुख माध्यम है। इसी आधार पर हम विगत पीढ़ियों की सभ्यता पर विचार करते हुए यह कहकर उसकी अर्थवत्ता प्रमाणित करते हैं कि अच्छा होता वह संस्कृति बनी रहती। जिस संस्कृति की चर्चा द्विवेदीजी के उपन्यास में हुई है, उसका सम्बन्ध सामन्ती-संस्कृति के वैभव और पराभव काल से है। निश्चित ही द्विवेदीजी को उस संस्कृति में कुछ ऐसे तत्त्व मिले हैं जिससे वर्तमान विषम घुटनशील जीवन को जीने योग्य बनाया जा सकता है। सामन्ती संस्कृति में भौतिक सुखों को महत्त्वपूर्ण स्थान मिला था। इसके कारण जिस प्रवृत्तिमार्गी भावना का उदय हुआ उसकी प्रेरणा से मंडन और अलंकरण की वृत्ति फूट निकली। इस वृत्ति का उद्‌गम राजन्य वर्ग की अन्तश्चेतना से था, जिसने उसके सम्पूर्ण जीवन और परिवेश को अभिभूत कर दिया। 'बाणभट्ट की आत्मकथा' में चित्रित और 'चारुचन्द्रलेख' में आए उल्लेखों से स्पष्ट हो जाता है कि विवेच्य काल की संस्कृति मानव जीवन के भौतिक सुख-संग्रह की ओर अत्यधिक अग्रसर हो उठी थी और आध्यात्मिकता की उपेक्षा के कारण जो असन्तुलन आने लगा था, उसने समस्त भारतीय जनजीवन को झकझोर दिया।

अनेक धर्मों के दुराग्रह, उनकी कट्टरता से उत्पन्न कलह और विविध प्रकार के अन्धविश्वासों का जो चामत्कारिक वर्णन द्विवेदीजी के दोनों उपन्यासों में मिलता है, उसका एकमात्र कारण यही है कि द्विवेदीजी जीवन को जीनेयोग्य बनानेवाले उन सभी तत्त्वों का उल्लेख करना चाहते हैं, जिनकी मानव को आवश्यकता है। प्रचलित सामाजिक, धार्मिक एवं राजनीतिक विकृत स्थिति के जो चित्र उपन्यास में आए हैं, वे इस प्रकार रखे गये हैं कि पाठक सहज ही वांछित-अवांछित का निर्णय कर लेता है। एक ऐतिहासिक परिवेश में रची गयी कृति का यही महत्त्व है। आज विगत को पुनर्जीवित करने अथवा क्रमशः अदृश्य होनेवाली संस्कृति को आधुनिक परिस्थितियों में बदलने से कतिपय असम्भाव्य बातें प्रस्तुत हो सकती हैं। 'बाणभट्ट की आत्मकथा' और 'चारुचन्द्रलेख' में भी इसका अभाव नहीं है पर द्विवेदीजी ने भरसक प्रयत्न किया है कि भूतकालीन स्रोतों का सदुपयोग समसामयिक सभ्यता के विकासहित में किया जाए।

भारत सदा से धर्मप्राण देश रहा है। आज भी धर्मबुद्धिवाला व्यक्ति चाहे किसी भी सम्प्रदाय का क्यों न हो सभी धर्मों के प्रति आदर-भाव रखता है। शैव-वैष्णव मन्दिर के सामने से जब निकलता है तो मस्तक झुका लेता है और ठीक ऐसी ही स्थिति एक वैष्णव की शिवमन्दिर के सामने आने पर होती है। हिन्दू जाति के निर्माण में विविध धर्मों ने समय-समय पर अपना हाथ लगाया है। धर्म युग की

उपज है। जो धर्मयुगीन परिस्थितियों को साथ लेकर नहीं चलता वह निर्जीव हो जाता है। इतिहास पीछे मुड़कर नहीं देखता, उसके पाँव आगे की ओर बढ़ते ही जाते हैं। परिस्थितियाँ बदलती रहती हैं, जो समय-समय पर आवश्यकतानुसार नवीन धर्म को जन्म देती हैं। समयक्रम में आए दोषों को भी धर्म के नाम पर स्वीकार कर लेना आस्तिकता नहीं है, ऐसा द्विवेदीजी भी स्वीकार करते जान पड़ते हैं। उन्होंने 'चारुचन्द्रलेख' के अन्तिम पृष्ठ पर अघोरनाथ का जो परिचय दिया है उसमें और कुछ नहीं उनकी स्वयं की मान्यताएँ हैं। अतीत की घटनाओं का उनके लिए क्या महत्त्व है और उसे उन्होंने अपने कथा साहित्य में क्यों महत्त्व प्रदान किया है, इससे स्पष्ट हो जाता है। 'अघोरनाथ आधुनिक विचारों के पुरानी परिपाटी में शिक्षित सिद्ध हैं। वे भावुक और कल्पनाप्रवण जीव हैं।' कथाओं में ऐसे विचार मिलते हैं जो आधुनिक युग की देन हैं, पर सर्वत्र उन पर पुराने ढंग की भाषा का आवरण है।''[1] प्राचीन साहित्य और संस्कृति के द्विवेदीजी कितने पारंगत पंडित हैं, इसे सहज ही उनकी कृतियों से जाना जा सकता है, पर वे विचारणीय हैं। सत्य को झुठला जाना न तो द्विवेदीजी के बूते की बात है और न तो वे झुठलाना चाहते ही हैं। भारत की अतीत हिन्दू-संस्कृति का जयघोष करनेवाले द्विवेदीजी हिन्दू-विरोधी इस्लाम संस्कृति की शक्ति और सामर्थ्य की जब चर्चा करने लग जाते हैं तो हमें उनकी उदारता और करुणा के दर्शन एक साथ होते हैं। ''जो महान इस्लाम आ रहा है उसे ठीक-ठीक समझो। उसके एक हाथ में अमृत का भांड हैं दूसरे में नग्न कृपाण। यह समानता का मन्त्र लेकर आया है, सड़े-गले आचारों को चुनौती देने का अपार साहस लेकर उद्‌भूत हुआ है और रास्ते में जो बाधक हो उसे साफ कर देने का विकट संकल्प लेकर निकला है। उसने लाखों-करोड़ों को पैरों तले दबाकर उसकी मांस-मज्जा के ढूह पर प्रासाद खड़ा करने की त्रुटि नहीं दिखायी।''[2] सड़े-गले आचारों एवं विषमताओं के जिस विष ने देश और जाति की निर्वीर्य बना दिया, उसके विकल्प को स्वीकार करने में द्विवेदीजी को किसी भी प्रकार की हिचक नहीं जिससे वे स्पष्ट कर देना चाहते हैं कि हिन्दू संस्कृति ने मांस-मज्जा के ढूह पर जो प्रासाद खड़ा किया है, वह ढहनेवाला है। यदि उसमें आसक्ति रखनेवाले समय रहते नहीं चेत जाते तो उनके अस्तित्व पर ही प्रश्नवाची चिह्न लगा है।

मानवतावादी लेखक होने के नाते द्विवेदीजी ने समाज की रूपेरखा को प्रभावित करनेवाले उन सभी तत्त्वों पर दृष्टि डाली है जो मानव को मानव बनाने में सहायक सिद्ध होते हैं। समसामयिक समस्याओं के सन्दर्भ में ही वे मानव

---

1. चारुचन्द्र लेख, पृ. 438
2. चारुचन्द्र लेख, पृ. 341

धर्म की कल्पना करते हैं न कि जड़ता एवं अन्धविश्वासों से ग्रसित रूढ़िवादिता के आधार पर। उनके अनुसार, "सामाजिक मंगल के लिए जो सहज प्रवृत्ति है उसी का नाम धर्म है।"[1] मानवी शक्ति पर भरोसा करते हुए वे कहते हैं, "स्वर्ग का देवता पृथ्वी पर भाला-तलवार लेकर नहीं आता। जो लोग धर्मबुद्धि सम्पन्न हैं उन्हीं को वे सुबुद्धि और शक्ति देते हैं। यह सुबुद्धि ही देवता है। शक्ति ही देवता है।"[2] जिन लोगों ने धर्म का ठेका ले रखा है और अपने कार्यों से सामाजिक हित को हानि पहुँचा रहे हैं वे कितने भी महान और आदरणीय क्यों न हों द्विवेदीजी उन्हें सम्मान देने को तैयार नहीं। उन्हें कहते देर नहीं लगती कि यह जो विरतिवज्र है वह किसी समय बौद्ध भिक्षु था....वेंकटेश भट्ट कुछ अजब लफंगा लगता है।"[3]

टी.एस. इलियट ने संस्कृति के सम्बन्ध में अपने विचार व्यक्त करते हुए कहा है कि "संस्कृति विशिष्ट लोगों के एक निश्चित स्थान पर साथ रहने और जीवनयापन करने का एक निश्चित क्रम है।" विशिष्ट लोगों से उसका तात्पर्य उन्हीं लोगों से हो सकता है, जिनकी सामाजिक स्थिति अन्य दृष्टियों के साथ भौतिक दृष्टि से भी अच्छी हो। तभी वे समसामयिक परिस्थितियों पर नियन्त्रण रखते हुए अपने प्रभाव का उपयोग कर एक सामाजिक अनुशासन की सृष्टि कर सकते हैं। सामाजिक, सांस्कृतिक एवं राष्ट्रीय जीवन में पारस्परिक सम्बन्धों का बड़ा महत्त्व होता है जिसके अभाव में राष्ट्र एवं जाति की जीवनीशक्ति अत्यन्त दुर्बल हो जाएगी। ऐसी राष्ट्रीय संस्कृति जो स्वेच्छया अनियन्त्रित परिस्थितियों के घात-प्रतिघात के कारण अपने को अन्य स्रोतों से विच्छिन्न कर लेती है, वह उपेक्षा का विषय बन जाती है। इसके साथ ही वह देश जो अन्य देशों की संस्कृतियों से कुछ प्राप्त तो करता है पर उन्हें बदले में देने के लिए उसके पास कुछ नहीं और वह देश जो अपनी संस्कृति को दूसरे पर लादना तो चाहता है पर दूसरे देशों से कुछ ग्रहण नहीं करना चाहता वह आदान-प्रदान के अभाव से ग्रसित होता है। बाणभट्ट की आत्मकथा और चारुचन्द्रलेख के द्वारा द्विवेदीजी ने हमारी संस्कृति के कुछ ऐसे गौरवमय पक्षों का उद्घाटन किया है जो वर्तमान पीढ़ी को दाय के रूप में मिले हैं। अपनी प्राचीनता के कारण तो हम अन्य संस्कृतियों को प्रभावित करते ही रहे हैं, पर साथ ही आज हमारे पास इतनी पूँजी है कि हम दूसरों को बहुत कुछ दे सकते हैं। जहाँ तक हमारी ग्रहणशीलता का प्रश्न है, इतिहास साक्षी है हमने सद्‌गुणों को बराबर आत्मसात् किया है। चाहे वे किसी भी संस्कृति के क्यों न रहे हों। द्विवेदीजी के दोनों ही उपन्यासों में विभिन्न

1. चारुचन्द्र लेख, पृ. 289
2. चारुचन्द्र लेख, पृ. 288
3. बाणभट्ट की आत्मकथा, पृ. 261

विचारधाराओं, कलाओं एवं धार्मिक मान्यताओं का उल्लेख हुआ है, पर जान-बूझकर किसी के प्रति पक्षपात का न तो उनमें आग्रह पाया जाता है और न तो किसी के प्रति घृणा उत्पन्न करने का ही प्रयत्न किया गया है। हर्षवर्द्धन की राजसभा का जो रूप 'बाणभट्ट की आत्मकथा' में आया है, उसमें समन्वय की भावना को ही बल प्रदान किया गया है। सम्राट् हर्षवर्द्धन स्वयं एक संस्कृत व्यक्ति थे जिनके द्वारा हिन्दू संस्कृति का अधिकाधिक विकास हुआ। टी. एस. इलियट का कथन है कि 'संस्कृति के विकास में महत्त्वपूर्ण योग देनेवाला व्यक्ति भी सदा संस्कृत व्यक्ति ही नहीं होता।''[1] बाणभट्ट की आत्मकथा में संस्कृत और असंस्कृत दोनों प्रकार के व्यक्तियों की चर्चा मिलती है जो तत्कालीन संस्कृति के विकास में समान रूप से अपना योगदान करते हैं। सम्राट् हर्षवर्द्धन की शालीनता तो इतिहास प्रसिद्ध ही है, कुमार कृष्णवर्द्धन के जिस उदात्त चरित्र की कल्पना उपन्यासकार ने की है वह आगे आनेवाली सभ्य पीढ़ियों के लिए अनुकरणीय है। छोटे राजकुल से चोर की भाँति घुसकर 'भट्टिनी' को निकाल लाने का जो कानून की दृष्टि से अपराध बाणभट्ट ने किया था उसे क्षमा करने की शक्ति कुमार कृष्णवर्द्धन-ऐसे संस्कृत राजपुरुष में ही हो सकती है जो बाण द्वारा कहे गये कटु वचनों को भी नजरअन्दाज कर जाते हैं। विविध धर्मों के प्रति कुमार की सहिष्णुता और 'भट्टिनी' को बहन के रूप में समादृत करने की उदारता ने उसके व्यक्तित्व को स्पृहणीय बना दिया है। सामन्ती संस्कृति के विकास में कुमार कृष्णवर्द्धन ऐसे केवल संस्कृत राजपुरुषों का ही योगदान नहीं होता, बल्कि छोटे राजकुल जैसे स्थानों पर भी संस्कृति का विकास होता है। भोग-विलास में आकंठ डूबे छोटे राजकुल-जैसे सामन्तों द्वारा ललित कलाओं को प्रश्रय दिया जाता था। यद्यपि वे सारा समारम्भ अपनी ऐहिक इच्छा की तृप्ति के लिए करते थे पर अनजानें वे एक बहुत बड़े समुदाय का पोषण करते हुए विभिन्न कलाओं की सेवा कर जाते थे : सुबह से शाम तक सामन्तों की बैठकों का क्रम कला-प्रदर्शन का ही क्रम था। वह दूसरी बात है कि उनकी नारीविषयक दुर्बलता के कारण पापाचार को भी बढ़ावा मिलता रहा, जिसमें 'भट्टिनी' जैसी देवियों को यन्त्रणाएँ सहनी पड़ती थीं। संस्कृति का अर्थ हम यहाँ पर संकीर्ण अर्थों में न लेकर व्यापक अर्थों में ले रहे हैं।

प्राय: लोग संस्कृति को धर्म से अलग करके नहीं देख पाते और इस प्रकार वे सांस्कृतिक परिवेश को अत्यन्त सीमित कर देते हैं। जिस प्रकार कलाओं का उदय मानव जीवन को सुखमय बनाने के लिए समय-समय पर होता रहता है। उसी प्रकार

---

1. The person who contributes to culture, however important his contribution may be, is not always a cultured person.—Notes towards the definition of culture
T.S. Eliot.

समय-समय पर धर्म की रूपरेखा भी निश्चित होती रहती है। "धर्म मानव निर्मित है, धर्म मानव का निर्माता नहीं।"[1] कभी-कभी तो धर्म का अन्धानुकरण समाज के विकास में घातक सिद्ध होता है। इसीलिए कार्ल मार्क्स ने धर्म को 'अफीम' की संज्ञा दी है, जो लोगों को सही दिशा में सोचने ही नहीं देता। अतः कभी-कभी संकीर्ण अर्थों में स्वीकृत धर्म का बहिष्कार आवश्यक हो जाता है। मार्क्स ने स्पष्ट शब्दों में स्वीकार किया है कि "यथार्थ मानवीय सुख की यह माँग है कि उसकी उपलब्धि के लिए मिथ्या सुख की सृष्टि करनेवाले 'धर्म' का बहिष्कार हो।"[2]

द्विवेदीजी ने सर्वत्र ऐसे आवश्यक धर्म के बहिष्कार को मान्यता प्रदान की है। वे स्पष्ट स्वीकार करते हैं, "यह सब मिथ्या है। सिद्धियों के पीछे पागल बनने की इस हवा ने वर्णाश्रम धर्म को भ्रष्ट कर दिया है। कायरों और भगोड़ों को अपना नेता समझनेवाली जाति की दशा जो होनी चाहिए, वही आज इस जन-समूह की दशा होगी। निरर्थक मन्त्रों की निरर्थक रट देश में प्राण शक्ति का संचार नहीं कर सकती। मनुष्य को देवता बनाने के लिए आत्मविश्वास और दृढ़ संयम की आवश्यकता है।"[3] द्विवेदीजी के कथा साहित्य में ऐसे ही धर्म और संस्कृति के प्रति आस्था व्यक्त की गयी है, जो मानव को देवता बना सके। धर्म और कला का परस्पर सहयोग समाज के लिए अत्यन्त उपयोगी सिद्ध होता है। कलात्मक संवेदना धार्मिक संवेदना से विच्छिन्न होने पर दुर्बल हो जाती है और धार्मिक कलात्मक संवेदना से विच्छिन्न होकर इसी स्थिति को प्राप्त होती है। द्विवेदीजी ने वन्ध्या धार्मिक भावनाओं को प्रश्रय नहीं दिया है। वे उसे कल्पना-जगत् की वस्तु न मानकर उपयोगी कलाओं के साथ जोड़ना चाहते हैं। मानवतावादी लेखक के लिए यह आवश्यक भी है। संस्कृति को पूर्णरूपेण चेतना का विषय नहीं बनाया जा सकता। संस्कृति जिसके विषय में हम पूर्ण रूप से सचेत न हों, चेतना की समग्रता को प्रस्तुत कर भी नहीं सकती। संस्कृति का कार्य इन व्यक्तियों की प्रक्रियाओं को निश्चित दिशा की ओर प्रेरित करना है जो इस बात की व्यवस्था करना चाहते हैं जिसे सभ्यता की संज्ञा दी जा सके। 'बाणभट्ट की आत्मकथा' में वर्णित व्यापक संस्कृति से अनुशासित विशिष्ट जनसमुदाय ही हर्षकालीन सभ्यता का नियामक है।

एक ओर जहाँ द्विवेदीजी धर्म और सामाजिक व्यवस्था की अत्यन्त उदार

1. Man makes religion, religion does not make man.
2. The removal of religion as the illusory happiness of the people is the demand for their real happiness.--Karl marx.
3. चारुचन्द्र लेख, पृ. 157-158

व्याख्या प्रस्तुत करते हैं, वहीं यह प्रश्न उठता है कि उन्होंने विवेचना के लिए सामन्ती संस्कृति को ही क्यों चुना। ऐसे प्रसंगों की उद्‌भावना उन्होंने क्यों नहीं की कि जिसमें मानव को समान अधिकार दिलाने की हिमायत की जा सकती थी। 'बाणभट्ट की आत्मकथा' और 'चारुचन्द्रलेख' में द्विवेदीजी ने धर्म, संस्कृति और समाजव्यवस्था की जो लौह-प्राचीर खींच दी है, उसमें उनके रोमांटिक कहे जाने वाले कल्पनाप्रवण पात्र छटपटा रहे हैं, उनका दम घुट रहा है। वे बन्धनमुक्त होना चाहते हैं; शक्ति संचित करते हैं पर वेदना की एक टीस छोड़कर मौन रह जाते हैं। एक ओर तो उनके पात्र समसामयिक समाजव्यवस्था के बन्धन से अपने को बँधे पा रहे हैं, दूसरी ओर उन्होंने अपनी व्यक्तिगत संस्कृति का भी विकास कर लिया है, जिससे मुक्त होने की इच्छा रहते हुए भी परस्पर सम्बन्धों का विकास उस दिशा में नहीं कर पाते। हाथ बढ़ाते हैं या बढ़ाना चाहते हैं। पर जैसे सामने अग्निपिंड हो, जलने के भय से हतप्रभ हो जाते हैं। चाहे 'बाणभट्ट', 'भट्टिनी' और 'निपुणिका हो' चाहे 'सातवाहन', 'चन्द्रलेखा' और 'मैना' यह मसोस स्नेह सम्बन्धों के क्षेत्र में प्रायः देखने को मिलती है। कहीं-न-कहीं तो संयम को महत्त्व देना ही पड़ेगा अन्यथा अराजकता की स्थिति में सामाजिक विशृंखलता समूची जाति को ले डूबेगी। पूर्ण समता की बात कल्पना की वस्तु है। पूर्ण समता का अर्थ विश्वजनीन उत्तरदायित्व होता है। समाज में हर व्यक्ति निम्नतम या अधिकतम उत्तरदायित्व को प्राप्त करता है। यही उत्तरदायित्व सामूहिक हित का केन्द्र बिन्दु बनता है। इस उत्तरदायित्व की उपलब्धि में व्यक्ति की सामाजिक स्थिति विशेष रूप से उल्लेखनीय होती है।

सामाजिक हित की दृष्टि से व्यक्ति के उत्तरदायित्वों में भिन्नता भी हो सकती है। ऐसे प्रजातन्त्र में जिसमें हर व्यक्ति हर परिस्थिति में समान अधिकार का अधिकारी समझा जाता है, सामूहिक हित के लिए लाभप्रद नहीं सिद्ध हो सकता। यही कारण है कि द्विवेदीजी ने अपने कथा-साहित्य में संयम को महत्त्व देते हुए अधिकार और कर्तव्य के परस्पर उपयोगी सम्बन्धों को महत्त्वपूर्ण माना है। योग्यतानुसार अवसर प्रदान करनेवाली समाज-व्यवस्था को स्वीकार कर लेने में कोई हर्ज नहीं, चाहे वह वर्णाश्रम की हो अथवा अन्य किसी धर्म के आलोक में विकसित हुई हो। ऐसा करने के कारण ही द्विवेदीजी अपने उपन्यासों में एक विकासशील संस्कृति को समाहित कर सके हैं। संस्कृति की कोई एक निश्चित रूप रेखा नहीं है। थोड़ा बहुत साम्य रखनेवाली विभिन्न गतिविधियों की यह निर्मिति है। इसमें सद्‌व्यवहार परम्परा की चेतना, उदार दार्शनिकता तथा लालित्यबोध-सम्बन्धी विषयों की चर्चा के लिए पूर्ण अवकाश रहता है। द्विवेदीजी के दोनों उपन्यास ऐसे प्रसंगों से भरे पड़े हैं।

मैथ्यू आर्नल्ड ने लिखा है कि वह कौन-सा महत्त्वपूर्ण पहलू है जिसको

संस्कृति उद्‌भासित करती है? इसका उत्तर देते हुए उसने कहा है कि वह महत्ता है, जो ऐसी आध्यात्मिक परिस्थितियों को उद्‌बोधित करती है जिसमें प्रेम, अभिरुचि और समादर के लिए विशिष्ट भाव होता है। कलाकार सम्पूर्ण सांस्कृतिक परिवेश पर दृष्टिपात करके कलाकृति के लिए इसकी उपयुक्तता या अनुपयुक्तता पर विचार करता है। उसके साथ सार्वजनिक अभिरुचि, उच्चवर्ग और निम्नवर्ग के सम्बन्ध धर्म के प्रभाव तथा नैतिकता और राजनीतिक विचारों की व्यवस्था किसी-न-किसी रूप में विद्यमान रहती है। चेतना-जगत् में पलनेवाले विचारों को ही संस्कृति का अन्तिम रूप मान बैठना कभी भी समाज के हित में नहीं हो सकता। "मानव अस्तित्व का आधार मानव चेतना नहीं है, बल्कि मानव का सामाजिक अस्तित्व ही उसकी चेतना का विधायक है।"[1] द्विवेदीजी ने मानव के सामाजिक अस्तित्व को दृढ़भित्ति प्रदान करने के लिए ही सहयोगी ललित कलाओं के महत्त्व को स्वीकार किया है। चित्रकला और संगीतकला सामन्ती संस्कृति का महत्त्वपूर्ण अंग रही हैं। इन कलाओं का उपयोग व्यक्ति को संस्कृत बनाने से लेकर उसे समय-समय पर उपयोगी शिक्षा प्रदान करने तक के लिए होता रहा है। निरंकुश शासकों के स्वभाव परिवर्तन से लेकर प्रेम-प्रसंगों में आत्मविस्तार तक यह कला सहयोगी सिद्ध होती रही है। चित्रकला की लोकप्रियता के दर्शन हमें 'बाणभट्ट की आत्मकथा' और 'चारुचन्द्रलेख' दोनों ही उपन्यासों में होते हैं। 'बाणभट्ट की आत्मकथा' में उज्जयिनी की प्रधान गणिका 'मदनश्री' प्रेमासक्ति के कारण 'बाणभट्ट' का चित्र बनाती है और 'चारुचन्द्रलेख' में 'मैना' 'सातवाहन' का चित्र बनाती है। ये दोनों चित्र परोक्ष में बनाए जाते हैं और दोनों ही चित्र उन नारियों के सम्मुख आते हैं जो चित्र के आधार पर व्यक्ति को किसी-न-किसी रूप में प्रेम करती हैं। चित्र बनाए भी गये हैं ऐसी नारियों द्वारा जो मौन प्रेम की शिकार बन चुकी हैं। दोनों चित्रों के बनने का रहस्योद्‌घाटन प्रेमिकाओं द्वारा मूल व्यक्ति से समय आने पर किया जाता है। उपन्यासकार ने एक तीर से दो शिकार किया है। पुरुष के समय का आदर्श भी उसके पाठकों के सामने रख दिया और चित्रकला की लोकप्रियता का उल्लेख भी हो गया है। 'बाणभट्ट' के सम्मुख 'मदनश्री' की पराजय और 'मैना' के सामने 'सातवाहन' का संयम पुरुष जाति के लिए गौरव का प्रसंग है। बाणभट्ट की आत्मकथा में हर्षवर्द्धन की राजसभा का रोचक वर्णन करते समय भी द्विवेदीजी चित्रकला का उल्लेख करना नहीं भूले। "कुछ तो ऐसे ढीठ थे जो भरी सभा में किसी रमणी के कपाल देश पर तिलक-रचना कर रहे थे।"[2]

1. It is not the consciousess of human beings which determines their existence—It is their social existence which determines their consciousness.—Karl Marx.
2. बाणभट्ट की आत्मकथा, पृ. 246

इस प्रकार कलाओं का अनुचित ढंग से भी उपयोग किया जाता रहा पर यह उच्छृंखलता सर्वत्र नहीं, बल्कि विलासी सामन्तों की गोष्ठियों में ही देखने को मिलती थी। संगीत की लोकप्रियता तो पूरे समाज में ही थी, पर इस क्षेत्र में पारंगत होना नारियों के लिए आवश्यक-सा हो गया था। दाम्पत्य जीवन को सुखी बनाने के लिए नारियाँ अपने जिन-जिन कलाओं का विकास करती थीं, उनमें संगीत प्रमुख था। 'बाणभट्ट' ने भी जब पहली बार छोटे राजकुल में बन्दिनी 'भट्टिनी' को देखा तो वह वीणा बजा रही थी। 'चारुचन्द्रलेख' के नारी पात्र भी समय-समय पर अपनी संगीत प्रियता का परिचय देते हैं। अभिनय तो इतना लोकप्रिय था कि सम्भ्रान्त नागरिक एवं विद्वत् जन भी स्वयं अभिनय की भूमिका में उतरते थे। बाणभट्ट की सारी भटकन नाटक मंडली को लेकर ही हुई है और राजसभा में सम्मानित स्थान प्राप्त कर राजा के हाथों से ताम्बूल ग्रहण करने का गौरवलाभ करने पर भी वह 'निपुणिका' के साथ अभिनय की भूमिका में उतरता है, जिसमें 'निपुणिका' की ऐहिक लीला भी समाप्त हो जाती है। कलासेवी नर्तकियों की एक-एक भंगिमाओं तथा उसके सामाजिक सम्मान एवं उपयोगी इतिहाससम्मत व्याख्या करते समय द्विवेदीजी ने उनके स्वरूप की समुचित रक्षा की है। अभिनय के पश्चात् 'भट्ट' के आग्रह-भरे स्वर को सुनकर जब 'निपुणिका' खड़ी हो गयी तो "उसका बायाँ हाथ कटिदेश पर न्यस्त था, कंकण कलाई पर सरक आया था, दाहिना हाथ शिथिल श्यामलता के समान झूल पड़ा था। उसकी कमनीय देहलता नृत्यभंगी से जरा झुक गयी थी, मुखमंडल श्रमबिन्दुओं से परिपूर्ण था।"[1] एक ओर तो कला के प्रति सामान्यत: नागरिकों के मन में श्रद्धा-भाव लक्षित होता है, दूसरी ओर शासकों-द्वारा उनकी इस दुर्बलता से अनुचित लाभ उठाने की भी प्रथा का संकेत मिल जाता है। प्रसिद्ध नर्तकी 'चारुचन्द्रलेख' के नृत्य के प्रति 'थानेसर' के निवासियों में अपूर्व प्रेम था पर कवि 'घावक' ने सत्य ही कहा है कि "चारुचन्द्रलेख का नृत्य कान्यकुब्ज की विद्रोही जनता को वश में ले आने का अस्त्र है।"[2]

जीवन्त संस्कृति में अभिरुचि अथवा लालित्यबोध का महत्त्वपूर्ण स्थान होता है और द्विवेदीजी की विवेच्य संस्कृति इस दिशा में अत्यन्त गौरवमयी रही है—ऐसा उनके वर्णनों से मिलता है। 'नागरक' की यह अभिरुचि—भावना व्यक्ति से आरम्भ होकर समाज और देश तक जाती है। 'वात्स्यायन' कृत 'कामसूत्र में' नागरक गृह का वर्णन जिस प्रकार किया गया है, उपन्यासकार ने 'भट्टिनी' के थानेसर-स्थित गृह का वर्णन भी उसी प्रकार किया है। भट्टिनी जिस घर में बैठी

---

1. बाणभट्ट की आत्मकथा, पृ. 29
2. वही, पृ. 352

थी, वहाँ पर "उसकी बगल से एक वेदिका पर माल्य, चन्दन और अनेक प्रकार के उपलेपन रखे हुए थे। एक छोटी-सी स्फटिक पीठिका पर सुगन्धित सिक्य करण्डक (मोमबत्ती की पिटारी) और सौगन्धिक पुटिका (इत्रदान) रखी हुई थी...खूँटियों पर लाल कपड़े में लिपटी हुई एक वीणा रखी थी।"[1] प्रसाधनों के वैविध्य और उनके प्रयोग के प्रति अभिरुचि का उल्लेख करने के लिए लेखक ने मदनश्री के प्रसाधन-सामग्री की चर्चा की है। भागते समय जो चोर फेंक गये थे। इससे स्पष्ट हो जाता है कि वैयक्तिक प्रसाधनों के प्रति उत्पन्न अभिरुचि का विकास चित्रकला के अनुराग तक होता है। चित्रकला की सेवा 'मदनश्री' के लिए प्रसाधन के प्रयोग की भाँति उसकी संस्कृति का एक अंग बन गयी थी।

सामाजिक रुचि में परिवर्तन आते ही सौन्दर्य के प्रति व्यक्ति के दृष्टिकोण में भी परिवर्तन हो जाता है। द्विवेदीजी ने अपने उपन्यासों में अनेक रूपवती नारियों का आकर्षक चित्र खींचा है। पर कहीं से भी बीसवीं शताब्दी की उस नारी की छाया उन पर नहीं पड़ने पायी है, जो जीवन के हर क्षेत्र में पुरुषों से प्रतिद्वन्द्विता करती हुई समान अधिकार प्राप्त करने के लिए आन्दोलन करने को तैयार हैं और जो भौतिकवादी आडम्बरपूर्ण प्रसाधनों से सज-धजकर लोगों की आँखों को चौंधिया देने की होड़ लगा रही हैं। नारियों का सौन्दर्य उनके प्रसाधनों पर नहीं, बल्कि उनके गुणों पर आधृत है, जो स्वाभाविक लज्जा एवं संकोच के कारण और भी आकर्षक बन जाता है। द्विवेदीजी जब नारी-सौन्दर्य का चित्रण करने बैठते हैं तो उनके सम्मुख अतीतकालीन भारत की वे महिमामयी नारियाँ आकर उपस्थित हो जाती हैं, जिन्हें चित्रित कर संस्कृत-काव्य के स्रष्टा अमर हो गये। वह सौन्दर्य ऐसा सौन्दर्य है, जिसे देखकर पतित व्यक्ति के हृदय में भी भक्ति की भावना उत्पन्न हुए बिना नहीं रहती। इस प्रकार के सौन्दर्य को आकर्षक बनाने के लिए जिन ललित कलाओं को लोकप्रियता मिल रही थी, वे सभी संस्कृति की अंग हैं, द्विवेदीजी ने अपने उपन्यासों में जिनका जमकर वर्णन किया है।

कला मानव-जीवन का अद्‌भुत प्रतिमान है। इसके अन्तर्गत अन्तर्दृष्टि और अनुभूति के अभूतपूर्व स्वरूप सन्निहित रहते हैं। जिस किसी भी समाज की निश्चित संस्कृति होती है, वही उपर्युक्त प्रकार की कला का उद्‌भावक होता है। प्रश्न यह उठता है कि कला का क्या महत्त्व है और उसका मानव के विकासक्रम से क्या सम्बन्ध है? उत्तरस्वरूप यही कहा जा सकता है कि यह मात्र बौद्धिक अनुवर्तन नहीं, अपितु बौद्धिक जीवन की अपरिहार्य आवश्यकता है। यह मात्र धर्म नहीं, अपितु धर्म के साथ विकसित होकर उसे संवर्द्धित करते हुए उसकी प्रमुख

1. वही, पृ. 39

निर्णायिका है। 'बाणभट्ट की आत्मकथा' और 'चारुचन्द्रलेख' दोनों ही उपन्यासों में राजा-प्रजा के सम्बन्धों की चर्चा, दार्शनिक चिन्तन के स्वरूप, तत्त्वचिन्तन, नारी पुरुष के स्वस्थ सामाजिक सम्बन्धों, वास्तविक धर्म-रक्षण के प्रति आग्रह, ग्रह-नक्षत्रों के प्रति अनास्था, स्त्री के वास्तविक स्वरूप की चर्चा, सात्त्विक प्रेम के महत्त्व, सामाजिक सन्दर्भ में सच-झूठ की वास्तविक स्थिति से लेकर लोक जीवन में रानी को दिए जानेवाले सम्मान की विशद व्याख्या हुई है। इस प्रकार द्विवेदीजी ने संस्कृति का एकांगी चित्र ही न प्रस्तुत कर उसका समन्वित रूप ही समाज के हित को सामने रखते हुए प्रस्तुत किया है।

जीवन में सन्तुलन का होना आवश्यक है। संस्कृति इस बात को प्रतिपादित करती है कि पूर्णता के मानदंड मात्र भौतिक अंश रूप में आध्यात्मिक भी हैं। अतएव इसकी दृष्टि में वैभव का सापेक्ष महत्त्व होता है। अगर संस्कृति में इस प्रकार के आध्यात्मिक स्वरूपों के लिए आग्रह न हो तो सम्पूर्ण सभ्यता के विनष्ट हो जाने का भय बना रहता है। संस्कृति सर्वप्रथम व्यक्ति पर दृष्टिपात करती है। द्विवेदीजी ने पात्रों के व्यक्तित्व पर विशेष बल दिया है और उनके जितने प्रमुख पात्र हैं, उनकी अपनी एक अलग संस्कृति है। पर अपनी वैयक्तिक विशेषताओं के साथ वे आदर्श समाज के अविच्छिन्न अंग भी बने हुए हैं। यही उनकी सबसे बड़ी विशेषता है। जिन पात्रों का मेल समाज से नहीं खाता वे तान्त्रिक अथवा सिद्ध हैं, जो किसी-न-किसी अभाव के कारण कुंठित जीवन व्यतीत करने के लिए विवश हुए हैं। संस्कृति व्यक्ति-स्वभाव, वाणी और अभिव्यक्ति-क्षमता, रहन-सहन पर दृष्टिपात करती हुई उन पर गम्भीरतापूर्वक विचार करती है। इस विचार की परिधि पर्याप्त व्यापक होती है। संस्कृति मात्र मशीनी सभ्यता का अतिक्रमण करती है। यह घृणा से घृणा करती है। इसकी एक विशिष्ट चाह होती है और इस चाह का सम्बन्ध आदर्श और प्रकाश से होता है।

यह अपनी इस अभिलाषा को प्रचारित करने का उपक्रम करती है और यह क्रिया तब तक चलती रहती है, जब तक व्यक्ति पूर्णता को नहीं प्राप्त कर लेता। दृष्टव्य है कि द्विवेदीजी के दोनों ही उपन्यासों की कथा भी अधूरी रह गयी है और उनकी कथा से विधायक प्रमुख पात्रों का जीवन भी अधूरा रह गया है। पर ऐसा नहीं है कि वे अपूर्ण हैं। पूर्णता के चित्र उनके मस्तिष्क में हैं जिसे जीवन में उतारने के लिए वे बेचैन हैं, उतारने का वे प्रयत्न भी करते हैं और पूर्ण होते-होते उनके सामने कुछ ऐसे महत्त्वपूर्ण कार्य आ जाते हैं कि वे वैयक्तिक पूर्णता प्राप्ति के प्रयत्न से विमुख हो वृहत्तर हित के सामाजिक कार्यों में संलग्न हो अपनी निजी वेदना में पाठकों को डुबोकर एक स्थायी स्मृति छोड़कर चले जाते हैं। यहीं पर हमें

द्विवेदीजी के कुशल साहित्य-शिल्पी का परिचय भी मिल जाता है और अपनी उदात्त प्रगतिशील संस्कृति का बोध भी हो जाता है।

भारतवर्ष की धर्मव्यवस्था में बहुत से छिद्र हो गये हैं।[1]

आर्यावर्त के विनाश का हेतु व्यर्थ का कुलाभिमान है।[2]

—"हमें कुछ ऐसा करना चाहिए कि सारी प्रजा दुर्भेद्य चट्टान की तरह हो जाए। किसी को उसकी ओर आँख उठाने का साहस न हो।"[3]

("मैं स्पष्ट देख रहा हूँ आर्यावर्त नाश के कगार पर खड़ा है...) इस देश को वही बचाएगा जिसके पास सहज जीवन का कवच होगा, सत्य की तलवार होगी, धैर्य का रथ होगा, साहस की ढाल होगी, मैत्री का पाश होगा, धर्म का नेतृत्व होगा।"

—"अमृत के पुत्रो, नगाधिराज हिमालय की शीतल छाती में आज हलचल दिखाई दे रही है।...जवानो, प्रत्यन्त दस्यु आ रहे हैं"

"आर्यावर्त के तरुणो, जीना सीखो, मरना सीखो, इतिहास से सीखना सीखो। आर्यावर्त नाश के कगार पर खड़ा है। जवानो, प्रत्यन्त दस्यु आ रहे हैं।"

ऐसे सम्बोधनों में आचार्य द्विवेदीजी का भविष्यद्रष्टा साहित्यकार अतीत संस्कृति के आलोक में वर्त्तमान की झाँकी प्रस्तुत करता हुआ कर्तव्य के प्रति हमें जागरुक बनाता है। प्रतीकों तक के प्रयोग में द्विवेदीजी ने समसामयिक सन्दर्भों का ध्यान रखा है। हमारी संस्कृति कभी भी जड़ और संकीर्ण नहीं रही है। 'बाणभट्ट की आत्मकथा' में वाराह की मूर्ति का प्रतीकात्मक प्रयोग हमारी जिस सांस्कृतिक उदारता को व्यक्त करता है, उसी प्रकार की व्यंजना 'चारुचन्द्रलेख' में द्विवेदीजी ने नाटी माँ द्वारा बार-बार गाए जानेवाले श्लोक में की है :

"गताऽहं कालिन्दी गृहसलिलमानेतुमनसा
घनद्घोरैर्मेघैर्गगनतलमभितो मेदुरमभूत्।
ध्वनद्धारासारैरपतमसहाया क्षितितले,
जयत्वङ्के ग्रहणन्पटुनटकलः कोऽपि चपलः।।"

मानव के सामाजिक अस्तित्व को दृढ़ करनेवाली विकासमान संस्कृति के परिवेश में लिखे गये आचार्य हजारीप्रसाद द्विवेदी के उपन्यास साहित्य की अनुपम देन हैं।

---

1. चारुचन्द्र लेख।
2. वही।
3. वही

निर्बन्ध चिन्तन

◈

''द्विवेदीजी का निबन्धकार अशोक के फूल की तरह रागाकुल, शिरीष की तरह अवधूत, कुटज की तरह बीहड़ मनमौजी, और देवदारु की तरह व्योमकेश है। वह वसन्त की अगवानी के लिए सबसे आगे जाने को आतुर है, वह त्रिपुरसुन्दर के पदसंचार की आकांक्षा में पुलकित होनेवाला है, वह निदाघ के ताप पर ठठाकर हँसता है, पर हलकी-सी दुर्भावना के स्पर्श से कुम्हला जाता है। वह कठोर पाषाण को भेदकर अपना भोग्य संग्रह करता है...परन्तु इसके साथ ही वह चारुस्मित है, वह मेघ के लिए, आत्मदानी के लिए प्रथम अर्घ्य है, वह मुड़कट्टों को पराभूत करनेवाला हिमालय की गरिमा का साक्षी ह, पर अपने व्यक्तित्व को प्रेषणीय बनाने के लोभ में समझौता करने को तनिक भी प्रस्तुत नहीं है।''

—विद्यानिवास मिश्र

निबन्धकार द्विवेदीजी : कुछ प्रभावांकन

विद्यानिवास मिश्र

मित्रों का आरोप है कि मैं द्विवेदीजी की निबन्ध-शैली का असफल नकलची हूँ— नकलची तो सफल कभी होता नहीं, सफल हो जाए तो फिर नकलची कैसे—और मुझसे कहा गया है कि द्विवेदीजी के निबन्धकार रूप पर प्रभावांकन प्रस्तुत करूँ। अगर मैं अपने माडल का राज खोलता हूँ तो फिर नकलचियों में होड़ मच सकती है, और अगर छिपाता हूँ तो फिर लिखूँ क्या? तो दोनों छोरों के बीच चलूँगा।

द्विवेदीजी के निबन्धों को मैंने पहले नहीं पढ़ा था, मैंने पढ़ा था उनका उपन्यास 'बाणभट्ट की आत्मकथा'। उसके गद्य का जादू मन पर उतना नहीं छाया, जितना उसके पात्रों का। किशोर चित्त पर भर्वुशर्मा और भैरवी तुरत छा गये, संस्कृत में मूल कादम्बरी और हर्षचरित पढ़ने के संस्कार ने भट्टिनी-कादम्बरी, सुसंगता-महाश्वेता, निउनिया-पत्रलेखा समीकरण बना डाले, पर गहरा प्रभाव निउनिया का ही पड़ा, वही निउनिया मैना होकर चारुचन्द्रलेख में पुनः अवतीर्ण हुई। द्विवेदीजी की निउनिया समष्टि चित्त के पारावार के ऊपर व्यष्टिचित्त में उद्वेग की विजय-लेखा है। निउनिया के चरित्र का एक ही सन्देश था—प्रीति की गहरी सचाई सामान्य मापदंडों से थहाई नहीं जा सकती, विद्या और सदाचार के दर्प उसके आगे चूर-चूर हो जाते हैं। तभी लगा था कि इस व्योमकेश पांडित्य-पाषाण के भीतर अमृत का सोता है। उसके बाद 'कबीर' पढ़ा, उसके बाद उनके निबन्ध पढ़े और फिर उनसे भेंट हुई, अपनापा बढ़ा, उनकी भित्तिभेदी हँसी और उनके गढ़े कथानकों ने अन्तर की सम्भावनाएँ पाट दीं। तब निबन्धकार को समझना आसान हो गया। पांडित्य के आतंक और कथाशिल्पी के जादू दोनों के प्रभाव आत्मीयता के प्रभाव के नीचे दब गये। द्विवेदीजी की परिभाषा के ही अनुसार, 'व्यक्तिगत निबन्ध' निबन्ध इसलिए हैं कि वे लेखक के समूचे व्यक्तित्व से सम्बद्ध होते हैं, लेखक की सहृदयता और चिन्तनशीलता ही उसके बन्धन हैं।'' सहृदयता और चिन्तनशीलता दोनों ही निबन्धकार के बन्धन हैं, उन्मुक्त व्यक्तित्व ही इस बन्धन

से छुटकारा है। द्विवेदीजी निबन्धकार से इस उन्मुक्त व्यक्तित्व को पाने की आकुलता पैदा की, इसके बाद उनकी शैली का प्रभाव तो अपने आप ही पड़ जाता, क्योंकि शैली तो सहजभाव की अनुवर्तिनी है,

'स्फुरत्कलालापविलासकोमला रसेन शय्यां स्वयमभ्युपागता'

और मैंने द्विवेदीजी के शब्दों और भावों की चोरी चाहे न की हो, उनके व्यक्तित्व की उन्मुक्तता चुराने का यत्न जरूर किया और अगर किसी ने यह चोरी पकड़ ली तो क्या करूँ, उन्मुक्तता भी कहीं छिपाए छिपती है! अब कोई आलोचक द्विवेदीजी की ही तरह उद्धरण देना चाहे तो दे ले—'मोते दुरैहौ कहा सजनी निहुरे निहुरे कहुँ ऊँट की चोरी!'।

द्विवेदीजी का निबन्धकार 'अशोक के फूल' की तरह रागाकुल, 'शिरीष' की तरह अवधूत, 'कुटज' की तरह बीहड़ मनमौजी और 'देवदारु' की तरह व्योमकेश है। वह वसन्त की अगवानी के लिए सबसे आगे जाने का आतुर है, वह त्रिपुरसुन्दरी के पद-संचार की आकांक्षा में पुलकित होनेवाला है, वह निदाघ के ताप पर ठठाकर हँसता है, पर हलकी-सी दुर्भावना के स्पर्श से कुम्हला जाता है, वह 'कठोर पाषाण को भेद कर, पाताल की छाती चीरकर अपना भोग्य संग्रह करता है, 'वायुमंडल चूसकर प्राप्य' वसूलता है, 'आकाश को चूमकर उल्लास खींच' लाता है, परन्तु इसके साथ ही वह 'चारुस्मित' है, वह मेघ के लिए आत्मदानी के लिए प्रथम अर्घ्य है, वह 'मुड़कट्टों' को 'पराभूत करनेवाला' हिमालय की गरिमा का साक्षी है, पर अपने व्यक्तित्व को प्रेषणीय बनाने के लोभ में समझौता करने को तनिक भी प्रस्तुत नहीं। इस निबन्धकार को इसकी आकांक्षा नहीं कि लोग उससे चमत्कृत हों, न इसकी आकांक्षा है कि लोग समित्पाणि चरणों में आनत हों ज्ञान की भिक्षा के लिए, इसका आवाहन है, पास आओ, और पास आओ, मैं घर-द्वार का आदमी हूँ, घर-द्वार की ही बात करूँगा।

द्विवेदीजी बहुश्रुत हैं और हैं कथाकौतुकी भी, पर ज्ञान के 'भार के वेग से' वे बहते नहीं और न कथा के स्वप्नलोक में तिरते ही रहते हैं, ये ज्ञान का उपयोग निबन्धों को व्यापक आयाम देने के लिए करते हैं और कथा का उपयोग गहराई का आयाम देने के लिए, इन दोनों के उपयोग से उनके निबन्धों में तीन आयामों का उभार आ जाता है, पर सीधी रेख के रूप में उनका व्यक्तित्व ही बराबर आधार बना रहता है। उन्हीं के शब्दों में, "व्यक्तिगत निबन्ध का लेखक किसी एक विषय को छेड़ता है, किन्तु जिस प्रकार वीणा के एक तार को छेड़ने से बाकी सभी तार झंकृत हो उठते हैं, उसी प्रकार उस एक विषय को छूते ही लेखक की चित्तभूमि पर बँधे हुए सैकड़ों विचार बज उठते हैं।" यहाँ तक कि विचारप्रधान निबन्धों में भी उनका

व्यक्तित्व इतने स्पष्ट रूप में सामने आता है कि समूची 'विचार शृंखला व्यक्तिनिष्ठ विश्वास और निष्ठा के आलोक से उद्भासित' बनी रहती है। उनके व्यक्तित्व की तलवार म्यान में कभी बन्द नहीं रह पाती, उनका छन्द अर्थ में बँधा नहीं रह पाता। बड़ा ही दुर्निवार व्यक्तित्व है, निउनिया के प्रेम की तरह गम्भीर पर सदैव स्मयमान। पर यह व्यक्तित्व बड़ा पर्युत्सुक व्यक्तित्व है, बालकों की तरह मात्र कौतुकी नहीं, वह महाकाल की रहस्य-लीला से उन्मुक्त है, वह सूर्य को, पृथ्वी से मिलाने के लिए व्याकुल है, वह शास्त्र को लोक से जोड़ने के लिए व्यग्र है, वह संस्कृत को हिन्दी पर न्योछावर करने के लिए उत्कंठित है और वह राष्ट्र को मनुष्य से समंजस करने के लिए चिन्तित है। इसीलिए यह मनुष्य के हर अनुभव को छेड़ता है, उसकी हर एक सांस्कृतिक उपलब्धि के मर्म को गुदगुदाता है और प्रकृति के हर विवर्तन को कुरेदता है, और मनुष्य को उसकी परम्परा और उसके देशकाल से जोड़ने का जुगाड़ करता रहता है। द्विवेदीजी के निबन्धों का संयोजन तन्त्र इसी व्यक्तित्व का ही सहज परिणाम है इसीलिए यह सायास ढला नहीं लगता, इसी के सहारे साधारण-सा बिम्ब जाने कितनी वस्तुओं को, कितनी विचारधाराओं को जोड़ने का माध्यम बन जाता है। गाँठ जोड़नेवाली निउनिया नाइन हर गाँठ से अपने को हल्दी के रूप में अर्पित करती चली है, हँसती और हँसी लुटाती हुई, बस नेग में उसी प्रकार सहज अर्पित भाव माँगती है। निबन्धकार का यह संयोजन ही उसका गोपन रहस्य है, जो उसी प्रकार का भाव होने पर खुलता है।

द्विवेदीजी घोर आशावादी हैं, वह मानते हैं कि मुनष्य की धर्मवृद्धि और उसकी सहज सौन्दर्य-प्रेरणा उसका अन्तर्निहित सत्य है, वह एक-न-एक दिन अवश्य प्राप्त होगी। इसीलिए उनकी भाषा में संशय नहीं, भय नहीं। यह जरूर है कि आत्म-आश्वस्त भी नहीं हैं और बार-बार आत्मालोचना के लिए तैयार हैं कि 'हम अपनी दुर्बलताओं को महनीय बनाने का यत्न तो नहीं कर रहे हैं, अपनी अक्षमताओं को गौरव देने के लिए तर्काभासों का सहारा तो नहीं ले रहे हैं। और 'इस घर छोड़ पढ़ाई की कड़ी जाँच अब आवश्यक हो गयी है।' परन्तु उनका विश्वास अडिग है। अपने देश के भविष्य में, केवल इसलिए कि मनुष्य और मनुष्य के सहज धर्मभाव में उनकी श्रद्धा अविचल है। इस विश्वास और आशावाद के कारण ही वे बिना किसी द्वेषभाव के अधूरे और अवरोधी सत्यों का खंडन लीलामात्र से कर देते हैं। हाँ, यह जरूर है कि इसी कारण से स्वतन्त्रता के बीस वर्षों की मोहभंजक अवधि के मारे अभागों को अप्राप्य भी लगते हैं। लगता है, वे कहीं ऊँचे ठहर गये हैं, जम गये हैं, वे उतरेंगे नहीं और हम हैं कि—

अपने इधर के निबन्धों में द्विवेदीजी शास्त्रीय हो गये हैं, 'शास्त्र इस भाव

जगत् के सत्य को उद्‌भासित करते हैं। शास्त्र इसलिए मान्य है' और वे 'धार्मिक विप्लव की निस्सारता' प्रतिपादित करने लगे हैं, कदाचित् व्यवस्था के लिए यह आग्रह व वय:परिपाक और कछुआधर्मी आभिजात्य के विकास का फल हो, पर है कुछ अटपटा, द्विवेदीजी के सुपरिचित रूप से असमंजस। उनके साधक रूप का जो प्रभाव है, वह उनके सिद्ध रूप का नहीं। व्यक्तिगत रूप से कम-से-कम मैं उनके धनुर्धरवाले रूप का मुरीद हूँ, उनके अभिषिक्त रूप से प्रसन्नता तो होती है पर अपनापा नहीं होता। उद्वेग और आदेश में एक मोहकता है, उस क्षण की भाषा में एक लहक है और उनकी शैली में एक झकझोरनेवाली शक्ति है, जो उनके शान्त, निरुद्विग्न रूप में प्राप्य नहीं है। हो सकता है यह आग्रह मात्र किशोर चित्त का आग्रह कहा जाए, पर किशोर चित्त के कुछ आग्रह हटाए नहीं हटते, उन्हीं में से यह एक है। पर क्या करूँ, लाचार हूँ। न तो मैं द्विवेदी का आराधक हूँ, न उनका आलोचक ही, मैं तो उनका अनुवर्ती अनुज हूँ; इसलिए इतना ढीठ, शायद जरूरत से कुछ ज्यादा ही। इसीलिए अपने आग्रह को सामने रखने में संकोच नहीं होता। द्विवेदीजी के निबन्धकार में जिस समग्र ओजस्वी व्यक्तित्व का दर्शन हुआ है, वह मेरे लिए बराबर स्पृहणीय रहेगा।

> *मुझे स्पष्ट दिखाई दे रहा है कि झूठी, विद्वेष, प्रचारिणी और विषैली बातों का जितना तेजी से प्रचार किया गया है उतना ही निर्दयता-पूर्वक इन शुभ विधायी वाणियों की अवहेलना की गयी है। साहित्यकारों के विचारने को यह बड़ा भारी प्रश्न है। हार तो माननी ही नहीं है। हमें आज सावधानी से बाधक तत्त्वों का अध्ययन करना है और देखना है कि हमारे मंगल प्रयत्न अरण्यरोदन सिद्ध न हों।*
>
> —साहित्यकारों का दायित्व

निबन्धकार द्विवेदीजी

प्रभाकर माचवे

हजारीप्रसाद का स्मरण आते ही मुझे सन् 38 में शान्तिनिकेतन में हुए उनके प्रथम दर्शन की याद हो आती है। तब उनकी दाढ़ी थी और वे 'हिन्दी पंडित' कहलाते थे। उन्होंने ही हमें कलाभवन दिखाया, नन्दोबाबू से मिलवाया—उस इंटरव्यू को मैंने 'विशाल भारत' में प्रकाशित किया था। उनका मुक्त हास्य तब भी वैसा ही सरल सहज था। उसके बाद अनेक बार मिलना हुआ, मेरठ की साहित्य-परिषदों में, इलाहाबाद रेडियो पर था तब बनारस में, और अकादेमी में मेरे जून 54 में आने के बाद अनेक बार। द्विवेदीजी मूलतः गप-शप करनेवाले, गोष्ठी-संलाप में बहुत आनन्द लेनेवाले रसज्ञ हैं। उनके पास चुटकुलों का और लतीफों का खजाना है। 'प्राचीन भारत में मनोविनोद' उनका अद्भुत ग्रन्थ है। उसी कारण से प्राचीन संस्कृत या आदि मध्ययुगीन हिन्दी का गहरा अध्ययन उन्होंने किया। उसमें से भी निकले 'बाणभट्ट की आत्मकथा' या 'चारुचन्द्रलेख' जैसे रोचक उपन्यास, या फिर कबीर पर पुस्तक। उनकी विद्वत्ता कहीं भी बोझिल नहीं है। वे आटोग्राफ देते हैं ''चढ़िए हाथी ज्ञान का सहज दुलीचा बाँधि...''

इसी स्वभाव का एक लक्षण यह भी है, और जो रवीन्द्रनाथ के सम्पर्क से उन्होंने सीखा जान पड़ता है कि वे तरुणपीढ़ी के सदा साथ रहे हैं। 'बोलो काव्य के मर्मज्ञ' अज्ञेय को 'आरती' में गद्यनुमा पद्य लिखा। 'कवि' में भवानीप्रसाद मिश्र पर वैसा ही आशीर्वादात्मक लिखा। सन् 50 में मेरे 'खरगोश के सींग' की भूमिका लिखी, नवीनतम 'नव्य-रूपा' 'आलोचना के प्रथमांक' में 'निकट जागर्ति जाह्नवी' लिखा। उनका यह रूप ललित निबन्धों के लिए सर्वथा उपयुक्त है। और 'अशोक के फूल', 'आम फिर बौरा गये', 'जब दिमाग़ ख़ाली रहता है', 'नाख़ून क्यों बढ़ते हैं' जैसे निबन्ध हमेशा याद किए जाएँगे।

उनके निबन्धों का पहला गुण है प्रकृति से प्रगाढ़ प्रेम। सूक्ष्म अवलोकन और स्वस्थ-अवगाहन से वह अनुस्यूत है। 'शिरीष के फूल' निबन्ध का यह

अंश देखिए :

"जहाँ बैठ के यह लेख लिख रहा हूँ उसके आगे, पीछे, दायें बायें, शिरीष के अनेक पेड़ हैं। जेठ की जलती धूप में, जबकि धरित्री निर्धूम अग्निकुंड बनी हुई थी, शिरीष नीचे से ऊपर तक फूलों से लद गया था। कम फूल इस प्रकार की गरमी में फूल सकने की हिम्मत करते हैं। कर्णिकार और आरग्ध (अमलतास) की बात मैं भूल नहीं रहा हूँ। वे भी आस-पास बहुत हैं, लेकिन शिरीष के साथ आरग्ध की तुलना नहीं की जा सकती। वह पन्द्रह-बीस दिन के लिए फूलता है। वसन्त ऋतु के पलाश की भाँति। कबीरदास को दस तरह पन्द्रह दिन के लिए लहक उठना पसन्द नहीं था। यह भी क्या कि इस दिन फूले और फिर खंखड़ के-खंखड़—'दिन दस फूलन फूलि के खंखड़ भया पलास!' ऐसे दुमदारों से तो लँडूरे भले। फूल है शिरीष। वसन्त के आगमन के साथ लहक उठता है, आषाढ़ तक तो निश्चित रूप से मस्त बना रहता है।" (कल्पलता, पृ. 21)

हजारीप्रसादजी के निबन्धों की दूसरी मन की मोहनेवाली विशेषता है उनमें परिव्याप्त नर्म विनोद। सतीशचन्द्र कालेज, बलिया में दिए दीक्षान्त भाषण जैसे गम्भीर अवसर पर भी वे उससे चूकते नहीं :

"कोढ़ पर खाज यह कि हमारे देश के अनेक प्रौढ़ जन, जो इन युवकों के भाग्य का निर्णय किया करते हैं, प्रायः यह प्रचारित करते हैं कि इन युवकों के ज्ञान का स्तर बहुत नीचा है, ये अपने प्रान्त के गवर्नर का नाम भी नहीं जानते। चरखा-संघ के सदर मुकाम का इन्हें कुछ पता नहीं है, अपने जिले के रेलवे पुल की कोई खबर नहीं रखते, अखबार में प्रतिदिन छपकर दूसरे दिन बासी हो जानेवाली घटनाओं का कोई हिसाब नहीं रखते—सब प्रकार से अक्षम, अटल गँवार हैं। युवकों के चरित्रबल का उपहास तो किया ही जाता है, यदि कहीं कोई आत्मविश्वास की क्षीण रेखा उनमें रह भी गयी हो तो यथासम्भव धो-पोंछ देने का प्रयास किया जाता है।" (विचार प्रवाह, पृ. 272)

उनके परिहास व्यंग्य के हजारों उदाहरण देश-भर में उनके अन्तेवासी, प्रशंसक और सहकर्मी जानते हैं। असल में वे जमा किए जाएँ तो एक पुस्तक तैयार हो जाए। इसके पीछे तक तटस्थता का, अपक्षधरता का भाव सदा होता है।

जैसे 'कविता का भविष्य' में लिखते हैं :

"काशी के हिन्दी साहित्य सम्मेलन के अवसर पर कवि-सम्मेलन हुआ था। उसकी बैठक एकाधिक दिन तक चलती रही। एक बैठक में उपस्थित होने का अवसर मुझे भी मिला था। मैं श्रोताओं में बैठा था और उनकी मुखाकृति देख रहा था। कवियों में ऐसे सज्जन बहुत कम मंच पर आए जिनका नाम प्रतिमास छापे के अक्षरों में उठा करता है। अधिकांश कवि श्रोताओं के लिए मजाक के पात्र थे ओर

अधिकांश श्रोता इसीलिए सभा में आए हुए जान पड़ते थे कि जरा उनका दिल बहल जाएगा और जरा मजा आ जाएगा। जो साहित्यिक श्रोता वहाँ उपस्थित थे वे निराश थे और एकाध तो अन्य-साहित्यकारों को देखकर इस प्रकार शर्माकर कैफियत देने लगते थे मानो किसी लज्जाजनक जगह पर अचानक पकड़े गये हों। संक्षेप में कवि सम्मेलन उत्साह, मजाक, मौज, निराशा और लज्जा का मिल-जुला रूप था। मुझे वास्तविक हिन्दी भाषा की शक्ति और....प्रकृति का प्रत्यक्ष साक्षात्कार हुआ इस गद्य-युग में इस भाषा के पेट में कितने कवि पड़े हुए हैं!'' (हमारी साहित्यिक समस्याएँ, पृ. 20)

गम्भीर से गम्भीर सम्मेलन या आयोजन में भी हजारीप्रसाद जी अपनी यह हास्यप्रियता नहीं भूलते। बिहार राष्ट्रभाषा परिषद् के अध्यक्ष पद से दिए भाषण 'अर्थार्षवाक्' के आरम्भ में भुसुक की कथा पठनीय है।

द्विवेदीजी के निबन्धों में सर्वत्र उनकी बाल-सुलभ सरलता, निर्व्याज-भाव और दुर्दान्त आशावाद दिखाई देता है। रवीन्द्रनाथ भी बर्गसाँ की पीढ़ी के जीवनी शक्ति-विश्वासी मनीषियों से एक थे। हजारीप्रसादजी पर भी उनकी आशीर्छाया बराबर है। 'कुटज' निबन्ध में वे कहते हैं :

''कितनी कठिन जीवनी-शक्ति है। प्राण ही प्राण को पुलकित करता है, जीवनी शक्ति ही जीवनी शक्ति को प्रेरणा देती है।...जीना चाहते हो? कठोर पाषाण को भेदकर, पाताल की छाती चीरकर अपना भोग्य संग्रह करो, वायु मंडल को चूमकर, झंझा तूफान को रगड़ कर, अपना प्राप्य वसूल लो; आकाश को चूमकर अवकाश की लहरी में झूमकर, उल्लास खींच लो। कुटज का यही उपदेश है।'' (कुटज, पृ. 6-7)

हजारीप्रसादजी द्विवेदी के ललित निबन्धों की सबसे बड़ी गुणवती बात है उनकी ऋजु, प्रसन्न, गद्यकाव्य-जैसी शैली। उसमें बांग्ला का लालित्य और भोजपुरी मुहावरे का खड़ापन, संस्कृत की समास-विदग्धता और सन्दर्भ प्रचुरता और बाउल- और नाथपन्थी सन्तों का फक्कड़पन एक साथ घुलमिलकर एक अद्भुत रसायन उपस्थित करता है। जैसे डॉ. राधाकृष्णन् के छोटे-से-छोटे सांस्कृतिक या अन्य विषयक भाषण में एक संस्कृत वचन या आप्तवाक्य या श्लोक अवश्य होता था, बल्कि राजधानी में आम चर्चा होती थी, ''आज राष्ट्रपति भाषण में संस्कृत 'कोटेशन' नहीं आया, आज मूड में नहीं थे!''—वैसे ही हजारीप्रसादजी का कोई भी निबन्ध नहीं है, जो संस्कृत मिथक-कथा, काव्य-सन्दर्भ, उद्धरण से खाली हो। वे अपनी गद्यशैली को संस्कृत छिड़ककर मसालेदार बनाते हैं। जैसे 'देवदारु' का यह उद्धरण देखिए :

''लेकिन देवदारु है शानदार वृक्ष। हवा के झोंकों से जब हिलता है तो इसका

आभिजात्य झूम उठता है। कालिदास ने इसी हिमलाय के उस भाग की, जहाँ से भागीरथी के निर्झर झरते रहते हैं, शीतल मन्द-सुगन्ध पवन की चर्चा की थी, उन्होंने शीतलता को भागीरथी के निर्झर-सीकरों की देन कहा, सुगन्धि को आस-पास के वृक्षों के पुष्पों के सम्पर्क की बदौलत घोषित किया, लेकिन मन्दी के लिए मुहु:कम्पित देवदारु को उत्तरदायी ठहराया।'' (कुटज, पृ. 13)

हजारीप्रसादजी के निबन्धों के सर्वोत्तम स्थल वहाँ होते हैं जहाँ वे संस्मरणात्मक हो उठते हैं। ज्योतिष-विषयक उनके लेखों में, स्थान-विषयक लेखों में (यथा वैशाली आदि) और रवीन्द्रनाथ सम्बन्धी लेखों में इसका पुट अधिक है। वहाँ द्विवेदीजी पुस्तकों से अधिक अपने जीवन की पुस्तक से कुछ सुनाते हैं। और उनके भीतर का काव्यमय उच्छ्वास अधिक मनोरम हो उठता है। हजारीप्रसादजी के भीतर कहीं एक उदार मानववादी छिपा है जो निरन्तर काशी के कठमुल्ले से लड़ता रहता है। उन्हीं के भीतर कहीं भारतीय संस्कृति की प्राचीनता के प्रति आदरमिश्रित सम्भ्रम है तो उसकी जाति-पाँति जैसी जकड़न के प्रति घोर विद्रोह। पूर्वी उत्तरप्रदेश और शान्तिनिकेतन का यह रसमय मेल कभी-कभी चंडी के गढ़ में ओजस्वी, आवेशपूर्ण वक्तृता देता है : 'हिन्दी को पंजाब की देन', 'हिन्दी का वर्तमान और भविष्य', 'राष्ट्रीय संकट और हमारा दायित्व' आदि लेख इसी स्वर में हैं। ये परस्पर विरोधी प्रभाव उनमें एकात्मक नहीं हो पाये हैं—इसी में हजारीप्रसाद जी के निबन्धकार की सीमा और सामर्थ्य छिपी है। वे पक्षधर नहीं हैं, न वे किसी भी पक्ष को पूर्वाग्रह से नकारते हैं।

इसीलिए वे 'मानवधर्म' में कहते हैं :

''युद्ध और शोषण के कोलाहलों के भीतर मानवता की देवी चुपचाप, किन्तु निश्चित गति से विजय-यात्रा की ओर बढ़ रही है। लोहार की दुकान की खटाखट्ट और गदागुबार से शंकित होनेवाले भूल जाते हैं कि यह वस्तुत: वीणा के तार की तैयारी का कोलाहल है। जिस समय यह वीणा प्रस्तुत हो जाएगी, उस समय उसकी मनोहर ध्वनि हृदय को आनन्द विह्वल कर देगी। इस प्रकार मेरा विश्वास है कि मनुष्यता की मोहन वीणा अवश्य प्रस्तुत होगी। पर यही विजययात्रा का अन्तिम लक्ष्य नहीं है। मनुष्य इस विराट्-विपुल ब्रह्मांड रूपी शतदल का एक मामूली दल है? कौन कह सकता है कि विकसित मानवता महाकाल देवता की किसी विराट् योजना का एक नगण्य अंग है?'' (कुटज, पृ. 105)

(मैंने अपने 'समीक्षा की समीक्षा' और 'हिन्दी निबन्ध' ग्रन्थों में द्विवेदीजी पर विस्तार से लिखा है, वह पाठकों के देखने में आया होगा। 'हिन्दी साहित्य की कहानी' नामक मेरी पुस्तक में कुछ पृष्ठ विशेष रूप से उनपर हैं।)

हजारीप्रसादजी की प्रसन्न ललित निबन्ध शैली एक ओर लैम्ब और हैजलिट

की याद दिलाती है तो दूसरी ओर गार्डिनर और आल्डस हक्सले की। बंगाल में बंकिमचन्द्र और अन्नदाशंकर राय की शैलियों का, क्षितिमोहन सेन और सैयद मुज्तबा अली की शैलियों का इकट्ठा मजा यहाँ है। मराठी के नरसिंह चिन्तामणि केलकर और अनन्त काणेकर, दुर्गा भागवत और इरावती कर्वे की शैलियों का सम्मिश्रण जैसे उनके यहाँ है। गुजरात के आनन्द शंकर बापू, भाई ध्रुव और ज्योतीन्द्र दवे, कन्हैयालाल मुन्शी और चन्द्रवदन मेहता की शैलियों का जैसे सम्मिलन हो गया है। तमिल के राजगोपालाचारी और शिवज्ञान ग्रामणी, नाडोडी और सोमसुन्दरम् का संश्लेषण, या कन्नड़ के जो मंजेश पै और गोकाक, कारन्त और गुंडप्पा की निबन्ध-शैलियों का मनोरम संगम दिखाई देता है। उर्दू के शिबली और हाली, पतरम और मौलाना आजाद की लताफत और इल्मगोई का जैसे मजमुआ उनके यहाँ है। और उन निबन्धों को पढ़ते हुए बार-बार लगता है कि शाम के झुटपुटे में हम कोई पुराने महल का खँडहर देख रहे हैं, नाव पर से बाँसुरी सुनाई दे रही है और हमसफर हमसे जल्दी ही बिछुड़नेवाला है। यह सुखद दर्द हमें कहीं का नहीं रहने देता। जी उचाट हो जाता है और 'रम्याणि वीक्ष्य...' वाला भाव फिर-फिर मन के भीतर से उठता है।

हजारीप्रसादजी की शैली की अनुकृति हिन्दी में हुई, पर उनकी बात हमें औरों में नहीं मिली, न विद्यानिवास मिश्र में, न भगवतशरण उपाध्याय में, न 'बकलम खुद' के नामवर लेखक में। वे अपनी जगह अनुपमेय हैं। और इससे बढ़कर और कोई प्रमाण सौन्दर्य का नहीं हो सकता। साहित्यिक सौन्दर्य अक्षुण्ण, अप्रतिहत होता है।

> *आज क्या सम्प्रदायवाद को बहुमान देकर परस्पर विच्छिन्न होने की जरूरत है? क्या शैव क्या वैष्णव, क्या जैन क्या बौद्ध—सभी पर विपत्ति की घोर घटा छायी हुई है। यदि हम अपने बाह्य विभेदों पर अब भी अड़े रहेंगे तो विनाश निश्चित है। एक प्रकार की बिना रीढ़ की साधना समूचे भारत को ग्रास किए जा रही है, सिद्धियों के नाम पर अत्यन्त निचली श्रेणी की कामुकता को उत्तेजना दी जा रही है। महाचीन के निम्नस्तर से आई हुई यह साधना हमारे देश के बड़े-बड़े साधकों तक को अभिभूत कर रही है।*

—चारुचन्द्रलेख

अशोक के फूल से देवदारु वन तक

कृष्णबिहारी मिश्र

'बाणभट्ट की आत्मकथा' की दीदी ने पुरुष-जाति को सावधान करते हुए कहा है, "प्रमाद, आलस्य और क्षिप्रकारिता—तीन दोषों से बच।" यह उस व्यक्ति की उद्‌भावना है जिसने पूरी तरह इस चेतावनी को स्वीकार किया था। कहने की आवश्यकता नहीं कि पं. हजारीप्रसाद द्विवेदी का व्यक्तित्व इन अभावों से पूर्णतया मुक्त है। उनका कृतित्व उनके अथक परिश्रम और विराट् साधना का परिणाम है। दुनियावी झंझटों को ताख पर रख के, प्रमाद और आलस्य को तोड़कर द्विवेदीजी ने भारतीय वाङ्मय का गम्भीर अध्ययन किया। इसी प्रकार द्विवेदीजी क्षिप्रकारिता से भी मुक्त हैं। यानी किसी बात में इन्हें जल्दी नहीं रहती। उनके निकट सम्पर्क में रहनेवाले इस बात की साक्षी देंगे। द्विवेदीजी प्राय: भीतर से पनडब्बा मँगाकर अपने हाथ से पान लगाकर अतिथि-सत्कार करते हैं। और यदि संयोगवश कभी आपने उनके हाथ का लगाया पान खाया हो; उन्हें पान लगाते देखा हो तो आप भी इस तथ्य को अस्वीकार नहीं करेंगे। चुन-चुनकर पान के पत्ते द्विवेदीजी निकालते हैं, भेंटी की ओर से जरा टूंग देते हैं और फिर धीरे-धीरे उस पर चूना और फिर कत्था लगाते हैं, एक निश्चित मात्रा में सुपारी डालकर पान को मोड़ते हैं। बातचीत और ठहाका चलता रहता है और बड़े प्रेम से अतिथियों को पान थमाते हैं। आप ध्यान से देखें, जैसे अपने बात-व्यवहार में द्विवेदीजी क्षिप्रकारिता को नहीं आने देते, ठीक वैसे ही रचना अथवा लेखन में वे क्षिप्रकारिता से अपने को बचाते हैं।

इतने बड़े संयम का निर्वाह करने के बाद द्विवेदीजी जब कहते हैं कि "कवि बनना है मेरे दोस्तो, तो फक्कड़ बनो। शिरीष की मस्ती की ओर देखो," तो उनका मतलब सिर्फ इतना ही रहता है कि रचना के पहले पूर्वग्रह छोड़ना जरूरी है, मोह और आसक्ति से विरत होना जरूरी है। "कालिदास महान थे, क्योंकि वे अनासक्त रह सके थे। कुछ इसी श्रेणी की अनासक्ति आधुनिक हिन्दी कवि सुमित्रानन्दन पन्त

में है। कवि गुरु रवीन्द्रनाथ में यह अनासक्ति थी" और मैं जोर देकर कहना चाहता हूँ कि निबन्धकार हजारीप्रसाद द्विवेदीजी में भी यह अनासक्ति है। द्विवेदीजी ठठाकर हँसते हैं, अपनी घनी (किन्तु छोटी) मूँछों के बीच अँगुली रखकर गम्भीर विषयों पर सोचते हैं, खाली समय में तरह-तरह के विनोद करते हैं, फूल पौधों की और कुत्ता मैना की कहानी कहते हैं, तन्त्रशास्त्र से लेकर रवीन्द्रनाथ तक की बातें करते हैं। और प्रायः मौज में संस्कृत और अपभ्रंश की कविताएँ सुनाते हैं। द्विवेदीजी का यह सम्पूर्ण आत्मतत्त्व उनके निबन्धों में प्रस्फुटित हुआ है।

हिन्दी के एक समर्थ आचार्य ने द्विवेदीजी के निबन्धों की विशेषताओं की ओर संकेत करते हुए दिल्ली की एक साहित्य-सभा में कहा था कि गुलेरीजी और द्विवेदीजी के निबन्धों में इतनी अन्तःकथाएँ हैं कि बिना उनकी जानकारी रखे उनके निबन्धों को ठीक से समझ पाना सम्भव नहीं है। यह सोलहों आना सच है कि द्विवेदीजी के निबन्धों के पूरे आस्वादन के लिए सांस्कृतिक पीठिका और साहित्यिक संस्कार, आवश्यक हैं, किन्तु जो इससे वंचित हैं वे भी द्विवेदीजी के निबन्धों को पढ़कर निराश नहीं होंगे। यह द्विवेदीजी के सहज-शिल्प की निजी विशेषता है। इनके निबन्धों के बीच-बीच में भारतीय मनीषा अपने मुखश्री से घूँघट हटाकर मनुष्य को एक कारुणिक दृष्टि से निहारने लगती है। उसे देखकर सामान्य पाठक की आँखें चौधियाने लगती हैं और एक ही छवि को विविध रूपों में देखकर वह आश्चर्य में पड़ जाता है, लेकिन चतुर पाठक की आँखें उस छवि को पहचानती हैं। तथापि एक ही दृश्य को उनके निबन्धों में बार-बार देखकर भी उसकी आँखें थकती नहीं। अतृप्त मानसिक भूख इनके निबन्धों की ओर बड़ी त्वरा के साथ दौड़ती है, एक विशेष प्रकार की तृप्ति का अनुभव होता है, मगर ऐसा नहीं होता कि मन भर जाए। एक बार पढ़कर हम उसे सदा के लिए बन्द नहीं कर देते। एक बार पढ़ लेने पर हम प्रयोजन-निवृत्त नहीं हो जाते यानी कि उन्हें बार-बार पढ़ने की इच्छा रह जाती है। और यह द्विवेदीजी के शिल्प की बहुत बड़ी उपलब्धि है कि एक ही वस्तु को भिन्न-भिन्न सन्दर्भों में उपस्थित कर उसमें एक विशिष्ट अर्थवत्ता भर देते हैं, नया आकर्षण उत्पन्न कर देते हैं। उनमें कहीं-न-कहीं आवृत्ति भी है। लेकिन वह कमजोर पाठक की पकड़ के बाहर है, अपनी शैली के बल पर द्विवेदीजी कभी-कभी यानी जब कमजोर स्थल आता है, पाठक के विवेक को सुला देते हैं, जिससे उनकी अशक्तता प्रत्यक्ष होकर सामने नहीं आ पाती।

शुक्लजी के बाद की पीढ़ी के निबन्धकारों में पं. हजारीप्रसाद द्विवेदी सबसे सशक्त निबन्ध-लेखक हैं। आचार्य शुक्ल के निबन्धों में, मेरा मतलब व्यक्ति व्यजंक निबन्धों से है—बौद्धिकता कुछ अधिक है। द्विवेदीजी में अनुभूतियाँ अधिक हैं यानी वे एक हद तक लीरिकल और रोमांटिक हैं जो कदाचित् रवीन्द्रनाथ का

प्रभाव है और यह प्रभाव ग्यारह वर्षों के सम्पर्क का स्वाभाविक परिणाम है। मेरा अनुमान है कि द्विवेदीजी योजना बाँधकर लिखने नहीं बैठते होंगे। वीणा का एक तार छूने पर जैसे पूरे झंकृत हो उठते हैं, वैसे कोई बात द्विवेदीजी को छू देती है, उनकी प्रतिभा को उकसा देती है और तब जब वे कलम उठाते हैं बहुत-सी बातें सहज ही फूटती चली जाती हैं, द्विवेदीजी उसे सजाते जाते हैं, और इस प्रकार उनकी रचना एक रूप ले लेती है। इसी अर्थ में इन्हें लीरिकल कहा जा सकता है।

द्विवेदीजी के व्यक्तित्व में सौजन्य और सादगी है। एक बार उन्होंने बातचीत के सिलसिले में कहा था कि जयप्रकाश बाबू से परिचय हो जाने पर वे द्विवेदीजी से खड़ी बोली में बात कर रहे थे, द्विवेदीजी ने उन्हें टोका था। और यह कहकर कि 'मेरी भी मातृभाषा भोजपुरी है', उनसे भोजपुरी में बोलने का प्रकारान्तर से आग्रह किया था। उनके स्वभाव की यह सादगी उनके निबन्धों में भी है, उदाहरण के लिए 'वसन्त आ गया', 'एक कुत्ता और एक मैना', और 'शिरीष के फूल' को देखा जा सकता है। किन्तु जब कभी द्विवेदीजी 'गतिशील चिन्तन' में डूबते हैं तो सीधे कालिदास के लोक में पहुँच जाते हैं, उनके भीतर का बाणभट्ट सामने आकर उज्जैन के गवाक्षों से झरने वाले सौन्दर्य को निहारने लगता है। एकाश्ववाही रथ पर चढ़कर ऊबड़-खाबड़ रास्ते से होकर अपने गाँव की ओर जाते समय द्विवेदीजी को अचानक धक्का लगता है, जो उनके भावुक मन को जगा देता है और पुरातन को याद कर वे सोचने लगते हैं, हिमालय के उस विषम पार्वत्य-पथ पर एक दिन मातलि नामक कोई सारथी भी रथ हाँक रहा था और यह मेरा सारथी भी एक अभ्रचुम्बी और पाताल-पाती राजमार्ग पर अपना रथ हाँक रहा है। उस दिन उर्वशी और पुरुरवा उस पर बैठे थे, एकाध और सुन्दरियाँ भी रही होंगी, धक्का उस दिन भी लगा था, पर वहाँ शरीर और चित्त दोनों ही सिहर उठे थे, रोमांच, स्वेद और हृत्कम्प का एक साथ ही आक्रमण हुआ था। हाय! कौन जाने मेरे चरित्र काव्य के भावी कालिदास को यह धक्का याद भी आएगा या नहीं। अगर आए तो समाजवाद के उस अपने अग्निगर्भ असन्तोष उद्‌गिरण करनेवाले महाकाव्य में इस भयानक अनर्थ का चित्रण जरूर करना होगा। साम्राज्यवाद और 'बुर्जुआ' मनोभाव पर भी इसी बहाने उसे एक ठोकर जरूर मारते जाना पड़ेगा। धक्का रोज ही औरों को भी जाने कई बार लगता है, मगर उन धक्कों का उन पर कोई असर नहीं। द्विवेदीजी का धक्का और है। ऐसा धक्का जो अपने विगत स्वर्णयुग के ऐश्वर्य की याद दिलाता है, वर्तमान सामाजिक व्यवस्था की ओर सोचने के लिए प्रेरित करता है और विवश कर देता है साम्राज्वाद के खिलाफ आवाज उठाने के लिए। उनके भीतर का विवेक उन्हें सावधान करता है, "डिफीटेड मेंटेलिटी—पराजित मनोभाव। सामने

दुर्भेद्य अज्ञान दुर्ग है, बाहर का शोषण और भीतर की लूट जारी है, और तुम गुप्तकाल के स्वप्न देख रहे हो। इसे ही पराजित मनोभाव कहते हैं। आज का हरेक कवि, हरेक लेखक इसी पराजित मनोभाव का शिकार है। अँग्रेजी काल गुप्तकाल नहीं है, वर्तमान अतीत जैसा मोहक नहीं है। उज्जयिनी की अभिसारिकाएँ न जाने कौन-सी गुदगुदी पैदा करके और जाने कौन-सा वैराग्य उद्रिक्त करके अस्त हो गयीं। आज बड़े-बड़े नगरों के वेश्यालय देश की समस्त नैतिकता, समग्र काव्यकला, समग्र आचार-परम्परा पर मानो बड़े प्रश्नवाचक चिह्न हैं। वर्तमान युग युवती विधवाओं द्वारा अभिशप्त है, अपमानिता, दलित सधवाओं द्वारा अवरुद्ध है, निरुपाय सामान्याओं द्वारा कलंकित है। इस असौन्दर्य के ढूह में काव्यकला टिक नहीं सकती। साफ करो पहले इस जंजाल को, इस कूड़ा को, इस आवर्जना को, इस अन्धकार को। द्विवेदीजी की ऊँची उड़ान को देखकर कोई जनवादी पाठक या समीक्षक इन्हें पुराणपन्थी या पलायनवादी समझने की भूल न करे। धरती से नाता तोड़कर वे सदा के लिए व्योमविहारी बन जाना नहीं चाहते। दृश्यमान जगत् के सवालों से आँख मूँदकर वे चिरन्तन सत्ता की महत्ता नहीं समझाते। हर वक्त अदृश्य लोक में विचरनेवाले को द्विवेदीजी पराजित करते हैं। इससे कुछ और आगे बढ़कर और अधिक स्पष्ट रूप से उन्होंने एक जगह लिखा है, ''लोग कहते हैं—इस जगत् की समस्त गन्दगियों से परे कोई ऐसा परात्पर ब्रह्म है, जो शाश्वत है, जो त्रिकाल में सत्य है, जो सदा-सर्वदा बना रहनेवाला है। होगा, परन्तु मैं कहता हूँ कि मनुष्य की मानसिक भूख भी बहुत कुछ शाश्वत ही है। मनुष्य की उद्दाम लालसा को, पराजित बुभुक्षा को और दुर्दमनीय जिजीविषा को चिर पुरातन और चिर नवीन कहने की इच्छा होती है कि इस भूख में ही मनुष्यता है।'' द्विवेदीजी के साथ मार्क्सवादी बिल्ला न होने के कारण इन्हें बुर्जुआ, धुरीहीन और रहस्यवादी समझ लेना समझदारी की बात नहीं कही जा सकती, बल्कि सचाई तो ये है कि द्विवेदीजी सदा साम्राज्यवाद के विरोध में बोलते हैं, उस अवस्था के खिलाफ आवाज उठाते हैं जिसका प्रत्यक्ष परिणाम सामाजिक वैषम्य है। इस वैषम्य का परिणाम दारिद्र्य है, परमुखापेक्षिता है, हीनता है, जिसे देखकर द्विवेदीजी के मन में कई प्रश्न उठते हैं ''क्या सचमुच कला भी गरीबों के लिए हो सकती है? समाजवाद गरीबों के लिए है या गरीबी के ध्वंस के लिए? वह जो चिथड़ों में लिपटी हुई ज्वराक्रान्त बुढ़िया कहती हुई हाथ में तेल-किट्ट-कलुष-शीशी लिए नगरी के चिकित्सालय की ओर भागी जा रही है। कला का निर्माण क्या उसी के लिए होगा? या मारिए गोली कला को। रामराज्य की भारी-भरकम भित्ति क्या इन्हीं मुरदे कन्धों पर स्थापित होगी? हरगिज नहीं। समाजवाद इन मूढ़, निर्वाक्, दलित, अपमानित, हीन, निर्वीर्य और

तेजहीन पुरुष और स्त्रियों का ध्वंस कर देगा अवश्य विशेषण को, विशिष्यमान को नहीं। इन्हीं निर्वीर्य जन-समूह से तेजोद्दीप्त जन-समूह का अवतार होगा—पहले राम का अवतार, फिर रामराज्य की स्थापना।''

देश के इस दारिद्र्य को देखकर द्विवेदीजी का दिल भारी हो उठा और थके मन से उन्होंने कहा, ''जबकि दिमाग़ ख़ाली हो और दिल भारी हो तब शास्त्रचर्चा अच्छी नहीं लगती।'' और तभी कहीं से एक गठीले बदनवाला पठान युवक हींग बेचते आ पहुँचा। गुरुदेव रवीन्द्रनाथ की लम्बी दाढ़ी देखकर उसके मन में कई तरह की शंकाएँ उठीं और अन्त में द्विवेदीजी के सामने एक प्रश्न रखकर वह चला गया। ''मुसलमान भी नहीं, ईसाई भी नहीं, तो क्या हिन्दू है?'' यही वह प्रश्न था उस पठान युवक का जो द्विवेदीजी को एक गहरी चोट दे गया, उनकी प्रतिभा को जैसे किसी ने उकसा दिया हो, सोचने को मजबूर कर दिया हो कि ''इस अभागे देश में जो मुसलमान भी नहीं, ईसाई भी नहीं, वह हिन्दू होता है। यह पठान युवक पाणिनि और यास्क का वंशज है, पर चूँकि वह मुसलमान है, इसीलिए वह हिन्दू नहीं। इसके पूर्वजों ने वैदिक साहित्य के अनमोल अंशों का सम्पादन किया था, पर चूँकि वह मुसलमान है इसलिए वह हिन्दू नहीं और इसलिए उसके लिए वह साहित्य कुफ्र है।'' यह सोचते ही द्विवेदीजी के सामने तत्काल ही भारतीय संस्कृति की अभाव-उपलब्धियों का एक दृश्य नाच गया। अफसोस की बात केवल इतनी ही नहीं है कि पाणिनि और यास्क के वंशधर आज हींग बेचते हैं, बल्कि और भी ढेर-सी बातें हैं जो हमारे स्वाभिमान को धक्का देती हैं, ''कुमारजीव के सगे-सम्बन्धी आज सीमान्त के हिन्दुओं की बहू-बेटियों का व्यवसाय करते हैं, और इस बात को भी कोई अस्वीकार नहीं कर सकता कि कालिदास की विहार-भूमि में आज ऐसी सभ्यता (या बर्बरता) का तांडव हो रहा है जो चित्त को मथे बिना नहीं रह सकता, फिर भी भरोसा यह है कि वह रक्त बचा तो है। आज नहीं कल वह अपना प्रभाव फैलाएगा ही, लेकिन मैं दूसरी बात सोच रहा हूँ, कहते हैं 'फलेन परिचीयते वृक्षः'—अर्थात् दरख़्त की पहचान फल से होती है। आज जो हिन्दुओं की दुरवस्था है, वह है तो उसी बहुविघोषित समृद्धिकालीन सभ्यता का परिणाम। कैसे कहूँ कि वह अच्छी थी, जबकि उसका परिणाम स्पष्ट ही बुरा नजर आ रहा है।'' यह एक ज्योतिष के आचार्य और साहित्य के इस पंडित की वाणी है जो अपने को अनार्किस्ट कहता है, बूढ़ों को झुककर प्रणाम कर उन्हें अपेक्षित श्रद्धा देता है, देवस्थान के सामने माथा झुकाकर सहज ही अपनी जीवन्त आस्था की विज्ञप्ति देता है।

इसे मैं व्यक्तिगत रूप से जानता हूँ कि ज्योतिष के आचार्य होकर भी फलित

ज्योतिष में द्विवेदीजी का विश्वास नहीं है। मुझे एक बार उन्होंने बताया था कि जब मैं शान्तिनिकेतन पहुँचा तो वहाँ के लोग यह जानकर कि काशी का पंडित आया है, मेरी ओर आकृष्ट हुए और जब उन्हें मेरे ज्योतिषज्ञान का पता चला तो उन लोगों ने बड़ी श्रद्धा से मेरे सामने अपनी जन्म-पत्री और हाथ पसार दिया था। जन्म-पत्री और हस्तरेखा देखे बिना ही अटकल से मैंने उन भाग्यवादियों के भाग्य के बारे में कुछ कह दिया। संयोगवश वह सच निकल गया, परिणामतः मेरे यहाँ ऐसे लोगों की भीड़ बढ़ने लगी थी और किसी तरह उनसे पिंड छुड़ाया था। इस विद्या में मेरा विश्वास नहीं है।'' सुननेवालों को शायद यकीन न हो, लेकिन यह सच है कि द्विवेदीजी रूढ़ियों के शत्रु हैं। फिर भी ज्योतिष और शास्त्र के आचार्य होने के कारण पंडितों की पंचायत में तथा ठाकुर जी की बटोर में वे सम्मानपूर्वक बुलाये जाते हैं। पंडितों की पंचायत से हटाकर उन्हें क्षण-भर के लिए उनकी कल्पना अपने पंखों पर बैठाकर एक दूसरे लोक में उड़ा ले जाती है। वहाँ द्विवेदीजी ने जो देखा उसे बड़े स्पष्ट ढंग से व्यक्त किया है, ''मुझे ऐसा जान पड़ा है मैं सारे जगत् के छोटे-मोटे व्यापार को देख सकता हूँ। मेरी दृष्टि समुद्र पार करके अद्भुत कर्मलोक में पहुँची। यहाँ के मनुष्यों में किसी को फुरसत नहीं जान पड़ी, सबको समय के लाले पड़े थे। सारे द्वीप में एक भी ऐसा गाँव नहीं मिला, जहाँ घंटों तक एकादशी व्रत के निर्णय की पंचायत बैठ सके। सभी व्यस्त, सभी चंचल, सभी तत्पर। मैं आश्चर्य के साथ इनकी अपूर्व कर्मशक्ति देखता रह गया। यहाँ से लाल, काली, नीली आदि अनेक तरंगें बड़े वेग से निकल रही थीं और सारे जगत् के वायुमंडल पर भी ये बार-बार आघात करती हुई नजर आयीं। वह भी कुछ विक्षुब्ध हो उठा। ये विचारों की लहरें थीं।''[1]

इसी प्रकार 'ठाकुरजी की बटोर' में बैठ कर द्विवेदीजी ने (एक अव्यावहारिक की तरह लोगों के रुख का खयाल किए बिना) बड़े उत्तेजित भाव से कहा था, 'जो ठाकुर जातिविशेष की पूजा ग्रहण करके ही पवित्र रह सकते हैं, जो दूसरी जाति की पूजा ग्रहण करके अग्राह्य चरणोदक हो जाते हैं, वे मेरी पूजा नहीं ग्रहण कर सकते। मेरे भगवान दीन और पतितों के भगवान हैं। जाति और वर्ण से परे के भगवान हैं, धर्म और सम्प्रदाय के ऊपर के भगवान हैं। वे सबकी पूजा ग्रहण कर सकते हैं और पूजा ग्रहण करके अब्राह्मण-चांडाल सबको पूज्य बना सकते हैं।' द्विवेदीजी की इन पंक्तियों में रवीन्द्र और गाँधी की साँसें बोल रही हैं।

1. द्विवेदी जी ने एक बार मुझसे कहा था कि नियमों का प्रतिबन्ध मुझे मान्य नहीं है, अपने तईं मैं एक अनार्किस्ट हूँ। इसी प्रकार ज्येष्ठ बूढ़े का पैर छूते और दुर्गा मन्दिर के सामने माथा नवाते मैंने उन्हें देखा है।

द्विवेदीजी के निबन्धों में दो अतिवादी प्रवृत्तियों का निषेध दिखाई पड़ता है। पुरातन को एकदम बेकार समझकर नये जमाने के जो लोग परम्पराच्युत हो गये, उनसे द्विवेदी का समझौता नहीं हो सकता, क्योंकि द्विवेदीजी ने परम्परा को कहीं छोड़ा नहीं, बल्कि उसे नये अलोक में देखा है। कहना अनुचित न होगा कि द्विवेदीजी के कृतित्व की भित्ति ही पुरातन पर आधृत है, उस पर आधुनिक रंग चढ़ाकर उसमें नये प्राण की प्रतिष्ठा की गयी है। नये साहित्यकारों ने जहाँ से अपनी दृष्टि हटा ली है, द्विवेदीजी की दृष्टि वहीं ठहरती है। 'शवसाधना' का रहस्य उद्घाटित करते हुए द्विवेदीजी ने लिखा है, 'शव की पीठ पर मन्त्र-तन्त्र से चाहे जितनी साधना की जाए, जब तक उसका मुख साधक की ओर नहीं होता, तब तक समझना चाहिए कि साधक सिद्धि के निकट नहीं आया है, शव तब भी शव ही है, उसमें शक्ति का संचार नहीं हुआ। शव की साधना तभी पूर्ण होती है जब उसका मुख साधक के सामने होता है, वह उससे जीवित मनुष्य की भाँति बात करता है। प्राचीन ज्ञान के साधक को यह बात याद रखनी होती है। हम ऐसे साधकों को जानते हैं जिन्होंने अपने गम्भीर अध्यवसाय से प्राचीन युग का मुख अपनी ओर फेर लिया है। तुलसीदास ऐसे ही साधक थे। उन्होंने जो कुछ पढ़ा, गुना, उसे निःशेष भाव से भविष्य के निर्माण में लगा दिया। केवल ज्ञान भार है यदि वह मुक्ति की ओर नहीं ले जाता। वह भी बाह्याचार मात्र है, मृत है। ज्ञान का फल मुक्ति है।' इसी प्रकार अनेक उपेक्षित पुरातन वस्तुओं को एक नयी अर्थवत्ता देकर द्विवेदी जी ने अपने निबन्धों में यत्र-तत्र व्यक्त किया है। एकदम आधुनिक बन जाने की जो हवा बही, वह द्विवेदीजी को छूकर निकल गयी, इतने भारी व्यक्तित्व को अपने साथ उड़ा नहीं पायी। इसी प्रकार एक दूसरी अति का द्विवेदीजी ने निषेध किया और यह है पंडिताई का दम्भ। अशोक के फूल की अन्तिम पंक्तियाँ इस प्रकार हैं, 'अशोक का फूल तो उसी मस्ती से हँस रहा है। पुराने चित्त से इसे देखनेवाला उदास होता है। वह अपने को पंडित समझता है। पंडिताई भी एक बोझ है—जितनी भी भारी होती है उतनी ही तेजी से डुबाती है। जब वह जीवन का अंग बन जाती है तो सहज हो जाती है। तब वह बोझ नहीं रहती। वह उस अवस्था में उदास भी नहीं करती।' और इसीलिए साहित्य के नये मूल्य की ओर संकेत करते हुए द्विवेदीजी ने कहा था कि 'चित्तगत उन्मुक्तता बड़ी चीज है, क्योंकि वह बड़ी सम्भावना से भरी है। उसका स्वागत होना चाहिए। उसका स्वस्थ विकास हुआ तो भारतीय साहित्य का अच्छा अध्ययन होगा और उसके मर्म को हम अच्छी तरह समझ सकेंगे।' इसी प्रकार 'साहित्य का प्रयोजन—लोक कल्याण' मानते हुए द्विवेदीजी ने कहा है, 'दृढ़तापूर्वक कहना चाहता हूँ कि मनुष्य को अज्ञान, मोह,

कुसंस्कार और परमुखापेक्षिता से बचाना ही साहित्य का लक्ष्य है। इससे छोटे लक्ष्य की बात मुझे अच्छी नहीं लगती।'

निस्सन्देह डॉ. हजारीप्रसाद द्विवेदी वर्तमान व्यक्तिव्यंजक निबन्धकारों में श्रेष्ठतम हैं। अत्यन्त सामान्य विषय की चर्चा-द्वारा सरस शैली में बड़ी-बड़ी बातें कह जाना द्विवेदीजी की अपनी विशेषता है। 'नाखून क्यों बढ़ते हैं?' अपनी नादान बिटिया के इस प्रश्न के जवाब में बड़े ही रोचक ढंग से सहज भाषा में द्विवेदीजी कहेंगे, 'नाखून का बढ़ना मनुष्य के भीतर की पशुता की निशानी है और उसे नहीं बढ़ने देना मनुष्य की अपनी इच्छा है। अपना आदर्श है। बृहत्तर जीवन में अस्त्र-शस्त्रों को बढ़ने देना मनुष्य की पुशता की निशानी है और उनकी बाढ़ को रोकना मनुष्यत्व का तकाजा है। मनुष्य में जो घृणा है, जो अनायास—बिना सिखाए आ जाती है, वह पशुत्व का द्योतक है और अपने को संयत रखना, दूसरे के मनोभावों का आदर करना मनुष्यता का स्वधर्म है।' कम्बख्त नाखून बढ़ते हैं तो बढ़ें मनुष्य उन्हें बढ़ने नहीं देगा।' 'एक कुत्ता और एक मैना' की चर्चा द्वारा गुरुदेव रवीन्द्रनाथ की मनोदशा का परिचय अपने पाठकों को द्विवेदीजी बड़ी सुगमतापूर्वक दे सकते हैं। मैना-दम्पती के सम्भाषण के अटकल द्वारा उनके दाम्पत्य जीवन की झाँकी प्रस्तुत कर मनुष्य पर व्यंग्य कस सकते हैं। निबन्ध का शीर्षक होता है, 'अशोक के फूल' और उद्देश्य होता है, इतिहास के बड़े तथ्य का उद्‌घाटन करना। लोग-बाग जानते हैं कि वसन्त एक निश्चित समय पर आता है, जब चाहे अपने पर ले आ सकता है। द्विवेदीजी की प्रतीति है कि वसन्त भागता-भागता चलता है। देश में नहीं, काल में। किसी का वसन्त पन्द्रह दिन का है तो किसी का नौ महीने का।' इस प्रकार बड़ी सहज भाषा में महत् उद्भावना कर जाना निबन्धकार द्विवेदीजी के लिए आसान है। इनके पत्रों के आरम्भ और अन्त के शब्दों को सटा देने पर वे श्रेष्ठ निबन्ध का रूप ले लेते हैं। जैसे मेरी जन्मभूमि नामक निबन्ध श्री बैजनाथ सिंह 'विनोद' के नाम लिखा गया पत्र है। ऐसे ही दो और पत्रों को मैंने देखा है, एक 'नयी धारा' के सम्पादक रामवृक्ष बेनीपुरी के नाम और दूसरा हंस के (शान्ति संस्कृति अंक) सम्पादक अमृतराय को।

द्विवेदीजी ने मौज में एक बार कहा था कि मैं अपने तईं अनार्किस्ट हूँ। इसका उल्लेख मैंने ऊपर किया है। सचाई यह है कि द्विवेदीजी के कृतित्व और व्यक्तित्व से जिनका अच्छी तरह परिचय है वे इस बात से कतई सहमत नहीं होंगे। सामाजिक मर्यादा और वैधानिक संयम का अतिक्रमण कर जाना द्विवेदीजी के व्यक्तित्व के अनुकूल नहीं है। उनके निबन्धों में उनकी प्रकृति झाँकती है, उनकी भाषा में उनका वक्ता (ओरेटर) बोलता है एक विशेष प्रकार का उतार-चढ़ाव लिए हुए। विचार और अनुभूतियाँ एक में सम्पृक्त होकर अभिव्यक्त हुई हैं। कहीं-कहीं बीच में

विनोद भी है, लेकिन व्यंग्य की मात्रा उनके निबन्धों में कम हैं। व्यंग्य है भी तो उतना उत्तप्त और तीखा नहीं यानी जैसाकि भारतेन्दु और निराला में है, कहीं-कहीं शुक्लजी में भी। कबीर के सिलसिले में स्वयं द्विवेदीजी ने व्यंग्य की बड़ी अच्छी परिभाषा दी है। ''व्यंग्य वह है जहाँ कहने वाला अधरोष्ठ में हँस रहा हो और सुननेवाला तिलमिला उठा हो और फिर भी कहनेवाले को जवाब देना अपने को और भी उपहासास्पद बना लेना हो जाता हो। कबीरदास ऐसे ही व्यंग्यकर्ता थे।'' और द्विवेदीजी ऐसे ही व्यंग्यकर्ता हैं, लेकिन तभी तक जब वे बातचीत की भूमि पर रहते हैं। इनके निबन्धों में इस श्रेणी का व्यंग्य कहीं नहीं दिखाई पड़ता। कहीं है तो अत्यन्त शान्त। उनके निबन्धों की शैली के ओज और प्रखरता पर एक विशेष प्रकार की शान्ति का शासन दिखाई पड़ता है अर्थात् वह शान्तिपूर्ण ओज जो रवीन्द्रनाथ की कृतियों की विशेषता है। कदाचित् यह शान्ति उनके मानवतावाद के अधिक निकट पड़ती है, और इसीलिए उसे चाहकर भी द्विवेदीजी हटा नहीं सकते। द्विवेदीजी का स्वच्छन्तावाद निराला का स्वच्छन्दतावाद नहीं, बल्कि छायावादियों (हिन्दी स्वच्छन्दतावादियों) में पन्त की प्रवृत्ति से इनका अधिक साम्य है।

द्विवेदीजी कहीं-कहीं एकाध वाक्य में ही अपना वक्तत्व समाप्त कर देते हैं, जैसे ''झगरे रगरे बगरे ठगरे' में भी कोई तुक है!'' मगर सभी दुनिया इसी को तुक कहती आ रही है और विनोद की छटा उपस्थित करने के लिए यह कहना कि ''मुझे कचनार फूल की ललाई बहुत भाती है। सबसे बड़ी बात यह है कि इन फूलों की पकौड़ियाँ भी बन सकती हैं।'' द्विवेदीजी प्रायः धीरे से ऐसी बात कहकर अट्टहास कर उठते हैं। इसी प्रकार 'केतु दर्शन' की चर्चा केवल दो ही वाक्य निकालकर रख दिया जाए तो आप ध्यान से देखें, वह पूरा वक्तव्य है, ''डर यह है कि हस्तनक्षत्रवाला केतु दंडकारण्य के राजा का नाश कर डालता है। मुझे आशंका हुई कि दंडकारण्य कहीं हैदराबाद की रियासत तो नहीं है।'' आगे भी दो पंक्तियाँ है, ''बुरा मैं किसी का नहीं सोचना चाहता। भगवान करें, दंडकारण्य भूलोक में कहीं हो नहीं!'' लेकिन दंडकारण्य भूलोक में ही है और द्विवेदीजी को आशंका है कि वह हैदराबाद की रियासत है जो पाप की नींव पर खड़ी है। एक और वाक्य देखिए, ''प्रायः मोहक वस्तुओं को देखकर मनहूस लोगों की याद आ जाती है। सबको आती है क्या?'' और किसी को आवे न आवे द्विवेदीजी को आम्रमंजरी देखकर बिच्छू की याद जरूर आती है। बिच्छू—जो संसार का सबसे पुराना, सबसे खूसट, सबसे क्रोधी और सबसे दकियानूस प्राणी है। इसी तरह एक बार लेखकों की समस्या के बारे में सोचते हुए जाने कैसे द्विवेदीजी को कलकत्ता के चिड़िया घर के वनमानुष की भी याद आयी थी और उन्होंने अपनी पूर्व-धारणा में किंचित् संशोधन कर लिया था और अब उनकी राय में ''वस्तुतः संसार के सभी वनमानुष

गम्भीर और तत्त्वदर्शी दिखाई देते हैं।'' द्विवेदीजी की शैली का एक रूप यह है और एक वह है जब वे संस्कृतनिष्ठ भाषा और लम्बे-लम्बे वाक्यों का प्रयोग बाणभट्ट की तरह या कि रवीन्द्रनाथ की तरह करने लगते हैं। बाणभट्ट के अलावा और भी बहुत से संस्कृत मनीषियों का प्रभाव द्विवेदीजी पर होगा, मगर जो सबसे स्पष्ट और गहरा प्रभाव है वह रवीन्द्रनाथ का है। यह प्रभाव इतना मुखर है कि द्विवेदीजी के निबन्धों को पढ़ते समय पाठक को कभी यह भ्रम भी हो सकता है कि हम कहीं रवीन्द्रनाथ को तो नहीं पढ़ रहे हैं। इसी प्रभाव के कारण द्विवेदीजी में अतिरिक्त भाव-प्रवणता और कहीं-कहीं अतिरिक्त उच्छ्वास भी दिखाई पड़ता है। यह व्यक्तिव्यंजक निबन्ध की विशेषता हो सकती है, मगर समीक्षा जैसे शास्त्रीय विषय विवेचन में यह एक प्रत्यूह का रूप ले लेता है। उदाहरण के लिए हम 'सूर साहित्य' को देखें, उसमें उच्छ्वास की मात्रा बहुत अधिक है, द्विवेदीजी की अन्य समीक्षा-कृतियों में भी एक अतिरिक्त भाव-प्रवणता दिखलाई पड़ती है। कदाचित् इसे ही लक्ष्य कर डॉ. देवराज ने कहा है कि 'वस्तुतः द्विवेदीजी एक शुद्ध समीक्षक नहीं है।' मेरे कहने का आशय सिर्फ इतना ही है कि द्विवेदीजी की शैली में एक उच्छ्वास है, उनकी दृष्टि में एक करुणा है जो समीक्षा में बाधक सिद्ध होती है। द्विवेदीजी किसी प्रकार भरसक किसी को नाखुश करना नहीं चाहते, इसलिए शुद्ध समीक्षा में जो एक साहस और तटस्थता अपेक्षित है वह बाधित होकर दब जाती है। मेरा मतलब सिर्फ इतना ही है। उनका पांडित्य तो एक आच्छादक गरिमा से युक्त है। यह भी सच है कि आचार्य शुक्ल के बाद आधुनिक साहित्य और साहित्यिकों पर आचार्य नन्दुलारे वाजपेयी और आचार्य हजारीप्रसाद द्विवेदी का ही सबसे अधिक प्रभाव दिखाई पड़ा। निरालाजी का प्रभाव दूसरे प्रकार का था। और अज्ञेयजी जरा बाद में आये और उनका प्रभाव जरा और बाद में एक खास सीमा रेखा लिए हुए पड़ा।

'देवदारु' के जंगल में बैठकर द्विवेदीजी मुड़कट्टों की भीड़ देखते हैं तो उत्साहित होकर कहते हैं कि ''लाख-लाख मुड़कट्टों को गुलाम बना सकता हूँ। भूतों में जैसे मुड़कट्टे होते हैं, आदमियों में कुछ होते हैं। मस्तक नाम की चीज उनके पास होती ही नहीं। मस्तक ही नहीं तो मस्तिष्क कहाँ, लता ही कट गयी तो फूल की सम्भावना ही कहाँ रही—'लतायां पूर्वलूनायां प्रसूनस्योद्भवः कुतः!'' ये मुड़कट्टे यानी कटे मस्तिष्कवाले, आश्चर्य है कि कटे मस्तिष्कवाले होकर भी दूसरों का मूड़ काटने की तेज बुद्धि रखते हैं।'[1] जाति-वृद्धि की चिन्ता शायद इनकी

1. मेरे गाँव-जवार में मुड़कट्टा को मुड़कटवा कहते हैं। यानी कटे मूड़वाला और मूड़काट लेनेवाला भूत। ऐसी एक धारणा है। द्विवेदीजी के गाँव के निकट ही मेरा गाँव है, इसलिए मुड़कटवा और मुड़कट्टा दो नहीं एक हैं।

प्रधान चिन्ता होती है और चिन्तन चूँकि बेमूड़ के चलता है, इसलिए मूड़वालों के काम नहीं आता वह। मुड़कट्टों के बारे में द्विवेदीजी के वक्तव्य का अर्थ जहाँ तक मैं समझ सका हूँ वह यही है और इतना और भी है कि मुड़कट्टों का वास केवल उन घोर देहातों में नहीं होता जहाँ 'फचफची गायत्री' का 'झमाझम' पाठ करनेवाले पंडित जी रहते हैं, बल्कि आज तो इनकी संख्या उन नगरों-महानगरों में अधिक बढ़ती जा रही है जहाँ सभ्यता-शराफत की डींग हाँकनेवाले अधिक हैं, महाविद्यालय और विश्वविद्यालय हैं; चाकचिक्य में पलनेवाले और शिक्षित कहे जानेवाले लोगों की बहुसंख्या है, विधानसभा और लोकसभा है, न्यायालय और उच्च न्यायालय हैं; नेता हैं—अभिनेता हैं; कवि और महाकवि हैं; महात्मा के चेले हैं; और वहीं मुड़कट्टों की भारी पलटन है। 'फलेन परिचीयते वृक्षः!' महात्मा के महत् जीवन-दर्शन के प्रति अनास्था की हवा उठा रही है कि उनके चेले देश की नैतिकता को 'धेले' के भाव पर उतार लाये हैं। और देश मुड़कट्टों की मार का शिकार हो गया है कि भयंकर भ्रान्ति है; बौद्धिक जड़ता है और रोज-रोज मुड़कट्टों की पलटन बढ़ती जा रही है। क्योंकि देवदारु की लकड़ी से चोट करने वाले उठ गये हैं या 'भूतभगावन' क्रिया से उदासीन हो गये हैं।

बेमूड़ की यह पलटन एक महामुड़कट्टे को मूड़वाला मानकर चलती है! लेकिन इस बेमूड़वालों को कौन समझाए कि वह महामुड़कट्टा यदि मूड़वाला होता तो तुम्हारे लिए विजातीय होता, उस पर तुम्हारी आस्था नहीं होती, उसे अपना आका मानकर तुम न चलते। पीकिंगवासी इस महामुड़कट्टे की भाषा का अर्थ सबको नहीं लगता। अपनी भाषा का असली अर्थ वह खुद ही समझता है। और मुड़कट्टों की पलटन को समझ से क्या लेना-देना! द्विवेदीजी कहते हैं, "जो सबको लगे वह अर्थ है, जो एक को लगे वह अनर्थ है।" पींकिंग से उठनेवाली हवा अनर्थ ही हवा है और यह रुग्ण और विषैली हवा यदि देवदारु उगानेवाली जमीन को छूने लगी हो तो उसे वहीं दफना देना जरूरी है कि महामुड़कट्टे को यह एहसास हो जाए कि भारत की धरती पर, हिमालय की चोटियों पर देवदारु का वन है; मुड़कट्टों की पौध अब यहाँ नहीं उग सकती।

हँसी-हँसी में बड़ी बात कहने का द्विवेदीजी को सहज अभ्यास है। जब वे कहते हैं कि "आज देवदारु जंगल में बैठा हूँ। लाख-लाख मुड़कट्टों को गुलाम बना सकता हूँ" तो शुद्ध हँसी नहीं करते, बल्कि एक बड़ा संकेत देते हैं कि मुड़कट्टों की जड़-उखाड़ फेंकने के लिए जंगलों और गाँवों में जाकर पेड़-पौधों की जाति पहचानना जरूरी है; मिट्टी का रहस्य जानना जरूरी है। लोकसभा से कॉफी हाऊस तक ही जिनकी सीमा है, कि कवि गोष्ठियों से लेकर श्रेष्ठी-दरबारों

तक में ही जिन्हें बैठने का अभ्यास है वे तो देवदारु से भी डरेंगे और मुड़कट्टों से भी। यानी मित्र से भी और अमित्र से भी। इस प्रकार के जीव जिन्हें मित्र से भी भय हो और अमित्र से भी, उनकी स्थिति सबसे बुरी होती है। कदाचित् इसीलिए वैदिक ऋषि ने कामना की थी 'अभयं मित्राद् अभयं अमित्रात्' मित्र से अभय हों और अमित्र से अभय हों। अभय बड़ी चीज है। बिना इसे प्राप्त किए 'मुड़कट्टे' को भगाना तो दूर देवदारु की लकड़ी भी पकड़ने की शक्ति नहीं रह जाती। और जानी हुई बात है कि जब लकड़ी पकड़ने की शक्ति नहीं रह जाती तो आदमी जमीन पकड़ लेता है। शक्ति की पूजा सनातन काल से होती आ रही है। देवदारु जैसा उन्नत होकर जो मस्ती में झूम नहीं सकेगा और जिसमें विपत्तियों के असंख्य थपेड़ों को सह सकने की शक्ति देवदारु जैसी यदि नहीं होगी तो वह 'भूत भगावन' कला में सिद्ध नहीं हो सकता। कोरी 'फचफची गायत्री' से काम नहीं चलेगा। इससे मुड़कट्टों की भीड़ बढ़ती जाएगी।

सबका दुलरुआ बन जाना बड़ी बात नहीं है क्योंकि तब आदमी खिलौना बन जाता है। बड़ी बात है देवदारु की तरह नीचे न उतरना, हर बहेतू हवा के साथ समझौता न करना। हजारीप्रसाद द्विवेदी के 'देवदारु' शीर्षक निबन्ध की अन्तिम पंक्तियाँ बड़ी अर्थपूर्ण हैं—"देवदारु के बारम्बार कम्पित होते रहने में एक प्रकार की मस्ती अवश्य है। युग-युगान्तर की संचित अनुभूति ने ही मानो यह मस्ती प्रदान की है। जमाना बदलता रहा है, अनेक वृक्षों और लताओं ने वातावरण से समझौता किया है, कितने ही मैदान जा बसे हैं और खासी प्रतिष्ठा प्राप्त कर ली है, लेकिन देवदारु है कि नीचे नहीं उतरा, समझौते के रास्ते नहीं गया और उसने अपनी खानदानी चाल नहीं छोड़ी। झूमता है तो ऐसा मुस्कराता हुआ मानो कह रहा हो, मैं सब जानता हूँ, सब समझता हूँ, तुम्हारे करिश्मे मुझे मालूम हैं—मुझसे तुम क्या छिपा सकते हो—'मोंते दुरैहा कहा सजनी निहुरे-निहुरे कहुँ ऊँट की चोरी!' हजारों वर्ष के उतार-चढ़ाव का ऐसा निर्मम साक्षी दुर्लभ है।"

आज एड़ी अलगाकर ऊँच बनने की कोशिश में हम कितने हास्यास्पद बनते जा रहे हैं और नीच रास्ते से ऊँच भूमि पाने की हमारी महत्त्वाकांक्षा हमें कितनी बदरूप और कमजोर बनाती जा रही है, यह कहने की बात नहीं है। कहना तो यह है कि आज देश के नेता--कलाकार और पंडित अपनी सही जमीन छोड़कर नीचे उतर गये हैं और नयी चाल का अभ्यास शुरू कर दिया है और कुछ धरती छोड़कर आकाश में उड़ने लगे हैं, शायद इसीलिए युग की विसंगति पर चोट करने की उनकी शक्ति शेष हो चुकी है और इतना ही नहीं इन्हें विदेशी विचार-- कलम को अपना मूल उत्स मानने में गौरव बोध होने लगा है। स्वाभाविक रूप से वाणी

ऐसी निकलने लगी है जिसका अर्थ किसी को न लगे! जिसकी वाणी उसी का अर्थ! द्विवेदीजी कहते हैं "पागल का लगना एक का लगना होता है—कवि का लगना सबको लगने लगता है" अर्थात् "जिसका लगना सबको लगे वह कवि है, जिसका लगना सिर्फ उसे ही लगे और को नहीं, वह पागल है।" पागलों की संख्या आज बढ़ रही है। लेकिन जब पं. हजारीप्रसाद द्विवेदीजी जैसे चिन्तक लेखक हैं तो एक भरोसा है कि भारत में अभी देवदारु जीवित हैं, हजारों वर्ष की भारतीय परम्परा का गवाह जीवित है और 'अशोक के फूल' हैं जो संकेत देते हैं कि 'स्वर्गीय वस्तुएँ धरती से मिले बिना मनोहर नहीं होतीं'।

आचार्य द्विवेदी के निबन्ध

रमेशचन्द्र शाह

हिन्दी साहित्य की कोई भी चर्चा छिड़ने पर अन्यान्य शिकायतों के साथ एक आम शिकायत जो बहुधा सुनने को मिलती है, वह यह कि इसमें निबन्ध की विधा अन्य विधाओं की अपेक्षा काफी पिछड़ी हुई है। विश्व की अन्य भाषाओं की तुलना में भी अपने यहाँ के निबन्ध-साहित्य के दारिद्र्य का रोना प्रायः रोया जाता है। यह दूसरी बात है कि भारतेन्दु-युग से लेकर अधुनातन निबन्धकारों तक विस्तृत सुदीर्घ परम्परा से घनिष्ठ परिचय रखनेवाला पाठक वस्तुस्थिति को इतनी निराशाजनक मानने के लिए तैयार न हो।

मात्रा और विषय-वैविध्य की दृष्टि से देखा जाए तो हिन्दी ने अपने विकास की इस अल्पावधि में जितनी प्रगति की है वह किसी भी भाषा की सापेक्षित उपलब्धि से तुलनीय ठहराई जा सकती है। न केवल विषयनिष्ठ, गम्भीर और आलोचनात्मक निबन्धों अपितु आत्मव्यंजक निबन्ध की भी अधिकाधिक मुद्राएँ, अधिकाधिक छविछाप हमारे निबन्धकारों द्वारा मूर्त हुई है। निबन्ध का शायद ही कोई प्रकार, कोई रूप हो जिसकी उपलब्धि नहीं तो उपलब्धि का आभास या बीज तक अपने यहाँ विद्यमान न हो, बल्कि बहुत सम्भव है दो-एक स्वर ऐसे भी यहाँ मौजूद हों जो हमारे बिल्कुल अपने हों और जिनकी अनुगूँज तक अन्यत्र न सुनाई पड़े। पं. माधव मिश्र का 'सब मिट्टी हो गया' और अध्यापक पूर्णसिंह का 'आचरण की सभ्यता' इस प्रसंग में अनायास स्मरण हो आते हैं। दूसरी ओर लोगों का यह कथन कि हमारे यहाँ मान्तेन या चार्ल्स लैम्ब की टक्कर के निबन्धकार नहीं है, एक तथ्य है, पर इस तथ्य को स्वीकारने में हमें कोई हीनता का बोध नहीं होता। कारण—ये प्रतिभाएँ अपने ही साहित्यों में क्यों, समूचे विश्व के निबन्ध साहित्य में अकेली और अनन्य हैं। इनका प्रादुर्भाव परम्परा से नहीं होता, व्यक्तित्व की किन्हीं अबूझ और असामान्य संघटनाओं से प्रेरित होता है।

मात्रा और वैविध्य की दृष्टि से तो नहीं, किन्तु गुण की दृष्टि से हमारे निबन्ध

साहित्य में जो एक न्यूनता शुरू से आखिर तक खटकने वाली है, वह यह है कि इसके अन्दर बहुत कम ऐसी रचनाएँ हैं जिनमें रचनाकार के सम्पूर्ण व्यक्तित्व की सर्वथा सन्तोषजनक और साहित्यिक अभिव्यक्ति पाई जा सकी। दूसरे शब्दों में अपने यहाँ के निबन्धों की सबसे बड़ी कमी यह मालूम देती है कि उनकी आत्मव्यंजना कुछ दृष्टियों से सफल और मनोरंजक होकर भी कई स्तरों पर अस्पष्ट या अधूरी ही रह जाती है। बुद्धि को सन्तुष्ट करने के सारे उपादान भी आ जुटे होंगे तो हृदय प्यासा ही रह जाएगा, या रंजकता भरपूर मिलेगी तो साहित्यिकता तिरोहित हो जाएगी, तर्क होगा तो इतना कि पाठक दस बैठकों में भी निबन्ध को पूरा न कर पाये, और भावना होगी तो इतनी कि समूची रचना की सिसकियों में डूबने-उतराने लगे। निबन्ध व्यक्ति का हृदयग्राही आलेख प्रस्तुत करता भी है तो वह व्यक्ति तक ही सीमित हो रहता है। व्यक्तित्व के माध्यम से समाज और विश्व मानवता के व्यापक और गहरे सन्दर्भों को उजागर नहीं कर पाता। उनकी संवेदना का स्तर भी उतना ऊँचा नहीं होता जितना की विधा के महारथियों में पाठक को देखने को मिलता है। हिन्दी के अधिकांश निबन्धों में व्यक्तित्व का या तो एक ही आयाम उभरेगा या फिर एकाधिक आयाम उभरते भी प्रतीत होंगे तो उनमें सामंजस्य नहीं हो पाएगा। हृदय और मस्तिष्क का पार्थक्य स्पष्ट झलक जाता है। यही विरोध शैली पक्ष में प्रतिबिम्बित होता है। हिन्दी निबन्ध के अन्दर शैलियों का पर्याप्त वैविध्य है। पर विषय और निर्वाह; भाव और भाषा की पूर्ण पारस्परिक निर्भरता बहुत कम देखने को मिलती है। हमारे शैलीकार में शैली की सचेष्ट आराधना जितनी दिखाई पड़ती है, उतनी भाव और मनःस्थिति के अनुरूप सटीक व्यंजना ढूँढ़ने की साधना नहीं दीखती।

इस गुण का उत्कर्ष हिन्दी निबन्ध के अन्दर कहीं मिलता है तो आचार्य हजारीप्रसाद द्विवेदी के कृतित्व में। वास्तव में व्यक्तित्व और साहित्य, आत्म और समग्र की सर्वाधिक सन्तोषजनक (और कलात्मक) अन्विति लगभग अपवाद रूप में हम द्विवेदीजी के निबन्धों में पाते हैं। अभिव्यक्ति के स्तर पर भी वही अन्योन्याश्रयता; वही अविभक्त एकता उनमें सुलभ होगी। हिन्दी गद्य इन थोड़े से निबन्धों में प्रौढ़त्व और परिष्कार की जिन ऊँचाइयों को छू सका है वे अधिकांश निबन्धकारों के लिए अद्यावधि अनधिगम्य बनी हुई हैं। क्या सरल, क्या अलंकृत दोनों ही प्रकारों के गद्य की उत्कृष्ट बानगियाँ यहाँ उपलब्ध हो सकती हैं, किन्तु प्रथम श्रेणी के शैलीकार होते हुए भी उनमें शैलीकारी का कोई साग्रह अनुरोध नहीं मिलेगा। वे शब्द-शिल्पी ही नहीं, शब्द-शास्त्री भी हैं। सर्जक ही नहीं, पंडित भी हैं। और इन दोनों का मणिकांचन सहयोग उन्हें जहाँ एक ओर नीरस और बोझिल होने से बचाता है, वहीं उन्हें भाषा-शैली के अतिरिक्त सम्मोहन से ऊपर रखता

है। "निबन्ध गद्य का निकष है"—यह उक्ति द्विवेदीजी के विषय में पूर्णतः चरितार्थ होती है।

हमारे अधिकांश निबन्धकार—मुख्यतः भारतेन्दु और द्विवेदी युग के लेखक —या तो "भाव अनूठो चाहिए, भाषा कैसिउ होय" के सिद्धान्त का अनुगमन करते प्रतीत होते हैं या "शैली ही व्यक्तित्व है" वाली आधुनिक (और निर्दोष) मान्यता की सहज आपातरम्यता में बहकर दूसरे अतिरेक में पहुँच जाते हैं और व्यक्तित्व तथा व्यक्तिगत निबन्ध की चरमसिद्धि शैली के सौन्दर्य में ही एकान्ततः निहित मानकर शैलीगत प्रभावों के अन्वेषण में ही अपनी सारी शक्तियों को केन्द्रित करने लगते हैं। साधना में उन्हें साध्य का भ्रम होने लगता है। नतीजा यह होता है कि शैली व्यक्तित्व का दर्पण न होकर व्यक्तित्व का आवरण प्रत्युत उसका 'ग्रहण' (eclipse) बन जाती है। आचार्य द्विवेदीजी की कला इन दोनों अतियों से मुक्त है। भाव के अनूठेपन—प्रखर ज्ञान-चेतना और उदार मानवीय दृष्टिकोण के साथ-साथ उसमें भाषा के भी अनूठे आभिजात्य के दर्शन होते हैं जो हमें लैम्ब और हैजलिट सरीखे अमर निबन्धकारों का स्मरण दिलाता है। इस सन्दर्भ में लैम्ब का उल्लेख बहुतों को अनावश्यक और अतिरिक्त प्रतीत होगा, पर इन पंक्तियों के लेखक को इसमें कोई ऐसी अप्रासंगिकता नहीं दिखाई देती।

जिस प्रकार चार्ल्स लैम्ब ने अतीत युग (एलिजाबेथन और जैकोनियन युग की) कई मनोभूमियों का आत्मीकरण करके अपनी सर्वथा मौलिक और अनन्य प्रतिभा का निर्माण-संस्कार किया था, लगभग उसी प्रकार आचार्य द्विवेदी की प्रतिभा में भारतीय वाङ्मय की प्राचीन और मध्ययुगीन अनेक रत्नराशियों का आलोक समाया हुआ है। दोनों ही अपने कृतित्व की आत्म और शैली में समान रूप से अतीत की मार्मिक रंग छवियों की अवतारणा करते हैं। हाँ, इस अवतारणा के स्वरूप और ढंग में जो अन्तर है वह दोनों के निजी और विशिष्ट व्यक्तित्वों का अन्तर है और यह सर्वथा स्वाभाविक है। लैम्ब में कलाकार की तन्मयता का पुट अधिक है; मनुष्य की ऐतिहासिक जय यात्रा और सांस्कृतिक पृष्ठभूमि का चिन्तन लगभग नहीं। उसकी साहित्यिक रुचियाँ बहुत संकुचित (अतः गहन) और उसकी अपनी व्यक्तिगत सनकों से प्रेरित होने के कारण सीमित थीं। साहित्य के जो विशाल मानवीय सन्दर्भ, इतिहास को व्यापक दर्शन द्विवेदीजी का नैबन्धिक कृतियों में पदे-पदे उभरता है वह लैम्ब में कदाचित् ढूँढने पर भी न मिले। वैसे तो मानवीयता (उसकी करुणा और उसका अश्रु-हास) लैम्ब में कूट-कूटकर भरी हुई है। बल्कि लैम्ब को पाठक का—सजग पाठक का—सख्य जितनी जल्दी प्राप्त होता है उतना शायद द्विवेदीजी को नहीं। लैम्ब—अपेक्षाकृत अधिक आत्मीय है क्योंकि वह अपेक्षाकृत लौकिक और अधिक 'साधारण' भूमिका पर पाठक से

सम्बन्ध स्थापित करता है, किन्तु सहानुभूति और उदार मानव प्रेम समान रूप में दोनों के कृतित्व की प्रेरणा है। दृष्टियाँ अवश्य भिन्न हैं। सम्भवत: यह भिन्नता व्यक्तित्व से भी अधिक दोनों के जातीय और धार्मिक परिवेश की भिन्नता है।

चार्ल्स लैम्ब से द्विवेदीजी के निबन्धों की तुलना इसलिए भी अधिक सार्थक जान पड़ती है क्योंकि दोनों साहित्य के महान अध्येता और आस्वादक हैं। जिस प्रकार लैम्ब की हर सृजनात्मक चेष्टा उसके गहन अध्ययन से प्रदीप्त है उसी प्रकार द्विवेदीजी की भी। निबन्ध-क्षेत्र में ही क्यों—समूचे हिन्दी साहित्य में, सृजन और अध्ययन, प्रतिभा और पांडित्य का ऐसा विलक्षण संयोग अनन्य है। चूँकि लैम्ब के निबन्ध अधिक 'वैयक्तिक' हैं अत: उसकी प्रतिभा का पांडित्य विषय की अपेक्षा शैली के पक्ष में अधिक प्रस्फुटित हुआ है। इसीलिए उसके 'एसेज' में हम शैली की अनेक सुषमाओं, अनेक क्षमताओं के दर्शन करते हैं। द्विवेदीजी में यह क्षमता निबन्ध की अपेक्षा उपन्यास में अधिक व्यक्त हुई है।

द्विवेदीजी के निबन्ध किसी एक विशिष्ट 'व्यक्ति-चेतना' के वाहक नहीं हैं। वे एक ऐसी समृद्ध और सूक्ष्म अन्तर्दृष्टि के माध्यम बनकर आए हैं जो मानव को उसकी समग्रता में—कई-कई कालों और कई-कई संस्कृतियों के परिप्रेक्ष्य में निरन्तर विकासशील, किन्तु 'चिरन्तन' मानव को उद्घाटित करना चाहती है। उनका सत्य इस या उस व्यक्ति का निजी, प्राइवेट सत्य नहीं अपितु सबका 'मानुष सत्य' है। द्विवेदीजी के लगभग सभी निबन्ध इसी दिक्कालनिरपेक्ष मानवीय 'सत्य' को निरावरण करने की महत्त्वाकांक्षा और अनुसन्धित्सा से प्रेरित हैं। यही कारण है कि शैली का उतना नैकट्य न होने पर, उनकी अपील अधिक सार्वजनीन है। इतना अवश्य है कि जिस प्रकार चार्ल्स लैम्ब का पूरा मर्म जानने के लिए पाठक के पास थोड़ी बहुत विद्वत्ता की पूँजी भी अपेक्षित है, उसी प्रकार आचार्य द्विवेदी की निबन्ध-कला का पूर्ण रस-लाभ उन्हीं रसिकों के लिए सम्भव है जो प्राचीन संस्कृत-साहित्य और मध्युगीन सन्त-साहित्य में कुछ गति रखते हों। फर्क इतना ही है कि लैम्ब के निबन्ध पाठक से जिस प्रकार की विद्वत्ता की अपेक्षा रखते हैं वह लेखक की नितान्त व्यक्तिगत रुचियों से आक्रान्त होने के कारण अधिकांश लोगों की सहानुभूति के दायरे से बाहर पड़ जाती है। (इसीलिए लैम्ब उस अर्थ में 'लोकप्रिय' कदापि नहीं हैं जिस अर्थ में स्टीवेन्सन या ए.जी. गार्डिनर लोकप्रिय हैं) जब कि द्विवेदीजी का पांडित्य जन-जन की सहानुभूति और रुचि के निकट पड़ता है, क्योंकि उसकी जड़ें हमारी लोक-संस्कृति के अन्दर बहुत गहरी धँसी हुई हैं।

यह लोकतत्त्व उनके सभी निबन्धों की आधारशिला है। विषय चाहे 'अशोक के फूल' हो, चाहे 'सन्तों का सूक्ष्म वेद' वे अपने इस मूल से पल भर को भी

विच्छिन्न नहीं हो पाते। शास्त्र के सूक्ष्मातिसूक्ष्म लोकों में विहार करते हुए भी उनके मन की डोर निरन्तर इसी मूल मानुष-सत्य से बँधी रहती है। 'ठाकुरजी की बटोर' शीर्षक निबन्ध में उन्होंने एक स्थल पर लिखा है कि 'साधारण मनुष्य के लिए समझ पाना बड़ा कठिन है कि कब पंडित का शास्त्र उसकी बुद्धि को दबा देता है और कब उसकी बुद्धि शास्त्र को।' द्विवेदीजी स्वयं अनेक शास्त्रों के मर्मज्ञ हैं, पर वे कोरे शास्त्रज्ञान की विडम्बनाओं से भली-भाँति परिचित हैं। वे लोकदृष्टि से शास्त्रगत सत्य का मूल्यांकन करते हैं। उनका विश्वास है कि 'पंडित की बात की संगति लोक परम्परा से ही लग सकती है'। तथापि हैजलिट की तरह उन्होंने 'पंडितों की अज्ञता' पर प्रहार नहीं किये क्योंकि 'पांडित्य' में जो एक महिमा, एक दीप्ति होती है, वह लोक-दृष्टि के सतहीपन और अस्थिरता का उपचार करती है; एक प्रकार से उसे सन्तुलित और सम्पूर्ण करती है। द्विवेदीजी इस तथ्य को हृदयंगम कर चुके हैं। उनका पांडित्य उनकी शोध-वृत्ति को उकसाता है और वस्तु के प्रस्तुत सौन्दर्य में लीन उनके मन को हठात् खींचकर उसकी परम्परा का अनुसन्धान करने और उसके मूल तक पहुँच जाने की ओर प्रेरित कर देता है। तथापि उनकी यह प्रवृत्ति निबन्ध को तनिक भी बोझिल नहीं बनने देती। प्रत्युत उसकी रमणीयता में चार चाँद लगा देती है। 'अशोक'—'शिरीष के फूल' और 'आम के बौर' उनकी विद्वत्ता के संस्पर्शों से सप्राण-सवाक् हो उठते हैं—मनुष्य की जययात्रा के जीवन्त आलेख से! यह वह ज्ञान नहीं जो जानकारी के बोझ से थक चुका होता है। यह प्रज्ञा का वह तेज है जो लेखक की विधायक कल्पना के लिए नये क्षितिज, नये आकाश को उन्मुक्त कर देता है। उसे एक विलक्षण अन्तर्दृष्टि से सम्पन्न कर देता है।

आचार्य द्विवेदी 'कला कला के लिए' वाले सिद्धान्त को नहीं मानते। उनकी दृष्टि में तो "सारे मानव-समाज को सुन्दर बनाने की साधना का नाम ही साहित्य है।" उनके निबन्धों में भी वही, सोद्देश्यता, सत्य की वही आकुल अनुसन्धिता सर्वत्र व्याप्त है जो उनके शोध-ग्रन्थों में। इन निबन्धों में से अधिकांश साहित्य और उसकी आलोचना से सम्बन्धित हैं और इस नाते 'आत्म-निबन्ध' के क्षेत्र से दूर पड़ते हैं। फिर भी यह कहना कि वे 'ललित चिन्तन' की परिधि से बाहर हैं, उनके साथ अन्याय होगा। एक उदार, निराग्रह मानव-प्रेम उनके चिन्तन का नियामक है। उनकी विद्वत्ता तटस्थ संकेतों में नहीं, बल्कि अतीत और वर्तमान के रागात्मक सम्बन्धों को प्रकाशित करने में प्रकट होती है। विद्वत्ता संवेदना से स्निग्ध होती है। और संवेदना विद्वत्ता से प्रखर। दूसरे शब्दों में यह कहा जा सकता है कि आचार्य द्विवेदी के निबन्धों में विद्वत्ता का रसावेश भी है।

यह विद्वत्ता का रसावेश उनके शुद्ध ललित निबन्धों पर भी छाया हुआ है।

इनकी संख्या अनुमानत: दो दर्जन होगी। हिन्दी निबन्ध का चरम उत्कर्ष इन रचनाओं में देखा जा सकता है। इनमें निबन्धकार के द्रष्टा और भोक्ता दोनों स्वरूपों की झाँकियाँ मिलती हैं। लेखक के 'आत्म' की, उसके व्यक्तियों की मनोरम छटाएँ तो इनमें विद्यमान हैं ही। मगर उसके साथ-साथ भारतीय साहित्य और संस्कृति की अनुपम सुरभि भी इनमें आद्यन्त परिव्याप्त है। एक पाश्चात्त्य पंडित ने निबन्ध की परिभाषा करते हुए लिखा है कि ''किसी चीज से प्रभावित और प्रतिकृत व्यक्ति की मनोदशा का हू-ब-हू चित्र ही निबन्ध है।'' कहना न होगा कि 'अशोक के फ़ूल', 'आम फिर बौरा गये' और 'वसन्त आ गया है' के रचयिता में इस वर्णन की नैबन्धिक प्रतिभा-प्राचुर्य है। किन्तु पर्याप्त आत्मव्यंजक माधुर्य लिए रहने पर भी द्विवेदीजी के ये निबन्ध उस अर्थ में 'पर्सनल' नहीं हैं जिस अर्थ में लैम्ब या मान्तेन के निबन्ध। उनमें अहंकार उद्रेक नहीं, विलय है। उनका 'अहं' किसी बहुत बड़ी सत्ता, बहुत बड़ी शक्ति के प्रति समर्पित है। महानता का अनवरत सम्पर्क और चिन्तन-मनन उन्हें स्वयं के—अपने मानस-तरंगों को—अतिशय गम्भीरतापूर्वक लेने और मात्र उन्हीं को शब्दबद्ध करने में अपनी सिद्धि समझने से रोकता है। यही कारण है कि उनके निबन्धों में अहं का वह अनुक्षण विस्फूर्जन, व्यक्तिगत राग-विरागों की पग-पग पर घोषणा करने का आग्रह नहीं मिलता जिससे कि हिन्दी के कई सांस्कृतिक चेतना सम्पन्न निबन्धकार बुरी तरह आक्रान्त हैं। वैयक्तिक निबन्धकार की सर्वप्रथम विशेषता उसकी आत्मीयता होती है। यही लैम्ब की महानता का रहस्य है। 'मैं' की आत्यन्तिक परिव्याप्ति के बावजूद वह पाठक की ममता पा लेता है—इसके मूल में यही मधुर आत्मीयता है। द्विवेदीजी के निबन्धों का स्वर भी बहुत 'आत्मीय' है। यह आत्मीयता 'लैम्बियन' आत्मीयता नहीं है। दोनों में स्तर-भेद है, पर प्रभाव एक-सा है। द्विवेदीजी पाठक की अपेक्षा अपने विषय के साथ आत्मीय हैं। पाठकों को झकझोरने या चमत्कृत कर देने की लालसा उनमें नहीं क्योंकि उनकी चेतना तो विषय के साथ एकात्म है। उनका अहं तो उसकी मार्मिक भावना में लीन है। अत: पाठक उनके साथ सहज भाव से, बिना किसी आतंक और संकोच के विषय के अन्दर प्रविष्ट हो सकता है। पं. रामचन्द्र शुक्ल ने माधवप्रसाद मिश्र के निबन्धों की आलोचना करते हुए यह विचार व्यक्त किया है कि ''मिश्रजी बिना किसी अभिनिवेश (उपदेशाग्रह या व्यावहारिक प्रयोजन) के नहीं लिख सकते।'' आचार्य द्विवेदी के निबन्धों का सबसे बड़ा आकर्षण मेरी दृष्टि में यही है कि ज्ञानात्मक चेतना का उच्चस्तरीय निर्वाह करते हुए उनका स्वर शुरू से आखिर तक सौम्य और स्निग्ध बना रहता है। कोई अतिरिक्त आवेश या आवेग उन पर हावी नहीं हो सकता। उसके इस वैशिष्ट्य का अहसास तब होता है जब उनका कोई निबन्ध पढ़ने के बाद हम किसी समानधर्म

समकालीन रचना की ओर अभिमुख होते हैं। एक सहज प्रसन्न व्यक्तित्व का आलोक उनके निबन्धों से फूटता रहता है।

हमारे यहाँ अधिकांश निबन्धकारों में जो एक आडम्बरप्रियता और स्थान-स्थान पर अपने वाग्वैदग्ध का प्रदर्शन करते चलने का आग्रह दिखाई देता है, उसका आभास तक आचार्य द्विवेदी में नहीं मिलता। उनका वाग्विलास बहुत मार्जित और संयत होता है क्योंकि उस पर विद्वत्ता का अंकुश रहता है और कलाकार का सौन्दर्यबोध। उनकी विनोदप्रियता भी स्मित हास्य में झलकती है—अट्टहास में नहीं। उनके स्वभाव में व्यंग्य भी नहींवत् है। व्यंग्य का सचोटपन देखने के लिए हमें बालकृष्ण भट्ट और डॉ. विद्यानिवास मिश्र के पास जाना होगा। पीड़ा और विषाद के रंग भी आचार्य द्विवेदी के निबन्धों में नहीं उभरते। लैम्ब के सर्वव्यापी और सर्वग्राही 'ह्यूमर' से उनके हास्य का धरातल भिन्न है। वह उनकी कला के लिए प्रयोजनीय भी नहीं।

किन्तु लैम्ब की कुछ ऐसी कलागत विशेषताएँ हैं जो आचार्य हजारीप्रसाद द्विवेदीजी के निबन्धों में भी यत्र-तत्र देखी जा सकती हैं। कुछ कुछ वही यायावरी कल्पना, वही अप्रासंगिक प्रासंगिकताएँ, वही शब्दों और वाक्यों की काव्यमय अनुगूँज और लोकोक्तियों में मार्मिक प्रयोग उनके ललित निबन्धों में भी विद्यमान हैं। विषय के साँगोपांग निर्वाह की अपेक्षा उसे मुक्त आसंग की पद्धति से विकसित करना उन्हें प्रिय है, निबन्ध को उसके अनुकूल निर्बन्ध स्वातन्त्र्य की भूमिका पर प्रतिष्ठित करनेवाला अंगेजी में लैम्ब है। हिन्दी में यदि इससे कुछ तुलनीय कहीं है तो आचार्य द्विवेदी को ही उसका प्रथम श्रेय दिया जाना चाहिए, रूढ़ शास्त्रीय अर्थ में जिसे 'विचार की एकता' (unity) कहते हैं उसका ज्यादा आग्रह द्विवेदीजी के निबन्धों में नहीं है, और वह सर्वथा उचित और वांछनीय है। क्योंकि ललित निबन्ध का अनुशासन साधारण निबन्ध से भिन्न होता है, उसकी एकता तर्क और संगति के परम्परागत नियमों पर होती है। उसका विन्यास तो प्रगीत की तरह कल्पना से नियन्त्रित होता है। आचार्य द्विवेदी के निबन्धों को 'गद्य-प्रगीत' की संज्ञा तो नहीं दी जा सकती क्योंकि उनकी कला उस हद तक आवेशों के उतार- चढ़ाव पर निर्भर नहीं रहती; न कवि-सुलभ ऐकान्तिक सौन्दर्य बोध पर ही। फिर भी यह निस्संकोच कहा जा सकता है कि हिन्दी निबन्धकारों में 'मुक्त आसंग' का कलात्मक निर्वाह द्विवेदीजी ही कर सके हैं। यहाँ पर वे अनन्य हैं। जिस खूबी के साथ वे विषय से विषयान्तर करके नाना आयामों में कल्पना का लीला विलास दिखाकर अन्त में पुनः सारे सूत्रों को एकत्र करके उनका तारतम्य बिठा देते हैं, वह अन्यत्र दुर्लभ है। एक जगह उन्होंने लिखा है, "मेरा मन अधभूले इतिहास के

आकाश में चील की तरह मँडरा रहा है। कहीं कोई चमकती चीज नजर आयी नहीं कि झपट्टा मारा'' यह वाक्य उनकी रचना-प्रक्रिया के रहस्य पर प्रकाश डालता है।

एकदम बतकहिया ढंग से मामूली-सी बात को बात की बात में कल्पना के पंखों पर बिठाकर ऊँचे उड़ जाना और एक असाधारण धरातल पर उसकी चर्चा करना उनकी अपनी विशिष्टता है। पाठक बिना किसी बोझ या थकन का अनुभव किए उनका अनुसरण कर सकता है। उदाहरण के लिए उनका 'नाखून क्यों बढ़ते हैं' पढ़ जाइए। कितना कुछ हाथ लगता है और प्रारम्भ से उपसंहार तक कहीं भी पढ़ने में आयास की अनुभूति तक नहीं होती। कल्पना की कल्लोल देखनी हो तो उनके 'क्या आपने मेरी रचना पढ़ी है?' और 'जबकि दिमाग खाली हैं' शीर्षक निबन्धों का आस्वाद लेकर देखिए। लेखनी का यह लाघव हिन्दी के कितने निबन्धकारों को सिद्ध हो सका है?

भाषा की दृष्टि से भी द्विवेदीजी के निबन्ध लेखकों का मार्गदर्शन कर सकते हैं। संस्कृत के विद्वानों में जो एक अत्यधिक अलंकरणप्रियता का आग्रह अक्सर देखा जाता है वह यहाँ लगभग नहीं के बराबर मिलेगा। अलंकरण उसी सीमा तक स्वीकारा गया है जहाँ तक वह निबन्ध की कलात्मक सिद्धि में बाधक नहीं बनता। उनके वैचारिक निबन्धों में भी विषय-प्रतिपादन की दृष्टि से एक समर्थ आचार्य का कौशल सर्वत्र झलकता है, किन्तु अध्यापक की उपदेशात्मक अथवा वाग्मी के शब्दमोह से वे सर्वथा मुक्त हैं।

वैचारिक दृष्टिकोण की उदारता भी इन निबन्धों को विशिष्टता प्रदान करती है। भारतीय संस्कृति के इस अनूठे मन्त्रद्रष्टा की यह उक्ति कितनी सार्थक है— ''मैं ऐसा नहीं मानता कि जो कुछ हमारा प्राचीन है, जो कुछ हमारा विशेष है, उससे ही हम चिपटे रहें। पुराने का मोह सब समय वांछनीय नहीं होता, मरे बच्चे को गोद में दबाए रहनेवाली बन्दरिया मनुष्य का आदर्श नहीं बन सकती।''

बौद्धिकता और हार्दिकता का आदर्श समायोजन इन निबन्धों में देखा जा सकता है। यह सामंजस्य किसी कोरे सैद्धान्तिक समन्वयवाद का फल नहीं है। वह तो एक विशाल सर्वग्राही संवेदना और परिपक्व प्रतिभा की उपज है। द्विवेदीजी के ठेठ विचारप्रधान निबन्ध भी तार्किक रूक्षता से मुक्त होते हैं। बुद्धि और हृदय दोनों के दावों पर बराबर ध्यान दिया जाता है, किन्तु दोनों के स्तर अलग-अलग नहीं जान पड़ते। यह पार्थक्य शुक्लजी के निबन्धों में स्पष्ट दिखाई दे जाता है। वहाँ हृदय और बुद्धि की सत्ताएँ एक-दूसरे से कटी-फटी-सी प्रतीत होती हैं। उनमें सहयोग तो दूर रहा, सहअस्तित्व तक का निर्वाह मुश्किल से हो पाता है। शुक्लजी के निबन्ध शुक्लजी के सम्पूर्ण व्यक्ति का दर्शन नहीं करा पाते। वैचारिक व्यक्तित्व ही प्रकट होता है, व्यक्तित्व के और पक्ष या तो सामने आते ही नहीं और अगर

आते भी हैं तो बहुत हिचकते-झिझकते हुए। एक-एक वाक्य में दबा-दबाकर विचार ठूँसने का आग्रह उनके निबन्ध को इतना सख्त और सघन बना देता है कि उसमें हृदय के छलकने की कोई गुंजाइश ही नहीं रहती। कभी-कभार कुछ तरलता का आभास मिल भी जाता है तो वह पृष्ठभूमि की कठोरता और कसावट में घुल-मिल नहीं पाता। पूरे निबन्ध से उसका कोई सहज सम्बन्ध नहीं उभरता। बुद्धि हृदय को समानता के स्तर पर भेंटती नहीं, बल्कि जैसे उस पर कोई अहसान करके थोड़ी रियासत बख्श देती है। अतः प्रभाव समरस नहीं हो पाता।

दूसरी ओर हम देखते हैं कि आचार्य द्विवेदी के निबन्धों में हृदय की मुक्तावस्था और मस्तिष्क की स्थितप्रज्ञता का एकत्र निर्वाह सम्भव हुआ है। वे अपने ललित वाक्यों में विचार की भावना और भावना का विचार करते हुए प्रतीत होते हैं। हृदय और बुद्धि दो धाराएँ निर्विरोध बड़े सहज भाव से हिल-मिलकर एक दूसरे की और संयुक्त रूप से लेखक की कल्पना को अग्रसर करती प्रतीत होती हैं। इसी बात को यों भी कह सकते हैं कि उनकी बहुमुखी संवेदना ही ज्ञान के व्यासपीठ पर आसीन होकर मुखरित होती है। इसमें रंचमात्र भी सन्देह नहीं कि शुक्लजी के निबन्ध साहित्य का एक विशिष्ट स्तर, एक ऐतिहासिक महत्त्व है। यह भी हमें मानना पड़ेगा कि उनके क्षेत्र में उनसे टक्कर ले सकने लायक कोई प्रतिभा अभी तक हिन्दी में अवतरित नहीं हुई। फिर भी सब दृष्टि से विचार करने के उपरान्त निष्कर्ष यही निकालना पड़ता है कि आचार्य शुक्ल जी की अपेक्षा आचार्य हजारीप्रसाद द्विवेदी का निबन्धादर्श ही इस विधा में हिन्दी की सर्वोच्च सम्भावनाओं का संकेत और पूर्वाभास प्रस्तुत करता है।

द्विवेदीजी के निबन्ध साहित्य में 'मानव'

विनोदिनी सिंह

आधुनिक युग के साहित्य में मानव के मूल्यांकन का प्रश्न महत्त्वपूर्ण स्थान रखता है। आज के साहित्यकार के समक्ष देवता गौण है, मानव प्रमुख है। इसलिए स्थूल रूप में कहा जा सकता है कि मानव-जीवन की प्रगति, मानव विश्वास, मानव की भावना ही साहित्य की आत्मा है।

प्राचीन साहित्य में भी 'मानव' को प्रश्रय मिला था, परन्तु तत्कालीन साहित्य में उसके जीवन के समग्र की प्रधानता नहीं थी। प्राचीन साहित्यकारों ने मानव के उदात्त चरित्र को महत्त्वपूर्ण माना था, आधुनिक साहित्यकार मानव के सम्पूर्ण व्यक्तित्व को साहित्य का आधार मानता है। 'चरित्र' को स्वीकार करने का अर्थ है, उसके समाजानुकूल विचारों के आधार पर ही उसका मूल्यांकन, परन्तु व्यक्तित्व को स्वीकार करने का अर्थ है, उसकी सबलताओं और दुर्बलताओं की एक साथ स्वीकृति।

आचार्य महावीर प्रसाद द्विवेदी के युग में भी मानवतावादी विचारधारा को प्रश्रय मिला था, परन्तु उसमें आदर्श का स्वर ज्यादा मुखर था।

प्रगतिवादी साहित्यकारों के आविर्भाव काल में 'मनुष्य' फिर एक बार नवीन रूप में साहित्य का विषय बना।

उसके नवीन रूप को डॉ. धर्मवीर भारती ने स्पष्ट करते हुए लिखा है, "मनुष्य की गरिमा नये स्तर पर उदय हुआ और माना जाने लगा कि मनुष्य अपने में स्वत: सार्थक और मूल्यवान है। वह आन्तरिक शक्तियों से सम्पन्न चेतन स्तर पर अपनी नियति के निर्माण के लिए स्वत: निर्णय लेने वाला प्राणी है। सृष्टि के केन्द्र में मनुष्य है।"[1]

'प्रसरण युग' के साहित्य में 'मनुष्य' की इस गरिमामयी सत्ता का विस्तार

1. मानव मूल्य और साहित्य, डॉ. धर्मवीर भारती—भूमिका, पृ. 9, प्रथम संस्करण।

के साथ विश्लेषण डॉ. हजारीप्रसाद द्विवेदीजी ने किया है। डॉ. द्विवेदीजी की दृष्टि एक ऐसे साधक की दृष्टि है जो जगत् को विदेह अनासक्त योद्धा की भाँति स्वीकार करती है। उसके लिए जो मूल्य सुख का है, वही दुःख का है। उसके लिए जीवन यदि 'सत्य' है तो मृत्यु अनिवार्य सत्य है।

डॉ. द्विवेदी जब भी साहित्य के लक्ष्य, साहित्य के उद्देश्य, साहित्य की सीमा, साहित्य की भावना, साहित्य की भाषा की चर्चा करते हैं, उनके मस्तिष्क में 'मानव' अपने प्रखर तेज के साथ मूर्त्तिमान रहता है। डॉ. द्विवेदी जानते हैं कि "मनुष्य की पशुता को जितनी बार भी काट दो, वह मरना नहीं जानती।" परन्तु वे यह नहीं मानते कि यदि पशुता मर नहीं सकी तो उसे उसी रूप में छोड़ दिया जाए। 'पशुता' समाप्त हो या न हो, उसे समाप्त करने की चेष्टा 'मानव' का धर्म है। 'मानव' का व्यक्तित्व इतना व्यापक है कि उसे किसी दायरे में नहीं रखा जा सकता। उसका वास्तविक विकास जब भी होगा, ऊर्ध्वमुखी होगा।

यशदेव शल्य ने इसी विचारधारा को स्वीकार करते हुए कहा है—

"मनुष्य के व्यक्तित्व का सम्भावना क्षेत्र असीम है, वह कुछ भी बन सकता है। इसका अन्तर्गुहावासी उतना ही रहस्यमय है जितना ब्रह्म, उतना ही वस्तु सम है जितना वैज्ञानिक सिद्धान्त, उतना ही दुर्निवार है जितना प्रत्यक्ष और उतना ही कांक्ष्य है जितना परम पुरुषार्थ।"[1]

इस प्रकार 'मानव' का मूल्यांकन किसी एक 'परिभाषा' में बाँधकर नहीं किया जा सकता। 'मानव' का मूल्यांकन उसकी समस्त विशेषताओं के साथ किया जाना चाहिए।

डॉ. द्विवेदीजी ने निबन्ध साहित्य को अपनी सर्वाधिक महत्त्वपूर्ण विधा के रूप में स्वीकार किया है।[2] इनका निबन्ध साहित्य इनकी विचारधारा का प्रतिनिधित्व करता है। फलतः इनके निबन्ध साहित्य को इनके विविध विचारों का 'कोश' कहा जाए तो अत्युक्ति नहीं होगी।

इन विचारों में 'मानव' का मूल्य निर्धारण करनेवाले सर्वाधिक महत्त्वपूर्ण हैं। डॉ. द्विवेदी ने मानव के सर्वगुण सम्पन्न रूप की कल्पना की है। इनके मानवतावादी विचारों के मूल केन्द्र कालिदास, कबीर, गाँधी, रवीन्द्र और पन्त रहे हैं। कबीर की फक्कड़ मस्ती, गाँधी की परदुःखकातरता, रवीन्द्र की परमुखापेक्षिता के प्रति विरक्ति, कालिदास और पन्त का अनासक्त रूप डॉ. द्विवेदी के 'मानव' सम्बन्धी विचारों की मूल भूमि हैं।

---

1. माध्यम, पृ. 13 पूर्णांक 37 मई 1967।
2. 23-6-67 को हुई व्यक्तिगत वार्त्ता के आधार पर।

फलतः डॉ. द्विवेदी का 'मानव' अज्ञेय शक्ति का स्वामी; स्वाभिमानी, आत्मिक सुखों के प्रति आसक्त, अपनी संस्कृति और परम्परा में विश्वास रखने वाला, आधुनिकता और पुरातनता में समन्वय स्थापित करनेवाला प्राणी है।

डॉ. द्विवेदी जब मानव के शक्ति की सीमा निर्धारित करने की चेष्टा करते हैं तो उन्हें कोई सीमा-रेखा नहीं मिलती। उनकी आँखों के समक्ष जीवतत्त्व के उद्भव और मानवरूप में उसकी परिणति का सम्पूर्ण चित्र अंकित हो जाता है। वे देखते हैं मानव की जिजीविषा शक्ति का प्रखर रूप।

"न जाने किस पुण्य क्षण में किसी अज्ञात काल के अज्ञात मुहूर्त में हमारा यह ग्रह-पिंड जिसका नाम पृथ्वी दिया गया है, सूर्य-मंडल से टूट गया था, उस समय यह ज्वलन्त गैसों से भरा हुआ था। शुरू से अन्त तक केवल ताप से परिपूर्ण यह त्रुटित धरित्री खंड के किस कण में जीव-तत्त्व वर्तमान था, कोई नहीं जानता।...न जाने कब से जीव-तत्त्व उस तप्त धातुओं में छिपा हुआ अनुकूल अवसर की प्रतीक्षा में बैठा हुआ था। समस्त जड़ शक्ति के मस्तक पर पैर रखकर जब वह मृदुल तृणांकुर के रूप में पैदा हुआ तो पृथ्वी के इतिहास में अघटित घटना घटी थी।...जीव-तत्त्व की ऊर्ध्वगामिनी वृत्ति आज तक समस्त जड़ तत्त्वों को परास्त करके विराज रही है। जीव-तत्त्व विकसित होता गया एक कोश से अनेक कोशों में, सरल संघात से जटिल समूह के रूप में, कर्मेन्द्रिय प्रधान जीवनों से ज्ञानेन्द्रिय प्रधान जीवों के रूप में और अन्त में मनुष्य के रूप में अपने को प्रकट किया। मनुष्य उसकी अन्तिम परिणति है।"[1]

युग, धर्म, जाति, साम्राज्य और समृद्धि मनुष्य को नहीं बाँध पाते हैं। सबका उन्नयन और पतन होता रहता है, मनुष्य फिर भी बचा रहता है।

"विपत्ति और कष्ट आते हैं और चले जाते हैं, समृद्धि और धनाढ्यता फेन बुद-बुद के समान काल-स्रोत में उत्पन्न होती है और विलीन हो जाती है, साम्राज्य और धर्म-राज उठते हैं और गिर जाते हैं; परन्तु मनुष्य फिर भी बचा रहता है।"[2]

मानव की दुर्दम्य जिजीविषा के मूल में उसका स्वाभिमान निहित रहता है। उसके अन्तर का गौरव ही उसको समस्त विशेषताओं से विलग रखता है। यही स्वाभिमान व्यक्ति को पतनोन्मुख होने से बचाता है। दूसरे शब्दों में इसे 'आन्त धर्म' कहा जा सकता है।

"वह आन्त धर्म उसे आत्म कहिए या जो कुछ भी कहिए, बहुत शक्तिशाली जीवनोपादान है। उसके सन्तुष्ट होने से मनुष्य बड़ी आसानी से विरोधों और उपहासों की उपेक्षा कर सकता है।"

---

1. विचार प्रवाह, पृ. 208 प्रथम संस्करण।
2. अशोक के फूल, पृ. 103, आठवाँ संस्करण।

मानव के अन्तर की पशुता उसे बार-बार लालच देकर अपनी ओर आकर्षित करती है, परन्तु उसकी, अन्तर की पशुता समाप्त करने की इच्छा उसके स्वाभिमान से प्रेरित है। यही स्वाभिमान की भावना मानव के अन्तर में मनुष्यता के धर्म को जाग्रत करती है।

"काटने की जो प्रवृत्ति है, वह उसकी मनुष्यता की निशानी है और यद्यपि पशुत्व के चिह्न उसके भीतर रह गये हैं, पर वह पशुत्व को छोड़ चुका है। पशु बनकर वह आगे नहीं बढ़ सकता।"[1]

स्वाभिमान से प्रेरित मनुष्यता का धर्म मानव को जगत् के भौतिक उपकरणों के प्रति अनासक्त बना देता है। ऐहिकता के स्थान पर शाश्वत सुखों की खोज की ओर उन्मुख होता है। डॉ. द्विवेदी शाश्वत सुखों की खोज की ओर उन्मुख 'मानव' को ही अपना लक्ष्य मानते हैं, क्योंकि वे जानते हैं।

"सीमाओं में बँधी हुई वस्तु के पाने से मनुष्य की वह चिर अतृप्त लालसा अतृप्त ही रह जाती है। युग-युग से मनुष्य ने यह घोषणा की है कि सीमाओं में बँधे हुए पदार्थों से पाए जानेवाला सुख क्षणिक हैं, उससे मनुष्य की शाश्वत तृप्ति नहीं होती।...वास्तविक सुख के लिए कुछ इससे बड़ी वस्तु, कुछ सीमातीत वस्तु चाहिए।"[2]

डॉ. द्विवेदी की दृष्टि में 'सीमातीत' सुख वही है जो मानव को सामान्य दुर्बलताओं से ऊपर उठाने की क्षमता रखता हो, मानव को महान बनाने की इच्छा रखता हो, उसे परमुखापेक्षिता से विमुख करने की शक्ति रखता हो।

"मनुष्य में यदि विवेक नहीं जाग्रत हो सका, यदि आत्म-सम्मान और पर-सम्मान के महान तत्त्वों को नहीं अपना सका, यदि उसमें सन्तोष और श्रद्धा का विकास नहीं हुआ तो वह 'पशु' से अधिक भिन्न नहीं है।"[3]

मनुष्य की यही संवेदनशीलता, समता और उदारता उसके अन्तर में पर दुःखकातरता की भावना को जाग्रत करती है। वह दूसरों के परिवेश में अपने को डालकर अपना मूल्यांकन करता है। वह सोचता है कि परिस्थिति विशेष में जैसे दुःख-सुख उसने अनुभव किया वैसा ही दूसरे भी अनुभव कर सकते हैं।

यही वह सीमान्त है, जहाँ से वह ऊर्ध्वगामी होकर 'शिवत्व' को स्वीकार करता है। 'शिवत्व' की यह प्रेरणा मानव अपने वातावरण से तो प्राप्त करता ही है; प्रकृति जड़ और चेतना अंश भी यही सीख देते प्रतीत होते हैं। यह 'शिवत्व'

---

1. कल्पलता, पृ. 3, संस्करण।
2. विचार और वितर्क, पृ. 50, द्वितीयावृत्ति 1961।
3. कल्पलता, पृ. 141, चतुर्थ संस्करण।

ही डॉ. द्विवेदी की दृष्टि में 'आत्म दान' या परोपकार है। 'मानव' इसी 'शिवत्व' का प्रतीक बने, डॉ. द्विवेदी की यही कामना है।

"जानता हूँ मूल स्वर प्रेम का है, आत्म दान का है, दलित द्राक्षा के समान अपने आप को निचोड़कर महा अज्ञात की तृप्ति साधना का है। सारी धरित्री इसका सबूत है, चराचर में व्याप्त व्याकुल मनोवेदना इसका समर्थन करती है। संचारी भावों से व्याकुल होने की जरूरत नहीं है। प्रत्येक कटुतिक्त रस मधुर रस को अन्ततः सहायता ही पहुँचाता है। वसन्त का काल समस्त चराचर को उन्मथित करके समूची धरती को पुष्पाभरणा बना के और मनुष्य के चित्त में कोमल वृत्तियों को जाग्रत करके यही सन्देश ले आता है कि सार्थकता आत्मदान में है। यह सृष्टि का इतना व्यापक आयोजन व्यर्थ नहीं है। अपने-आप को निछावर कर देने के आनन्द से यह आरम्भ होता है और उसी में इसकी चरितार्थकता है। ये युद्ध और प्रतिहिंसा के भाव क्षणिक हैं—स्थायी है अपने को उत्सर्ग करके महाकाल की लीला में सहायक होने की मानसोल्लासिनी वेदना।"[1]

जब भी मानव 'आत्मदान' की बात सोचता है उसके समक्ष अतीत की गरिमा, वर्तमान का कर्म और भविष्य की आशा तीनों एक सूत्र में बँधकर उपस्थित होते हैं। वह 'आत्मदान' की प्रेरणा पाता है। अपनी परम्पराओं से, और वर्तमान में वह क्रियाशील होते हैं 'आत्मदान' के लिए और यह क्रिया भविष्य के लिए आशा का सन्देश देती है। इसलिए यदि 'मानव' अपने भविष्य के स्वर्णिम रूप के प्रति आशावादी दृष्टि रखता है तो उसे अपनी संस्कृति और परम्परा को स्मरण रखना होगा।

डॉ. द्विवेदी ने 'संस्कृति' को विशेष अर्थ में ग्रहण किया है। वे एक जाति, एक देश, एक सम्प्रदाय, एक युग में बँधकर 'संस्कृति' की रूप-रेखा नहीं बनाते हैं। इन्होंने मानव के लिए ग्राह्य संस्कृति को सार्वभौम रूप में स्वीकार किया है।

"हमारे देश का सांस्कृतिक इतिहास इस मजबूती के साथ अदृश्य कालविधाता के हाथों सी दिया गया है कि उसे प्रान्तीय सीमाओं में बाँध कर सोचा ही नहीं जा सकता। उसका एक टाँका यदि काशी में मिल गया तो दूसरा बंगाल में, तीसरा उड़ीसा में और चौथा महाराष्ट्र में मिलेगा और पाँचवाँ मालाबार या सीलोन में मिल जाए तो आश्चर्य करने की कोई बात नहीं है।"[2]

केवल 'संस्कृति' की सीमा ही नहीं, संस्कृति शब्द के मूल में निहित 'सत्य' भी सार्वभौम होना चाहिए। डॉ. द्विवेदीजी की दृष्टि में संस्कृति के मूल में निहित

---

1. कुटज, पृ. 136, प्रथम संस्करण
2. कल्पलता, पृ. 188, चतुर्थ संस्करण

'सत्य' का रूप 'अविरोधी' होना चाहिए। 'अविरोधी सत्य' का अर्थ है, वैसा सत्य जिसे भिन्न देश, जाति और वातावरण से सम्बद्ध मनुष्य एक धरातल पर स्थिर होकर स्वीकार करें। 'संस्कृति' का यह 'सत्य' मानवता की ओर उन्मुख होकर ही अविरोधी होता है।

"मैं संस्कृति को किसी देश विशेष या जाति विशेष की अपनी मौलिकता नहीं मानता। मेरे विचार से सारे संसार के मनुष्यों की एक सामान्य मानव संस्कृति हो सकती है। नाना प्रकार की धार्मिक साधनाओं, कलात्मक प्रयत्नों और सेवा भक्ति तथा योग मूलक अनुभूतियों के भीतर से मनुष्य इस महान सत्य के व्यापक और परिपूर्ण रूप को क्रमशः प्राप्त करता जा रहा है जिसे हम 'संस्कृति' शब्द द्वारा व्यक्त करते हैं।"[1]

अपनी परम्पराओं और संस्कृति में विश्वास रखते हुए भी डॉ. द्विवेदी आधुनिक दृष्टि रखते हैं, इनकी आस्था निरन्तर विकासशील मानव-समुदाय में है। वे मानते हैं सृष्टि के कण-कण में विकास होता है। जमकर रहने वाला मृत्यु के निकट है।

"हिलते-डुलते रहो, स्थान बदलते रहो, आगे की ओर मुँह किए रहो तो कोड़े की मार से बच भी सकते हो। जमे कि मरे।"[2]

डॉ. द्विवेदी का 'मानव' परम्परा और संस्कृति सम्बद्ध सार्वभौम सत्य से प्रेरित होकर भी आधुनिक बुद्धि से परिचालित है।

'आधुनिक' शब्द द्व्यर्थक है। एक ओर तो यह शब्द 'विकास' के सिद्धान्त को प्रतिपादित करता है और दूसरी ओर यह शब्द कुछ अभावों की ओर भी संकेत करता है। 'मनुष्य' पर ही निर्भर है कि वह इस शब्द को किस रूप में स्वीकार करता है।

जहाँ तक 'अभाव' का प्रश्न है आधुनिक काल के चिन्तकों ने विविध रूप में इसे समझने और व्यक्त करने की चेष्टा की है। इसी चेष्टा के फलस्वरूप विविध 'वादों' का आविर्भाव हुआ है।

तीन 'वाद' विशेष आधुनिक युग में से ज्यादा प्रचलित हैं—साम्राज्यवाद, साम्यवाद और समाजवाद। साम्राज्यवाद पूँजीवादी मनोवृत्ति का पोषक है और वैषम्य ही इसका इष्ट है। साम्यवाद, परम्परा और संस्कृति को रूढ़ि से सम्बद्ध मानकर उसके परित्याग में विश्वास रखता है, परन्तु समाजवाद अपने वास्तविक अर्थ में सत् अंश जहाँ भी मिले उसे स्वीकार कर लेने में विश्वास करता है। 'रईसी'

1. अशोक के फूल, पृ. 77, आठवाँ संस्करण।
2 कल्पलता, पृ. 21, चतुर्थ संस्करण।

उसे प्रिय है, रूढ़ियों का जाल काट देना उसका धर्म है, अतीत की गरिमा उसे गौरवान्वित करती है, भविष्य की आशा उसे गतिशील बनाती है। फलत: समाजवादी के लिए दो कगारों के बीच की समतल भूमि पर चलना ज्यादा आनन्ददायक है।

डॉ. द्विवेदी की आधुनिक दृष्टि समाजवादी को इसी विशेष अर्थ में देखने में विश्वास रखती है। द्विवेदीजी का मानव इन विशेषताओं से पूर्ण होकर शाश्वत सत्य के अधिक निकट जाता है। 'समाजवाद' जब समन्वय की साधना को स्वीकार कर लेता है, तभी डॉ. द्विवेदी का मानव उसे स्वीकार करता है। डॉ. द्विवेदी इसी विचार विशेष को ग्रहण करते हुए धर्म और जाति की नवीन व्याख्या प्रस्तुत करते हैं।

"जो ठाकुर जाति विशेष की पूजा ग्रहण करके ही पवित्र रह सकते हैं, जो दूसरी जाति की पूजा ग्रहण करके अग्राह्य चरणोदक हो जाते हैं, वे मेरी पूजा नहीं ग्रहण कर सकते। मेरे भगवान दीन और पतितों के भगवान हैं, जाति और वर्ण से परे के भगवान् हैं। धर्म और सम्प्रदाय के ऊपर के भगवान हैं। वे सबकी पूजा ग्रहण कर सकते हैं और पूजा ग्रहण करके अब्राह्मण, चांडाल सबको पूज्य बना सकते हैं।"[1]

डॉ. द्विवेदी का मानव आधुनिक दृष्टि रखता तो है, परन्तु वह 'शाश्वत जीवन' और 'शाश्वत सत्य' में विश्वास भी रखता है। 'शाश्वत जीवन' और 'शाश्वत सत्य' युग की सीमा में बँधा नहीं रहता। वह अतीत, वर्तमान और भविष्य को एक सूत्र में बाँधकर निरन्तर आगे बढ़ता जाता है। यदि वह ऐसा नहीं करता है तो वह आधुनिक युग के 'अभाव' को ही केन्द्र मानकर उसी के चारों ओर चक्कर काटता रह जाएगा, परन्तु यदि वह समन्वय को जीवन और सत्य की शाश्वतता के लिए स्वीकार कर लेता है तो विकास का पथ सदा उसके लिए प्रशस्त रहेगा—

"आन्तरिक शुचिता और बाहरी संयम के लिए हमें नवीन और पुरातन समस्त उपलभ्य साधनों का उपयोग करना चाहिए। दोनों में समता बनी रहनी चाहिए।"[2]

इस प्रकार डॉ. द्विवेदी का 'मानव' इन विशेषताओं को ग्रहण करने के बाद ही शाश्वत 'सत्य' के दर्शन करता है। यह विशेषताएँ जब डॉ. द्विवेदी के 'मानव' द्वारा सम्पूर्णत: स्वीकृत हो जाती हैं, तब डॉ. द्विवेदी युद्ध और हिंसा के कगार पर खड़े, एक धक्के की राह देखते हुए विश्व के लिए सुखमय भविष्य की आशा करते हैं।

---

1. कल्पलता, पृ. 50, चतुर्थ संस्करण।
2. कल्पलता, पृ. 50, चतुर्थ संस्करण।

"यह आशाजनक समाचार है कि संसार के प्रत्येक देश के लोग उन समस्त आचरणों को बड़ा समझते हैं जिन्हें प्रत्येक युग के महापुरुष बड़ा कहते आये हैं। मनुष्यता आज भी आसुरी वृत्ति से श्रेष्ठ मानी जाती है। आशा की जानी चाहिए कि एक ऐसा समय आएगा जब समस्त संसार हिंसा, घृणा और छीना-झपटी के विषाक्त वातावरण से मुक्त होगा।"[1]

इसलिए साहित्य के रचयिताओं के लिए डॉ. द्विवेदी का सन्देश है कि जब किसी विशेष भाव के लिए कसौटी की आवश्यकता हो तो 'मानव' से बढ़कर दूसरी कोई भी कसौटी नहीं है। साहित्यकार कभी भी नहीं भटकेंगे, यदि वे अपने चिन्तन का केन्द्र 'मानव' को मान लें।

"वास्तव में हमारे अध्ययन की सामग्री प्रत्यक्ष मनुष्य है। आपने इतिहास में इसी मनुष्य की धारावाहिक जय-यात्रा पढ़ी है, साहित्य में इसी के आवेगों उद्वेगों और उल्लासों का स्पन्दन देखा है, राजनीति में इसके लुका-छिपी के खेल का दर्शन किया है, अर्थशास्त्र में इसकी रीढ़ की शक्ति का अध्ययन किया है। यह मनुष्य ही वास्तविक लक्ष्य है।"[2]

डॉ. द्विवेदी की दृष्टि में मानव चरम विकास का परिचायक है। वह 'सृष्टि की सबसे बड़ी साधना है।"[3]

इस प्रकार मानवीय गुणों के प्रति आसक्ति, सद्वृत्तियों में विश्वास द्विवेदीजी की आत्मा का मूल स्वर है। यही उनके साहित्य का मेरुदंड है।

---

1. वही, पृ. 33, वही।
2. अशोक के फूल, पृ. 181, आठवाँ संस्करण।
3. विचार-प्रवाह, पृ. 222, प्रथम संस्करण।

विविध

◈

द्विवेदीजी मुख्यत: एक पंडित हैं, एक महान पंडित या स्कॉलर जिनका प्रभुत्व क्षेत्र सांस्कृतिक इतिहास है। द्विवेदीजी की मेकडानल्ड, विन्टरनिट्स आदि से जो तुलना की गयी है वह बहुत समीचीन है। द्विवेदीजी साहित्य के साधारण इतिहासकारों से भिन्न और महत्तर हैं। साहित्य संस्कृति की एक अभिव्यक्ति है, साहित्य के इतिहास द्वारा समग्र जातीय संस्कृति पर प्रकाश डालना द्विवेदीजी का लक्ष्य है।

—देवराज, (प्रतिक्रियाएँ)

सहज साधना

परशुराम चतुर्वेदी

प्रस्तुत पुस्तक के अन्तर्गत डॉ. हजारीप्रसाद द्विवेदी के चार व्याख्यान संगृहीत हैं जो, 'मध्यप्रदेश शासन साहित्य-परिषद्' की ओर से आयोजित हुए थे और जो, स्व. पं. रविशंकर शुक्ल के मन्त्रिकाल में, नागपुर में, दिए गये थे। इसकी 'भूमिका' उक्त परिषद् के अध्यक्ष पं. द्वारिकाप्रसाद मिश्र द्वारा लिखी गयी है। व्याख्यानों के चार शीर्षक क्रमश: 'साधनाकेन्द्र', 'शब्द-साधना' 'सुरति और निरति' तथा 'मधुरोपासना' के रूप में दिए गये हैं और वे सभी लगभग एक ही आकार-प्रकार के हैं।

द्विवेदीजी ने अपने प्रथम व्याख्यान का आरम्भ इस प्रसंग के साथ किया है कि "आधुनिक मनुष्य अपने पूर्ववर्तियों से बहुत कुछ भिन्न हो गया है और उसकी दृष्टि पहले की भाँति अधिकतर परलोक पर केन्द्रित न रहकर निश्चित रूप से इहलोक में निबद्ध हो गयी है।" अठारहवीं शताब्दी के युक्तिवादी विचार को (रैशनलिस्ट्स) ने ईसाई धर्म-संगठन की धर्म भावना की जगह जिस मानवता के सिद्धान्त का प्रचार किया था, उसकी प्रतिष्ठा पीछे कई प्रकार से होती चली आयी और तदनन्दर, धर्म-भावना के क्षेत्र में जहाँ मानव-सेवा, समाज-सेवा, चिकित्सालय, मातृ-सेवा-सदन जैसी प्रवृत्तियाँ इसकी अयत्नसिद्ध उपज रहीं वहाँ राजनीति में प्रजातन्त्र, समाजवाद, शान्तिवाद प्रभृति बातें भी सामने आ गयीं और वास्तव में, इनके कारण मनुष्य की सेवा ही साध्य एवं साधन भी बन गयी। फिर तो, ऐसी मानवताविषयक मान्यताओं के प्रभाव में, साहित्य के अन्तर्गत, वैयक्तिक स्वाधीनता का प्रश्न भी खड़ा हो गया जिस कारण एक नवीन क्रान्ति को प्रश्रय मिला। परन्तु यह मुक्ति व्यक्ति मनुष्य को नहीं प्रत्युत समष्टि मनुष्य को ही, आर्थिक, सामाजिक व राजनीतिक शोषण से मुक्त करने में सम्बन्ध रखती थी। अतएव यह विषय भी क्रमश: विचारणीय बन गया कि मनुष्य की वैसी कामना का मूल उत्स क्या है? तथा किस प्रकार उसकी ऐसी इच्छा-शक्ति, वर्तमान

भौतिकवादी वातावरण में रहते हुए भी, उत्पन्न हो सकती है? अथवा वास्तव में जड़ जगत् एवं चेतना के द्वन्द्व में, चेतना के क्रमिक उन्मेष तथा उसके स्वरूप का रहस्य क्या है? वह चित्-शक्ति क्या है जो मनुष्य को सदा स्वाभाविक रूप में प्रेरित करती रहती है तथा इसका कोई अन्तिम गूढ़ उद्देश्य भी हो सकता है?

प्राचीन काल के ऋषियों-मुनियों ने, सोचा था और उन्होंने, प्रत्यक्ष दिखने वाला इस प्रश्न पर विचार करते समय, अपने ढंग चेतना के अन्तरतर में प्रवाहित विराट् चेतना के रूप में, उस विराट् इच्छा-शक्ति के मूल स्रोत का पता लगा लिया था। उन्होंने, मनुष्य की महिमा का सन्धान करते हुए, जड़-चेतना के उपर्युक्त द्वन्द्व की गहराई में प्रवेश किया और यह निश्चय किया कि जो पिंड में है वहीं ब्रह्मांड में भी है तथा यदि मध्युगीन सन्तों एवं भक्तों की साधना पर विचार करें, तो पता चलेगा कि इन्होंने भी वही स्वीकार किया। इन्होंने, इसी कारण मानव-देह की श्रेष्ठता पर पूरा बल दिया और शक्ति, साधकों से लेकर बौद्ध सिद्धों, नाथों एवं सन्तों तक ने इस पर प्राय: एक समान विचार प्रकट किए। इन्होंने इसके आधार पर यह भी निष्कर्ष निकाला कि मनुष्य को वास्तव में, केवल इसलिए कष्ट है कि उसे वस्तुस्थिति का यथार्थ ज्ञान नहीं है। यदि वह इस उद्देश्य को लेकर अनुसन्धानमार्ग पर अग्रसर हो जाए तो, उसे अपने विवेक-बल के द्वारा यह स्पष्ट हो जा सकता है कि सबके मूल में कोई 'परमतत्त्व' है जो जड़ एवं चेतन, दोनों रूपों में अभिव्यक्त होता है और वही योगियों का 'शिव' तथा 'वेदान्तियों का ब्रह्म' है। वह तत्त्व स्वयं निर्गुण, निष्पन्द एवं सच्चिदानन्दस्वरूप है, किन्तु उसकी किसी सर्जनेच्छा के कारण, सृष्टि का स्फुरण अस्तित्व में आ जाता है। अतएव, जब तक हमें उक्त शिव तथा ऐसी शक्ति के बीच सामरस्य का प्रत्यक्ष अनुभव नहीं हो जाता तब तक हमारे लिए उपयुक्त रहस्य का ठीक पता पाना सम्भव नहीं है।

इसी प्रकार दूसरे व्याख्यान में बतलाया गया है कि जिस परमतत्त्व की चर्चा पहले की जा चुकी है वह 'इन्द्रियग्रह्य सत्य' नहीं है। भारतीय वैदिक ऋषियों तथा अतिप्राचीन सुमेरिन एवं बेबिलोनियन सभ्यतावाले पंडितों को भी मान्यताओं के अनुसार, दृश्यमान जगत् की सृष्टि का मूल तत्त्व 'जल' था और जल का ही चित् शक्तिरूप 'शब्द' है जो इस प्रकार उसकी 'बुद्धि' का काम करते हैं। यह उसकी 'मानसी' धारणा है जिसे हम ब्रह्मांड की चित् शक्ति का प्रतीक 'शब्द-ब्रह्म' भी कह सकते हैं तथा, इसी कारण, इस शब्द की साधना ही हमारा परम लक्ष्य होना चाहिए। शब्द के स्वरूप का विवेचन करते समय यहाँ पर कहा गया है कि उसके सूक्ष्म एवं स्थूल जैसे दो भेद हैं और उसकी परा, पश्यन्ती, मध्यमा एवं वैखरी नामक चार अवस्थाओं का भी यहाँ उल्लेख किया गया है। इसके अलावा यहाँ पर यह बतलाया गया है कि जिस प्रकार ब्रह्मांड के पक्ष में, महाबिन्दु के विस्फोट के पहले

उसकी 'परा' अवस्था रहा करती है उसी प्रकार पिंड में भी कुंडलिनी के गतिशील होने के पूर्ववाली किसी स्थिति का अनुमान, उसके निष्पन्द रूप में, किया जा सकता है। यहाँ पर पिंड में अवस्थित न समझे जाने वाले अनेक स्थलों की ओर भी संक्षिप्त संकेत कर दिया गया है और फिर कहा गया है कि साधक का कर्तव्य है कि वह गुरुपदिष्ट संकेतों के आधार पर निरन्तर अभ्यास के द्वारा, विश्वव्यापी चैतन्य की अभिन्नता का अनुभव करे। इस प्रकार की साधना को ही सन्तों ने वैसे 'सुमिरन' की संज्ञा दी है, जिसके भीतर उस चैतन्य को अपने ध्यान में लाने की प्रक्रिया भी समाविष्ट हो जाती है। द्विवेदीजी ने इसी प्रसंग में, सन्तों द्वारा प्रयुक्त कतिपय अन्य शब्दों की भी व्युत्पत्ति पर प्रकाश डाला है और बतलाया है कि किस प्रकार उन्होंने अनेक पुराने शब्दों के रूप में किंचित् परिवर्तन लाकर उन्हें कोई-न-कोई ऐसा पारिभाषिक रूप दे दिया है जिसकी उचित व्याख्या करते समय हमें उनकी अर्थ-गम्भीरता के साथ उनकी यथेष्ट सरलता भी हृदयंगम होने लगती है।

'सुरति और निरति' शीर्षक वाले तीसरे व्याख्यान में कहा गया है कि 'सत्ता मात्र में, तत्त्व मात्र में, भोग मात्र में और प्रकाश मात्र में एक ही चित् शक्ति एक ही 'परासंविद्' व्याप्त है, 'इस कारण जो कुछ भी हमें इन्द्रियग्राह्य प्रतीत होता है यह सभी कुछ उसी का 'विलास' हो सकता है। अतएव, यही हमें 'परातत्त्व' तक पहुँचाने में सहायिका बन सकती है, परावाक् भी उस परासंविद् का ही रूप है तथा इच्छा भी उसी का विकास है। परावाक् अव्यक्तावस्था से व्यक्त होने की ओर प्रवृत्त हो जाने की अवस्था है और पिंड में उसका स्थान मूलाधार चक्र है। योग-साधना के विभिन्न रुपों का लक्ष्य 'ब्रह्म-साक्षात्कार' कहा जा सकता है जिसके निमित्त की जानेवाली आवश्यक प्रक्रियाओं का यहाँ वर्णन किया गया है तथा उसके लिए प्रयुक्त होनेवाले अनेक पारिभाषिक शब्दों की यथास्थल व्याख्या भी की गयी है, परन्तु इसके साथ ही यहाँ पर यह भी कह दिया गया है कि सन्तों में इन सभी को सहज रूप देकर उसे 'सुरति' या स्मृति-तत्त्वों पर ही केन्द्रित कर दिया है, 'सुरति' के शब्द के अन्तर्गत, स्मरण की प्रक्रिया के अतिरिक्त, प्रीति के भाव पर भी जोर दिया गया है। 'सुरति' आन्तर विषयों के प्रति आसक्ति सूचित करती है जहाँ 'निरति', बाह्य विषयों के प्रति अनास्था तथा वैराग्य-भाव उत्पन्न निर्दिष्ट 'सुरतियोग' एक प्रकार की प्रेम-साधना है जिसे उन्होंने उक्त ब्रह्म-साक्षात्कार के लिए आवश्यक माना है। इसकी सहायता से ही हमें स्थायी सिद्धि प्राप्त होती है और हमें उपर्युक्त रहस्य भी कुछ-न-कुछ अवगत होने लगता है।

'मधुरोपासना' नामक चौथे या अन्तिम व्याख्यान के अन्तर्गत, सर्वप्रथम, 'रूप' की परिभाषा देते हुए, कहा गया है कि वह 'अरूप' गतिमय असीम' को सीमा में उपलब्ध करने का परिणाम कहा जा सकता है। जीव स्वयं सीमा में बँधा

हुआ है और वह प्रत्येक वस्तु को नाम और रूप की सीमा में बाँधकर देखना चाहता है। तथा इसीलिए, अरूप को स्मरण कर वह उसे प्राप्त करना भी चाहता है। यही उसके लिए 'सहज मार्ग' है, क्योंकि प्रत्येक पिंड में अरूप की झलक आ जा सकती है। साधक का काम यही हुआ करता है कि जब कभी संयोग या भाग्य से, वह अरूप सौन्दर्य उसे झलक जाता है उसी क्षण उसे वह अपना गुरु मान लिया करता है। मानव-गुरु उस वास्तविक गुरु को प्राप्त करने में सहायक मात्र हुआ करता है और वह तब आता है, जब क्षणिक दर्शन के अनन्तर चित्त में उद्‌भूत व्याकुलता उत्पन्न हो गयी रहती है तथा जिस दिन तक क्षण का वियोग असह्य हो उठता है और सच्चे प्रेमोदय का अवसर उपस्थित हो जाता है। वास्तव में अपने होने की चरितार्थता किसी के लिए होने में ही हो सकती है और इसीलिए वह अपने भीतर उसे स्वीकार कर क्रमशः अपने लिए एक दृष्टि पा लिया करता है। फिर तो इसके फलस्वरूप, लोक-लाज और शास्त्र के प्रति निष्ठा भी उसे अपने मार्ग से विचलित नहीं कर सकती और वह अपने 'भाव' में आ जाता है। मनुष्य का भाव वही है जो वह वस्तुतः है, जिस कारण उस भावजगत् के साधक के लिए वह आवश्यक है कि वह अपनी प्रकृति को पहचान ले। यह भाव ही जब गाढ़ या 'सान्द्र' बन जाता है तब 'रस' नाम से भी अभिहित हुआ करता है। किन्तु भक्तों के इस 'रस' में और 'काव्य-रस' में यह भेद है कि भक्ति रस में जहाँ चिन्मुखता रहा करती है वहाँ आलंकारिकों का रस वस्तुतः जड़ोन्मुख हुआ करता है। भक्ति-रस के यहाँ पर फिर शान्त, दास्य, सख्य, एवं वात्सल्य जैसे चार भेदों को बतलाकर उन सभी से श्रेष्ठ 'मधुर रस' को ठहराया गया है, जिसके अनुसार एक वैष्णव भक्त उसके आलम्बनस्वरूप श्रीकृष्ण से प्रेम करने लगता है और वह स्वयं अपने को राधिका या चन्द्रावली की स्थिति में अनुभव करने लग जाता है। यह मधुर रस की साधना सहज साधना का अद्‌भुत विकास है जिसने निर्गुण भाव से भजन करनेवालों को भी प्रभावित किया था।

इस चौथे व्याख्यान को समाप्त करने के पहले, इसके अन्तिम अंश में, एक प्रश्न इस रूप में उठा दिया गया है : "क्या इस साधना की पृष्ठभूमि में जो दर्शन है वह हमारे सामूहिक उत्थान के लिए भी कुछ दे सकता है? "क्या हुआ जो दो-चार व्यक्ति परम पद प्राप्त कर गये। संसार की समस्या तो इससे सुलझ नहीं जाएगी। उसको विशाल पैमाने पर सुलझाने की जो सुविधाएँ हमें जड़ विज्ञान ने दी हैं, क्या उनका इस तत्त्ववाद से कोई सामंजस्य भी हो सकता है?" इसका उत्तर भी यहाँ अपने-अपने ढंग से दिया गया है और कहा गया है कि आज सामूहिक मानव के लिए जो प्रयत्न हो रहे हैं वे निस्सन्देह स्तुत्य हैं, किन्तु उनके मूल में कोई ऐसी विचारधारा नहीं है जो गहराई में जाकर ऊपरी सतह की समस्त हलचलों

को एक निश्चित लक्ष्य की ओर ले जा सके। एक ही विश्व ब्रह्मांडव्याप्त मूल चित् शक्ति समस्त प्राणिजगत् में व्याप्त है और मनुष्य के रूप में इसी का सर्वोत्तम विकास हुआ है। अतएव, जो कुछ उस चित् शक्ति के अनुकूल किया जा सकता है वही ग्राह्य और आदरणीय है और जो प्रतिकूल जाता हो वह अग्राह्य है। संक्षेप में जो विचार और प्रयत्न केवल स्थूल जगत् को दृष्टि में रखकर किया जाता है वह स्थूल होता है, वही, स्थूल रोगों के कारण, द्वन्द्व और संघर्ष पैदा कर सकता है, किन्तु इन प्रत्यनों से मनुष्य का चिन्मय स्तर प्रभावित होता है वह अधिक महत्त्वपूर्ण है। सन्तों की वाणी का आज इसलिए उपयोग है कि वह मनुष्य पर मशीन के महत्त्व का प्रत्याख्यान करती है और वह जड़ोन्मुखी यान्त्रिकता की जगह चिन्मुखी मानवता को बड़ी चीज समझती है, क्योंकि केवल मानवतावाद एक अस्पष्ट और लक्ष्यहीन तत्त्ववाद है और चिन्मुखी मानवता का सिद्धान्त स्पष्ट और सोद्देश्य विचारवाद है जिसे हम उसका विरोधी न मानकर उसका पूरक ही समझ सकते हैं।

इस प्रकार जिस आधुनिक मानवतावाद के प्रश्न को छोड़कर प्रस्तुत पुस्तक में संगृहीत व्याख्यानों का आरम्भ किया गया था उसे यहाँ पर, अन्त में, तत्त्वतः एकांगी ठहराया गया है और उसकी आवश्यक पूर्ति के लिए उस मध्ययुगीन मानवतावाद की ओर ही संकेत किया गया है जिसे तत्कालीन सन्तों एवं भक्तों ने अपने भारतीय तत्त्ववाद के आधार पर अपनाया था। पुस्तक में वर्णित सहज साधना का लक्ष्य एक ऐसी दृष्टि को प्राप्त कर लेना है, जो वस्तुस्थिति के मूल आधार का सम्यक् विवेचन कर लेने पर, निर्धारित की गयी हो तथा जो न केवल मानव समाज प्रत्युत एक ही साथ प्राणिमात्र तक को ध्यान में ला सकती हो। उसमें ऐसी व्यापकता आ जाने पर आधुनिक समस्याओं का सुव्यवस्थित रूप में हल किया जाना कभी असम्भव नहीं कहला सकता। इसमें सबसे बड़ी कठिनाई यह है कि आधुनिक मानव का दृष्टिकोण बहुत-कुछ उस भौतिकवादी के आधार पर निर्मित हो गया है जिसके अनुसार मनुष्य केवल जड़तत्त्व के ही क्रमिक विकास का फल है और उसे अपनी वर्तमान अवस्था पारस्परिक होड़ एवं चिरकालीन संघर्ष के द्वारा प्राप्त हो सकी है तथा उसके इसी प्रकार अग्रसर होते जाने में ही अपना कल्याण भी निहित है। इस कारण उसका ध्यान जितना अपने अधिकारों को प्राप्त करने की ओर केन्द्रित है। उतना अपने कर्तव्यों पर भी विचार कर लेने की ओर नहीं है। पश्चिमी मानवतावादी पंडितों ने उसमें कुछ-न-कुछ सुधार, ईसाई धर्म की परोपकार सम्बन्धी भावना के प्रकाश में प्रयत्न किया है और तदनुसार उन्होंने क्रमशः किसी-न-किसी ऐसे समाजवाद का भी आदर्श रखा है जिसे व्यवहार में लाकर अनेक समस्याएँ दूर की जा सकती हैं। किन्तु यह भी कोरे विज्ञान पर आश्रित है जिसका कार्य प्रत्यक्षतः दैहिक सुखोपभोग की व्यवस्था तक ही सीमित रह जाता जान पड़ता है और यह

उस आत्मज्ञानपरक शान्ति को साधन बनाकर, उपलब्ध किया जा सकता था। सच्चे मानवतावाद के विचार से वस्तुतः ज्ञान एवं आत्मज्ञान, इन दोनों को, एक-दूसरे का पूरक बनाकर उपयोग में लाने की आवश्यकता है।

जहाँ तक पुस्तक के प्रमुख विषय—सहज साधना, के कारण परिचय दिलाने की बात है, इस कार्य को यहाँ पर सुचारु रूप से निभाया गया है। जैसा इस पुस्तक के 'निवेदन' के आरम्भ में कहा गया है, 'सहज' शब्द को, प्रायः 'ह' और 'ज' इन दोनों अक्षरों को क्रमशः 'हठयोग' एवं 'जपयोग' के लिए प्रतीक मानते हुए, उन दोनों साधनाओं के सम्मिलित रूप का बोधक ठहराया जाता है और उन दोनों के एक साथ चलने का संकेत, इन दोनों अक्षरों से पहले आए हुए 'स' के आधार पर, स्वीकार कर लिया जाता है। इस कथन का समर्थन एक प्रकार से उन सारी बातों के द्वारा भी किया जा सकता है जिनका वर्णन क्रमशः चारों व्याख्यानों के अन्तर्गत किया गया है। इनमें अनेक ऐसी जटिल परिभाषाओं तथा प्रक्रियाओं का समावेश कर लिया गया दीख पड़ता है, जिनका प्रसंग, स्वभावतः केवल संक्षिप्त रूप में ही आने के कारण, कभी-कभी अस्पष्ट एवं दुरूह अथवा अनावश्यक तक प्रतीत हो सकता है।

यदि यहाँ वर्णन-शैली की रोचकता और मौलिकता सहायक न होती तो कई स्थलों का नीरस बना रह जाना भी कोई आश्चर्य की बात न थी।

पुस्तक रूप में एक साथ संगृहीत हो जाने पर भी सभी व्याख्यान अपने-अपने मूल रूपों में ही प्रकाशित कर दिए गये हैं, जिसके कारण उसमें एक ऐसी सजीवता सुरक्षित रह गयी है जो हमें सहसा आकृष्ट कर लेती है और हम सहर्ष उत्सुक बनकर आगे बढ़ने लगते हैं।

प्रस्तुत पुस्तक में एक महत्त्वपूर्ण, किन्तु गूढ़ समझे जानेवाले विषय पर बड़े सुन्दर ढंग से प्रकाश डाला गया है।

‘मृत्युंजय रवीन्द्र’ : दो समीक्षाएँ

बनारसीदास चतुर्वेदी

गुरुदेव (कवीन्द्र श्री रवीन्द्रनाथ ठाकुर) के विषय में यदि कोई हिन्दीवाला अधिकारपूर्वक लिख सकता है तो निस्सन्देह वे बन्धुवर हजारीप्रसाद द्विवेदी ही हैं। उन्हें शान्तिनिकेतन में बीस वर्ष तक अध्ययन-अध्यापन करने का सौभाग्य प्राप्त हुआ था। वह द्विवेदीजी के जीवन का स्वर्णिम युग कहा जा सकता है। वहाँ द्विवेदीजी ने अपने समय का सर्वोत्तम उपयोग किया—ग्रन्थों के पढ़ने में ही नहीं, महापुरुषों के चरित्र के विश्लेषण में भी। मुझे भी चौदह महीने तक शान्तिनिकेतन में रहना पड़ा और वहाँ की तीर्थयात्रा तो मैंने द्विवेदीजी से भी बारह वर्ष पहले की थी, पर बांग्ला भाषा न जानने के कारण मैं बंगाली भाइयों के निकट नहीं पहुँच सका और न गुरुदेव का ही विशेष अध्ययन कर सका।

‘मृत्युंजय रवीन्द्र’ द्विवेदीजी के बीस वर्षव्यापी गम्भीर अध्ययन का शुभ परिणाम है। इस संग्रह के कई महत्त्वपूर्ण लेख ‘विशाल भारत’ में सर्वप्रथम छापने का सौभाग्य हमें प्राप्त हुआ था और द्विवेदीजी की उत्तरोत्तर बढ़ती हुई प्रतिभा तथा विनम्रता को हमने अपनी आँखों से देखा है। इस संग्रह के कई लेख हमने नेत्रकष्ट होने पर भी पढ़ लिए और उनसे हृदय को परम सन्तोष और शान्ति भी मिली।

गुरुदेव के जन्मदिवस के उत्सव का बड़ा ही मनोहर वर्णन द्विवेदीजी ने किया है। उनका निम्नलिखित वाक्य कितना हृदयस्पर्शी है—

“ग्रीष्मावकाश के बाद...

आँखिन में जो सदा रहते तिनकी अब कान कहानी सुन्यौ करै”

गुरुदेव के कई मधुर हास्यों का भी उल्लेख इस ग्रन्थ में हुआ है। कई लेख ऐसे हैं जिन्हें लिखने का अधिकार केवल द्विवेदीजी को ही प्राप्त है—यथा ‘रवीन्द्रनाथ और हिन्दी साहित्य’, ‘रवीन्द्रनाथ और आधुनिक हिन्दी साहित्य’ और ‘रवीन्द्रनाथ की हिन्दी सेवा’।

द्विवेदीजी के लेख में हिन्दी भवन की स्थापना का वृत्तान्त पढ़कर पुरानी

स्मृतियाँ जाग्रत हो आईं। द्विवेदीजी बड़े हास्यरसिक हैं और एक दिन सन्ध्या के समय जब आकाश में रंग-बिरंगे बादल दीख पड़ रहे थे और हम लोग साथ-साथ टहल रहे थे, द्विवेदीजी के साथ मजाक करते हुए ही हिन्दी भवन की कल्पना की गयी थी। उसके तीन वर्ष के भीतर ही उस कल्पना ने साकार रूप धारण कर लिया। मैं अपने को शान्ति-निकेतन का हैड पंडा कहा करता था और द्विवेदीजी असिस्टेंट पंडा थे। हिन्दीवालों के आतिथ्य का भार प्रायः उन्हीं पर पड़ता था। वे भी क्या दिन थे!

'खाँड़ की रोटी जहाँ से तोड़ी वहीं मीठी'—किसी चतुर्वेदी की गढ़ी हुई यह कहावत द्विवेदीजी के इस संग्रह पर लागू होती है। 'रवीन्द्रनाथ के राष्ट्रीय गान' तो इतना स्फूर्तिप्रद लेख हैं कि उसे पाठ्य-पुस्तक में उद्धृत किया जाना चाहिए। अन्त में गुरुदेव की कुछ कविताओं के अनुवाद भी दे दिए गये हैं। यदि उन्हें बन्धुवर श्यामसुन्दरजीं खत्री से छन्दबद्ध करा दिया गया होता तो और भी अच्छा होता। 'जाना है, जाना है, आगे जाना है' भी बहुत उच्चकोटि की रचना है, जिसमें गुरुदेव की प्रगतिशील प्रवृत्ति के उज्ज्वल दर्शन होते हैं। गुरुदेव की जन्मपत्री भी दे दी गयी है, जिससे द्विवेदीजी के समानधर्मा ज्योतिषियों को कुछ लाभ होगा।

इलाचन्द्र जोशी

रवीन्द्रनाथ की मृत्यु के बाद हिन्दी में उनके जीवन और साहित्य से सम्बन्धित इतनी कम पुस्तकें प्रकाश में आईं कि लगता था जैसे हिन्दी-जगत् उन्हें या तो एकदम भूल गया है या उनकी चर्चा को ही महत्त्वहीन समझने लगा है। कवि की जन्मशतवार्षिकी देश भर में बड़े समारोह और आडम्बर के साथ मनाई गयी। हिन्दी-क्षेत्र में भी मनाई गयी। पर लगा कि केवल औपचारिकता के निर्वाह के लिए ही यह महापर्व मनाया गया और हमारे युग-बोधक साहित्यकारों के भीतर कोई विशेष प्रेरणा जगा सकने में न रवीन्द्रनाथ का साहित्य ही सफल रहा न उनका विशेष व्यक्तित्व। रवीन्द्र-साहित्य के प्रेमियों को लगने लगा था, जैसे उन महासाहित्य की सभी प्राण-धाराएँ एक विशाल मरु-प्रान्त में एक-एक करके खोती चली जा रही हैं। और वे हताश हो, निरुपाय आँखों में, निष्क्रिय अवस्था में यह सब देखते चले जा रहे थे।

पर बहुत दिनों बाद आचार्य हजारीप्रसाद द्विवेदी की पुस्तक 'मृत्युंजय रवीन्द्र' सामने आई तब उसे पढ़कर फिर एक बार लगा कि वे अमर धाराएँ कभी खो नहीं सकतीं और गहन मरु-उदर को चीरती और फाड़ती हुई वे युग-युग में नये-नये रूपों में हमारे आगे प्रकट होती रहेंगी। हजारीप्रसादजी एक लम्बे अरसे तक कवि के निकटतम सम्पर्क में रहे हैं और कवि को भीतर और बाहर से जानने और परखने

का अपूर्व सौभाग्य उन्हें प्राप्त रहा है। द्विवेदीजी स्वयं भी कलाप्राण हैं। कवि का हृदय उन्होंने पाया है और काव्यात्मक संवेदनशीलता उनमें कूट-कूटकर भरी हुई है।

'मृत्युंजय रवीन्द्र' में संकलित विषय तीन खंडों में बँटे गये हैं। प्रथम खंड में महाकवि के व्यक्तित्व सम्बन्धी विषयों की चर्चा की गयी है, जिनमें अधिकांश संस्मरणात्मक हैं। 'गुरुदेव के संस्मरण', 'रवीन्द्रनाथ दिनचर्या', 'एक कुत्ता और एक मैना' और 'प्रयाग में कवि रवीन्द्रनाथ'—ये चार निबन्ध इस खंड में संकलित किए गये हैं। सभी संस्मरणों में द्विवेदीजी की सुकुमार भाव-वेदना रह-रहकर छलकती हुई-सी लगती है। एक महान मर्मी कवि के काव्य-कुंज और भावोद्यान की छाया के नीचे अन्तरंग बिताए गये दिनों की भावविभोर और स्नेह सरस बातें रह-रहकर लेखक के भीतर जैसे मीठी टीस मारती रहती हैं।

अत्यन्त उदात्त क्षणों में कवि के अन्तर से फूट पड़नेवाले विचारों से लेकर, साधारण-से-साधारण क्षणों में जग उठनेवाली सुकुमार व्यंग्य की फुरेरियों के उल्लेख से व्यक्तित्व-सम्बन्धी प्राय: प्रवास सभी निबन्धों में सहज रसमयता आ गयी है। 1914 में रवीन्द्रनाथ ने प्रयाग-प्रवास के अवसर पर 'बलाका' में संकलित जो अत्यन्त महत्त्वपूर्ण और बहुचर्चित कविताएँ लिखी थीं (जिनमें 'ताजमहल' शीर्षक विख्यात कविता भी सम्मिलित है) उनकी चर्चा भी अत्यन्त रोचक और मार्मिक बन पड़ी है!

दूसरे भाग (कृतित्व) में रवीन्द्रनाथ के विचारों और रचनाओं पर विविध रूपों में प्रकाश डाला गया है। महाकवि मानवता की अन्तिम विजय पर किस दृढ़ता से मृत्युपर्यन्त विश्वास करते रहे, यह बात इस खंड के प्रथम चार निबन्धों में प्रभावशाली ढंग से समझाई गयी है। फिर भी वर्तमान मानव की आत्मविद्रोही और आत्मघाती योजनाओं ने जीवन को कैसे कुत्सित, बीभत्स और नारकीय बना दिया है, यह बात भी महाकवि भूल नहीं पाए थे। मृत्यु के कुछ समय पूर्व अपनी एक कविता में अपनी क्षुब्ध आत्मा का आक्रोश उन्होंने इन शब्दों में व्यक्त किया था :

''जिस दिन मेरा चैतन्य लुप्ति की अन्ध गुहा से मुक्त हुआ, उस दिन उसने, एक दु:सह विस्मय की आँधी के साथ दारुण दुर्योग के बीच, मुझे न जाने किस नरकाग्निवर्षीय ज्वालामुखी के गिरिगह्वर के किनारे लाकर खड़ा कर दिया।

मैंने देखा कि यह ज्वालामुखी गरम, धुएँ के रूप में मनुष्य का तीव्र अपमान उगलता हुआ फुफकार रहा है, अमंगल ध्वनि में धरा को कम्पित कर रहा है और वायुमंडल के स्तरों में कालिमा पोत रहा है।

मैंने इस युग की आत्मघाती मूढ़ उन्मत्तता देखी, और यह भी देखा कि उसके समूचे शरीर में विकृति का घिनौना परिहास छा गया है। एक तरफ है स्पर्धित क्रूरता-मत्तता का निर्लज्ज, हुंकार और दूसरी ओर है भीरुता का दुविधाभरा पद-संचार, कृपण का छाती से चिपका हुआ सतर्क सम्बल।

जितने भी प्रौढ़ और प्रतापशाली राष्ट्रपति हैं, उन सभी ने मंच-सभा के मंडप-तले, संशय और संकोचवश, अपने समस्त आदेशों और निर्देशों को होठों से दबाकर पीस रखा है। इधर वैतरणी नदी के उस पार से दानव पक्षियों के दल के दल क्षुब्ध फड़फड़ाकर जीवन को अपवित्र कर रहे हैं।

हे महाकाल के सिंहासन पर बैठे हुए विचारक, मुझे शक्ति दो, मुझे शक्ति दो। मेरे कंठ में वज्रवाणी संचारित करो, ताकि मैं इस शिशुघाती, नारीघाती, कुत्सित बीभत्सता को धिक्कार दे सकूँ—वह धिक्कार जो लज्जातुर इतिहास के हृदय में उस समय भी स्पन्दित होता रहेगा जब यह रुद्रकंठ, भयार्त, शृंखलित युग चुपचाप, अपने चिता-भस्म के नीचे, प्रच्छन्न होता दिखाई देगा।''

आज की पतित और भ्रमित मानवता के प्रति इस दुर्धर्ष आक्रोश भरे वज्रधिक्कार की गूँज महाकवि ने बहुत दूर तक पहुँचाई है। आजीवन सत्य-सुन्दर-मंगल और शान्तं-शिवं-अद्वैतम् का उद्घोषक यह मन्त्रद्रष्टा ऋषि संकीर्ण राजनीति की स्वार्थान्ध दृष्टि से पागलों की तरह इतराए हुए, हिंसा-रत युग-मानव का महापतन देखकर अपने ईश्वर को लाल अंगारों की तरह जलते हुए स्वर में पुकारते हुए, अपनी मृत्यु-शय्या में लेटा हुआ कहता है;

''भगवान, तुमने युग-युग में बार-बार इस दयाहीन संसार में अपने दूत भेजे हैं।

वे कह गये हैं : सब को क्षमा करो!

कह गये हैं: प्रेम करो, अन्तर से विद्वेष का विष नष्ट कर दो!

वरणीय हैं वे; स्मरणीय भी।

तो भी आज दुर्दिन के समय उन्हें, निरर्थक नमस्कार के साथ, बाहर के द्वार से ही लौटा दे रहा हूँ।

मैंने देखा है, गोपन हिंसा ने कपट रात्रि की छाया में निस्सहाय को चोट पहुँचाई है।

मैंने देखा है, जबर्दस्त के प्रतीकारविहीन अत्याचार से न्याय की वाणी चुपचाप एकान्त में रो रही है।

मैंने देखा है, तरुण बालक उन्मत्त होकर दौड़ पड़ा है—बेकार ही पत्थर पर सिर पटककर मर गया है।

कैसी विकट यन्त्रणा है उसकी!

आज मेरा गला रुँध गया है, मेरी बाँसुरी का संगीत खो गया है।

अमावस्या की कारा ने मेरे संसार को दुःस्वप्नों के नीचे लुप्त कर दिया है। इसीलिए तो आज भरी आँखों से तुमसे पूछ रहा हूँ।

जो लोग तुम्हारी हवा को विषाक्त बना रहे हैं, उन्हें क्या तुमने क्षमा कर दिया है?

उन्हें क्या तुम प्यार कर सकते हो?

फिर भी, युग के विकराल वैपरीत्य के बाद भी—इतिहास की अविरल धारा अपना काम करती हुई चलती है। सृजन और विनाश की बहिंरग और अन्तरंग लीलाएँ, निरन्तर किसी रहस्यमय नियम से, मृत्यु के नये-नये पंथों में जीवन को भटकाकर फिर-फिर नये सत्य का निर्माण करती चली जाती हैं और यही जीवन है—नित नया और चिर पुराना।''

मृत्युंजयी रवीन्द्रनाथ इसी अटल विश्वास के कवि थे और अन्त तक रहे। आचार्य हजारीप्रसाद द्विवेदीजी ने अपने अधिकांश निबन्धों में कवि के व्यक्तित्व, कृतित्व और दर्शन के इस पहलू पर विशेष जोर देकर बहुत महत्त्वपूर्ण काम किया है।

इस संग्रह में रवीन्द्रनाथ के कथा-साहित्य की कोई चर्चा नहीं पाई जाती। उनके नाटकों और काव्यों पर ही विशेष बल दिया गया है। अधिकांश निबन्ध बहुत छोटे हैं और अधूरे-से लगते हैं। निबन्धों के विषय इतने आकर्षक हैं, लिखने की शैली ऐसी हृदयग्राही है कि उनके छोटे आकार से एक प्रकार की अतृप्ति-सी पाठक के मन में बनी रह जाती है। वह प्रत्येक विषय पर और अधिक जानना, और अधिक सुनना और समझना चाहता है—विशेष रूप से इस कारण कि उनका अनुभवी लेखक महाकवि के निकटतम सम्पर्क में रह चुका है।

रवीन्द्रनाथ ने अपने जीवन के अन्तिम दिनों में लुकाठी की तरह दिप-दिप करके जलनेवाली कविताएँ लिखी थीं, उनकी भी ज्ञानवर्धक चर्चा द्विवेदीजी ने की है। रवीन्द्रनाथ के हिन्दी-प्रेम पर भी दो-एक निबन्ध में अच्छा प्रकाश डाला गया। बीच-बीच में कविताओं के जो अनुवाद, उद्धरण के रूप में, दिए गये हैं उनकी भाषा मूल की तरह सहज लगती है। अनुवाद चाहे गद्य में दिए गये हों चाहे मुक्त छन्द में, वे सभी प्रभावशाली हैं।

पुस्तक के तृतीय और अन्तिम भाग में रवीन्द्रनाथ की तेईस चुनी हुई कविताओं के अनुवाद प्रवाहशील मुक्त छन्दों में दिए गये हैं। परिशिष्ट में रवीन्द्रनाथ की जन्मपत्री भी दी गयी है, जिसे पढ़ना और समझाना द्विवेदीजी का पुराना और प्रिय विनोद रहा है।

कुल मिलाकर 'मृत्युंजय रवीन्द्र' रवीन्द्रनाथ और उनके साहित्य पर एक विशेषज्ञ द्वारा लिखे गये महत्त्वपूर्ण और पठनीय निबन्धों का संग्रह है। इसमें कमी एक ही दिखाई देती है, और वह यह कि वे निबन्ध योजनाबद्ध नहीं हैं, और आलोचित विषयों की केवल छिटपुट झाँकियाँ प्रस्तुत करते हैं।

आज दुनिया को यह बताने की आवश्यकता आ पड़ी है कि रवीन्द्रनाथ ने मानवीय इतिहास की निरन्तरता को और आज के विश्व-मंच पर अवतरित नये मानव का मूल्यांकन—बृहत् देश और महाकाल की पृष्ठभूमि में—किन-किन रूपों में किया है, और अनेक राजनीतिक, आर्थिक, सामाजिक और सांस्कृतिक चक्रजालों में उलझे वर्तमान युग को उनका अन्तिम सन्देश क्या है। दस महाप्रश्न के इस महत्तर उत्तर को समझाने के लिए यह आवश्यक है कि द्विवेदीजी जैसे अधिकारी व्यक्ति एक नयी योजना के साथ रवीन्द्रनाथ के व्यक्तित्व और कृतित्व पर और अधिक विस्तृत प्रकाश डालने का काम हाथ में ले लें।

> *मूल चैतन्य धारा केवलात्मा की इच्छा शक्ति का ही रूप है। वह गतिमात्र है। क्रिया शक्ति स्थिति मात्र है। गति और स्थिति के द्वन्द्व से ही रूप बनता है। गति चित् तत्त्व है स्थिति अचित् तत्त्व है। चित्, या गति बारम्बार अचिद्‌रूपा स्थिति से रोकी जाती है। चैतन्य धारा बारम्बार जड़ में स्थित आकर्षण शक्ति से नीचे की ओर खींची जाती है।*
>
> —कालिदास की लालित्य-योजना

मेघदूत : एक पुरानी कहानी

रवीन्द्र भ्रमर

आचार्य श्री हजारीप्रसाद द्विवेदी की प्रस्तुत रचना कई दृष्टि से विचारणीय है। पहला सवाल इसके स्वरूप के विषय में उठाया जा सकता है? यह क्या है? अनुवाद है, टीका या व्याख्या है या कुछ और है? जैसा कि इसके नाम से ही ध्वनित होता है, महाकवि कालिदास कृत 'मेघदूत' पर आधारित है, किन्तु यह कोई टीका या अनुवाद नहीं है। मैं इसे व्याख्या भी नहीं कहना चाहूँगा। वस्तुतः यह एक स्वतन्त्र कृति है जिसमें लेखक ने 'मेघदूत' के छन्दों का उपयोग क्रमशः अपने भावोच्छ्वास की अर्गला के रूप में किया है। लेखक की बहुविज्ञता तथा पुरानी से पुरानी बात को नये सन्दर्भ एवं नूतन उल्लास के साथ व्यक्त करने की उसकी क्षमता के कारण यह रचना मूल्यवान एवं मनोहर हो उठी है। इस कृति के सम्बन्ध में 'निवेदन' के दो पृष्ठों में स्वयं लेखक ने कुछ महत्त्वपूर्ण विचार संकेत दिये हैं—"...परन्तु जब आँखें खराब हों, लिखने-पढ़ने पर सख्त पाबन्दी हो, और पुस्तक माँगने पर मित्रों की ओर से डाँट पड़ने की भी आशंका हो तब उपाय ही क्या है? इसीलिए कोई टीका या व्याख्या लिखना तो सम्भव नहीं था, जो कुछ लिखा या लिखाया गया वह 'गप्प' से अधिक की मर्यादा नहीं रखता। इसीलिए मैंने इसका नाम भी दिया—'मेघदूत : एक पुरानी कहानी।'" अपने इस निवेदन में लेखक ने जिसे 'गप्प' कहा है वह बड़ा महत्त्वपूर्ण शब्द है। हिन्दी में आ जाने पर बकवास से लेकर डींग मारने तक इसकी जो भी गति हुई हो, किन्तु संस्कृत में यह गल्प है जिसका अर्थ होता है लघुकथा। प्रस्तुत कृति के सन्दर्भ में इसके हिन्दी तथा संस्कृत दोनों ही अर्थों को लिया जाए तो कुछ अनुचित न होगा क्योंकि इसमें लेखक ने 'मेघदूत' के संक्षिप्त कथा-तन्तुओं के आधार पर कल्पना तथा विवेक का नूतन वितान तानने की चेष्टा की है। एक बात और : लेखक ने इस कृति को 'स्वान्तःसुखाय' माना है। "स्वान्तःसुखाय अर्थात् अपने अन्तःकरण के सुख के लिए। 'स्वान्तःसुखाय' बहुत बड़ा शब्द है। परन्तु मैंने जिन दो-चार निबन्धों और पुस्तकों की रचना सचमुच

स्वान्तःसुखाय की है, उनमें यह भी एक है।" इस प्रकार लेखक ने इस कृति को 'स्वान्तःसुखाय' मानकर इसकी प्रकृति के एक और पक्ष को स्पष्ट करने की चेष्टा की है। अन्तःकरण के सुख के लिए रची गयी कृतियाँ प्रायः विषय-प्रधान हुआ करती हैं। ऐसी कृतियों में लेखक की निजी दृष्टि और स्वगत चिन्ताधारा की प्रधानता होती है। व्यक्तित्व का धनी कोई भी लेखक जब भी कुछ लिखता है तो उसके उद्वेलित मानस की प्रतिच्छवियाँ अंकित हो उठती हैं। 'मेघदूतः एक पुरानी कहानी' को इसी परिप्रेक्ष्य में एक विषय-प्रधान रचना कहना चाहता हूँ। कालिदास का 'मेघदूत' अपनी जगह पर है, किन्तु यहाँ तो श्री व्योमकेश शास्त्री (लेखक का छद्म नाम) के पांडित्यपूर्ण तथा सहज उल्लासमय व्यक्तित्व की मनोहर चन्द्रिका छिटकी हुई है।

भारतीय साहित्य में 'मेघदूत' का स्थान अत्यन्त महत्त्वपूर्ण रहा है। रसराज शृंखला के वियोग पक्ष से उद्वेलित तथा प्रिया विरह की कामोद्दीप्त मनोव्यथा से आद्यान्त मुखरित यह काव्य शताब्दियों से सहृदयजनों का कंठहार बनता आया है। इस पर अनेक टीका-टिप्पणियाँ की गयी हैं, अनेक व्याख्याएँ लिखी गयी हैं तथा इस देश की भाषाओं के अतिरिक्त अँग्रेजी, जर्मन, फ्रेंच आदि यूरोपीय भाषाओं में भी बराबर इसके अनुवाद प्रकाशित होते रहे हैं। सारांश यह कि 'मेघदूत' कविता की एक पुरानी प्रसिद्ध पोथी है जिस पर अनुवाद, व्याख्या, तथा टीका-टिप्पणी का कार्य पर्याप्त मात्रा में किया जा चुका है। ऐसी स्थिति में आचार्य श्री हजारीप्रसाद द्विवेदी ने नये सिरे से इसे एक स्वतन्त्र तथा 'स्वान्तःसुखाय' रचना का निमित्त क्यों बनाया? इस प्रसंग में उन्होंने एक मौलिक उत्तर देने की चेष्टा की है। वे लिखते हैं कि "गीता और मेघदूत हमारे देश के दो विचित्र ग्रन्थ हैं। धर्म और अध्यात्म का उपदेश देनेवाला हर-एक विद्वान् और आचार्य गीता की एक व्याख्या अवश्य लिख जाता है और साहित्य-रसिक कवि और सहृदय जन कोई-न-कोई टीका, व्याख्या, कविता या आलोचना, 'मेघदूत' के सम्बन्ध में अवश्य लिख जाते हैं। ये दोनों ग्रन्थ विश्वनाथ जी के मन्दिर के घंटे के समान हैं। हर तीर्थयात्री एक बार इनको अवश्य बजा जाता है।" आचार्य द्विवेदीजी के इस कथन का महत्त्व इस बात में है कि उन्होंने कर्मयोग और अध्यात्म-दर्शन की रचना 'गीता' तथा अनुराग भाव एवं शृंगार रस की रचना 'मेघदूत' को समान महत्त्व प्रदान किया है। योग के पलड़े पर गीता और भोग के पलड़े पर मेघदूत वजन और मूल्य में लगभग बराबर है। और, विश्वनाथजी के मन्दिरवाले उस घंटे की छटा निराली है। कोई उसे धीरे से बजाता है, कोई जोर से। कोई उसे बजाकर चूम लेता है कोई सिर-आँखों लगाता है, जिसमें जितनी सामर्थ्य या श्रद्धा होती है वह उसे उसी प्रकार बजा लेता है। प्रस्तुत कृति के सन्दर्भ में यदि इस घंटेवाले रूप को कुछ आगे बढ़ाया जा सके तो

मैं कहूँगा कि आचार्य द्विवेदी ने उसे पूरे मनोयोग के साथ निनादित किया है। उनके आन्तरिक आनन्दोल्लास से साहित्य-देवता का भव्य प्रासाद एक बार पुन: गूँज उठा है।

'मेघदूत' एक छोटा-सा सन्देश काव्य है जिसकी रचना 'मन्दाक्रान्ता' नामक लगभग 115 छन्दों में हुई है। आचार्य द्विवेदी की प्रस्तुत रचना इस छोटे से काव्य की कोई 178 पृष्ठों का काव्यात्मक परिधान देती है, किन्तु इस सहजता के साथ कि पाठक कहीं ऊबे नहीं और मूल कृति के रस को द्विगुणित आवेग के साथ ग्रहण करता चले। द्विवेदीजी इस रचना का समारम्भ निम्नांकित प्रकार से करते हैं :

"कहानी बहुत पुरानी है, किन्तु बार-बार नये सिरे से कही जाती है। अत: एक बार फिर दुहाराने में कोई नुकसान नहीं है। एक यक्ष था, अलकापुरी का निवासी। इस देश और इस काल के निवासियों की दृष्टि से देखा जाए तो वह निहायत गरीब नहीं कहा जा सकता। दूर से ही उसके विशाल महल का तोरण इन्द्रधनुष के समान झलमलाया करता था।"

यह समारम्भ कालिदास कृत 'मेघदूत' के शुभारम्भ से भिन्न है और लेखक के मनमौजी स्वभाव का परिचायक है। आगे इसी प्रसंग में यक्ष के अपराध से सम्बद्ध निजन्धरी काल्पनिक प्रसंगों की अवतारणा की गयी है। फिर सरस भाव से प्रेमजन्य प्रमाद और देश-निकाल के दंड पर टिप्पणियाँ की गयी हैं। और, इस समस्त पृष्ठभूमि के उपरान्त 'मेघदूत' के प्रथम श्लोक के भावार्थ को उसी कथात्मक प्रवाह के साथ पल्लवित किया गया है। प्रथम श्लोक तक पहुँचने से पूर्व लेखक की मानवतावादी विचारणा का एक अंश द्रष्टव्य है। प्रेमजन्य प्रमाद के प्रसंग में लेखक ने पहले तो यह बताया है कि किस प्रकार खानखाना अब्दुल रहीम ने प्रियामोह के कारण कर्तव्यच्युत हुए अपने एक भृत्य को क्षमा कर दिया था फिर यह कि कुबेर 'मेघदूत' के इस यक्ष को क्षमा नहीं कर सका और फिर इसी सन्दर्भ में अवसर पाते ही लेखक की मानवतावादी दृष्टि का आलोक फैल उठा है। लेखक के शब्दों में, "मनुष्य क्षमा कर सकता है, देवता नहीं कर सकता। मनुष्य हृदय से लाचार है, देवता नियम का कठोर प्रवर्तयिता है। मनुष्य नियम से विचलित हो जाता है, पर देवता की कुटिल भृकुटि नियम की निरन्तर रखवाली करती है। मनुष्य इसलिए बड़ा होता है कि वह गलती कर सकता है, देवता इसलिए बड़ा है वह नियम का नियन्ता है। सो कुबेर ने उसे शाप दे दिया।" 'मेघदूत: एक पुरानी कहानी' के प्रारम्भिक अंश की इस चर्चा द्वारा उसके स्वरूप और प्रकृति को समझने में थोड़ी सहायता मिलेगी। सम्पूर्ण कृति इसी प्रकार की मनमौजी टीका-टिप्पणियों तथा शैलीगत सौन्दर्य से परिपूर्ण है।

जिन लोगों ने आचार्य श्री हजारीप्रसाद द्विवेदी के साहित्य को थोड़ा-बहुत

पढ़ा है वे उनकी बहुज्ञता से परिचित होंगे। इतिहास, पुराण और साहित्य से लेकर फलित ज्योतिष तक एवं भारत के प्राचीन कलात्मक विनोद से लेकर सभ्यता और संस्कृति के अन्यान्य तत्त्वों तक आचार्यजी की जानकारी का क्षेत्र बहुत व्यापक है। अध्ययन तथा अनुभव द्वारा अर्जित की गयी यह ज्ञानराशि उनके किसी भी कृतित्व को यथाप्रसंग बहुत मूल्यवान बना देती है। इस दृष्टि से 'मेघदूत : एक पुरानी कहानी' के पाठकों को कुछ निराशा न होगी। इस रचना में भी आचार्य जी की बहुज्ञता भली-भाँति प्रकट हुई है। इस कथात्मक व्याख्या को कुछ नवीन, कुछ रुचिकर तथा कुछ अधिक उपयोगी बनाने की दृष्टि से उन्होंने बहुधा अन्यान्य विषयों की निजी जानकारी का अवलम्ब ग्रहण किया है। कहीं तो इतिहास, पुराण अथवा शास्त्रों की झलक मिलती है और कहीं हठयोग एवं तन्त्र-साधन की। फलित ज्योतिष के आधार पर कहीं शुभाशुभ निमित्तों की चर्चा की गयी है तो कहीं संगीत नृत्य अथवा आभूषण मंडन द्रव्यादि शृंगार प्रसाधनों के वर्णन का अवसर ढूँढ लिया गया है। ऐसा जान पड़ता है कि लेखक जो कुछ जानता है, उसने जितना कुछ अर्जित किया है उस सब कुछ को यथाप्रसंग दे देने, समर्पित कर देने की उसमें अपूर्व निष्ठा है। उदाहरण के लिए भाषा बोध के एक प्रसंग को लिया जा सकता है। 'मेघदूत' के सातवें छन्द में 'हर्म्य' शब्द प्रयुक्त हुआ है। विरही यक्ष मेघ को 'अलका' का विवरण देते हुए कहता है कि वहाँ चाँदनी में धुले हुए बड़े-बड़े 'हर्म्य' देखने को मिलेंगे। द्विवेदीजी केवल इतना नहीं कहते। वे लगे हाथों इस शब्द की भाषा वैज्ञानिक स्थिति भी स्पष्ट कर देते हैं—'हर्म्य समझ गये न? इधर लोग धनिकों के मकान को हर्म्य कहने लगे हैं, लेकिन असली बात यह कि धनसेठों की घनी अट्टालिकाओं से भरी बस्ती में बहुत कम मकान ऐसे होते हैं वे ही 'घर्म्य' हो पाते हैं। 'घर्म्य' शब्द ही जरा मुलायम होकर 'हर्म्य' बन गया है।'' यहाँ यह उल्लेख्य है कि 'हर्म्यन का एक अन्य रूपान्तर 'हरम' अरबी भाषा का शब्द है और अट्टालिका अथवा अन्तःपुर के अर्थ में ही प्रयुक्त होता है, किन्तु द्विवेदीजी ने इसकी कोई चर्चा नहीं की है। यह तो संस्कृत 'हर्म्य' का ही परवर्ती विकास है।

यहाँ यह सम्भव नहीं है कि प्रस्तुत कृति के माध्यम से उपलब्ध होनेवाली अन्यान्य विषयों की जानकारी का पूर्ण विवरण उपस्थित किया जाए। यह विवरण पूरी पुस्तक में 'मेघदूत' के छन्दों के माध्यम से अनुस्यूत है। इस सन्दर्भ में इतिहास पुराण के कतिपय प्रसंगों की जानकारी के लिए पृ. 40, 47, 62, 81, 100 शुभ शकुनों की दृष्टि से पृ. 20, 21, 156; तांडव और लास्य नामक नृत्य भेदों की पौराणिक आधारभूमि के लिए पृ. 73; दस शोभा विधायक धर्मों के लिए पृ. 123, 124; आवेध्य, निबन्धनीय, प्रक्षेप्य, आरोप्य नामक आभूषणों की चार कोटियों के

लिए पृ. 125; कस्तूरी, कुंकुम आदि शृंगारिक मंडन द्रव्यों की दृष्टि से पृ. 145; लोकाचार और दुनियादारी की दृष्टि से पृ. 10, 13, 159 तथा तान्त्रिक हठयोग के लिए पृष्ठ 149 विशेष रूप से द्रष्टव्य हैं। ये विवरण कृति के मूल प्रवाह में किसी प्रकार का व्यवधान उत्पन्न नहीं करते, वरन् विज्ञ पाठक को सहज भाव से मानसिक तोष प्रदान करते हैं।

मैंने निवेदन किया है कि मैं प्रस्तुत कृति को 'मेघदूत' की व्याख्या मात्र कहना पसन्द नहीं करूँगा। यह बात मुझे इस पुस्तक में जहाँ-तहाँ उपलब्ध कुछ वाक्यों को देखकर दोबारा याद हो आई है। कुछ वाक्य ये हैं, "मर्त्यवासी कर्म के प्रेमी हैं, देवताओं की भोग भूमि में जाकर वे मूर्ख क्यों बनें।" (पृ. 18) "तेज को (शक्ति का) बुरा नाम देकर बदनाम करना अपनी असमर्थता का विज्ञापन करना है।" (पृ. 84), "जिसके पास पैसा होता है वही मोटा होता, उसी के शरीर की चर्बी बढ़ जाती है।" (पृ. 136), "पैसा मनुष्य को भीतर और बाहर से बेडौल बना देता है।" (पृ. 136)। अब 'मेघदूत' की व्याख्या से इन वाक्यों की क्या संगति बैठायी जाए। इस प्रकार की सूक्तियाँ इस पुस्तक में अनेक स्थलों पर टँकी हुई मिलेंगी। इनमें लेखक की सामाजिक दृष्टि का पता चलता है।

'मेघदूत : एक पुरानी कहानी' सचमुच की कोई 'कहानी' नहीं है। इसमें न तो किसी घटना का प्राधान्य है और न उसके माध्यम से पाठकों के कौतूहल को जाग्रत रखने का कोई कौशल। चरित्र नाम पर ले-देकर यक्ष का चरित्र है, किन्तु उसमें भी कोई उतार-चढ़ाव नहीं है। बस उसका प्रेमोन्मत्त विरहीवाला स्वरूप ही आद्यन्त सम्मुख रहता है। तब इस कृति को 'कहानी' कहने की सार्थकता? इसमें एक ओर तो 'मेघदूत' की संक्षिप्त-सी प्रेम-कथा, उसके स्वरूप तथा शैली का निर्वाह किया गया है और दूसरी ओर 'मेघदूत' के खंडकाव्यात्मक परिधान में जिन पूर्वापर सम्बन्धों की संगति नहीं बैठाई जा सकती थी उन्हें भी सुगठित कर दिया गया है। लेखकीय टिप्पणियों को छोड़कर सम्पूर्ण कृति आत्म-चरितात्मक शैली में प्रस्तुत की गयी है कथा-नायक यक्ष विगत घटनाओं एवं स्मृतियों के आधार पर अपने मनोभावों को बादलों के सम्मुख व्यक्त करता जाता है। इस दृष्टि से यक्ष की, प्रेम-कातर वाणी के साथ अद्भुत तादाम्त्य स्थापित किया गया है। इतिहास, पुराण, धर्म, दर्शन, या प्रणय सन्देश जो कुछ भी कहना हुआ है वह सब प्राय: यक्ष के मुख से कहलवाया गया है। इस रूप में प्रस्तुत कृति को आत्मालाप या एकालाप कह सकते हैं।

पुस्तक की भाषा-शैली उसके प्रतिपाद्य के अनुकूल बन पड़ी है और उसमें कालिदास और उनके 'मेघदूत' की आत्मा सुरक्षित है। विरही यक्ष मेघ को दूत बनाकर उसके माध्यम से अपनी प्रिय तक अपना प्रणय-सन्देश भेजना चाहता है।

उसे मेघ से बड़ा महत्त्वपूर्ण काम लेना है। ऐसी स्थिति में वह मेघ को प्रायः अत्यन्त आदर तथा मनुहारपूर्ण शब्दों में सम्बोधित करता है, "मेरे प्यारे जलधर मित्र! यद्यपि मेरा हृदय संगमोत्कंठा से कातर है और मैं प्राकृतजन के समान प्रलाप कर रहा हूँ, तथापि मुझे रंचमात्र भी सन्देह नहीं है कि मेरे हृदय में जो उत्कंठा और औत्सुक्य है, वह अकारण नहीं है।" पुस्तक के प्रारम्भ में, कहानी का समारम्भ करते हुए नुकसान, गरीब, निहायत, गरज, पेशा, हरकत, शौकीन, गफलत जैसे कुछ उर्दू फारसी शब्दों का प्रयोग किया गया है, किन्तु बाद में मेघदूत की मूल कहानी के साथ यह प्रवृत्ति समाप्त हो गयी है। फिर तो उसी देव भाषा की शब्दावली का व्यवहार किया गया है जिसकी अपेक्षा देवलोक के निवासी यक्ष से की जा सकती थी। कहीं-कहीं तो दुरत्यय, कुट्टिम, सिसृक्षा जैसे घोर संस्कृत शब्दों का व्यवहार किया गया है, जिसका अर्थ जानने के लिए कोश की शरण लेनी पड़ती है। इस पुस्तक की भाषा और इसकी शैली-शिल्प पर विचार करते समय आचार्य श्री हजारीप्रसाद द्विवेदी की एक दूसरी लोकप्रिय कृति 'बाणभट्ट की आत्मकथा' की याद हो आती है। यह उपन्यास इसलिए भी बहुत सराहा गया कि इसमें विद्वान् लेखक ने बाणभट्ट की अलंकृत गर्वीली शैली को ज्यों-का-त्यों ग्रहण कर लिया है। इसी प्रकार 'मेघदूत : एक पुरानी कहानी' में कालिदास के शब्द-विन्यास तथा वर्णन कौशल का ध्यान रखा गया है। 'मेघदूत' के छन्दों पर आधारित गद्य खंडों में तो ऐसा होना स्वाभाविक ही था, अन्यत्र भी उसी बाँकपने का निर्वाह किया गया है। दृश्यों, वस्तुओं अथवा मनःस्थितियों के वर्णन से लेकर उपमानों की आयोजना तक अथवा शब्दों के सामाजिक प्रयोग से लेकर भाषा के नाद-ध्वनि संयुक्त लयात्मक प्रवाह तक आचार्यश्री ने कुछ वैसी ही शैली का प्रयोग किया है, जिसकी अपेक्षा कालिदास से की जा सकती थी।

'मेघदूत : एक पुरानी काहनी' के माध्यम से, भारतीय वाङ्मय की एक सरस एवं लोकप्रिय कृति को नूतन, मूल्यवान और किंचित् मौलिक परिधान में पुनः प्रतिष्ठित करने की चेष्टा की गयी है। हिन्दी में 'मेघदूत' को लेकर विपुल मात्रा में साहित्य रचना की गयी है। किन्तु प्रस्तुत कृति का रंग कुछ न्यारा है। आचार्य श्री हजारीप्रसाद द्विवेदी द्वारा लिखित साहित्य में इसका एक निश्चित स्थान है और हिन्दी साहित्य में भी अपने शैलीगत सौन्दर्य के कारण यह विशेष रूप से समादृत होगी।

मधु-संचय

'अशोक के फूल'

सम्प्रदाय की प्रतिष्ठा ही जब सबसे बड़ा लक्ष्य हो जाता है तो सत्य से दृष्टि हट जाती है। पृ. 28

काम-क्रोध आदि मन:शक्तियाँ जिन्हें 'शत्रु' कहा जाता है, सुनियन्त्रित होकर परम सहायक मित्र बन जाती हैं। पृ. 30।

मैं बालू में भी तैल निकालने का प्रयत्न करता हूँ बशर्ते कि वह बालू मुझे अच्छी लग जाए। पृ. 33।

मनुष्य को अज्ञान, मोह, कुसंस्कार और परमुखापेक्षिता से बचाना ही साहित्य का वास्तविक लक्ष्य है। पृ. 45।

घृणा और द्वेष से जो बढ़ता है वह शीघ्र ही पतन के गह्वर में गिर पड़ता है। पृ. 46।

प्रेम बड़ी वस्तु है, त्याग बड़ी वस्तु है और मनुष्य-मात्र को वास्तविक 'मनुष्य' बनानेवाला ज्ञान भी बड़ी वस्तु है। पृ. 46।

संस्कृति मनुष्य की विविध साधनाओं की सर्वोत्तम परिणति है। पृ. 64।

मैं संस्कृति को किसी देश-विशेष या जाति-विशेष की अपनी मौलिकता नहीं मानता। मेरे विचार से सारे संसार के मनुष्यों की एक ही सामान्य मानव-संस्कृति हो सकती है। पृ. 77।

रास्ता खोजते समय भटक जाना, थक जाना या झुँझला पड़ना, इस बात के सबूत नहीं हैं कि रास्ता खोजने की इच्छा ही नहीं है। पृ. 78।

संसार की समस्त जटिल समस्याएँ नित्य-प्रति और भी जटिलतर इसलिए होती जाती हैं कि इनपर विचार करनेवालों में मानसिक और बौद्धिक वैराग्य का अभाव है। पृ. 87)

बौद्धिक वैराग्य ही मनुष्य को संस्कृत बनाता है। पृ. 87।

जिन विषयों के गम्भीर अध्ययन से मनुष्य का मस्तिष्क परिष्कृत और हृदय सुसंस्कृत होता है, उसमें श्रम लगता है और उसके लिए बाजार आसानी से नहीं मिलता। पृ. 168।

हिन्दी भारतवर्ष के हृदयदेश में स्थित करोड़ों नर-नारियों के हृदय और मस्तिष्क को खुराक देनेवाली भाषा है। पृ. 170।

जो साहित्य मनुष्य-समाज को रोग-शोक, दारिद्र्य-अज्ञान तथा परमुखापेक्षिता से बचाकर उसमें आत्मबल का संचार करता है, वह निश्चय ही अक्षय निधि है। पृ. 181।

सत्य वह नहीं है जो मुख से बोलते हैं। सत्य वह है जो मनुष्य के आत्यन्तिक कल्याण के लिए किया जाता है। पृ. 190।

'कल्पलता'

अपने-आप पर अपने-आप के द्वारा लगाया हुआ बन्धन हमारी संस्कृति की बड़ी भारी विशेषता है। पृ. 5।

अज्ञान सर्वत्र आदमी को पछाड़ता है। और आदमी है कि सदा उससे लोहा लेने पर कमर कसे है। पृ. 6।

मनुष्य की चरितार्थता प्रेम में है, मैत्री में है, त्याग में है, अपने को सब के मंगल के लिए निःशेष भाव से देने में है। पृ. 7।

कालिदास महान थे क्योंकि वे अनासक्त रह सके थे। पृ. 23।

जो हम हो नहीं सकते उसके लिए प्रयत्न करना बेकार है। पृ. 25।

अन्याय करके पछताने की आदत बुरी नहीं है। पृ. 26।

कार्य क्षेत्र में—स्वार्थों की संघर्षस्थली में महान आदर्शों की रक्षा करना कठिन काम है। पृ. 28।

मनुष्य की सर्वोच्च वृत्ति यही है कि वह मनुष्य है—हाड़-चाम का पशु नहीं है। पृ. 159।

व्यक्तियों ने इतिहास बनाये हैं, व्यक्तियों के कारण मरी हुई जातियों में जान आयी है, व्यक्तियों के कारण ही जीती हुई जातियाँ नष्ट हो गयी हैं। सही बात तो यह है कि व्यक्तियों के बिना जाति का कोई अर्थ नहीं होता। पृ. 161-162।

शायद दुनिया-भर के लोगों की कमजोरी का पता लगाने की अपेक्षा अपनी कमजोरी का पता लगा लेना ज्यादा विश्वसनीय होता है। पृ. 34।

कोई भीतरी महान वस्तु ऐसी अवश्य है कि जिसके होने से मनुष्य को जितेन्द्रियता प्राप्त होती है या प्राप्त करने की इच्छा होती है। पृ. 36।

मैं जो भी सचाई के साथ कर रहा हूँ वह सार्थक है, जो कुछ मैं वंचना के

लिए करता हूँ निरर्थक है और असफल होने को बाध्य है। पृ. 38।

ब्रह्मांड कितना बड़ा है, यह बड़ा सवाल नहीं है, मनुष्य की बुद्धि कितनी बड़ी है, यही बड़ा सवाल है। पृ. 99।

गाँधी भारतवर्ष के अनेक युगों के संचित पुण्य का मधुर फल था। पृ. 130।

'साहित्य-सेवा का अधिकार सब को है', यह ठीक है; पर साहित्य-सेवा का अर्थ पुस्तक लिखना ही नहीं है। पृ. 128।

उपनिषदों के उद्धरण भी जब हम अँग्रेजी में उद्धृत करते हैं, तो अपने ज्ञान का दिवाला प्रकट करते हैं। पृ. 129

साहित्य-सेवा और पुस्तक लेखक का परस्पर पर्यायवाची हो जाना साहित्य के लिए बड़ा खतरनाक है। पृ. 128।

सारे मानव-समाज को सुन्दर बनाने की साधना का ही नाम साहित्य है। पृ. 138।

जो जाति जितनी ही अधिक सौन्दर्य-प्रेमी है, उसमें मनुष्यता भी उतनी ही अधिक होती है। पृ. 138।

जो आदमी दूसरों के भावों का आदर करना नहीं जानता उसे दूसरे से भी सद्भावना की आशा नहीं करनी चाहिए। पृ. 143।

मनुष्यत्व सिर्फ जीविका निर्वाह करने के लिए ही नहीं है। पृ. 147।

'कुटज'

रूप व्यक्ति-सत्य है, नाम समाज-सत्य। पृ. 2।

कार्पण्य दोष से जिसका स्वभाव उपहत हो गया है उसकी दृष्टि म्लान हो जाती है, वह स्पष्ट नहीं देख पाता। पृ. 8।

सुखी वह है जिसका मन वश में है, दुःखी वह है जिसका मन परवश है। पृ. 9।

धोखा देने वाला धोखा खाता है, प्रवंचना का परिणाम हार होता है, दूसरों के रास्ते में गड्डा खोदनेवाले को कुआँ तैयार मिलता है। पृ. 10-11।

जीतता वह है जिसमें शौर्य होता है, धैर्य होता है, साहस होता है, सत्त्व होता है, धर्म होता है। पृ. 11।

देश की जनता के साथ देश के शिक्षितों के व्यवधान का एक प्रमुख कारण विदेशी भाषा का माध्यम है। पृ. 15।

बड़ा काम करने के लिए बड़ा हृदय होना चाहिए। पृ. 18।

ईमानदारी और बुद्धिमानी के साथ किया हआ काम व्यर्थ नहीं जाता। पृ. 20।

बुद्धिमान को स्वेच्छा से सही मार्ग पर चलना चाहिए। विवश होकर किसी

बात को मानना मोहग्रस्त मूढ़ लोगों का काम है। पृ. 21।

लक्ष्यभ्रष्ट जीवन केवल दयनीय ही नहीं होता, वह समाज के लिए हानिकर भी होता है। पृ. 34।

दीनता उस मानसिक दुर्बलता को कहते हैं जो मनुष्य को दूसरे की दया पर जीने का प्रलोभन देती है। पृ. 34।

सभी भाषाएँ सब की हैं। जब तक यह बुद्धि नहीं आती तब तक आशंकाएँ दूर नहीं होंगी। पृ. 46।

बड़ों के बीच पैदा हुआ बड़ा बहुत बड़ा होता है, बौनों में बड़ा औसत बड़े के बराबर भी नहीं हो सकता। पृ. 75।

जिसका लगना सबको लगे वह कवि है, जिसका लगना सिर्फ उसे ही लगे, औरों को नहीं; वह पागल है। लगने-लगने में भेद है। जो सबको लगे वह अर्थ है। जो एक को लगे वह अनर्थ है। अर्थ सामाजिक होता है। पृ. 87।

कम लोग जानते हैं कि शास्त्रार्थ में कोई हारता नहीं, हराया जाता है। पृ. 87।

मनुष्य प्रयोजनों के पीछे दौड़ने के लिए नहीं बना है; प्रयोजन से जो इतर धर्म है वही मनुष्य है। पृ. 15।

शक्ति, प्रेम, दया, सहानुभूति आदि गुण स्थूल प्रयोजनों की सिद्धि करें तो, और न करें तो बड़े हैं और पालनीय हैं। पृ. 15।

मनुष्य इसलिए मनुष्य है कि उसमें मनुष्यत्व-धर्म है। पृ. 15।

रूढ़ि वस्तुतः अन्तर्निहित तत्त्ववाद को भुला देने का नाम है। पृ. 100।

वैराग्य से मनुष्य असत् कर्मों से निवृत्त होता है और फिर सत् कर्मों की ओर उसकी प्रवृत्ति बढ़ती है, इसलिए सदाचार के लिए विवेक और वैराग्य दोनों का साथ-साथ उदय होना आवश्यक है। पृ. 102

औषधियाँ और रोग के कीटाणु मनुष्य को सामान भाव से प्रभावित करते हैं। पृ. 102-3

मनुष्य भोग के द्वारा शाश्वत सुख नहीं प्राप्त कर सकता, त्याग में ही उसकी चरितार्थकता है। पृ. 105।

जो बात सफल होती है, वह निश्चय ही धर्म है। अधर्म और सफलता कभी एक साथ रह ही नहीं सकते। पृ. 111।

वस्तुतः जिनके भीतर आचरण की दृढ़ता रहती है वे ही विचार में निर्भीक और स्पष्ट हुआ करते हैं। पृ. 118।

सतीत्व को स्त्रियों के लिए जंजीर समझनेवाला तार्किक विचार शास्त्रीय सत्य के विरुद्ध है। पृ. 119।

किसी लकीर को मिटाए बिना छोटी बना देने का उपाय है, बड़ी लकीर

खींच देना। क्षुद्र अहमिकाओं और अर्थहीन संकीर्णताओं की क्षुद्रता सिद्ध करने के लिए तर्क और शास्त्रार्थ का मार्ग कदाचित् ठीक नहीं है। यही उपाय है बड़े सत्य को प्रत्यक्ष कर देना। पृ. 123।

संस्कृत से निरन्तर प्रेरणा और शब्द-भंडार पाते रहना परम सौभाग्य की बात है, परन्तु यह समझना कि संस्कृत कभी इस देश की राजभाषा बन सकेगी, गलत ढंग से सोचने का नतीजा है। पृ. 148।

संस्कृत की उपेक्षा करने से हम उस विशाल साहित्य को उत्पन्न करने में एकदम अशक्त हो जाएँगे जिसकी आज सर्वाधिक आवश्यकता है। पृ. 150।

'विचार-प्रवाह'

वस्तुतः काव्य-जैसी सुकुमार वस्तु की आलोचना के लिए अपने संस्कारों से बहुत ऊपर उठने की जरूरत है। फिर वे संस्कार चाहे देशगत हों या कालगत। पृ. 45।

विवेक और वैराग्य की दृढ़ता केवल प्रेम से सम्भव है। प्रेम-तत्त्व के अभाव में वैराग्य और विवेक अधिक देर तक टिक नहीं पाते। पृ. 59।

साहित्य में सहज होना (मैं सरल नहीं कहता) भी मौलिकता का श्रेष्ठ प्रतिमान है। पृ. 102।

मेरी दृष्टि में साहित्य की मौलिकता का प्रतिमान यही समाज की मंगल दृष्टि से अनुप्राणित, परम्पराप्राप्त, शास्त्रदृष्टि से सुसंस्कृत और लोकचित्त में सहज ही सुचिन्तित तत्त्वों को सरस रूप में प्रतिफलित करने में समर्थ व्यक्तित्व की अभिव्यक्ति है। यह व्यक्तित्व जितना उज्ज्वल और शक्तिशाली होगा, साहित्य की मौलिकता उतनी उज्ज्वल और दृप्त होगी। पृ. 102।

प्रेम संयम और तप से उत्पन्न होता है। भक्ति साधना से प्राप्त होती है, श्रद्धा के लिए अभ्यास और निष्ठा की जरूरत होती है। पृ. 145।

संस्कार बड़े प्रबल होते हैं, वे विवेक को प्रायः ही दबोचते रहते हैं। पृ. 146।

प्रयोजन के अतीत पदार्थ का ही नाम सौन्दर्य है, प्रेम है, भक्ति है—मनुष्यता है। पृ. 156।

जहाँ स्थूल जीवन का स्वार्थ समाप्त होता है वहीं मनुष्यता प्रारम्भ होती है। पृ. 156।

मनुष्य के सभी विराट् प्रयत्नों के मूल में कुछ व्यक्तिगत या समूहगत विश्वास होते हैं, परन्तु जब वे उस संस्कारजन्य प्रयोजन की सीमा अतिक्रम कर जाते हैं तो उनसे मनुष्य की विराट् एकता और अपार जिजीविषा का ऐश्वर्य प्रकट

होता है। पृ. 157।

‘बाणभट्ट की आत्मकथा’

मैं स्त्री-शरीर को देव-मन्दिर के समान मानता हूँ। पृ. 8।

बुद्धिमान् की नीति मौन होती है। पृ. 51।

क्या ब्राह्मण क्या श्रमण मनुष्यता दोनों ही जगह विरल है। पृ. 61।

पुरुष स्त्री को शक्ति समझकर ही पूर्ण हो सकता है; पर स्त्री स्त्री को शक्ति समझकर अधूरी रह जाती है। पृ. 84।

नारी की सफलता पुरुष को बाँधने में है, सार्थकता उसे मुक्ति देने में। पृ. 91।

राजनीति भुजंग से भी अधिक कुटिल है, असिधारा से भी अधिक दुर्गम है, विद्युत्-शिखा से भी अधिक चंचल है। पृ0 99।

तुम झूठ से शायद घृणा करते हो, मैं भी करता हूँ; परन्तु जो समाजव्यवस्था झूठ को प्रश्रय देने के लिए ही तैयार की गयी है, उसे मानकर अगर कोई कल्याणकार्य करना चाहो, तो तुम्हें झूठ का ही आश्रय लेना पड़ेगा। पृ. 99।

लज्जा और अनुराग गणिका को मुक्त नहीं बनाते और भी प्रगल्भ बना देते हैं। पृ. 121।

न तो प्रवृत्तियों को छिपाना उचित है न उससे डरना कर्तव्य है और न लज्जित होना युक्तियुक्त है। पृ. 77।

यह उन्मत्त उत्सव, ये रासक गान, ये श्रृंगक सीत्कार, ये अबीर-गुलाल, ये चर्चरी और पटह मनुष्य की किसी मानसिक दुर्बलता को छिपाने के लिए हैं, ये दुःख भुलानेवाली मदिरा है, ये हमारी मानसिक दुर्बलता के परदे हैं। इनका अस्तित्व सिद्ध करता है कि मनुष्य का मन रोगी है, उसकी चिन्ता-धारा आविल है, उसका पारस्परिक सम्बन्ध दुःखपूर्ण है। पृ. 94।

किसी दुःखी मनुष्य को आश्वासन देते समय मनुष्य बहुत कुछ बढ़ाकर बोलता है। पृ. 117।

असुरों के गृह में जाने में लक्ष्मी धर्षिता नहीं होती। चीटियों के स्पर्श से कामधेनु अपमानित नहीं होती। चरित्रहीनों के बीच वास करने में सरस्वती कलंकित नहीं होती। पृ. 101-10।

जहाँ कहीं अपने आपको उत्सर्ग करने की, अपने-आपको खपा देने की भावना प्रधान है, वहीं नारी है। जहाँ कहीं दुःख-सुख की लाख-लाख धाराओं में अपने को दलित द्राक्षा के समान निचोड़कर दूसरे को तृप्त करने की भावना प्रबल है, वहीं ‘नारीतत्त्व’ है या शास्त्रीय भाषा में कहना हो, तो ‘शक्तितत्त्व’ है। नारी

निषेध-रूपा है। वह आनन्द भोग के लिए नहीं आती, आनन्द लुटाने के लिए आती है। पृ. 150।

चित्त जड़ प्रकृति का चेतन के संसर्ग से उत्पन्न विकारमात्र है। पृ. 214?।

वस्तुतः कल्मष भी मनुष्य का अपना सत्य है। उसे स्वीकार करके ही वह सार्थक हो सकता है। दबाने में वह मनुष्य को नष्ट कर देता है। समस्त गुण और अवगुण जब तक निर्विकार चित्त से नारायण को नहीं सौंप दिए जाते, तब तक वे भार-मात्र हैं। पृ. 221।

योग्य से ही योग्य के मिलन से शक्ति उत्पन्न हो सकती है। पृ. 246।

स्त्री के दुःख इतने गम्भीर होते हैं कि उसके शब्द उसका दशमांश भी नहीं कह सकते। पृ. 256।

छुई-मुई की तरह मुरझा सकना कितनी बड़ी शक्ति का सुप्तरूप है। पृ. 268।

एक जाति दूसरी को म्लेच्छ समझती है, एक मनुष्य दूसरे को नीच समझता है, इससे बढ़कर अशान्ति का कारण क्या हो सकता है। पृ. 270।

जो वास्तव है उसे दबाना, जो अवास्तव है उसका आचरण करना—यही तो अभिनय है। पृ. 280।

बँधना ही सौन्दर्य है, आत्म-दमन ही सुरुचि है, बाधाएँ ही माधुर्य हैं। नहीं तो यह जीवन व्यर्थ का बोझ हो जाता है। पृ. 281।

वास्तविकताएँ नग्नरूप में प्रकट होकर कुत्सित बन जाती हैं। पृ. 281।

भारतीय समाज ने बन्धन को सत्य मानकर संसार को बहुत बड़ी चीज दी है। पृ. 281।

वशीकरण अपने-आप को सम्पूर्ण रूप से उत्सर्ग करने को कहते हैं। पृ. 211।

जितने बँधे-बधाए नियम और आचार हैं उनमें धर्म अटता नहीं। पृ. 213।

'साहित्य-सहचर'

साहित्य की साधना निखिल विश्व के साथ एकत्व अनुभव करने की साधना है।...जो साहित्य नामधारी वस्तु लोभ और घृणा पर आधारित है वह साहित्य कहलाने के योग्य नहीं। पृ. 6।

लेखक के वक्तव्य का रसास्वादन कराना ही साहित्यिक समालोचक का कर्तव्य है। पृ. 18।

जो साहित्यकार अपने जीवन में मानव-सहानुभूतियों से परिपूर्ण नहीं है और

जीवन के विभिन्न स्तरों को स्नेहार्द्र दृष्टि से नहीं देख सका है। वह बड़े साहित्य की सृष्टि नहीं कर सकता। पृ. 19।

सैद्धान्तिक वाद-विवाद आवश्यक हैं, पर उन्हीं में उलझ जाना ठीक नहीं। पृ. 19।

हिन्दी के प्रसिद्ध औपन्यासिक प्रेमचन्द शताब्दियों से पददलित और अपमानित कृषकों की आवाज थे। परदे में कैद, पद-पद पर लांछित और अपमानित असहाय नारी-जाति की महिमा के जबरदस्त वकील थे। पृ. 25।

व्यक्ति का आत्मबल उसकी जड़-पूजा से अवरुद्ध हो जाता है। जिसके पास ये जड़-बन्धन जितने ही कम होते हैं वह उतनी ही जल्दी सत्यपरायण हो जाता है। पृ. 25।

कविता का क्षेत्र वहाँ से आरम्भ होता है जहाँ दुनियावी प्रयोजन की सीमा समाप्त हो जाती है। पृ. 47

मुझे ऐसा लगता है कि रहस्यवादी कविता का केन्द्र-बिन्दु वह वस्तु है जिसे भक्ति-साहित्य में 'लीला' कहते हैं।...रहस्य शंका का नाम है 'लीला' समाधान का। पृ. 68।

यथार्थवाद भले की उपेक्षा करके बुरे के चित्रण को नहीं कहा जा सकता, फिर वह चित्रण कितना ही यथार्थ क्यों न हो। इसी प्रकार इस चीज को आदर्शवाद नहीं कह सकते जो केवल रूढ़ि-समर्पित सदाचार के उपदेश का नामान्तर है। पृ. 91।

जमाने की अनिवार्य तरंगों ने हमें जिस किनारे ला पटका है वहीं से हमें यात्रा शुरू करनी होगी। पीछे लौट जाने के प्रयत्न में बहादुरी और उद्‌भटता जितनी भी हो बुद्धिमानी बिल्कुल नहीं है। पृ. 176।

नये युग को अत्यन्त संक्षेप में बताना हो तो कहेंगे यह युग मानवता का युग है। पृ. 176।

'विचार-वितर्क'

जड़-विषयक अनुराग को 'काम' कहते हैं और भगवद्विषयक अनुराग को 'प्रेम'। पृ. 32।

वह शिक्षा किस काम की है जो दूसरों के शोषण में, अपने स्वार्थ साधन में ही अपनी चरम सार्थकता समझती हो। पृ. 60।

सन्तुलित दृष्टि वह नहीं है जो अतिवादिताओं के बीच एक मध्यम मार्ग खोजती फिरती है, बल्कि वह है कि जो अतिवादिताओं की आवेग-तरल विचारधारा का शिकार नहीं हो जाती और किसी पक्ष के उस मूल सत्य को पकड़ सकती है जिस पर बहुत बल देने का अन्य पक्षों की उपेक्षा करने के कारण उक्त

अतिवादी दृष्टि का प्रभाव बढ़ा है। सन्तुलित दृष्टि सत्यान्वेषी की दृष्टि है। पृ. 253।

'चारुचन्द्रलेख'

मनुष्य क्यों इस प्रकार की दुराशा का आखेट हो जाता है? वह कौन-सी वस्तु है जो समस्त युक्ति—तर्कों का निरसमन कर देती है, बुद्धि विद्या को दबा देती है और ज्ञान कर्म को चूर-चार कर देती है। पृ. 23।

काल-देवता यथासमय बता देंगे कि निखिल ब्रह्मांड के अणु-परमाणु में व्याप्त शक्ति का जो रहस्य मन और बुद्धि के रूप में घटित होता है। वह पिंडस्थ देवता की शक्ति से भिन्न नहीं है। पृ. 60।

जो कुछ हम जानते हैं, जो कुछ हम देखते हैं, जो कुछ हम अनुभव करते हैं वह वस्तुतः हमारे अन्तःकरण में स्फुरित होनेवाली महाशक्ति का ही रूप है। हम देवता के लिए उपासना करते हैं, जप करते हैं, तपस्या करते हैं, वह अन्तःकरण में स्थित उस शक्ति की उद्‌बोधना मात्र है। पृ. 61

आध्यात्मिक शक्ति का सन्धान पाकर भी यदि मनुष्य अन्तःकरण और बाह्य जगत् का सामंजस्य नहीं खोज सका, तो भयंकर तमोगुण का शिकार हो जाता है। पृ. 63।

स्थूल शरीर एक आवरण मात्र है। इसके भीतर एक भाव-शरीर है जिसमें भाव लहरियाँ प्रत्येक क्षण उद्वेलित हो रही हैं। भाव स्थूल रूप ले सकते हैं। यह जो मनुष्य के शरीर के भीतर कल्पना करने की अपार शक्ति है, अन्तःकरण में लाख-लाख वृत्तियों का जो उद्वेलन हो रहा है, वह मिथ्या नहीं। भाव-जगत् में जो कुछ अनुभूत होता है वह स्थूल जगत् में प्रत्यक्ष हो सकता है। पृ. 68।

एक अद्‌भुत सत्ता जिसका नाम नहीं है, कदाचित् शून्यरूपा है, निरालम्ब स्वभाव है, भावाभाव—विनिर्मुक्तावस्था है। पृ. 94।

केवल परदुःखकातरता, अपार करुणा, कठोर आत्मदमन और अनाविल सत्यनिष्ठा यही क्या मनुष्य की विशेषता नहीं? पृ. 157।

यह जो ताम्बूल है, यह शिव और शक्ति का युक्त प्रत्यक्ष विग्रह है। यह गृहस्थ धर्म का साक्षात् रूप है। भगवान को जब लीला-विस्तार की इच्छा हुई तो ज्ञानमय चिन्मय वपु ने दो दिशाओं में चलकर रूप परिग्रह किया। एक तो उनकी विलास-लीला इच्छा के रूप में और दूसरी क्रिया के रूप में अभिव्यक्त हुई। यही कारण है, कि ज्ञान, इच्छा और क्रिया रूप में यह जगत् त्रिधा-विभक्त है। त्रिधा-विभक्त होने की सामर्थ्य रखनेवाली इसी शक्ति को कोई आद्या शक्ति, कोई त्रिपुरा, कोई सीता, कोई महामाया कहता है। बात एक ही है। नाम उसके बहुत हो सकते

हैं, तत्त्व एक ही है। ज्ञान से निकली हुई दो शाखाएँ—इच्छा और क्रिया—यही अधोमुख त्रिकोण है। यही ऊर्ध्वशाखा अधोमूल अश्वत्थ है, यही त्रिकोणात्मक जगत् है। इसमें ज्ञान नीचे की ओर पड़ा हुआ है।

पान के पत्ते में यही त्रिकोण दिखाई देता है। कह सकते हो कि मायिक जगत् का छोटा-सा प्रतिमान है! यह उस शक्ति का प्रतीक है जिसने स्थूल जगत् में नारी कलेवर धारण किया है और यह जो पूगीफल है, जो नीचे से दीर्घ और ऊपर सूक्ष्म होता गया है, वह शिवतत्त्व है। जब क्रिया और इच्छा दोनों ज्ञान की ओर बढ़ने लगती हैं तो नर-नारी के पिंड में—इस स्थूल काया में—चिन्मय शिवतत्त्व की ज्योति जगती है। शिव और शक्ति की इसी लीला को शक्तिसाधक अधोमुख और ऊर्ध्वमुख त्रिकोण में अंकित श्रीचक्र कहते हैं। इसमें केवल शिव-शक्ति का लीला-विलास ही नहीं, उनका तेज भी विन्यस्त है। खदिराग (कत्था) शक्ति का तेज है, सुधा-चूर्ण (चूना) शिवतत्त्व का तेज है। सो, ताम्बूल-वीटक गृहस्थ को भगवान की सिसृक्षा और समस्त जगद्व्यापी तेजोयोग का स्मरण तो दिलाता ही है, संसार में रहते हुए संसार-चक्र से मुक्त होने के उपाय का भी स्मरण दिलाता है। पृ. 285-86।

छोटेपन में अहंकार का दर्प इतना प्रचंड होता है कि वह अपने को ही खंडित करता रहता है। पृ. 342।

कुछ और है, कुछ और है। पर क्या है? सीमाबद्ध मस्तिष्क की तरंगें पछाड़ खा-खाकर तीर पर सिर मार रही हैं :—कुछ और है, पर क्या है? पृ. 390

—संकलनकर्ता : प्रेमचन्द्र जैन

एक इंटरव्यू : कुछ पत्र

हरिहर शान्तिनिकेतन का डाकिया है। मस्त, हँसमुख और शालीन। समालोचक उसकी ओर भय से, आशा से, आशंका से और उत्सुकता से देखता है।...चिट्ठियों में पचहत्तर फीसदी साहित्यिक होती हैं, कभी-कभी बधाई, कभी-कभी डाँट, कभी-कभी अनुनय, कभी-कभी प्रलोभन। समालोचक एक-एक करके उन्हें पढ़ता है, उत्फुल्ल होता है और आगे बढ़ जाता है। महाभारत की पोथी खुली है...।

—समालोचक की डाक

एक जलती शाम द्विवेदीजी के साथ

शिवप्रसाद सिंह

गर्मियों में आचार्य हजारीप्रसाद द्विवेदी जब काशी आते हैं, हर शाम उनके निवास-स्थान पर खासी मजलिस जम जाती है। भयानक लू से तपे दिन की उमसती शामें कहकहों की बौछारों में नहा जाती हैं। बातों का दायरा अजीब अतिवादी छोरों को छूने लगता है। उसके घेरे में हिन्दी के शोध-अनुसन्धान से लेकर लिंग्वादलमोतवाद, साहित्यिक पुरस्कारों से लेकर हिन्दी विभागाध्यक्षों के कचहरी मामले, रुपये के अवमूल्यन से लेकर चंडीगढ़ पर मँडराते पाकिस्तानी वायुयानों की भयानक यादें—सभी कुछ सिमट आते हैं। पं. विष्णुकान्त शास्त्री तुलसी के विनय काव्य पर शोध के सिलसिले में अयोध्या हो आये। कनक भवन में बैठकर विनयपत्रिका का पाठ कर आये। हनुमानगढ़ी के हनुमान को सुना आये। महन्तों के चरणोदक में 'सकल भय-रुज-नाशक' शक्तियों के बारे में वैरागियों के अटूट विश्वास के लतीफों पर ठहाके लग रहे हैं। डॉ. रामपूजन तिवारी आये हैं, कभी 'रॉयिस्ट' थे, अब सूफियों पर शोध करते हैं। शायद हर 'रॉयिस्ट' कभी-न-कभी सूफी हो जाता है, जैसे वात्स्यायनजी ही। कहकहे, तड़तड़ाते हैं। पहले पंडित जी की बातों में कबीर की साखियों, संस्कृत, प्राकृत, अपभ्रंश की सूक्तियों के बेल-बूटे टँकते थे, इधर नयी कविता के कसीदे भी उभर रहे हैं, सिर्फ मजाक में नहीं, काफी संजीदगी के साथ।

नये साहित्य के प्रति उनके इस रुझान का ही नतीजा है या किसी और का, कि वे आजकल बहुत-सी बातों पर निस्संकोच, अपनी राय व्यक्त कर देते हैं। मुझे यह परिवर्तन कुछ इतना प्रीतिकर लगा कि मैं उनसे साहित्य के कुछ अहम मसलों पर ये सवाल कर बैठा। भूमिका के रूप में प्रार्थना की कि यदि जवाब बिना लाग-लपेट के दे सकें तो ही पूछूँ। वे एक क्षण चुप रहे, मूँछों में उँगली डाले। (मैंने भी मान लिया कि इंटरव्यू लेना बेकार है) फिर मुझे अनुद्यत देख बोले—"अच्छा पूछो।"

** इधर आपने इतिहास-लेखन के सिलसिले में आधुनिक साहित्य को खूब विस्तार से पढ़ा है। नवलेखन के बारे में आपकी क्या धारणाएँ बनीं?*

हाँ, इधर बहुत-कुछ पढ़ा है, पर अभी भी खूब अच्छी तरह पढ़ने का अवसर नहीं मिला। कविता-कहानी की बहुत-सी चीजें देखी हैं। कुछ काफी अच्छी लगीं। महत्त्वपूर्ण। बहुत-सी फैशन की उपज हैं। अनुकरणात्मक। उनमें मुझे अनुभूत सचाई का अभाव लगा। मदानजी कहा करते हैं कि आजकल कविता तो है, कवि नहीं हैं। इसका मतलब है कि कुछ अच्छी कविताएँ तो मिल जाती हैं, पर कवियों का कोई विशिष्ट व्यक्तित्व नहीं बन पा रहा है। कविता के संकलनों को देखते जाओ, लगेगा कि बहुत-सी कविताएँ एक जैसी हैं। इन्हें देखकर मुझे लगा कि आज का कवि अपने अनुभवों के आधार पर कुछ विशिष्ट, कुछ अलग नहीं दे पा रहा है।

** तो क्या आप मानते हैं कि आज का साहित्य धुरीहीन और विकेन्द्रित है?*

मैं इन शब्दों का प्रयोग तो नहीं करूँगा, पर बहुत बिखराव है, यह सही है। मेरा कहना यह नहीं है कि बिखराव न हो। वह तो होगा। जीवन में ही बिखराव आ गया है, तो साहित्य में क्यों न होगा। पर अन्ततोगत्वा यदि सब-कुछ पकड़ से छूट ही जाए, तो फिर साहित्य का प्रयोजन ही क्या रहेगा? मुझे लगता है कि आज का साहित्यकार किसी भी जीवनव्यापी महत् मूल्य से सम्बद्ध नहीं रह गया है। जीवन की विसंगति, विघटन और बिखराव के बीच वह खुद दिग्भ्रमित हो गया है और किसी नतीजे पर नहीं पहुँच पा रहा है।

** तो आप क्या साहित्य में सोद्देश्यता आवश्यक मानते हैं?*

सोद्देश्यता पिछले खेमे के साहित्यकारों के लिए एक अनिवार्य वस्तु थी, वह एक निश्चित उद्देश्य लेकर साहित्य लिखता था। जैसे प्रेमचन्द, यशपाल या जैनेन्द्र को ही लो। ये कहानी लिखने के पहले एक उद्देश्य तय कर लेते थे। उन्हें निश्चित बात कहनी थी। वैसे तो कहानी में इन्होंने यथार्थ का परिवेश स्वीकार किया, किन्तु यथार्थगामी यह प्रयत्न भी 'आइडियलिस्टिक' (आदर्शवादी) था। यानी एक 'आइडिया' तय करके उसके अनुसार जीवन को उपस्थित करना। आज का लेखक इस तरह का कोई 'आईडिया' लेकर नहीं चलता। यह ठीक है। क्योंकि 'आइडिया' या उद्देश्य ऊपर से आरोपित नहीं होनी चाहिए, जीवन के भीतर से फूटना चाहिए। मगर लाख कोशिश करने पर भी उसकी रचनाओं से यह फूट नहीं रहा है।

** इस बात को थोड़ा और स्पष्ट कीजिए।*

यों समझो। भारत की प्राचीन चित्रकला को लो। उसमें रेखाएँ पहले बना ली

जाती थीं, यानी खाका तैयार करके उसमें रंग भरने का प्रयत्न किया जाता था, भारत ही क्यों, सारे एशिया की यह प्रणाली थी कि रेखाएँ तय करके उसमें भरावट की जाती थी। रेखा यानी सीधी ब्रह्मरेखा। चित्रकार इसी मूल रेखा के आधार पर निश्चित भाव के चित्र निर्मित करता था। इसे किधर कितना झुकाए, कितना कर्व दें, कि यह शृंगार, रौद्र, या फिर हास्य या किसी और रस-भाव की सृष्टि कर सके, यह उसका प्रयत्न होता था। रेखाओं की सारी भंगी मूलरेखा को दृष्टि में रखकर व्यवस्थित की जाती थी। पश्चिम की प्रणाली भिन्न है। वे लाइट और शेड (प्रकाश-छाया) के संयोजन के द्वारा रेखाओं का बोध जगाने का प्रयत्न करते हैं। उनकी आधुनिक चित्रकला में यह बात और भी स्पष्ट हो जाती है। उनका प्रयत्न होता है कि पहले 'लाइन' तय न हो, प्रकाश और छाया की ऐसी व्यवस्था की जाए कि 'लाइन' स्वयं आ जाए। हमारा आधुनिक साहित्यकार इस पद्धति को अपना रहा है, पर अभाग्यवश उसके सारे प्रयत्नों के बावजूद कोई ठीक सीमा बन नहीं पाती, या उलटी-सीधी ऐसी बन जाती है कि पाठक विरक्ति अनुभव करने लगता है।

* *आपका मतलब यह है कि लेखक कोई निश्चित 'लाइन' उभार नहीं पा रहे हैं?*

मैं आज की कहानियाँ और कविताएँ पढ़ता हूँ, तो लगता है कि कुछ बात बनी नहीं। बहुत कहा, पर उनमें कुछ स्पष्ट होकर उभरा नहीं। महादेवीजी की एक पंक्ति है 'मैं अपने बेसुधपन में कहती कुछ, कुछ कह जाती।' आज की एक सर्वमान्य प्रवृत्ति है शब्द का कम-से-कम अपव्यय। यह एक अच्छी बात है। नयी कविता में यह प्रवृत्ति खूब है। कम-से-कम शब्दों का खर्च, तथा सन्दर्भ को अधिक से अधिक अनुमान के लिए छोड़ देना। मगर ऐसा अरूपीकरण किस अर्थ का कि वह निरर्थक हो जाए। कहानियाँ पढ़ता जाता हूँ, तो लगता है कि अनावश्यक बातें बकी जा रही हैं, जिनका कहीं कोई तारतम्य नहीं।

* *यही तो अ-कविता, अ-कहानी का लक्षण है।*

होगा। पर यह गाँठ बाँध लो कि जो इस पूरे बिखराव को सँभालने में सक्षम हैं, जिनके पास समेटने की कला है, वस्तुतः वे ही उच्चकोटि का सृजन कर सकते हैं, जो अचेत हैं, उनकी पकड़ में यह बिखराव कभी बँध नहीं पाता। छूट जाता है।

* *आप नयी कविता में क्या कुछ ऐसे कवियों का नाम लेंगे, जो आपकी इस सक्षमतावाली तुला पर सटीक उतरते हों?*

क्यों नहीं, गिरिजाकुमार माथुर, भवानीप्रसाद मिश्र (वैसे वे कई बातों में कुछ पुराने लगते हैं), सर्वेश्वर, कुँवर नारायण, भारती में यह क्षमता दिखाई पड़ती है।

** अज्ञेय के बारे में आपका क्या खयाल है?*

अज्ञेय में दोनों की प्रवृत्तियाँ दिखाई पड़ती हैं।

** और मुक्तिबोध?*

मुक्तिबोध का संकलन 'चाँद का मुँह टेढ़ा है' मैंने पढ़ा है। दो-तीन कविताएँ निस्सन्देह बहुत उच्चकोटि की हैं, जैसे 'अँधेरे में'। लेकिन शेष कविताओं को देखकर लगता है कि इनमें जंगल में कवि खो गया है।

** भारती के बारे में कुछ कहिएगा!*

भारती ने बहुत अच्छा लिखा है, काफी महत्त्वपूर्ण। इधर 'ठंडा लोहा' भी पढ़ा। कई कविताएँ बहुत अच्छी हैं। और फिर 'कनुप्रिया'। उच्चकोटि की कृति है। कहीं-कहीं भावुकता का रंग जरूर गाढ़ा हो गया है, पर भारती समर्थ कवि हैं, इसमें सन्देह नहीं।

असल में पुरानी परम्परा की समृद्धि और नवीन की बौद्धिकता का समन्वय बहुत जरूरी है। पुरानी परम्परा भाव तक सीमित है। बौद्धिकता का रूप वहाँ दर्शन का विषय हो जाता था। आज का कवि बौद्धिकता का पक्ष लेकर अनासक्त संसक्ति की बात तो करता है, पर हो नहीं पाता। परिणामतः साहित्य में न तो भाव-जगत् ठीक से प्रतिष्ठत हो पा रहा है न बौद्धिक विवेक। आधुनिक मनुष्य निर्णयात्मिका बुद्धि की ओर अग्रसर होना चाहता है, पर साहित्य में उसकी प्रक्रिया क्या हो, इस पर बहुत सही ढंग से विचार नहीं पा रहा है।

** आप बौद्धिक दृष्टि से साहित्य की सामर्थ्य का विश्लेषण करके किस नतीजे पर पहुँचना चाहते हैं?*

देखो भाई, मैं कविता को 'प्रिमिटिव कला' मानता हूँ। संगीत इसका एक छोर है, मात्र शब्द। कविता में शब्द और अर्थ का योग है। यहाँ शब्द और अर्थ में कौन प्रधान है, कहना कठिन है, दोनों का तुल्यतर योग होता है। कविता में एक शब्द हटाकर उसका पर्याय नहीं रखा जा सकता। कहानी में रखा जा सकता है, क्योंकि कहानी अर्थप्रधान चीज है, यह प्रिमिटिव नहीं है, सिवलिजेशन (सभ्यता) से जुड़ी हुई चीज है। इसी कारण आधुनिक जीवन में बिखराव और उलझनों को व्यक्त करने की क्षमता भी उसमें कविता की अपेक्षा अधिक है। कविता संश्लेषणप्रधान होती है, वह साधारणीकरण चाहती है, कहानी विश्लेषण प्रधान है। वह विशेषीकरण की प्रक्रिया है। आधुनिक कवि जब कहानी लिखता है, तब वह कवि धर्म से च्युत होता है, छन्द के बिना कविता नहीं हो सकती। मैं यह मानकर चलता हूँ कि छन्द का अर्थ लोग मोटे ढंग से पिंगल नहीं मान लेंगे। कला की सबसे बड़ी शक्ति उसकी नमनीयता है, 'रिद्‌म' जिसमें अधिक 'कर्व' लेने की

सामर्थ्य है, वह उतनी ही उच्चकोटि की कला का सृजन कर सकता है। तानपूरे में स्वरों के 'कर्व' की जो शक्ति है, वह हारमोनियम में नहीं है। अर्थ की प्रधानता तो इतिहास में भी है, कहानी में भी। पर कहानी इतिहास नहीं है, क्योंकि उसमें 'कर्वस्' के कारण एक विलक्षण शक्ति और सामर्थ्य आ जाती है, जो इतिहास में नहीं होती। आज के कहानीकारों से मेरी शिकायत यह है कि वे समस्याओं से टकराकर खुद बिखर जाते हैं उन्हें सँभाल नहीं पाते, उनमें 'कर्वेचर' का अभाव है।

* *आप ने अभी कुछ कवियों का नाम लिया था, क्या कुछ कहानीकारों का भी नाम लेंगे, जिनमें आपको यह 'कर्वेचर' दिखाई पड़ता है?*

क्यों नहीं। तुम्हारी कहानियों में यह 'कर्वेचर' है। मन्नू भण्डारी, उषा प्रियंवदा, कमलेश्वर, निर्मल वर्मा और शिवानी में मुझे यह क्षमता दिखाई पडती है।

* *नये साहित्यकारों से क्या आपकी कोई शिकायत है?*

मेरी शिकायत यह है कि हिन्दी का सांस्कृतिक 'बैकग्राउंड' (पृष्ठभूमि) काफी कमजोर होता जा रहा है। नये लोगों को पढ़ने से परहेज है। अपना जो कुछ पुराना साहित्य या वाङ्मय है, उसके प्रति अरुचि होती जा रही है। परम्परा-ज्ञान लुप्तप्राय है। दूसरी कलाओं के बारे में भी, चाहे प्राचीन हों या नवीन, उदासीनता बढ़ रही है, इतिहास से कटकर कोई भी कभी समृद्ध नहीं हो सकता। नये लोगों में जैसे 'न पढ़ने' या 'सीखने' का फैशन चल गया है। मेरे एक शिष्य हैं, पीएच.डी.। उनका मैंने अभी एक निबन्ध पढ़ा। लिखा है कि मैं पीएच.डी. होना नहीं चाहता था, पर हो गया। यह तो मैं ही जानता हूँ कि बिचारे उस पी-एच.डी. के लिए कितने व्यग्र थे। निबन्ध पढ़कर मुझे बड़ा दु:ख हुआ कि बिचारे को नाहक पीएच.डी. दे दी, क्योंकि इससे उसे अपने अनपढ़ होने का रोब लेने में बाधा पड़ रही है। यह हालत है, आज हिन्दी साहित्यकारों की। अध्यवसाय और परिश्रम जहाँ उपहास की चीज हो जाए, वहाँ सांस्कृतिक स्तर की क्या आशा की जा सकती है?

* *इस सांस्कृतिक दारिद्र्य का कारण क्या है?*

दरिद्रता का कारण दरिद्रता है, और क्या?

* *मेरा मतलब यह है कि क्या हिन्दी क्षेत्र पहले से भी सांस्कृतिक दृष्टि से ऐसा ही दरिद्र था कि अब हो गया है?*

पहले ऐसा दरिद्र नहीं था। अब हुआ है। कारण यह है कि हम अपनी विरासत के प्रति अचेत हैं यानी कपूत। यह कितने दु:ख की बात है कि बाप-दादों के इतने बड़े उत्तराधिकार से हम कट गये हैं और अपने खोखलेपन को विज्ञापन

की चीज मानते हैं।

** क्या आधुनिक स्थितियों में आप यह मानते हैं कि कोई भारतीय संस्कृति नामक चीज हो सकती है?*

क्यों नहीं हो सकती? सर्वोत्तम को रूप देने का प्रयास ही संस्कृति है। क्या आज भारत के पास कुछ भी ऐसा नहीं, जिसको रूप दिया जाए? माना पहले से बहुत भिन्नता आ गयी है, पर जो है, वह कदापि तिरस्करणीय नहीं है। जिसके पास अपनी कोई जीवनदृष्टि नहीं है, कोई दर्शन नहीं है, स्वकीय पद्धति नहीं है, वह कभी कोई बड़ी चीज दे सकता है, इसमें मुझे सन्देह है। जो अपनी इस संस्कृति को नहीं समझ रहे हैं, वे ऐसे ही लुढ़कते रहेंगे, इसमें कोई शक नहीं। माना कि आज बहुत परेशानी है, भुखमरी है, बेरोजगारी है—पर "लोग मर रहे हैं" ऐसा चिल्लाने से क्या लाभ होने का है। यह सब कैसे खत्म हो, आखिर इसके लिए भी कुछ करो, कुछ बताओ, चिल्लाना-भर तो साहित्यकार का दायित्व नहीं है।

** प्रायः कहा जाता है कि सन् साठ के बाद नवलेखन में एक परिवर्तन आया है। रचनाओं में बिखराव, कुंठा, सन्त्रास, विसंगति के स्वर ज्यादा मुखर हुए हैं। इसका कारण लोग चीनी आक्रमण और केरल में साम्यवादी सरकार की बर्खास्तगी जैसी घटनाओं में खोजते हैं। क्या आप इससे सहमत हैं?*

बिल्कुल नहीं। ये दोनों कारण फालतू हैं, यदि ये प्रवृत्तियाँ साहित्य में या जीवन में बढ़ी हैं तो इसलिए कि संवेदन-चित्त को लग रहा है कि इस देश में चीजें जैसी चलनी चाहिए नहीं चल रही हैं। यह अपने प्रति अपना ही क्षोभ है। मैं इसमें उपर्युक्त घटनाओं का कोई प्रभाव नहीं देखता।

** किन्तु जैसी स्थिति चल रही है, यानी घोर निराशाजनक, उसमें क्या आपको नहीं लगता कि साहित्य सिर्फ 'अँधेरे में चीख' बनकर रह जाएगा?*

कैसी वाहियात बात है। मैं तो भाई घोर आशावादी हूँ। इसलिए मैं खूब अच्छी तरह जानता हूँ कि यह सब निराधार और बकवास मात्र है। तुम क्या समझते हो ये सब जो लोग लिख रहे हैं, वे लेखक हैं? इनमें से बहुत से नये लेखक जीनेवाले नहीं हैं। कल इनमें बहुत से सरकारी नौकरियों में चले जाएँगे। बहुत से काम-धन्धा ठीक होते ही लिखना-पढ़ना छोड़ देंगे। सारी निराशा हवा हो जाएगी। साहित्य 'अँधेरे की चीख' कभी नहीं बना है, कभी नहीं बनेगा। अच्छे-अच्छे लोग आते रहते हैं और आएँगे, जिनमें जीवन के दृढ़बद्ध मूल्यों के प्रति आस्था होगी। और वे साहित्य को सही दिशा की ओर ले जाएँगे।

** क्या आधुनिक भारतीय साहित्यकार को राजनीति से कोई खतरा है?*

मुझे तो नहीं लगता। अभी तक तो यहाँ साहित्यकार ही राजनीतिकों की निन्दा करता रहा है। किसी राजनीतिक ने साहित्यकारों के खिलाफ शायद कुछ नहीं

कहा। बात यह है कि राजनीति और साहित्यकारों को एक-दूसरे का विरोधी समझने की धारणा पुरानी है। आज की सही राजनीति साहित्य को अलग करके नहीं चलती। लोकतन्त्रों की यही विशेषता है। एक ही मूलभूत विचारधारा साहित्य और राजनीति दोनों में अपने-अपने ढंग से काम करती है। हाँ, जहाँ तानाशाही है, वहाँ साहित्यकारों को जरूर खतरा है। जैसे आजकल चीन में साहित्यकारों पर दबाव डाला जा रहा है और युनिवर्सिटियों पर कब्जा किया जा रहा है, भारत में ऐसी स्थिति बिल्कुल नहीं है।

* *गुटबन्दी करके गलत या सही तरीके से अपना विज्ञापन या पुरस्कार तथा सम्मानादि पाने के प्रयत्नों के बारे में आपकी क्या राय है?*

मैं यह मानता हूँ कि ग्रुपिज़्म (गुटबन्दी) मध्ययुगीन मनोवृत्ति है। बिल्कुल आधुनिकविरोधी। स्वतन्त्र विचार का आधुनिक साहित्यकार गुट क्यों बनाएगा भला! गुट सें शक्ति पाने का प्रयत्न बिल्कुल असाहित्यिक है। यह कैसे आश्चर्य की बात है कि जो साहित्य रचना में कोई पूर्वनिश्चित 'लाइन' को मानकर नहीं चलना चाहते, वे 'लाइन' बनाकर चलना चाहते हैं।

* *किन्तु ऐसा प्रयत्न सिर्फ नये लोग ही तो नहीं करते?*

जो भी करता हो, वह मध्ययुगीन है।

* *पुरानी पीढ़ी और नयी पीढ़ी के बीच के तनाव के बारे में आपकी क्या राय है?*

पुरानी परिपाटी वाले निरुद्देश्य साहित्यिक प्रयत्नों को दाद नहीं देते, नयों को लगता है पुराने रास्ता रोककर खड़े हैं। हिन्दी में पुरानी पीढ़ी वाले प्रायः सहते ही हैं। मुझे नहीं याद आता कि कभी पुरानों ने नयों के खिलाफ कोई 'पैम्फलेट' निकलवाया, या 'मैनिफेस्टो' छापा।

* *कल बातचीत के सिलसिले में आपने कहा था कि साहित्यकारों को पुरस्कार सम्मान आदि नहीं मिलना चाहिए, ऐसा क्यों?*

मैं अपने निजी अनुभवों द्वारा इस निष्कर्ष पर पहुँचा हूँ कि ये पुरस्कार वगैरह बन्द कर दिए जाने चाहिए। पुरस्कारों को देने में जो तटस्थता बरती जानी चाहिए, वह नहीं बरती जा रही है। इससे हानि ही हो रही है। साहित्यकार अपने को निर्मोही और तटस्थ तो कहते बहुत हैं, पर उनके मोह और आसक्ति की कोई सीमा नहीं रहती। हर हिन्दी साहित्यकार अपने अलावा किसी और को कुछ नहीं समझता। उसके घनिष्ठतम साथियों में से भी किसी एक को पुरस्कृत कर दो, तो शेष बुरा मानकर पीछे पड़ जाते हैं। दल बाँधकर, 'वोट' बटोरकर पाए जाने वाले पुरस्कारों से साहित्य का कोई हित नहीं होगा।

* *इधर नवलेखनवाले प्राध्यापकों के खिलाफ और कुछ प्राध्यापक नवलेखकों के खिलाफ हाथ धोकर पड़े हैं, ऐसा क्यों?*

यह हिन्दी का दुर्भाग्य ही है और क्या कहें। प्राध्यापकों के प्रति विद्रोह असल में पढ़ने-लिखने के प्रति विद्रोह का ही रूप है। अध्यापक की कमजोरी यह है कि वह अध्यापन को पेशा बनाकर उसी में कूपमंडूकवत् जी रहा है। साहित्य उनके लिए वृत्ति है, जीविका। वे परिश्रम से बचने के लिए नयी वस्तु को ग्रहण करना नहीं चाहते। असल में साहित्य का अध्यापन और साहित्य-रचना दोनों एक-दूसरे के पूरक हैं। प्राध्यापक को साहित्य को 'पर्सपेक्टिव' में देखने का प्रयत्न करना चाहिए। अनुसन्धान और ऐतिहासिक व्याख्या का अपना एक महत्त्व होता है। इतिहास एक अनन्त प्रक्रिया है। कोई भी अनुसन्धायक 'इदमित्थ' नहीं कह सकता। अपने विचारों से मोहग्रस्त होकर नये विचार को स्वीकार न करना भी मध्ययुगीन मनोवृत्ति का परिचायक है। प्राध्यापक का कार्य है कि वह अनासक्त भाव से नये साहित्य को ऐतिहासिक परिप्रेक्ष्य में रखकर देखे। जो लोग नये साहित्य को देखने का अवसर नहीं निकाल पाते और अपने ऐतिहासिक अनुसन्धानों में लगे रहने के कारण नयों को दाद नहीं दे पाते, वे नयों द्वारा निन्दित हों, यह भी स्वस्थ प्रवृत्ति नहीं है।

बिन्दु से लेकर पर्वत तक एक ही व्याकुल वेदना समुद्र की लहरों की तरह पछाड़ खा-खाकर लौट रही है। एक तार को छुओ और सहस्रों तार छनछना उठते हैं। सब तार मिलकर पूर्ण संगीत के निर्माण का कार्य करते हैं। नरलोक से लेकर किन्नरलोक तक एक ही व्याकुल अभिलाष उल्लसित हो रहा है, मिलन स्थितिबिन्दु है, विरह गति-वेग है। दोनों के परस्पर आकर्षण से रूप की प्रतीति होती रहती है, विचार मूर्त आकार ग्रहण करते हैं, भावना सौन्दर्य बनती है। विरह में सौभाग्य पनपता है, रूप निखरता है, मन निर्मल होता है, बुद्धि एकता का सन्धान करती है।

—कालिदास की लालित्य योजना

पता एक : पत्र अनेक

1, एल्गिन रोड इलाहाबाद

भाई हजारीप्रसादजी

शुभाशीष।

बहुत दिनों से आपका कोई समाचार नहीं मिला. मैं भी अपनी चिन्तनीय अस्वस्थता के कारण कुछ न लिख सकी। इधर दो मास से इंजेक्शन ले रही हूँ अभी तक स्वयं लिखने–पढ़ने में असमर्थ हूँ। किन्तु आशा ही नहीं विश्वास है कि सूर की परम्परा बनाए रखने का श्रेय मुझे न मिलेगा।

एक साहित्यिक योजना के सम्बन्ध में मुझे आपके सहयोग की आवश्यकता है। स्वयं भुक्तभोगी होने के कारण हिन्दी साहित्यकारों की दयनीय स्थिति से आप विशेष परिचित हैं। हमारी साहित्यिक संस्थाएँ इस विषय में उदासीन हैं। साहित्यकारों का भी ऐसा कोई संगठन नहीं जो हमें एक–दूसरे के सुख-दुःख से परिचित करा सके, तथा पारस्परिक सहयोग और सहायता के अवसर दे सके। पन्तजी की लम्बी बीमारी और जैनेन्द्र, निराला जैसे साहित्यिकों के आर्थिक संकट ने इस अभाव की अनुभूति को इतना तीव्र बना दिया है कि एक 'साहित्यकार-संसद्' की आयोजना अनिवार्य हो उठी। साहित्यिक बन्धुओं को सहयोग तथा सहायता देने के अतिरिक्त संसद् उनकी पुस्तकों का प्रकाशन भी करेगी, तथा लेखक को पर्याप्त पुरस्कार देने के उपरान्त बची हुई आय साहित्यिक सहायक-निधि के रूप में संचित रहेगी, जिससे आवश्यकतानुसार साहित्यिक बन्धुओं को सहायता दी जा सकेगी। इस संसद् की सदस्यता स्वीकार करने में आपको आपत्ति न होगी, ऐसा विश्वास है। आपका उत्तर आने पर इस सम्बन्ध में विस्तार से लिखूँगी।

आशा है, आप सपरिवार प्रसन्न होंगे।

शुभेच्छुका,
महादेवी

चिरगाँव
वसन्त पंचमी '98

श्रद्धेय भैया,

प्रणाम। कल सन्ध्या समय आपकी वाणी सुनने को मिली। बहुत आनन्द मिला। आपने तो जैसे मुझे और अन्य श्रोताओं को भी शान्तिनिकेतन की यात्रा ही करा दी।

और मुझे कौतुक हो रहा था, मेरी ही भाँति आप भी कहीं अपनी वाणी सुनकर रीझ रहे हैं!

रेडियोवालों को कौन समझाए कि सुनाने योग्य ऐसी ही वस्तु है। कुछ हो, उन्होंने यह सौभाग्य दिया, इसके लिए मैं उनका अनुगृहीत हूँ।

रेडियो के निवेदनकर्ता ने आपके नाम के साथ 'डॉक्टर' पद जोड़ा था। आपसे इस पद का ही गौरव बढ़ा, पर जिन्होंने यह गुणग्राहकता दिखाई है, उन्हें मैं बधाई देना चाहता हूँ।

आशा है आप सानन्द हैं। इधर मैं श्वास रोग का बहुत कष्ट उठा रहा हूँ। इसी से आपके त्रैमासिक के लिए लिखने का प्रयत्न करने पर भी लिख नहीं सका।

आपकी उदारता ने मेरी विवशता समझकर मुझे क्षमा किया होगा।

भैया काशी गये हैं। और सब कुशल है।

स्नेहांकित,
सियारामशरण

बिन्दकी, उ.प्र.
3.2.42

भाई साहब,

अब तो आपको पत्र लिखने में भी डर लगता है। जान पड़ता है तुम बहुत बड़े हो गये हो। और सचमुच इसमें सन्देह भी नहीं। तथापि मेरे निकट तो तुम सखा हो, और उसी रूप में रहोगे। मेरे निकट इसी का मूल्य अधिक है।

विश्वभारती पत्रिका आपकी प्रकाशित हो गयी, यह जानकर प्रसन्नता हुई। कैसे लिखूँ कि वह देखने को मिलती तो अच्छा होता! कहीं मिलेगी तो देख लूँगा। भेजने को मैं नहीं लिख रहा।

यह भी न समझिएगा कि 'भैरवी' पर कुछ लिखने के लिए तकाजा करने आया हूँ। वह यथासमय अपने आप हो जाएगा। हाँ इतना ही कहने आया हूँ कि

जहाँ आपकी दृष्टि हिन्दी के अन्य सेवकों पर इतनी स्निग्ध एवं स्नेहार्द्र बनी रहती है, वहाँ मुझे भी एक कोना मिले।

मेरी दृष्टि में आपकी आलोचनाओं का मूल्य सर्वाधिक है। न जाने मेरा मन क्यों कहता है कि तुम्हारी ही आलोचनाएँ सर्वाधिक उत्कृष्ट होती हैं। (Convincing) होती हैं, उत्कृष्ट भले चाहे न हों। मेरा मन तुम्हारी हर बात में 'हाँ' करने को कहता है। इसीलिए यदि अपने सम्बन्ध में तुमसे कुछ सुनने को उत्सुक होऊँ तो अनुचित तो नहीं है। तुम-सा पथप्रदर्शक मुझे मिल जाता है, तो जो समय इधर-उधर लिखकर मैं नष्ट करता हूँ, सार्थक हो जाता। क्योंकि जिस श्रम की सराहना विद्वान् नहीं करते, वह व्यर्थ ही होता है।

आप अब सुचित्त होंगे। कभी-कभी पत्र पाने का अधिकारी अपने को मानूँ क्या? इतना हक तो मुझे मिलना चाहिए, पुराने परिचय के नाते ही सही।

भाई—

सोहनलाल द्विवेदी

लखनऊ

कार्तिक शुक्ला 7, सं. 2000 वि.

प्रिय श्री द्विवेदीजी,

आपका कृपापत्र पाकर धन्य हुआ। आपसे जिस तत्पर सहयोग की आशा थी उसे कितनी सहृदयता से आपने प्रदान किया है, यह आप जैसे विद्वान् के अनुरूप ही है। आप इस विषय के मार्मिक पंडित हैं, आपका प्रतिपादन हम सबके लिए ज्ञानवर्द्धक होगा, ऐसी आशा है।

मुझे तो श्री नाथूरामजी से ज्ञात हुआ कि आप ज्योतिष के भी आचार्य और पूर्ण सुधी हैं। भारतीय ज्योतिषशास्त्र की दृष्टि से विक्रम संवत् पर 5-10 पृष्ठ यदि आप उपोद्घातरूप से कुछ लिखने का कष्ट करें तो बड़ा अनुग्रह हो। इस विषय पर एक विवादास्पद लेख मेरे पास मन्त्रीजी की ओर से भेजा गया है उसे अवलोकनार्थ भेजता हूँ। आशा है आप शास्त्रीय दृष्टि से इस पर प्रकाश डालने की कृपा करेंगे।

हिन्दी विश्वभारती के लिए मैं कुछ भेजूँगा। इस समय यद्यपि चारों ओर से कार्य से घिरा हूँ, फिर भी आपका अनुरोध माननीय है। हिमालय नाम का एक छोटा लेख आपके देखने के लिए भेज रहा हूँ।

भवदीय,

वासुदेवशरण

आरा (बिहार)
4 अक्टूबर 1943

प्रिय द्विवेदीजी,

आज, अभी आपका सन्देश लेकर माधवजी आये थे। और वे कुछ ही देर बैठकर चले गये। उनका जाना बहुत खला; जीवन में ऐसे कम अवसर आये हैं।

आपका वियोग तो इतना नहीं महसूस हुआ था, शायद इसलिए कि उसके लिए हृदय तैयार था, अथवा इसलिए कि आपसे परिचय 'प्रगाढ़' नहीं हुआ था या इसलिए कि आपका व्यक्तित्व उतना कोमल नहीं लगा था, नहीं है—उसपर बौद्धिकता का कठोर कवच चढ़ा है। फिर भी उस परिचय को इतना माना जा सकता था कि उसकी व्यंजना दो वाक्यों द्वारा करने की चेष्टा अपर्याप्त समझी जाती।

पर यह दो वाक्य छोटे-से पत्र में दो स्थानों पर थे, इसीलिए यह पत्र लिखने की प्रेरणा हुई।

आपके व्यक्तित्व का सौन्दर्य (गरिमा नहीं) उसको सक्रिय करने, बातचीत करते रहने में है; इसे, जहाँ आप अपने को सुन्दर दर्शित करना चाहें, न भूलें। आपका नाम और (Personality) दोनों ही धोखा देनेवाले हैं। आप ऊपर से विनोदी और सीधे-सादे हैं, पर भीतर से नितान्त गम्भीर और जटिल। मेरे घर जब आप चुपचाप बैठे थे तो मुझे तो एक बार यह आशंका हुई कि 'मैं देखा जा रहा हूँ।' मैं आपसे सच कहूँ तो कि मैंने हिन्दी भाषा में इतने क्लिष्ट-सरल व्याख्यान शायद कभी नहीं सुने हैं। 'कार्य-कारण की नीरन्ध्र परम्परा'—भाषा जैसे कहीं अटकना जानती ही नहीं, उसके लिए कुछ भी 'दुर्वच' नहीं है—अपि वागधिपत्यदुर्वचं वचनं तद् विदधीत विस्मयम्। और काव्य के रसग्रहण की, तथा उसकी व्याख्या की, यह सहज क्षमता कितने कम आलोचकों को प्राप्त होती है।

आपने जब पूछा कि क्या मैंने 'हिन्दी साहित्य की भूमिका' पढ़ी है, तो मैं बड़े संकोच में पड़ गया क्योंकि उसे मैं आद्योपान्त नहीं पढ़ सका था। बात यह है कि मैंने हिन्दी साहित्य 'बाकायदा' नहीं पढ़ा, इसलिए मेरा तत्सम्बन्धी ज्ञान नितान्त अपूर्ण है। इसीलिए उनके विभिन्न युगों के सम्बन्ध में जिज्ञासा भी कम है। फिर भी जिस लेखक को हम अच्छा समझते हैं उसकी कृतियाँ यथाशक्ति पढ़ना कर्तव्य हो जाता है।

आपने कवि रवीन्द्र के संसर्ग से बहुत-कुछ पाया है—आग्रहहीन सरलता, व्यापक दृष्टिकोण, उदार भारतीयता और सबसे ज्यादा, भक्ति-काव्य के हृदय से परिचय। आपका 'कबीर' पढ़ डाला। प्रारम्भ में आपकी भयंकर रिसर्चपटुता से भय लगा, धीरे-धीरे रस मिलने लगा। पुस्तक सहज ही हिन्दी के अन्यतम आलोचना-

ग्रन्थों में गिनने योग्य; उसका स्थान शुक्लजी के 'तुलसीदास' के साथ है। एक कमी लगती है—कबीर (as a poet) पर कुछ अधिक लिखा जा सकता था। जिसे 'कला' (रचना कौशल) कहते हैं वह अनुभूति को प्रगट करने की शैली का ही दूसरा नाम है; अनुभूति ही उसका स्वरूप निर्धारित करती है। जहाँ अनुभूति से भिन्न कारण उसे प्रभावित करते हैं, वहीं वह कृत्रिम हो जाती है। कबीर में यदि कृत्रिमता नहीं है तो उनकी शैली भावानुगामिनी होगी, और उससे उनके 'साहित्यिक' मूल्य का निर्धारण सम्भव होना चाहिए।...हिन्दी साहित्य पर Religion का अधिक प्रभाव रहा है। भक्ति-काव्य सुन्दर है, सन्तों की वाणी महनीय है, पर साथ ही हमें संस्कृत के Secular साहित्य से भी प्रेरणा लेनी चाहिए। हिन्दी का यह पक्ष—साकेत, पथिक, कामायनी भी—कमजोर ही है। पन्त में भी स्वस्थ Secular realism का अभाव है।

आज इतना ही।

आपका,
देवराज

चौक, गया
20.12.43

श्रीमन्,

प्रतिमा भाभी साहबा से मेरा प्रणाम कहिएगा; यही रवीन्द्र भाई साहब और दीदी को, मुझे कुल बातें याद हैं। वजह अच्छी है।

अमिय चक्रवर्ती अच्छा लिखते हैं। कुछ चीजें पहले देखीं, फिसल गयी थीं। इधर फिर देखीं, गनीमत है। प्रभाव पड़ा।

आप प्रसन्न होंगे। महात्माजी के छुट जाने के बाद मैं शान्तिनिकेतन आऊँगा।

आपका
सूर्यकान्त त्रिपाठी 'निराला'

पुनः मुझे भी भगवताप्रसाद वाजपेथी, दारागंज, प्रयाग की मार्फत जवाब दीजिएगा।
निराला

हरिजन निवास,
किंग वे, दिल्ली
13.1.44

प्रिय भाई हजारीप्रसादजी,

सप्रेम नमस्कार! 'विश्वभारती' के अंक 4 में आपका आरावाला भाषण देखा। बड़ा ही सुन्दर है। बधाई। केवल एक जगह कुछ संशोधन करने को जी चाह रहा है। आपने (पृष्ठ 318) कहा है—"मैं आशा करता हूँ कि आपका युवक समुदाय...साधक मात्र है।" महाराज! इतना वह समझदार हो तो हमारे साहित्य का अहोभाग्य! इससे तो विपरीत ही देखने में आता है। वह तो छन्द के लिए ही छन्द लिखता है। प्रगतिशीलता के नाम पर आज क्या-क्या हो रहा है इससे आप अपरिचित नहीं होंगे। 'इतना समझदार अवश्य है' के स्थान पर 'इतना समझदार हो' और 'केवल छन्द...नहीं लिखता' की जगह केवल छन्द के लिए छन्द लिखे और यह जाने कि...इत्यादि' संशोधन करने को जी चाहता है। आशा है इसे आप मेरा विनोद नहीं समझेंगे।

शायद एक महीना हुआ, मैंने आपको एक पत्र लिखा था। उसका उत्तर नहीं मिला। पत्र शायद पहुँचा ही न हो। 'विश्वभारती' न आने की शिकायत थी। अब भी नहीं आ रही है। केवल 3 अंक पहले आये थे। फेहरिस्त पर शायद मेरा नाम चढ़ाना भूल गये।

श्रद्धेय क्षितिबाबू आजकल कहाँ हैं? क्यों न कुछ दिन हमारे हरिजन निवास को कृतार्थ करें। प्रार्थना कीजिएगा। आशा है प्रसन्न होंगे।

आपका सस्नेह,
वियोगी हरि

हिन्दी विभाग
प्रयाग विश्वविद्यालय
31.1.44

प्रिय द्विवेदीजी,

आपका पत्र मिला। सुख और सन्तोष मिला। परिवार में इन शव-यात्राओं की विषाद भरी छाया में आपके पत्र की सान्त्वना-भरी किरण बहुत सुखकर ज्ञात हुई। इधर श्री कृष्णकिंकरजी का भी एक पत्र मिला था जिसमें उन्होंने कुछ पुस्तकें चाही थीं। मैं अपनी अव्यवस्था में उन्हें कुछ भी नहीं भेज सका। क्या अब भी वे शान्तिनिकेतन में हैं या चीन के लिए रवाना हो गये? क्या अभी भी उन्हें पुस्तकें

भेजी जा सकती हैं? मान्यवर तान शुन शानजी से मेरा नमस्कार कहिए। विश्वभारती मिली थी। अनेक धन्यवाद। उसमें प्रकाशित आपका विश्वविद्यालय का लेख मैंने अपनी क्लास में पढ़ाया है और एम.ए. के विद्यार्थियों को बहुत रुचिकर हुआ है। आजकल आप क्या लिख रहे हैं? मेरे प्रकाशक बहुत ही लापरवाह हैं। मैं उन्हें चारुमित्रा भेजने के लिए दो बार स्मरण दिला चुका, पर अभी तक उन्होंने वह पुस्तक शायद आपके पास नहीं भेजी। तीसरी बार मैं खुद लेकर आपके पास भेजूँगा।

अपने कुशल समाचार लिखें।

आपका

रामकुमार

25.5.44

प्रिय द्विवेदीजी,

कबीर-तुलसी-नानक-दादू का संग्रह मिला, संग्रह अच्छा हुआ है, लेकिन कितना ही छूट गया भी है। संग्रह में श्रृंगार, प्रकृति वर्णन, करुणा आदि के नमूनों को भी काफी देना है, इसलिए उन्हें छोड़ना नहीं चाहिए।

चिट्ठी में अपने...सिद्ध युग के संग्रह के कुछ नमूने भेजना चाहता था, मगर नकल करने में समय लगाना ठीक नहीं, खयाल छोड़ देना पड़ा। चौरासी सिद्धों में ये योगीन्दु, रामसिंह, लक्ष्मीचन्द, अब्दुर्रहमान (1100 A. D.) आदि की कविताओं का संग्रह कर चुका हूँ। (IX, X) शताब्दी दो सौ पृष्ठों की होगी। मैंने उदयनारायण को अप्राप्य कवियों के बारे में लिख दिया है, वह मदद करेंगे, यदि प्रति बनारस, प्रयाग में होगी। आगरा, जयुपर में हो तो भी लिखें। अन्त में अब्दुर्रहमान के सन्देशरासक का नमूना—

जइ अंवरू उग्गि लइं राय पुनि रंगियइ।
अह निन्नेहउ अंगु जइ आभंगियइ।।

यदि अंवर छोड़ै रंग, फिनु रंगियई।
जो निस्नेहइ अंग होइ, अम्भंगियइ।।
अह हारिज्जइ दविणु, जिणिवि पुणु भिट्टियइ।
पिय विरत्त जइ चित्त, पहिय किमि वाहियइ।।
जो हारिज्जइ घनहिं जीति पुनि भेंटियइ।
प्रिय विरक्त ह्वै चित्त पथिक किमि फेरियइ।।101।।

"केशन कर संवरण न धन कुसुमहिं रच्चऊँ,
काजल वहै कपोलहिं, जो नयनसिं धरऊँ।
जो प्रिय आशा संगेहिं अंगे मांस चरै।
विरह हुताश झलवक्यो सो दुगुनोउ फरै।।106।।

आपका
राहुल सांकृत्यायन

शुक्रवार, 28 जुलाई, 44

प्रिय भाईजी,

पत्रिका की दोनों कापियाँ मिलीं। आपको इस शानदार कामयाबी पर कितनी मुबारकबाद दूँ। तार भेजने को जी चाहता है। हर लिहाज़ से आपकी और शान्तिनिकेतन के शान की है। बाकी तारीफ आपके मुँह पर करूँगा ताकि आप घबरा जाएँ। मेरे कथन को अतिशयोक्ति समझें और आपका प्रयास कागज की तंगी के बावजूद प्रबल होता जाए। मोहनलाल भाई मुझे अच्छी तरह याद हैं। उनका खत मिलते ही मैंने जो कुछ सम्भव था कह दिया और उन्हें इत्तिला दी। क्या उन्हें मेरा खत नहीं मिला? शब्दसागरों की बात मैंने काफी स्पष्ट कर दी। आप जान-बूझकर मुझे छेड़ते हैं, आपने मई सन् 1940 में मुझे दो हिन्दी शब्दकोश भेजे थे या भिजवाए थे। उनकी कीमत मुझे अभी अदा करनी है। कीमतें किताबों पर दर्ज नहीं हैं। अगर अब भी आप न समझें तो अपने अन्दाज से मनीआर्डर भेज दूँगा। किसी शुभकार्य के लिए इस्तेमाल होती तो मैं कहता आपकी देन सही, मगर यह भी तो नहीं है। कृपया बता दीजिए। मुझे दूसरों से पैसे वसूल करके आपको देने हैं। अपनी तरफ से नहीं। हमारे अब 5 साल का लड़का है, उसका नाम परीक्षित है। इसके अलावा एक लड़की 8 महीने की, उसका नाम शबनम रखा है। पिताजी इस शब्द का अनुवाद कर देना चाहते हैं। कशमकश जारी है। मैंने अपने पहले खत में आपसे भी यही सवाल पूछा था। जवाब का इन्तजार है। मेरा इरादा सितम्बर में आपके चरण छूने का जरूर है, लेकिन अभी पक्की तरह से नहीं कह सकता। आप मुझे अलमस्त कहते हैं। काश आपको बता सकता कि आप कितने बड़े अलमस्त हैं! आपके साथ बिताया एक-एक क्षण मेरे लिए अमृत था। आपकी अलमस्ती के पीछे वेदना बहुत ज्यादा है, इसीलिए उच्चतर है। आप ललित साहित्य के मैदान में नहीं उतरते, यह देश का अभाग्य है।

बलराज

स्टेला विला, थियोसोफिकल कॉलोनी
जुहू, बम्बई।

पूज्य भाईजी,

सस्नेह नमस्कार।

मल्लिकजी मिले होंगे, मेरे बारे में बहुत कुछ बताया होगा। और आपने मुझे कुछ-कुछ जरूर याद किया होगा।

यह बताइए कि पुराने जमाने में रूपक का नाटक-कला में क्या स्थान था। रूपक क्या होते थे, किस जमाने में लिखे जाते थे और यह नाटक से विभिन्न थे या नहीं, इनकी क्या विशेषताएँ थीं। अगर बता सकें कुछ विस्तार से, तो कृपा होगी।

यहाँ कुछ ऐसा बँध गया हूँ कि हिल नहीं सकता। लेकिन अजीब बात है कि आपके लिए श्रद्धा और प्रेम जरा भी कम नहीं हुआ। आपको बार-बार याद करने में जरा भी मेहनत नहीं करनी पड़ती। अपनी क्षुद्रता का अहसास जरूर होता है। लेकिन इसे कम करने की कोई तजवीज आप पेश नहीं करते। यह भी नहीं कि अगर मैं नहीं आ सका तो आप ही दो-चार दिन के लिए यहाँ आ जाएँ। यह गलत है कि सिर्फ छोटे कदवाले लोग ही गाड़ी में सफर कर सकते हैं। मैंने आपसे भी ऊँचे कदवालों को बड़ी सुविधा से रेल में सफर करते देखा है।

शुलु यहाँ अच्छी तरह से है।

बलराज

25.5.45

मान्यवर,

लेख भेजने के लिए हृदय से आभारी हूँ। मुझ अकिंचन पर आपकी इतनी कृपा है, यह देखकर श्रद्धा से मन-ही-मन आपको नमस्कार करता हूँ।

'नया-साहित्य' में आपका लेख पढ़ा। निश्चय ही ऐसे सतेज लेखों की आवश्यकता है जो चिरकाल से सोते हुए हमारे देश को जगा सकें।

'हंस' का जनवरी अंक दस-बारह दिन में प्रेस को दिया जाएगा। इस अंक से सन् '46 का आरम्भ होगा। आपकी किसी रचना के बिना सूना रहेगा। पुनः लेख की माँग करते हुए तो जी में हिचक मालूम होती है, इसीलिए आपसे अपनी कोई नवीन कविता भेजने का अनुरोध करता हूँ। अत्यन्त कृपा होगी।

अपने पिछले पत्र में आपने यह अभिलाषा प्रकट की थी कि 'हंस' में सम्पादकीय टिप्पणियाँ और जाया करें। इस विषय में आपका परामर्श चाहता हूँ।

मुझे तो हर महीने सम्पादकीय टिप्पणियों के लिए विषय ही जैसे नहीं मिलते। राजनीतिक विषयों पर मैं टिप्पणियाँ देना नहीं चाहता क्योंकि इससे 'हंस' परिवार में अकारण ही वैमनस्य फैलने की आशंका है। साहित्य के क्षेत्र में अगर हम एक हैं तो राजनीतिक क्षेत्र के विरोधों को बीच में लाकर आज की अपनी एकता को क्षति पहुँचाना मैं गलत समझता हूँ। इसीलिए राजनीतिक टिप्पणियाँ देना बन्द कर दिया है। शायद यही कारण है कि 'हंस' में कम्युनिस्ट भी लिखते हैं और काँग्रेसी भी, क्योंकि सभी स्वाधीनताकांक्षी साहित्य की रचना के कार्य में निश्शंक होकर हाथ बँटा सकते हैं। राजनीतिक क्षेत्र छूट जाने पर तुरन्त हमारा ध्यान साहित्यिक क्षेत्र की सरगरमियों, गोष्ठियों और साहित्य-सम्मेलनों की ओर जाता है। वह भी कुछ अधिक होते नहीं, कभी-कभार हो जाते हैं तो उनपर टिप्पणी भी चली जाती है। अब रही बात साहित्यिक समस्याओं की। सो पहली बात तो आप मुझे ऐसी साहित्यिक समस्याओं की तालिका भेजने की कृपा करें जिनपर मैं अध्ययन करके कुछ लिख सकूँ। मुझे स्वयं विषय सूझते नहीं। तो इतनी कृपा तो आप मुझ पर अवश्य करें। ऐसे विषय, जिन पर प्रगतिवादियों की स्पष्ट नीति का उद्‌घाटन आवश्यक है। इसमें एक कठिनाई यह है कि सभी प्रगतिवादी सभी समस्याओं पर एक से विचार नहीं रखते और न यह सम्भव ही है। इसलिए 'हंस' के सम्पादकीय को प्रगतिवादियों की प्रामाणिक स्थिति मानना भी अधिक ठीक न होगा। ये अधिक-से-अधिक मेरे निजी विचार हो सकते हैं। इसलिए कभी-कभी यह विचार भी मन में आता है कि सम्पादकीय का स्तम्भ ही उड़ा दिया जाए और 'हंस' को भिन्न-भिन्न विचारधाराओं के संघर्ष का क्षेत्र (open forum) बना दिया जाए। लेकिन फिर सम्पादकीय की आवश्यकता भी सामने आती है। इसलिए आप ऐसे अधिक-से-अधिक विषय मुझे भेजें जिनपर चिन्तन अपेक्षित है।

यदि मैं आपको यशपाल की 'दिव्या' और 'निराला' की 'प्रभावती' भेजूँ तो उनका आलोचात्मक परिचय (जय यौधेय के समान) लिखने का अवकाश आपको रहेगा?

उत्तर अवश्य दें और जनवरी अंक के लिए कुछ भेजें भी अवश्य।

सादर,

आपका विनम्र सेवक

अमृतराय

एक्जिवीशन रोड, पटना
5.12 46

मान्यवर,

आपको यह जानकर प्रसन्नता होगी कि आजकल मैं पटना कॉलेज के हिन्दी विभाग में आ गया हूँ। एम.ए. में सन्तमत के special paper को पढ़ा रहा हूँ। इसी सम्बन्ध में कुछ बातें पूछनी थीं। आशा है जो कष्ट दे रहा हूँ उसके लिए आप क्षमा करेंगे।

1. आचार्य क्षितिमोहन सेन ने चार भागों में कबीर की रचनाओं का संग्रह किया है। यह संग्रह कहाँ से मिल सकता है? क्या यह ग्रन्थ सटिप्पण है?

2. रामकुमार वर्मा के संग्रह को छोड़कर ऐसे कौन से संग्रह हैं जो सटिप्पण हैं? (वेलवेडियर प्रेस के संग्रह को भी छोड़कर)

3. कबीर की रचनाओं का अँग्रेजी में अनुवाद है या नहीं? यदि है तो कहाँ से प्राप्य है?

4. 100 poems of Kabir (Trans. by Tagore) प्राप्य है या नहीं यदि है तो कहाँ से?

5. दादू पर आचार्य महाशय का बांग्ला में जो ग्रन्थ है वह कहाँ से मिल सकता है? Medieval Mysticism पर उनकी पुस्तक कहाँ से प्राप्त है?

6. दूसरे सन्त कवियों की रचनाओं के प्रामाणिक संग्रहों के नाम (मीरा को छोड़ दें, वेलवेडियर प्रेस और सुन्दर ग्रन्थावली को भी) अनुवाद प्राप्तिस्थान इत्यादि।

7. कबीर और सूरदास पर आपकी पुस्तकें सम्प्रति प्राप्त हैं या नहीं हैं तो कहाँ से? बम्बई का पूरा पता भेजें। 'कबीर' तो पुस्तकालय में भी है. (मेरी अपनी प्रति बहुत दिनों से गायब है) पर 'सूरदास' नहीं मिल रहा है—मुझे कुछ दिनों के लिए उसकी प्रति अवश्य चाहिए, यदि out of print हो।

आपसे और बातें भी पूछनी हैं, लेकिन एक बार के लिए इतना ही बहुत है। मैं आपको साग्रह अनुरोध करूँगा कि कबीर की समस्त प्रामाणिक रचनाओं के संग्रह का सम्पादन आप अपने हाथ में लें। ऐसे संग्रहों का महत्त्व तभी होगा जब साथ में विशद टीका भी हो। जायसी का अँग्रेजी अनुवाद हो चुका है, उसे अभी छोड़ दिया जा सकता है, मीरा और सुन्दरदास का भी सटीक संस्करण सुलभ है, किन्तु दूसरे सन्तों की वाणियों का एकत्र संग्रह होना चाहिए, लेकिन वह भी सटीक हो। 'सूर–सागर' का सम्पादन न होना हिन्दी के लिए लज्जा का विषय है। ना. प्र. स. से जिस प्रस्तावित संस्करण के कुछ नाम निकले हैं उसे तो बन्द ही कर देना चाहिए। भड़कीली छपाई के बदले यदि पदों का अर्थ दिया जाए तभी उसकी कोई उपयोगिता होगी।

तुलसी-साहित्य इस दृष्टि से सचमुच ही सौभाग्यशाली है, यह हमारे लिए भी कम सौभाग्य की बात नहीं। रीतिकाल की भी प्राय: समस्त प्रसिद्ध रचनाएँ टीका-टिप्पणी के साथ छप चुकी हैं या छप रही हैं। लेकिन सन्त साहित्य की बिल्ली के गले में भी तो किसी को घंटी बाँधनी ही चाहिए। यदि आप इसका बीड़ा नहीं उठा लेते तो हम मूषक के मूषक ही ठहरे।

क्या मैं उम्मीद करूँ कि आप शीघ्र की पत्रोत्तर देकर अनुग्रहीत करेंगे?

विनीत

नलिन

श्री राष्ट्रभाषा विद्यालय

गायघाट, काशी

ता. 10.12.46

प्रियवर द्विवेदीजी,

इतने दिनों तक चुपचाप बैठे रहने से शायद आपने सोचा हो कि निराला जयन्ती तथा अभिनन्दन ग्रन्थ की योजना खटाई में पड़ गयी। पर हम लोग कुछ-न-कुछ काम करते रहे हैं और अब वह स्थिति पहुँच गयी है कि आपके समीप कार्य की एक स्पष्ट-सी रूपरेखा उपस्थित हो सके।

आरम्भिक वक्तव्य तथा निराला-अभिनन्दन ग्रन्थ के सम्पादक-मंडल में आपका शुभ नाम दिया गया है। ग्रन्थ के लिए आपका एक लेख 'निरालाजी के निबन्ध और समीक्षा' पर तो होगा ही, दो-तीन विषय ऐसे हैं जिनपर शान्तिनिकेतन से ही सामग्री मिल सकती है। आधुनिक चीनी और आधुनिक एशियाई अथवा जापानी साहित्य पर दो-तीन लेखों की व्यवस्था आप ही करेंगे तो होगी। रूसी, यूरोपीय तथा अँग्रेजी साहित्य के लिए हम राहुलजी को लिख रहे हैं। अमेरिका के नवीन साहित्य पर हमारे यहाँ (काशी विश्वविद्यालय) के एक अमेरिका प्रवासी अध्यापक संग्रह कार्य करेंगे।

आप यह भी सुझाने की कृपा करें कि लेख और लेखक-सूची में क्या कमी-बेशी है। उसमें परिवर्द्धन या परिष्कार किस रूप में किया जाए?

अभिनन्दन-ग्रन्थ के लिए नवीन कला के द्योतक कतिपय चित्र भी सम्भवत: शान्तिनिकेतन केन्द्र से मिल सकेंगे। इनके लिए हम (यदि आवश्यक हो तो) आवश्यक मूल्य भी चुकाने की चेष्टा करेंगे।

अर्थ-संग्रह के लिए एक प्रतिनिधि मंडल बड़े दिनों के अवसर पर कलकत्ता जाएगा। उसको भी आपका सहयोग वांछित होगा। दो-तीन दिन के लिए आप

कलकत्ता जाएँगे तभी काम बनेगा। प्रतिनिधि-मंडल के कलकत्ता जाने की तिथि आदि हम आपको सूचित करेंगे। इस बीच आपका पत्र प्रतीक्षित रहेगा। आपके पूर्ण सहयोग के बिना इस अनुष्ठान की सफलता सन्दिग्ध ही रहेगी।

विशेष सब प्रसन्नता है। आशा है आप स्वस्थ और सानन्द हैं।

आपका

नन्ददुलारे वाजपेयी

पुनः—पत्र लिखते-लिखते स्मरण आया कि आप हिन्दी साहित्य सम्मेलन के कराची-अधिवेशन में सम्भवतः अवश्य ही जाएँगे—साहित्य-परिषद् के अध्यक्ष की हैसियत से। तब तो आपको शायद 24/12 को ही रवाना होना पड़े। कृपया लिखें कि 23 और 24 के दिन आप कलकत्ता के जयन्ती कार्य को दे सकेंगे या नहीं?

नं. वाजपेयी

1.5.47

प्रियवर द्विवेदीजी,

विश्वभारती का वह अंक मिला जिसमें 'पाकिस्तान' की आलोचना आपने कृपापूर्वक लिखी। अनेक धन्यवाद।

तोते और कुतिया के सम्बन्ध में मुझे एक बात अवश्य निवेदन करनी है। ये दोनों पात्र स्टेज पर सफलतापूर्वक आ सकते हैं; विदेशों के रंगमंच पर यह होता है और इस सम्बन्ध में मैंने थोड़ा बहुत पढ़ा भी है। परन्तु ये दोनों पात्र असली न होकर नकली होते हैं। तोते का पिंजरा और नकली पिंजरा रहता है। रंगमंच पर किसी 'विंग' के निकट पिंजरा टाँगा जाता है और 'विंग' के पीछे से आदमी बोलता है जो दिखाई न देने के कारण तोते का बोलना ही जान पड़ता है। कुतिया भी नकली रहती है उसकी भों-भों के लिए एक छोटी-सी मशीन जिस पात्र के साथ वह कुतिया रहती है उसके पॉकेट में छिपी रहती है और वह पात्र समय-समय पर उसे दबाता रहता है जिससे भों-भों की आवाज निकलती है। हाँ इतना अन्तर अवश्य करना होगा कि कुतिया दौड़ती और चलती न दिखाई जाकर पात्र के गोद में दिखाई जाए। यह अन्तर रंगमंच के प्रबन्धकर्ता सहज में कर सकते हैं। विदेशों में तो इस नाटक से भी कठिन नाटक रंगमंच पर खेले जा सकते हैं, मेरी बड़ी इच्छा है कि हिन्दी का एक सुन्दर रंगमंच निर्मित हो, जो 'रिवाल्विंग हो', परन्तु समय ही नहीं मिलता।

अब मैं आपको अपने कुछ ऐसे नाटक भेजूँगा जिनमें एक अंक में एक ही दृश्य है और जो 'एमेच्योर्स' तक सरलता से कहीं भी खेल सकते हैं। इनमें से अधिकांश हाल ही में प्रकाशित हुए हैं।

विधान परिषद् के लिए मैं यहाँ आया हूँ। ता. 3 मई को विधान परिषद् समाप्त हो रही है। इसके बाद जबलपुर जाऊँगा और अब दो माह के करीब उसी ओर रहूँगा।

विश्वास है आप प्रसन्न हैं। पुनः धन्यवाद।

भवदीय
गोविन्ददास

20.6.47

पूज्य पंडित जी,

आपको पत्र लिखते हुए संकोच होता है क्योंकि आप बहुकृत्य बहुकरणीय होने के नाते अत्यधिक व्यस्त होते हैं। कुछ दिन जो आपके पास रहकर आपका अप्रत्याशित स्नेह पाया था उसी के कारण जो भूल हो गयी कि आपको यहाँ आकर सहजभाव से कई पत्र लिख गया उनमें एक Taking liberties की भावना थी जिसका शायद मुझे अधिकार न था अतः क्षमा करें।

और सब बातों का उत्तर तो प्रकट है, किन्तु एक कष्ट आपको उठाना ही होगा। आपने 'भारतीय पुनर्जागरण की भूमिका' के प्रारम्भ में एक वक्तव्य दिया था, सो यहाँ खो गया है। वह फिर लिखकर कृपया शीघ्रातिशीघ्र भेज दें। जहाँ तक मुझे ध्यान है उसमें निष्पक्ष रूप से लिखने पर आपने प्रकाश डाला था। आशा है इसमें निराश न करेंगे।

एक बात और। अच्छा-सा मजाक है। पं. श्रीराम शर्मा थे तो पहले से ही क्रुद्ध कि मैं कम्युनिस्ट हूँ, परन्तु शान्तिनिकेतन में मिलने के बाद से अधिक नाराज हैं—ऐसा सुना है। और जिस-जिसने यह बात मुझसे कही है उसका कहना है कि आपने भी पंडित जी से जाने-अनजाने क्या कह दिया है कि वे और खौल गये हैं। हम तो जानते हैं कि आप भी प्रच्छन्न कम्युनिस्ट विरोधी हैं। और सर्वश्रेष्ठ है कि अब यहाँ आधे कम्युनिस्ट तो मुझे कम्युनिस्ट मानते हैं और दूसरे आधे Petit bourgeois; क्या इलाज है? तिवारी जी, तोमरजी, किंकरजी को नमस्कार। शेष कुशल है।

सस्नेह
रांगेय राघव

1114 बागमुजफ्फरखाँ, आगरा
3.7.47

पूज्य पंडित जी,

प्रणाम।

कृपापत्र। धन्यवाद।

मित्रों ने जो कहा उस पर विश्वास करके तो आपको शायद ही लिखा। कितनी Classic भाषा में आप पर प्रहार किया। हार गये आप। सीधे आप ही को तो लिखा, किसी और से तो कहा भी नहीं न? ऐसी बातें कहनेवाले कथाकारों से पहले ही मैं भलीभाँति परिचित हूँ। क्षमा करें बर्नार्ड शा से किसी ने कहा था— I have some Complaints against you उसने कहा था—So have many आप भी ऐसे ही लिख देते। पं. रामपूजन जी तिवारी का 22.5.47 का पत्र रखा है जिसके दूसरे वाक्य में उन्होंने यह लिखा है कि वे मुझे लिखने की सोच रहे थे। मैंने बिना सोचे उन्हें उत्तर दिया था। फिर मुझे उनका उत्तर नहीं मिला। आगरे में भी लगातार न रह पाने के कारण काफी डाक अस्त-व्यस्त रहती है। कभी-कभी गलत जगहों पर पत्र Readdress कर दिए जाते हैं। उन्हें फिर लिखता हूँ। मैं पत्र लिखने का आदी हूँ। फिर उन्हें उत्तर न देता?

खेद है आपकी आशा के अनुरूप मैं आजकल प्रसन्न नहीं हूँ। चिन्तित हूँ। शान्तिनिकेतन आने में कुछ देरी होगी। भरतपुर में भयानक जाट-मेव दंगा हो रहा है—सुना ही होगा। मैं गाँव में मिलकर चल देनेवाला था। कल 26 ता. का पत्र मिला है—गाँव न आओ। 27 की News है गाँव में आग लगना, हत्या इत्यादि। आगरा बयाना की गाड़ी में खतरा लगा है। अभी लूटी गयी थी। आगरे में मेव इकट्ठे हो रहे हैं। भाग-भागकर। Prices shoot up कर गयी हैं। पानी के नीचे आग है। भाई का पत्रोत्तर प्राप्त करना मेरा यहाँ पहला काम है। फिर दो साल के लिए आगरे का इन्तजाम करके, काम Wind up करने में दो-तीन दिन लगेंगे। फिर ही आऊँगा।

समिति के निर्णय से सूचित करेंगे?

कृपया उत्तर दें। शान्तिनिकेतन से पत्र यहाँ 6 दिन में आता है। आज भाई को लिखा है। सबको यथायोग्य—

सस्नेह
रांगेय राघव

टीकमगढ़ (बुन्देलखंड)
3.7.47

प्रिय द्विवेदीजी

सादर प्रणाम।

कृपा पत्र मिला। दिवाली के आस-पास यदि आप फीरोजाबाद पधारेंगे तो बड़ी कृपा होगी। एक सप्ताह पूर्व सूचना मिल जाए तो मैं अपने ब्रजमंडल के साहित्यिक बन्धुओं को भी आपसे मिलने के लिए न्योता दे सकूँगा। ऐसे अवसर बार-बार नहीं मिलते। मुझे उर्दू की वह कविता ठीक-ठीक याद नहीं आ रही

"कि हिलमिल बैठ लें दो-चार दिन हम
कयामत की घड़ी सर पर खड़ी है"

वैसे अपने सिद्धान्तानुसार तो 'अजरामरवत् प्राज्ञो' ही ठीक है। शायद अपने-अपने स्थान पर दोनों ही भाव ठीक हैं।

साहित्य की दुनिया की उपमा थर्ड क्लास से आपने खूब दी। उसमें 'देखते नहीं हो, ड्योढ़ा है।' कहनेवाले भी बहुत-से हैं। पर चिंरजीव चतुर्वेदी का तो उस पर पैतृक अधिकार होगा—आपके नाते—और मेरे आशीर्वाद का टिकिट भी साथ में होगा। अभी कल ही मेरे एक पुराने साथी श्री चन्द्रवल्लभजी शास्त्री के सुपुत्र शोभाचन्द्रजी की प्रथम पुस्तक 'एकलव्य' बम्बई से छपकर आयी है। रजिस्ट्री से आपकी सेवा में आज भिजवा रहा हूँ। कृपया पढ़ लीजिए और अपना आशीर्वाद भी भेजिए। शोभाचन्द्र होनहार युवक हैं। प्राइवेट तौर पर First Division में बी.ए. पास किया है—जो बहुत मुश्किल है। संस्कृत का भी साधारणत: अच्छा ज्ञान है उन्हें। आपके प्रशंसक और भक्त हैं।

मेरे अनेक मित्रों के पुत्र मेरे Comrade बन गये हैं। चि. चतुर्वेदी भी मेरा Comrade बनेगा।

हम लोग अपनी स्पिरिट को तरोताजा बनाए रखें और वयोवृद्धों की सूची में नाम लिखाने से इनकार कर दें तो नवयुवक मंडली हमारे साथ रहेगी। (इस नुस्खे में धृष्टता + धूर्तता की कुछ-कुछ मात्रा और चाहिए) श्री जैनेन्द्रजी मुझे 'अकाल युवा' कहते हैं। प्राइवेट तौर पर मैंने नुस्खा मुजर्रब आपको बतला दिया है। गोपनीय प्रयत्नत: ।

विनीत
बनारसीदास

पुनश्च : भगीरथ तथा गंगा विषय में मुझे मसाला चाहिए। साहित्य गंगा नामक एक लेख लिखने का विचार है। कुछ लेख आपकी सेवा में दो पैकटों द्वारा भेजे जा रहे

हैं। कृपया उनका सदुपयोग कर लीजिए। पहुँच लिखिए। इस बीच में 9।। हजार प्रतियाँ इन ट्रेक्टों की वितरणार्थ भेज चुका हूँ। इस क्षुद्रातिक्षुद्र साहित्य-निर्झरिणी में अस्सी रुपये अधिक पोस्टेज व्यय हुआ, छपाई का खर्च अलग था ही और घर के कई व्यक्ति इनके पैक इत्यादि करने में लगे रहे।

इस गरीब मुल्क में शुद्ध सात्त्विक भोजन का सदावर्त कहीं-कहीं से कभी-कभी तो होना ही चाहिए। यदि साधन-सम्पन्न व्यक्ति कुछ नहीं करते तो हम गरीब लोग ही अपनी शक्ति अनुसार कुछ करें। दशहरे के आस-पास में ही संघर्षमय जीवन का प्रारम्भ करना है। लेख लिखकर आजीविका चलाना कोई आसन काम नहीं।

शायद मैंने आपको नहीं लिखा कि श्री डालमियाजी ने साप्ताहिक 'नवयुग' में सात सौ रुपये मासिक पर मुझे बुलाया था पर मैंने अपनी कलम बेचना नामुनासिब समझा।

अपना 'असंस्कृत' होना मुझे बहुत अखरता है और मुश्किल यह है कि संस्कृतज्ञ—समझदार संस्कृतज्ञ—आसानी से नहीं मिलते। देखिए फीरोजाबाद में कोई मिलता है या नहीं।

जीवन के नवीन अध्याय में प्रारम्भ करते हुए मुझे उत्साह और हर्ष है। पूज्य कक्का कहा करते थे, 'कभी घी घना कभी मुट्ठी-भर चना तो कभी वह भी मना' जो कुछ होगा ठीक ही होगा।

चिरगाँव (झाँसी)
30.11.47

पूज्य भैया,

प्रणाम। सुयोग्य और समादरणीय जन के समादर से प्रसन्नता स्वाभाविक है। हिन्दी साहित्य सम्मेलन के निर्णय से मंगलाप्रसाद पारितोषिक की ही प्रतिष्ठा नहीं बढ़ी वरन् समस्त हिन्दी प्रेमियों और सेवकों का गौरव बढ़ा है। इस अवसर पर मेरा सादर प्रणाम कृपया स्वीकार कीजिए।

आशा है, आप सानन्द और स्वस्थ हैं। एक ही दो दिन में यहाँ राय कृष्णदासजी, श्री सुमित्रानन्दन पन्त और अज्ञेयजी पधार रहे हैं। अपना अस्वास्थ्य ऐसे ही अवसर पर विशेष पीड़ा पहुँचाता है। इधर श्वास के साथ ज्वर भी रह-रहकर अपना बल बार-बार दिखा रहा है, सो भी मेरे जैसे जन पर। पर मुझे विश्वास है कि इस कठिन प्रसंग से आप सब बन्धुओं की शुभकामनाओं के सहारे पार पा

जाऊँगा। अभी जीवन में कितने ही संकल्प पूरे नहीं हुए, जिनमें से एक शान्तिनिकेतन की यात्रा भी है।

शेष कुशल है। भैया नमस्कार कहते हैं।

आपका
सियारामशरण

बनारस सिटी
4.3.47

सहृदय बन्धुवर, प्रणाम।

कल 'हिमालय' में आपका लेख ('जनता का अन्तःस्पन्दन') पढ़ा। आपने मेरे मन्तव्य को अपने गम्भीर चिन्तन का मनोबल दे दिया है। आपकी गार्हस्थिक साधना में सामाजिक शुभचिन्तना है उसी के कारण आपकी गुणग्राहकता ने मेरे क्षीण कंठ को भी एक आवाज दे दी। मैं सचमुच कृतज्ञ हूँ। आपका समर्थन पाकर मेरी भावना को एक गम्भीर मर्मस्थल मिल गया है। इन दिनों मैं जिस मनोजगत् में भ्रमण कर रहा हूँ उसका रसात्मक परिचय मैंने अपनी नयी पुस्तक (पथ-चिह्न) में देने का प्रयत्न किया है। पुस्तक अभी प्रकाशित नहीं हुई है, किन्तु उसकी अग्रिम प्रति लेकर वातावरण में घूमा हूँ, लोगों से मिला हूँ। लोगों को पुस्तक बहुत पसन्द आई। चतुर्वेदीजी को पुस्तक का एकाध वाक्य सुनाया था। वे मुग्ध हो गये। पुस्तक हाथ में आ जाने पर वे भी उस पर विस्तार से लिखेंगे।

प्रकाशित हो जाने पर अथवा उसकी अग्रिम प्रति लेकर मेरा विचार शान्तिनिकेतन आने का है। इस बार मेरी बातें अधिक स्पष्ट रूप में आपके सामने आ सकेंगी। पुस्तक के अनुसार कुछ रचनात्मक कार्य भी देखना चाहता हूँ। मिलने पर विचार-विनिमय का सुयोग पाऊँगा। कृपया सूचित करें कि शान्तिनिकेतन अभी कबतक खुला है? छुट्टियाँ शुरू होने के पहले एक बार गुरुदेव के 'जगतीपारावार-किनारे' का मनोज्ञ संसार देखकर अपनी यात्रा सुफल कर लूँगा।

अस्वस्थतता के कारण आप कराची नहीं जा सके। अस्वस्थ होते हुए भी आप गृहस्थी, अध्यापन, साहित्य और समाज के स्नेह-सम्पादन में संलग्न हैं, आपकी इस कर्मनिष्ठा पर कौन नहीं निछावर हो जाएगा। आपकी परेशानियाँ मैंने देखी हैं, वैसे में भला कितने लोग अपने को जागरुक और सक्रिय रख सकते हैं। प्रभु सदैव आपको अपना प्रेमबल प्रदान करते रहेंगे।

इन दिनों आपका स्वास्थ्य कैसा है?

आशा है, आप सपरिवार प्रसन्न हैं। गृहिणी को सादर नमन। बच्चों को प्यार और आशीष।

मित्रों को यथायोग्य।

आपका आत्मीय
शान्तिप्रिय द्विवेदी

माधव कॉलिज, उज्जैन
25.3.49

आदरणीय पंडित जी,

'कवि' को कविता क्या मिली, नव-वर्ष का नव-सन्देश प्राप्त हो गया। मैं तो अभी तक कन्वेकेशनवाले दृश्य में डूब-उतरा रहा हूँ। बबुआवाला चित्र शायद आगामी कल की बहुमूल्य स्मृति बन जाए। उसे सूम के धन की भाँति सँजो कर रखूँगा। यद्यपि मेरा जी नहीं भरा, लाल-गाउन के बगल में अकड़कर खड़े होने की हसरत तो अभी तक जी में भरी ही है, उस समय मेरा पोज देखकर आप बिसमिल्लाह कर उठते। बकरी के दूध में गुड़ डालकर पिलानेवाली मेरी अन्नपूर्णा भाभी कहीं वह मनहर दृश्य देख लेतीं तो बाग-बाग हो जातीं। ऐसे आनन्द के क्षण सरलता से कल्पना में नहीं लाए जा सकते। मैं बाद में सोचता रहा कि उन्हें लखनऊ न लाकर आपने भूल अवश्य की, क्योंकि उस दशा में नारद की नारदाई खिल उठती। एक आध और करतब देखने को मिल जाते। मैं आशा करता हूँ कि धान कूटने का अस्त्र मेरे लिए हस्बमामूल सुरक्षित होगा। सच मानिए, लखनऊ के वे चार दिन अपनी चारुता में अनोखे बन पड़े हैं, सम्भव है प्रबोधपूर्व चारुमित्रा का आकलन भी कोई संयोग ही हो।

यों तो लखनऊ का दृश्य बिल्कुल ही अप्रत्याशित न था, पर इतने शीघ्र इस शुभ घड़ी का दर्शक बन सकूँगा, यह सोच न पाया था। मैं अपने दुर्भाग्य की कल्पना तो कर लेता हूँ, सौभाग्य की नहीं कर पाता। बिना इस घटना के कालिदास के 'भावस्थिराणि जननान्तर सौहृदानि' का अर्थ ठीक-ठीक समझ न पाता। जैसे-जैसे दिन बीतते जाते हैं, वह सुयोग्य सचमुच ही संयोग मालूम पड़ता है। और बहुमूल्य होता जाता है। उस दिन यदि देवसभा के सदस्यों में विराजमान होने के कारण आप पारस्परिक सौहार्द-विनिमय में अधिक व्यस्त न रहे होंगे तो सरोजनीजी की उस भव्यमूर्ति (अब तो अन्तिम) को आजीवन न भूल सकेंगे। अब समझ में आ रहा है कि उनकी यह दीप्ति, वह तेज, वह भावविह्वलता, सचमुच ही दीपक का 'सेभाला' था। भगवती और वीणापाणि के उस मधुर समन्वय ने, उक्त उत्सव में

जो संजीवनी संचारित कर दी थी, वह अब इतिहास की बात बन चुकी है। ऐसे ऐतिहासिक महापर्व की तो आपने भी कभी कल्पना न की होगी। डिग्री-प्राप्ति को आप चाहे महत्त्व न प्रदान करना चाहें (यद्यपि मेरे लिए वह भी कम ऐतिहासिक महत्त्व की नहीं) पर महोत्सव की गुरुता का वह जाज्वल्यमान दृश्य सम्भवतः आप भी इस बार के मानव जीवन में विस्मरण न कर सकेंगे। गुरुदेव की पलकें मुँदने के बाद सम्भवतः परमभट्टारिका के वे ममत्व और आत्मीयतापूर्ण दो शब्द आपकी सबसे बड़ी निधि होंगे। इसीलिए उपर्युक्त हास्यात्मक व्यंजना को भुलाकर, मेरे इस कथन में हार्दिक सत्य है कि उस दृश्य के दर्शक रूप में भाभीजी तथा शान्तिनिकेतन की सुहृद् मंडली का होना परमावश्यक था। वाजपेयीजी तो प्रत्येक पल पर बनते—मिटते नजर आते। उस दिन के अनुभव से अकड़कर कह सकता हूँ कि अभिनेता होने से दर्शक होना कहीं बड़े सौभाग्य का चिह्न है। अब तो आप अवश्य ही दबे-छिपे मेरे भाग्य की सराहना करेंगे, ईर्ष्यावश ही सही। उस चित्रपट का वर्णन मैंने अपने कॉलेज के सम्भाषण में जिस तन्मयता के साथ किया है, यदि आप श्रोताओं में होते तो ध्यानचन्द की ठाँय-ठाँय भूल जाते। मौका लगा तो आपको भी सुनाऊँगा और यह भी कि लाल गाउन किसको कैसा खिल रहा था। अब कभी ऐसा मौका आया तो भाभीजी को स्वयं लिवाकर लाऊँगा और एक लाल गाउनियाँ भी बनाकर साथ लेते आऊँगा। नारद से बढ़कर दूसरा कोई खिताब तो अब मिलना नहीं है, हद-से-हद बीरबल बन जाऊँगा।

अब इस पचड़े को बन्द करूँ और कुछ स्वार्थ की बात करूँ, वैसे भी मन की पुलक इस प्रकार उड़ेल देना, आत्मसंयम का अभाव कहा जाएगा, विशेषकर आज के यान्त्रिक युग में। और मैं किसी-न-किसी तरह गम्भीर बनने का उपक्रम कर रहा हूँ। इतनी गम्भीरता जो काशी के महन्तों की सभा में मेरा रोब जमा दे। आपने मुझे इतने थोड़े से परिचय में ही इतना धृष्ट बना दिया है कि साक्षात्कार होने पर बहुत सी अनर्गल बातें भी बक जाता हूँ, कहीं भविष्य में इसका खामियाजा न देना पड़े। यह भय का तत्त्व किसी-न-किसी अंश में सदा मेरे साथ लगा रहता है, शायद इसका मूल आदिम संस्कार है।

एक विचित्र बात, अभी जब आपका पत्र आया तो उसे पढ़कर सभी परिवार कुछ क्षणों के लिए 'मगन रहे चोला' बन गया। चित्र और कविता को लेकर स्वयं श्रीमती जी उपस्थित हुईं और ऐसा रस ले-लेकर पढ़ने लगीं, जैसे बाणभट्ट की निउनिया का अभिनय देखकर आई हों, और उसे सब को सुनाती फिर रही हों। मैं पत्र और चित्र सिरहाने रखकर सो गया और श्रोताओं में मैं सबसे आगे बैठा हुआ, साँस रोककर प्रारम्भ की प्रतीक्षा कर रहा हूँ। इसे हँसी न समझिएगा, सचमुच ही आज आपके पत्र के साथ यह स्वप्न रूप में दैवसंयोग घटित हुआ। यद्यपि मैं

आध्यात्मिकता का विशेष कायल नहीं, पर इस स्वप्न से अनायास ही मन प्रसन्न हो उठा है, जी हलका हो गया है, सम्भव है इसका कारण यह हो कि आजकल मैं नियम से श्रीमद्भागवत का पाठ कर रहा हूँ, केवल जिज्ञासु के भाव से, ज्ञानीवाला पद प्राप्त करने की अहम्मन्यता मुझमें नहीं।

इस लपेट में स्वार्थवाली बात तो छूटी ही जा रही है। इन गर्मी की छुट्टियों में मुझे थीसिस समाप्त करनी ही है, अब तो उसे पूरा न करने का अपयश मैं अपने सिर पर नहीं लेता। भारतीय परम्परा में भक्तगण सदा से अपनी भूलों को भगवान के सिर मढ़ते आये हैं। इस रूप से चिढ़िएगा नहीं, लौकिक रूपक जल्दी से सूझ नहीं पाया है। इसी स्वार्थवश मैं पुनः शान्तिनिकेतन-वास का विचार कर रहा हूँ। यों भी वर्ष में एक मास नियम से आपके साथ रहने का विचार व्रत का रूप ले बैठा है। आप लिखिए कि इस सिर-दर्द के लिए तैयार हैं या नहीं? भाभीजी से चर्चा न कीजिएगा नहीं तो गुड़ के पार्सल आना शुरू हो जाएँगे। और मेरी मरम्मत होगी सो अलग से, पिछली बार तो दुम दबाकर निकल आया पर अब की एक भी हथकंडे नहीं चलने के। जहाँ तक मुझे याद आता है आपने इस ग्रीष्म में काशीवास का विचार कर रखा है। मैं अभी से आपके लिए वहाँ पर एक साफ सुथरे बँगले का प्रबन्ध कर रहा हूँ, पर वह इसी शर्त पर कि सिद्धार्थ भी गंगा-स्नान में सम्मिलित हुआ करेंगे। आपकी बहू भी इसरार कर रही हैं कि भाभीजी से भेंट का सुयोग्य जुटाया ही जाए। वे पुत्तल से कढ़ाई का काम सीखना चाहती हैं। वरुण साहब नित्य पुत्तल का बनाया झबला धारण करते हैं और पास-पड़ोस के लोग भी उसकी कढ़ाई पर मुग्ध हैं। मुझे तो वह विशेष पसन्द आया नहीं था पर श्रीमती जी बुरी तरह रीझी हुई हैं। अपने कलात्मक ज्ञान के लिए क्या कहूँ? यदि आपने काशी में ग्रीष्म-वास किया तो उन्हें भी भाभीजी के दर्शनों का सुयोग्य या सौभाग्य प्राप्त हो सकेगा, और इस हो-हल्लड़ में मेरी भी जान बच जाएगी। आशा है इस दुविध सुयोग का सुख आप मेरे हाथ से न जाने देंगे। चाहता हूँ कि आपके अखाड़े का लतमार कहला सकने का गौरव प्राप्त कर सकूँ। हौसला तो यह है कि कभी बड़े-बड़े ज्योतिषाचार्यों को भी मात दे सकूँ। पर वह एक जन्म की बात नहीं है। आशा है मेरी गठन पर जरा भी रू-रियायत नहीं दिखाएँगे। और एक दशक में इस दुनिया में रहने लायक सुडौल तो बना ही देंगे।

भाभीजी को मेरा साष्टांग प्रणाम। बबुआ ने भाभीजी का एक सुन्दर चित्र और लखनऊ के अन्य चित्र भी भेजने को कहे थे, साथ में पुत्तल, तित्तला, मुन्नी, मुन्ना और सिद्धार्थ का भी। कृपया याद दिला दें। इस चित्र के लिए फोटोग्राफर महोदय को धन्यवाद। बच्चों को सुमन कक्कू की स्नेह आशीष। वाजपेयीजी, किंकरजी, शान्तिजी और प्रधानजी आदि सुहृदयों से मेरा स्नेहाभिवादन कहिएगा। क्षिति बाबू,

मास्टर दा, गुसाईंजी तथा हरिदास बाबू को प्रणाम। उपेन्द्र बाबू से भी स्नेहाभिवादन कहें। उज्जैन आने का निमन्त्रण पुन: दोहराता हूँ। आपकी बहू, आपको तथा भाभीजी से प्रणाम निवेदित करती है; और ऊषा, अरुण-वरुण चरणस्पर्श कहते हैं।

'अशोक के फूल' सचमुच ही नहीं मिले, हो सकता है पोस्ट ऑफिस की भूल हो। आशा है मेरी भूलों को क्षमा करते रहेंगे।

विनीत
सुमन

प्रयाग
27.4.49

प्रियवर हजारीप्रसादजी,

आपकी सेवा में दो-एक दिन में लोकायन संस्कृति पीठ का विधान भेज सकूँगा। लोकायन की मुखभारती 'लोकचेतना' का पहला अंक जुलाई पहली तारीख को निकालने का विचार है। आपसे अनुरोध है कि पहले अंक के लिए दो पृष्ठ का या कुछ अधिक का एक लेख अवश्य भेजने की कृपा करें। हम छोटे-छोटे निबन्ध दो या अढ़ाई पृष्ठ तक के दे रहे हैं। आपसे मैं चाहता हूँ आप कुछ भारतीय संस्कृति और बापूजी को लेकर लिखें—'आजकल' में आपका लेख मुझे बहुत पसन्द आया। उसी को आप अधिक सबल संगठित रूप देकर अवश्य लिखने की कृपा करें। आपके द्वारा मुझे अप्रत्यक्ष रूप से गुरुदेव का भी आशीर्वाद मिल जाएगा। मैं चाहता हूँ प्रत्येक अंक में आप मुझे कुछ-न-कुछ अवश्य दें—अगले अंक में गुरुदेव पर आपकी लेखनी से चाहता हूँ। हिन्दी में आजकल अच्छे निबन्ध मिलना कितना कठिन है आपको ज्ञात है। शान्तिनिकेतन (विश्वभारती) के आचार्य ही मेरी रक्षा कर सकते हैं। अत: आपसे मेरा आग्रह है कि आप 'लोकचेतना' को अपने आशीर्वाद का गौरव प्रदान करें।

'स्वर्णकिरण' 'स्वर्णधूलि'—मेरी 10 प्रकाशित रचनाएँ शायद आपको अभी नहीं मिली होंगी। लीडर प्रेस में आजकल Stock taking हो रहा है—मैं सोचता हूँ इसी सप्ताह में आपको दोनों पुस्तकें अवश्य मिल जाएँगी।

मैं 7वीं मई को अल्मोड़ा जा रहा हूँ। जुलाई प्रथम सप्ताह में लौटूँगा। जून के प्रथम सप्ताह में मुझे प्रेस में सामग्री देनी होगी। आशा है उससे पहले ही आपका आशीर्वाद मुझे प्राप्त हो सकेगा। मेरा पता—मेरा नाम, अल्मोड़ा (कुमाऊँ पर्वत)। संस्था के पास अभी धन का अभाव है, फिर भी संस्था अपने आदरणीय साहित्यिकों की यथाशक्ति सेवा करना चाहती है। सदस्यता के लिए अगले पत्र में लिखूँगा।

आशा है आप सानन्द और सकुशल हैं। कई वर्षों के बाद अब के आपसे मिलने पर अत्यन्त आनन्द हुआ। आशा है आप सदैव कृपाभाव बनाए रहेंगे। जुलाई के बाद जब भी आप प्रयाग आएँ आप मेरे साथ ठहरकर संस्था को गौरव प्रदान करें। कष्ट के लिए क्षमा चाहता हूँ।

आपका

सुमित्रानन्दन पन्त

ब्रजकिशोर धाम, पटना

30.1.49

मान्यवरेय,

कोटिशः प्रणाम।

लखनऊ विश्वविद्यालय ने अभी-अभी डॉक्टरेट की उपाधि देकर अपना तथा हिन्दी का जो सम्मान किया है उसके लिए, कुछ उपाधि पाने के लिए नहीं, मेरी हार्दिक बधाई स्वीकार करें।

आप काशी नहीं गये इसके पीछे क्या बातें हैं यह सब हमारे यहाँ के डॉ. मिश्रा सुना रहे थे जो काशी विश्वविद्यालय के कोर्ट आदि के सदस्य हैं। सुना था लखनऊ से भी आपको बुलावा आया है, यहाँ की भी चर्चा चल रही है। मुझसे बातें होती हैं तो कह देता हूँ कि द्विवेदीजी नहीं चाहते कि दूसरों के लिए वे सुलभ हों, इसीलिए सुदूर शान्तिनिकेतन में बैठे हुए हैं और उन्हें वहाँ से डिगाना असम्भव है। कल ही हमारे प्रिन्सिपल साहब कह रहे थे कि वे यहाँ सरकार को लिख रहे हैं कि हिन्दी विभाग में आपको बुलाया जाए। पर जब आप काशी नहीं गये तो 'मगध' में क्यों आने लगे भला?

कबीर पर जो नयी पुस्तक लिख रहे हैं वह अभी प्रेस में गयी या नहीं? क्षितिमोहन बाबू ने वैष्णवधर्म पर कोई नयी किताब लिखी है क्या? अगर लिखी है तो कहाँ से प्राप्त हो सकती है? पहले भी निवेदन कर चुका हूँ, फिर से स्मरण दिला दूँ—सूर पर जो आपकी पुस्तक छपी थी और अब अप्राप्य है, उसका नवीन संस्करण आवश्यक है। आप उसे अपनी रचनाओं में महत्त्वपूर्ण नहीं समझते फिर भी उसका अभाव विद्यार्थियों के लिए बहुत ही असुविधाजनक सिद्ध हो रहा है।

कोई कह रहा था, एक मुद्दत के बाद विश्वभारती में मेरी पुस्तक की आलोचना निकली है : क्या वह अंक मुझे मिल सकता है। एक प्रति भिजवा सकें तो कृपा होगी।

वह लेख भी आपके पास ही पड़ा है 'हिन्दी साहित्य की महान परम्पराएँ'

जिसे ओरियंटल कान्फ्रेन्स के लिए आपकी सेवा में भेजा था। पता नहीं आपने उसका वहाँ कुछ उपयोग किया था या नहीं। यदि आपके पास यों ही पड़ा हो तो कृपया लौटाकर बन्धित करें।

इधर पटने पधारने की सम्भावना है क्या? पत्रोत्तर देने की कृपा तो करेंगे ही?

विनीत

नलिन

पुनश्चः 'दृष्टिकोण' का दूसरा अंक मिला होगा। उसका भी आपके समय-पर कुछ अधिकार है—किन्तु पता नहीं क्यों आपने उसे इससे वंचित रखना ही उचित समझा है।

लखनऊ

3.1.50

प्रिय द्विवेदीजी, नमस्कार।

आपका कृपापत्र मिला। मैं हैदराबाद से अभी परसों लौटा हूँ। यह जानकर प्रसन्नता हुई कि आप अब पूरी तरह स्वस्थ हैं। मैं उधर Convocation में व्यस्त था। इस कारण पहले पत्र का उत्तर न दे सका था। काशी विद्यापीठ के लिए जो विषय आपने चुना है बहुत अच्छा है। 'साहित्य का मर्म' छप गया। 25 प्रति भेज रहा हूँ। प्रेस की असावधानी से कुछ अशुद्धियाँ हो गयी हैं। इसका मुझ को बहुत दुःख है। मैं स्वयं प्रूफ न देख सका। इच्छा थी कि Convocation के अवसर पर प्रकाशित हो जाएँ। समय से पुस्तक छप भी ना सकी और जल्दी करने में गलतियाँ भी रह गयीं।

आयुर्वेद विभाग में Reader की एक जगह अवश्य है। पर इधर...की बात चल रही है। इसलिए अभी यह जगह भरी नहीं जाएगी। इसलिए जगह के लिए इश्तहार भी नहीं दिया। अब अगली जुलाई में नियुक्ति होगी।...

Convocation के अवसर पर दो Symposium किये थे, सफल रहे। नवसंस्कृति संघ की ओर से सम्मेलन भी हुआ था। वह भी सफल हुआ। विनोदजी कैसे हैं? उनसे मेरा नमस्कार कहिएगा।

भवदीय,

नरेन्द्र देव

'अमरावती'
9, टैगोर टाउन, इलाहाबाद
6.7.60

आदरणीय द्विवेदीजी,

कृपापत्र मिला; अनुगृहीत हूँ। आपके पंजाब चले जाने का समाचार अभी हाल में ही कहीं देखा था। विक्टोरियन इंगलैंड में बहुत दिनों तक तत्कालीन साहित्य-समाज में यह कहा जाता था कि व्हेर जार्ज मेरेडिथ सिट्स, देयर इज दि सेंटर ऑव इंग्लिश लिट्रेचर —हम भी उसी तरह आज यह कह सकते हैं कि अब से हिन्दी का केन्द्र पंजाब हो गया है। आप जहाँ रहेंगे वहीं हिन्दी का तीर्थस्थल बन जाएगा।

आपने विषय की जिज्ञासा की है, पर विषय का चुनाव आप पर ही छोड़ना चाहता हूँ। प्रवेशांक में आपका लिखा कुछ अवश्य हो, इतना ही मैं चाहता हूँ—वह 'कुछ' कुछ भी हो। यों मैंने तो सोचा था कि आपसे एक निबन्ध लूँ, लेख नहीं—लेख तो भविष्य में एक नहीं अनेक बार मागूँगा पर आरम्भ करना चाहता था एक ऐसी चीज से जो हिन्दी में यदा-कदा ही देखने को मिलती है और जो आप सहज ही दे सकते हैं। वह 'चीज' मेरी दृष्टि में निबन्ध है।

पर विधा और विषय दोनों का चुनाव आप ही पर छोड़ता हूँ।

आपका,
बालकृष्ण राव

29 अगस्त, 1960

आदरणीय,

बहुत लज्जित हूँ कि आपके पत्र का उत्तर तीन सप्ताह बाद दे रहा हूँ। जिन दिनों आपका पत्र और कविता मिली, मैं बाहर गया हुआ था। लौटकर आने के बाद बहुत व्यस्त रहा और इसके बाद कुछ अस्वस्थ-सा हो गया। रोज सोचता था कि आपको लिखूँ और रोज टलता जाता था।

आपका पत्र पढ़कर मेरी आँख के आगे फिर वह दिन एकदम घूम गया जिस दिन मैं प्रयाग से बम्बई आया था। जाड़े के दिन थे। सुबह का कुहरा युनिवर्सिटी पर फैला हुआ था और उस कुहरे में धुँधली आकृतियाँ दीख रही थीं उन पुलिस के सिपाहियों की जो विश्वविद्यालय के फाटकों पर बन्दूक लिए पहरा दे रहे थे। पता नहीं क्यों, आने के पहले मन बहुत दुःखी था कि विश्वविद्यालयों का भविष्य न जाने क्या होनेवाला है। कितने ही लोग बड़ी-बड़ी सरकारी नौकरियाँ छोड़कर

इसीलिए अध्यापक हुए थे कि उसमें एक विशिष्ट प्रकार का गौरव और आत्मसम्मान बना रहता है। पिछले तीन-चार वर्षों से यह लगने लगा कि अब आसार अच्छे नहीं। जिस दिन समाचार पत्र में बनारस विश्वविद्यालय का समाचार पढ़ा तो मन पर बहुत गहरा आघात हुआ। पता नहीं आगे अभी हमारे देश को क्या-क्या देखना होगा।

लेकिन आपको तो मैंने सदा से गुरुवत् माना है। इस तमाम उथल-पुथल के बीच आप जितने शान्त और सौम्य बने रहे, वह बिना किसी आन्तरिक निष्ठा के सम्भव नहीं। आपके व्यक्तित्व की इस गरिमा को हम सब आपके अनुज संकटमय परिस्थितियों में अपने व्यक्तित्व में निर्वाह सकेंगे, इसका आशीर्वाद दीजिए।

कविता कई बार पढ़ी। इस तमाम सन्दर्भों में इस कविता ने बहुत आश्वासन दिया। दीपावली के अंक में यह कविता दे रहा हूँ और प्रयास करूँगा कि इसके साथ गुरुदेव की स्वयं की बनाई हुई कोई कलाकृति दे सकूँ।

मेरे प्रणाम लीजिए।

स्नेहाकांक्षी,
धर्मवीर भारती

❑ ❑ ❑

सूर साहित्य

सुधा राजपाली

'सूर साहित्य' आचार्य हजारीप्रसाद द्विवेदी की पहली कृति है। उस समय लेखक कुल 23-24 वर्ष के युवक थे। उन्होंने शान्तिनिकेतन में अध्यापक का पद अभी स्वीकार ही किया था। एक दो वर्षों के भीतर ही शान्तिनिकेतन के नव मानवधर्मी वातावरण में व्याप्त धार्मिक पुनर्जागरण से प्रेरणा लेकर उन्होंने अपने सांस्कृतिक अध्ययन को भास्वर बना लिया। आचार्य क्षितिमोहन सेन जैसे सन्त-काव्यमर्मी विद्वान् के सम्पर्क में आने से तथा सिद्ध, सन्त तथा अन्य भारतीय धर्म-साधनाओं के मर्मज्ञ अनेकानेक आचार्यों के सत्संग से नये तरुण आलोचक के मानस की रचना हुई। भारतीय पुनर्जागरण और स्वातन्त्र्य साधना की जन्म-भूमि बंगाल में रहते हुए उन्होंने बड़ी अपमानजनक व्यथा के साथ यह अनुभव किया कि अँग्रेजी और दूसरे विदेशी पंडित भक्ति के सम्पूर्ण गरिमामय काव्य को ईसाइयत का अवदान सिद्ध करने का प्रयत्न करते रहे हैं।

दूसरी ओर भक्ति और सन्त-साहित्य का अध्ययन कम-से-कम हिन्दी में अनेक दलदलों में फँस गया था। 'सूर साहित्य' के पहले इस विषय अथवा सम्पूर्ण भक्तिकाव्य पर जो कुछ भी लिखा गया उसे देखने से पता चल जाता है कि आलोचक इस प्रकार के काव्य की समीक्षा के लिए पुराने मानदंड का उपयोग कर रहे थे। वह न सिर्फ इस साहित्य के सही अध्ययन के लिए बाधक था; बल्कि इस साहित्य का असली मर्म और माधुर्य इस कठोर तुला पर चढ़कर नष्ट-भ्रष्ट हो रहा था।

यह सही है कि द्विवेदीजी के 'सूर-साहित्य' के प्रकाशन के पहले आचार्य रामचन्द्र शुक्ल की सूर-विषयक समीक्षाएँ प्रकाशित हो चुकी थी। शुक्लजी ने सूरदास को अपने मर्यादावादी मानदंड पर कसा-परखा। यह भी सही है कि मिश्रबन्धुओं के 'विनोद' और 'हिन्दी नवरत्न' में प्रकाशित सूरविषयक सामग्री से कहीं बहुत आगे बढ़कर आचार्य शुक्लजी ने सूर साहित्य का अध्ययन किया।

उन्होंने अपने रसवादी सिद्धान्तों के आधार पर सूर की मौलिक उद्भावनाओं की प्रशंसा की। उन्हें सूर की गोपियों का वाग्वैदग्ध्य भी प्रिय था, किन्तु शुक्लजी की अपनी कुछ सीमाएँ थीं। वे अपने मर्यादावादी आग्रहों के कारण सूर के माधुर्य भावसिक्त, पदों को ठीक से सराह न सके। उन्होंने रीतिकाल की 'अश्लीलता' के लिए भी बेचारे सूर को ही उत्तरदायी बताया। उनका यह दृष्टिकोण ग्रियर्सन से बहुत मिलता-जुलता है। ग्रियर्सन ने सूरदास के बारे में लिखा कि "यूरोपीय आलोचक तुलसी को ही सर्वश्रेष्ठता का मुकुट पहनाना चाहेंगे और आगरा के इस अन्धे कवि को उससे नीचा, फिर भी ऊँचा स्थान देंगे।"[1] ग्रियर्सन के इस कथन में ईसाई नैतिकतावाद का आग्रह स्पष्ट था जो मानवमात्र को पापसम्भव मानती है और आदम और ईव के प्रेम-सम्बन्धों को पाप कहती है। आचार्य द्विवेदी के सम्मुख प्रेम और भक्ति के बीच के सम्बन्धों की व्याख्या का प्रश्न भी इसीलिए सहज ही उठ खड़ा हुआ।

सूर को समझने के लिए भक्तिकाल की सही चेतना को समझना आवश्यक था। भक्ति-चेतना सूर के बहुत पहले ही लोकमत का रूप धारण कर चुकी थी। भक्ति आन्दोलन गीता के उदय के साथ-साथ विकसित होता रहा। इस पर शुरू-शुरू में सात्वत क्षत्रियों का प्रभाव था। इसी कारण इसे सात्वत धर्म कहा गया। महाभारत के शान्तिपर्व में इसकी विशद व्याख्या की गयी है। वहाँ इसे ऐकान्तिक धर्म भी कहा गया है। कालान्तर में राम और कृष्ण के अवतारों को प्रमुखता देकर चलनेवाला यह धर्म भागवत धर्म के नाम से विख्यात हुआ और इसमें अनेक धर्म साधनाओं के तत्त्व घुल-मिलकर इसे लोकमत का रूप देने लगे। बौद्ध महायान और दक्षिण के आलवारों की साधना के अनेक उपादान इसमें समन्वित हो गये। यह सही है कि चौथी ईसवी शताब्दी के आस-पास भक्ति साधना नयी भास्वरता के साथ अग्रसर हुई, किन्तु इसके पीछे ईसाई धर्म का कोई प्रभाव ढूँढना निराधार कल्पना ही कहा जाएगा।

आचार्य द्विवेदी ने ईसाइयत के प्रभाव की इस मिथ्या कल्पना को नाना तर्कों के आधार पर पूर्णतः निस्सार सिद्ध कर दिया है। उन्होंने 'सूर साहित्य' के 'राधा कृष्ण का विकास' और 'स्त्री पूजा और उसका वैष्णव रूप' नामक निबन्धों में भक्ति साधना के प्रमुख आलम्बन राधा और कृष्ण तथा वैष्णव पूजा में स्त्री तत्त्व की प्रधानता के बारे में ईसाइयों के द्वारा फैलाए हुए भ्रमजाल को पूर्णतः निरस्त कर दिया है। उन्होंने लिखा है कि "शताब्दियों की उलटफेर के बाद प्रेम, ज्ञान, वात्सल्य, दास्य आदि विविध भावों के मधुर आलम्बनपूर्ण ब्रह्म श्रीकृष्ण रचित

1. हिन्दी साहित्य का प्रथम इतिहास, पृ. 43

हुए। सबकुछ उनमें परिपूर्ण रूप में देखने की कोशिश की गयी। माधुर्य के अतिरिक्त उद्रेक से भक्ति का प्याला लबालब भर गया। इसी समय ब्रजभाषा का साहित्य बनना शुरू हुआ। ब्रजभाषा-काव्य की इस युगल मूर्ति का परिचय अपूर्ण ही रह जाएगा यदि हम तन्त्रवाद और वैष्णव सहजवाद का रहस्य न समझ लें।''[1] उन्होंने कृष्ण के व्यक्तित्व में समाहित अनेकानेक धर्म-साधनाओं के मार्मिक तत्त्वों की पूरी व्याख्या की तथा उनके आधार पर कृष्ण भक्ति-साहित्य को समझने का एक नया दृष्टिकोण प्रदान किया।

आचार्य शुक्ल ने सूर के जिन रसोद्रेकपूर्ण अंशों के छोड़ दिया अथवा उन्हें अश्लील कहकर निन्दित किया उन्हीं अंशों में द्विवेदीजी ने माधुर्य के तत्त्वों की प्रतिष्ठा देखी। उन्होंने स्पष्ट ही लिखा है कि प्रेम और भक्ति में कोई अन्तर नहीं है, जड़ोन्मुख प्रेम ही चिदोन्मुख होकर भक्ति कहा जाता है। 'प्रेम तत्त्व' शीर्षक खंड में तथा 'सूरदास की राधा' शीर्षक निबन्ध में प्रेम के सिद्धान्त और व्यवहार का निरूपण है। यहाँ लेखक ने जयदेव और चंडीदास की राधा के साथ सूर की राधा की तुलना करके उसकी अनन्यता, प्रणति, भोलापन और निश्छल सहजता की वरीयता स्थापित की है।

सूर साहित्य केवल ईसाई प्रभावों का खंडन, भक्ति का लोकमत के रूप में विकास, प्रेमतत्त्व का विश्लेषण, तथा सूर की प्रेम और भक्ति-विषयक धारणाओं का निदर्शन ही नहीं करता, बल्कि मध्यकाल के इस अप्रतिम कवि के व्यक्तित्व और उसके समाज को समझने का प्रयत्न भी करता है। रवि बाबू ने सूरदास के विषय में जिज्ञासा की थी कि ''हे वैष्णव कवि, तुमने यह प्रेम-चित्त कहाँ पाया था, किसकी आँखें देखकर राधिका की आँसू-भरी आँखें याद आ गयी थीं, निर्जन वसन्त रात्रि की मिलन शैया पर किसने तुम्हें भुजपाश में बाँध रखा था और अपने हृदय के अगाध समुद्र में मग्न कर रखा था। इतनी प्रेम कथा, राधिका की चित्त विदीर्ण कर देनेवाली व्याकुलता तुमने किसके मुख और किसकी आँखों से चुरा ली थी। आज क्या इस संगीत पर उसका कोई अधिकार नहीं है। क्या तुम उसी के नारी-हृदय की संचित भाषा से उसी को सदा के लिए वंचित कर दोगे।''[2]

द्विवेदीजी ने इस जिज्ञासा का उत्तर सूरदास की प्रेमिका का सन्धान करके नहीं, बल्कि उस काल के समाज और युग की साधना का सही विश्लेषण करके दे दिया है। इसके पहले हिन्दी में कवि को उसके तत्कालीन समाज की दृष्टि से देखने की परिपाटी नहीं थी। असल में यह परिपाटी फ्रान्सीसी हिपोलायत तेन

---

1. सूर साहित्य, पृ. 19
2. सूर साहित्य, पृ. 70

(Hippolyte Taine) की पुस्तक "द रेस एंड द मोमेंट" (1828-93) के प्रकाश के बाद चली। तेन ने स्पष्ट स्वीकार किया था कि कला अपने समाज की उपज होती है। द्विवेदीजी न सिर्फ 'सूर साहित्य', बल्कि 'हिन्दी साहित्य की भूमिका' में भी अपने सिद्धान्तों के निर्माण से तेन के निष्कर्षों से प्रभावित हैं। यद्यपि उन्होंने तेन के सभी सिद्धान्त-पक्षों को स्वीकार नहीं किया है, क्योंकि उनके व्यक्तित्व में भारतीय परम्परा संस्कृति और सबके केन्द्र में स्थित मनुष्य और उसकी विजय यात्रा के विश्वास का स्वर इतना प्रबल है कि वे सामाजिक वातावरण को, सभी कुछ को बदल देने की शक्ति से भरपूर कोई तत्त्व मान ही नहीं सकते। 'सूर साहित्य' में उन्होंने स्पष्ट ही लिखा है कि "सूरदास मनुष्य की दुर्बलताओं को पहचानते हैं और इन्हीं दुर्बलताओं को उसकी रक्षा के लिए उपयुक्त प्रहरी बना देते हैं"[1] अर्थात् सूरदास ने अपने समय के समाज को, उसकी वासनात्मक दुर्बलता को पहचाना और उनके परिष्कार का, उदात्तीकरण का प्रयत्न किया, क्योंकि सूरदास रविबाबू के इस कथन को पूर्णत: अभिव्यक्त कर चुके हैं कि "हम जो चीज देवता को दे सकते हैं वही अपने प्रिय को देते हैं। और जो अपने प्रियजनों को दे सकते हैं वही देवता को देते हैं। इससे हम पाएँगे क्या? देवता को हम प्रिय कर देते हैं और प्रिय को देवता। जो सूरदास की कविताओं से नाक-भौं सिकोड़ते हैं उनके लिए उपाय क्या है?"[2]

इस प्रकार हम यह स्पष्ट देख सकते हैं कि 'सूर साहित्य' की भूमिका पर जिस आलोचक का उदय हुआ वह एक ओर अपनी संस्कृति और धर्म साधनाओं का पूर्णत: मर्मज्ञ था, उसे भक्ति पर ईसाइयत के प्रभाव की बात स्वाभाविक रूप में ही स्वीकार नहीं हुई। साथ ही वह प्राचीन साहित्य को सही ढंग से समझने की एक ऐतिहासिक मानवतावादी और धर्मसाधनामूलक दृष्टि लेकर आया जो अब तक हिन्दी समीक्षा क्षेत्र में प्रचलित दृष्टियों से बिल्कुल भिन्न थी। 'सूर साहित्य' इस बात का प्रमाण था कि हिन्दी को एक सबल सांस्कृतिक विचारक मिल गया है।

---

1. सूर साहित्य, पृ. 68
2. वही, पृ. 71

हिन्दी का युगपुरुष

हिरणमय

सन् 1933 मई मास के प्रथम सप्ताह की बात है। दक्षिण भारत हिन्दी प्रचार सभा, मद्रास की ओर से आयोजित हिन्दी प्रचारों का एक यात्रीदल विश्वकवि रवीन्द्रनाथ के दर्शनार्थ शान्तिनिकेतन पहुँचा। इस यात्रीदल का संगठन महात्मा गाँधीजी के सुपुत्र स्वर्गीय देवदास गाँधीजी ने कराया था। इस यात्रीदल में पन्द्रह व्यक्ति थे, जो कर्नाटक, आन्ध्र, तमिलनाडु तथा केरल के प्रतिनिधि थे। कर्नाटक के प्रतिनिधि तीन थे जिनमें एक मैं था। पद्मभूषण एम. सत्यनारायणजी इस यात्रीदल के नेता थे। इस यात्रा की आयोजना का उद्देश्य यह था कि अहिन्दी प्रदेशों में हिन्दी का प्रचार करनेवाले हिन्दी अध्यापक हिन्दी भाषी प्रदेशों में समय-समय पर दौरा करके हिन्दी भाषा की प्रकृति तथा हिन्दी साहित्य की प्रवृत्तियों से भली-भाँति परिचित हो जाएँ। सर्वप्रथम यह यात्रीदल मद्रास से रवाना होकर बड़ौदा, इन्दौर, आगरा, दिल्ली, लाहौर, ऋषीकेश, हरिद्वार, कानुपर, लखनऊ, प्रयाग, काशी, पटना, आदि प्रमुख हिन्दी-भाषा क्षेत्रों में हिन्दी के साहित्यकारों, विद्वानों तथ हिन्दी की संस्थाओं का परिचय प्राप्त करके गुरुदेव रवीन्द्रनाथजी से मिलने के लिए विश्वभारती पहुँचा। मुझे स्मरण है कि हम लोग शान्तिनिकेतन में दो दिन रहे। दूसरे दिन सन्ध्या के समय गुरुदेव के दर्शन की व्यवस्था की गयी थी। विश्वकवि एक कुर्सी पर आसीन हुए और हमलोग उनके सम्मुख जमीन पर बैठे। पहले-पहल गुरुदेव से हम लोगों का परिचय कराया गया और तदुपरान्त हमें आशीष देने की उनसे प्रार्थना की गयी। गुरुदेव ने पहले बांग्ला में बोलना प्रारम्भ किया और कहा कि मैं थोड़ी बहुत हिन्दी जानता हूँ, लेकिन मुझे डर है कि हिन्दी बोलते समय कहीं गलती न हो जाए। इसलिए यही बेहतर है कि मैं बांग्ला में बोलूँ, जब उनसे यह निवेदन किया गया कि हम लोग बांग्ला नहीं समझते, तब वे अँग्रेजी में बातचीत करने लगे। दक्षिण भारत में हिन्दी प्रचार का जो कार्य चलता है उसका परिचय पाकर गुरुदेव ने अपनी प्रसन्नता प्रकट की। उन्होंने अपना सन्देश सुनाते हुए कहा कि "आप लोग कबीर

की रचनाओं का भलीभाँति अध्ययन करें।'' गुरुदेव का सन्देश छोटा था, पर महत्त्वपूर्ण था।

उन दिनों आचार्य हजारीप्रसाद द्विवेदीजी 'विश्वभारती' के हिन्दी भवन के अध्यक्ष थे। उन्हीं की कृपा से शान्तिनिकेतन में हम लोगों के कार्यक्रमों की व्यवस्था हुई थी। जब मैं आचार्य हजारीप्रसाद के व्यक्तित्व पर विचार करने लगता हूँ तब हठात् ही मेरा ध्यान दो महत्त्वपूर्ण बातों की ओर जाता है। विश्वकवि रवीन्द्रनाथ ठाकुर पर कबीर का प्रभाव और विश्वभारती में हिन्दी भवन की स्थापना के द्वारा हिन्दी भाषा तथा साहित्य के अध्ययन-अध्यापन की व्यवस्था—ये दो ऐसी बातें हैं जो हिन्दी भाषा तथा हिन्दी साहित्य के इतिहास के लिए अपूर्व घटनाएँ कही जा सकती हैं। वस्तुतः आचार्य हजारीप्रसादजी की साहित्यिक प्रतिभा की क्रियाशीलता के कारण ही घटनाएँ घट सकीं। विश्वकवि रवीन्द्रनाथजी की संगति में जो प्रतिभा पोषित तथा विकसित हुई वह विश्वकवि पर भी अपनी अमिट छाप छोड़ सकी, यह सारे हिन्दी जगत् के लिए गर्व का ही नहीं, वरन् अविस्मरणीय विषय है।

जिस समय शान्तिनिकेतन में पहली बार आचार्य हजारीप्रसादजी से भेंट हुई उस समय उनके महान व्यक्तित्व से बिल्कुल अनभिज्ञ था। मुझे क्या मालूम था कि यह पहली भेंट मेरे लिए वरदान बनेगी और किसी समय मुझे उनके चरणों में बैठकर हिन्दी का थोड़ा-बहुत अध्ययन करने का सौभाग्य प्राप्त होगा। सन् 1952, जनवरी में मैं शोध करने की तीव्र इच्छा लिए काशी पहुँचा और स्वर्गीय आचार्य चन्द्रबली पाण्डेयजी के साथ आचार्य हजारीप्रसादजी के घर गया। जब मैंने अपना परिचय देकर शोधकार्य करने के हेतु काशी हिन्दू विश्वविद्यालय में नाम लिखने के लिए उनसे अनुमति माँगी तब उन्होंने शान्तिनिकेतन में मिलने का स्मरण किया और बड़े प्रेम तथा आत्मीयता के साथ कहा, 'शोधकार्य के लिए व्यवस्था करने में कोई कठिनाई नहीं है।' यद्यपि उसी वर्ष मेरा रजिस्ट्रेशन हो गया तो भी सन् 1954 जनवरी में ही अपना कार्य प्रारम्भ कर सका। यह मेरा परम सौभाग्य रहा कि सन् 1954 से सन् 1956 तक मुझे काशी में आचार्य द्विवेदीजी के चरणों में बैठकर हिन्दी का अध्ययन करने का सुअवसर ही नहीं मिला, अपितु इन दो-ढाई वर्षों में उन्हें अत्यन्त निकट से देखने तथा समझने का भी मौका मिला। उनके चुम्बकवत् व्यक्तित्व की यह विशेषता थी कि जैसे-जैसे मेरा उनसे परिचय बढ़ता जाता था, वैसे-ही-वैसे उनके प्रति मेरी श्रद्धा बढ़ती जाती थी। उन्होंने मेरे शोधकार्य में पथ-प्रदर्शन क्या किया, मेरे जीवन का ही पथ-प्रदर्शन किया। ऐसी थी उनकी उदारता तथा आत्मीयता।

मैं एक अहिन्दीभाषी हूँ। विगत पैंतीस वर्षों से लगातार हिन्दी पढ़ता-पढ़ाता आया हूँ। हिन्दी साहित्य की गतिविधि से अपने को परिचित रखने का प्रयत्न करता

आया हूँ। साथ ही, हिन्दी-भाषी प्रदेशों में समय-समय पर भ्रमण करके हिन्दी के कवियों, लेखकों, आलोचकों की साहित्यिक प्रवृत्तियों तथा उनके व्यक्तित्व से परिचित होने का मुझे अवसर मिला है। हिन्दी की संस्थाओं के सभा सम्मेलनों में हिन्दी के साहित्यकारों तथा विद्वानों को दूर से निकट से देखने-समझने का मैंने मौका पाया है। जब मैं अपने परिचित समस्त हिन्दी जगत् पर एक विहंगम दृष्टि दौड़ाता हूँ तब कुछ विशिष्ट व्यक्तित्व मेरी आँखों के सम्मुख अपनी आभा बिखेर देते हैं। यदि मुझसे उन हिन्दी साहित्यकारों के नाम बताने के लिए कहा जाए जिनके व्यक्तित्व से मैं सर्वाधिक प्रभावित हुआ हूँ और जिनकी अमिट छाप मुझ पर पड़ी है, तो मैं तुरन्त ही कहूँगा—स्वर्गीय बाबू प्रेमचन्दजी तथा आचार्य हजारीप्रसाद द्विवेदी।

यदि प्रेमचन्दजी ने अपनी कहानियों तथा उपन्यासों द्वारा हिन्दी भाषा तथा साहित्य का मस्तक ऊँचा किया तो आचार्य हजारीप्रसाद द्विवेदीजी ने हिन्दी साहित्य की आत्मा को उसकी महान सांकृतिक सम्पत्ति से सम्बद्ध कराकर उसकी गरिमा की ज्योति जगायी। ये दोनों हिन्दी जगत् के बेजोड़ दो युगपुरुष हैं।

यह निर्विवाद कहा जा सकता है कि आधुनिक हिन्दी साहित्य सर्वांग समृद्ध तथा सुन्दर बनता जा रहा है। यह तो अनगिनत छोटे-बड़े साहित्यकारों की साधना तथा कृतित्व का ही फल है। इन साहित्यकारों में किसी एक को सर्वाधिक न श्रेय दिया जा सकता है न ऐसा करना ही उचित है। फिर भी, ऐसे कतिपय साहित्य-साधक अवश्य मिलेंगे जिनकी प्रतिभा की छवि सर्वत्र दिखाई पड़ती है। ऐसे इने-गिने साहित्यकारों में आचार्य हजारीप्रसाद द्विवेदी का अपना विशिष्ट स्थान है। इस विशिष्ट स्थान की परख कैसे हो, वह विचारणीय है।

हिन्दी साहित्य-जगत् में कुछ साहित्यकार मिल सकते हैं जिन्होंने अपनी कृतियों के परिमाण की दृष्टि से सर्वाधिक श्रेय प्राप्त किया हो। ऐसे भी कुछ साहित्यसेवी मिलेंगे जिन्होंने साहित्य की किसी एक विधा की समृद्धि में महत्त्वपूर्ण योग दिया हो अथवा अपने युग की सर्वश्रेष्ठ रचना प्रस्तुत की हो। यदि कोई श्रेष्ठ आलोचक माने गये हों तो दूसरे कोई सर्वश्रेष्ठ अनुसन्धित्सु कहे जा सकते हैं। यह भी सम्भव है कि कोई किसी एक विषय के विशेषज्ञ हैं तो और कोई किसी दूसरे विषय के सर्वश्रेष्ठ विद्वान् हैं। यह गम्भीर प्रश्न है कि आचार्य हजारीप्रसाद द्विवेदी के व्यक्तित्व को किस मानदंड से मापा जाए। रचनाओं की संख्या की दृष्टि से आचार्य द्विवेदीजी को सबसे ऊँचा स्थान नहीं दिया जा सकता। यह भी नहीं कहा जा सकता कि साहित्य की किसी एक विधा की समृद्धि में उनका योगदान सर्वाधिक है। उन्होंने साहित्य का इतिहास लिखा है, निबन्ध लिखे हैं, उपन्यास लिखे हैं, आलोचना के ग्रन्थ रचे हैं। किन्तु इनमें से किसी एक प्रकार की कृति के आधार

पर आचार्य हजारीप्रसाद द्विवेदीजी को सर्वश्रेष्ठ साहित्यकार नहीं कहा जा सकता। वस्तुतः उनकी छोटी-बड़ी सभी कृतियों को एक साथ-साथ रखकर उनका सम्यक् आलोडन, अध्ययन करके यह देखना पड़ेगा कि उनकी विचार-सरणि में ऐसी कौन सी मूलभूत भावधारा है जो अन्तर्धारा के रूप में सब कृतियों में विद्यमान है और जो उनके व्यक्तित्व को महान तथा गरिमामय बनाती है। यह भावधारा बड़ी गहरी, गम्भीर और ऐश्वर्ययुक्त है। इस जीवन्त भावधारा की कुछ रूपरेखा निम्नलिखित पंक्तियों में प्रस्तुत करने की कोशिश की जाएगी।

किसी भी जाति के साहित्य का आदिकाल उसके भावी विकास-वृद्धि की आधार-शिला है। जब तक आदिकाल का सम्यक् अध्ययन प्रस्तुत नहीं हो पाता तब तक परवर्ती साहित्य का सही मूल्यांकन सम्भव नहीं होता। हिन्दी का आदिकाल बहुत दिनों तक अस्पष्ट, उलझा और उसका परिचय अधूरा ही रहा। आचार्य द्विवेदीजी ने अपनी संस्कृत, अपभ्रंश, प्राकृत भाषाओं की विद्वत्ता तथा आधुनिक आलोचना की प्रक्रियाओं से सुलझी हुई अपनी सूक्ष्म विचार-सरणि एवं विवेचन-शक्ति के सहारे हिन्दी के आदिकाल के वास्तविक स्वरूप तथा महत्त्व का परिचय उसकी महती सांस्कृतिक एवं आध्यात्मिक पृष्ठभूमि के परिवेश में प्रस्तुत किया। फलतः समूचे हिन्दी साहित्य के अध्ययन का पथ प्रशस्त हुआ।

आचार्य द्विवेदीजी की सबसे बड़ी देन है उनका साहित्य को काव्यशास्त्र के तंग दायरे से बाहर लाकर उसे जीवन की अभिव्यक्ति का सहज साधन बनाकर, उसका जीवन के साथ सम्बन्ध स्थापित करने का आग्रह और मनुष्य की अन्तर्निहित एकता की प्राप्ति को ही साहित्य का एकमात्र लक्ष्य घोषित करना। उन्होंने बराबर यह स्पष्ट किया है कि साहित्य चेतना व्यक्ति-चेतना का वाहकमात्र न होकर ऐसी समृद्धि है कि वह जीवन को प्रफुल्ल तथा प्रबुद्ध बनाने की प्रेरणा का अजस्र स्रोत है।

आचार्य द्विवेदीजी का जीवन-दर्शन परम्परागत रूढ़ियों तथा विश्वासों की सीमित परिधि से मानव को मुक्त करके आधुनिक वैज्ञानिक युग की नूतन स्थापनाओं के साथ सामंजस्य स्थापित करता है। जहाँ वह स्वस्थ है वहाँ उदार तथा जीवन के सही मूल्यों का पोषक भी है।

आधुनिक साहित्य के भीतर शोध का महत्त्वपूर्ण स्थान है। इस क्षेत्र में हिन्दी साहित्य की प्रगति आशादायक है। आचार्य द्विवेदीजी ने शोध-कार्य को पवित्र ज्ञान का साधन बताकर शोधग्रन्थों को तथ्यों का निर्जीव पुलिन्दा न बनाकर रचनात्मक प्रतिभा का वाहक घोषित किया है।

'कला कला के लिए' मान्यता को अर्थरहित बताकर आचार्य द्विवेदीजी ने

साहित्य का वास्तविक तथा अन्तिम प्रयोजन सारे मानव समाज को सुन्दर तथा भव्य बनाने को साधनमात्र माना है।

आचार्य द्विवेदीजी उच्च अर्थ में एक प्रगतिशील साहित्यकार हैं। उन्होंने किसी भी प्रकार के प्रयोग या मतवाद की निन्दा न करके पूर्ण सहानुभूति के साथ उन सबके भीतर ऐसे तत्त्व को देखने का प्रयास किया है जो किसी समय साहित्य की समृद्धि में सहायक सिद्ध होगा।

हिन्दी भाषा के सहज विकास में आचार्य द्विवेदी का योगदान कुछ कम महत्त्व का नहीं है। उनकी समस्त रचनाओं में बरती गयी भाषा के स्वरूप को देखने से यह बात स्पष्ट हो जाती है कि भावाभिव्यंजना में भाषा एक सहज साधन हो, बाधक न हो, उनके जिन्दादिल स्वभाव की छाया उनकी भाषा में क्या, भावाभिव्यक्ति में क्या, विषय प्रतिपादन-शैली में क्या—सर्वत्र दिखाई देती है, जो भाषा को, साहित्य को, जीवन को मधुर, सरस तथा प्रफुल्ल बनाती है।

आचार्य हजारीप्रसादजी की छोटी-बड़ी समस्त रचनाओं में अन्तर्धारा के रूप में जो तत्त्व दिखाई देते हैं वे उनके महान व्यक्तित्व का परिचय प्रस्तुत करते हैं। ये तत्त्व ही उन्हें हिन्दी साहित्य के भीतर एक महान विभूति के रूप में प्रतिष्ठित करते हैं। ये ऐसे तत्त्व हैं जिनसे हिन्दी भाषा तथा साहित्य का गौरव निरन्तर बढ़ता ही जाएगा।

> *जिस भाषा का अर्थ समझ में नहीं आया उसका अर्थ है ही नहीं यह कैसे कहा जा सकता है। यह आकाश-भरा तारक मंडल, उल्लास मुखर चंचल पवन, उद्धूम अग्निशिखा से तुलना करनेवाला सन्ध्याकालीन गिरि कुहर सबका अर्थ होना चाहिए। समझ में नहीं आ रहा है, कितना समझ पाया हूँ? इस विपुल ब्रह्मांड में जो कोलाहल सुनाई दे रहा है वह क्या निरर्थक है? वह जो जय-पराजय की विलक्षण महत्त्वाकांक्षा है, वह क्या ऊपर-ऊपर से जैसा सुनाई दे रहा है, वैसा ही है? नहीं, गहराई में कुछ और होना चाहिए।''*

—चारुचन्द्रलेख

आचार्य हजारीप्रसाद द्विवेदी का लोकवार्तिक दृष्टिकोण

श्याम तिवारी

किसी साहित्य-समीक्षक के लोकतात्त्विक दृष्टिकोण का तात्पर्य उन व्युत्पत्तियों तथा निष्कर्षों से है जो लोकवार्ता के अध्ययन से निःसृत हुए हों। लोकवार्ताशास्त्र का मनन-चिन्तन अपने-आपमें एक अलग विषय है जो पुराकथाशास्त्र से लेकर सांस्कृतिक नृतत्त्वशास्त्र की उन सभी शाखाओं-प्रशाखाओं से सम्बद्ध है जिनमें किसी जाति की मौखिक, अशास्त्रीय आदिम और परम्परागत कृतियों, चलनों, अन्धविश्वासों, क्रियाकलापों और मनोवृत्तियों का अध्ययन होता है। इन सब के धारावाहिक अध्ययन और उसके परिणामों तथा सिद्धान्तों के आधार पर किसी साहित्य विशेष की समीक्षा एवं व्याख्या की रीति ही समीक्षक अथवा साहित्य-अध्येता का लोकवार्तिक दृष्टिकोण है।

किन्तु इसका यह अर्थ नहीं है कि समीक्षक अथवा व्याख्याता लोकवार्ता विज्ञान-विषयक अध्ययन तथा खोज को साहित्येतर मानकर उसके परिणामों और निष्कर्षों को नकारता है। हिन्दी साहित्य के अध्येताओं ने तो इसके विपरीत लोक साहित्य और अभिजात अथवा श्रेष्ठ साहित्य में धारावाहिक समानता और विषय-बिम्ब-प्रतिबिम्ब-भाव देखने के बजाय दोनों को जैसे प्रतिगामी मान लिया है। वे इन दोनों धाराओं में एकता का दर्शन नहीं कर पाते और एक सीमा तक इन्हें अध्ययन के भिन्न क्षेत्र के अन्तर्गत रखते हैं। इसीलिए हिन्दी लोक साहित्य और हिन्दी साहित्य के अध्ययन के बीच एक विचित्र अलगाव दिखाई पड़ता है। इसमें अभिजातवादियों के उस असन्तुलित मनोविज्ञान का कम योग नहीं समझना चाहिए जिसके चलते साहित्य में अस्पृश्यतावाद या कछुवावृत्ति को बढ़ावा मिलता है।

हिन्दी साहित्य के अध्येताओं में आचार्य द्विवेदी ही एक ऐसे साहित्य मनीषी दिखाई पड़ते हैं जिन्होंने सर्वप्रथम इस टूटन की ओर ध्यान दिया और लोकवार्ता को साहित्य विशेष के अध्ययन-विवेचन में आवश्यक मान उसे अध्ययन की उस परम्परा से जोड़ दिया जिसे कतिपय यूरोपीय पंडितों ने भारतीय साहित्य, विशेषकर

पुराकथा, आख्यायिका और कथा के अन्य अनेक रूपों के अध्ययन-मनन द्वारा स्थापित किया था। इसका अर्थ यह है कि साहित्य के अध्ययन की पद्धति विशेष, चाहे वैदिक या लौकिक संस्कृत हो, चाहे प्राकृत, पालि, अपभ्रंश या हिन्दी और उसकी बोलियों का साहित्य हो, अपनी धारावाहिकता में ही नित्य नूतन खोजों तथा सिद्धान्तों से जुड़कर पूर्ण विकसित होती है। किन्तु खेद के साथ स्वीकार करना पड़ता है कि मैक्समूलर, बेनेफी, पेंजर, लैंग, टॉनी, ब्लूमफिल्ड, क्रुक आदि विदेशी पंडितों की भारतीय साहित्यालोचन पद्धति, उनके अध्ययन की दिशा को जहाँ-का-तहाँ छोड़ दिया है। असल में हिन्दी साहित्य के अध्येताओं और समीक्षकों ने साहित्यशास्त्रीय मानदंडों से साहित्य की नाकेबन्दी कर अध्ययन को रूढ़िग्रस्त कर दिया है, उन्हें पूर्ववर्ती साहित्य-समीक्षकों और अध्येताओं के उन मानदंडों तथा पद्धतियों से कोई प्रयोजन या लगाव ही नहीं है जो साहित्य को अन्य मानवतावादी शास्त्रों और उनके निष्कर्षों से जोड़ती हैं, उनका तुलनात्मक अध्ययन, प्रस्तुत करती हैं और समीक्षा व्याख्या को शास्त्र की जकड़बन्दी से मुक्त करती हैं। आचार्य द्विवेदी ने इस विसंगति, अलगाव और जड़त्व का अनुभव कर, अपनी खोजी प्रवृत्ति तथा अतीत अध्ययन की आवश्यकता के अनुरूप, हिन्दी साहित्य के अध्ययन-चिन्तन में लोकतात्त्विक किंवा लोकवार्तिक दृष्टिकोण की पहल की है।

द्विवेदीजी मानवतावादी समीक्षक कहे जाते हैं, किन्तु उनका यह दृष्टिकोण (ह्यूमैनिटेरियन आउटलुक) पिछले ओरियंटलिस्टों जैसा भावात्मक तथा एकांगी नहीं है। शास्त्रगत लक्षणों के सहारे साहित्य की शल्यचिकित्सा करने तथा लक्षण उदाहरण खोजने का काम उन्होंने बहुत कम किया है। शल्य-चिकित्सा इसलिए कि हिन्दी आलोचकों का एक प्रतिष्ठित वर्ग बीते युग और मृतसाहित्य को ही अध्ययन का उचित और गौरवपूर्ण क्षेत्र मानता आया है। उसमें अध्यापनवृत्ति मात्र ही उनकी विवशता नहीं है वरन् वह अवसर भी है जिसके द्वारा वे साहित्यशास्त्रीय ज्ञान का निगूढ़ परिचय देते हैं। द्विवेदीजी भी अतीत के उदारवादी चिन्तक हैं, किन्तु उनकी शव-साधना का प्रयोजन उसे इस रूप में सिद्ध कर लेना है ताकि अन्धकाराच्छन्न अतीत का रहस्यभेदन हो सके। यह रहस्यभेदन उन अर्थों में नहीं समझना चाहिए जिसकी अतिरंजना के कारण गैडोज ने मैक्समूलर पर कटाक्ष करते हुए लिखा था, "मैक्समूलर वाज ए मिथ हिमसेल्फ।"

डॉ. द्विवेदी के लोकवार्तिक दृष्टिकोण के पीछे अनुसन्धित्सु की जिज्ञासा का वेग दिखाई पड़ता है। उन्होंने शास्त्र के आप्त-दर्शन से पिंड छुड़ाकर अपने स्वतन्त्रचिन्तन और अध्ययन द्वारा हिन्दी साहित्य को प्राचीन साहित्य की रूढ़ियों और परम्पराओं के क्रम में परखने का प्रयास किया। उन्होंने एक विकासवादी की भाँति उन मूल अभिप्रायों, उपादानों और रूढ़ि-तत्त्वों को आलोच्य साहित्य के

सन्दर्भ प्रसंग में देखने-परखने की चेष्टा की जिनकी निरन्तर उपस्थिति उसे पूर्ववर्ती साहित्य-सम्पदा तथा परम्परा से जोड़ती है। अत: यह उनकी अनिवार्य आवश्यकता थी कि वे साहित्य के विवेचन-अध्ययन में उन प्रभावों और परिणामों का रेखांकन करें जो साहित्य इतिहास की परम्परा और प्रयोग के उपादानस्वरूप उसमें व्यक्त होते आये हैं। आपने अपनी 'हिन्दी-साहित्य की भूमिका' में दो भिन्न श्रेणी के संस्कारवाले आर्यों की दो भिन्न भाषाओं से विजड़ित सिद्धान्त को चुनौती दी। यह आपके ऐतिहासिक-लोकवार्तिक दृष्टिकोण का आग्रह था जिसके आधार पर आपने हिन्दी-साहित्य की भूमिका बनानेवाली दो भिन्न प्रवृत्तियों की काव्यधाराओं में लोकभूमि पर आधृत काव्यपरिपाटी की ओर संकेत किया और उदाहरणस्वरूप प्राकृत में लिखित हाल की 'गाहा सतसई' तथा अपभ्रंश की नीति-शृंगारवाली रचनाओं का उल्लेख किया। आगे अपभ्रंश और हिन्दी दोनों की साहित्यधाराओं में दो भिन्न जातियों की विविध प्रवृत्तियों के संयोग को शुभ माना। इन धाराओं में जिनका मूल उद्‌गम 'लोक' था और अपभ्रंश-साहित्य में जिसके आगमन से 'ऐहिकतामूलक शृंगारीकाव्य' तथा 'लोक प्रचलित कथानक' का विकास हुआ था; पूर्वी अपभ्रंश की 'साधनामूलक काव्यधारा' से मिलकर हिन्दी जन साहित्य की गंगा-जमुनी साहित्यधारा के रूप में परिवर्तित हो गया था। लोक की ताजी अनुभूतियों से मंडित इस स्वच्छन्द काव्यधारा के साथ दूसरी धारा की काव्य-प्रवृत्तियों के मेल ने हिन्दी के पूर्वमध्यकालीन साहित्य को वास्तविक जनसाहित्य के रूप में उकसाया। आचार्य द्विवेदी का मत है कि 'इस संयोग से हिन्दी के जिस जनसाहित्य का उद्‌भव हुआ, उसके जोड़ का साहित्य सम्पूर्ण भारतीय इतिहास में दुर्लभ है।'

हिन्दी जनसाहित्य को भारतीय साहित्य में बेजोड़ बना देनेवाली लोक-प्रवृत्ति के उपर्युक्त सहयोग-सम्बन्ध और सन्दर्भ का संकेत करने के अतिरिक्त आचार्य द्विवेदी ने उसकी समीक्षा तथा व्याख्या के लिए लोकवार्ता तत्त्वों के आकलन और परिशीलन पर कुछ सीमा तक पर्याप्त बल दिया है। सच तो यह है कि आपने साहित्य के इतिहास, अध्ययन, समीक्षा, व्याख्या आदि सभी में लोकवृत्तियों, तत्त्वों और लोकवार्तिक् मानदंडों को अपेक्षित वरीयता प्रदान की है। उदाहरणस्वरूप आदिकालीन चरितकाव्यों, भक्तिकालीन सन्त-भक्ति कथा-प्रबन्धों तथा गीतों और गृहस्थी के रस से परिपूर्ण रीतिकाव्यों एवं लोकचित्रों, उद्भावनाओं, अनुभूतियों, मांसल वर्णनों आदि की उनकी अनुशीलन-पद्धति तथा विचारकोण उपस्थित किए जा सकते हैं। अध्ययन-विवेचन की यह रीति जैसाकि स्पष्ट किया जा चुका है, आपने भारतीय साहित्य के पाश्चात्य पंडितों से ग्रहण की है। आदिकालीन चरितकाव्यों की अनुशीलन पद्धति वही है जो भारतीय साहित्य,

इतिहास, धर्म, जाति समय, आदि के खोजी यूरोपीय-भारतीय अध्येताओं ने प्रतिष्ठित की थी। हर्षचरित, राजतरंगिणी, पृथ्वीराजरासो, पुरातन प्रबन्ध संग्रह, प्रबन्धचिन्तामणि, भोजप्रबन्ध आदि प्रशस्तिमूलक प्रच्छन्न ऐतिहासिक काव्यों, जातककथा, कथासरित्सागर, पंचतन्त्र, कथाकोश आदि भारतीय कथा आख्यायिका ग्रन्थों, पुराकथा और पुराणों, लोककथा, विद्या, वार्ता आदि नृतत्त्व-समाजशास्त्रीय तथ्य-संकलनों के संग्रह और विवाद-क्रम में अध्ययन की जो पीठिका प्रस्तुत हुई थी, द्विवेदीजी ने हिन्दी साहित्य के अनुशीलन में उसका उपयोग किया।

कथानक रूढ़ियों को ही लें, आपने हिन्दी के प्रचलित अध्ययन में उसे प्रवर्तित किया। अब तो कथा-प्रबन्धों में इसका अध्ययन विशेष लोकप्रिय हो चला है, किन्तु यह निर्विवाद सत्य है कि हिन्दी प्रबन्धों के अनुशीलन में कथानक रूढ़ियों के अन्वेषण की परिपाटी द्विवेदीजी ने ही चलायी। कथा-साहित्य के तुलनात्मक अध्ययन-क्रम में विंटरनित्ज, ब्लूमफील्ड, पेंजर आदि विद्वानों ने लोकवार्ताशास्त्र के अनुशीलन को वैज्ञानिक बनाने, उसे सुश्रृंखलित करने और विश्वस्त आधारों पर कथाओं के प्रभाव एवं प्रसार को स्पष्ट करने के लिए कथानक रूढ़ियों तथा अभिप्रायों की खोज पद्धति चलायी थी। हिन्दी के अभिजात साहित्य में इसके उपयोग का शुभारम्भ करते हुए द्विवेदीजी ने 'हिन्दी साहित्य का आदिकाल' (पृ. 74) में ऐतिहासिक चरितकाव्यों की कथानक रूढ़ियों का आवश्यक संकेत किया है। यही नहीं, वे चिडनिक बन्धुओं के इस दावे से सहमत प्रतीत होते हैं कि प्राचीन क्या 'आधुनिक साहित्य के जटिलतम कथावस्तु वाले उपन्यासों के सभी तत्त्व' भी परम्परा प्राप्त लोकसाहित्य में ढूँढ़े जा सकते हैं। अर्थ यह हुआ कि कथानक के परम्परागत विचार, अभिप्राय और क्रिया का यान्त्रिक ढंग पर प्रयोग होता रहा है, भारतीय कथाधारा के विकास में इनका बड़ा महत्त्व है और हिन्दी-प्रबन्धों के लिए भी यह उतनी ही उपादेय पद्धति है जितनी पूर्ववर्तिनी साहित्यिक भाषाओं के कथाप्रबन्धों के लिए। साहित्य की सनातनधारा, परम्परा और प्रयोग की दिशा और रचनाविधान की गति का वास्तविक अनुमान इन्हीं रूढ़ियों के लक्षण तथा साक्ष्य पर किया जा सकता है। भारतीय लोककथा रूढ़ियों के सन्दर्भ में हिन्दी कथा प्रबन्धों के अध्ययन में इनका अशेष महत्त्व है।

इस महत्त्व को दृष्टि में रखते हुए द्विवेदीजी ने मुख्य कथा-प्रबन्धों और चरितकाव्यों—कीर्तिलता, पृथ्वीराजरासो, रामचरितमानस, पद्मावत आदि के लोकवार्तातत्त्वों एवं कथानक रूढ़ियों का अध्ययन किया है और उसके लिए उत्साही अनुसन्धित्सुओं को प्रेरित भी किया है। डॉ. व्रजविलासकृत 'पृथ्वीराजरासो में कथानक रूढ़ियाँ' तथा 'मध्यकालीन सूफी प्रबन्धों में लोकतत्त्व', पंजाबी लोककथाओं की कथानक रूढ़ियों का अध्ययन उनकी ही सत्प्रेरणा के निदर्शन हैं।

इन कृतियों की गणना हिन्दी साहित्य को कथानक रूढ़ियों की दृष्टि से देखने के प्रारम्भिक प्रयासों मे की जा सकती है। इसी से प्रेरित होकर भोजपुरी, अवधी और राजस्थानी कथाओं की कथानक रूढ़ियों पर अच्छा काम हुआ और हो रहा है।

मैक्समूलर ने अपने 'माइथालॉजी एंड फोकलोर्स' में पूर्व-पश्चिम की पुराकथाओं के तुलनात्मक अध्ययन के लिए भाषा का सहारा लिया है और यह सिद्ध करने का प्रयास किया है कि 'पुराकालीन भाषा का प्रतिबिम्ब पुराकालीन कविता में परिलक्षित होता है।' उन्होंने विशिष्ट वर्ग के शब्दों द्वारा दो भिन्न देशीय पुराकथाओं के प्रतीकों और रूप को सम्बद्ध तथ्यों का वैज्ञानिक हल प्रस्तुत करते हुए, काल और देश के भिन्न सन्दर्भों में प्रयुक्त एक ही शब्द के अर्थ विकास का विवरण दिया है और बताया है कि पुराण प्रसिद्ध पुरुरवा-उर्वशी की प्रेमकथा किस प्रकार सौर कथा से विकसित होकर समकालीन पश्चिमी तथा परवर्ती भारतीय कथासाहित्य में नूतन रूप-रंग लेकर उपस्थित हुई जिनका उपयोग आगे चलकर धर्म और दर्शन दोनों क्षेत्रों में हुआ। उनका यह भी कहना है कि सौरकथाएँ आदिम जड़जीववाद का परिणाम थीं जिसके रहस्य की कसौटी उसकी भाषा में है। आचार्य द्विवेदी भी इसी कसौटी की अनुसार नाथ-सिद्ध तथा सन्त-साहित्य में प्रचलित कुछ शब्द-प्रतीकों की व्याख्या-द्वारा उस युग का रहस्योद्घाटन करते हैं। इस क्षेत्र में आपके लोकतात्त्विक संकेत के लिए 'जोगीड़ा' और 'कबीर' सम्बन्धी वक्तव्य का उल्लेख किया जा सकता है जो पर्याप्त विचारोत्तेजक सिद्ध हुआ है। 'हिन्दी साहित्य की भूमिका' के 'योगमार्ग और सन्तमत' अध्याय में आपने योगियों और निर्गुण मतवादी में 'होड़' और 'करामाती दाँव-पेंचों की कहानी' की चर्चा करते हुए लिखा है : "युक्त प्रान्त और बिहार में होली के अवसर पर जो अश्लील और अश्रव्य गान गाये जाते हैं उन्हें 'जोगीड़ा' कहते हैं। जोगीड़ा गा लेने के बाद लोग कबीर गाते हैं जो और भी भयंकर होते हैं। क्या इन जोगीड़ों और कबीरों के साथ योगियों और कबीरपन्थियों की किसी प्राचीन प्रतिद्वन्द्विता की स्मृति जुड़ी हुई है या ये अश्लील गान भी उलटबाँसियों की भाँति किसी युग में किसी अप्रस्तुत अन्तर्निहित सत्य की ओर इशारा करनेवाले माने जाते थे।"

'कबीर' और 'जोगीड़ा' इन दो लोकप्रचलित शब्दों और उनके व्यवहार के आधार पर आपने योगियों और निर्गुनियों की प्रतिद्वन्द्विता का जो संकेत दिया है वह निश्चय की लोकवार्तातत्त्व तथा शब्दार्थ विशेष की व्याप्ति का अनुसन्धेय प्रकरण है। न जाने ऐसे कितने शब्द अनुसन्धान की प्रतीक्षा में विमूर्च्छित पड़े हैं। तुलनात्मक पुराकथाशास्त्र के अध्येताओं ने तुलनात्मक भाषा-विज्ञान पद्धति द्वारा ऐसे ही शब्दों से उनके अर्थ-विकास का इतिहास ज्ञात किया और साथ ही, पुराकालीन इतिहास के कुछ पहलुओं पर विश्वसनीय अनुगान प्रस्तुत किया था।

द्विवेदीजी के 'जोगीड़ा' और 'कबीर' सम्बन्धी अनुमानों से उत्तेजित होकर इधर कई लेख लिखे गये हैं, किन्तु वे किसी तथ्य पर नहीं पहुँच सके हैं। मेरा अनुमान है कि दो विचारधारा में प्रतिद्वन्द्विता के ऐसे बीज लोकप्रचलित पहेली प्रतियोगिता तथा मराठी-गुजराती लावणी और टप्पा में ढूँढे जा सकते हैं। जोगीड़ा और कबीर जैसे अश्लील पद्यों से भोपाल के 'कवीता', छत्तीसगढ़ के 'डिड़वा', छिन्दवाड़ा के 'विहंडा' की तुलना की जा सकती है। वैसे, मुकामा तक इसका विस्तार खोजा जा सकता है पर विचारणीय है कि 'जोगीड़ा' सरयू या घाघरा के तटवर्ती प्रदेशों तक ही सीमित है। गोंडा, बस्ती, फैजाबाद, आजमगढ़, बलिया, देवरिया और इनमें सटे कतिपय जिलों में ही इसका विशेष प्रचलन है। बस्ती में चैतरामनवमी के अवसर पर जितने मेले लगते हैं, उनमें अश्लील गानों और उक्तियों से भरपूर जोगीड़ा नृत्य की धूमधाम देखी जा सकती है। शृंगी, ऋषि, पंडूरघाट, लालगंज के मेलों में आज से पचीस वर्ष पूर्व सैकड़ों डेरे जोगीड़ा नृत्यों का दंगल आयोजित होता था जिनकी तैयारी और पूर्वाभ्यास महीनों पहले से चला करता था। आज भी केवल पंडूरघाट के मेले में जोगीड़ा नाच के सौ से अधिक डेरे हुड़दंग मचाते और अश्लील पद्यों का कथोपकथन या उत्तर-प्रत्युत्तर करते देखे जा सकते हैं। जोगीड़े के नाम में प्रयुक्त कुछ शब्दावलियाँ और रूढ़ियाँ उल्लेखनीय हैं।

बस्ती-गोरखपुर जिले के ग्रामीण अलमस्त छैले जोगीड़ा नृत्य का आयोजन तथा प्रबन्ध करते हैं। इसके प्रदर्शन के समय जो नर्तक नियोजित होता है, उसे 'जोगिनी' कहते हैं। मंडलाकार खड़े दर्शक के मय दो दलों के बीच जो पद्य प्रतियोगिता चलती है उसे 'पता' बोलना (परिचय अथवा भूमिका?) कहते हैं। दो दलों के लोग एक दूसरे को 'हे नाथजी' का सम्बोधन कर बारी-बारी से पता बोलते हैं। ये पते रति-विषयक अश्लील क्रियाओं और सम्बन्धों पर आरोपित पद्यात्मक उक्तियाँ हैं जो इतने नग्न, फूहड़ और अनैतिक होते हैं कि परिष्कृत रुचि के दर्शक को उनमें कुछ भी आनन्द नहीं आएगा, किन्तु गाली-भरे 'पतों' की नोक-झोंक, दर्शकों के बेतरतीब भब्भड़ में विचित्र आकर्षण उत्पन्न करती है। जिन प्रदेशों में इनका विशेष प्रचलन है, वे अधिकांशत: निर्गुनिया सन्तों और गोरखपन्थी नाथों के विशेष प्रभाव-क्षेत्र रहे हैं। अत: कबीर के सन्दर्भ में द्विवेदीजी के अनुमान के पीछे अतीत-सत्य की कौंध ये आधार विश्वसनीय प्रतीत होते हैं।

लोकवार्ता तत्त्वों से निर्मित दृष्टिकोण तथा मानदंड को हिन्दी साहित्य के अध्ययन में एक देन के रूप में महत्त्व प्रदान करनेवाले डॉ. द्विवेदी के ऐतिहासिक प्रयास को आगे बढ़ाने के लिए लोकवार्ता तत्त्वों के सुश्रृंखलित अध्ययन एवं आकलन का कार्य अत्यन्त आवश्यक है। भारतीय लोक साहित्य के संग्रह का कार्य

पिछली शताब्दी के अन्तिम चतुर्थांश से चलकर बीसवीं शताब्दी में विशेष लोकप्रिय हुआ। अब तक प्राय: सभी अंचलों और जातियों का लोक साहित्य अपर्याप्त ही सही, संकलित हो चुका है। परन्तु संग्रहकर्ताओं ने अपना ध्यान प्राय: संग्रह की ही ओर केन्द्रित किया है। इधर बंगाल, महाराष्ट्र, गुजरात, राजस्थान के लोक साहित्य संस्थान और फोकलोर सोसायटियाँ इस दिशा में अच्छा कार्य कर रही हैं। लोकसाहित्य एवं लोकवार्ता के अध्येताओं—डॉ. सेन, डॉ. सत्येन्द्र, डॉ. श्याम परमार, डॉ. कृष्णदेव उपाध्याय, डॉ. मनोहर शर्मा, डॉ. सहल, चक्रधर महापात्र, डॉ. इन्द्रदेव, दुर्गा भागवत आदि ने इस क्षेत्र में उल्लेखनीय प्रयास किया है। डॉ. द्विवेदी से प्रेरणा प्राप्त कर इन पंक्तियों के लेखक ने आज से बारह वर्ष पूर्व 'उत्तरभारतीय लोकवार्ता कोश' निर्माण के लिए दुस्साहसपूर्ण चरण बढ़ाए, अनेक बाधाओं के बावजूद अब उस योजना का तृतीयांश कार्य शेष रह गया है। लेकिन कुल मिलाकर स्टिथ टॉमसन-कृत 'मोटिफ इंडेक्स' और मेरियालीच-सम्पादित 'डिक्शनरी ऑव फोकलोर' जैसा कार्य यहाँ नहीं हो पाया है। आशा है कुछ वर्षों में भारतीय लोकवार्ता सम्बन्धी प्रामाणिक कृतियों के प्रस्तुत हो जाने पर आधुनिक-पूर्व हिन्दी साहित्य की अनेक गुत्थियों को सुलझाने के लिए ठोस भूमि प्राप्त हो जाएगी।

द्विवेदी-साहित्य : पाठकीय प्रतिक्रियाएँ

श्यामनन्दन किशोर

सिद्ध आलोचक शुद्ध पाठक होते हैं। किसी साहित्यकार की कृतियों का सौभाग्य यह नहीं है कि उनकी कितनी समीक्षाएँ प्रकाशित हुईं, उन पर कितने साहित्यक परिसंवादों की योजना की गयी अथवा उन पर कितनी मूल्यांकनमालाएँ प्रकाशित हुईं। मेरी समझ में वह साहित्यकार बड़ा भाग्यवान है जिसकी रचनाओं को सहज पाठक मिले हों। सहज पाठक, अर्थात् वह व्यक्ति जो किसी पूर्वग्रह से मुक्त हो, पुस्तक पढ़ने के पूर्व ही आलोचना आनन्दात्मक अनुभूति से भरने को पढ़ने बैठा, कहिए, लेटा हो! आज तो अधिकांश आलोचक परीक्षणप्रणाली से पढ़ते-लिखते हैं। जैसे किसी विश्वविद्यालय की उत्तर-पुस्तिकाओं को जाँचने के लिए अंक-पत्रक पहले से ही सँभाले रखे होते हैं और समय-सीमा का ध्यान रहता है, वैसे ही वे आलोचक भी एक परीक्षक हैं, पर उसकी मर्यादा का निर्वाह डाक का मुँहताज नहीं हो सकता। उसका विशुद्ध मूल्यांकन उसकी वे सहज प्रतिक्रियाएँ हैं, जो अध्ययन में क्रम में अनायास प्रकट होती हैं। स्वाध्याय से प्राप्त ये अनमोल अनुभूतियाँ ही किसी पुस्तक की वास्तविक देने हैं। आलोचना के क्षेत्र में व्यावहारिक कठिनाई यह है कि आलोचक को केवल आनन्द लेकर रह जाना अभीष्ट नहीं होता, उसके कवि की भाँति अपने अनुभूत भावों को संक्रमित करना पड़ता है। जहाँ कवि सहज निःसृत शब्दावलियों में अपने को अभिव्यक्त करता है, वहाँ आलोचक को पाठकों को समझाने के लिए एक शिक्षक की वृत्ति अपनानी पड़ती है। अपने विचारों को तर्क से पुष्ट करना पड़ता है। उसकी पद्धति वैज्ञानिक हो जाती है। उसमें वह स्वाभाविकता नहीं रह जाती, जो कविता में मिलती है।

...लेकिन हिन्दी में एक ऐसे आलोचक का जन्म हुआ है, जिसकी रचनाओं में आलोचना की विश्लेषणात्मकता, गुण-दोष निरूपणशक्ति आदि सभी विशेषताओं के होते हुए भी एक अपूर्व सहजता है। वह आलोचक है, लेकिन उसकी कृतियों में दुरूहता, तर्क-जाल, वैज्ञानिक, शब्दावलियों का बोझ या

मानसिक व्यायाम के लिए कोई स्थान नहीं है। उसमें सम्पूर्ण भारतीय साहित्य का पांडित्य है, लेकिन उस पंडिताई का प्रदर्शन कहीं नहीं है। पंडिताई में बुद्धि की अजीर्णता नहीं है। लगता है जैसे विभिन्न पुष्पों के पराग मधु बन गये हों! विभिन्न नदियों की धाराएँ जैसे संगम बन गयी हों! सात सुरों का समन्वय जैसे संगीत बन गया हो! ऐसे तत्त्वदर्शी आलोचक हैं—राष्ट्रभाषा के गौरव, विद्यावारिधि पद्मभूषण डॉ. हजारीप्रसाद द्विवेदी! भूल हो गयी, इतने सहज साहित्यकार का इतना बड़ा नाम क्यों?—कहिए, आचार्य द्विवेदी, नहीं मात्र द्विवेदीजी! द्विवेदीजी आलोचक हैं, क्योंकि वे किसी वस्तु को देखने या समझने के लिए सम्यक् दृष्टि प्रदान करते हैं। ऐसी दृष्टि जो कवि की होती है—आर-पार बेधनेवाली! तथ्यपरक इतिहास हो, भावपरक निबन्ध हो या घटनापरक उपन्यास—सर्वत्र द्विवेदीजी की अनुभूतिप्रवणता दृष्टिगोचर होती है। 'हिन्दी साहित्य की भूमिका' में भूमिका की लपेट में हिन्दी के अतिरिक्त हमें कई भारतीय भाषाओं और संस्कृतियों की सर्वथा मौलिक व्याख्या और स्थापना देखने को मिलती है। गूढ़ विषयों का प्रतिपादन सर्वत्र एक प्रसन्न शैली में हुआ है। 'नाथ-सम्प्रदाय' और 'आदि काल' की ऐतिहासिक दृष्टि साहित्य के अन्धकार में खोयी-टूटी पड़ी अनेक शृंखलाओं को जोड़नेवाली है। द्विवेदीजी की खोज ने हिन्दी साहित्य को कुछ और बुजुर्ग बना दिया है। 'हिन्दी साहित्य का उद्भव और विकास' परम्परागत रूप से लिखे गये साहित्यिक इतिहासों से भिन्न है। न इसमें उद्धरणों की चकाचौंध मिलती है, न व्यर्थ की घटनाओं के विस्तार के क्रम में सामाजिक-राजनीतिक इतिहासों की बैशाखी परम्परा और विकास की पृष्ठभूमि में साहित्यिक गतिविधि का मूल्यांकन किया गया है।

'सूर-साहित्य' और 'कबीर' में जिन दो महाकवियों का अध्ययन प्रस्तुत किया गया है, उनमें भी द्विवेदीजी के साहित्यिक व्यक्तित्व का निराला रूप मिलता है। इन दोनों ग्रन्थों के उप-शीर्षक ही इस बात के प्रमाण हैं कि लेखक की आलेचना दृष्टि कितनी नवोन्मेषिणी है। कितने ही अछूते प्रसंग पूरी सज-धज के साथ उपस्थित हुए हैं, उनकी गवेषणात्मक और समीक्षात्मक दृष्टिकोणों का अद्भुत समन्वय इन दोनों कृतियों में हुआ है। पौरस्त्य विचारधाराओं की कितनी ही भूली-बिखरी, फूटी-टूटी हुई भाव-मुक्ताओं को संयोजित कर द्विवेदीजी ने साहित्य का बड़ा उपकार किया है।

द्विवेदीजी की कल्पनादृष्टि बड़ी तीव्र है। उनका 'अनुमान' इतना प्रबल होता है कि वह पाठकों को सबकुछ 'प्रत्यक्ष' करा देता है। कल्पनाएँ इन्द्रधनुषी ताने-बाने बुनकर भाग खड़ी नहीं होती, जम जाती हैं। कल्पनाएँ घटनाओं का निर्माण कर अन्त:सलिला हो जाती हैं। द्विवेदीजी की कल्पना-शक्ति में दृष्टि संवेदना तीव्र कर देने की ऐसी शक्ति है कि कल्पना कल्पना न रहकर यथार्थ प्रतीत होती है।

इतिहास और पुराण के कितने ही टूटे प्रसंगों को इन्होंने जोड़कर एकरूप कर दिया है। 'बाणभट्ट की आत्मकथा' हो या 'चारुचन्द्रलेख', उनमें जो कुछ है द्विवेदीजी का अपना है। ऐसा लगता है कि सभी चरित्र असली हैं—वे जो कुछ शताब्दी पूर्व इसी रूप में धरा-धाम में विचरते रहे हों! लेकिन यथार्थ यह है कि उनमें से अधिकांश चरित्रों का रूप-निर्माण मुख्यत: द्विवेदीजी की कल्पना-शक्ति की देन है। बाणभट्ट की कथा के साथ भैरव-भैरवी, महामाया, जटिल वटु, सुचरिता आदि के प्रसंग बड़े संयत हैं। इनकी दोनों ही कृतियों में काल-क्रम का निर्वाह बड़ी निपुणता से हुआ है। तत्कालीन सामाजिक, राजनीतिक और सांस्कृतिक परिवेशों का स्वाभाविक चित्रण हुआ है।

एक तो द्विवेदीजी प्रख्यात आलोचक, इतिहासकार, गवेषक और उपन्यासकार हैं, पर उनका सर्वश्रेष्ठ रूप है उनका निबन्धकार, ललित निबन्धकार। साहित्यकार अपने को अभिव्यक्त करने के लिए विविध माध्यम ढूँढ़ता है। रवीन्द्रनाथ ने भी लेख लिखे, कहानियाँ लिखीं, उपन्यास लिखे और चित्रकारी तक की, पर जैसे उन सभी रचनाओं के भीतर उनका कवि-रूप प्रमुख रहा, उसी प्रकार द्विवेदीजी की समग्र साहित्यिक विधाओं के बीच उनका ललित निबन्धकार प्रमुख है। सच पूछिए तो 'बाणभट्ट की आत्मकथा' और 'चारुचन्द्रलेख' भी उनके निबन्ध ही हैं, एक निबन्धकार के सभी गुण इन दोनों ग्रन्थों में विद्यमान हैं। कल्पलता, अशोक के फूल, कुटज जैसे संग्रह में विचारों की उन्मुक्तता, विषय-वस्तु की नगण्यता और कल्पना की प्रमुखता, एक विषय को माध्यम मानकर उड़ान भरते हुए जीवन और जगत् की अनेक वस्तुओं की लपेट, भावुकता, जीवन में गहरे पैठने का परिचय आदि—जो अनेक गुण मिलते हैं, वे इन दोनों कथा-साहित्यों में प्रचुर मात्रा में हैं। एक कथाकार को घटनाओं की जैसी और जितनी चिन्ता रहती है, वैसी कुछ बात इन दोनों ग्रन्थों में नहीं दिखती। द्विवेदीजी के उन निबन्धों में भी, जिन्हें सांस्कृतिक, आलोचनात्मक, ऐतिहासिक, सामाजिक, या अन्य नामों से पुकारा जाता है, इन गुणों का विकास अल्पाधिक मात्रा में दीखता है। 'सभ्यता और संस्कृति', 'संस्कृति और साहित्य', 'भारतीय संस्कृति की देन', 'सूफी-साधना', 'शव-साधना', 'रवीन्द्रनाथ का राष्ट्रीयगान', 'हमारी राष्ट्रीय शिक्षा-प्रणाली', 'भारतीय फलित ज्योतिष' आदि किसी भी रचना को पढ़कर देखा जा सकता है कि उनमें सर्वत्र 'हजारीप्रसादत्व' वर्तमान है, द्विवेदीजी का अपना व्यक्तित्व सर्वत्र मुखर है, कहीं विषय का नीरस प्रतिपादन पढ़ने को नहीं मिला।

वेद, पुराण और शास्त्र के निष्णात पंडित होकर भी द्विवेदीजी कोरे पंडिताऊपन से उत्पन्न विडम्बनाओं और दोषों पर करारी चोट करनेवाले हैं। उनका विद्रोही रूप उन्हीं शब्दों में—'मेरी भावुकता को जबरदस्त धक्का लगा। मेरा

विद्रोही पांडित्य तिलमिलाकर रह गया।' संगीत लगाने की पंडिताई पर व्यंग्य करते हुए द्विवेदीजी लिखते हैं—"संगीत लगाने का यह रूप मुझे हतदर्प भारतीय धर्म की सबसे बड़ी कमजोरी जान पड़ी है। मैं ठीक समझ नहीं सका कि शास्त्रीय वचनों के इन विशाल पर्वतों को खोदकर ये चुहिये क्यों निकाली जा रही हैं।" इसी तरह वे शास्त्रीयता की मीमांसा करते हुए कहते हैं—"साधारण मुनष्य के लिए यह समझना बड़ा कठिन है कि कब पंडित का शास्त्र उसकी बुद्धि को दबा लेता है और कब उसकी बुद्धि शास्त्र को।" अशोक के फूल का विवेचन करते हुए पंडिताई के बाह्याडम्बर पर कैसी अच्छी सूझ दी है—"पंडिताई भी एक बोझ है। जितनी ही भारी होती है उतनी ही तेजी से डुबाती है। जब वह जीवन का अंश बन जाती है तो सहज हो जाती है।"

बीसवीं शताब्दी का हिन्दी साहित्य उपेक्षित और अनादृत मानवता को नयी आशा और प्रतिष्ठा से भर देने का प्रयासी है। इस काल में समाज के कितने ही नव मूल्यों को प्रतिष्ठित किया गया। डॉ. हजारीप्रसाद द्विवेदी के साहित्य में यह तत्त्व बहुत बड़ी शक्ति लेकर उभरा है। एक कवि के लिए, विशेषतः प्रबन्ध-कवि के लिए ऐसे मूल्यों की स्थापना में सुगमता है, पर एक आलोचक के लिए, एक इतिहासकार के लिए इसकी पुष्टि बड़ी कठिन है। द्विवेदीजी ने जो अपने ललित निबन्धों में मानव उत्कर्षक तत्त्वों को प्रश्रय दिया, यह उतने आश्चर्य की बात नहीं है, लेकिन उनकी अन्यान्य गद्य-विधाओं में इसकी प्रतिष्ठा बहुत बड़ी सफलता की सूचना देती है। डॉ. द्विवेदीजी का विशाल और उदार दृष्टिकोण उनके मानवता-उद्धारक विचारों की रीढ़ है। वे मनुष्य की 'दुर्दम जिजीविषा' 'मनुष्य की विराट् एकता के विश्वासी और 'विवेक, कल्पना, औदार्य और संयम' को मनुष्यता के तत्त्व माननेवाले हैं। उसकी दृष्टि में 'हमारे समस्त प्रयत्नों का लक्ष्य एकमात्र मनुष्य है।' द्विवेदीजी धर्म सत्य और मानव-जीवन के लक्ष्य की आधुनिक व्याख्या करते हुए लिखते हैं, उसको (मनुष्य को) वर्तमान दुर्गति से बचाकर मनुष्य के आत्यन्तिक कल्याण की ओर उन्मुख करना ही हमारा लक्ष्य है, यही सत्य है, यही धर्म है... ।" द्विवेदीजी ठोस भूमि के कलाकार हैं। वे आध्यात्मिक तत्त्वों को आवश्यकता से अधिक महत्त्व नहीं देना चाहते हैं। वे पलायनवादी वृत्ति के घोर विरोधी हैं। विश्व-साहित्य में मानवता को ऊँचा उठाने की प्रेरणा देनेवाले साहित्यकारों में द्विवेदीजी उच्च पद के अधिकारी हैं। वे स्पष्ट रूप से इस बात की घोषणा करते हैं कि उनका साहित्य मानवीय है, "मैं साहित्य को मनुष्य की दृष्टि से देखने का पक्षपाती हूँ। जो वाग्जाल मनुष्य को दुर्गति, हीनता और परमुखापेक्षिता से बचा न सके, जो उसकी आत्मा को तेजोदीप्त न बना सके, उसके हृदय को पर-दुःखकातर और संवेदनशील न बना सके उसे साहित्य कहने में मुझे संकोच होता है।" चंडीदास

की भाँति ही द्विवेदीजी मनुष्य को सबसे बड़ा सत्य मानते हैं। द्विवेदी जी मनुष्य का श्रेणी-विभाजन उसकी मनुष्यता की क्षमता पर आधारित मानते हैं और उस मनुष्यता की पहचान है दूसरों के साथ तादात्म्य-सम्बन्ध।' साहित्य को 'वे मनुष्य का वह उच्छलित आनन्द मानते हैं जो उसके अन्तर में अँटाए नहीं अँट सका था।' मानव-मानव की अभेद-भावना के कारण ही वे विज्ञान और काव्य को 'एक ही मानवीय चेतना के दो किनारों की उपज' मानते हैं।

जिस सहजता की बात मैं ऊपर कह आया हूँ, वह सहजता द्विवेदीजी की भाषा-शैली में है। संकृति-साहित्य का अगाध पांडित्य होते भी इनकी भाषा में उर्दू, अँग्रेजी आदि शब्दों के प्रयोग प्रचुर मात्रा में हैं, लेकिन उनका प्रयोग उन्हीं स्थानों पर हुआ है, जहाँ वे अधिक भावबोधक सिद्ध हुए हैं और उनमें भाषा-शैली की व्यंजना और प्रवाह में शक्ति आती है। उन स्थानों पर वे ही अधिक प्रकृत लगते हैं। अभिव्यंजना को पुष्ट करने के लिए गद्य की सभी विधाओं में इन्होंने नये-नये शब्द गढ़े हैं। भाषा-शैली के उत्कर्षक का एक प्रबल मानदंड है व्यंग्य। द्विवेदीजी के व्यंग्य में सूझ की पैठ और पैनापन तो है, पर वे व्यंग्य तिलमिलाने वाले नहीं, दुलराने वाले और गुदगुदाने वाले होते हैं। द्विवेदीजी का व्यंग्य मन की आँख का काजल है—थोड़ा लगता है, ज्यादा सुन्दर बनाता है, ज्योति बढ़ाता है।

संक्षेप में, यदि द्विवेदीजी के साहित्य के एक पाठक की सहज प्रतिक्रियाओं को सही-सही कहा जा सके, तो उनका रूप कुछ इस प्रकार होगा—

1. द्विवेदीजी भारतीय वाङ्मय के असाधारण पंडित हैं, लेकिन उनकी पंडिताई घुल-मिलकर अनुभूति का अंग बन गयी है।
2. साहित्य की विविध विधाओं के सफल प्रयोक्ता होकर भी वे मुख्यतः निबन्धकार हैं।
3. भारतीय संस्कृति के प्रबल समर्थक होते हुए भी वे विश्व की उन सभी विशेषताओं को अपनाने को तैयार हैं जो मानवता के लिए हितकर हैं।
4. वे मानवता के अखंड, सुन्दर, कल्याणकारी, और आनन्दमय स्वरूप के प्रबल प्रेरक हैं। उनकी राष्ट्रीयता बौद्धिक नहीं, आत्मिक है।
5. विषयों की नवीनता और उनके प्रतिपादन के उपयुक्त नवीन शिल्प को जन्म देने की इनकी प्रतिभा असाधारण है।
6. द्विवेदीजी सहज साहित्यकार हैं। उनका व्यक्ति और साहित्यकार एकरूप है। वे अपनी लेखनी के माध्यम से जैसे दीखते हैं, व्यावहारिक जीवन में भी वैसे ही हैं। यह बात उस पाठक के लिए सहज हैं, जिसने उन्हें थोड़ा निकट से देखा है।

7. द्विवेदीजी ने जो कुछ लिखा है, वह साहित्य का एक नवीन अध्याय बन गया है।
8. इनके साहित्य से यह स्पष्ट झलकता है कि ये अतीत के प्रति श्रद्धा रखकर वर्तमान के प्रति पूर्ण आस्थावान हैं और भविष्य के प्रति इनकी सुखद आशाएँ अटूट हैं। आशावाद का इतना बड़ा निर्द्वन्द्व प्रवर्त्तक भारतीय भाषा में कोई दूसरा साहित्यकार नहीं है।

देख इस सिंहवाहिनी नील तारा को! यह सिंह पर सवारी करती है। इसके चौखटे पर शिर मारकर प्रसाद पाने की आकांक्षा न रख। सच्चा सिंह बन, तभी इसका प्रसाद पा सकेगा।...सहस्र बार मैंने इस नील तारा मूर्ति का निर्मम अट्टहास सुना है। यह बड़ी निर्मम है, बड़ी बेपीर है। कायरों को अपनी छाया तक नहीं छूने देती। मूर्ख नीतिज्ञों की जड़ता पर दारुण अट्टहास करती है, पथभ्रान्त कवियों की झमाझम निकलती वाणी को क्रूर परिहास का विषय मानती है। यह निखिल ब्रह्मांड की क्रिया शक्ति की अधिदेवता है।

—चारुचन्द्रलेख

‘विश्वभारती’ का सम्पादन : अन्तर के सत्य की बात

काशीनाथ सिंह

बीसवीं सदी के आरम्भिक दशकों में ‘सरस्वती’ हिन्दी को व्यवस्थित और सुसम्बद्ध भूमिका दे चुकी थी। ‘हंस’ हिन्दी को ‘जनता के हृदय’ और ‘जनता की आत्मा’ के साथ एक कर देने का दायित्व निभा चुका था। जरूरत थी अधीन भारत के भाषा पर साहित्यों की आन्तरिक एकरूपता पहचानने और जातीय परम्परा के सन्दर्भ में वर्तमान चिन्ताधारा का मूल्यांकन प्रस्तुत करने की—‘विश्वभारती पत्रिका’ इन्हीं प्रयासों का परिणाम रही है।

किसी हिन्दी-भाषा क्षेत्र की पत्रिका की तुलना में इस आवश्यकता का अनुभव ‘विश्वभारती’ को अधिक होना भी चाहिए था। यह मात्र इसलिए नहीं कि वह अहिन्दी-भाषी प्रान्त में जन्म ले रही थी, बल्कि इसलिए भी कि वह इतिहास के उस दौर में थी जिसमें विदेशी हुकूमत समूचे राष्ट्र को प्रान्तों, जातियों, धर्मों और भाषाओं के स्तर पर टुकड़ों में बाँटने के लिए प्रयत्नशील थी। बंगाल अकाल से गुजर रहा था, हिन्दू और मुसलमान एक-दूसरे के खून के प्यासे हो रहे थे और बंगाली ‘हिन्दुस्तानियों’ को हिकारत की निगाह से देख रहे थे। ‘विश्वभारती पत्रिका’ पर यह ऐतिहासिक जिम्मेवारी थी और कहना न होगा कि आचार्य हजारीप्रसाद द्विवेदी के सम्पादन में वह अपने दायित्व को आरम्भ में ही समझ गयी थी।

द्विवेदीजी ‘पत्रिका’ के प्रवेशांक में ही लक्ष्य करते हैं कि “बाहर के आचार ने भारत में नाना आकार में भेद को ही मजबूत कर रखा है। इसीलिए भारत की श्रेष्ठ साधना है—बाहर के आचार का अतिक्रमण करके अन्तर के सत्य को स्वीकार करना।” अन्तर के सत्य को तभी स्वीकार किया जा सकता है जब बाहरी आचार की नीति को अच्छी तरह समझा जा सके।

द्विवेदीजी के सामने स्पष्ट था कि भारत में शासन करनेवाली यह कौम अपने पहले आनेवाली सभी कौमों से भिन्न किस्म की है। यह भारत को अपना देश नहीं

मानती, उसका होकर रहना नहीं जानती। अपना देश उसके लिए 'उपनिवेश' सरीखा है। उसे निकट भविष्य में जाना ही है, लेकिन जाने के पहले वह उसे तोड़कर जाना चाहती है। द्विवेदीजी ने यह भी लक्ष्य किया कि उसकी इस भेदनीति का असर भारतीयों पर पड़ने लगा है।

उन्होंने पत्रिका के दूसरे अंक में घोषणा की, "नाना मार्गों के साधक जो कुछ भी साधना कर रहे हैं उसका लक्ष्य ही होना चाहिए इस विशाल जनसमूह की मुक्ति।" उन्हें पराधीन देश में 'कार्य-विभाजन' की पद्धति स्वीकार नहीं थी क्योंकि इस पद्धति के पीछे विदेशी शासन की चाल थी। इसलिए उनकी दृष्टि में मार्ग चाहे जो हो, लक्ष्य सबका एक होना चाहिए। उन्होंने सुझाया कि इस जनसमूह की मुक्ति के लिए हमें साहित्य लिखना है, राजनीतिक आन्दोलन चलाना है, सामाजिक सुधार का आयोजन करना है, आर्थिक उन्नयन का प्रयत्न करना है, और धार्मिक दृढ़ता प्रतिष्ठित करनी है।

प्रान्तीय साहित्यों का अध्ययन 'पत्रिका' के इसी लक्ष्य के अन्तर्गत रहा है। उनके विचार में "वस्तुतः भारतवर्ष की एकता को दृढ़तर और स्थायी बनाने के जितने भी उद्योग हैं उनमें साहित्यिक विचारों के आदान-प्रदान का उद्योग प्रमुख है।" एक साहित्यकार इस एकता को दृढ़तर बनाने में इसी तरह योग दे सकता है और फिर हिन्दी भाषा के लेखकों पर तो अन्य भाषा के लेखकों की अपेक्षा बड़ी जिम्मेदारी है। अगर इस दिशा में यह पहल नहीं करता तो और कौन करेगा?

द्विवेदीजी ने यह सुझाव ही नहीं दिया, बल्कि स्वयं बांग्ला साहित्य की सामयिक गतिविधियों से हिन्दी लेखकों का परिचय भी कराया। उन्होंने अन्य भारतीय आर्यभाषाओं की प्राचीनतम सामग्रियों को लेकर उनमें परस्पर की अन्तःसूत्रता भी ढूँढ़ निकाली और इस क्रम को आगे बढ़ाने के लिए लेखकों का आवाहन भी किया।

प्रान्तीय साहित्यों के अध्ययन का आधार क्या हो? इस प्रसंग में द्विवेदीजी ने लिखा कि उनका अध्ययन "समूची जनता को समझने के लिए होना चाहिए।" क्योंकि 'जनता' राष्ट्रीय और साहित्यिक एकता की नींव है। उसकी उपेक्षा का अर्थ है विदेशी हुकूमत को अपना समर्थन देना, उसकी कार्य-विभाजन की नीति का अनुमोदन करना।

जनता को आधार रूप में स्वीकार करने के बाद द्विवेदीजी एक लेखक को प्रान्तीय साहित्य तक ही सीमित रहने के लिए नहीं कहते। एक भाषा के लेखक को दूसरी भाषा के जनसमुदाय के निकट होने का मतलब होता है उसकी भौगोलिक, ऐतिहासिक, धार्मिक और जातिगत विशेषताओं से परिचय प्राप्त करने का प्रयास करना। इसके अन्तर्गत उस प्रान्त की लोक-भाषाएँ, लोक-गीत, पूजा-

पार्वण की गतिविधियाँ, रीति-रस्म, लोकोक्तियाँ, पुराण-ग्रन्थ, शास्त्रीय-सिद्धान्त, पौराणिक कथाओं की लोक-प्रचलित व्याख्याएँ आदि सभी कुछ आती हैं। जब तक एक लेखक इन्हें नहीं जानता और न प्यार करता है तब तक वह 'देश-प्रेमी' की संज्ञा पाने का हकदार नहीं होता।

यहीं यह भी कह देना होगा कि द्विवेदीजी को बाहरी आचार से कभी परहेज नहीं रहा। उन्हें विरोध बाहरी-आचार-विचार की नीयत से है। उन्होंने 'पत्रिका' में चीनी, जापानी, रूसी कविताओं का अनुवाद प्रकाशित किया है और अपने समय के पाठकों से उन्हें परिचित कराया है। वे देश के हर नागरिक को बाहरी विचार-धारा के लिए खुला रखने के पक्ष में हैं। उन्हें विरोध केवल उस बाहरी चिन्ताधारा से है, जो देश की एकता और भारतीय संस्कृति को खंडित करने के लिए सचेष्ट है। यही कारण है कि वे उसे 'अतिक्रम' करके अन्तर के सत्य को स्वीकार करने के लिए प्रेरित करते हैं।

स्वाधीनता के बीस वर्षों बाद भी 'विश्वभारती-पत्रिका' की भाषा-नीति हमारे काम की है, यह अलग बात है कि वह हमारे राजनीतिक और स्वार्थपरक विवाद से कहीं मेल न खाती हो।

जो लोग अँग्रेजी को भारत के लिए अनिवार्य मानते हैं, उनसे द्विवेदीजी का कहना है कि "अँग्रेजी के बिना कैसे काम चल सकता है, यह विचार तो हमारे पराधीन चित्त का विकल्प है।" समस्त स्वतन्त्र देशों ने अपनी ही भाषा का उपयोग किया है। कितने ही स्वाधीन राष्ट्र तो आज भी ऐसे हैं जिनकी भाषाएँ हिन्दी की तुलना में बहुत पिछड़ी हुई हैं, परन्तु इससे न तो उनका राजकाज रुकता है न विदेशों से सम्पर्क बढ़ाने में बाधा अनुभव होती है। तब फिर हिन्दी को लेकर इतनी बहस क्यों?

'बाजारू भाषा' को राजभाषा बनाए जाने का विरोध करते हुए द्विवेदीजी लिखते हैं कि हमें ऐसी भाषा चाहिए जिससे हम सरकार की आलोचना कर सकें, वकीलों की बहस चला सकें, सरकार की ओर से जवाब दे सकें, कठिन-से-कठिन समस्याओं का निर्णय लिख सकें और फिर भी वह भाषा इतनी साफ, मँजी और चुस्त हो कि विदेशी राजदूतों को समझने में अस्पष्टता और गलतफहमी का अन्देशा न हो।

ऐसी भाषा की बात सब करते हैं—वे भी जिनकी अपनी कोई भाषा नहीं है। वे भाषाशास्त्र और इतिहास के सिद्धान्तों के आधार पर बहस करते हैं और गड़े मुरदे उखाड़ते हैं। गड़े मुरदे उखाड़ने का शौक बुरा नहीं, क्योंकि ऐसे लोग कभी-कभी

इतिहास के अंग भी बन जाते हैं। लेकिन जब जाति के बनने और बिगड़ने का प्रश्न हो तो यह नीति गलत है। द्विवेदीजी ने सन्' 45 ई. में लिखा था कि "हमें अब जल्दी ही कोई रास्ता निकालना है। शास्त्रीय बहस फिर हो लेगी।" लेकिन हमें आजादी हासिल किए इतना अरसा हो गया और बहस अब भी जारी है; कोई रास्ता नहीं निकला।

हिन्दी के सबसे बड़े शत्रु कौन हैं—इसका आभास देते हुए सन् '42 की 'अपनी बात' में द्विवेदीजी ने लिखा है कि "यदि हम...केवल इस भाषा का विरोध करने के लिए या उस भाषा की स्तुति करने के लिए अन्धश्रद्धा के आदेश में हिन्दी-हिन्दी चिल्ला रहे हैं तो निश्चित रूप से गलत रास्ते जा रहे हैं।" और हमारे गलत रास्ते जाने का नतीजा यह हुआ है कि आज भी साम्राज्यवादियों की जबान हम भारतीयों के मुँह में है, कलम में है, कुर्सी और मेज पर है।

द्विवेदीजी अपने बारे में स्पष्ट लिखते हैं कि "मेरे लिए हिन्दी भाषा और हिन्दी साहित्य कोई देव-प्रतिमा नहीं है जिसका नाम जपकर और आरती उतारकर हम सन्तुष्ट हो जाएँगे। यदि वह अपना दायित्व नहीं निभाती तो वह श्रद्धा और भक्ति का विषय भी नहीं बनी रही सकती।" हिन्दी का दायित्व है—भारतवर्ष के करोड़ों नर-नारियों के हृदय और मस्तिष्ट को खुराक देना। हृदय-देश में स्थित उसे अज्ञान, मोह, कुसंस्कार और पर-निर्भरता से बचाना।

जो हिन्दी को बड़ी भाषा उसकी विराट् जनसंख्या के कारण मानते हैं उनसे द्विवेदीजी का कहना है कि यह गर्व की नहीं, चिन्ता की बात है। कोई भी भाषा महज इसलिए बड़ी नहीं होगी कि उसके बोलनेवालों की संख्या अधिक है। हिन्दी इसलिए बड़ी है कि करोड़ों जनता के हृदय और मस्तिष्क की भूख मिटाने का वह इस देश में जबरदस्त साधन है, वह इसलिए बड़ी है कि भारत की हजारों वर्ष की अपरिमेय चिन्ताराशि को ठीक-ठीक सुरक्षित रख सकने का मजबूत पात्र है, वह इसलिए बड़ी है कि करोड़ों की तादाद में अकारण कुचली हुई गूँगी जनता तक आशा और उत्साह का सन्देश इस जीवन्त और समर्थ भाषा के द्वारा किया जा सकता है, वह इसलिए बड़ी है कि उसकी आँचल की छाया में ऐसे हजारों महापुरुषों के पनपने की सम्भावना है जो न केवल इस देश को वरन् समूचे संसार को विनाश के मार्ग से बचाने की साधना करेंगे। हिन्दी की खानेवाली संस्थाएँ और नेता हिन्दी का इतना और महत्त्व समझ लें तो वह हिन्दी का चाहे जो करें, अपना कल्याण जरूर करेंगे।

हिन्दी में साहित्य रचनेवालों से द्विवेदीजी का कहना है कि "हमें इस भाषा को इस योग्य बना देना है जो अत्यन्त साधारण मजदूर से लेकर अत्यन्त विकसित मस्तिष्क व बुद्धिजीवी के दिमाग में विहार कर सके।" जो भाषा केवल

बुद्धिजीवियों के काम की होगी, वह न तो किसी राष्ट्र के काम की होगी और न जनता के। यदि हम हिन्दी को ऐसी भाषा बनाएँगे जो अँग्रेजी की ही भाँति विदेशी बनी रहेगी या संस्कृत की तरह कुछ चुने हुए विद्वानों का मनोरंजन करेगी तो हम उसे इतनी कमजोर बना देंगे जितनी कोई भी शक्ति नहीं बना सकती। हमें हर हालत में ध्यान रखना होगा कि हिन्दी उनके लिए होनी चाहिए जो दीन हैं, उपेक्षित हैं, भुला दिए गये हैं और जिनका भविष्य है।

द्विवेदीजी ने तभी लक्ष्य कर लिया था कि भाषा का प्रश्न जिनके लिए है, उनके लिए है। हिन्दी आनेवाली पीढ़ी के लिए कतई समस्या न होगी। नवीन पीढ़ी इस समस्या से न तो विचलित होगी, न पराजित। और आज स्पष्ट है कि भारतीय भाषाओं में आनेवाली साठ की पीढ़ी के लिए भाषा कोई समस्या नहीं है—चाहे वह बंगाल की 'भूखी पीढ़ी' हो या दक्षिण की 'दिगम्बर पीढ़ी' या हिन्दी की 'साठोत्तरी पीढ़ी' इनमें वैचारिक मतभेद चाहे जितना हो, लेकिन भाषा कभी आड़े नहीं आती।

द्विवेदीजी के नाम के साथ 'मानवतावाद' शब्द उसी तरह लिया जाता है जिस तरह आचार्य रामचन्द्र शुक्ल के नाम के साथ 'लोकमंगल की भावना' और प्रेमचन्द के साथ 'आदर्शोन्मुख यथार्थवाद', लेकिन 'मानवतावाद' शब्द उतना ही भ्रामक है जितना भ्रामक शब्द 'जनता'। 'पत्रिका' में प्रकाशित द्विवेदीजी के लेखों और 'अपनी बात' को आधार बनाकर देखना होगा कि द्विवेदीजी 'साहित्य' में जब 'मानव' की बात करते हैं तो उनका उद्देश्य किस मानव से होता है।

सन् 45 में 'प्रसाद-परिषद्' काशी-द्वारा आयोजित सातवें अधिवेशन में द्विवेदीजी ने एक निबन्ध पढ़ा था। वह निबन्ध उसी वर्ष की पत्रिका में प्रकाशित भी है। वे मनुष्य को साहित्य का लक्ष्य मानते हुए लिखते हैं, ''नगरों और गाँवों में फैला हुआ सैकड़ों जातियों और सम्पद्रायों में विभक्त अशिक्षा, कुशिक्षा, दारिद्र्य और रोग से पीड़ित मानव-समाज आपके सामने उपस्थित है। भाषा और साहित्य की समस्या वस्तुतः उन्हीं की समस्या है। क्यों ये इतने दीन-दलित हैं? शताब्दियों की सामाजिक, मानसिक और आध्यात्मिक गुलामी के भार से दबे हुए ये मनुष्य ही आपकी भाषा के प्रश्न और संस्कृति तथा साहित्य की कसौटी हैं।'' अर्थात् ये ही मनुष्य साहित्य और भाषा की समस्या भी हैं और उसके समाधान भी।

सन्' 47 ई. में 'सावधानी की आवश्यकता' नामक लेख में द्विवेदीजी फिर लिखते हैं, ''साहित्य लिखने का अर्थ है करोड़ों के मानसिक स्तर को ऊँचा करना, करोड़ों मनुष्यों को मनुष्य के सुख-दुःख के प्रति संवेदनशील बनाना, करोड़ों को

अज्ञान, मोह, और कुसंस्कार से मुक्त करना। वह शिक्षा किस काम की जो दूसरों के शोषण में और अपने स्वार्थ साधन में ही अपनी चरम सार्थकता समझती हो।" जब भी द्विवेदीजी की मानवतावादी दृष्टिकोण की व्याखा की जानी चाहिए, कम-से-कम इतनी सावधानी तो बरतनी चाहिए।

द्विवेदीजी की साहित्य-साधना का ठोस आधार मनुष्य है, लेकिन वह मनुष्य नहीं जो स्वार्थ-लिप्सा और शोषण में विश्वास करता है। वे उस साहित्य के भी विरोधी हैं जो शोषण की प्रवृत्ति की शिक्षा देती है और प्रचार करती है। द्विवेदीजी का मनुष्य वह है जो 'अज्ञान, मोह, कुसंस्कार और परमुखापेक्षिता' में पड़ा पिस रहा है। इसलिए जो साहित्य मनुष्य के लिए इन सारी बातों के विरुद्ध संघर्ष करता है, द्विवेदीजी उसे 'अक्षय निधि' मानते हैं। वे साफ कहते हैं कि "जो साहित्य अपने-आपके लिए लिखा जाता है, उसकी क्या कीमत है मैं नहीं कह सकता; परन्तु जो साहित्य मनुष्य-समाज को रोग-शोक, दारिद्र्य, अज्ञान तथा परमुखापेक्षिता से बचाकर उसमें आत्मबल का संचार करता है, वह निश्चय ही अक्षय निधि है।"

भारत में हिन्दू हैं, मुसलमान है, स्पृश्य हैं, अस्पृश्य हैं, संस्कृत है, फारसी है, विरोधों और संघर्षों की विराट् वाहिनी है। पर सबके ऊपर और सबको छापकर मनुष्य है। अपने समय के सामाजिक ढाँचे में मनुष्य की स्थिति का संकेत करते हुए द्विवेदीजी लिखते हैं, "अच्छी बात कहनेवालों की कमी नहीं है, परन्तु मनुष्य के सामाजिक संघटन में ही कहीं कुछ ऐसा बड़ा दोष रह गया है जो मनुष्य को अच्छी बात सुनने और समझने से रोक रहा है। इसीलिए आज की सबसे बड़ी बात को सुनने और मानने के लिए मनुष्य को कैसे तैयार किया जाए।"

सम्भवतः यही कारण है कि द्विवेदीजी ने अपने सम्पादन-काल में समसामयिक साहित्य-लेखन के भीतर से विरोध और समर्थन के लिए 'प्रगतिशील साहित्य' को चुना और 'मनोविज्ञान' तथा 'मनोविश्लेषण' शास्त्र को आधार मानकर लिखी जानेवाली रचनाओं को कोई प्रोत्साहन नहीं दिया। द्विवेदीजी को 'प्रगतिशील' साहित्य की जिस बात में विरोध रहा है, वह है 'दुर्द्धर्ष जड़-विज्ञान का तत्त्ववाद'। साहित्य के अन्दर अगर इस तत्त्ववाद की अविकल व्याख्या होती रहे, और इसे 'फॉर्मूला' बनाकर रचनाएँ की जाएँ तो उससे किसी को भी विरोध हो सकता है। लेकिन द्विवेदीजी कहते हैं : "सिद्धान्त रूप में वह चाहे जो भी स्वीकार क्यों न करता हो, साहित्य में वह मनुष्य को दृढ़-चित्त बनाने का कार्य करता है।" यही बात है जो द्विवेदीजी को 'प्रगतिशील' साहित्य में सबसे अच्छी लगती है। इसी सन्दर्भ में 'पत्रिका' पाठक का ध्यान 'पुस्तक-समीक्षा' की ओर आकृष्ट करती है। सन्' 44 के दूसरे अंक में द्विवेदीजी ने 'तार-सप्तक' की समीक्षा की है। 'तार-सप्तक' की कविताओं और वक्तव्यों पर अपनी प्रतिक्रिया व्यक्त

करते हुए उन्होंने लिखा है, "वक्तव्य और काव्य का सबसे अच्छा सामंजस्य गजानन माधव मुक्तिबोध और 'अज्ञेय' की रचनाओं में हुआ है।" इतना पहले मुक्तिबोध को पहचान लेना द्विवेदीजी के लिए आकस्मिक नहीं है। दो साल पहले इनकी पुस्तक 'कबीर' प्रकाश में आ चुकी थी। पुराने कवियों में 'कबीर' और नये कवियों में 'मुक्तिबोध' की पसन्द जाहिर करती है कि द्विवेदीजी की आत्मीयता मानव-समाज के किस संघर्ष के साथ है?

पत्रिका का उद्देश्य मात्र विशाल जनसमूह की मुक्ति, मानव की प्रतिष्ठा और भाषागत तथा साहित्यिक समस्याओं का मूल्यांकन ही नहीं था, उसकी दृष्टि 'युग शिक्षा की उमड़ती धारा' की ओर भी थी। सच तो यह है कि पाठ्य-पुस्तकों और छात्रों और अध्यापकों, विश्वविद्यालय और अधिकारियों, शिक्षा के माध्यम और उद्देश्यों—आदि अनेक प्रश्नों के विषय में द्विवेदीजी जिस गहराई और निकटता से सोच सकते थे, किसी दूसरे और बाहरी व्यक्ति से इसकी उम्मीद नहीं की जा सकती।

स्वाधीनता के बीस वर्षों के बाद सन् '67 में भारत सरकार ने काफी सोच-विचार के बाद डरते-डरते फैसला लिया है कि विश्वविद्यालयों में शिक्षा का माध्यम देशी भाषाएँ हों। इस निर्णय के पीछे देश का करोड़ों रुपया भी बहा है, जिसका उपयोग किसी रचनात्मक काम में हो सकता था। द्विवेदीजी ने सन् '43 की पत्रिका के अक्टूबर अंक में लिखा है, "हमारे विश्वविद्यालयों में शिक्षा के प्रसार के लिए विराट् आयोजन हैं पर वे सभी विदेशी भाषा के माध्यम से शिक्षा बाँटते हैं। देशी भाषाएँ इन विश्वविद्यालयों में उपेक्षित रही हैं।"

ये देशी भाषाएँ तब भी उपेक्षित थीं, अब भी उपेक्षित हैं। यही नहीं, इस तरह के सुझाव भी उपेक्षित रहे हैं। द्विवेदीजी ने विदेशी भाषा को माध्यम बनाने की योजना को 'राष्ट्रीय अपमान' की संज्ञा दी है और यह राष्ट्रीय अपमान इस स्वाधीन देश में इस समय भी जारी है।

शिक्षा का उद्देश्य क्या हो और इस दिशा में विश्वविद्यालय का क्या कर्तव्य हो सकता है? द्विवेदीजी का कहना है कि केवल पाठ्य-पुस्तकों की भरमार कर देने से ही विद्या नहीं आ जाती। विश्वविद्यालयों में जो पाठ्य पुस्तक पढ़ाने की होड़-सी मची हुई है, वह गलत है, 'केवल पुस्तकें पढ़ाना शिक्षा का उद्देश्य नहीं है। आदमी बनाना ही बड़ी बात है।' लेकिन विश्वविद्यालयों की शिक्षा हमें आदमी नहीं बनाती, वह हमें बाबूगीरी या ऐसे ही और किसी व्यवसाय के योग्य बना देती

है, जहाँ हम दफ्तर से लौटने के बाद या जाने के पहले कपड़े और घड़ी सजाकर रखते हैं, वहीं अपनी सारी विद्या भी उठाकर रख देते हैं।

वे कौन-सी पाठ्य पुस्तकें हैं जो विश्वविद्यालय में पढ़ाई जानी चाहिए? द्विवेदीजी की राय में विशाल जन-समूह, विस्तृत भूखंड और सजीव-चिन्ताप्रवाह ही प्रधान पाठ्य-पुस्तकें हो सकती हैं। पुस्तकें इसी महाग्रन्थ को समझाने का साधन मानी जानी चाहिए। वे शिक्षा-संस्थाओं में पुराने ढंग का अध्ययन करने वाले पंडितों के प्रयत्नों को 'शास्त्रीय' कहते हैं और उनका आग्रह है कि हमारा प्रयत्न 'रचनात्मक' होना चाहिए। प्राचीन साहित्यों का अध्ययन भावी भारतीय समाज को ध्यान में रखकर हो तो अच्छा है।

विश्वविद्यालयों में इन दिनों काफी उत्साह से शोध-कार्य हो रहा है और प्रतिवर्ष भारत में सैकड़ों छात्र पी-एच.डी. की उपाधि हासिल कर रहे हैं। द्विवेदीजी भी शोधकार्य पर जोर देते हैं, लेकिन शोध-कार्य का रूप क्या होना चाहिए—इस पर भी वे चुप नहीं हैं। वह लिखते हैं कि "यदि हम भावी मानवसमाज का अपने अध्ययन और शोध-कार्य से कोई कल्याण न कर सकें तो वह अध्ययन एक शास्त्र-विलासिता मात्र सिद्ध होगा। इसीलिए शोधकार्य की योजना इस प्रकार बननी चाहिए कि उससे भावी मानव-समाज का कल्याण हो।" मानवसमाज का कल्याण तो तब हो जब अपने कल्याण से मुक्ति मिले। अपने देश का शैक्षणिक ढाँचा ही ऐसा है कि अनुसन्धित्सुओं का भावी समाज के कल्याण की बात ही उनके मस्तिष्क में नहीं उठती।

किन्तु इस सन्दर्भ में मुख्य बात है शोध-कार्य का दिशा-निर्देश। द्विवेदीजी ने 'पत्रिका' में समय-समय पर इस प्रकार के शोधसम्बन्धी निबन्ध भी प्रस्तुत किये हैं जिनसे शोध करनेवाले प्रेरणा पा सकते हैं। उदाहरण के लिए, भारतीय संस्कृति के अध्ययन की एक उपेक्षित दिशा (क्षितिमोहन सेन); हिन्दी का भक्ति साहित्य (हजारीप्रसाद द्विवेदी); मध्य एशिया में प्राचीन पोथियाँ (प्रह्लाद प्रधान); हिन्दी में तिब्बती वाङ्मय के उपकरण (शान्ति भिक्षु); नागरी में चीनी ध्वनियों के संकेत (शान्ति भिक्षु); बौद्धधर्म में तान्त्रिक प्रवृत्तियों का प्रवेश और विकास (शान्ति भिक्षु); चीनी ध्वनिशास्त्र के अध्ययन में भारत की देन (लुओ. छङ् फङ्), मध्ययुग का नाम-तत्त्व (क्षितिमोहन सेन); कबीर पन्थ और उसके सिद्धान्त (हजारीप्रसाद द्विवेदी); कबीर के मूल वचन (हजारीप्रसाद द्विवेदी); नामदेव और उनकी हिन्दी कविता (विनयमोहन शर्मा); भंजकालीन उड़िया साहित्य (प्रह्लाद प्रधान)। इन शोध-लेखों से जहाँ भारतीय साहित्य के लुप्त और विस्मृत परिच्छेदों का पता चलता है, वहीं संस्कृतियों की एकता का स्रोत भी खुलता-सा दीखता है।

द्विवेदीजी 'प्रस्तावित हिन्दी विश्वविद्यालय' नामक निबन्ध में वर्तमान

विश्वविद्यालय व्यवस्था की अव्यवस्था पर भी आघात करते हैं। वे लिखते हैं, "विश्वविद्यालय के नियम-उपनियम पहले से ही बने बनाए रहते हैं, उनमें से कितने ही इस देश की आबहवा से एकदम सम्बद्ध नहीं हैं। उन्हीं नियमों के साँचे में विश्वविद्यालय को ढलना पड़ता है। यह अस्वाभाविक व्यवस्था उन जड़ संस्कारों और मिथ्या पद-लोभों के लिए जिम्मेवार है जो विश्वविद्यालयों को भी दलबन्दी का अखाड़ा बनाए हुए हैं।"

यह निबन्ध द्विवेदीजी ने सन् '43 में लिखा था। किसे मालूम था कि इसी दलबन्दी के शिकार द्विवेदीजी सन् '60 में हो जाएँगे। वही क्यों, ऐसे अनेक विद्वान् इस गुटबन्दी के शिकार हो चुके हैं जो किसी विभाग के आकर्षण थे। लेकिन यह व्यवस्था जब तक इसी तरह अस्वाभाविक रहेगी, जड़ संस्कारों और मिथ्या पद-लोभों को प्रश्रय देती रहेगी, शिक्षा-संस्थाओं को गुटबन्दी का अखाड़ा बनाए रखेगी; ईमानदार, कर्मठ और योग्य व्यक्ति इसी तरह विश्वविद्यालयों की राजनीति को झेलते रहेंगे।

'विश्वभारती पत्रिका' अपने इन उद्देश्यों के लिए सन् '42 से लेकर सन् '47 ई. तक निरन्तर संघर्ष करती रही। इस बीच कागज पर कंट्रोल आया, अनेक आर्थिक कठिनाइयाँ आयीं, मुद्रण-सम्बन्धी परेशानियाँ उपस्थित हुईं, 'व्यूज' के बदले 'न्यूज' छापने के आरोप में गिरफ्तारी के लिए द्विवेदीजी के नाम सरकारी फरमान आया, पत्रिका को बन्द कर देने का हुक्म हुआ, लेकिन इस 'अन्नाभाव, मारकाट और हाहाकार' के बीच पत्रिका अविचलित रही क्योंकि वह राष्ट्रीय मोरचे के अनेक आन्दोलनों के साथ थी। शायद इसीलिए महात्मा गाँधी ने द्विवेदीजी के नाम अपने पत्र में 'विश्वभारती पत्रिका' के प्रकाशन की योजना को 'साहस' कहा था।

नया मूल्यांकन : कालिदास की लालित्य-योजना

करुणापति त्रिपाठी

"कौन नहीं जानता की कालिदास सौन्दर्य के महान गायक कवि हैं। रूप का, वर्ण का, प्रभा का और प्रभाव का ऐसा चितेरा दुर्लभ है; आभिजात्य और विलासिता का ऐसा उद्गाता (अन्य) कवि काव्यजगत् का जाना हुआ नहीं है और राग और सौभाग्य का ऐसा उद्घोषी खोजे नहीं मिल सकता। कविता का सच्चा रसिक सिर धुनकर रह जाता है। कहा जाता है कि शारदा का ऐसा लाल आज तक दूसरा पैदा नहीं हुआ, परन्तु जो लोग काव्य-सौन्दर्य का विश्लेषण करने में रस पाते हैं उनके लिए कालिदास एक समस्या हैं। आप यदि जानना चाहें कि कालिदास का सौन्दर्यबोध के सम्बन्ध में क्या मत है, क्या वे सौन्दर्य की स्थिति द्रष्टा रागात्मक चित्त में मानते हैं या ऐसा मानते हैं कि द्रष्टा हो या न हो, सुन्दर वस्तु सुन्दर ही रहेगी या क्या वे सौन्दर्य के किसी विश्वजनीन मानदंड में विश्वास करते हैं या ऐसा मानते हैं कि ऐसा कोई मानदंड हो ही नहीं सकता, तो कठिनाई में पड़ना पड़ेगा।"

'कालिदास की लालित्ययोजना' नामक ग्रन्थ के 'तत्त्वान्वेषी और कृती' शीर्षक प्रकरण का आरम्भ उपर्युक्त वक्तव्य के साथ होता है। उपर्युक्त कथन के द्वारा जिस अनुसन्धेय जिज्ञासा की ओर इंगित किया गया है, उसी की व्याख्या और समाधान करने का प्रयास इस कृति में है। यहाँ आचार्य द्विवेदीजी ने तत्त्वान्वेषी कृती के रूप में अपनी व्याख्यानात्मक कृति का संयोजन किया है। दूसरे शब्दों में कहा जा सकता है कि प्रस्तुत ग्रन्थ में आचार्य हजारीप्रसाद द्विवेदी के मुख्यत: दो व्यक्तित्व गोचर होते हैं। एक रूप है कृती का जो तत्त्वान्वेषण के बौद्धिक शुष्क और विश्लेषणात्मक प्रपंच में न पड़कर महाकवि के काव्य लालित्य का आस्वादन करने में आकंठ निमग्न है। "कृती पाठक इन बेकार की बातों में उलझना नहीं चाहते। वे छककर सौन्दर्य रस पीते हैं। बेकार बातों में उलझना भी बेकार ही है"। स्वयं द्विवेदीजी भी स्थान-स्थान पर काव्य रस में निमग्न होकर उद्गार प्रकट करते हैं। कालिदास ने भी इन शब्दों का प्रयोग किया है। ऐसा लगता है वह कृती को

ही धन्य मानते हैं। 'तत्त्वान्वेषी' को वे हतभाग्य ही समझते हैं। आगे ग्रन्थकार ने लिखा है, "लेकिन कवियों की डाँट-फटकार के बावजूद दुनिया से तत्त्वान्वेषण का कारबार बन्द नहीं हो गया है। खुद कालिदास संस्कारवती वाणी की दाद देते हैं। मनीषा को वे उत्तम गुण मानते हैं।"

यहाँ द्विवेदीजी ने बताया है कि कालिदास की दृष्टि से कला के आस्वादनकर्ता का, रसानन्दभोक्ता का, सहृदय का, कृती का स्थान अपेक्षाकृत अधिक उत्कर्षशाली है। काव्य के, कला का ललित कला के (मूर्ति, चित्र, संगीत, नृत्य, नाट्य आदि के) साक्षात् भोक्ता सहृदय या सामाजिक का दर्जा कुछ अधिक ऊँचा है। मूल्यांकनकर्ता का, समीक्षक का, आलोचक का, तत्त्वान्वेषक का स्थान, अपेक्षाकृत कम महत्त्व का है। फिर भी कालिदास ने जिस परिप्रेक्ष्य में 'संस्कारवती वाणी से मनीषी विद्वान' का शोभित होना बताया है, उसी परिप्रेक्ष्य से आचार्य हजारीप्रसाद द्विवेदी ने परिचेय रचना द्वारा कालिदास की लालित्य योजना का नया मूल्यांकन किया है।

नये मूल्यांकन की दृष्टिपद्धति

द्विवेदीजी ने अपने इस नये मूल्यांकन का क्षेत्र रखा है, 'कालिदास की लालित्य योजना।' इस 'लालित्य' का तात्पर्य भी उन्होंने स्पष्ट कर दिया है, "आज कल सौन्दर्यशास्त्री सौन्दर्य के अनेक रूपों की चर्चा करते हैं। उसकी चर्चा करना यहाँ अभीष्ट नहीं है। मनुष्यनिर्मित सौन्दर्य ही, जिसे मैं लालित्य कहना पसन्द करता हूँ, आज का (व्याख्यान का) अनुसन्धेय विषय है। कालिदास ने इस सम्बन्ध में क्या कहा है या उनके कहने से किस बात का अनुमान किया जा सकता है, यही बात आज की चर्चा का उद्देश्य है।"

इससे स्पष्ट हो जाता है कि द्विवेदीजी के इस नये मूल्यांकन का परिप्रेक्ष्य क्या है? उसकी सीमा क्या है? उसकी व्याप्ति और क्षेत्र क्या है? यह ग्रन्थ वस्तुतः द्विवेदीजी के दो व्याख्यानों का (क—कालिदास की प्रसाधन-सामग्री, ख—कालिदास की लालित्य योजना) एकत्र संयोजित और पुनर्लिखित ग्रन्थ रूप है। दोनों लिखित व्याख्यानों को नये सिरे से लिखकर इस ग्रन्थ का प्रकाशन हुआ है। अतः इसमें दोनों लेखों की सामग्री आ गयी है। कुल मिलाकर इस ग्रन्थ में चौदह प्रकरण या शीर्षक हैं। कालिदास के अगाध साहित्य-रत्नाकर का मन्थन (मनन चिन्तन और आस्वादन) करते हुए तत्त्वान्वेषी मनीषी ने जिन रत्नों को प्राप्त किया है उन्हीं के संग्रह से यह ग्रन्थ बना है।

इस ग्रन्थ में जहाँ एक ओर आधुनिक और पाश्चात्य सौन्दर्यशास्त्र की दृष्टि

से कालिदास की लालित्य-योजना का मूल्यांकन किया गया है, वहीं दूसरी ओर सौन्दर्यबोध और सौन्दर्यशास्त्र के सन्दर्भ में कालिदास की कलाविषयक मान्यताओं का शास्त्रीय धरातल पर आख्यापन किया गया है। सन्दर्भ में श्री द्विवेदीजी ने अपने तत्त्वान्वेषण में कालिदास की लालित्य-योजना से सम्पृक्त और कालिदास द्वारा प्रयुक्त अनेक पारिभाषिक देश्य पदों को प्रस्तुत और व्याख्यायित किया है। ग्रन्थकार का यह मूल्यांकन निश्चय ही नया मूल्यांकन है। आधुनिक पश्चिमी सौन्दर्यशास्त्री ने लालित्य-योजना के सन्दर्भ में जिस दृष्टिबोध का चिन्तन किया है उसी धरातल पर इस ग्रन्थ में व्याख्यापन किया गया है, पर कालिदास की जिस लालित्य-योजना का यहाँ प्रतिपादन हुआ है उसमें भारतीय चिन्तन परम्परा, सांस्कृतिक चेतना और दार्शनिक एवं आध्यात्मिक परम्परा का नयी दृष्टि से उपयोजन किया गया है। इसका कारण है। आचार्य द्विवेदी के मत से स्वकालीन परिवेश और परिप्रेक्ष्य के सन्दर्भ में ही कालिदास की लालित्य चेतना का यथार्थबोध प्राप्त किया जा सकता है। अपने काव्यों-नाटकों में 'राष्ट्र की समग्र सांस्कृतिक चेतना को' सप्राण 'अभिव्यक्ति' देने की कला' पर कालिदास का पूर्ण अधिकार था। ग्रन्थ लेखक ने आरम्भ में ही घोषणा की है कि भारतवर्ष में ऋषियों, सन्तों, कलाकारों, राजपुरुषों और विचारों ने कुछ उत्तम और महान दिया है, उसके सहस्रों वर्षों के इतिहास का जो कुछ सौन्दर्य है, उसने मनुष्य को पशुसुलभ धरातल से उठाकर देवत्व में प्रतिष्ठित करने की जितनी विधियों का सन्धान किया है, उन सबको ललित-मोहन और सशक्त वाणी देने का काम कालिदास ने किया है।"

युगबोध

पृष्ठ दो में लेखक ने कहा है कि इस देश में बाहर से भी अनेक मानवमंडलियाँ—विविध कारणों और उद्देश्यों को लेकर आयीं। उनके नाना प्रकार के आचार-विचार, नृत्य-गीत, उत्सव-आयोजन आदि ने इस महान देश की जनमंडली के वैचित्र्य में वृद्धि भी की। यहाँ आकर वे जनमंडलियाँ बस कर यहाँ का अंश बन गयीं। दोनों के संगमन और समंजसन से यह देश भारतबाह्य और भारतीय नाना धर्मों और संस्कृतियों का संगमस्थल बन गया था। यहाँ की संस्कृति में अनेक प्रकार के वैचित्र्य आये। नवीन बातों का समावेश होते रहने से संस्कृति, धर्म, विश्वास, काव्य, नाट्य एवं समस्त अन्य ललित कलाओं में 'एक प्रकार की प्रच्छन्न गतिशीलता का प्रादुर्भाव हुआ'। कालिदास की मर्मभेदिनी दृष्टि और अर्थग्राहिका शक्ति ने—साधिकार ढंग से—भारत की समन्वित और गतिशील चेतना और संस्कृति के सर्वोत्तमांश को ललित रूप देकर—समग्र राष्ट्रीय चेतना को जीवन्त रूप में अभिव्यक्त किया।

जिस युग में कालिदास आविर्भूत हुए थे उस युग के परिवेश की चर्चा करते हुए द्विवेदीजी ने लिखा है, "(उनके प्रादुर्भाव युग के) पहले भारतवर्ष के अनेक महिमान्वित शास्त्रों का उद्घोष हो चुका था, कई धार्मिक और आध्यात्मिक आन्दोलनों का उद्भव और विलय हो चुका था, अनेक कलाएँ प्रौढ़ावस्था को प्राप्त कर रूढ़िबद्धता की ओर अग्रसर हो चुकी थीं। वैदिक कर्मकांड—एक ओर उपनिषदों के अद्वैतवाद और दूसरी ओर बौद्ध और जैन धर्म के वेदविरोधी आन्दोलनों का सामना कर चुका था, रामायण और महाभारत के शक्तिशाली कथासाहित्य के बाद पौराणिक और निजन्धरी कथाओं का विपुल साहित्य निर्मित हो चुका था, ब्राह्मणग्रन्थों के प्रतिपादित कर्मकांड-प्रधान धर्म के बाद अन्तरात्म-दर्शन के पक्षपाती सांख्य और योगी के दार्शनिक सिद्धान्त जड़ जमा चुके थे, यवनशिल्पों का प्रवेश और तज्जन्य शक्तिशाली प्रतिक्रिया का उन्मेष हो चुका था, भारतवर्ष—नयी राष्ट्रीयता से ओतप्रोत था।"

ऐतिहासिकता बोध का परिचय देने के अनन्तर श्री द्विवेदीजी ने कालिदास के जीवनदर्शन के विषय में बताया है कि "उपनिषदों से ज्ञानमार्गी अद्वैत साधना का, रामायण से मानवी आदर्शों से मुखरित आदर्शवाद का, महाभारत से बौद्धिक चरित्रविकास का, धर्मसूत्रों और स्मृतियों से ब्राह्मणधर्मानुमोदित आचारसंहिता का, पुराणों से विभिन्न मानव-मंडलियों में परिव्याप्त मिथक कल्पना के समृद्ध तत्त्वों का, भरत मुनि के नाट्यशास्त्र से नाटकीय व्यवस्था का, पाशुपत आगमों से सृष्टि-रहस्य का, सांख्य-योग से अन्तःकेन्द्र चित्समाधि का सार लेकर उन्होंने अपना जीवनदर्शन रूपायित किया था"। इसी कारण उनके काव्यों में "भारतीय धर्म, दर्शन शिल्प (कला भी) और साधना में जो कुछ उदात्त है, जो कुछ दृप्त है, जो कुछ महनीय है और जो कुछ ललित और मोहन है उसका प्रयत्नपूर्वक सजाया-सँवारा रूप" उभरकर सामने आया है। इसी कारण उनके श्रृंगार और प्रेम की परिणति भी विश्व की मंगल-साधना से दीपित है, उनके सहजात मानस विकारों का रूप उदात्तीकृत है, उनके नायक-नायिकाओं का रूपसौन्दर्य जड़ता से मुक्त और सत् एवं शुभ के आलोक से ज्योतित है। उनकी वाणी में भारत का महान, उदात्त और शान्त-शोभन स्वर मुखरित हुआ है, उसमें इस देश की महनीय "मनीषा और महान जीवन के आदर्शों का रूप मिला है। वे सही अर्थों हमारे राष्ट्रीय कवि हैं।"

कृतियाँ

आचार्य हजारीप्रसाद द्विवेदी ने, प्रथम प्रकरण में पूर्वोक्त शब्दों द्वारा महाकवि को राष्ट्रीय कवि के रूप में अंकित करने के बाद द्वितीय शीर्षक कालिदास की रचनाएँ

के अन्तर्गत उनकी 7 कृतियों का परिचय दिया है। उन्होंने अत्यन्त भावमय वाणी में काव्यों-नाटकों के वर्ण्य का सारांश देते हुए तत्कृतियों के वैशिष्ट्य का संकेत किया है। ऋतुसंहार—जीवन दर्शन देनेवाला काव्य न होकर भी अनुराग की अग्नि को प्रदीप्त करनेवाला और मादक जीवन-रस से आद्यन्त पूर्ण काव्य कहा गया है। मेघूदत का जीवन-दर्शन (पृ. 13 में) बड़े काव्यात्मक (साथ ही व्यक्तिनिष्ठ =सब्जेक्टिव) पदावली में—पर दार्शनिक स्वर से मुखरित रूप में—वर्णित है : "व्यक्ति-मनुष्य के हृदय की व्याकुल वेदना को अगजग में व्याप्त वेदना की पृष्ठभूमि में, उसी के साथ एकमेक करके (कालिदास) निखारते हैं। कुछ भी विच्छिन्न नहीं है, कुछ भी अजनबी नहीं है। बिन्दु से लेकर पर्वत तक, एक ही व्याकुल वेदना, समुद्र की लहरों की तरह पछाड़ खा-खाकर लोट रही है। एक तार को छुआ और सहस्रों तार झनझना उठते हैं। सब तार मिलकर पूर्ण संगीत के निर्माण का कार्य करते हैं। नरलोक से किन्नरलोक तक एक ही व्याकुल अभिलाष भाव उल्लसित हो रहा है। मिलन-स्थिति बिन्दु है, विरह गतिवेग है। दोनों के परस्पर आकर्षण से रूप की प्रतीति होती रहती है। विचार मूर्त आकार ग्रहण करते हैं, भावना सौन्दर्य बनती है। विरह में सौभाग्य पनपता है, रूप निखरता है, मन निर्मल होता है, बुद्धि एकता का सन्धान पाती है।" (पृ. 13) कुमारसम्भव की चर्चा करते हुए लेखक ने उक्त कृतियों को 'समष्टि प्रेम' का काव्य सिद्ध किया है। इस सन्दर्भ में श्री द्विवेदीजी ने दार्शनिक परिप्रेक्ष्य को लेकर अपने कथ्य को प्रकट किया है।

कुमारसम्भव के पार्वती-प्रेम की महिमा हजारों आलोचक गाते रहे हैं। कामदहन, कायिक रूपसम्पत्ति की व्यर्थता और भौतिकता की बात के साथ-साथ उमा की तपश्चर्या के 'पावन पावक में तपकर देदीप्यमान हेमोज्ज्वल प्रणय' की महनीयता और औदात्त्य की—आलोचकों द्वारा बारम्बार—गाथा गाई गयी है। परन्तु आचार्य द्विवेदी ने गुरुदेव से प्रेरणा पाकर कुमारसम्भव के 'प्रेम' को समष्टिप्रेम सिद्ध किया है। पर अपनी सिद्ध साधना में उन्होंने कालिदास के कथनों से, मुख्यतः कुमारसम्भव की उक्तियों से दार्शनिक स्थापना को पुष्ट किया है। यहाँ पाशुपत दर्शन (शैवदर्शन) की विचारमीमांसा का सहारा भी लिया गया है और मधुरोपासक वैष्णवमत में राधा जिस प्रकार आह्लादिनी शक्ति स्वीकृत हैं उसी प्रकार पार्वती को भी बताया गया है, "शिव कोई एक व्यक्ति नहीं, बल्कि विश्वमूर्ति हैं। पार्वती, निखिल भूत में व्याप्त ह्लादिनी शक्ति हैं।...शिव और पार्वती का प्रेम सत्तामात्र है। वह 'है' प्रत्येक पिंड के भीतर मनुष्यलोक से देवलोक तक व्याप्त महाशक्ति की प्रेमलीला है।...देवाधिदेव शिव ने ही पुरुष और स्त्री के रूप में अपने आपको द्विधा विभक्त किया है। इस पुरुष-तत्त्व और स्त्री-तत्त्व में जो पारस्परिक आकर्षण है वह

भगवान शिव की आदि सिसृक्षा का ही विलास है। एक-दूसरे की ओर आकृष्ट होकर वे उस प्रथम शिवत्व की अवस्था को ही प्राप्त करना चाहते हैं। विशुद्ध प्रेम में जो अद्वैत भावना आती है, वह शिवत्व की ही अनुभूति का एक रूप है। इसी महान उद्देश्य को रखकर महाकवि ने शिव और पार्वती को सनातन पुरुषत्व और स्त्रीत्व को प्रतीक बनाया है।''

''कुमारसम्भव में कवि ने अपने जीवन-दर्शन को बहुत बड़ी पटभूमिका पर रखकर व्यक्त करने का प्रयास किया है। त्याग के साथ ऐश्वर्य का और तपस्या के साथ प्रेम का मिलन होने पर ही स्त्री और पुरुष का प्रेम धन्य होता है। कालिदास ने इस महाकाव्य में यह दिखाने का प्रयास किया है कि त्याग और भोग के सामंजस्य से ही जीवन चरितार्थ होता है। एकान्त वैराग्य आसुरी शक्ति का दमन नहीं कर सकता। भोग और वैराग्य के यथोचित सामंजस्य में ही जीवन की चरितार्थकता है। जो प्रेम केवल शारीरिक आकर्षण निर्भर होता है, जब तक वह तपस्या की अग्नि में तपकर नहीं निकलता तबतक वह वन्ध्य है, निष्फल है। पार्वती में तपस्या और प्रेम का सामंजस्य है, शिव में भोग और वैराग्य का। कामदेव जड़ शारीरिक विषयों के आकर्षण का अधिदेवता है। सच्चा प्रेम और गहराई में पलता है''। (पृ. 18)।

इसी प्रकार 'रघुवंश' का प्रतिपाद्य कवीन्द्र रवीन्द्रनाथ ठाकुर के 'तपोवन' नामक उद्धरण (पृ. 20-23) द्वारा उपन्यस्त है। मालविकाग्निमित्र और विक्रमोर्वशीय दोनों का महत्त्व जीवन दर्शन की प्रकाशन की दृष्टि से नहीं के बराबर या स्वल्प ही है।' परन्तु कालिदास की शिल्पविषयक मान्यताओं को समझने में इन दोनों का महत्त्व निःसन्दिग्ध है''। नृत्यकला, संगीतकला और चित्रकला (नाट्यकला भी) से सम्बद्ध अनेक विषयों के जानकार ही नहीं थे—उनके मर्मज्ञ पंडित थे और कदाचित् 'चित्रकार और गायक भी थे' तथा उन कलाओं में सर्वश्रेष्ठ नाटक तो है ही, संसार के नाटक साहित्य में भी इसके जोड़ का नाटक दुर्लभ है।''

आवश्यक जानकारी

कालिदास के सम्बन्ध में पाश्चात्य मत के आलोचक कहते हैं कि ''उनके साहित्य में मानव हृदय के मौलिक द्वन्द्वों का कोई समाधान नहीं है। वे उच्चतम धरातल पर स्थित भारतीय कवि अवश्य हैं। पर 'Aeneid' के छठे खंड की दृष्टि और कल्पना कालिदास की शक्ति के बाहर की वस्तु है।'' इस विषय में द्विवेदीजी ने 'कालिदास के अध्ययन के लिए कुछ आवश्यक जानकारी' शीर्षक के अन्तर्गत बताया है कि

इस प्रकार की आलोचना दृष्टि का कारण है। पश्चिम के आलोचक और उनके अनुयायी हिन्दुस्तानवासी भी भारतीय साहित्य की कुछ मूलभूत मान्यताओं, आस्थाओं और विश्वासों की उपेक्षा करते हैं। अतः प्राक्तन भारतीय परिवेश के परिप्रेक्षण-सन्दर्भ का सही मूल्यांकन कर सकने में असमर्थ हो उठते हैं। पुनर्जन्म का सिद्धान्त, कर्मफलभोग का अविचल विश्वास, लिंगशरीर की परिकल्पना, पुरुषार्थचतुष्टय, ऋणत्रयशोध में जीवन की सार्थकता, और दृश्य, नश्वर एवं जड़ तत्त्व के अतिरिक्त शाश्वत, सदा-एकरस, चैतन्य तत्त्व में अडिग विश्वास आदि ऐसी ही मान्यताएँ है जिनसे समग्रतः परिचय बिना भारतीय-काव्य नाटकों के स्वरूप और आदर्शवाद को सही परिप्रेक्ष्य में देखा नहीं जा सकता। कालिदास की कृतियों में प्रतिष्ठित जीवनचित्र और जीवनमूल्यों का मूल्यांकन ठीक-ठीक नहीं हो पाता। इसी भारतीय दृष्टि के कारण अन्तर्द्वन्द्वों का अभाव भी है। कालिदास के ही नहीं अधिकांश संस्कृत नाटक सुखावासायी हैं—ट्रैजेडी न बन पाये।

इसी सन्दर्भ के एक पक्ष को द्विवेदीजी ने आगे चलकर 'विश्वव्यापक छन्दोधारा और लालित्य' (शीर्षक) में दार्शनिक चिन्तक के धरातल से अधिक स्पष्टता के साथ उपस्थित किया है। उन्हें ऐसा लगता है कि "कालिदास इस विश्वव्यवस्था के मूल में एक विश्वव्यापक छन्द स्वीकार करते हैं जो समष्टिगत चित् शक्ति की सर्जनेच्छा या सिसृक्षा के अतिरिक्त और कुछ नहीं है। केवलात्मा ब्रह्म विशुद्ध चैतन्य है, केवल ज्ञान रूप। उसकी सिसृक्षा ने ही उसे स्त्री और पुरुष रूप में द्विधा विभक्त होने को प्रवृत्त किया।...ब्रह्म की इच्छाशक्ति ही समष्टिगत छन्द है जिसने समस्त भेदोपभेद का छादन कर रखा है। छादन करता है, इसलिए छन्द है। छन्द अर्थात् इच्छा। ब्रह्म की इच्छा शक्ति ही वह छन्द है जिसने सृष्टि को नाना वर्णों, गन्धों और रूपों में रूपायित किया है। उसकी क्रिया शक्ति से यह विश्व-ब्रह्मांड दृग्गोचर हो रहा है।...छन्द इच्छा मात्र है, गतिमात्र है, चेतनधर्म है। जहाँ कहीं चेतनधर्म है वहीं गति है, प्राण है, आनन्द है। नृत्य में छन्द है।...नृत्य देवताओं का चाक्षुष यज्ञ है। काल में प्रवहमान छन्दोधारा ही ब्रह्म की सर्जनेच्छा है। देश में स्थिरीभूत सृष्टि ही ब्रह्म की क्रिया-शक्ति है।" इस छन्द को और स्पष्टता के साथ समझते हुए ग्रन्थकार ने लिखा है, "छन्द कोई बाह्य वस्तु नहीं है। बाह्य जगत् में दिन, रात, ऋतु-परिवर्तन और भूचक्र का नियतावर्तन चल रहा है। श्वास-प्रश्वास की क्रिया नियत ताल पर चल रही है। इस नियतानुवर्तन को हम अनुक्रमता कहेंगे। इदन्ता-प्रधान बाह्य जगत् में परिदृश्यमान अनुक्रमता जब अंहताप्रधान मानव को अन्तर्जगत् में प्रतिभासित अनुक्रमता के ताल से ताल मिलाकर चलती है तो लय और ताल की अनुभूति होती है। यही छन्द है। यही विश्वव्यापी छन्दोधारा के साथ

अन्तर्जगत् की छन्दोधारा के आनुकूल्य की कसौटी है।'' ''जहाँ कहीं आकर्षण है, उल्लास है, वहीं सृष्टि की इस मूल छन्दोधारा के अनुकूल जाने की प्रवृत्ति है। जहाँ नहीं है वहाँ इस मूल छन्दोधारा का प्रातिकूल्य है। वहीं वस्तु असुन्दर और भद्दी है।''

लालित्य : नयी व्याख्या

हम यहाँ देखते हैं कि आचार्य द्विवेदीजी ने लालित्य की, कलात्मक सौन्दर्य की, साधारणीभूत रस की एक नयी दार्शनिक व्याख्या उपस्थित की है; जिसमें भारतीय दार्शनिक तत्त्वचिन्तन की दृष्टि विशेषतः त्रिक (शैव) दर्शन के मान्यता-पक्षों-की प्रेरणा को आधार पर बनाकर इच्छाशक्ति (स्वातन्त्र्यशक्ति), ज्ञानशक्ति और क्रियाशक्ति—शक्तित्रिक के सहज योग से विशुद्ध चैतन्य की गोचर जगत् के रूप में अभिव्यक्ति दिखाने के साथ-साथ ललित वस्तु को उसी का अनुकूल पक्ष कहा गया है। उक्त विश्वव्यापी छन्दोधारा के आनुकूल्य से मंडित सर्जना ललित, कलात्मक और सुन्दर होती है। लालित्य वस्तुतः उसी विश्वव्यापी छन्दोधारा की गति के अनुकूल सर्जना की गत्वरता है।

ज्ञान, इच्छा और क्रिया चैतन्यधारा की इन विविध शक्तियों का विलास वैभव बताते हुए और सर्जन प्रक्रिया में उनके योगांश का विवरण देते हुए आगे कहा गया है, ''मूल चैतन्यधारा केवलात्मा की इच्छाशक्ति का ही रूप है। गतिमात्र है। क्रियाशक्ति स्थिति मात्र है। गति और शक्ति के द्वन्द्व से ही रूप बनता है। (आधुनिक विज्ञान की दृष्टि से प्रभावित उक्ति जिसमें 'इनर्जी' और 'मोशन' तथा ऋणात्मक और धनात्मक विद्युत्-युग्म में अपार, सर्जनाशक्ति निहित है)। गति चित्तत्त्व है, स्थिति अचित्-तत्त्व। चिद्रूपा गति बारबार अचिद्रूपा स्थिति से रोकी जाती है। चैतन्यधारा बारम्बार जड़ (अचित्) में स्थित आकर्षण से नीचे की ओर खींची जाती है। वह वलयित होती है, रूपायित होती है। जो कुछ विश्व ब्रह्मांड में घट रहा है, वह पिंड में भी हो रहा है अन्तर केवल यह है कि विश्व ब्रह्मांड में केवल आत्मा की मूल सिसृक्षा बलवती है। पिंड में वह अचित् शक्ति से मायाजन्य कंचुकों या कोशों से—आवृत है।....वस्तुतः गुणीभूत ज्ञानशक्ति का नाम ही सत्त्व है, इच्छाशक्ति का नाम रजस् है और क्रियाशक्ति का नाम ही तमस् है। (पृ. 56-57)

श्री द्विवेदीजी ने इस सन्दर्भ में यह भी बताया है कि पश्चिम के पंडितों ने व्यक्ति-चित्त की इच्छा को सौन्दर्य माना है जो सौन्दर्य को व्यक्ति-सापेक्ष्य तत्त्व की खिड़कियों में खड़ाकर अव्यवस्था और तर्क-वितर्क का कारण बनाता है। अतः देश-काल-सापेक्ष्य और परम्परा स्वीकृत जनवर्ग विशेष के समष्टि-चित्त की इच्छा

को सौन्दर्य मानने के लिए विवश होना पड़ता है। कालिदास ने इस सन्दर्भ में व्यक्तिचित्त की इच्छा को ही सौन्दर्य माना है। ''पर उनकी व्यक्ति-इच्छा 'समष्टिव्यापिनी इच्छा का विशिष्ट रूप' है। समष्टि इच्छा विश्वव्यापिनी मंगलेच्छा के अनुकूल होने पर ही, व्यक्तिगत इच्छा सार्थक होती है। व्यक्तिगत इच्छा उसके (विश्वव्यापिनी मंगलेच्छा के) प्रतिकूल जाकर कुत्सित हो जाती है। समष्टि-इच्छा चेतन-धर्म है। जो बात चेतन धर्म के अनुकूल है, वही सुन्दर है। समष्टि-चेतना सर्जनात्मक है, वह सिसृक्षा है। व्यक्तिगत इच्छा उससे अनुकूल होकर ही चरितार्थ होती है। जिस इच्छा में अज्ञान है, मोह है, परोत्सादनवृत्ति है वह पाप इच्छा है...जड़त्व से अभिभूत होती है, सौन्दर्य उसमें नहीं रहता। रूप कभी पापवृत्ति को उकसावा नहीं देता। जो देता है वह रूप नहीं है।'' (यदुच्यते पार्वति पापवृत्तव्ये न रूपमित्यव्यभिचारि तद्वचः)। (यहाँ आचार्य द्विवेदीजी के वक्तव्य को अधिक स्पष्ट करने के लिए मैं इतना और जोड़ना चाहता हूँ) जिस रूप को देखने की भ्रान्ति से देखनेवाले की पापवृत्ति को उकसावा मिलता है, वह देखनेवाला रूप को, सौन्दर्य को देख ही नहीं पाता,वह और कुछ देखता है। रूप के नाम पर, भ्रम में कुछ और को ही रूप समझता या कहता है। चैतन्यधारा की सर्जनेच्छा से कृत (सर्जित) रूप सौन्दर्य तो तन्मयकारी होगा, स्रष्टा की उन कलाकृतियों को देखकर व्यक्तिचित्त तो भौतिक वृत्तियों की परिधि को पारकर उस वलय में पहुँच जाएगा जहाँ उसके कलुषित भाव उसी चैतन्य की गतिमय धारा में विलीन हो जाएँगे। द्विवेदीजी के मत से कालिदास का प्रयास नहीं था कि वे सौन्दर्यबोध की समस्याओं को समझाएँ। उनका लक्ष्य तो यह था कि इस विश्वास में दृढ़ आस्था उत्पन्न करें कि सचमुच की कोई विश्वात्मा है और सचमुच ही उसकी कोई सर्जनेच्छा है। ''इसका कारण उनके मन में सदा क्रियाशील रहनेवाला तत्त्ववाद है। कालिदास मानते थे कि ललित सर्जना उन क्षणों में होती है जब स्रष्टा कलाकार—पूर्ण समाहित चित्त होता है। ''पूर्ण समाधि के बिना 'सुन्दर' की रचना नहीं हो सकती। पूर्ण समाधि की अवस्था में ही चित्त स्वस्थ रहता है। सत्त्वस्थ चित्त ही अनिन्द्य सुन्दर रूप की रचना करता है।'' व्यापक परिप्रेक्ष्य को अपनाकर कालिदास ने 'विधाता को भी एक कलाकार' ही माना है।

सहज रूप ही श्रेष्ठ है

इस शीर्षक के अन्तर्गत (मानव सौन्दर्य के अतिकुशल शिल्पी) कालिदास ने स्त्री-पुरुष सौन्दर्य-सन्दर्भ में सहज (स्वाभाविक और अयत्नज भी) गुणों, अलंकारों को आदर देते हुए उस रूप को महत्ता दी है : ''जो अनायास ही वर्ण, प्रभा, राग, आभिजात्य, विलासिता, लावण्य, लक्षण, छाया और सौभाग्य को निखार देने में

समर्थ हो।'' ''कालिदास ने नारी-सौन्दर्य को महिमामंडित देखा है।'' वे किशोर वय के (नर-नारी दोनों में) प्रबल समर्थक हैं क्योंकि उस अवस्था में सर्जनेच्छा का, विश्वव्यापिनी मंगलविधायिनी सिसृक्षा का सप्राण आविर्भाव होता है और मूल चैतन्यधारा की सर्वाधिक स्फुट अभिव्यक्ति के सूचक—सौन्दर्य, शक्ति, बल, सामर्थ्य, सर्जनात्मक क्षमता का सर्वाधिक उन्मेष होता है। यह अवस्था—अंगयष्टि का असम्भृत मंडन (अयत्न-सिद्ध सहज अलंकरण) है (कुमारसम्भव-1/31)। इस प्रकार महाकवि ने सहज रूप को, चिच्छक्ति के विलासभूत यौवनोद्गम से मंडित नर-नारी कलेवर को श्रेष्ठ माना है। वहाँ अंगराग, उपलेप, आमंडन, आभूषण, आभरण, प्रसाधन आदि के द्वारा रूपोत्कर्ष दिखाया गया है। उसका कारण है—भारतीय संस्कृति का मांगल्य-सम्पृक्त दृष्टिबोध। 'मांगल्य' और 'संस्कृतिमुखी प्रकृति' शीर्षक के अन्तर्गत अलंकरण, आमंडन, मांगल्यविधान आदि का विस्तृत विवेचन हुआ है। वहाँ यह भी बताया गया कि कालिदास ने सहज सौन्दर्य और प्रकृति के रम्य से परिवेश को उत्कृष्ट प्रतिष्ठा की पीठ पर आसीन किया है। उन्होंने प्राकृतिक पदार्थों को श्रेष्ठ उपकरण माना है। प्रकृति उनकी दृष्टि में मानव की 'एक जीवन्त संगिनी है। उसे हटा दिया जाए तो मनुष्य का भाव-जगत् मरुकान्ता के समान सूना और नीरस है।'' कालिदास पार्वती के जिस निसर्ग-ललित और मोहन का प्रकृति की उदात्त पृष्ठभूमि में चित्रण किया है वह नैसर्गिक सौन्दर्य और वैभव से समृद्ध है। यहाँ दिखाया गया है कि ''एकान्त वैराग्य भी एकान्त प्रेम के समान निष्फल है। फल देनेवाला प्रेम केवल तपोवन में पलता है'' (पृ. 121)। कुमारसम्भव की समस्त तपःसाधना प्रकृति की वैभव-भरी गोद में विकसित है। अभिज्ञान शाकुन्तला के सुख-दुःख को विशालता और सम्पूर्णता प्राप्त हुई है। इस प्रकार कहा जा सकता है कि, ''कालिदास ने मनुष्य की परिपूर्णता प्रकृति के साहचर्य में देखी है''।...उनके सभी ग्रन्थों में प्रकृति का यह संयत मोहन रूप अवश्य मिल जाता है'' (पृ. 122, 123)। फलतः प्रकृति भी विश्वस्रष्टा की लालित्यमयी रचना है।

लालित्य : कतिपय पद और व्याख्या

श्री द्विवेदीजी की इस कृति में सौन्दर्य-दर्शन और कलाशास्त्र में से सम्बद्ध कतिपय शब्दों का अनुसन्धान करते हुए उनकी सौन्दर्यशास्त्रीय व्याख्या की गयी है। यह व्याख्या एक ओर भारतीय सौन्दर्य दृष्टि के साधार प्रमाणों से समर्थित की गयी है और दूसरी ओर अद्यतन पश्चिमी सौन्दर्यशास्त्र के परिप्रेक्ष्य में रखकर सौन्दर्यविषय, लालित्य, सम्पृक्त अर्थचित्रों के समानान्तर रूप से तुलनीय दिखाई गयी है। 'विनिवेशन, अन्यथाकरण और अन्वयन' शीर्षक के अन्तर्गत उपर्युक्त तीनों शब्दों

की कालिदास की लालित्य-विषय मान्यता के सन्दर्भ में गम्भीर विवचेना हुई है। इस प्रकरण में प्रकृति के सौन्दर्य और मानव की कलाकृति से सम्पृक्त सौन्दर्यद्वय के साम्यवैषम्यमूलक गुणधर्मो की विश्लेषणात्मक व्याख्या दी गयी है। प्रसंगत: कलात्मक सर्जन के कालिदाससम्मत प्रक्रिया का भी निरूपण हुआ है। यह भी सौन्दर्यविषयक आधुनिक मीमांसा के धरातल से विवेचित है। 'उपादान-उपकरण' की (माध्यम या मीडियम की) प्रकृति को, अनुकूल गुणधर्ममूलक स्वभाव को, ठीक-ठीक पहचानना और उसका सही-सही उपयोजन-संयोजन, सन्निवेशन और स्थापन करना ही विनिवेशन है। प्रस्तुत या वर्ण्य अर्थवस्तु के कलानिर्मेय तथ्य का यथार्थ और ज्यों-का-त्यों चित्रण करने में, कलाकारों को कुछ छोड़ना पड़ता है, और कुछ बदलना पड़ता है। ऐसा करना उसके लिए आवश्यक हो जाता है। वह इस विवशता से छुटकारा नहीं पा सकता। इस कौशल को अन्यथाकरण कह सकते हैं। अँग्रेजी में इसे 'डिस्टारशन' कहते हैं (पृ. 78, 79)। इस 'ज्यों का-त्यों' चित्रण में 'अन्यथाकरण' द्वारा सब कुछ साध्य नहीं हो पाता। उत्तम कोटि का चित्रकार उसमें कुछ और जोड़ देता है (किंचिदन्वितम्)। मानसिक भावपरम्परा को उत्पन्न करने की क्षमता को (मोटे तौर पर) अन्वयन-कौशल कहा जाता है। इस प्रकरण के आधिकारिक और प्रसांगिक अनुसन्धान एवं व्याख्या को हम आचार्य द्विवेदी का मौलिक चिन्तन और शोध कह सकते हैं। इसी प्रकार 'भावानुप्रवेश और लिखितानुभाव' शीर्षक के अन्तर्गत निरूपित व्याख्या भी मौलिक है। कलाकार के लिए यह आवश्यक है कि आश्रय या वर्ण्य के भावचित्र को मीडियम (लेख, रंग, नृत्य-नाट्य या पदयोजना) द्वारा कलासृष्टि में प्रवेश करना तो भावानुप्रवेश है ही—साथ ही यह भी आवश्यक है कि कलारचना या कलासर्जना के क्षणों में कलाकार-चित्रकार, नट-नर्तक, या कवि-साहित्यकार भी अपना आत्मदान करके उसी में तल्लीन हो जाए। नृत्य-अभिनय के क्षणों में जब नर्तक-नट अभिनेय भाव के साथ एकात्मकता का अनुभव करते हुए तल्लीन हो जाता है तभी भावानुप्रवेश कहा जाएगा। कलाकार का वक्तव्य के साथ तन्मय होकर भावानुप्रवेशी बनना अनिवार्यत: आवश्यक है। और जिस भावानुप्रवेश की दशा में चित्रकार चित्र बनाता है, कलाकर कलासृष्टि करता है, सहृदय सामाजिक में हू-ब-हू उसी का अनुभावन कराने की क्षमता ही लिखितानुप्रवेशिता है।

'वाक् और अर्थ का साहित्य' शीर्षक के अन्तर्गत बताया गया है कि चारुता या सौन्दर्य न तो विषयनिष्ठ धारणामात्र है और न विषयनिष्ठ धर्ममात्र है—अपितु वह एक उभयनिष्ठ धर्म है। सौन्दर्यमयी द्रष्टव्य वस्तु में द्रष्टा में आन्दोलित करने वाली शक्ति भी रहनी चाहिए, साथ ही ऐसी शक्ति या संवेदनतत्त्व का होना भी आवश्यक है जो द्रष्टव्य के सौन्दर्य चालित और हिल्लोलित होने की क्षमता दे

सके।'' ग्रहीता और गृहीतव्य के अन्तरतर का आकर्षण ही तो वह लीला है जो अनादि शिवतत्त्व और शक्तितत्त्व के शाश्वत लीलाविलास की व्यक्तिनिष्ठ अभिव्यक्ति है।'' (पृ. 89)।

'करण-विगम और रसास्वाद की प्रक्रिया' तथा 'अबोधपूर्वा स्मृति और वासना' शीर्षक के माध्यम से द्विवेदीजी ने करण-विगम पद की अपनी पारिभाषिक व्याख्या देते हुए बताया है कि कलासर्जन और कलास्वादन में बाह्य ज्ञानेन्द्रियाँ अपने भौतिक विषयों में पराङ्मुख होकर मानसलोक के भाव-जगत् में समाहित और तल्लीन हो जाती हैं। समाधि कोटि की समाहितावस्था में ही कलाकार सौन्दर्यानुभूति प्राप्त करता है और उसी अवस्था में रसानुभविता, रसभोक्ता का कलाकार, बिना शिथिलसमाधि हुए कलासृष्टि करता है। तभी उसकी रचना में वह सामर्थ्य आती है कि सहृदय सामाजिक अन्तर्जगत् को उक्त समाधि की दशा में पहुँचाकर चरम कलास्वादन, रसास्वादन करा सकती है। तभी द्रष्टा या सामाजिक में करण-विगम की दशा उत्पन्न की जा सकती है। अर्थात् उत्कृष्ट कलासृष्टि और कलास्वादन के लिए, रसात्मक कला-रचना और रसास्वादन के लिए करण-विगम अनिवार्यतः आवश्यक शर्त है।

'अबोधपूर्वा स्मृति और वासना' में श्री द्विवेदीजी ने बताया है कि ''सभी विषय सब समय स्मरण नहीं रहते, परन्तु सौन्दर्याधायक वस्तु के साक्षात्कार से वे किसी पुरानी स्मृति को उभार देते हैं। इसी उभरी हुई स्मृति को कालिदास 'अबोधपूर्वा' कहते हैं, अर्थात् जिसकी याद में विशेष तत्त्वों का स्मरण नहीं रहता, केवल निर्विशेष स्मृतिमात्र रहती है।'' पुरानी स्मृति, जन्मान्तरमानियों के लिए पूर्वजन्म-संस्कार हो सकती है। पर उसे न माननेवालों के लिए सन्तति-परम्परा के क्रम से आगत पारम्परिक जाति-संस्कार की वासना भी वह हो सकती है। इस प्रसंग में जो कुछ कहा गया है उसका सारांश भी दिया गया है—1. बहिर्जगत् में कुछ बातें रम्य और मधुर होती हैं; 2. उन्हें देख सुनकर स्मृतियाँ जगती हैं, जो द्रष्टा को पर्युत्सुक बनाती हैं; 3. वे स्मृतियाँ अबोधपूर्वा होती हैं, अर्थात् पहले से यह बताना सम्भव नहीं है कि वे किस विशेष परिस्थिति के भावरूप में अवस्थान करती हैं, तथा, 4. वे चित्त को चालित करती हैं।

इसी सन्दर्भ में सौन्दर्य की परिचयात्मक व्याख्या करते हुए बताया गया है कि सुन्दर वस्तु के समग्र के बोध से उत्पन्न अवयविगत सौन्दर्यानुभूति, वस्तुतः पृथक् अवयवों का विभक्त सौन्दर्यमात्र न होकर उनसे भिन्न वस्तु है (जैसाकि मनोविज्ञान का गेस्टाल्ट सिद्धान्त मानता है)। सौन्दर्य, भाव और रस सम्बन्धी अच्छी विवेचना करते हुए व्यंजनावृत्ति और भावकत्व-भोजकत्व का भी इस प्रकरण में विश्लेषण किया गया है और भावकत्व-बोधकत्व को साहित्य दृष्टि के अधिक

अनुकूल बताया गया है। इस प्रकरण का अन्तिम अनुच्छेद द्रष्टव्य है "योगी नहीं बताता कि अन्तरतर से जो छन्द के प्रति, राग के प्रति, रंग के प्रति इतना व्याकुल कम्पन उठा करता है, वह पराशक्ति की किस विलासलीला की अभिव्यक्ति है। गहराई में कहीं कुछ छूट गया है, हठयोग, नादयोग उसे नहीं बता पाते। कहीं-न-कहीं अनुराग-योग का भी व्याकुल कम्पन और आत्मनिवेदन मानव-हृदय के अन्तरतम में विकसित हो रहा है। उसी छूटे हुए तत्त्व का अनुसन्धान शिल्पी करता है। यह अनुभवगम्य है। उसकी प्रतीति ही यथार्थ है और अनुभूति ही सत्य है। कालिदास ने उसी छूटे हए तत्त्व को खोजने का प्रयास किया है—तच्चेतसा स्मरति नूनमबोधपूर्वम्।" (पृ. 116)

आचार्य द्विवेदीजी ने कालिदास की इसी अब तक अमूल्यांकित लालित्ययोजना का इस रचना में नवीन मूल्यांकन किया है। निश्चय ही प्रस्तुत रचना भी द्विवेदीजी द्वारा कालिदास की लालित्य-योजना का ऐसा मूल्यांकन है जो अकृतपूर्व है। उसमें पांडित्य है, शास्त्रज्ञान है, चिन्तन-मनन है, मूल्यांकन की विवेचनी मनीषा का नवीन बोध है, पूर्व और पश्चिम का प्राक्तन उपलब्धियों का बुद्धिसंगत समंजसन है और सर्जनात्मक प्रतिभा का विषयनिष्ठ और विषयिनिष्ठ—उभयविध उन्मेष है। यह भी 'अबोधपूर्वा' कृति है। कालिदास के नये मूल्यांकन में इसका महत्त्वपूर्ण स्थान है; भविष्यत् में भी विशिष्ट स्थान बना रहेगा।

विराट् ब्रह्मांड-निकाय, कोटि-कोटि नक्षत्रों का अग्निमय आवर्त नृत्य, अनन्त शून्य में निरन्तर उद्भूयमान और विनाशमान नीहारिका पुंज विस्मयकारी हैं, पर उनसे अधिक विस्मयकारी है मनुष्य, जो नगण्य स्थान-काल में रहकर इनकी नाप-जोख करने निकल पड़ा है।

—अशोक के फूल

णाणं

पयासयं

वीर नि. सं.
2470

ई. सन्
1944

भारतीय ज्ञानपीठ